U0360688

理想
中国

理想中国丛书

迈向共同富裕

中国扶贫的实践选择

雷明 刘曦绯 等◎著

TOWARDS COMMON PROSPERITY

POVERTY ALLEVIATION
IN CHINA

清华大学出版社
北京

图书在版编目（CIP）数据

迈向共同富裕：中国扶贫的实践选择 / 雷明等著 . —北京：清华大学出版社，2022.2

（理想中国丛书）

ISBN 978-7-302-59900-5

Ⅰ . ①迈⋯　Ⅱ . ①雷⋯　Ⅲ . ①扶贫－研究－中国　Ⅳ . ① F124.7

中国版本图书馆 CIP 数据核字 (2022) 第 016238 号

责任编辑：左玉冰
封面设计：李召霞
版式设计：方加青
责任校对：王凤芝
责任印制：曹婉颖

出版发行：清华大学出版社
　　　　　网　　　址：http://www.tup.com.cn，http://www.wqbook.com
　　　　　地　　　址：北京清华大学学研大厦 A 座　　邮　　编：100084
　　　　　社 总 机：010-83470000　　　　　　　　邮　　购：010-62786544
　　　　　投稿与读者服务：010-62776969，c-service@tup.tsinghua.edu.cn
　　　　　质 量 反 馈：010-62772015，zhiliang@tup.tsinghua.edu.cn
印 装 者：三河市东方印刷有限公司
经　　销：全国新华书店
开　　本：148mm×210mm　　印　　张：19　　字　　数：529 千字
版　　次：2022 年 4 月第 1 版　　印　　次：2022 年 4 月第 1 次印刷
定　　价：149.00 元

产品编号：091694-01

理想中国丛书的使命与定位

　　经过近四十年的快速发展，中国现实社会正处于发展模式转变的新阶段。在此关键时期，本丛书试图以科学的方法和负责任的态度，反思历史，分析现状，提出对未来中国社会的理想建构，这已成为中国当下的一个重要课题。在此背景下，本丛书以有中国特色的公正发展为主旨，汇集各个学科资深学者的集体智慧，从多个方面共同描绘理想中国的宏伟蓝图。

　　本丛书根植于学术研究之上的长期积累，深度反映中国经济、政治、社会和文化等诸多方面，强调前瞻性的观察和思考，兼具思想性、建设性、创新性及社会责任感。每本著作聚焦于一个主题，并努力达到如下四个目标：（1）追溯、反思并梳理历史脉络；（2）深刻记录剖析中国现实；（3）清晰描绘未来的理想；（4）担当社会责任，为社会发展提供新的思路和建议。

　　以上使命和目标将成为我们恒久不变的追求。

理想中国丛书编委会

2017 年 6 月 19 日

编 委 会

作者简介

雷明，北京大学光华管理学院二级教授，博士生导师，北京大学乡村振兴研究院（原北京大学贫困地区发展研究院）院长。英国爱丁堡大学 H. 教授（Honorary Professor of The University of Edinburgh）。新疆财经大学特聘教授，贵州省中国特色社会主义理论研究中心特约研究员，贵州师范大学客座教授。原国务院扶贫开发领导小组专家咨询委员会委员，教育部教学指导委员会专业委员会委员，日本京都大学 KANSEI POWER 讲座副教授，京都大学客座教授。

雷明教授长期从事有关中国贫困地区可持续发展、可持续减贫、生态扶贫、多元扶贫、信息化扶贫、贫困治理等研究工作，2005 年起任北京大学贫困地区发展研究院常务副院长，2016 年起任北京大学贫困地区发展研究院院长，2021 年起任北京大学乡村振兴研究院院长。先后在 *Energy Policy*、*Omega*、*The International Journal of Management Science*、*Decision Support Systems*、*International Journal of Production Economics*、*Journal of Cleaner Production*、*Journal* of Integrative Agriculture、International Journal of Production Research、Review of Development Economics、International Journal of Social Economics、Marx Ventuno、Sustainability、Entropy、Complexity、Revue Generale de Strategie 等国内外重要学术期刊发表论文百余篇，完成调研报告几十部，出版学术专著十多部。先后应邀在 Nature、新华社、《人民日报》、《光明日报》、《半月谈》、The Guardian、Straits Times、China Watch、China Daily、《大公报》、《环境日报》、《科技日报》、《中宣部时事报告》、《中国社会科学报》、《贵州日报》、中央电视台、中央人民广播电台、凤凰卫视等媒体接受专访和发表观点。

代表性专著：Climate Mitigation and Adaptation in China: Policy, Technology and Market (Springer,2022)、《通往富裕之路：中国扶贫的理论思考》（2021）、《中国扶贫》（2020）、《股田中国——兼论农村股份合作制》（2020）、《新型城镇化与减贫发展》（2018）、《旌德调查——关于安徽省旌德县多元扶贫的调查报告》（2017）、《农村信息化模式选择与路径依赖——广东德庆县农村信息化调查与分析》（2013）、《贫困山区可持续发展之路——基于云南昭通地区调查研究》（2010）、《科学发展 构建和谐——贵州省毕节地区开发扶贫与生态建设》(2008)、《中国资源经济环境绿色核算（1992—2002）》（2010）、《中国资源经济环境绿色核算综合分析（1992—2002）》（2011）、《绿色投入产出核算——理论与应用》（2000）、《可持续发展下绿色核算——资源经济环境综合核算》（1999）等。

入选教育部新世纪人才计划，先后获全国优秀博士后称号，中国绿色人物特别奖，中国环境与发展国际合作委员会环境奖，国家教学成果二等奖，北京市哲学社会科学优秀成果专著一等奖、二等奖，北京市教学成果一等奖，全国统计科技进步奖论文二等奖，中国高校人文社会科学优秀成果专著三等奖，湖北省科技进步二等奖，日本笹川良一优秀青年奖等。

刘曦绯，女，北京大学光华管理学院博士生，研究方向为管理科学、低碳发展、贫困治理。在研期间，参与雷明教授包括"国务院扶贫办脱贫攻坚退出考核评估"等多项课题研究，在《江汉学术》等学术期刊发表学术论文多篇。

序言

经过全党全国各族人民共同努力，在迎来中国共产党成立一百周年的重要时刻，我国脱贫攻坚战取得了全面胜利，现行标准下 9 899 万农村贫困人口全部脱贫，832 个贫困县全部摘帽，12.8 万个贫困村全部出列，区域性整体贫困得到解决，完成了消除绝对贫困的艰巨任务，创造了又一个彪炳史册的人间奇迹！

回顾我国脱贫攻坚之路，可谓是跋山涉水、披荆斩棘。自 20 世纪 80 年代中期开始，我国先后实施了"八七扶贫攻坚计划"和两个为期 10 年的"中国农村扶贫开发纲要"，以及精准扶贫精准脱贫，从不含具体扶贫目标的经济增长转向目标"瞄准型减贫"；在贫困问题的认知上，从单一以收入为衡量标准的贫困认知转向多维贫困的精准识别；在具体的参与结构上，实现了由政府单一主体到社会广泛参与的转变，政府凭借其公信力引导贫困治理，市场承担"扶贫"的社会责任，各类社会主体积极参与，贫困主体积极行动，在规范且权责统一的多元协同机制下共同助力减贫。

作为作者在"理想中国丛书"中有关中国扶贫著作三部曲（即《中国扶贫》《通往富裕之路：中国扶贫的理论思考》《迈向共同富裕：中国扶贫的实践选择》）之第三部，本书围绕"全面小康，一个不落"的任务目标，从多维贫困与多元扶贫视角，系统梳理了中国决战决胜脱贫攻坚实践中，中国政府凝聚政府主体、市场主体、社会主体和贫困主体的力量，走出一条在道德、文化、法治三大上层建筑的助力下，多扶贫主体协同推进的多元扶贫成功实践道路。立体呈现了围绕共同富裕目标，中国政府坚持把扶贫减贫任务纳入国家的总体发展战略中，各社会力量有针对性地完成各项扶贫任务，在不断投入财政资金的同时，不断优化财政支持的效率与结构，通过道德、文化、法治等方式，团结各界力量广泛参与扶贫，同时接受中国社会各界与全球范围内其他主体对中国扶贫成效的检验的现实选择。系统揭示了蕴含在这场波澜壮阔、彪炳史册攻坚战中的理论逻辑，梳理提炼出了包括增长扶贫、转移支付扶贫、赋权扶贫、赋能扶贫、基础设施扶贫、收入分配扶贫、产业扶贫、资产扶贫、就业扶贫、语言扶贫、文化扶贫、孝道扶贫以及社会兜底扶贫等实践中行之有效的具体扶贫模式。探讨并深入阐释了在这一模式选择下，中国所取得的成效及积累的宝贵经验，同时基于具体实践案例，生动展示了基层脱贫工作等方面的实践。

全书按照经济—文化—道德和政府—市场—社会—农户逻辑线索组织章节顺序。从中国扶贫实践出发，通过将贫困现象拆分为多个维度进行考量，系统深入探讨了从单一维度贫困与扶贫到多维贫困与多元扶贫的理论历史沿革以及背后的实践经验。不仅从经济学和公共管理学的角度展开讨论，同时更多关注了贫困中所体现的文化价值与社会属性。在研究分析中，本书运用了产业经济学、组织理论、政治学、计量经济学、人类学、伦理学、财政学、社会学等学科的相关理论和方法，注重理论与实践的联系，参考了大量的扶贫实践工作案例，并结合实地调查进行研究。全书采用定性分析与定量分析相结合的方法，除质性研究外，还在宏观统计数据的基础上，运用部分数学与经济计量模型，多角度对贫困问题进行分析。同时结合案例分析与微观数据分析，以及基层工作实践，系统梳理总结了扶贫工作的经验并提出了有针对性的若干政策建议。

脱贫摘帽不是终点，而是新生活、新奋斗的起点。迈进新时代，起步现代化国家新征程，准确了解中国扶贫工作和中国特色减贫道路，深刻理解新时代脱贫攻坚战所具有的鲜明的时代特征，全面把握新时代伟大的脱贫攻坚精神，对于厘清下一步工作思路，巩固和拓展脱贫攻坚成果，全面推进和有效衔接乡村振兴，加快实施农业农村现代化，做好"三农"工作，建立长短结合、标本兼治的体制机制，具有重大意义。

本书从立题到完成历时近三年的时间，研究团队成员在广泛而深入查阅文献的基础上，经过无数次讨论，反复斟酌，厘清脉络，深入研究，认真分析，最后成书。书稿完成以后，又反复修改，仅大的修改就进行了八次，最终定稿！

在此，特别感谢北京大学贫困地区发展研究院及光华管理学院各位同人的大力支持，特别感谢理想丛书编委会各位同人的大力支持，特别感谢清华大学出版社的左玉冰老师和其他编审老师的大力支持与帮助。

特别感谢研究团队刘曦绯博士富有成效的组织沟通工作，特别感谢研究团队程云飞、郭兰滨、胡玲锐、何颖桢、王璠、高笑歌、李婉君、盖策、周坤、赵耀等全体成员近三年辛勤努力的工作，特别感谢所有为本研究提供过支持和帮助的人，恕不能一一致谢！在此，再次对所有提供帮助者表达衷心的谢意！

雷明

2022 年 2 月 25 日

目 录

第一章

绪论[①]

第一节　选题意义

一、多维贫困与多元扶贫系统化研究的时代背景

2021 年 2 月 25 日，习近平总书记庄严宣告，经过全党全国各族人民共同努力，在迎来中国共产党成立一百周年的重要时刻，我国脱贫攻坚战取得了全面胜利，现行标准下 9 899 万农村贫困人口全部脱贫，832 个贫困县全部摘帽，12.8 万个贫困村全部出列，区域性整体贫困得到解决，完成了消除绝对贫困的艰巨任务，创造了又一个彪炳史册的人间奇迹。

贫困问题在世界范围内已普遍被视为与基本人权相关联的最紧迫问题之一。2000 年联合国设定千年发展目标（MDGs）之初，就将消除极端贫穷与饥饿作为头号目标，推动了世界范围内有史以来最广泛和最具协作性的反贫困运动。到 2015 年，该计划进入尾声，与 1990 年相比，全球生活在极端贫困中的人数下降超过一半（按每人每天 1.25

---

① 感谢胡玲锐、程云飞为本章所做工作。

美元计算），从 19.26 亿下降到 8.36 亿 [①]。我国对这一成就所作出的贡献尤为突出，按照世界银行 2015 年发布的每人每天 1.9 美元的极端贫困标准计算，我国贫困人口数从 1981 年底的 8.78 亿降低到 2013 年的 2 511 万，累计减少 8.53 亿人口，占全球减贫总人口超过 70% [②]。

2020 年，我国如期打赢脱贫攻坚战，全面建成小康社会。改革开放 40 多年以来，中国累计已有超过 7.7 亿人口摆脱贫困（按我国现行贫困标准计算）；党的十八大以来，我国脱贫 9 899 万人口；"十三五"期间，我国脱贫人口数达 5 575 万。对我国来说，取得如此巨大的减贫成就具有非常特殊的意义。消除贫困、改善民生、逐步实现共同富裕，是社会主义的本质要求；农村人口全部脱贫，是全面建成小康社会、实现第一个百年奋斗目标的标志性指标。这一目标的实现，对于提升中国特色社会主义道路自信、理论自信、制度自信、文化自信也有着重要的意义。

党的十八大以来，中国的扶贫工作进入一个全新的阶段。2013 年，习近平总书记在湘西进行扶贫攻坚调研时，提出"扶贫要实事求是，因地制宜。要精准扶贫，切忌喊口号，也不要定好高骛远的目标"。以此次调研为起点，习近平总书记从决胜脱贫攻坚，共享全面小康；坚持党的领导，强化组织保证；坚持精准方略，提高脱贫实效；坚持加大投入，强化资金支持；坚持社会动员，凝聚各方力量；坚持从严要求，促进真抓实干；坚持群众主体，激发内生动力；携手消除贫困，

---

① 联合国 . 千年发展目标 2015 年报告 . [EB/OL]. （2015-07-06）.http://www. nwccw.gov.cn/2017-05/24/content158102.htm.

② 中国农村贫困监测报告——2018. 世界银行发布的贫困标准与我国的贫困标准之间并不是按照人民币与美元的汇率进行换算，而是依照购买力平价（PPP）指数换算。世行在不同时期发布过几个不同的贫困标准，每人每天 1.9 美元是以 2011 年为价格基期计算得到的，其购买力与 2005 年的 1.25 美元相当。我国现行的贫困标准是从 2011 年开始实行的，按照 2010 年的不变价每人每年 2 300 元为基准，并根据消费价格指数逐年调整。2011 年当年的标准为 2 536 元，按照世界银行发布的 1 美元 =3.696 美元的 PPP 指数计算，约为每人每天 1.88 美元，但考虑到我国城乡物价水平差异，这一标准已高于世界银行的极端贫困标准，并且仍在继续提高，到 2018 年已达到 2 995 元。这也能够解释两个标准下统计数据的差异。

共建人类命运共同体等八个方面不断论述阐释和丰富完善了精准扶贫思想。2014 年 1 月，中共中央办公厅、国务院办公厅印发《关于创新机制扎实推进农村扶贫开发工作的意见》；5 月，国务院扶贫开发领导小组办公室等七部委联合印发《建立精准扶贫工作机制实施方案》，精准扶贫的工作机制开始建立完善起来。2015 年 11 月，中央扶贫开发工作会议在北京召开，会议释放了要打赢脱贫攻坚战的信号，坚决向贫困宣战。2017 年的十九大报告中，再次强调要确保到 2020 年我国现行标准下农村贫困人口实现脱贫，贫困县全部摘帽，解决区域性整体贫困，做到脱真贫、真脱贫，并且将精准脱贫与防范化解重大风险、污染防治并列为全面建成小康社会的三大攻坚战。2018 年 8 月，《中共中央、国务院关于打赢脱贫攻坚战三年行动的指导意见》正式发布，成为到 2020 年扶贫工作的指导纲领性文件。在从顶层设计到基层工作紧密结合稳步推进的局面下，十八大以来，我国 9 899 万人口摆脱贫困，不啻为世界反贫困运动中的一个奇迹。

中国的扶贫战略是切实结合中国发展情况，因地制宜实践摸索，从而走出来的一条成功的扶贫道路。站在目前的时间节点上，总结过去扶贫实践中的成功经验和挫折教训，不但有利于在最后的攻坚阶段更有效地推进工作，而且从更长远的角度来看也具有重要意义。一方面，在消除绝对贫困之后，相对贫困问题就会摆在我们面前，脱贫绝非一劳永逸的，反贫困之路依然任重道远，阶段性的总结是为未来的工作蓄力。另一方面，全国上下系统性的大规模贫困治理运动也为未来的国家治理提供了理论反思的资料和基础，实践与理论之间的相互反馈与校正，应是学术研究的题中应有之义。同时，我们也希望中国经验能够为世界其他发展中国家的减贫工作提供借鉴。

与大规模的减贫实践同步，学术界对于贫困问题的研究也在逐步深入。在我国现阶段的贫困治理框架下，高效且灵敏地识别贫困对象无疑非常关键，如何给予针对性的帮扶也是需要研究的重点内容之一；从理论研究来看，对广大国土范围内不同条件下的具体扶贫实践，仍然缺少系统性、总体性的阐述，跨经济学、政治学、社会学、管理学等诸学科的理论综合似乎也告阙如。在上述的时代背景下，本书希望从多维贫困与多元扶贫这两个基本的理论概念出发，总结经验、提出问题以及给出相应的建议。

二、多维贫困与多元扶贫研究的实践意义

我国的扶贫工作在取得举世瞩目的成就的同时，还面临着许多严峻的问题。尤其是随着经济发展与社会转型的不断加速，贫困问题与经济增长、环境保护、社会公平、道德建设、文化变迁等问题日益紧密地纠缠联结在一起，解决一个问题往往意味着要触及其他各方面问题。对这些实践中面临的紧迫问题首先要有一个全面的认识。

（一）精准扶贫实践本身面临的问题

大体上看，现阶段我国的精准扶贫仍然是政府由上而下强力主导下的社会治理运动，尤其是其精准到户的具体措施，相比以往的治理运动可谓空前深入基层社会的肌理，又因为对巨额扶贫资金和人力资源岗位的需求必然依赖于市场，在这样的复杂局面下，政府全盘掌控下的扶贫必然会面临力有不逮而又负担沉重的困境。现实状况中的困难可以分为两个层次，一是政策施行过程中的执行问题，二是政策制定思路上的深层矛盾。

精准扶贫是一个完整精密的链条，涉及贫困识别、贫困治理、贫困退出等多个环节，在这些环节上都难免出现现实的困境。

在贫困识别上，目前实行的是在最低收入贫困线的基础上是否能够满足"两不愁、三保障"的标准。但现实条件不可能允许在中国如此广大的农村范围内进行全面的收入水平和生活状况调查，因此多数情况下贫困户是通过村集体内部民主评议的方式产生的，需要通过长期的"回头看"和审核工作才能确认无误。而且老百姓对贫困的认定受到传统文化观念、基层社会关系、多重利益冲突等诸多因素的影响，往往与官方的标准大相径庭，这就造成了精准识别不精准。有学者的

调查显示，在建档立卡的初期阶段，民主评议导致的识别错误率接近50%，对精准帮扶和考核构成巨大挑战[①]。

在贫困治理中，问题的形式就更加多样了。以产业扶贫为例，许多地区采取的方式仅仅是简单地给群众分红，贫困主体参与程度不高，形成产业发展与精准脱贫"两张皮"，甚至出现市场过多瓜分产业利润的情况。另外还有产业选择上的盲目跟风、类型雷同、可持续性差、农户参与门槛较高等突出问题。除此之外，项目管理体制不够灵活，扶贫资金使用不规范、监管不到位、乡村两级"微腐败"多发，金融扶贫由于抵押和担保门槛的存在而排除了真正的贫困户等诸多现象，在实践中也相当普遍[②]。

在贫困退出上，由于实现消除绝对贫困目标的强力约束和严格的考核问责的制度压力，地方上出现了形式主义、文本主义、数字脱贫等众多的问题[③]，官僚主义、弄虚作假、急躁和厌战情绪也仍然存在。有的地区搞算账式脱贫、突击式脱贫，造成贫困退出质量不高；一些贫困户脱贫主要依靠低保、五保、退耕还林补偿等政策性补助，脱贫基础较差、标准较低、返贫风险较大。

更深层次的矛盾则存在于政策制定的基础与现实条件层面。许汉泽、李小云将精准扶贫的理论基础锚定在社会精细化理论、参与式发展理论以及社会互构论上，并观察到在实践中存在着治理要求的精细化与资源碎片化、管理条块化的矛盾，制度性治理的稳定性、长效性与运动式治理的临时性、不可持续性的矛盾，以及社会扶贫的道德逻辑与经济开发的效率逻辑之间的矛盾[④]。解决这些矛盾要从深层的制度

① 汪三贵，郭子豪.论中国的精准扶贫[J].贵州社会科学，2015（5）：147-150.
② 汪三贵，郭子豪.论中国的精准扶贫[J].贵州社会科学，2015（5）：147-150.
李小云，吴一凡，武晋.精准脱贫：中国治国理政的新实践[J].华中农业大学学报（社会科学版），2019（5）：12-20，164.
刘永富.有效应对脱贫攻坚面临的困难和挑战[J].政策，2019（3）：39-40.
③ 李小云，吴一凡，武晋.精准脱贫：中国治国理政的新实践[J].华中农业大学学报（社会科学版），2019（5）：12-20，164.
④ 许汉泽，李小云.精准扶贫：理论基础、实践困境与路径选择——基于云南两大贫困县的调研[J].探索与争鸣，2018（2）：106-111，143.

层面和思维模式方面进行调整与变革。

中国的减贫成就很大程度上依赖一个强有力的政党来突破经济利益集团与行政利益格局的掣肘，从而能够集中全局的力量实现关键的目标[1]。但这也同时带来了一些问题。精准扶贫的理想化途径是政府主导、动员全社会参与，在实现脱贫目标的同时创新治理体制。但实践过程中，实际上强化了在新的政治、经济社会条件下"政府主导"经济社会发展的机制，而偏废了市场、社会、民众等其他主体的作用，这偏离了现代治理念中的多元主体理论，尽管可能并非政策设计者最初的目标。吴映雪通过对武陵山区太村精准扶贫过程中多元协同主体之间日常合作和运作过程的田野观察，发现了精准扶贫多元协同治理中存在的主要问题，包括治理主体不平等、治理力量不均衡、治理协同不一致、治理资源不优化、治理成效不理想等[2]。其中最主要的问题，还是在各方力量博弈与关系调处的过程中，政府总是倾向于动用其强制性的力量，从而导致多元协同的失衡。

以上这些问题有的是结构性问题，有的是操作性问题，有的涉及体制因素，有的关乎理论基础，但是我们相信在实践中它们都能一一找到答案和出路。

（二）经济社会其他领域与扶贫工作的关联

与其他发展中国家相比，中国将其国内生产总值（GDP）的更大部分用于基础设施建设，如电力系统和运输网络；教育及人力资本的投入也使得中国能够更好地发挥其庞大人口的潜力；中国政府对于宏观经济的调控也尤为审慎，特别是在 20 世纪 90 年代初之后，一直在坚定不移地不断完善和发展市场体系以及开放的贸易和投资制度。中华人民共和国成立以来，农民的地位得到了显著提高，政府的"五年

---

① 李小云，吴一凡，武晋. 精准脱贫：中国治国理政的新实践 [J]. 华中农业大学学报（社会科学版），2019（5）：12-20，164.

② 吴映雪. 精准扶贫的多元协同治理：现状、困境与出路——基层治理现代化视角下的考察 [J]. 青海社会科学，2018（3）：120-126.

计划"为国家的发展和改革提供了明确的愿景和蓝图。党和政府在战略上始终追求确保全体人民能够更加平等地分享增长的成果,人人可以享受更好的生活。然而,中国目前仍然面临着不平等加剧的挑战。

中国近十几年高速高质量的发展提升了全国整体的各项经济指标,但一些深度落后和贫困地区的许多人口仍然生活在基本维持生计的水平,缺乏清洁水源和卫生服务等基本保障。根据国家统计局公布的数字,中国2003—2016年的人均可支配收入基尼系数在0.46到0.49之间波动①。这一数据已高于国际上通常所认为的收入差距相对合理的0.4的警戒线。不平等不仅对社会公平不利,也会对增长产生负面影响。它设置了贫困陷阱,加深了社会鸿沟,有可能加剧贫困的代际传递。长期处于不平等状况下的人群,不但处于一种"失能"的条件下,而且容易滋长一种"贫困文化"。地区文化发展水平以及贫困地区观念对于增长、自我发展的抗拒,会对减贫产生很大的负面影响。

在当前中国社会已经充满了创新与活力,且经济发展具有持续增长势头的情况下,让发展更具包容性和平等性就是当下时期的重大机遇和挑战。城乡二元结构的藩篱对于实现均衡和包容性增长是一个巨大的障碍,必须从制度和体制上破除这一桎梏。要进一步扩大农民工获得教育、卫生和公共住房等多种社会服务的机会;注重改革税收制度以支持收入再分配,适当加强地方政府的税收权力,包括通过引入财产税,使其有足够的财政收入来提供社会服务;金融服务业对于扶贫工作也尤为重要,通过小额信贷等方式促进贫困地区"自我造血",对减贫的可持续性和增强贫困主体的内生动力具有积极作用。

人口年龄结构的老化是我们面临的又一个现实问题。2018年,我国65岁及以上人口比重达到11.9%,0~14岁人口占比降至16.9%,

---

① 国家统计局官网. http://www.stats.gov.cn/ztjc/zdtjgz/yblh/zysj/201710/t20171010_1540710.html. 另有几家不同社会机构基于自身调查积累的数据库发布了中国的基尼系数,如西南财经大学中国家庭金融调查与研究中心的中国家庭金融调查(CHFS)、北京大学中国社会科学调查中心的中国家庭追踪调查(CFPS)等,相关数据可在各机构官方出版物查询。

人口老龄化程度持续加深。劳动年龄人口的总量在 2012 年达到峰值的 9.22 亿人，之后增量由正转负，总量进入减少阶段[①]。老龄化程度的升高，必然会对医疗、养老、社会保障等体系提出更加严峻的挑战，如何在老龄化程度提高的情况下让老年人口不反贫，贫困地区负担不增加，就更值得我们探索。

中国在新时代面临的另外一个巨大挑战是如何应对气候变化及环境污染问题。生态文明建设是党的十九大提出的"五位一体"总体布局中的重要组成部分，对增进人民福祉、实现中华民族的永续发展具有重大意义。在扶贫开发过程中，要在不破坏农村地区自然资源和人文地理环境的情况下获得脱贫成果，既是脱贫攻坚最后阶段面临的直接难题，也是我们脑中必须绷紧的一根弦。"绿水青山就是金山银山"，如何使限制贫困地区及人口发展的自然条件转化为脱贫致富的有利因素，是考验多元扶贫中各方主体的一个复杂课题。

以上只是简单罗列了近年来在扶贫开发实践中所显露出来的一些综合性问题。实际上，由于地方具体条件的复杂多样，基层扶贫工作者在现实中面对的困难要更加纷繁多变。在现有案例的基础上总结经验，绝非是做无用功，而是为具体的工作提供可依据的原则、可延续的路径和可选择的模式。这也是多维贫困与多元扶贫研究所期望达成的实践意义。

三、中国减贫实践的理论价值

2019 年度的诺贝尔经济学奖被授予了 Abhijit Banerjee、Esther Duflo 及 Michael Kremer，以表彰他们将实验方法引入全球减贫实践。这说明贫困问题仍然是当今世界面临的最大挑战之一，也显示其复杂程度超乎我们想象，还处于前沿研究的领域之中。如何从我国丰富的

---

① 国家统计局. 人口总量平稳增长人口素质显著提升——新中国成立 70 周年经济社会发展成就系列报告之二十 [EB/OL].（2019-08-22）. http://www.gov.cn/xinwen/2019-08/22/content_5423308.htm.

案例之中获得更多的启示和指引，无疑是一个有待探索的方向，也是值得深耕的领域。以上三位发展经济学家的贡献，是将在生物学、医学领域中普遍使用的随机对照实验（RCTs）方法引入对扶贫政策有效性的研究，并在亚洲、非洲的许多国家进行了长期广泛的实地验证，积累了丰富的案例，使我们更好地理解了"贫困陷阱"这一概念的具体性而非抽象性[①]，也为我们充分认识贫困问题打开了许多思路。当然，对于这一方法的效度问题，学界历来也有争议，Angus Deaton 与 Nancy Cartwright 就撰文指出 RCTs 中的随机化并不能抹平不同样本在控制变量之外的其他条件上的差异，外部干预在实验对象之外的群体中的有效性也没有正当化的理由，充其量，实验的结果只能说明某项措施"是否有用"而不是"为什么有用"，对于后一问题的解答必须依赖足够的前期知识，但 RCT 方法的特征正是简化对前期知识的需要[②]。

对于我国来说，社会实验这一方法在学术研究层面值得参考，而从现实的行政或治理层面来说，中国的政治体制的独特性使得政府或政党具有强大的贯彻执行能力，可以"集中力量办大事"，但由于现代国家治理规模与负荷的巨大压力以及官僚组织特征的限制，在一统体制与有效治理间也存在着深刻的矛盾[③]。在几十年的改革历程中，中国政府摸索出了一套自己的"实验"方法。Sebastian Heilmann 总结中国的政策制定是在一个层级分明的权威体制下反复试验、不断学习、持续调整的过程，在分散的政策选项中某些局部地区的改革最终成功推广到全国[④]。王绍光则强调在改革实践过程中，决策者通过各种形式的实践和试验学习与获取了必要的经验教训，进而调整政策目标和工

---

① 班纳吉，迪弗洛 . 贫穷的本质 [M]. 北京：中信出版集团，2013：7-15.

② DEATON A, CARTWRIGHT N. Understanding and misunderstanding randomized controlled trials［J］. Social science & medicine，2018，210：2-21.

③ 周雪光 . 中国国家治理的制度逻辑：一个组织学研究 [M]. 北京：三联书店，2017：12-29.

④ HEILMANN S. 中国异乎常规的政策制定过程：不确定情况下反复试验［J］. 开放时代，2009（7）：41-48，26.

具①。刘培伟则反对以上的"试验说"，认为中国的改革本质上是基于中央选择性控制的试验，中央对怎么改革并不预先设定一个原则和目标，而是通过对试验的不确定态度，实现对地方的选择性控制②。前后视角明显不同，不管是基于政策的现实成果还是出发点上的中央—地方二元矛盾，任何一种理论都必须透过具体案例来证实自身。现阶段的精准扶贫是一次规模不亚于历次改革的庞大治理行动，在这个运动中也采用了我们所熟悉的"政策试点"的方法③，从积极的角度考虑，这确实有利于地方创新扶贫工作机制体制。从全国范围内看，以县域为单位的"实验场"数以百计，如此众多的案例来源必然应当为各种政治经济学、社会学和管理学理论的反思和修正提供资源。

仅从扶贫本身相关的理论研究来看，基于当前扶贫工作的进展主要包括对贫困认识的深入以及扶贫模式的探索。对贫困的认识主要是从致贫的结构性因素扩展到文化因素，从单一的经济维度走向教育、健康、医疗、主体性和心理与主观福祉等多个维度。而扶贫模式，则包括对正在实践中的扶贫模式的事后评估与优化研究、对于创新型扶贫模式的理论研究。但以上大多都局限于单一地域的具体分析，针对中国到目前为止扶贫工作的整体框架的研究较少且不全面。本书认为当前的扶贫工作已经达成了相当可观的总量性成就，即将进入需要进一步优化扶贫工作细节以及实现地区间、模式间均衡的新阶段，在这种情况下，对多维贫困与多元扶贫进行系统性、框架性的研究，就更加有必要了。

除此之外，中国的减贫经验还可以为世界范围内的反贫困运动和贫困理论提供借鉴。2016 年 1 月 1 日，联合国正式启动了《变革我们的世界：2030 年可持续发展议程》，该议程设定的 17 个可持续发展

---

① 王绍光.学习机制与适应能力：中国农村合作医疗体制变迁的启示［J］.中国社会科学，2008（6）：111-133，207.

② 刘培伟.基于中央选择性控制的试验——中国改革"实践"机制的一种新解释［J］.开放时代，2010（4）：59-81.

③ 唐斌.农村政策试点如何助推精准扶贫［J］.人民论坛，2018（10）：80-81.

目标中的首要目标，就是"在全世界消除一切形式的贫困"。2018 年 12 月 20 日，在中国倡议和推动下，第 73 届联合国大会通过了"77 国集团和中国"共同提交的"消除农村贫困，落实 2030 年可持续发展议程"决议。决议草案中"强调指出必须采取精准措施消除一切形式和表现的贫困"^①。中国正在从行动上推动全球脱贫这一愿景的实现。中国经验落地必须依靠大规模的国际比较研究。有学者借助世界银行的全球贫困检测在线分析工具 Povcal^②，对全球发展中国家的减贫表现进行了比较，详细分析了 GDP 增长、收入增加及收入不平等程度与各国减贫表现之间的关系以及地区间差异，并强调增长不能解决全部问题，将增长转化为普惠才是各国面临的共同课题，而在不同地区，可能的解决办法也各异^③。我国也有学者基于中国、巴西、印度几个主要发展中人口大国的扶贫实践，剖析了它们各自留下的经验教训^④。但总的来说，类似的比较研究仍然相当少见，可以说我国的脱贫实践走在了前面，理论探讨却落在了后面。

本书希望通过综合提炼总结理论研究人员的研究成果及实践从业人员的实践经验，搭建理论与实践领域相互借鉴的平台，抛砖引玉，供扶贫减贫领域相关工作者、研究者以及政策制定者参考，一同为我国全国实施乡村振兴战略、迈向共同富裕做好支持工作。

---

① 决议编号 A/RES/73/244，决议草案全文可见联合国官方网站 https://www. un.org/zh/documents/view_doc.asp?symbol=A/RES/73/244.

② 该分析工具在 2019 年 9 月份更新了基于 2011 年 PPP 指数评估的 1981—2015 年全球贫困状况，详情可见 http://iresearch.worldbank.org/povcalnet/home.aspx.

③ FOSU A K.Growth, inequality, and poverty reductionin in developing countries: recent global evidence [J]. Research in economics, 2017, 71 (2): 306-336.

④ 蓝志勇，张腾，秦强.印度、巴西、中国扶贫经验比较 [J]. 人口与社会，2018, 34 (3): 3-15.

第二节 文献综述

一、多维贫困的国内外研究现状

（一）贫困概念的内涵和构成

1.贫困的概念

学术界对贫困的认识，基本上经历了从绝对贫困到相对贫困、主观贫困，从单一维度贫困到多维贫困的过程。一般认为最早对现代贫困现象作出论述的是英国学者朗特里（B.S.Rowntree），他在 *Poverty : a study of town life* 一书中将贫困界定为个人或家庭缺乏获得维持生存和福利所必需的商品或服务的经济能力的状况[①]。这显然是一个接近绝对贫困的定义。当然，绝对贫困的标准事实上并不像看上去那么清晰，因为对于维持生存和福利到底应该在什么水平上判定，不同人群体质的差异，以及准确的测度方法，都存在争议。到 Peter Townsend 在 1971 年编辑《贫困的概念》（*The Concept of Poverty*）一书时，对贫困概念的界定已经相当多元化了。阿马蒂亚·森总结了若干种定义贫困的方式，如生物学的方法（接近绝对贫困）、不平等方法、相对贫困概念（贫困状况不能脱离贫困感知）、政策性定义甚至价值归结等。学术界普遍认为，森极大地开拓了对贫困概念的认识，他首先将贫困与权利系统地联系起来，包括所有权、生产和交换的权利、社会保障和就业权利等，将贫困视为对权利和发展能力的相对剥夺，提出了"权利贫困"与"能力贫困"[②]。基于他的可行能力理论，森提出了"多维贫困"的概念，涵盖了收入、健康、教育、居住、社会尊严等

---

① 鲜祖德，王萍萍，吴伟.中国农村贫困标准与贫困监测 [J].统计研究，2016，33（9）：3-12.

② 森.贫困与饥荒 [M].北京：商务印书馆，2001.

各个方面 ①。并且，森厘清了贫困评估中的空间与测度问题，使后来的许多贫困测量方法都能建立在一个坚固的知识基础之上 ②。正是基于他的理论，联合国开发计划署（UNDP）开发了人类贫困指数（HPI），后又与牛津大学的 Alkire 和 Foster 等学者合作，开发了多维贫困指数（MPI）③，成为国际上衡量多维贫困状况的主要模型和测度方法。

2. 贫困的识别

目前对贫困的识别仍广泛采取以贫困线划分的方式，随着对多维贫困认识的深入，测算贫困线的方法也日益精细和复杂化。现存的贫困线指标主要可分为绝对贫困线、相对贫困线、主观贫困线和其他贫困线四大类，由于当前在绝对贫困减少的情况下仍然有大量人口无法获得教育、医疗、住房等基本生活保障，所以以相对贫困状况来设定贫困线更为合理。在此思路推动下，出现了 T_a 指数（takayama index）、T 指数（thon index）、K 指数（kakwani index）和 SST 指数（sen-shorrocks-thon index）等贫困指标，还有引入社会评价函数（social evaluation function）的道德贫困指标（ethical poverty measure），如 H_a 指数（hagenaars index）等，使得贫困测度沿公理化方向不断发展 ④。联合国《2030 年可持续发展议程》中，也特别明确消除贫困包括：执行适合本国国情的全民社会保障制度和措施，确保穷人和弱势群体享有平等的各项权利，增强他们的抵御灾害能力等。但是需要说明的是，任何一个公理化的指数都不能单一地用来说明某个确定地区人口的现实贫困状况，因为总是有难以测量的因素在"贫困"这一状态中发挥作用。仅以最基础的生物性标准为例，计算一个个体维持健康和工作需求所需要的能量和营养固然有一套科学的方法，但现实情况是世界

---

① SEN A. Poverty: an ordinal approach to measurement［J］.Econometrica，1976，44（2）：219-231.

② SEN A. 评估不平等和贫困的概念性挑战［J］.经济学（季刊），2003，2（2）：257-270.

③ ALKIRE S，FOSTER J. Multidimensional poverty measurement and analysis[M].Oxford：Oxford University Press，2015.

④ 池振合，杨宜勇. 贫困线研究综述［J］.经济理论与经济管理，2012（7）：56-64.

各地具有完全不同的饮食习惯，因此在食物上的消费很难计算，不同地区的贫困状况的比较就成为一个难题。另外，在同一社区中，历史因素与文化传统的力量也使得人们倾向于不会完全按照马斯洛需求层次理论那样逐层满足自己的需要。人情、面子、攀比、习俗等都会促使人们作出不那么"理性"的选择，一方面很容易形成相对剥夺感，另一方面又使得对"好日子"的判断相当困难。

3. 贫困的成因

从发展经济学角度出发，早在20世纪50年代，对穷国为什么穷这一问题就出现了一系列解释。讷克斯（Ragnar Nurkse）的贫困恶性循环理论认为在供给和需求两侧，低收入会分别造成低储蓄率和低购买力，从而共同造成资本形成不足，使得劳动生产率低下，最终又带来低产出和低收入，形成恶性循环[①]。纳尔逊（Richard R. Nelson）的低水平均衡陷阱（low-level equilibrium trap）理论认为，当人口增长率超过人均收入增长率之后，人均收入的边际投资倾向就很低，进而会重复低效率的生产方法，结果就稳定在一种不发展状态[②]。缪尔达尔（G. Myrdal）提出了循环累积因果（circular cumulative causation）理论，认为市场力量的作用一般趋向于强化而不是弱化区域间的不平衡，贫富差距会像滚雪球一样越来越大，这种效应不仅存在于不同地区之间，也存在于一个经济体内部，如工业化水平低下与教育之间就存在着循环累积。他将造成这一结果的因素从经济层面扩展到"非经济"层面，将社会、文化、历史等因素纳入分析框架，例如，造成南亚始终难以摆脱贫困的原因之一，就在于人民的态度和价值观念[③]。

从20世纪六七十年代开始出现的"依附理论"和世界体系论等，从政治经济学的宏观角度出发，阐述了不平等的世界资本主义体系对

---

① 讷克斯 . 不发达国家的资本形成问题 [M]. 北京：商务印书馆，1966.

② NELSON R，李德娟 . 欠发达经济中的低水平均衡陷阱理论 [J] . 中国劳动经济学，2006，3（3）：97-109.

③ 缪尔达尔 . 亚洲的戏剧——南亚国家贫困问题研究 [M]. 北京：首都经济贸易大学出版社，2001.

于不发达国家的剥削和压迫，导致了它们的持续落后。萨米尔·阿明（Samir Amin）细致分析了不平等的国际专业化和国际资本流动是如何使那些"欠发达"国家从自给自足的前资本主义经济向"外围资本主义"转化的，又是如何阻碍这种以外国资本投资或对外贸易为基础的外围资本主义向发达的资本主义过渡，从而使它们长期处于滞阻状态，成为发达国家世界规模的资本积累的工具，在此过程中，世界货币体系、国际收支机制等都发挥了重要作用[①]。

从社会学角度出发，周怡将现有的贫困原因划分为结构解释与文化解释。结构解释聚焦于社会和经济力量如何生产和再生产了贫困；文化解释则从贫困文化和环境适应的视角理解贫困问题，分析了社会失范、价值缺位、期望与现实的落差、歧视、社会孤立和排斥等潜在因素的作用。这两种解释是互补的，在一种解释失效的时候，另一思路往往能发挥作用。贫困确实是结构性地生产和再生产的，文化因素则能够在贫困再生产的过程中起到重要作用[②]。

4. 贫困的治理

基于多样的贫困成因及表现形式，对于贫困治理的研究就涉及更多学科的理论。财政学认为政府的转移支付是促进区域协调发展的重要手段，而区域协调发展是减少绝对贫困乃至相对贫困的必要条件。陈硕峰关于地区经济协调发展的研究中认为伴随着劳动力和资本等各类生产要素的流动，地区间的差距会进一步扩大，因此各级政府应当在财税体系上更好地作出平衡[③]。关于分配，罗尔斯的分配正义思想认为政府应该在再分配环节发挥应有的作用，更多地关注天赋较低或天生占有资源较少的人群，给予特殊的补偿，使财富分配更具有正当性，

---

① 阿明.世界规模的积累：欠发达理论批判 [M].北京：社会科学文献出版社，2017.

② 周怡.贫困研究：结构解释与文化解释的对垒 [J].社会学研究，2002（3）：49-63.

③ 陈硕峰.我国区域经济协调发展的特征及其财税政策分析 [J].中国商论，2016（13）：123-124.

让社会中生存处境较差的阶层的可以改善生活[①]。但罗尔斯对于分配正义的要求是建立在正义原则被认可且存在能够重塑社会收入分配体系的权力的假设基础上的。阿玛蒂亚·森对罗尔斯的分配正义论进行了批判性的提升，他认为反贫困政策不仅需要从直接为贫困群体提供更多收入上入手，还应当重视教育和医疗保障，这不仅能直接改善生活质量，还能够提高贫困人群获取收入摆脱贫困的能力[②]。当前对于收入分配的认识，除了已有的三次分配，即市场按生产要素和效率原则进行的分配，政府通过税收、社会保障等方式依公平原则进行的再分配以及公共服务或公共品的均等分配之外，还有观点将捐赠和慈善认为是对于前三次分配的重要补充，即"四次分配"[③]。

在贫困治理中会主要涉及三种资本，人力资本、有形物力资本（包括基础设施等公共物品以及私人资产）以及无形物力资本（包括文化、语言、权利等）。

关于人力资本，西奥多·舒尔茨（Theodore W. Schultz）认为经济的发展主要取决于人的质量，而非自然资源的丰瘠抑或是资本存量的多寡。贫困地区之所以落后，关键在于人力资本的稀少。要提高人力资本，就要在健康设施及服务、工作培训、基础教育、成人学校、劳动力迁移等方面加大投入[④]。由古典经济学派、凯恩斯学派、发展经济学派等学派的就业理论，都可以推断得出劳动力的投入对于生产和地区发展具有重要意义。人力资本对改变贫困状况的紧要性如此突出，是因为它本身就处于矛盾的节点上。教育是提升人力资本的最关键因素，但越是贫困的家庭就越是无法承担教育成本和未来的不确定性风险，对教育或人力资本的投资意愿就越低，从而造成持续性贫困[⑤]。因

①　罗尔斯. 正义论 [M]. 北京：中国社会科学出版社，2001.

②　森. 以自由看待发展 [M]. 北京：中国人民大学出版社，2002.

③　青连斌. 四次分配论与分配制度的改革创新 [J]. 中共珠海市委党校珠海市行政学院学报，2010（3）：61-64.

④　SCHULTZ T W. Investment in human capital [J]. Economic journal，1961，82（326）：787.

⑤　邹薇，郑浩. 贫困家庭的孩子为什么不读书：风险、人力资本代际传递和贫困陷阱 [J]. 经济学动态，2014（6）：16-31.

此，必须通过外部的措施和手段鼓励贫困人口更多地接受教育。

关于有形物力资本，在减贫工作中基础设施建设尤为重要。罗斯托将区域社会总投资分为"社会先行资本"与"私人资本"，其中"社会先行资本"即用于基础设施建设及公共用品的投资，其形成与投入是区域自身发展起步阶段的重要支撑条件，在经济起飞阶段向经济持续增长阶段转变过程中极为重要①。基础设施的建设对于贫困地区发展有重要意义。当然，过往的经验也表明，基础设施建社虽然对改善贫困户的生产生活状况发挥了极大作用，但是其效益并不是平均地惠及每个人的。基础设施一般是面向所有人群的公共资源，借用阿马蒂亚·森的能力相对剥夺理论，贫困人口本身从其中获益的能力就低于其他人群。农村中那些"能人""狠人"从基建投资中获取收益的机会要普遍大于贫困户，因此基建投入的加大对地区发展的作用要大于对个别贫困户的作用，甚至可能会在某些地区造成贫富差距的增大。必须结合人力资本状况的改善，才能使有形的物力资本发挥其减贫的作用。

除有形的物力资本以外，无形物力资本对于支撑地区及个人发展也有重大意义。权利的行使是社会生活中的重要组成部分，其中，生存权、劳动权和劳动收益权被奥地利法学家安东·门格尔并列作为人权的基础，而在当前对于贫困的研究中，生存权被认为是贫困户要求满足基本生活所需的物质和制度条件的基本立足点，并且是保障和实现贫困户美好生活的基本条件。关于文化与贫困间的互动机制，主要得益于奥斯卡·刘易斯（Oscar Lewis）的开创性工作。他在对墨西哥一个贫困家庭的调查研究中首次提出了"贫困文化"的概念，将其定位为一种具有自身独特的结构与理性的社会亚文化②。刘易斯的贫困文化理论的主要特征在于两个方面。一是它产生于穷人群体所共享的一种生活方式，并且属于所谓"社会主流文化"大传统下的一个小传统；二是它实际上是穷人长期处于次要或边缘地位的情况下产生的一种精

---

① 罗斯托. 从起飞进入持续增长的经济学 [M]. 成都：四川人民出版社，1988.

② LEWIS O. Five families：Mexican case studies in the cultureof poverty[M]. New York：Basic Books，1959.

神上的自我调适^①。贫困人群往往由于文化的限制而错失了改善自己生存状况的机会，宿命性地陷于贫困状态之中无法摆脱。贫困文化理论引发了对贫困产生的机制的重新思考，更加注重强调贫困人口的内在驱力和思想变革，这正对应了从顶层设计角度历来强调的"着力激发贫困人口内生动力"。语言同样是具有经济特性的资源，能够积累成人力资本而进入生产函数，影响着地区的发展潜力。经济学家马尔萨克（Jacob Marschak）最早提出，语言与其他物质类资源类似，也具有经济特性的本质；语言的价值、效用、费用和收益，都能通过个人以及社会的投入而获取^②。促成了语言经济学作为一门新兴边缘交叉学科的提出。语言的经济性质可以从人力资本、公共产品和制度三个方面体现出来^③。作为人力资本，个人的语言能力与他的劳动竞争力和收入水平密切相关；作为公共产品，它的交际价值形塑了语言集体，使用越频繁，影响力就越大，积聚的人力价值也就越高；作为制度，语言与交易成本有着重要联系，并且影响着其他制度安排的效率。尽管有着巨大的作用，语言议题却极少被纳入扶贫脱贫议程中，是发展研究中最容易被忽视的问题之一。事实上，语言问题恰恰是许多国家发展道路上的阻碍因素，也是多维贫困的重要表现之一，值得被加入扶贫的路径设计与实践之中。

（二）多维贫困的国内外研究现状

多维贫困的研究发展大致经历了四个阶段，分别为理论建立、测度方法研究、实证分析以及多维贫困视角下扶贫模式效用研究。四种研究方向的出现有一定的先后顺序，但当前理论逐渐发展，四类研究方向都在不断深化。

---

① LEWIS O. The culture of poverty ［J］. Scientific American，1966，1（1）：19-25.

② MARSCHAK J. Economics of language[J]. Behavioral science，1965，10(2）135-140.

③ 张卫国. 作为人力资本、公共产品和制度的语言：语言经济学的一个基本分析框架［J］. 经济研究，2008（2）：144-154.

1. 理论建立

如上文所述，多维贫困的理论最初由阿马蒂亚·森从"可行能力"的视角定义贫困而催生，他认为贫困不是指达不到某一个收入标准，而是对实现某一主观期待的生活状态的能力的相对剥夺。他对人的生活质量的评价提出了一个新的观点，认为不仅仅要参考传统经济学定义的物质因素和指标，还需要对物质与非物质因素进行平衡。多维贫困理论的核心，就是贫困不能仅以收入来衡量，还必须加入社会其他客观资源条件和个体的主观感知。直白地说，如果一个人的收入很低，但教育、医疗等不需要花钱，那么他就不能算是贫困；相反，如果收入较高，但由于歧视或习俗而无法获得某些资源，也很难说是富裕。后来的学者基本上延续了这一思路和框架，只是在指标的选取和测度方式的公理化上进行不断的完善。

王小林和 Sabina Alkire 结合我国的具体国情和扶贫历程，对多维贫困和扶贫提出了在地化的解释[①]。他们认为，从 20 世纪 80 年代中期开始中国所采用的大规模开发式扶贫，思路是通过促进农业产业的发展，提高农民收入，减少贫困人口；依据的主要是收入贫困线，通过统计收入识别贫困人口、计算贫困发生率，确定需要重点瞄准的贫困县或地区，进行资金投入和项目引入等。在开发式扶贫的模式下，中国确实取得了巨大的减贫成就。但当绝对贫困基本消除后，由社会排斥或区域发展不平衡引发的相对贫困问题就凸显出来，不同地区教育、医疗、社会保障等公共服务存在的明显差距，使得使用同一收入标准进行贫困识别变得难以反映实际，因此必须引入多维贫困的理论和方法。

2. 测度方法研究

霍萱总结了多维贫困测度的发展历史。有关多维贫困的测量方法研究，主要包括两个部分，其一是维度和指标的选取，其二是每一维度与指标权重的确定[②]。在维度和指标选取上，学者通常会依据可获

---

① 王小林，ALKIRE S.中国多维贫困测量：估计和政策含义[J].中国农村经济，2009（12）：4-10，23.

② 霍萱.多维贫困理论及其测量研究综述［J］.社会福利，2017（12）：5-9.

得的数据和对具体案例的假设与判断，如哈格纳尔斯（Hagenaars）构造的 H-M 指数，用收入和闲暇两个维度来测度贫困；努斯鲍姆（M. Nussbaum）构建了一个有尊严的生活必需的十项基本能力的清单，对学界产生了广泛的影响；也有学者开始致力于从地区研究层面实际应用这些方法，如博圭浓（F. Bourguignon）等人从收入和教育两个维度测算巴西农村的多维贫困状况；联合国开发计划署也颁布了由预期寿命、预期教育年限、购买力平价折算的人均国内生产总值组成的人类发展指数，且在 2010 年更新为 10 个指标的 MPI 多维贫困指数。国内方面也有学者因地制宜选择适合地区情况的维度和指标进行贫困评估，例如王小林等利用 2006 年中国健康与营养调查数据，从住房、饮用水、卫生设施、点、土地、教育等八个维度对中国城乡家庭的贫困状况进行了测量[1]；尚卫平等构造的人文发展指数，主要将预期寿命、成人识字率和人均实际国内生产总值三项指标纳入考虑[2]；杨龙、汪三贵利用 2010 年中国农村贫困监测调查数据，选取了收入、教育、健康、饮用水、资产和生活水平六个维度，重点分析了农村地区的多维贫困状况，基于区域、收入、地形和民族等不同的分组比较方式，解释了各个因素对于多维贫困的贡献[3]。总体上来看，研究逐渐从单一的多维贫困测量，发展到对每一指标的详细分解以及其交互影响和地区差异。至于各维度权重的确定方法，主要有等权重法、频率法、统计法和社会选择法等。

目前国际上最常采用的主流的多维贫困测量方法是 Alkire-Foster（AF）法，以解决 Foster-Greer-Thorbecke（FGT）方法对贫困的分布和剥夺的深度不敏感的缺点[4]。除此之外，还有一些脱离传统构建的新

---

[1] 王小林，ALKIRE S.中国多维贫困测量：估计和政策含义[J].中国农村经济，2009（12）:4-10, 23.

[2] 尚卫平，姚智谋.多维贫困测度方法研究[J].财经研究，2005（12）:88-94.

[3] 杨龙，汪三贵.贫困地区农户的多维贫困测量与分解——基于 2010 年中国农村贫困监测的农户数据[J].人口学刊，2015，37（2）:15-25.

[4] 王素霞，王小林.中国多维贫困测量[J].中国农业大学学报（社会科学版），2013，30（2）:129-136.

型测量方法，如模糊集方法、信息理论方法等。国内学者也为这些测量方法的改进作出了贡献，侯亚景将时间维度引入对多维贫困的研究，将贫困的长期变化特征纳入考虑，建立了主客观维度相结合的长期多维贫困的测量框架，其方法结合了 AF 方法与 Foster 的慢性贫困计数方法，并有所发展，使用的临界值从两个增加到三个[①]。

值得注意的是，不论哪种方法，采取不同的指标或权重计算所得的多维贫困指数数值都可能相差甚大。郭建宇、吴国宝利用山西省农村贫困监测住户调查数据，采取 UNDP 关于 MPI 的测算方法计算农户的多维贫困状况。当采用中国农村贫困监测统计数据对 UNDP-MPI 的某些指标及其权重以及剥夺临界值进行替换后，所得的贫困人口发生率和多维贫困强度指数变化可达 1.4 ～ 1.5 倍[②]。方迎风为了检验多维贫困指数对测度方法和权重的敏感性，选取了 4 个维度 11 个指标，分别用 AF 方法和 TFR 方法构造指数，并通过改变权重观察两个指数的变化。在对计算结果进行分解后，发现不同指标对两种指数的贡献均有所不同，而改变权重也会影响某一指标在一种指数中的贡献[③]。由此可见，机械地套用数据和算法是不足取的，对指标和权重的选取必须依靠实地的调查和感受。

3. 测度方法的实证分析与扶贫模式效用研究

在多维贫困理论被广泛接受，且多维贫困的测度方法逐渐明确后，基于多维贫困角度的实证案例分析逐渐增多，并且从宽泛地对全国范围内的数据进行分析，进入对局部地区的更为细致的研究分解，以评估扶贫措施的效度并提出改进意见。袁媛等构建了一个结合经济、社会、自然三个维度的县域贫困度多维评价指标体系，并对河北省 136

① 侯亚景.中国农村长期多维贫困的测量、分解与影响因素分析[J].统计研究，2017，34（11）：86-97.

② 郭建宇，吴国宝.基于不同指标及权重选择的多维贫困测量——以山西省贫困县为例 [J].中国农村经济，2012（2）：12-20.

③ 方迎风.中国贫困的多维测度 [J].当代经济科学，2012，34（4）：7-15，124.

个县的贫困状况进行了评估，依据评估结果将贫困程度分为五级，并且根据不同县域的地理位置、现状及潜在可能性，分别给出了相应的扶贫建议，强调了分类扶贫、防治结合、区域联动的策略[①]。陈辉、张全红使用 AF 方法对粤北山区的贫困地区、贫困家庭进行了多维度的精准识别，并提出了按贫困维度权重针对性施策、扶贫资金更多倾向贫困程度更深的地区和家庭、建立以赋能为导向的扶贫机制和提高基层干部扶贫管理能力等精准扶贫对策[②]。贺立龙等从社会生产、财政金融、居民收入、生活与健康及教育等 5 个维度、16 项指标出发，考察了贵州省 50 个贫困县的多维贫困演变趋势，提出了"普惠—精准"均衡的脱贫攻坚策略，并建议将多维指标纳入对脱贫成果的验收评估中[③]。

自 2012 年开始，国内使用多维贫困的测度方法开展的实证案例研究逐渐增多，并开始向政策评估及改革方向转化，多维贫困从理论及数据研究工具变为指导应用的工具。有学者用定量的方式对国内外多维贫困研究的现状进行了分析，发现就国内而言，虽然在测度的精细化、多元化、动态化上与国外具有相同的趋势，但在理论基础和前沿热点的关注上相对滞后。不过国内的各项研究的特点是始终紧贴国家脱贫计划的现实需要，能够从一些微观而实际的角度提出一些合理建议[④]。与此同时，我们也看到各扶贫工作的执行主体开始利用多维贫困的思路研究及优化已有扶贫工作方案，推进多元扶贫治理。

① 袁媛，王仰麟，马晶，等.河北省县域贫困度多维评估［J］.地理科学进展，2014，33（1）：124-133.

② 陈辉，张全红.基于多维贫困测度的贫困精准识别及精准扶贫对策——以粤北山区为例［J］.广东财经大学学报，2016，31（3）：64-71.

③ 贺立龙，左泽，罗樱浦.以多维度贫困测度法落实精准扶贫识别与施策——对贵州省 50 个贫困县的考察［J］.经济纵横，2016（7）：47-52.

④ 陈闻鹤，常志朋.国内外多维贫困研究进展［J］.长江师范学院学报，2019，35（5）：31-44.

二、治理理论框架下的多元扶贫

党的十八届三中全会审议通过的《中共中央关于全面深化改革若干重大问题的决定》中，提出"全面深化改革的总目标是完善和发展中国特色社会主义制度，推进国家治理体系和治理能力现代化"。在党的十九大报告中，又首次对"社会治理"问题表现出高度的重视，提出要"完善党委领导、政府负责、社会协同、公众参与、法治保障的社会治理体制"，"打造共建共治共享的社会治理格局"。以这两个顶层标志性信号为起点，"治理"这一概念成为学术热门话题。

1. 中国的治理改革

俞可平提出，治理"指的是政府组织和（或）民间组织在一个既定范围内运用公共权威管理社会政治事务，维护社会公共秩序，满足公众需要"①。他认为要深入理解"治理"（governance），就必须把它和"统治"（government）放在一起比较。它们主要有五个方面的区别，包括权威主体、权威的性质、权威的来源、权力的运行向度和作用所及范围。治理的特征在于，它的主体是多元的，既包括国家公权机关，也包括企业、社会组织和公民；它的性质更倾向于协商性而非强制性；它的权威来源除了法律外还有非强制性的契约；它的权力运行不仅是由上而下的，更多的是平行的；它的作用范围覆盖整个公共领域①。

治理的理想状态是"善治"，所谓善治，就是以公共利益的最大化作为治理的目标，其本质特征是政府与公民合作对公共事务进行管理，体现了一种新型的政治国家与公民社会的关系，实际上就是国家权力向社会的回归，其要素包括法治与合法性、政治透明性、公民的广泛、管理者的廉洁奉公等②。无论是治理还是善治，行动主体的多元化都是共同的特征。从世界范围来看，现代国家普遍都在向着善治的方向努力。

---

① 俞可平. 中国的治理改革（1978—2018）［J］. 武汉大学学报（哲学社会科学版），2018，71（3）：48-59.

② 俞可平. 治理和善治引论［J］. 马克思主义与现实，1999（5）：37-41.

俞可平总结了改革开放 40 年来中国的治理改革，将其视为中国取得举世瞩目的现代化成就的根本原因之一。中国治理模式的主要特征，包括以中国共产党为主导的多元治理结构、基于路径依赖的渐进式改革、重视协商民主、坚持稳定压倒一切、法治与人治并举、条块结合的组织格局等[①]。

从以上对治理的认识来看，历次扶贫运动都可以被视为国家治理行为，也因此可以被纳入有关治理的理论框架中进行讨论。

2. 多元扶贫作为一种治理实践

《中共中央 国务院关于打赢脱贫攻坚战三年行动的指导意见》中，明确要求"坚持调动全社会扶贫积极性。充分发挥政府和社会两方面力量作用，强化政府责任，引导市场、社会协同发力，构建专项扶贫、行业扶贫、社会扶贫互为补充的大扶贫格局"。从顶层设计的角度来看，精准扶贫本身就包含了政府、社会、市场等多个主体，而对激发贫困人口内生动力的强调又把贫困主体包含在内，因此，在主体的多元性上符合上文对现代国家的治理理念的界定。

多元扶贫这一概念既包含多主体也包含多方式。从多主体角度出发，由于它重视通过赋权、赋能的方式激发贫困主体自身摆脱贫困的动力，因此也可以被称为"参与式扶贫"[②]。它更强调主体间的平行协作而非自上而下的控制、管理与灌输。从多方式的角度出发，多元扶贫的特点是摒弃以往主要靠政府的物力资本投入的方式，转向更加重视人力资本开发和社会物力、非物力资本的投入，这样才有助于提高贫困人口自身的造血能力，从而打破贫困的代际传递。

但是实践中的执行维度受到体制、历史、观念等固有条件的限制，很可能会偏离最初的政策含义。周雪光认为运动型治理机制是应对官僚体制下常规型治理的尾大不掉、效率低下而产生的，通常依赖

---

① 俞可平.中国的治理改革（1978—2018）[J].武汉大学学报（哲学社会科学版），2018，71（3）：48-59.

② 从参与式发展思想延伸而来的参与式扶贫评估（PPA）与参与式扶贫（PPR），可参见李小云.参与式发展概论[M].北京：中国农业大学出版社，2001：58.

于一个具有极强意志贯彻和动员能力的政党组织，但运动型机制的危机在于越来越不适应现代的法理权威并有可能因扰乱基层秩序而受到反制①。中国的精准扶贫实践确实存在运动型治理的倾向，例如，党政负责人"双组长"责任制、驻村工作队、第一书记等组织体制，都符合运动型治理大规模动员的特征②；而其严格的目标设定、检查验收与奖励表彰制度，也符合周雪光提出的中国治理模式中的"控制权"理论③。最终在很多地区导致了行政空转、应付检查、数字脱贫等现象的产生。同时，对原本基层秩序的破坏，也会导致群众甚至基层工作者背离制度或政策设计，造成政府与"群众路线"的脱离④。运动型治理的临时性和不可持续性也为日后的长效脱贫埋下了隐患，如"五级书记挂帅"和驻村工作队等制度，需要临时抽调大量干部进入基层，一旦脱贫攻坚时期结束，这批人回到原单位，那基层的贫困问题是否会反复，值得令人担忧⑤。

除了效果与目的之间的偏差外，"攻坚"式的运动型治理还往往与上文述及的以现代治理理念为基础的多元扶贫模式相背离。实践中已经出现了这样的问题，如上文述及的吴映雪的相关研究，就反映了在动员和评估的压力下，基层政府往往放弃主体间的平等、均衡、协同关系，动用强制力量为实现既定目标开路。

总体来看，关于多元扶贫，可以说已经形成了一个成熟的理论基础和设计理念，但是在实践中要贯彻这样的路径，还需要很多现实的

① 周雪光. 运动型治理机制：中国国家治理的制度逻辑再思考 [J]. 开放时代，2012（9）：105-125.

② 魏程琳，赵晓峰. 常规治理、运动式治理与中国扶贫实践 [J]. 中国农业大学学报（社会科学版），2018，35（5）：58-69.

③ 周雪光，练宏. 中国政府的治理模式：一个"控制权"理论 [J]. 社会学研究，2012，27（5）：69-93，243.

④ 欧阳静. 论基层运动型治理——兼与周雪光等商榷 [J]. 开放时代，2014（6）：9，180-190.

⑤ 许汉泽，李小云. 精准扶贫：理论基础、实践困境与路径选择——基于云南两大贫困县的调研 [J]. 探索与争鸣，2018（2）：106-111，143.

努力，突破诸多制度、观念和体制障碍，甚至需要与整体的深化改革相配合。

三、现有理论的局限

通过以上两小节的综述，我们对有关多维贫困与多元扶贫的理论流变进行了初步的梳理，目的是在已有的理论基础和实践经验上寻找可以修正和突破之处。在初步思考后，我们认为现有的理论存在以下若干局限。

1. 多维贫困理论过于局限在测度和指标体系建立方面，忽略了不可测度方面的内容

尽管多维贫困理论一直声称要兼顾经济因素之外的社会、政治、文化等因素，但是国内外当前研究的重点仍在于完善测度体系和将其应用于对数据的整理分析。实际上，尽管大多研究中都会选取 10 个以上的指标来提取数据测算多维贫困指数，但是对剥夺临界值的赋值都相当粗糙，而对于不可测度因素的把握就更加不足。文化、道德、习俗等与贫困之间的相互作用机制都尚不明了，它们对于多维贫困状况的贡献程度也是未知。

2. 现有多维贫困理论囿于研究者主观判断，缺乏贫困主体的视角

由于多维贫困研究多数时处理的都是海量的统计数据，非常缺乏与贫困人口的直接接触和对贫困地区的实地考察，使得理论研究有脱离现实之虞。如果研究者只是单纯基于自己的判断和既有数据的限制来选取测度的维度和指标，那么其研究结果能够在多大程度上真实反映贫困状况就是一个未知数，况且测度方法本身就对指标选择和权重非常敏感。贫困研究者必须扎根实地，切身感知，才能从现实中获得对贫困的认知，从研究者与贫困人口的双重主位视角出发，再辅以定量的测度方法，才能较准确地把握多维贫困的具体状况。

3. 跨学科的研究范例不足

李小云等基于历史学、社会学的视角对中国 40 年的减贫历程进行了分析。他们认为中国在历史尺度上长久稳定的小农生产方式、稳固的乡村社会关系，以及中国特有的政治文化如"家国"同构观念等，共同构成了近40年减贫实践的政治社会机制前提[①]。这可以说是多维贫困研究中跨学科视角的一个良好范例。但类似这样的研究仍然极为缺乏，需要历史学、社会学、人类学等多学科的学者与政治学、经济学等领域的同人加强在贫困研究上的合作，贡献出更多的理论成果，以对现实的反贫困运动提供支撑。

4. 多元扶贫中对某些非物力资本的重视仍显不够

对于多元扶贫的强调过于重视多主体的共同参与和平等互动，在多元方式上也更加强调社会资本的进入和组织管理，仍然有意无意地忽视了更多的非物力因素。仅举一例，我国人口老龄化的趋势使得老年人口贫困问题日益突出，通常情况下，政府都会通过社会保障兜底的方式解决这一部分贫困问题。但养老是一个复杂的多元课题，既涉及社会公平，又包含长久历史所积淀下来的文化和道德安排。社会政策要对道德有一个良好的导向，如何利用孝道来做好老年人的扶贫工作，就是一个政府单方面不可能解决的问题。

以上这些方面，构成了本书对多维贫困和多元扶贫研究的部分出发点。

第三节　内容安排

正如本书书名所示，本书的研究对象是贫困现象以及针对性的治理方法，但我们的研究视野具有更为丰富的内涵与外延。首先，我们将贫困现象拆分为多个维度进行考量，而不仅仅是单一的收入维度。其次，我们不单从经济学和公共管理学的角度来讨论，也更多关注了

---

① 李小云，徐进，于乐荣. 中国减贫四十年：基于历史与社会学的尝试性解释[J]. 社会学研究，2018，33（6）：35-61，242-243.

贫困中体现的文化价值与社会属性。再进一步看，我们以讨论中国的贫困问题及治理手段为主，还通过贫困问题透视中国社会治理体制中的问题，并且进一步将中国经验与国际减贫事业结合起来，关注国际贫困问题。

在研究分析中，本书主要运用了产业经济学、组织理论、计量经济学、人类学、财政学、社会学等学科的相关理论和方法，注重理论与实践的联系，参考了大量的扶贫实践工作案例，并结合实地调查进行研究。同时本书采用定性分析与定量分析相结合的方法，除上述提到的质性研究，我们还在宏观统计数据的基础上，运用部分数学与经济计量模型，多角度对贫困问题进行分析。本书参考了大量的著作、论文、年鉴、政府官方新闻与政府报告以及各社会部门公开发表的扶贫案例与心得，参考文献中列举了本书直接引用参考的部分，还有大量的间接参考文献也对本书作出了贡献。本书中分析所用的数据主要来自宏观统计数据。

本书从理论出发，探索从单一维度贫困与扶贫到多维贫困与多元扶贫的理论历史沿革以及背后的实践经验，遵循经济—文化—道德和政府—市场—社会—农户等逻辑线索组织章节顺序，结合案例分析与数据分析，以及扶贫工作的最新进展，总结扶贫工作的启示并提出若干政策建议。

本书的主要章节内容安排如下。

第一章"绪论"为本书的研究说明，包含选题意义、文献综述、本书内容安排。

第二章"多维贫困与多元扶贫"为全书的理论基础。从政府、市场、社会、贫困主体四类扶贫实践主体以及道德、文化、法治三大社会上层建筑角度出发，搭建了多维贫困与多元扶贫的理论架构。

在中国特色社会主义市场经济体制下，从市场机制中的生产与分配来思考扶贫问题必不可少，本书从第三章至第十五章对13种相关扶贫模式进行了详尽的论述。针对不同维度的贫困状况和多元的扶贫模式进行具体的实践经验总结及理论提炼分析，具体包括各种模式的实现路径、机制设计、制度安排等问题，并针对当前相应扶贫模式存在的问题，结合当前社会整体发展状况，有针对性地提出建议。

第三章对增长扶贫模式、全球及中国的增长溢出效应进行了理论分析。经济增长作为与贫困及扶贫最直接相关的因素，对于讨论多维贫困与多元扶贫而言尤为重要。本章利用近年的经济发展数据进行实证分析，充分探索了增长与减贫的关系。贫困与扶贫工作并非区域内部的孤立事件，而是全人类范围内共同的事业。因此，本章也针对全球区域间以及中国内部区域间的溢出效应进行了详细的分析。最后对经济增长红利中的减贫行动提出了理论建议，以期减少增长与减贫并行过程中各种类型的不均衡。

第四章对转移支付扶贫进行了具体研究。一方面，转移支付本身就具有促进社会公平、缩小收入差距的作用，该种再分配模式可天然地被用于扶贫建设；另一方面，中央对地方的专项转移支付在经济增长以及社会整体发展中起到了重要作用。因此转移支付在扶贫领域中的重要作用也不可忽视。本章首先介绍转移支付的基本概念、相关理念以及中国的转移支付体系，帮助读者形成对财政转移支付体系的总体概览；然后，针对转移支付中的中央对地方的转移支付（纵向转移支付）和地方政府之间的转移支付（横向转移支付）分别展开，说明纵向和横向的转移支付对扶贫的影响。后续聚焦中国特有的"对口帮扶"模式进行分析，并总结中国在转移支付扶贫领域中取得的成就和亟待解决的问题，并对未来的发展提出展望。

第五章介绍了赋权扶贫。贫困除了经济概念上的贫困，还包括个人应有权利上的缺乏。本章提出了生存权、选择权、迁徙权、知情权、参与权、美好生活权等六项建档立卡户在生存发展中必需必备的权利要求，强调了基本权利内容的重要性，并对强化赋权扶贫的概念提出了对应建议。

第六章主要介绍了赋能扶贫。在中国扶贫政策由"救济式扶贫"到"开发式扶贫"再到"精准扶贫"的转向与深入之时，扶贫工作已在诸多方面取得显著成效，在开发式扶贫理念框架内提出的扶贫对象的"内生动力"也逐渐占据了重要位置，赋能扶贫成为扶贫整体工作中不可或缺的一项。当前赋能的形式主要但又不限于教育形式。本章从教育扶贫的政策沿革与理论基础出发，以义务教育、职业教育、干中学三种赋能模式为主，展示其发展与实践状况，对赋能扶贫的现状与未来进行研究和探讨。

第七章介绍了基础设施扶贫。基础设施作为一种准公共品，对社会居民的基本生活起到重要的保障作用，同时基础设施也是地区经济发展的基础。基础设施如何带动地方脱贫，如何影响地方的贫困状况以及其他方面，下一步该如何利用基础设施对地区脱贫的正向促进作用？本章以"水、电、路、气"四种基础设施为重点，从模式、机制、制度、路径几个方面来全方位解析基础扶贫模式，并在最后总结了过去实践中得出的经验。

第八章主要从模式、机制、制度、路径的角度探索四次收入分配扶贫模式，提供理论支持及实践建议，以促进在未来的扶贫工作中形成以初次分配为基础、再分配为重要补充、鼓励发展第三次分配及第四次分配的收入分配扶贫模式。提出第四次分配理论是本章相对于已有理论的重要创新点。

第九章介绍了产业扶贫。产业扶贫是当前理论研究及实践探索都较为集中的领域。本章整理了"地方政府""地方政府+贫困户""地方政府+龙头企业+贫困户""地方政府+社会组织+贫困户""地方政府+产业合作社+贫困户"五种产业扶贫模式，以及模式中的传导、传递、动员、规范机制，各项制度安排以及产业扶贫实现的路径。

第十章主要介绍了资产扶贫。当前中国的已有资产资源尤其是农村贫困地区的资产资源缺乏资产活力，盘活资产、巧妙利用资产成为提高我国扶贫攻坚工作能力的重要方法。在"十三五"规划中，我国提出了资产收益扶贫制度，各地开始根据当地情况探索资产收益和扶贫的具体实施办法。本章介绍了中国已充分实践且理论研究较为完善的资产收益扶贫方法，并且从模式、机制、制度安排、路径四个角度来全面分析了比资产收益扶贫范围更人、综合考虑了各实践主体的贫产扶贫模式，并根据实践中存在的问题提出对应的建议。

第十一章介绍了就业扶贫。截至2018年9月，中国通过就业帮扶已经使859万贫困劳动力实现成功就业[①]，中国的就业扶贫模式已在实践中彰显其模式的重要成效。本章总结归纳了"转移就业""创造就业""兜底安置就业"三大就业扶贫的基本模式，并详细探讨了实现三大基本模式所需的机制、制度支持以及路径。

在多维贫困的框架下，物质上的贫困只是一个维度，另一部分观念意识上的贫困往往更容易被忽略。为了实现持久且全面的脱贫，意识层面的扶贫工作也必不可少。本书从第十二章开始，分别阐述了文化扶贫、语言扶贫以及中国传统文化衍生出的孝道扶贫。

第十二章介绍了语言扶贫的相关情况。教育部、国务院扶贫办、国家语言文字工作委员会表示："扶贫先扶智，扶智先通语。到2020年，贫困家庭新增劳动力人口应全部具有国家通用语言文字沟通交流和应用能力，现有贫困地区青壮年劳动力具备基本的普通话交流能力，当地普通话普及率明显提升，初步具备普通话交流的语言环境，为提升'造血'能力打好语言基础。"[②]本章从国家语言文字事业发展的扶贫思路展开，阐述其现实意义，归纳其模式、运作机制、制度安排以及实施过程中的多方保障，系统地解读语言扶贫从国家到地方、从农村地区到民族地区几种不同的实施路径，并列举了语言扶贫工作的成效、挑战以及政策建议。

第十三章文化扶贫，是针对部分历史遗留问题导致地区整体自身发展动力不足或部分贫困户自身发展动力不足而提出的有根除意义的扶贫模式。本章首先探讨了文化与贫困的互动机制，后续针对文化扶贫的"文化保护与传承""发展文化产业与文化事业""振兴文化教育"以及"因地制宜实行灵活多变的文化扶贫模式"四种具体模式，归纳

---

① 人社部2018年第三季度新闻发布会。

② 教育部，国务院扶贫开发领导小组办公室，国家语言文字工作委员会.推普脱贫攻坚行动计划（2018—2020年）[EB/OL].（2018-02-27）http://www.gov.cn/xinwen/2018-02/27/content_5269317.htm.

实现模式的制度建设及具体路径。并在章节末尾提出了本书认为需要注意的现象以及实践中的反思。

第十四章是孝道扶贫。在当前的经济发展阶段，老龄化程度加深，老年人作为缺乏劳动力的社会群体，若仅依靠自身，必然容易在市场经济中获得低于社会平均水平的收入。而在中国传统文化中，"孝道"又是极为重要的一部分。如何将"孝道"融入减贫工作中来，如何让政府提供的社会保障与儿女提供的保障巧妙结合，让老人同样享受国家发展的红利，是本章旨在解答的问题。本章从老年贫困的表现与成因入手，综合考虑伦理机制、法律法规制度机制（正式制度与非正式制度）相结合的具体方法，并对孝道扶贫的实践与未来规划方向提出了建议。

在第十五章中，本书关注了一种完全以贫困群体特性为分类的扶贫模式——社会兜底扶贫。这种扶贫方式的特点是具有明确的政策偏向，主要解决的是因身体缺陷、年老病重、丧失劳动能力以及生存条件恶劣等原因造成的长期贫困问题，在这类群体中，老人、儿童、残疾人占有相当大的比例。本章从模式、机制、制度安排、路径四个方面全方位分析这种模式，并在最后提出对应的思考以及对未来的展望。

在本书的最后一章，我们总结了以上 13 种具体的扶贫模式，概括了在扶贫实践中出现的普遍性问题以及普适性经验，并针对未来的扶贫工作提出了相应的建议。

第二章①
多维贫困与多元扶贫

在多数人的认知中，贫困总是与低收入挂钩，而扶贫往往离不开各种财物的发放、补贴。随着时间的推移，人们逐渐意识到缺乏财物只是导致贫困的一方面原因，一味地补贴也绝不是扶贫的可行方法。贫困不是一个单一维度的概念，它包含心理、发展、文化、权利等多方面的因素。针对各种不同的致贫原因，有针对性地采取不同的扶贫方法，多元扶贫的概念便由此产生。多元扶贫不仅是多个主体的简单叠加，还应存在多元协同机制。这与我国现阶段的扶贫实践环环相扣，从"两不愁三保障"（即"不愁吃、不愁穿，保障义务教育、保障住房安全和保障基础医疗"）到"政府主导，市场、社会和贫困户主体参与"的多元扶贫机制，都体现了我国扶贫实践的重大多元化创新。

第一节　贫困与多维贫困

一、贫困收入维度

贫困是经济社会发展的基本规律。纵向来看，贫困是伴随人类社

---

①　感谢郭兰滨为本章所做工作。

会发展的历史性问题；横向来看，贫困是世界上所有国家都在面对的共同问题，对于发展中国家来说贫困形势更为严峻。以中国为例，中国是世界上最大的发展中国家，以占世界 7% 的耕地养育了世界 22% 的人口，而耕地资源分布不均，很大程度上直接导致了贫困的发生。要解决贫困问题，首先要精准地识别出贫困人口。

贫困的识别标准经历了从单一维度到多维度的发展，即从以收入为识别标准到以收入、卫生、教育、医疗住房等综合因素为识别标准的演变[①]。要解释这种演变的深层次原因，我们还需要先引入长期贫困与暂时贫困的概念。根据杨龙、汪三贵的研究，长期贫困是指家庭由于在教育、健康、资产等多个方面遇到问题而陷入的贫困状态[②]。在这种状态下，贫困人口长时间内难以依靠自身力量脱贫，甚至可能陷入贫困传递、代代贫困的陷阱。而暂时贫困是指家庭在面临突发事件时或短期内收入难以支付生存成本，但长期内并不会持续进入贫困状态。从这个角度来看，单从收入维度的定位难以精准识别这两类贫困人口。杨龙、汪三贵对 2001—2004 年的中国农户收入数据的研究表明，收入贫困测量中有约 7/8 的人口是暂时贫困人口。此外，从收入的维度识别贫困，就意味着要从收入的维度解决。显然这种粗放的资源配置难以尽效。对于短期贫困人口而言，经济上的支持足够其继续进行家庭生产活动，摆脱贫困状态。但对于长期贫困人口，经济上的支持是远远不够的，帮助其摆脱贫困的最优方式就是赋予其摆脱贫困的能力。从实践的层面讲，把收入作为贫困识别的单一依据，也存在难以准确核算收入和准确判断的问题。

总的来说，单从收入维度难以精准识别贫困人口，也不能完全满足我国新时期打好脱贫攻坚战的要求。

① 刘艳华，徐勇. 中国农村多维贫困地理识别及类型划分 [J]. 地理学报，2015，70（6）：993-1007.

② 杨龙，汪三贵. 贫困地区农户的多维贫困测量与分解——基于 2010 年中国农村贫困监测的农户数据 [J]. 人口学刊，2015，37（2）：15-25.

二、多维贫困的含义

贫困的精准识别应着眼于多维，但从理论讲，多维的具体含义尚无定论。从时间的角度来看，20 世纪初，布斯和朗特里的研究拉开了学术界针对贫困问题展开集中探讨的序幕[①]，人们开始讨论贫困衡量标准应该具有哪些特性。朗特里的指标侧重于衡量贫困人口的收入能否满足生存所需，即其能否获得满足自身生存和生活所必需的生产资料。之后在 1998 年，诺贝尔经济学奖获得者阿马蒂亚·森首次提出能力贫困和权力贫困[②]，他认为贫困是人类能力和权力的缺失，而不仅仅是收入水平低的问题。进入 21 世纪后，在 2010 年，萨比娜·阿尔基尔以可行能力视角为基础，将贫困的维度分为五个方面，分别是就业、主体性和赋权、人类安全、体面出门的能力、心理和主观福祉，并由此对贫困现象展开讨论。

从实践来看，我国的贫困识别标准经历了如图 2-1 所示的变化。"收入＋两不愁三保障"模式从"收入＋吃、穿、住房、义务教育、基本医疗"等几方面基本保障出发，综合多个维度对贫困进行识别[③]。收入是衡量家庭贫困状况的量化指标，它能直接反映家庭的生活水平。由于收入具有一定的隐私性，往往无法精确估算，所以在实践中往往以实现"两不愁三保障"为前提对收入情况进行"弱化"。"两不愁"体现了对贫困人口基本生活保障的满足，"不愁吃，不愁穿"包括饮食结构、饮水质量、四季衣物和床单被褥等满足生存的基本要求。"三保障"体现了对贫困人口继续发展、自力脱贫能力的保障。"住房保障、义务教育保障、基本医疗保障"给予了个人发展必备的住房、教育和健康条件，打破了导致家庭长期陷入贫困的限制。在实践中，配

---

① 陈光燕.我国西南地区农村妇女多维贫困问题研究 [D].雅安：四川农业大学，2016.

② 房连泉.国际扶贫中的目标定位机制：多维贫困测度方法在发展中国家的应用 [J].劳动经济研究，2018，6（2）：94-108.

③ 李博，张全红，周强，等.中国收入贫困和多维贫困的静态与动态比较分析 [J].数量经济技术经济研究，2018，35（8）：39-55.

合产业扶贫、资产收益扶贫、就业扶贫等措施，以"授人以渔"为目的，切实赋予贫困人口自力脱贫的能力。

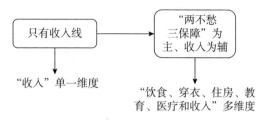

图 2-1　贫困识别的演变及其内涵

三、总结

多维贫困的概念是揭示贫困现象内在规律的钥匙，而理解贫困现象是稳步推进扶贫工程的前提。从战略布局讲，扶贫是我国全面建成小康社会的必然要求，而全面建成小康社会是"四个全面"战略布局的龙头；从时机来看，几十年的扶贫攻坚到了今天，已经迎来了阶段性的转变，我国在 2020 年取得了脱贫攻坚战的全面胜利。如何打好脱贫攻坚战，关键在于是否从多维的角度理解贫困，从而精准识别致贫原因[①]，为扶贫工程奠定一个良好的开端。

第二节　多元扶贫

一、多元扶贫的理论基础

多维贫困的提出是从贫困的识别出发，与之对应，多元扶贫就要

---

①　支俊立，姚宇驰，曹晶.精准扶贫背景下中国农村多维贫困分析［J］.现代财经（天津财经大学学报），2017，37（1）：14-26.

从贫困治理的角度来阐述。从扶贫的意义讲，这两者都体现了精准和可持续的要求[①]。多元扶贫即贫困的多主体协同治理，其中"多元"二字不仅包含传统意义中的政府、市场和社会组织，在当今"参与式扶贫""授之以渔"的背景下，贫困户也应作为多元主体之一，激发其内生脱贫动力。

回顾我国30多年来贫困治理工作主体的变化（图2-2），从政府主导型扶贫到如今的多元扶贫，我国对贫困治理的认识不断深化。多元扶贫就是在多元协同机制下，实现多个扶贫主体的共同参与。为什么多元扶贫会更加精准、更加可持续呢？我们不妨从理论和实践两个方面讨论这个问题。

图 2-2　扶贫主体的变化

从理论上讲，国内关于贫困治理的相关研究以20世纪80年代为起点，经历了经济学到多学科交叉的发展延伸。在早期经济学范畴的讨论中，我们关注的问题主要是贫困是什么、贫困的类型及产生原因，还有一些对贫困治理的策略探讨；自20世纪90年代以来，贫困治理的概念逐渐突破了经济学的单一领域，向着管理学、政治学、社会学等多个学科交叉延伸，同时开始对贫困的多个维度进行探索，对贫困治理的要求也不断加深。贫困治理按主体不同分为政府主导型扶贫、市场化扶贫和多元扶贫[②]。

政府主导型扶贫是指政府作为贫困治理的决定性力量，通过其强

---

① 何炜，刘俊生．多元协同精准扶贫：理论分析、现实比照与路径探寻——一种社会资本理论分析视角［J］．西南民族大学学报（人文社科版），2017，38（6）：122-128.

② 苗丽．构建多元扶贫机制　创新精准扶贫模式［J］．北方经济，2017（10）：68-70.

大的资源调配、政策制定和群众动员能力，来实现脱贫减贫的目的。一般来讲，政府主导型扶贫在贫困治理前期，贫困发生率普遍较高时会有明显的减贫效应，但随着贫困治理的不断推进，其效果往往很难持续。原因在于，第一，贫困治理不够精确，对不同贫困主体扶持的细节和力度难以把握，其效果也难以持续；第二，易受官员体系的影响，政府一手抓发展，一手抓扶贫，这会引起两方面的不一致性，一是政府发展目标和扶贫目标的不一致，二是官员升迁考核和扶贫评价的不一致。第三，难以有效评估贫困治理结果，政府既当"守门员"，又当"裁判"，往往会出现漏判、错评的现象。

市场化扶贫指由市场力量推动贫困治理的模式。市场化扶贫有利有弊，一方面，贫困地区的特殊资源、市场未开发程度、工资水平等等是吸引市场力量的重要因素，同时市场的自发性保证了扶贫项目的多样性和贫困户的积极性，也能促进区域协调共同发展；另一方面，市场也具有盲目性和逐利性，往往难以准确挖掘贫困地区的潜在优势，理性经济人的利润驱动也会导致收入分配不均、过度开发等状况，难以保证扶贫的可持续性。

多元扶贫是指在多元协同机制下，政府、市场、社会组织和个人以及贫困户本身在平等的地位下共同参与扶贫的模式。简单来说就是"政府主导、市场参与①、社会协同、贫困户主动"。政府进行政策指引；市场主体以市场的运作方式来提高效率；而对于社会组织和个人，他们一方面为贫困户提供公益服务，另一方面从第三方的角度对贫困治理进行考核评估；贫困户自身也应积极参与其中，自力脱贫，打通贫困治理的"最后一里路"。

二、多元扶贫的实践经验

我国贫困治理的发展可以大体分为几个阶段，先后经历了以区域

---

① 吴映雪.精准扶贫的多元协同治理：现状、困境与出路——基层治理现代化视角下的考察［J］.青海社会科学，2018（3）：120-126.

瞄准为重点的救济式扶贫、以贫困县瞄准为重点的开发式扶贫和以贫困村瞄准为重点的综合性扶贫，并逐渐走向以贫困户为重点的精准扶贫[①]。在这期间，扶贫主体逐渐由政府主导转向多元扶贫，政府由决定性作用转为主导作用，体现了贫困治理的与时俱进。扶贫主体的转变一方面在于贫困治理工作进入攻坚期，要解决的主要问题不再是大规模连片区域的贫困，而是村一级或户一级的贫困问题，这些问题无法仅凭政府的宏观调控来治理；另一方面，政府持续大规模的投入已经造成边际收益递减[②]，而市场力量在改革开放 40 多年后正蓬勃发展，市场的介入符合经济发展的一般规律，社会主体和贫困主体在贫困治理中各有优势，也应当承担相应的社会责任。

所以不论是从理论还是从实践上讲，贫困治理都需要多元主体的参与。这不仅是社会治理的需要，也是国家发展、经济增长的必然要求，是所有人共同利益的一致选择。接下来，我们从政府、市场、社会、贫困主体[③]等几个方面阐述如何构建以政府为主导的多元扶贫机制。

（1）保障政府的主导作用[④]，让政府在贫困治理中发挥主导作用，利用政府职能引导贫困治理的进行。作为国家权力机关，政府的组织体系在资源的集中方面有着天然的优势，政府的信用也是推动扶贫项目进行的最佳保障，所以政府的责任应在于强化扶贫政策导向和优化扶贫资源的整合。

（2）更好地发挥市场资源配置的作用。市场是配置资源最有效率的方式，它能增加社会的总体财富。市场主体对口帮扶贫困户，一方面将市场的资源分配到每一个贫困户；另一方面将贫困户或贫困地区

---

① 邹冬寒. 精准扶贫背景下财政专项扶贫资金绩效研究 [D]. 重庆：西南大学，2018.

② 边际收益递减：边际收益指最后一单位的投入生成的产出，一般而言边际收益是递减的。

③ 李广文，王志刚. 大扶贫体制下多元主体贫困治理功能探析 [J]. 中共南京市委党校学报，2017（6）：64-69.

④ 唐梅玲. 精准扶贫主体制度的反思与重构 [J]. 法制与经济，2017（10）：5-8.

本身的资源由一个相对闭塞的环境纳入市场，不仅拓宽了市场的边界，而且增加了资源的流动和市场的活力，实现了市场和贫困户的帕累托优化[①]。

（3）提高社会主体的地位。社会主体主要包括社会组织和个人两种类型。社会组织一方面作为贫困治理的公益性力量，在贫困户的心理关怀方面意义重大；另一方面也是贫困治理评估考核的"最大亮点"[②]，以第三方的身份参与到贫困治理的考核评估中去。个人一方面通过自发地捐款捐物参与到贫困治理中来；另一方面通过在自己的籍贯所在地设立工厂企业，先富带动后富，引导贫困户致富脱贫。

（4）增强贫困主体的主动性。贫困主体的主动性是精准扶贫的必要前提，贫困主体家庭状况、致贫原因千差万别。贫困主体首先要积极主动地申报自身情况，确保对自身贫困状况具有准确的认识；其次要主动参与到扶贫实践中，在扶贫方式和脱贫路径的选择中体现主动性，这样才能实现扶贫的精准可持续。

三、多元协同机制

在多元扶贫中，政府、市场、社会和贫困主体各有所长，共同进行贫困治理，多元协同机制就是要将各个主体的力量凝聚在一起，形成合力。简单来说，多元协同机制就是要确定各主体应当扮演的角色以及各角色之间如何配合（图 2-3）。首先要明确政府的主导作用，发挥政策导向的作用，引导各主体平等有序地开展工作；其次确保各主体的平等关系，做到有序进入、公平竞争；最后明确责任、权责统一。在贫困治理领域，各主体的权力一定要伴随着相应的责任，同时也要有惩罚机制。从理论上讲，社会福利短期目标和长期目标往往是相悖的，多元协同机制就是要实现社会福利的短期目标与长期目标的一致性。贫困治理的主要目标是提高贫困户的福利，从而提升社会整体的

---

① 帕累托优化：在不损害其他所有人福利的情况下，增加一部分人的福利水平。

② 李文博. 精准扶贫考核机制研究 [D]. 郑州：郑州大学，2018.

福利水平。这在长期内和社会每个人的个人福利最优① 是一致的，但短期内可能和某些主体的福利最大化相悖，并且市场的逐利性和盲目性可能会加重这种矛盾，甚至损害贫困治理的整体效果。

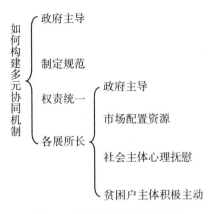

图 2-3 多元协同机制的构建

构建多元扶贫机制，一看主体，二看协同。各主体的职责要履行，多元协同机制要维护，如此才能将各方力量汇聚在一起，完成贫困治理的任务。总体来讲，要保证主体的多元性，确保多主体的共同参与；要保证集体的协同性，各参与主体身份平等，共同合作；要保证权力的分散，各主体职权匹配，有相应的话语权；要保证目标的一致性，避免寻租行为② 。如此一来，方能实现多元扶贫的精准性和可持续性，推动长效脱贫③ 。

四、总结

精准扶贫，在于贫困的识别要精准，这要求我们从贫困的多维概念去理解；贫困的治理要精准，这要求各扶贫主体的有序进入和公平

① 个人福利最优：个人根据已知的所有信息，选择行动实现自身福利的最大化。
② 寻租行为：政府运用行政权力对企业和个人的经济活动进行干预与管制，妨碍了市场竞争的作用，从而创造了少数有特权者取得超额收入的机会。
③ 代洁文．多元扶贫推动长效脱贫 [N]．大理日报（汉），2018-01-27（3）．

竞争。总的来说，政府要占主导地位，但绝不是特殊地位，政府以公信力负责引导推动贫困治理的进行，但在贫困治理的过程中要公平公开地与市场主体、社会组织或个人进行协同合作，绝不能搞"一言堂"；市场要承担起"扶贫"这个社会责任，将市场的逐利性与社会主义所要求的公正普惠相结合，绝不能唯利至上；社会主体主要以其公益性参与其中，主要体现对贫困群体的精神关怀，同时也是约束其他主体的社会性自发力量；贫困主体要积极主动，将扶贫脱贫当成自身不可推卸的责任去完成，不可消极被动。同时，道德、文化、法治的因素应贯穿整个扶贫过程，以确保扶贫的精准可持续。

第三节　政　　府

一、"大扶贫"

正如"十三五"脱贫攻坚规划中所述，消除贫困、改善民生、逐步实现共同富裕，是社会主义的本质要求，政府作为国家的管理者，责无旁贷。政府在扶贫工程中起主导作用，就是要统筹各方，总览全局，建立一个良好有序高效的扶贫机制，也是我们俗称的"大扶贫"机制（图2-4）。这包含贫困的认定、贫困的治理以及贫困的退出。此外，在整体规划之下，还有分阶段分批次的目标和重点，在这样一个"大扶贫"机制下，扶贫工作才能包容各方，精准可持续。

图2-4　大扶贫机制概览

在大扶贫机制下，政府将全国主要划分为包括 14 个集中连片特困地区的片区县、片区外国家扶贫开发工作重点县（以下简称"贫困县"），以及建档立卡贫困村（以下简称"贫困村"）和建档立卡贫困户（以下简称"贫困户"）。2012 年，我国确立 592 个国家扶贫开发工作重点县，从分布来看，它们位于中部和西部，且多位于西部；民族因素明显，有工作重点县分布的 21 个省级行政区中，有 232 个工作重点县分布在民族八省区；从省份来看，工作重点县多分布于云南、贵州、陕西等地，集中连片分布特征明显（图 2-5～图 2-7）。

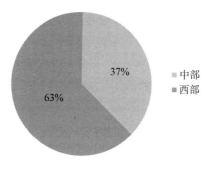

图 2-5 国家扶贫开发工作重点县东西部分布饼状图

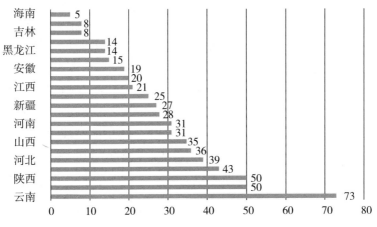

图 2-6 国家扶贫开发工作重点县省区分布条形图

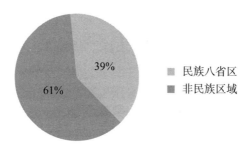

图 2-7　国家扶贫开发工作重点县民族区域分布饼状图

资料来源：国家扶贫开发工作重点县名单。

其中，民族八省区指：宁夏、广西、新疆、西藏、内蒙古、贵州、云南和青海。

为实现扶贫管理的精细化，中央及地方组织党政机关、企事业单位开展定点帮扶工作，在每个建档立卡贫困村设置驻村第一书记和驻村工作队，驻村工作队队长原则上由第一书记兼任，在贫困户较多的非贫困村设置驻村第一书记。驻村第一书记与驻村工作队队长主要从政府和国有企业的中高级干部中选派，以某省为例，第一书记和驻村工作队队长一般应从中共党员的处科级干部或处科级后备干部中选派。其中驻村工作队队长，省级党政机关选派的原则上为处级或处级后备干部；市级选派的原则上为正科级或正科级后备干部；县级选派的原则上为科级或科级后备干部；国有企业、事业单位选派的原则上为中层以上管理人员或后备干部。在具备一定素质和资源的情况下，驻村第一书记和工作队队长能更好地发挥带头作用，为贫困户提供更好的帮助和指导。

案例 1：中央单位定点扶贫工作牵头联系单位和联系对象

中央直属机关工委牵头联系中央组织部、中央宣传部等 43 家中直机关单位；中央国家机关工委牵头联系外交部、国家发展改革委、教育部等 81 家中央国家机关单位；中央统战部牵头联系民主党派中央和全国工商联。教育部牵头联系北京大学、清华

大学、中国农业大学等 44 所高校；人民银行牵头联系中国工商
银行、中国农业银行、中国银行等 24 家金融机构和银监会、证
监会、保监会；国务院国资委牵头联系中国核工业集团公司、中
国核工业建设集团公司、中国航天科技集团公司等 103 家中央企
业；中央军委政治工作部牵头联系解放军和武警部队有关单位；
中央组织部牵头联系各单位选派挂职扶贫干部和第一书记工作。

资料来源：国务院关于印发"十三五"脱贫攻坚规划的通知。

如案例 1 所示，以中央单位为例，大扶贫机制下的定点帮扶"以
点带面"，分为牵头单位和联系单位，共同推进大扶贫。由此可见，
大扶贫是一个多面联合、共同推进的全面工程，体现了党和国家对大
扶贫的重视，也体现了政府扶贫架构的科学构建。

大扶贫机制下的资金管理和分配也是重中之重，以 2017 年中央
财政专项资金分配为例，扶贫资金主要在 28 个省区之间分配，经济
落后省区和贫困高发地区资金分配较多，体现了资金分配的高效率
（表 2-1、图 2-8）。

表 2-1　2017 年中央财政扶贫专项资金分配表　　　　万元

序　号	省　份	合　计	序　号	省　份	合　计
1	河北	264 644	10	福建	44 320
2	山西	325 573	11	江西	264 402
3	内蒙古	228 399	12	山东	46 895
4	辽宁	65 533	13	河南	394 823
5	吉林	125 969	14	湖北	353 783
6	黑龙江	226 425	15	湖南	427 768
7	江苏	19 836	16	广东	24 063
8	浙江	22 227	17	广西	533 052
9	安徽	320 431	18	海南	122 141

序　号	省　份	合　计	序　号	省　份	合　计
19	重庆	223 691	24	陕西	441 067
20	四川	506 572	25	甘肃	716 317
21	贵州	754 263	26	青海	253 585
22	云南	717 454	27	宁夏	181 252
23	西藏	432 958	28	新疆	572 069
				总计	8 609 512

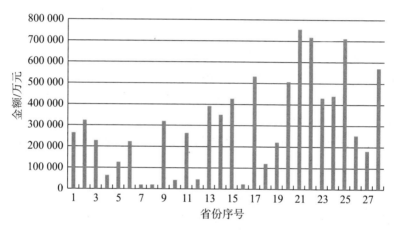

图 2-8　2017 年中央财政扶贫专项资金分配图

资料来源：2017 年度国务院扶贫开发领导小组办公室部门决算。

二、贫困户的认定与退出

大扶贫机制对贫困户的认定提出了严格的要求。一是在对贫困户认定的过程中，采取个人申请与村委提名相结合的方式，大队投票民主选举，然后依层上报审批，最终将个人纳入建档立卡系统中，并对其家庭状况进行详细的备案，档案一般存放在贫困户、村委、县扶贫办三处。二是对建档立卡贫困户进行动态管理。将具备脱贫要求的建档立卡贫困户及时审核清退，同时将返贫人口及时纳入建档立卡体系中。在此基础上，国务院扶贫办、省市级扶贫办不定期进行考核评估，以避免"错退""漏评"等现象的发生。

在大扶贫机制下，贫困户的退出十分慎重。建档立卡贫困人口实现脱贫要求贫困户收入来源稳定，在现行标准下人均可支配收入超过国家贫困标准，并实现"两不愁三保障"，即"不愁吃、不愁穿、保障义务教育、住房安全和基本医疗"。简而言之，贫困户的退出要以具备一定的收入和发展能力为基础，政府应当实时关注，防止返贫现象的发生。

回顾我国脱贫历程，党的十八大以来（自 2013 年起），9 899 万农村贫困人口全部实现脱贫，贫困县全部摘帽，绝对贫困历史性消除。按年次来看，由于脱贫工作的难度逐年增大，脱贫人数并未显现出逐年增长的趋势，但脱贫人数占年初贫困人数的比值逐渐加大，2020 年，我国农村贫困人口全部脱贫，详见表 2-2、图 2-9。

表 2-2　2012 年至 2020 年末农村贫困人口变化表

年份	农村贫困人口脱贫人数 / 万	年末农村贫困人口数 / 万	脱贫人数占比 /%
2020	551	0	100
2019	1 109	551	66.81
2018	1 386	1 660	45.50
2017	1 289	3 046	29.73
2016	1 240	4 335	22.24
2015	1 442	5 575	20.55
2014	1 232	7 017	14.94
2013	1 650	8 249	16.67
2012	2 339	9 899	19.11

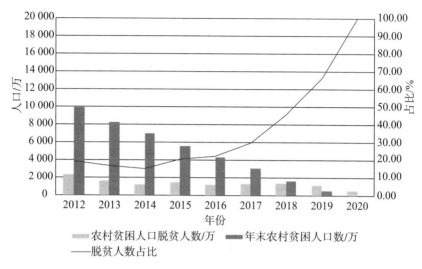

图 2-9　2012 年至 2020 年末农村贫困人口变化图

资料来源：国家统计局 2012 年至 2020 年国民经济和社会发展统计公报。

三、"大扶贫"的贫困治理

在贫困治理的过程中，政府创新了许多模式，如产业发展扶贫、转移就业扶贫、易地搬迁扶贫、教育扶贫、健康扶贫、生态保护扶贫、兜底保障和社会扶贫等。这些模式主要围绕贫困如何退出以及治理是否精准可持续，还要与多元协同机制相联系，确保多元主体共同参与各展所长。比如，在产业发展扶贫中，政府仅仅作为推动者，起引导市场主体进入的作用，而市场主体应发挥市场的导向作用，通过发展特色产业、提供信贷支持、提供资产收益等方式，将贫困县、贫困村和贫困户打造成独立自主的市场主体。总而言之，在政府构建的大扶贫机制中，贫困的识别、治理和退出环环相扣，对参与扶贫的多元主体提出了更高的要求，从机制设计的高度提供对扶贫精准可持续的保障。

第四节 市 场

在大扶贫机制下，我们将进一步讨论市场如何参与到其中。具体来说，市场主体主要从产业、转移就业、教育等方面参与扶贫。市场主体可以分为国企（或央企）和民营企业，其中，国企以其社会责任承担了一部分大扶贫机制设计的工作，以其市场性承担了一部分市场主体的工作。

一、产业扶贫

在产业扶贫中，市场主体主要以资源禀赋为指引发展符合当地比较优势的经济模式，以市场为导向，以精准为宗旨，最终实现产业扶贫到户、到人。市场主体的目的是在每个贫困县建成一批符合当地比较优势的特色产业，带动贫困人口的发展，实现贫困户收入的稳步增长[1]。

在产业扶贫的范畴中，农林产业是首要选择[2]。农林产业是农村的主要产业，主要包括种植业、养殖业和林业。发展种植业，核心是因地制宜，总的来说是提高粮食主产县的粮食生产能力、调整非粮食主产县的种植结构。在发展策略上可以倾向于种植适宜的高附加值作物，获取更大的经济效益[3]。发展养殖业，核心是要推行标准化。市场应在尊重当地畜牧结构的基础上推动特色畜牧业的发展，同时要注意生态影响，既要保护地方特色品种，又要防止外来物种入侵。发展林业，核心是生态保护。林业发展的生态意义大于经济意义，关乎地区的长期发展，而且林业发展的周期较长，对地区的生态环境有一定

---

[1] 程晓红，王静波. 破解产业扶贫难题 推动乡村产业振兴 [N]. 黑龙江日报，2019-04-04（10）.

[2] 雷明. 以产业融合推动产业发展与产业革命 [N]. 贵州日报，2018-10-23（9）.

[3] 余务洪，周应良. 振兴十大产业 带富一方群众 [N]. 云南日报，2019-04-11（07）.

的要求。

在产业扶贫领域，农林业的投入也十分巨大。2018 年，安徽省共投入到村到户农业特色产业扶贫项目资金 113.7 亿元，其中财政资金 58.2 亿元。全省贫困村发展蔬菜 71 万亩（1 亩≈666.67 平方米）、茶叶 88 万亩、林特 109 万亩、水果 51 万亩、中药材 42 万亩、畜禽养殖 2 156 万头（只）、水产 43 万亩，发展休闲农业专业村 111 个[①]。

在电商扶贫的范畴中，市场主体的责任是将贫困户培育为新型的电子商务市场主体，提升其运用电子商务创业增收的能力。电子商务作为市场发展的新型模式，具有时效性强、地域因素限制少、启动资金要求低、方便快捷等特点，对推动贫困地区的发展有十分重要的意义。在开办电商的准备过程中，大型电商企业作为市场主体可以发挥带动作用，对于自搭自建的电商平台，它能为贫困户提供开办网店的必备技术和信息；对于寻求电商平台的贫困户，它能通过自己的平台帮助贫困户销售产品。在物流运输环节，物流企业作为市场主体可以给予贫困户必要的支持。物流企业应积极下乡下村，在贫困地区建立服务站和服务网点，这促进了市场的双向流通，打通了市场与贫困地区的边界。

在资产收益扶贫的范畴中，市场主体主要通过使用当地资产创造收益并分红的模式进行贫困治理[②]。可以入股的资产包括贫困户自身已确权登记的土地、农村的集体资产、财政资金、帮扶资金和部分专项资金，如光伏、养殖资金等，资产的收益分配到资产的所有者或承包者。在资产收益扶贫中，市场主体承担创造收益、公平分配的作用，关键是做好风险管理和制定分配制度，让贫困人口切实享受到资产收益扶贫的福利。

二、转移就业扶贫

在转移就业扶贫中，市场主体作为就业的主要承担者，负有不可

---

① 资料来源：姜刚. 安徽：340 余万人受益于农业特色产业扶贫项目. [EB/OL].（2019-01-27）.http://www.gov.cn/xinwen/2019-01/27/content_5361528.htm.

② 刘玮琳，夏英. 中国可持续脱贫路径优化：以资产收益扶贫为例 [J]. 农业经济，2019（1）：96-98.

推卸的责任。市场主体得到了城镇化建设和园区改造的机会，就应当承担社会和政府给予它的责任，为贫困户提供匹配的工作岗位；在政府投资建设的项目中，承担项目的市场主体应履行相应的就业任务，在同等条件下优先录用贫困户，政府也要提供相应的岗前培训和公益岗位以帮助贫困户更好地自力更生[①]。特别是，在易地搬迁扶贫中，市场应尤其注意搬迁户的工作问题。贫困人口的到来不仅为市场提供了家政、物业、建设的机会，也带来了一定的就业问题，市场主体享受了搬迁扶贫的发展机遇，就应当承担搬迁贫困户的就业难题，从而促进地区的均衡发展，创造更多的发展机会[②]。

转移就业扶贫意义重大。在青海省，循化县依托"拉面经济"转移就业增收，先后实施新型职业农民培育、"雨露计划"等城乡劳动力技能培训。目前，循化籍劳务人员在全国 100 多个大中城市经营的餐饮实体店达 7 500 多家，转移就业 9.87 万人次，年均实现劳务收入 5 亿元[③]。

三、教育扶贫

在教育扶贫中，市场主体是指提供职业教育的院校。教育是解决贫困代际传递、帮助贫困户走出贫困陷阱的有效措施[④]。职业院校可以为贫困户提供职业教育，帮助他们在短期内获得回报，对贫困治理有十分重要的意义[⑤]。职业院校在招生时应当考虑地区发展和家庭因素的影响，最大程度上缓解因物质条件差异引起的教育不公现象。同时，

---

① 王学斌，田秀琴. 就业扶贫挑起"脱贫"大梁——河南省辉县市推动就业转移扶贫工作纪实 [J]. 中国就业，2019（3）：24-25.

② 元林君. 我国就业扶贫的实践成效、存在问题及对策探析 [J]. 现代管理科学，2018（9）：109-111.

③ 资料来源：张多钧. 青海：脱贫摘帽 快人一步 [N]. 青海日报，2019-01-24（05）.

④ 杨蕊旭. 教育：脱贫的治本之策 [J]. 中国集体经济，2019（10）：165-166.

⑤ 李福臣，马丽. 发挥职业教育作用 提高贫困地区扶贫成效 [N]. 楚雄日报（汉），2019-04-03（3）.

职业院校应对贫困生的就业予以扶持，通过双选会、就业指导等形式解决贫困户的就业问题。

案例 2：安徽太和县教育扶贫资助体系

太和县健全机制，完善网络，着力构建覆盖学前教育、义务教育、高中教育、中职教育和高等教育阶段所有建档立卡家庭学生的资助体系，及时发放资助资金。2018 年初至 6 月 29 日，发放 152.7 万元，资助学前教育阶段建档立卡学生 1 527 人；发放 574.7 万元，补助义务教育阶段建档立卡学生 10 548 人，减免教辅用书费和课本费 81.89 万元；发放 225.15 万元，资助普通高中建档立卡学生 1 501 人，并减免学费 116.58 万元；发放 238 名中等职业教育阶段建档立卡学生助学金 23.8 万元，免除 307 名中职建档立卡学生学费 30.7 万元；审核"雨露计划"956 人，发放补助资金 143.4 万元。

资料来源：安徽太和：教育扶贫确保实现"四个不让"。

如案例 2 所示，以太和县为例，现阶段教育扶贫覆盖至高等教育阶段，对贫困户子女的学费、书本费和学杂费进行补助或减免，形成一套完整的教育扶贫体系。教育扶贫不同于产业、就业扶贫等，它能从根本上解决贫困的代际传递，实现扶贫的可持续。同时，教育扶贫不仅仅能惠及贫困户群体，还能为当地教育产业和事业的发展提供良好的机遇，从另一个方面解决贫困地区的长期发展问题。

四、社会扶贫

在社会扶贫中，市场主体主要在东西部协作扶贫和企业帮扶中起着不可替代的作用。在东西部协作扶贫中，市场主体作为促进资源流动的最活跃因素，可以在享受扶贫资金设立的担保贷款、风险保障资金、发展资金的条件下，有效地流通经济发达地区和欠发达地区的资源。

资源的流通不仅带来经济活动的增加，还能给贫困户带来就业保障和资产收益，为实现贫困地区、贫困人口的脱贫增收提供了双重保障。以甘肃和政县为例，2018年以来，和政县采取东西协作援建、旧房屋改建扩建、企业新建等措施，建成扶贫车间8个，其中东西部扶贫协作扶贫车间3个，吸纳劳动力就业534人，其中建档立卡贫困劳动力371人，人均年增收10 000元以上[①]。

在企业帮扶中，市场主体深入参与扶贫实践，以整个企业为单位重点帮扶某个贫困村，其中，国有企业是主力。国有企业的中高级管理者作为第一书记或扶贫工作队队长深入一线展开扶贫工作，企业也借助其资源网络为每一个贫困人口提供获得生活保障的机会，民营企业也在国有企业的带动下积极参与到扶贫开发中来[②]。企业帮扶对企业本身也具有十分重要的意义，它能增加"企业声誉"这个无形资产，提升企业的价值和社会的认同感。

第五节　社　　会

社会主体分为社会组织和个人，它具有力量分散、公益性强的特点。社会组织主要是出于公益和宣传目的参与扶贫，其行动往往和该组织的设立目标或宗旨相一致，特别地，作为大扶贫中的中立力量，社会组织也会作为"裁判"介入对政府或市场主体扶贫工作的考核评估中去；社会个人参与扶贫往往是出于个人的利他驱动或名誉的需求，有时也受籍贯、地域等因素的影响。具体来讲，在现行的大扶贫机制下，社会主体主要在健康扶贫、生态保护扶贫、社会扶贫中起不可忽视的作用。

---

① 资料来源：侯小宝．甘肃：临夏村里头的"扶贫车间"家门口的致富基地[N]．甘肃农民报，2019-01-15（03）．

② 黄勇．创新社会扶贫的模式和机制[N]．中华工商时报，2019-04-03（8）．

一、健康扶贫

在健康扶贫中，社会主体主要起补位、监管的作用。健康扶贫是对贫困户基本医疗保障的切实维护，而基本医疗保障是贫困人口"两不愁三保障"的重要一环，对于支持脱贫、减少返贫具有十分重要的意义。基本医疗保障与医疗报销、大病保险、医疗救助等密切相关，在实施的过程中存在严重的道德风险[①]问题，而问题往往由贫困户产生。贫困户在享受基本医疗保障的同时，往往同时享受住院补贴、误工补贴等多种补助，有很强的骗医骗保的激励，同时由于医疗资源的稀缺，这又造成了很多患病贫困户无法享受基本医疗保障的现象[②]。在这种情况下，社会慈善力量应积极介入，通过对当地贫困户的了解积极制止骗保行为，充当医院和贫困户之间的"联络员"，协调医疗资源的分配问题，切实保障医疗资源的有效利用。

二、生态保护扶贫

在生态保护扶贫中，社会力量以其公益性承担不可推卸的责任。生态保护关键是建立健全生态保护补偿机制。为此我们要积极探索寻求一种多元化的保护补偿机制，如设立生态公益岗位等，同时坚持"谁受益、谁补偿"的原则，实现责任到人[③]。建立健全生态保护补偿机制依赖于强有力的监督机制，这需要社会力量的自发参与，同时也鼓励社会主体积极参与到生态保护中去。特别地，推进横向生态保护补偿，即推动地区间的生态协同保护，需要以社会主体的特有优势将各地联

---

① 道德风险是在信息不对称的条件下，不确定或不完全合同使得负有责任的经济行为主体不承担其行动的全部后果，在最大化自身效用的同时，作出不利于他人行动的现象。

② 黎东生，王君，白雪珊. 广东精准健康扶贫典型模式及长效机制构建的思考[J]. 当代经济，2019（3）：150-152.

③ 李小强，史玉成. 生态补偿的概念辨析与制度建设进路——以生态利益的类型化为视角[J]. 华北理工大学学报（社会科学版），2019（2）：15-19，29.

系起来，积极构建一个和谐美丽的大家园。

青海省是生态保护扶贫的重镇，以互助县为例，互助县共有生态护林员 1 011 名，年发放管护费用 810.72 万元，人均年补助 1.44 万元；国家重点公益林生态护林员 467 名，年发放管护费用 380.36 万元，人均年补助 8 155 元[①]，真正做到了地区生态保护和扶贫的有机结合。

三、社会扶贫

在社会扶贫中，社会主体起主要的作用。社会扶贫的重要一步就是社会组织和志愿者帮扶，它要求社会组织和个人响应国家政策号召，积极参与国家设立的扶贫工程和专项计划，践行社会正确的价值观。

在我国的大扶贫机制中，社会组织和志愿者帮扶是至关重要的一环。广泛开展社会组织和志愿者帮扶，要调动社会各级力量，支持社会团体、基金会、社会服务机构等各组织从事扶贫开发工作；要建立健全多方参与的协调服务机制，鼓励社会主体参与其中，构建社会扶贫信息服务网络；鼓励社会组织以脱贫攻坚规划为指引，将扶贫重心下移，促进资源到户、到人的精准对接帮扶。与此同时，社会主体可以通过参与国家招标、提供专门岗位或资金等方式向贫困户提供工作，也可以通过其自身设立开展的相关扶贫项目、相关调查等参与到扶贫建设中。特别地，社会主体对贫困户的精神抚慰意义重大，在动员贫困户方面有先天的优势，同时作为公正公开的"第三方"，能够有效打通政策沟通方面的障碍。

社会组织和志愿者帮扶中，要进一步发挥社会工作专业人才和志愿者扶贫作用。社会主体要积极参与到服务贫困地区的专项政策中，主动到贫困地区扎根发展。社会主体也可以通过组建专业服务团队、兴办社会工作服务机构等方式，将发达地区的专门社会工作者和有志于服务贫困地区的专门人才汇聚到一起，为贫困地区发展形成合力，

---

① 资料来源：郜晋亮. 青海互助县："四策并举"筑就脱贫路 [N]. 农民日报，2018-11-28（04）.

同时鼓励支持青年学生、专业技术人员、退休人员和社会各界人士参与扶贫志愿者行动[①]。在社会组织中，一些有志于志愿活动的组织要发挥好模范带头作用，积极构建扶贫志愿者服务网络，如中国志愿服务联合会、中华志愿者协会、中国青年志愿者协会、中国志愿服务基金会和中国扶贫志愿服务促进会等。

在社会组织和志愿者帮扶中，国家也开展了相应的脱贫攻坚志愿服务行动计划来保障社会主体的利益。一般来讲，各类行动计划不仅提供一定的经费支持，而且提供国家证书来提升社会组织或个人的名誉。比如，实施扶贫志愿者行动计划，每年动员不少于1万人次到贫困地区参与扶贫开发；组织建立"扶贫攻坚"志愿者行动、"邻里守望"志愿服务行动、扶贫志愿服务品牌培育行动等项目，以支持社会组织和志愿者在贫困程度深的建档立卡贫困村、贫困户和特殊困难群体中选择，攻坚克难，深耕发展；同时，国家通过购买服务、公益创投、社会资助等方式，将扶贫的公益动机转化为个人的发展动机，来引导支持社会组织和个人参与扶贫志愿服务。

第六节　道　　德

道德是一个永恒的话题，它是人类社会的意识形态之一，在人们的社会生活实践当中形成并由经济基础所决定。道德的评价标准是善与恶，评价形式主要以社会舆论、传统习俗和内心信念为导向，道德的作用是调节人际关系的各个方面，主要是心理意识、原则和行为活动。道德是一条容纳百川的大河，个人道德汇聚到一起形成了社会公德，同时个人道德也是社会公德在个人层面上的体现。地区的繁荣安定和家庭的温馨和睦离不开道德的作用，因此，在对贫困人口的扶持过程中，要特别注

---

① 团山东省委.共青团＋社会组织＋社工＋志愿者—山东扶贫总动员［J］.中国共青团，2018（8）：58-59.

意道德层面的培养，同时也要以不违反道德的方式完成精准扶贫。

在扶贫过程中，道德的要求也是必不可少的，它主要体现在两个方面，一方面要注意扶贫过程中的道德要求，另一方面要注重对贫困人口的道德扶持[①]。扶贫过程中的道德要求是对政府、市场和社会主体提出的要求，要求他们在参与贫困治理的过程中符合一定的道德规范，避免维权至上、唯利是图或追名逐利。而对贫困人口的道德扶持更为重要，它要求改变贫困户依赖政府、不思进取等落后败坏的道德观念，促使他们自力脱贫。

一、政府

对政府主体而言，道德要求主要体现在自觉履行与权力相应的扶贫义务，高效廉洁地使用扶贫资金[②]。在贫困地区的基层中，有一定的权力滥用行为出现。比如，曾有某地村支书滥用其在贫困户评选中的特权，同时勾结当地户籍部门个别人，将全家分为四户，全部评为贫困户并享受国家政策的扶持，违反了"公务人员亲属不得评为贫困户"的原则。权力滥用有时表现得不会这么明显，在扶贫的基础设施建设中，存在村公务人员通过左右规划满足自身利益的现象。比如，在实施饮水保障的工程中，某地村两委在规划输水管道时故意绕开自家门前的路，给工程预算和道路维护造成很大困扰，在后面的道路铺设中遇到了很大的问题，导致道路硬化工程未能完全实现。在权力滥用的同时，资金贪腐往往如影随形。在上述例子中，权力带来的经济效益自不必说。在某些地区，甚至存在村两委工作人员贪污扶贫专项资金以及贫困户、低保五保收入的现象，致使扶贫工作陷入瘫痪，以至于继任工作人员的工作也由于政府公信力的丢失难以为继。

---

① 刘继同.道德资本建设与无耻辱化扶贫［J］.福建论坛（人文社会科学版），2005（7）：125-128.

② 许源源."道德人"还是"经济人"：中国扶贫制度中的人性困惑［J］.西部论坛，2011，21（2）：7-11，18.

二、市场

相较政府主体在扶贫中可能存在的道德问题，市场主体的道德风险更为显著。原因在于市场没有一个安全可靠的监督机制来避免寻租行为。举例来说，在产业扶贫中，扶贫资金或村集体收入作为资本进入市场主体中，产生的收益用以保障贫困户的日常需求。这往往要求市场主体和当地有关部门签署一个固定收益的协议来确保贫困户的利益。但市场毕竟是有风险的，部分市场主体在利益面前放弃了契约精神，在利润充足的年份往往能够如数提供收益，但在收益不足或出现亏损的年份就开始推诿拒绝相关协议的履行。更为严重的是，这其中可能伴随官商勾结，所以必须加强对市场主体风险评估的管理，及时处理失信企业，进行资产拍卖，保证贫困户的利益不受损害。

三、社会

社会主体的道德问题往往在于搞形象工程，做表面工作。很多社会组织和志愿者团队没有关于扶贫的正向激励，也不愿根据国家的相关工程或项目脚踏实地地付出努力，于是便出现了浅尝辄止、"一日游"的恶习。社会主体的目标是社会声誉，于是一部分投机的组织便把扶贫过程定义为：与当地村委接洽——在当地公务人员陪同下访问贫困户——就餐离开，并全程拍照公开，显示出认真参与扶贫工作的假象。这种行为只能造成社会资源的浪费和贫困户心里的创伤，对扶贫工作有百害而无一利。对待这种现象，应当严格制定落实扶贫工作的审查机制，对开展的扶贫工作做及时的反馈审查，将害群之马严肃处理，以正视听。

四、贫困主体

对贫困户的道德扶持是重中之重。很多贫困的发生是因为子女不赡养、不作为，把自己应尽的赡养义务推给政府[①]，这不仅是对中华民

---

① 盛会. 精准扶贫勿忘"道德贫困"[J]. 紫光阁，2017（1）：96.

族传统美德的败坏，而且对老人的心理也是一种巨大的打击。当然，在某些地区也存在这样一种狭隘的思想，老人自己觉得政府补贴不要白不要，最后又把补贴悉数补贴了子女，而子女也认为这是理所当然的。如此一来虽然家庭貌似和睦，但道德上的缺失和国家的损失不言而喻。比如，某地三个子女分别入住新盖的瓦房，却让丧偶老人独住在漏风的土房中，安全难以保证，当地村委按照贫困标准给老人新建了住房，老人却又转给儿子使用，自己依然在土房中一个人生活。这样看似家庭没有矛盾，但遇到突发事情很难应变，矛盾已经深深地根植在他们之中。除了不赡养造成的贫困之外，还有"因懒致贫""酗酒致贫"等不当行为。这些出现在道德层面的问题需要道德上的解决方案，这就需要我们注重对贫困户的道德扶持[①]。

案例 3：安徽万寿镇道德扶贫实例

万寿镇扶贫办会同镇宣传部、镇民政办、镇司法所和公安派出所等部门，"三管齐下"狠治赌博恶习。该镇通过发放"致村民群众一封信"和村头大喇叭等，加大宣传教育力度，营造浓厚的禁赌氛围；抓住反面典型开展警示教育，清理摸排出 30 名"因赌致贫"的"重症患者"，通过办班的形式，对症下药治顽疾，并组织赌博者现身说法教育身边人；成立抓赌禁赌工作队开展明察暗访，依法严惩赌博行为……"对赌博歪风人人喊打，对赌博行为露头就打，对参与赌博者依法严惩、跟踪帮教，'三管齐下'治赌措施落地后，乡村赌博歪风及'因赌致贫'现象得到有效遏制。"陈杏建说。

"家里实在揭不开锅了，镇上能不能给点救济款救救急。"春节前夕，汉河村 82 岁的"贫困户"王大娘来到万寿镇扶贫办讨要"救济"。镇扶贫办并未急着"扶贫"，而是把王大娘的儿子和儿媳、宗族长辈以及汉河村村干部请到镇上，由镇、村干部

---

① 农世刚 . 农村道德"扶贫"亦重要 [J] . 农家之友，1996（7）：36.

和族内长辈轮流给王家子弟上"孝心课"，讲政策、讲法律、讲情理，最后在大家共同见证下，王大娘的两个儿子签下赡养协议，每家每月支付老人赡养费350元。王大娘当天就"脱贫"了。

资料来源：国务院扶贫开发领导小组办公室网站。

万寿镇案例并非个例，许多贫困户的致贫与道德上的因素脱不开关系，可以称作"道德贫困"引起的贫困。"不赡养""不劳动"等原因导致的贫困绝不能等同于劳动力缺乏、因病等导致的贫困现象，在对待道德贫困时，如果一视同仁地发放救济补贴，将极大损害周围居民的劳动积极性，同时造成扶贫的不精准，不利于社会主义道德建设。

第七节 文 化

文化是一个民族的立身之本，是一个国家兴旺发达的不竭动力。文化是精神力量，意识反作用于物质，它能够帮助人们认识世界和改造世界，从而推动社会的进步和发展。文化是一种氛围，它能影响生活在其中的人的行为，特别地，对于贫困地区而言，文化的贫困是引发贫困的重要因素，所以我们要从文化的角度认识贫困、治理贫困。

一、文化的重要性

文化对人的发展具有十分重要的意义。坚持中国特色社会主义先进文化，坚定文化自信，能够丰富人的精神世界，增强人的精神力量，促进人的全面发展。文化由人创造，又不断传承发展，启迪人的心灵。积极参加文化活动，接受文化洗礼，能够帮助形成健全的人格。在发展的层面上，人的文化素质构成十分重要的一环，一个全面发展的人必定具有十分优秀的文化底蕴，这在相当程度上也促进了其他品质的发展。同样地，对于贫困人口来说，文化扶贫具有十分重要的意义[①]。

文化具体表现为个人的认知和观念，文化扶贫就是要扶正贫困人口的穷观念。比如说，一些地区的贫困户囿于自身观点，只会被动接受，不愿主动接触新鲜事物，比如积极引进新兴技术进行生产、外出务工，来改变贫困现状。所以，一部分贫困户的致贫原因很大程度上是因循守旧，不敢创新，在这种情况下一般的扶持政策很难有效发挥作用，而最紧要的是转变落后观念，开展文化建设，实现精准脱贫。据雷明教授观点，在物质扶贫进行到最后的关键阶段，需要更高层次的精神引领。在我国多年的扶贫实践中，已经解决了相当程度的绝对贫困，文化扶贫作为精神扶贫的角色担当对脱贫攻坚决战和实现全面小康有非常重要的作用。文化建设可以从外部和内部两个角度切入。从外部讲，首先，扶贫要扶智，即要提高贫困人口创造财富的能力；其次，扶贫要扶志，避免因懒致贫，减少贫困人口对直接转移收入的依赖，激励他们通过个人劳动增收；最后，还要在整个社会传递一种以贫困为耻的舆论导向，通过多种手段进行文化氛围的重塑，对正向减贫的价值观起到激励作用。从内部讲，文化可以通过教育、宣传、演出、文艺戏曲等民众喜闻乐见的形式深入贫困群体的内心，重塑个体的价值观。

二、文化扶贫之道

贫困地区的文化发展往往因为某种固定的闭环模式而导致对外来文化的排斥，因此贫困地区的文化建设并不轻松。长期以来，政府的公共文化服务建设往往缺乏长效机制，忽视文化的内生增长，文化建设往往浮于表面，难以正确指引贫困人口形成良好的致富观念。简单来说，贫困地区的公共文化服务一定要因地制宜，在当地传统文化的

---

① 闫晏宏．"文化扶贫"拔穷根 [N]．临汾日报，2019-03-07（4）．

根基上移植新的先进文化，从而将新的先进文化本土化。要实现"种文化"而不是"送文化"①，一是要坚定大扶贫机制下的价值导向，不论文化内容形式怎么变，文化内核不能丢；二是要注意维护基础设施，基础设施建设容易，难在维持；同时积极鼓励贫困人口参与到公共文化活动中，做到物尽其用。

案例4：文化扶贫之道

河北蔚县是全国剪纸艺术之乡，农村中不乏心灵手巧的剪纸百姓。利用这一文化优势，大学生村官宋建威带领所在的南留庄镇回回木村村民，将农闲时的妇女和残疾人、贫困户吸收进来组建了剪纸文艺团体，并邀请手艺高超的剪纸艺人进行专业指导。一幅剪纸作品卖到了800元，让村民们乐得合不拢嘴。当一幅栩栩如生的山水卷轴展开时，记者仔细观看，才发现竟是一幅精美的剪纸作品。此外，在文化部门的支持下，宋建威与村两委班子成员一起，带领村民进一步完善文化建设，培训组建了村民剧团、中老年文艺队、红歌会、电影放映队，积极开展各种文娱活动，极大地丰富了村民的文化生活。现在，村民剧团已经能够承担各种节日的演出任务。

资料来源：王芳.传承文化基因，提升扶贫质量［J］.经济，2017（Z2）：124-127.

如案例4所示，文化扶贫形式多样，需要村民和村委的共同努力，文化扶贫作为弘扬地方特色文化的扶贫形式，具有非常明显的正面效应，在增收方面也能起到很大作用。在文化扶贫中，地区传统文化的更新改造必不可少，为此需要当地政府和居民深耕当地优秀文化，同

---

① 陈默.文化扶贫："输血"重要，"造血"更迫切[N].中国文化报，2019-02-20（3）.

时经由专业人士的指导，产生不仅符合当地特色，而且顺应市场需求的优秀文化，方能将文化优势转变为经济效益，在文化传承与扶贫开发之间实现共赢。

文化扶贫在阻止贫困的代际传递上有十分重要的意义。贫困的代际传递往往由教育水平的"一脉相承"导致，物质上的贫困好医，精神上的贫困难治。一个贫困家庭内往往存在多个教育缺失的个体，而这种教育的缺失往往是从老到幼之间的传递，这就要求扶贫注重文化、教育和经济三方面的结合。在具体的实施中，学校教育、周围人的示范、主动或被动地与主流或先进文化互动是三个主要途径。简单来说就是要找到能够深入贫困人口心灵的方式来推动先进文化的传播，比如说学校教育、电视节目、村民示范等，对年纪较大的贫困群体，要用身边的事例进行示范教育，发生在身边的例子往往更能激起人们的羡慕和模仿的欲望；对年纪较小的个体，要注重基础教育，从小时候"拔穷根""治穷病"，阻止贫困的代际传递。

文化扶贫的发展可以通过文化产业和文化事业来实现[①]。在中国，文化事业是弘扬中国特色社会主义文化的中坚力量，也是最主要的力量。但相较而言，文化产业更能调动文化发展的活力，更为重要的是，文化产业往往可以和其他产业融合起来。文化的熏陶不易见成果，但文化产业带来的经济利益往往能够大幅提高贫困人口的积极性，在发展产业、增收致富中实现对贫困人口的文化素质的提升。文化的发展是一个推陈出新、去糟取精的过程。文化扶贫不是革新式的工作，而是开出新叶、重新阐述的过程。文化扶贫应当是在当地的特色文化中提取积极向上的因素，大力宣传，让地区传统文化在自己生长的土地上焕发出新的活力，这样更有利于贫困户去接受先进的文化，形成致富观念，自力更生，长效脱贫。

---

① 高佳彬.作好"文化扶贫"当代文章［J］.农民科技培训，2019（3）：16-18.

第八节　法　　制

为确保扶贫效果精准可持续，法制机制必不可少，这是我国大扶贫机制的题中应有之义。在扶贫工作中制定并贯彻落实法制规范是法治社会的重要体现，也是依法治国的必然要求，有法可依，有法必依，对于扶贫的高效可持续开展有着十分重要的意义。法制机制具有规范个体行为的强制性质[①]，在扶贫的法制化道路上，需要重点对待如下机制。

一、学习宣传机制

精准扶贫思想是习近平总书记治国理念和执政方略的重要组成部分，是当今扶贫工作的指引和纲领[②]。我们要从全局和战略的角度深入学习贯彻落实习近平总书记精准扶贫思想，明白其极端重要性和现实紧迫性，把扶贫开发提升到战略性任务的高度来对待。具体来说，一是要全面领会"精准"的实质。将"对象要精准、资金使用要精准、因村派人要精准、项目安排要精准、措施到位要精准、脱贫成效要精准"作为重要内涵阐释阐发。二是对相关法律宣传讲解。通过农村地区自发组织的村民会议、农家讲堂等方式普及宣传相关法律，避免各扶贫主体因不明法律产生水土不服。三是举办各类培训会。将中央、省、市、县制定的扶贫规划及时下达，将扶贫现状和目标对各扶贫主体进行解读，借此加深各主体对扶贫重要性和必要性的认识，增加工作的积极性和可持续性。

---

①　张永亮.论扶贫开发的法制建设［J］.湖南社会科学，2013（5）：117-120.

②　何志春，康忠芳.构建法制机制　助力精准扶贫——以习近平精准扶贫思想为视角［J］.社科纵横，2016，31（8）：17-22.

二、精细准确机制

一是精准识别贫困对象，建档立卡户的确立作为扶贫工作的开端，其重要性不言而喻；二是精准识别致贫原因，从多维的角度认识扶贫，就要在实地的走访调查中从多维的角度找出主要矛盾和矛盾的主要方面，为扶贫工作建立一个良好开端；三是精准进行贫困治理，扶贫主体的多样性决定了扶贫措施的多样性，不同主体有不同的优势，凭借这个特点，可以解决不同的问题，精准识别之后便是精准治理，确保扶贫成效的高效可持续；四是精准管理扶贫资金，将财政扶贫资金专项封闭管理，实施专人专管，责任落实到人[1]；五是精准落实扶贫责任，将扶贫责任制和考评制引入政务体系，确保正向激励；六是精准进行扶贫管理，动态管理扶贫系统，将扶贫管理与信息技术、大数据技术相结合，确保各类信息准确无误传达有效。

三、法制保障机制

一是明确制定相关法律，从法律的层面对扶贫的地位、实施、准入、重点和措施进行规定，从而确立贫困地区勤劳致富的法制遵循，有利于更快更好地推动扶贫工作的进行；二是贯彻法治思维，将法治思维贯彻到扶贫过程中去，以法治思维推进依法行政和法治政府的建设；三是扩大法律援助覆盖范围，争取对贫困群体的法律援助成为常态，将法制和扶贫真正结合在一起，帮助贫困人口知法、懂法、守法，以促进贫困人口提出正当有效的法律诉求，将贫困人口真正地当作扶贫主体来对待，形成一种自发脱贫、自发向上的力量。法制保障机制是一个有效的对其他贫困治理主体的负反馈机制，能够有效避免扶贫过程中的不法行为产生[2]。

---

[1] 王骏.民主与法制——扶贫体制改革的目标模式[J].云南财贸学院学报（社会科学版），2004（2）：90-92.

[2] 邓永超.我国扶贫法制建设的问题与对策综述[J].农村经济与科技，2017，28（5）：227-229.

> **案例 5：巴中：法治扶贫"三到三免"**
>
> "三到"即"三个到位"：法制宣传到位，常态化开展建卡贫困村法制宣传教育活动；法律服务到位，到村开展法律体检和扶贫专题法律服务，现场解决相关法律问题；依法治理到位，指导各建卡贫困村建立完善自治机制，定期开展各项矛盾纠纷排查，开展亲情帮教。
>
> "三免"即"三个免费"：公证免费办，对建卡贫困村扶贫领域的公证服务事项和贫困户所需各项公证事项一律免费办理；顾问免费派，配齐配强建卡贫困村法律顾问；官司免费打，对建卡贫困户法律援助申请不设门槛，实现"应援尽援"，更加便捷高效的法律服务送到家门口，群众法治意识明显增强，社会公平正义得到进一步彰显，依法治村正朝着纵深方向持续推进。
>
> 资料来源：巴中：法治扶贫"三到三免"巴中市司法局全力助推脱贫攻坚。

法治扶贫"三到三免"的持续深入推进，不仅有效促进了乡村的依法治理，还为困难群众寻求法律援助提供了绿色通道，为困难群众排忧解难，打通法治惠民"最后一公里"，为助推脱贫攻坚提供有力的法律服务和法治保障。

第九节 启 示

贫困是人类社会发展的客观规律，也是必然规律。我国作为世界上最大的发展中国家，在中华人民共和国成立之初，不论是从贫困发生率还是从贫困人口的基数看，都是一个贫困问题突出的大国。改革开放 40 多年后，贫困问题得到了迅速有效的解决，创造了减贫治理的中国样本，为全球减贫事业作出了重大贡献。

贫困是一个多维概念，每个人的致贫原因都不甚相同，这就对贫困的精准识别提出了要求。从我国的经验来看，出于对贫困人口现期贫困和未来贫困的协调考量，在收入划线的基础上提出了"不愁吃、不愁穿，保障义务教育、基本医疗和住房安全"的贫困识别机制。同时，根据我国多年的扶贫实践，从政府抓总到多方协调的模式转变中，我们探索出了一套"一方有难，八方支援"的多方协同扶贫机制，针对不同的致贫原因进行贫困的精准治理，即多元扶贫，包括政府主体、市场主体、社会主体和贫困主体。同时，在中国共产党的支持下，强有力的中央政府将广大人民群众的智慧凝结起来，探索出了产业扶贫、生态扶贫、社会扶贫、教育扶贫等一系列的措施，将多元主体统筹起来共同致力于扶贫开发。这就是我们的"大扶贫"机制，确保扶贫精准可持续。同样地，在大扶贫机制下，我们将文化扶贫、道德扶贫、法制扶贫的理念融会贯通，理念指导扶贫实践，方能带动全体人民共同富裕。

第三章[1]
增长扶贫

在经济活动中，经济物品的显著特性之一是稀缺，即针对人类不断变化、不断增多的消费使用需求，经济物品供给的不足。在经济增长过程中，伴随着经济物品的不断创造，经济物品供给总量逐渐增多，但由于供给增长速度超过需求增长速度，从而在经济物品整体稀缺程度下降的情况下，仍然存在另一种形式的"稀缺"，即地理区位、气候条件、历史原因、产业结构、政策偏向、个人在该地区获得资源的能力差异等原因导致区域间资源分配和发展结果的不均衡。

经济增长是解决日益增多的人口与资源稀缺之间的矛盾，以及减少贫困的必要手段。而在经济增长的过程中，如何以更加完善的宏观调控手段，促进地区的贫困在绝对数量与相对比例上的同步减少，缩小区域间的贫富差异，将是本章所要探讨的问题。第一节中，将回顾已有的相关研究，并通过针对宏观数据的分析，总结增长与减贫的关系；第二节中，将把经济增长探讨的范畴扩大，从增长本身拓展到其溢出效应，回顾国内与国际关于溢出效应的研究，并集中探讨增长的溢出效应；第三节中，在联合国提出"消灭极端贫穷和饥饿"的人类千年发展目标、全人类为减少与消灭贫困共同努力的背景下，以及经济全球化日益发展的进程中，将讨论全球增长的溢出效应，其中包括了全球增长带来的区域间发展不平衡以及增长的利贫性；第四节中，

---

[1]　感谢胡玲锐为本章所做工作。

通过质化与量化分析，探索在中国经济高速增长到平稳运行的整体经济增长过程中，区域间的发展均衡问题、中国经济增长对内部的溢出效应、中国经济增长对全球的溢出效应，同时将总结归纳中国在精准扶贫战略下获得出色的减贫成果背后的中国益贫式增长经验；在最后一节中，本章将总结经验，并结合中国当前经济发展情况、全球经济发展态势、中国未来发展战略、当前已有的宏观调控政策，提出有助于在未来优化益贫式增长的建议。

第一节　增长与减贫

一、增长与减贫的界定

增长一般可以与经济增长等同，狭义上表现为一国 GDP 的数量性增长，广义上则为更为宏观的增长，这包括改善一个国家的国民经济，优化国民经济的组成，优化产业发展结构和产业结构，以及提高经济发展程度。其中，一个国家的经济发展程度包括社会发展程度、社会整体福利水平和社会整体幸福感。在本书中，我们将增长定义为广义的多维度增长，包括经济数量化的加强，提高经济发展质量，提高社会总体生活水平，提高社会福利水平。

1998 年，诺贝尔经济学奖获得者阿马蒂亚·森提出了新的贫困指数测算公式 $P=H \cdot [I+（1-I） \cdot G]$（$H$：贫困人口百分比；$G$：贫困人口的基尼系数；$I$：贫困人口收入与贫困线差距的总和）。阿马蒂亚·森对于贫困程度的测度不局限于人的收入水平低下，还包括由于分配不均等导致贫困人口基本可行能力进一步下降的因素。阿马蒂亚·森在后续提出的多维贫困理论中在已有基础上完善了对于贫困的理解，即贫困除了包括基本的收入水平低以外，还有贫困人口在医疗、养老、住房等关乎社会福利的方面由于所负担的支出大大超出其能力范围内的收入水平，造成其本应获得的社会福利的缺失。对于整个区域来说，则是社会整体生活水平、社会福利水平的不足以及经济发展的不均衡[①]。

在过去的经济发展实践经验中，绝大部分国家的经济增长与贫困总量（绝对贫困量）都呈负相关关系，而在增长中，如果缺乏政策调控，由于社会不同部门中的人群所享受的经济增长红利不同、经济增长后劲不同，各国之间和地区之间的贫富差距将进一步扩大。相对贫困很难因享受经济增长的红利而减小乃至消除。这种现象在发达国家和发展中国家都很普遍。

如果在一种经济发展模式下，经济总量的增长以及社会均衡的优化，有益于降低该地区的贫困率或减少贫困人口总量，则称之为益贫式增长模式（pro-poor growth，PPG）。益贫式增长模式又可依据减少贫困的方向分为两种，能使得贫困人口所获收入水平跨过贫困线标准，则称其为"绝对益贫式增长模式"，而贫困人口收入增长率超过社会平均收入增长率的情况，则称为"相对益贫式增长模式"。

对应多维度的增长，在本书中我们将贫困同样界定为多维度的贫困。度量个人的贫困水平所包括的因素，除收入水平以外，还包括所拥有的社会福利水平、生活质量、幸福度。而区域整体的贫困水平则为个人贫困水平与该区域贫困人口的数量之积[②]。

二、经济增长质量与减贫

经济增长质量是相对于经济增长数量而提出的一个概念[③]。在经济增长理论发展历程中，经济增长是一个量和质的统一体这一事实常常被忽略，该理论曾一度把经济增长数量当成经济增长的主要内容，提

---

① 森.贫困与饥荒 [M].北京：商务印书馆，2001.

② 周华.益贫式增长的定义、度量与策略研究——文献回顾 [J].管理世界，2008（4）：160-166.

③ 钞小静，惠康.中国经济增长质量的测度 [J].数量经济技术经济研究，2009，26（6）：75-86.

到经济增长就让人们想到经济增长数量的扩张，很少提及经济增长质量的提高。经济增长的定义通常为：一定时期内一国或地区生产出来的产品和提供的劳务总水平的增加，通常由 GDP 进行衡量。

然而，人们在不断追求经济增长的过程和实践中遇到了一系列问题。收入差距不断扩大、经济结构不平衡、资源短缺和生态环境等问题导致一些研究人员开始关注生态环境的破坏问题。经济增长的质量，即增长的可持续性，包含在经济增长的内涵中，不再仅仅用增长数量来衡量增长。卡马耶夫对于经济增长的本质的讨论认为，仅仅从增加经济增长的数量来分析经济增长问题是不够的，他将经济增长的质量理解为经济活动中所使用资源的规模以及在发达的社会主义条件下扩大和复制社会总产品的过程中其使用效率的变化。经济增长不仅包括代表了国家经济综合体的经济过程，而且取决于使用所有生产性和非生产性资源的效率 [1]。

经济增长质量内涵经历了逐步发展扩大的过程。在过去，经济增长质量仅仅被定义为经济增长的效率，即在一定时期的经济活动中，经济增长的数量越多，经济增长的质量就越好。后来，经济增长质量的提高被认为同样伴随着经济增长方式的转变。同时，还关注了实现经济增长的成本，我们必须在经济增长的速度和质量之间的相互联系中研究经济增长的问题，经济增长过程中不能忽视生产要素积累和资源利用效率的关系。在本书中，我们将生产要素的积累定义为社会可用资产资源的数量性增加（包括物质资源与人力资源），这是实现经济增长的基本来源，而资源利用效率的提高是指对于以上提到的生产要素的利用效率提升 [2]。

决定经济增长的生产要素积累和资源利用效率这两个因素既相互关联又截然不同，在经济增长过程中是共生的。在一定时期内，基于

---

① 卡马耶夫.经济增长的速度与质量[M].陈华山，左东官，何剑，等译.武汉：湖北人民出版社，1983.

② 阿格因，豪伊特.增长经济学[M].杨斌，译.北京：中国人民大学出版社，2011.

这两个因素各自不同的优势，产生了基于数量扩张或质量改进的经济增长形式。有研究认为，经济增长率从另一个角度反映了经济增长总量的变化，即同一经济发展时间内投入了相同的生产资源，经济增长效率越高的地区能够获得更高的经济增长总量。这意味着高体量和高质量的经济增长可以增加财富总量，即使只是以中等速度增长，质量越高，财富总量越高。低经济增长率以非常高的速度增长，即使可以满足社会需求，但也不如高质量的中速增长[①]。

后续，其他研究人员从更广泛的角度定义经济增长的质量，并将其视为一个相对于经济增长量的概念，且具有丰富的内涵。经济增长的质量是对经济发展速度的补充。经济增长质量是经济增长过程的关键组成部分，例如机会分配的合理性，环境发展的可持续性，合理的全球风险管理和治理结构，并且从社会基本保障、教育水平及教育机会、社会自然环境、资本市场抵御全球金融风险的能力与腐败等角度比较了各个国家和地区的经济增长质量，在比较的过程中发现即使是相近的经济增长率也会给人们的福利带来不同的结果。由此可以得到的结论是，如果经济政策倾向于关注增加实物资本的投资规模，而忽略例如对自然资源和环境资本的投资这些构成高质量增长的众多重要因素，则会造成经济增长的总体情况变差。也有研究将经济增长质量视为经济增长相对更为广泛的概念，经济发展则被认为是与经济增长量密切相关的经济因素[②]。

经济发展从最表面来看是人均 GDP 的增长，而经济增长的质量，则是与经济增长密切相关的包括教育水平，预期寿命，健康状况，法律和秩序发展的程度以及收入水平等因素。也有研究认为经济增长的质量是一个相对于经济增长量的动态概念，指一个国家的经济、社会和环境绩效程度以及经济增长态势。具体而言，它包括经济增长的可持续性和稳定性、经济结构的状态、经济增长的效率、居民的生活条

① 刘亚建.我国经济增长效率分析［J］.思想战线，2002（4）：30-33.

② BARRO R J. Inequality and growth in a panel of countries ［J］. Journal of economic growth，2000，5（1）：5-32.

件以及生态环境 ①②。刘树成认为，提高经济增长质量是指改善经济增长结构的协调性，且不断提高经济效益的和谐程度。他指出，需要持续改善经济增长的稳定性，不断提高经济增长的可持续性。持续的数量和质量是有机统一的，经济增长的质量与持续的数量密切相关 ③。在不同的学者眼里，对经济增长质量内涵的认识仍在不断变化，但诸多研究在认识经济增长质量的重要性以及作用上达成了共识。

随着粮食、金融和环境危机不断爆发，世界各国的决策者已逐渐感知经济增长和民众福利之间的分歧在不断扩大。经济增长本身并不足以带来人类福祉，但经济增长的模式或质量却至关重要，特别是对于人类福利的主观感受指标而言。在过去这段发展中国家的经济高速增长时期，大家在关注经济增长的同时，仍然有许多国家失业率上升、贫富差距扩大且环境问题愈发严重。世界各地发生的民众抗议事件表明，反腐败、政府管理和问责制度等问题变得愈加重要，只有这些问题被考虑到经济增长的进程中去，经济增长的成果才得以延续，增长速度也不会因此而受到负面影响。

经济增长和减少贫困、提高全人类福祉存在正相关关系。但一些经济增长模式能比其他模式更有效地减少贫困，更少地导致自然资源的过度开采和环境退化。根据由 128 个国家和地区数据编制的人类发展和环境质量指数，发现在控制初始人均收入的情况下，人均收入增长与人类发展存在正相关关系，但与环境质量存在负相关关系。增长的速度和质量对于取得更好的发展成果都是至关重要的。正如 Thomasetal 在其研究中展示了更恰当的增长质量面貌：贫困人口减少，社会公平增加，环境退化停顿，实现可持续的经济增长 ④。

① BARRO R J. Quantity and quality of economic growth ［J］. Central Bank of Chile，2002（6）：135-162.

② HOLZ C A. The quantity and quality of labor in China 1978—2000—2025 ［J］. Manuscript，Hong Kong University of Science & Technology，2005.

③ 刘树成. 论又好又快发展 ［J］. 经济研究，2007（6）：4-13.

④ THOMAS B. Migration and economic growth: a study of Great Britain and the Atlantic economy[M]. CUP Archive, 1973（12）.

三、经济增长过程中总量性减贫与结构性减贫

改革开放以来,中国经济增长和社会发展取得了不可思议的成就,工业化和城市化进程迅速发展。人民生活水平迅速提高,经济体制的市场化也取得了显著成效。但是,随着经济的快速增长和全球经济形势的变化,中国经济增长的结构性问题日益突出。如何调整结构,提高经济增长质量,造福中低收入人群和贫困人口,促进公平发展机遇,这是中国政府在"十三五"规划和2020年全面建设小康社会的规划中考虑到的宏观政策。

从普遍的经济发展规律来看,在经济增长的短期,消费者信心增加,利率下降,显然导致需求增加,从而总产出增加。从中期(经济发展后的一二十年)来看,某些地区即使消费者消费信心高、需求再旺盛,例如越南,但其产出水平还是跟其他经济发展程度较好的国家有很大的差距。因为决定总产出的不是需求方,而是供给方的技术水平、资本供给、劳动力规模及其技能。从长期来看,技术资本和劳动力分别取决于创新能力与引进技术的学习能力、一国的储蓄率情况和教育体系。一国储蓄率和教育体系又常常与政府的税收政策、社会保险政策等紧密相关。

同时,不同经济增长阶段,也伴随着不同的减贫政策以及减贫成效。在经济增长初期,政策注重总量性减贫,关注整体的人均收入水平、地区总体经济产值。而在经济增长中期,关注点由总量性减贫转向结构性减贫。此时的数量性贫困由于已减少到一定程度,难以再大幅度进行减少,则须更多关注增长中的产业、技术水平、资本供给、劳动力规模等结构性问题,优化调整综合结构,促进减贫工作进入新的阶段,获得新的成效。

第二节 增长溢出效应

溢出的字面释义为液体充满容器后向外流出的活动，而在经济学上则用作描述经济活动的外部性，即为当一个主体在进行某种活动时，除对其活动客体本有的影响之外产生的，并且活动的主体既不得到收入也不支付额外成本的外部影响。

最初，马歇尔提出溢出效应与经济学中的外部性概念等同，之后，斯蒂格利茨则认为包含在市场交易中的额外收益与成本被称为溢出效应。在国际上的后续研究中，学者们通过各种实证检验发现了技术的溢出效应、FDI（外国直接投资）的溢出效应①、GDP 的溢出效应等。国内对溢出效应的研究，从针对知识产权保护下技术创新的两种溢出效应的研究开始，还有针对测算开发收益率并研究溢出效应的主要途径的研究。溢出效应的研究范畴也从单一产业或单一地区内部的溢出效应研究，拓展至一国多个产业或全产业间，以及全球的增长溢出效应研究。溢出效应存在于不同领域。环境污染产生的大多为负向的溢出效应，基础设施建设带来的溢出效应以及各个范围区域内单一经济增长的溢出多为正向的溢出效应②。

本章将集中讨论经济增长的溢出效应，包括各区域之间的溢出效应以及区域内部各个发展方向间的溢出效应。

经济发展与减贫的关系可以细分为两个层面：一是经济增长与减贫的关系，一般以收入增长与减贫的关系来呈现；二是基于经济增长的质量和性质等，着眼于收入分配状况与减贫的关系，一般以收入差距或不平等状况与减贫的关系来呈现。已有研究主要有两种代表性观点：一种观点认为，经济增长的减贫效应具有普适性和自发性，即经

---

① 潘文卿. 外商投资对中国工业部门的外溢效应：基于面板数据的分析［J］. 世界经济，2003（6）：3-7.

② 高新才，白丽飞. 溢出效应研究进展［J］. 兰州大学学报（社会科学版），2013，41（5）：88-93.

济增长能够使包括穷人在内的所有人受益，进而达致绝对地减少贫困甚至消除贫困，这也被称为经济增长的"涓流效应"；另一种观点认为，经济增长的减贫效应具有不确定性，经济增长如果不能使所有人尤其是贫困者平等受益，反而会导致贫困恶化，因此经济增长的"涓流效应"也受制于经济环境、文化习俗、制度安排等多重因素的影响。涓流效应拓展到区域间的范围，这正是需要关注区域间溢出效应的重要原因。

案例 1：京津冀三地经济增长溢出效应影响

通过 TVP-VAR 模型，对 2005 年第一季度到 2017 年京津冀三地的 GDP 数据进行分析，得出京津冀之间溢出效应的水平。基于实证结果，在研究范围内，京津冀三地之间的经济增长溢出效应基本稳定，没有体现出根本的结构性变化和明显的时变特征。在其中发生的国际要事——2008 年的美国次贷危机对三地之间的溢出效应几乎没有影响，京津冀协同发展战略对其溢出效应的影响也有限。

资料来源：郭小卉，康书生.京津冀三地经济增长溢出效应探析［J］.经济与管理，2018，32（6）：4-12.

针对区域间的溢出效应问题，一些研究使用了 1999—2014 年该省的面板数据和空间测量模型，并在地理距离权重、经济距离权重和筑巢权重三个空间权重矩阵的设定下，探讨了收入贫困、教育贫困和医疗贫困的分布特征，在此基础上对金融扶贫的空间效应进行了检验。该研究发现，无论使用上述哪种权重，农民在收入贫困、教育贫困和医疗贫困方面都具有显著的空间正相关性[1]。

在对于区域间溢出效应的实证研究和理论研究中，学者们几乎对溢出效应对经济发展的重要性达成了一致，但在不同的区域特点以及

---

[1]　傅鹏，张鹏，周颖.多维贫困的空间集聚与金融减贫的空间溢出——来自中国的经验证据［J］.财经研究，2018，44（2）：115-126.

经济发展状况下，则针对溢出效应的大小和方向提出了不同的观点。

区域内部各个发展方面间的溢出效应则表现为在发展中各社会经济现象之间的交互影响，以及区域内部各主体之间行为的交互影响。对于增长溢出效应的实证分析，当前的研究中主要通过对宏观统计数据对各部门或各地区之间进行相互的脉冲分析，判别其对冲击的响应显著性，探索分析其中的路径及机制。对于区域内经济社会现象间的溢出效应，在此将重点分析经济增长与就业，以及增长与基础设施的关系。

在传统的经济理论中，经济增长与失业率为反向变动的关系。马克思认为在资本的构成固定不变时，对劳动力的需求随着增长的积累而增长[①]。美国经济学家奥肯（Okum）在1962年提出了"奥肯定律"，认为经济增长与失业率为反向变动的关系，若失业率每增加1%，实际国民生产总值则减少2.5%，即我们表述的经济水平降低。但后续大量研究对不同时期、不同地区的奥肯系数进行测算，发现奥肯系数在不同经济增长阶段和不同时期都呈现出了差异性，并非绝对的稳定和显著[②]。对于奥肯定律在中国的应用，有研究构建了非线性的奥肯定律模型，发现传统的线性奥肯定律在中国不成立[③]。对于奥肯定律的应用，以及在中国的应用，当前研究中的结论存在较大的争议，也有人针对争议进行了样本范围及控制条件更加细分的研究。例如基于中国的经济发展状况，经济增长对就业的带动作用在产出缺口为零附近达到最高值，且在经济过冷和过热时期，奥肯系数近乎为零，表明经济增长的速度与潜在的经济增长应该保持一致水平[④]。经济增长与就业问题之间的关系一直都是理论与实践操作中长期关注的问题，从本书的关注

---

① 马克思.资本论：第一卷[M].北京：人民出版社，2004.

② 王立勇，徐晓莉.中国奥肯系数的周期性波动特征研究[J].宏观经济研究，2018（1）：42-56.

③ 陈宇峰，俞剑，陈启清.外部冲击与奥肯定律的存在性和非线性[J].经济理论与经济管理，2011（8）：42-52.

④ 王立勇，徐晓莉.中国奥肯系数的周期性波动特征研究[J].宏观经济研究，2018（1）：42-56.

点——贫困问题出发，我们试图探索中国农村人口就业率与经济增长率的关系。我们选取了 1999—2017 年 19 年间的乡村就业人员数[①]与乡村人口数[②]统计数据构建乡村人口就业率，结合国内生产总值增长率（即经济增长率）进行分析，发现在样本中，乡村人口就业率与国内生产总值增长率有显著的正相关关系（图 3-1）。由此可以得出在中国近 20 年的发展过程中，经济增长对农村地区的就业情况有促进作用，我们分析得出其中有如下两种溢出路径。

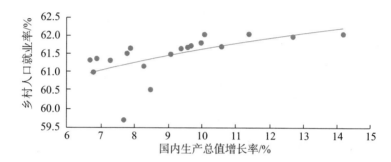

图 3-1　中国乡村人口就业率与国内生产总值增长率的关系（1999—2017）年
　　　　资料来源：国家统计局。

　　一是经济增长伴随着产业规模及收益能力的增长，若新增产业大多为劳动密集型产业则能提供更多的就业岗位。有研究显示，在政府积极引导的投资领域为劳动密集程度较低行业的阶段，中国经济增长拉动就业的能力较弱，主要是由于劳动市场的分割使得资本代替劳动的倾向更重。但需要指出的是，该研究结果主要指向城乡总体就业情况，同样也提出了城乡整体就业弹性低于城镇就业弹性[③]。在上文我们的分

---

　　① 就业人员数：在 16 周岁及以上，从事一定社会劳动并取得劳动报酬或经营收入的人员。就业人员包括：职工，再就业的离退休人员，私营业主，个体户主，私营企业和个体就业人员，乡镇企业就业人员，农村就业人员，其他就业人员。

　　② 乡村人口：除城镇人口以外的全部人口。

　　③ 蔡昉，都阳，高文书.就业弹性、自然失业和宏观经济政策——为什么经济增长没有带来显性就业？［J］.经济研究，2004（9）：18-25，47.

析中，乡村人口就业率也与经济增长速度呈正相关关系。其原因在于，基础劳动力在中国目前经历过的各个经济发展阶段弹性较小，而乡村人口从事的非农工作也大多为基础性劳动工作，且人口流动意愿较强，从而所受区域间劳动力需求量差异的影响较小。

二是经济增长伴随着农村人口自我学习意识的增强、学习能力的提高以及学习渠道的多样化。在经济增速较快的阶段，若当年税收政策没有过多变动，政府可获得更多税收，于是有更多的财政力量投入地区的教育培训及文化建设，给农村人口提供更多的培训机会和就业信息，提升了农村地区人口的自我发展水平。

过去有大量的经济学者讨论了基础设施与经济增长之间的关系，基于大量数据，利用生产函数法、利润函数法、向量自回归法（VAR）与横截面数据法等量化研究方法，刘伦武认为农业基础设施水平的提升对农村经济的增长起到促进作用，但作用不强，农村经济增长与基础设施建设之间的长期协调性十分重要[1]。而王任飞等人认为基础设施与经济增长之间存在相互作用，基础设施是长期经济增长的"因"，而经济增长对于基础设施发展的促进作用不显著[2]。但两者之间长期稳定的均衡关系表明，快速增长的经济使得政府有更大的财力用于交通基础设施建设[3]，私人部门能够更多地参与到基础设施建设中且提供大量的就业机会。

基础设施与经济增长的关系是一个"鸡生蛋还是蛋生鸡"的问题，二者需要持续协调进行，缺一不可。经济增长在与基础设施的交互作用中，产生了大量利贫的溢出效应，例如带动了农村地区与外界的联系，提高了地区整体文化水平、拉动地方旅游运输等产业发展、带动地方整体消费等。

---

① 刘伦武. 农业基础设施发展与农村经济增长的动态关系 [J]. 财经科学，2006（10）：91-98.

② 王任飞，王进杰. 基础设施与中国经济增长：基于 VAR 方法的研究 [J]. 世界经济，2007（3）：13-21.

③ 任蓉，程连元，谢卓然，等. 交通基础设施投资与经济增长的动态效应分析——基于 VAR 模型的实证研究 [J]. 科技管理研究，2012，32（4）：85-89.

第三节　全球增长溢出效应

一、全球增长与地区间的发展现状

2018 年全球经济增长的增长率为 3.7%，与 2017 年水平大体持平。这一增长水平超过了 2012 年至 2016 年任何一年，但全球经济增长的过程中仍然伴随着区域间发展不均衡等问题。

随着许多经济体已达到或接近充分就业，以及之前的通货紧缩担忧已经消散，政策制定者拥有更好的机会来建立抵御风险的机制并实施促进增长的改革。2017 年 4 月的一份研究表明，在世界经济广泛发展的背景下，对 2018 年经济增长率的预测稳定在 3.7%。而实际上，增长不如预期那么高。这不仅验证了世界经济发展存在下行风险，而且提醒我们要对经济下行风险提高警惕。此外，在一些主要经济体中，长期来看不可持续的政策带动了经济的增长。以上这些情况进一步凸显了政策制定者进行政策调控的紧迫性。

近期全球核心的通货膨胀率基本处于不变的状态，而发达经济体的金融环境依旧处于比较好的状态，新兴经济体并没有享受稳定发展的红利，美国逐步收紧的货币政策以及贸易的不确定性，阻碍了新兴经济体的资本流入，导致货币疲软，股市低迷，存在比较强的利率压力。但同样在世界银行的一些研究中表明，当前的经济发展问题不可避免地会蔓延到基本面强劲的国家。

首先，新兴经济体与发达经济体都共同面临紧缩的政策，而一些新兴经济体基于其货币政策的汇率的灵活性反而管理较好。其次，因为新兴市场和发展中经济体按市场汇率占世界 GDP 的 40% 左右，新兴市场的任何急剧逆转都对发达经济体构成重大威胁。最后，贸易政策的剧烈变化也对全球经济发展造成了冲击。两个主要的区域贸易安排正在发生变化，《美国—墨西哥—加拿大协定》（等待立法批准）、欧盟、美国对中国征收的关税，以及对汽车和汽车零部件的更广泛的进口关税，可能会破坏已建立的贸易关系，这种贸易政策还在不断变化。

贸易政策和不确定性的影响在宏观经济层面变得明显，贸易政策反映了一些国家在政治上仍未解决的经济问题，这会对全球经济发展带来更大的风险。要衡量增长威胁的严重程度。多边全球合作的机制正变得紧张，特别是在需要加强的贸易领域。与10年前爆发的全球金融危机相比，政府的财政和货币弹性较小，因此需要通过其他方式建立财政缓冲和增强抵御能力。这包括通过升级金融监管体系并付诸实行，即通过市场动态来推进业务和劳动力的结构性改革。虽然有可能减少一些国家的"政治空间"，但很难就合理的政策达成共识，因此现在是更加需要积极行动的时候。

鉴于目前的不确定性，许多发达经济体面临的最大长期挑战集中在人工成本的缓慢增长，社会整体的流动性降低，而且在一些国家，对结构性经济变化的政策回应不足。新兴市场和发展中经济体所面临的一系列长期挑战则多种多样，从改善投资环境到减少劳动力市场的二元性，再到升级教育体系，气候变化的危险也迫在眉睫。另外，随着科技的发展，无论收入水平如何，所有国家都必须为新技术所需要的工作方式做好准备。

在当前全球经济增长的情况下，更加需要确保增长比以往更具包容性，才能够迎接贸易政策极速变化、多边合作机制不断受到冲击、科技快速发展、人力资源资本流动性及人工成本快速变化的挑战。在这个背景下，为了实现人类千年发展目标，不断调整政策，保证经济增长的利贫性更加重要。

二、全球增长的利贫性

世界银行在一份报告中表示虽然经济增长对于减少贫困仍然至关重要，但它有其局限性，当前的市场经济对于贫困线以下的人群来说仍非常不利，例如金融机构对于私人教育的支持以及对高端医疗健康的支持，提升了社会基础生活保障的成本。各国需要通过为极端贫困人口分配更多资源的政策来补充经济增长对于减贫的不足。政府、企业以及社会力量可以通过增长过程本身，通过财政、捐赠等方式直接或间接地进行分配，创造更具包容性的经济增长模式。

同时，经过数据测算，在全球，为了消除极端贫困，即消除大量最贫困的人的数量（每天收入低于1.25美元的人），直到2030年，每年必须减少5 000万人。经济增长对于减少极端贫困和改善许多穷人的生活至关重要。然而，即使所有国家的增长速度与过去20年相同，如果收入分配保持不变，即使到2030年世界贫困人口从2010年的17.7%下降到10%，仍然不足以消除极端贫困。

就穷人数量而言，前五大国家是印度（占世界贫困人口的33%）、中国（占世界贫困人口的13%）、尼日利亚（占世界贫困人口的7%）、孟加拉国（占世界贫困人口的6%）和刚果民主共和国（占世界贫困人口的5%），它们总共拥有世界上近7.6亿的贫困人口。其中五个国家：印度尼西亚、巴基斯坦、坦桑尼亚、埃塞俄比亚和肯尼亚，覆盖近80%的极端贫困人口。因此，对这些国家的高度重视对于消除极端贫困至关重要。贫困密度最高的五个国家是刚果民主共和国（其中88%的人口处于贫困线以下），利比里亚（84%的人处于贫困线以下），布隆迪和马达加斯加（处于贫困线以下的人口各占81%）和赞比亚（75%的人处于贫困线以下）。在这些地方减少贫困与在穷人的绝对数量更大的国家取得进展同样重要[①]。

由以上数据我们可以看出，当前全球范围内，经济增长总体而言是利贫的，但是从全球来看，需要在贫困人数数量大以及贫困密集度高的地区给予重点关注，并给予不同的扶助政策。同时，从国家内部的角度来看，各国需要通过为极端贫困人口分配更多资源以及更多的针对性政策来补充经济增长红利的不足，使增长更具有包容性。

---

① 资料来源：世界银行关于全球贫困人口的统计数据。

第四节　中国增长溢出效应

一、中国增长与内部发展均衡与区域间溢出效应

中国经济快速增长的奇迹始于 21 世纪初，在发展中期的工业化程度下，加上出口导向的经济发展战略，以及中国整体劳动力密集，于是中国便充当了大量国家产业转移目的地的角色。同时，中央财政与地方财政都在经济活动中活跃地发挥了各自的能力，地方政府通过土地收入举借了大量债务。然而在后工业化发展阶段，产业结构升级、区域间经济流动速度变快、区域间经济交流效率变高。国际经济市场上也产生了一系列变化，包括由于中国劳动力价格上涨导致的劳动力红利逐步消失，失去大量国家产业转移目的地的角色，在新一轮的国家间产业转移中充当新的角色；由于国际市场整体的收缩态势，中国净出口规模受到影响，依据中国社会科学院的研究①，2016 年中国净出口的下降使中国经济增长下降了 0.7 个百分点。在 21 世纪中国的经济增长中，除了整体的经济水平提升，区域间的经济及区域间三大产业间也互相产生了一定的影响。

受到中国土地面积广、贫困地区较为分散等问题的影响，根据规定，中国将贫困地区分为 14 个连片区以便扶贫工作的推进与管理②。本章将依据 2000 年至 2017 年全国各省市 GDP 总值以及第一产业、第二产业、第三产业的 GDP 数值，加总计算燕山—太行山区（河北、山西、内蒙古）、六盘山区（陕西、甘肃、青海、宁夏）和大别山区（安

---

① 资料来源：中国社会科学院财经战略研究院.中国县域经济发展报告（2018）. [EB/OL].（2018-12-04）.http://naes.cssn.cn/cj_zwz/cg/yjbg/zgxyjjfzbg/201812/ t20181204_4788255.shtml.

② 《中国农村扶贫开发纲要（2011—2020 年）》第十条明确指出：国家将六盘山区、秦巴山区、武陵山区、乌蒙山区、滇桂黔石漠化区、滇西边境山区、大兴安岭南麓山区、燕山—太行山区、吕梁山区、大别山区、罗霄山区等区域的连片特困地区和已明确实施特殊政策的西藏、四省藏区、新疆南疆三地州，共计 689 个县作为扶贫攻坚主战场。

徽、河南、湖北）的经济增长情况，分别构建 VAR 模型和脉冲响应函数（IRF）进行实证分析，研究燕山—太行山区（河北、山西、内蒙古）产出分别对六盘山区（陕西、甘肃、青海、宁夏）和大别山区（安徽、河南、湖北）三大产业的影响。

首先，本书构建如下 VAR 模型，其中，模型一用来研究燕山—太行山区产出对六盘山区各产业的影响。模型二用来研究燕山—太行山区产出对大别山区各产业的影响。由于产出量通常有明显的上升趋势，在两个模型中加入常数项和时间趋势项。

$$X_t = \mu + \beta_1 X_{t-1} + \cdots + \beta_k X_{t-k} + \gamma_t + \nu_t \qquad （模型一）$$

式中，$X_t = ($LYT$_t$, LDBS$_t$, LLPS1$_t$, LLPS2$_t$, LLPS3$_t)$，LYT 和 LDBS 分别表示燕山—太行山地区产出变量和大别山地区产出变量，LLPS1、LLPS2 和 LLPS3 分别表示六盘山区第一、第二和第三产业产出变量；k 为滞后期数，ν_t 为残差项，其均值为零，对所有的 t 有相同的协方差矩阵，当 t 不等于 s 时 ν_t 与 ν_s 不相关；β_i 为（5×5）系数矩阵。

$$X_t = \mu + \beta_1 X_{t-1} + \cdots + \beta_k X_{t-k} + \gamma_t + \nu_t \qquad （模型二）$$

式中，$X_t = ($LYT$_t$, LLPS$_t$, LDBS1$_t$, LDBS2$_t$, LDBS3$_t)$，LYT 和 LLPS 分别表示燕山—太行山地区产出变量和六盘山地区产出变量，LDBS1、LDBS2 和 LDBS3 分别表示大别山区第一、第二和第三产业产出变量；其他设置和模型一相同。

在建立 VAR 模型之前，首先要确定 VAR 模型的最佳滞后阶数。常见的确定 VAR 模型的最佳滞后阶数的方法有信息准则法、LR 似然比法以及残差序列自相关法。与前两种方法相比，残差序列自相关法相对简单，符合 VAR 建模的基本思想。首先令 $k=1$，运用 OLS 进行回归，根据 L-B 检验，得到 L-B 的 Q 统计量，根据伴随概率判断回归残差的自相关性，若模型中所有方程的残差不存在残差的自相关性，则该 VAR 系统的最佳滞后阶数为 1，否则令 $k=2$ 继续上述步骤进行尝试，直到找到最佳滞后阶数。依据 L-B 残差自相关检验的方法对上述构建的两个 VAR 系统进行最佳滞后阶数的检验发现，当 $k=1$ 时，两个 VAR 系统的各个方程的残差均不存在自相关；而当

$k=2$ 时，部分方程残差存在自相关问题。因此 $k=1$ 为两个 VAR 系统的最佳滞后阶数。

在对 VAR 模型确定变量的次序时，本章采用中心—外围理论，溢出效应传递往往由近及远，由于本书分析燕山—太行山区（河北、山西、内蒙古）产出分别对六盘山区（陕西、甘肃、青海、宁夏）和大别山区（安徽、河南、湖北）三大产业的影响，因此以下进行脉冲响应的分析时，VAR 模型中变量的次序依次为燕山—太行山地区、六盘山区和大别山区。

用最小二乘法对模型一进行回归，得到表 3-1 的结果。由表 3-1 可知，模型一的各个方程的解释平方和都在 0.99 以上，说明各个方程的自变量对因变量的解释程度均达到 99% 以上。在 LYT 回归方程中，滞后一期的燕山—太行山地区的产出的回归系数显著为正，滞后一期的六盘山地区的产出的回归系数显著为负，表明滞后一期的燕山—太行山地区的产出对当期燕山—太行山地区的产出有显著的正向影响，滞后一期的六盘山地区的产出对当期燕山—太行山地区的产出有显著的负向影响。在 LLPS2 方程中，滞后一期的燕山—太行山地区的产出

表 3-1　模型一估计结果

解释变量	LYT 方程		LLPS1 方程		LLPS2 方程		LLPS3 方程		LDBS 方程	
	参数	T 值	参数	T 值	参数	T 值	参数	T 值	参数	T 值
LYT（-1）	1.328	2.804	0.126	0.229	1.433	2.445	0.800	2.183	0.550	1.628
LLPS1(-1)	-0.691	-1.974	0.061	0.149	-0.395	-0.910	0.026	0.097	-0.416	-1.663
LLPS2(-1)	-0.020	-0.040	0.322	0.560	0.160	0.262	-0.627	-1.644	-0.017	-0.048
LLPS3(-1)	0.088	0.276	0.317	0.851	0.518	1.314	-0.130	-0.528	0.086	0.379
LDBS(-1)	0.134	0.225	0.098	0.141	-0.434	-0.590	0.830	1.805	0.497	1.170
T	0.000	0.004	-0.024	-0.658	-0.047	-1.187	0.057	2.317	0.033	1.467
C	-0.203	-0.076	-0.605	-0.194	-3.721	-1.127	-2.629	-1.274	1.876	0.985
R^2	0.998		0.996		0.997		0.999		0.999	

资料来源：国泰安 CSMAR 数据库。

注：C 和 T 分别表示常数项和时间趋势项。

的回归系数显著为正，说明滞后一期的燕山—太行山地区的产出对六盘山地区第二产业产出有显著的正向影响。在 LLPS3 方程中，滞后一期的燕山—太行山地区的产出的回归系数显著为正，表明滞后一期的燕山—太行山地区的产出对当期六盘山地区第三产业的产出有显著的正向影响。

根据以上 VAR 模型回归结果，进一步运用脉冲响应函数分析燕山—太行山地区产出增加一个单位标准差对六盘山地区各个产业的影响，结果如图 3-2 所示。由图 3-2 可以看出，给定燕山—太行山产出一个标准差冲击后，在第一年，六盘山地区三大产业均没有较大幅度变化，从第二年开始，六盘山地区第三产业产出开始缓慢增加，但冲击效果不明显。而六盘山地区第一和第二产业产出则逐渐下降，冲击效果从第九期开始逐渐下降。图 3-2 可以看出燕山—太行山地区产出对六盘山地区各产业溢出效应的大小以及持续的时间，但是不能看出产业溢出效应是否显著，本书分别绘制了六盘山地区各产业对燕山—太行山地区产出冲击的脉冲响应以及 95% 置信区间，以此判断六盘山地区各产业对燕山—太行山地区产出冲击响应的显著性。

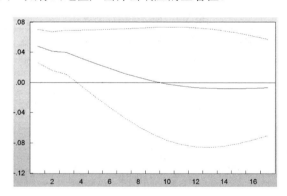

图 3-2　六盘山地区三次产业对燕山—太行山地区的响应

由图 3-3 可以看出，在燕山—太行山地区产出冲击的前四年，六盘山地区第一产业脉冲响应的置信区间异于零，说明在前四年的时间内，燕山—太行山地区的产出增加对六盘山地区第一产业产出有显著的带动作用。第五年后，六盘山地区第一产业脉冲响应的置信区间包含零，说明第五年后，燕山—太行山地区的产出增加对六盘山地区第一产业产出没有显著的带动作用。类似地，由图 3-4 可以看出，在前四年，燕山—太行山地区的产出增加对六盘山地区第二产业产出有显著的带动作用，第五年后，这种带动作用不显著。由图 3-5 可以看出，在整个期间内，燕山—太行山地区的产出增加对六盘山地区第三产业产出都没有显著的带动作用。

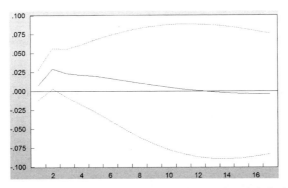

图 3-3　六盘山地区第一产业对燕山—太行山地区冲击的响应

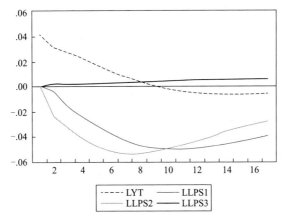

图 3-4　六盘山地区第二产业对燕山—太行山地区冲击的响应

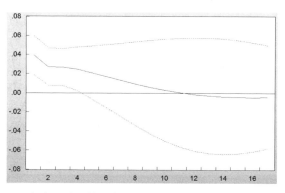

图 3-5 六盘山地区第三产业对燕山—太行山地区冲击的响应

运用最小二乘法对模型二进行回归，得到表 3-2 的结果。由表 3-2 可知，模型二的各个方程的解释平方和都在 0.99 以上，说明各个方程的自变量对因变量的解释程度均达到 99% 以上。在 LYT 回归方程中，滞后一期的燕山—太行山地区的产出的回归系数显著为正，滞后一期的大别山地区的产出的回归系数显著为负，表明滞后一期的燕山—太行山地区的产出对当期燕山—太行山地区的产出有显著的正向影响，滞后一期的大别山地区的产出对当期燕山—太行山地区的产出有显著的负向影响。在 LDBS1 方程中，滞后一期的燕山—太行山地区的产出的回归系数显著为正，说明滞后一期的燕山—太行山地区的产出对大别山地区第一产业产出有显著的正向影响；滞后一期的六盘山地区第二产业的回归系数显著为正，说明滞后一期的六盘山地区第二产业对当期大别山地区第一产业产出有显著的正向影响；滞后一期的大别山地区产出的回归系数显著为负，说明滞后一期的大别山地区产出对当期大别山地区第一产业产出有显著的负向影响。在 LDBS2 方程中，滞后一期的燕山—太行山地区的产出、滞后一期六盘山地区第二产业产出对当期大别山地区第二产业产出有显著的正向影响；在 LLPS 方程中，滞后一期的燕山—太行山地区的产出和滞后一期的六盘山地区第二产业产出对当期六盘山地区产出有显著的正向影响（图 3-6 ～图 3-8）。

表 3-2　模型二估计结果

解释变量	LYT 方程		LLPS1 方程		LLPS2 方程		LLPS3 方程		LDBS 方程	
	参数	T 值	参数	T 值	参数	T 值	参数	T 值	参数	T 值
LYT（-1）	1.328	2.804	0.126	0.229	1.433	2.445	0.800	2.183	0.550	1.628
LLPS1（-1）	-0.691	-1.974	0.061	0.149	-0.395	-0.910	0.026	0.097	-0.416	-1.663
LLPS2（-1）	-0.020	-0.040	0.322	0.560	0.160	0.262	-0.627	-1.644	-0.017	-0.048
LLPS3（-1）	0.088	0.276	0.317	0.851	0.518	1.314	-0.130	-0.528	0.086	0.379
LDBS（-1）	0.134	0.225	0.098	0.141	-0.434	-0.590	0.830	1.805	0.497	1.170
T	0.000	0.004	-0.024	-0.658	-0.047	-1.187	0.057	2.317	0.033	1.467
C	-0.203	-0.076	-0.605	-0.194	-3.721	-1.127	-2.629	-1.274	1.876	0.985
R2	0.998		0.996		0.997		0.999		0.999	

资料来源：国泰安 CSMAR 数据库。

注：C 和 T 分别表示常数项和时间趋势项。

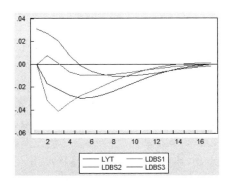

图 3-6　大别山地区三次产业对燕山—太行山地区冲击的响应

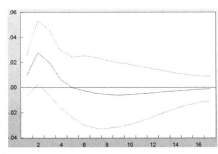

图 3-7　大别山地区第一产业对燕山—太行山地区冲击的响应

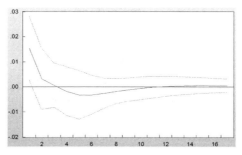

图 3-8　大别山地区第二产业对燕山—太行山地区冲击的响应

　　根据以上结果运用脉冲响应函数探讨大别山地区各产业的产出对燕山—太行山地区的产出的响应，结果如图 3-9 所示。

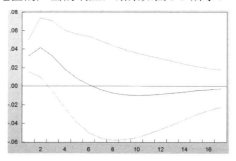

图 3-9　大别山地区第三产业对燕山—太行山地区冲击的响应

　　由图 3-6 可以看出，给定燕山—太行山地区产出一个标准差冲击后，在第一年，大别山地区三大产业均没有较大幅度变化，从第二年开始，大别山地区第二产业产出开始缓慢增加，第三期后逐渐减少。大别山地区第一和第三产业产出则逐渐下降，冲击效果从第七期开始逐渐下降。由图 3-7 可以看出，在燕山—太行山地区产出冲击的第二年，大别山地区第一产业脉冲响应的置信区间异于零，说明在第二年，燕山—太行山地区的产出增加对大别山地区第一产业产出有显著的带动作用。由图 3-8 可以看出，在前三年，燕山—太行山地区的产出增加对大别山地区第二产业产出有显著的带动作用，第三年后，这种带动作用不显著。由图 3-9 可以看出，在第一年，燕山—太行山地区的产出增加对大别山地区第三产业产出有显著的带动作用。

由以上分析可以看出，在中国经济快速增长的发展初期，不仅总量性增长显著，区域间的溢出效应也非常明显。随着经济发展进入新的阶段，区域间溢出效应变弱，但仍然起到显著的作用，且在区域间的溢出效应重点也由第一产业转向第二产业及第三产业。这说明在制订减贫扶贫的工作方案中，结合区域特性以及不同经济发展阶段中的产业重点，对于实现区域内部的减贫提升以及辐射其他区域的水平都有很大的影响。

二、中国增长对内部的利贫性

"2015 年联合国千年发展目标报告"显示，中国生活在极端贫困中的人口比例是 1990 年的 61%。它在 2002 年跌至 30% 以下，率先将比例减半，并在 2014 年降至 4.2%。中国对全球减贫的贡献超过 70%。中国已成为世界上减贫最多的国家，也是世界上第一个完成联合国千年发展目标的国家。它为全球减贫事业作出了重要贡献，赢得了国际社会的广泛赞誉。而减贫的成效与改革开放以来中国的高速经济增长有密切联系，高速经济增长带动大量就业，完善市场机制，创造更多消费。政策开始关注扶贫减贫，同时财政力量雄厚，有能力支持减贫工作的完善[①]。

我们可以从当前的农村基础设施和公共服务状况来窥见中国增长对内部的利贫性。2017 年，全国贫困地区农村 99.9% 实现"路路通"，99.8% 保障了通信。交通路网和信号网络的初建需要大量的资金投入，增长带来的资本积累为这些建设提供了基本的资金保障。贫困地区实现与外部交通通畅和信息通畅后，一是为当地产业带来了更广阔的市场和更大的发展机会，也为个人自我发展提供了可能。二是贫困地区农村卫生站、幼儿园、小学的建设比例也分别达到了 92.2%、84.7% 和

---

① 王芳.精准扶贫，为全球贡献中国智慧和力量——访中国国际扶贫中心副主任谭卫平 [J].经济，2017（17）：84-86.

88.0%，为各年龄段的农村居民提供了必要的生活保障（表 3-3）。

表 3-3　2017 中国各省区市贫困地区农村基础设施和公共服务状况 %

地区	1. 所在自然村通公路的农户比重	2. 所在自然村通电话的农户比重	3. 所在自然村能接收有线电视信号农户比重	4. 所在自然村进村主干道路硬化的农户比重	5. 所在自然村能便利乘坐公共汽车的农户比重
合计	99.9	99.8	96.9	97.6	67.5
河北	100.0	100.0	98.5	98.7	85.0
山西	100.0	99.4	96.4	99.3	87.5
内蒙古	100.0	100.0	99.6	94.8	85.1
吉林	100.0	100.0	100.0	100.0	69.3
黑龙江	100.0	100.0	100.0	96.7	95.6
安徽	100.0	100.0	98.2	99.8	66.4
江西	100.0	100.0	100.0	100.0	55.5
河南	100.0	100.0	96.2	99.2	72.1
湖北	100.0	100.0	98.1	99.2	80.5
湖南	100.0	100.0	95.1	99.1	56.4
广西	99.6	99.6	88.7	98.2	49.1
海南	100.0	82.6	81.0	100.0	51.8
重庆	100.0	100.0	99.5	97.9	60.3
四川	99.8	100.0	95.4	96.2	49.7
贵州	100.0	100.0	97.0	97.2	66.5
云南	100.0	100.0	97.1	92.6	49.4
西藏	100.0	99.0	77.0	100.0	51.0
陕西	99.7	99.3	98.9	97.7	78.6
甘肃	100.0	100.0	99.1	97.3	80.7
青海	97.3	97.2	89.5	96.9	76.8
宁夏	100.0	100.0	96.0	100.0	86.8
新疆	100.0	100.0	94.0	100.0	74.7

地区	6. 所在自然村通宽带的农户比重	7. 所在自然村垃圾能集中处理的农户比重	8. 所在自然村有卫生站的农户比重	9. 所在自然村上幼儿园便利的农户比重	10. 所在自然村上小学便利的农户比重
合计	87.4	61.4	92.2	84.7	88.0
河北	98.2	58.3	98.9	88.9	86.2
山西	87.4	66.4	89.2	71.7	71.0
内蒙古	80.5	57.1	97.7	75.6	74.8
吉林	100.0	45.8	88.0	69.7	76.7
黑龙江	96.5	42.5	95.9	81.3	84.9
安徽	97.5	88.8	87.8	93.2	94.3
江西	95.4	77.6	86.5	88.2	92.8
河南	95.5	42.7	98.4	95.2	98.2
湖北	92.2	70.2	94.1	85.0	87.4
湖南	81.7	69.3	88.0	80.2	79.9
广西	83.2	85.4	81.5	86.5	92.5
海南	70.5	75.0	72.9	70.7	85.0
重庆	84.8	51.7	94.3	75.0	78.2
四川	83.4	63.8	90.3	79.1	82.8
贵州	82.8	57.5	97.1	87.6	93.4
云南	80.8	44.9	84.9	80.1	86.5
西藏	27.1	62.7	73.0	90.2	95.1
陕西	85.2	71.7	96.2	80.9	83.8
甘肃	86.8	63.3	94.5	80.4	90.0
青海	61.5	60.1	94.8	86.9	91.8
宁夏	83.2	45.8	96.0	87.8	90.3
新疆	98.0	66.3	94.8	97.5	96.6

资料来源：国家统计局。

三、中国增长对全球的溢出效应

中国对全球经济的溢出效应日益明显。无论是设立亚投行、发出"一带一路"倡议、成立自贸区等构建对外开放新格局的重大战略举措，还是中国经济增长数据及货币政策走向，均在国际层面受到密切关注，不仅影响到当下的全球经济金融运行，还从外交、地缘政治等方面对全球治理体系带来深远影响。

首先，中国与世界主要经济体贸易联系十分密切，中国的经济增长必然会通过贸易渠道给其他经济体带来溢出效应[①]。1990—2014 年中国对外贸易份额保持在 13% 左右的较高水平。其次，在外交与地缘政治方面，中国提出的"一带一路"倡议、"全球命运共同体"等，都使中国通过各种渠道，对全球产生了更为广泛以及深刻的影响。最后，从实证研究上来看，当前国际上已有许多针对中国经济增长对其他国家溢出效应的研究。例如 Cesa-Bianchi 证明中国经济增长对拉美国家的重要性，在建立的全局向量自回归（GVAR）模型中，2011 年中国 GDP 对拉美国家的正溢出效应是 1990 年的 3 倍。但同样需要提到的是，中国对于全球范围内其他国家的溢出效应更多体现在亚洲、非洲以及拉美国家，对美国和欧盟国家的影响不大[②]。这主要受不同国家的经济体制、对外贸易政策等因素交互影响。

四、中国增长对全球的减贫效应

联合国开发计划署的研究显示，1978—2010 年中国政府成功帮助 6.6 亿人摆脱了贫困[③]，为世界减贫作出了巨大的贡献。在中国，政府

---

① 李阳. 中国经济增长溢出效应研究——基于 7 个经济体 GVAR 模型的实证分析［J］. 中国市场，2016（11）：10-12.

② DREGER C，ZHANG Y Q. Does the economic integration of China affect growth and inflation in industrial countries?［J］. Economic modeling，2014（38）：184-189.

③ 资料来源：联合国开发计划署. 2016 年中国人类发展报告. [EB/OL].（2018-08-19）.https://www.cn.undp.org/content/china/zh/home/library/human_development/china-human-development-report-2016.html.

是最主要的减贫主体，在减贫方面发挥了十分重要的主导作用，形成了富有成效的政府主导型减贫模式。中国政府开展减贫的最主要手段是持续且大规模的财政投入。改革开放以来，中国贫困农民的脱贫成就基本上是在经济持续快速增长和有组织、有计划、大规模的扶贫开发工作推动下取得的，其基本的运行机制是体制、政策因素的外在促动。正如习近平总书记在 2015 年减贫与发展高层论坛上所提出的："我们坚持改革开放，保持经济快速增长，不断出台有利于贫困地区和贫困人口发展的政策，为大规模减贫奠定了基础、提供了条件。"这是中国扶贫工作的基本历史经验之一，并经受了实践的检验。

案例 2："一带一路"沿线扶贫产业协同发展

按照中国"一带一路"经济走廊合作的思路，中国西部省区立足旱作农业与中亚国家开展畜牧、粮食、棉花等领域的合作，中国北部省份与俄罗斯远东地区开展蔬菜、粮食等合作，中国南部地区则与东南亚、南亚国家开展热带农业（粮食与经济作物）的合作。

中国结合各国的需求与国际农业科技合作的总体布局，在"一带一路"沿线建立了国际联合实验室、技术试验示范基地和科技示范园区，且在南南合作框架内，派遣农业技术专家及管理人员，积极帮助"一带一路"沿线发展中国家培养专业技术人员和新型农民。

资料来源：赵皖平.加强"一带一路"扶贫合作为全球减贫贡献中国力量［J］.中国经贸导刊，2018（10）：39-41.

中国拥有丰富的农业发展经验。中国人口大约占世界总人口的 20%，淡水资源只占世界的约 6%，耕地只占约 8%，但却利用自身研发的农业技术及农业管理方法满足了我国大部分的粮食需求。农业发展是自中华人民共和国成立以来的抓手，也是中国得以发展、人民生活得以保障的重要因素。近年，中国继续聚焦"三农"问题，2019 年

的中央一号文件强调持续优化农业结构，提出振兴大豆生产的计划。农业机械化水平促进现代农业高效发展，电子商务平台满足农业生产需求，农产品质量安全监测保障农业高质量发展。

中国基于农业的自身优势，全方位发挥中国经济增长对全球减贫事业的力量。从主体来看，中国的农业生产技术及管理经验主要能给发展中国家提供大量借鉴，同时中国在努力实现生产安全食品和保护环境的双创目标的道路上，对更大范围内的国家有重要的启示意义。从方式来看，中国通过多渠道与其他国家进行知识分享、技术转移、人员交流及信息沟通，如开展粮食合作，建立国际联合实验室、科技示范园区、技术试验示范基地等。

农业发展是中国减贫事业中的重点，但中国减贫事业远不止于此，更有针对多维度贫困的多元扶贫经验。案例中，可以看到中国如何利用自身农业优势和自身农业增长影响全球经济增长，助力全球减贫。需要进一步考虑的是，在当下精准扶贫精准脱贫的战略体系和政策背景下，中国的扶贫脱贫事业迎来千载难逢的发展机遇，贫困和反贫困问题被纳入政治问题的范畴，并与经济社会发展理念、国家治理以及社会主义阶段性发展目标等重要战略和目标关联起来。在逐步完善了中国自身的减贫工作后，中国应一方面发挥中国经济增长对全球增长的正向影响作用；另一方面分享交流中国减贫经验，从市场机制和理念推广两个角度充分发挥中国增长对全球减贫效应的影响。

第五节 启　　示

一、利用经济发展的阶段特性

利用经济发展优势，以及经济发展各阶段的不同特性，发挥其正向溢出效应，助力减贫。经济发展的不同阶段有不同的特性，而不同的特性同时带来了新的增长红利以及新的经济增长问题。在经济初始增长阶段，经济增长方式粗放，可能会过度开发自然资产资源；由于财力不足，只能先单独开发其中一个片区的经济，从而导致区域间发展不平衡等。首先，需要明确在每个经济增长阶段中减贫的重要性程度，以及是需要注重整体数量性的减贫还是结构性的减贫。其次，需要注意的是在充分享受各个阶段的经济增长红利时，该种经济增长是否有正向溢出效应，这里所说的溢出效应不仅仅针对减贫工作，还包括生态环境可持续发展、社会福利环境等。同时，在经济增长通过市场机制给减贫带来正向影响的时候，政策可在其中发挥调控作用，增强溢出效应的减贫效用。例如在中国经济增长中的人口红利，劳动力大量流动，农村劳动力获得工作机会，带动了减贫进程，但仍有大量的地区例如西藏、贵州山区、云南山区，距离劳动力密集型产业较远且交通不便，农村人口向外流出意愿较小，导致这些地区没有获得人口红利带来的溢出效应影响，若政策在这方面给予支持及引导，则该经济发展阶段的人口红利可以对更多片区带来更好的减贫效果。

二、发挥区域间增长溢出效应作用

在本章第四节中，我们分别构建 VAR 模型和脉冲响应函数（IRF）进行实证分析，研究燕山—太行山区（河北、山西、内蒙古）产出分别对六盘山区（陕西、甘肃、青海、宁夏）和大别山区（安徽、河南、湖北）三大产业的影响。发现在经济快速增长的初期，区域之间存在的冲击与冲击响应都非常明显，但是在经济发展的中后期，冲击与冲击响应程度下降，但仍然显著。在一个地区的经济增长中，若能结合区域特性以及不同经济发展阶段中的产业重点，对于实现区域内部的减贫提升以及辐射其他区域的水平都有很大的帮助。

三、增长数量与质量两手抓

注重经济增长的均衡性，在前文中我们已经论述过经济增长质量与体量的关系，认为需要同时把握增长的体量与质量。不同的经济增长阶段，伴随着不同的减贫政策以及减贫成效，在经济增长初期，政策注重总量性减贫，关注整体的人均收入水平、地区总体经济产值。而在经济增长中期，关注点由总量性减贫转向结构性减贫。此时的数量性贫困由于已减少到一定程度，难以再大幅度进行减少，则需更多关注增长中的产业、技术水平、资本供给、劳动力规模等结构性问题，优化调整综合结构，促进减贫工作进入新的阶段，获得新的成效。

在这里需要强调的是，增长数量与质量并非在同一阶段中同样重要的问题，而是将时间拉长后来看整个经济增长情况，我们认为在经济增长前期及中后期需要重点关注不同的问题。前期注重经济的数量性增长以及总量性减贫，但不能盲目地在未来只关注总量增长而忽视结构性问题。在经济增长的中后期，注重调整结构不均衡的问题，以巩固已有减贫成效，使减贫进入新阶段。

四、关注政策间溢出效应

我们需要注意把控不同政策的溢出效应之间的相互影响。不同的政府政策存在利益和损失的冲突，一并实施政策而不实施政策间调控，也许会减少政策本有的正溢出效应而扩大负溢出效应。例如在减贫工作过程中，我们需要关注建档立卡户的整体义务教育程度，但从教育资源供给来看，当前教育资源仍然难以满足需求，短时间内无法快速增加教育资源却又需要实现建档立卡户的义务教育普及程度，扶贫政策是否会产生负溢出效应，需要政策制定者与执行者的关注①。

---

① 肖唐镖，石海燕. 农村经济增长政策的扶贫效应分析[J]. 新视野，2009（2）：26-29.

五、发挥全球减贫历程中中国的重要作用

发挥中国经济增长在全球减贫目标中的重要作用，同时谈谈中国的减贫故事，分享中国的减贫经验。中国现在已成为世界上非常重要的参与者，中国将进一步向其他发展中国家提供投资。中国作为融资大国和世界发展引擎的崛起为世界经济增长作出了重要贡献，中国在减贫方面的经验为不同国家提供了学习的榜样。中国此前提出了"一带一路"倡议。八年来，中国已与140个国家、32个国际组织签署200多份共建"一带一路"合作文件。中国全方位扶贫、全社会扶贫的经验是其对全球减贫议程的一大贡献。展望未来，随着亚洲基础设施投资银行业务的扩展、"一带一路"倡议的实施和中国国际扶贫中心的努力，中国将进一步为其他国家的扶贫工作传经送宝，帮助发展中国家强化基础设施建设、推进工业化，为国际扶贫事业作出更大贡献。

第四章①
转移支付扶贫

　　转移支付作为一种收入再分配形式,是指政府或企业的无偿支付,以增加地区或个人的收入和购买力。政府的转移支付形式多样,如社会保险福利津贴、抚恤金、养老金、失业补助、救济金以及各种补助费等,大都带有福利支出性质,旨在提高地区或居民购买力,实现基本公共服务均等化。

　　正是基于转移支付这种"再分配"形式和"促进社会公平,缩小收入差距"的作用,转移支付天然地可被用于扶贫建设,并作为财物转移的重要形式,在扶贫攻坚中发挥突出的作用。本章将围绕转移支付,重点阐述不同形式的转移支付是如何作用于扶贫工作,并对实际的扶贫工作产生了何种影响,再根据现实存在的突出问题,对未来的改进方向提出参考建议。

　　本章第一节介绍了转移支付的基本概念和相关理论,阐述了我国的转移支付体系,帮助读者形成对财政转移支付体系的总体概览;第二节介绍了中央对地方的转移支付(纵向转移支付)对扶贫的影响;第三节介绍了地方政府之间的转移支付(横向转移支付)对扶贫的影响;第四节将聚焦转移支付扶贫政策中的重要一项——对口帮扶,这一措施体现了鲜明的中国特色;最后一节将总结我国在转移支付扶贫领域中取得的成就和亟待解决的问题,并对未来的发展提出建议。

---

　　①　感谢何颖桢为本章所做工作。

第一节 转移支付

一、转移支付的基本理论

（一）转移支付的概念及分类

转移支付思想在西方有很长的历史。著名经济学家庇古在 1928 年出版的《财政学研究》中，把国家资金分为实际资金（消费资金）和转移资金，其中转移资金主要用于支付国内人民的利息、养老金和奖金等。随着凯恩斯主义的盛行，各国越来越重视政府对市场的干预，在政府财政支出中，转移支付占比也日益提高，作用日益凸显。

根据支付对象不同，转移支付可以分为对居民、对企业和政府间的转移支付。本章主要讨论政府间的转移支付。政府间转移支付包括上下级政府和同级政府间的财政转移，目的在于解决财政纵向和横向的不平衡。纵向不平衡是指财政资源在中央和地方政府间分布不均，上级政府面临财政盈余，而下级政府却出现赤字；横向不平衡指同级政府间财政资源分布不均，有的地方政府财政盈余，而其他地方政府收不抵支。由于纵向和横向财政失衡将加剧区域发展的差距，从而影响国家经济的协调发展，因此必须建立标准化的转移支付制度[①]。

转移支付制度由一般性转移支付和专项转移支付组成。一般性转移支付没有指定使用方向，也没有附加任何条件，也称为"无指定用途的转移支付"，其作用主要是平衡地区之间的差异，实现地区间基本公共服务的均等化。专项转移支付是对特定项目的补助，资金的使用有明确规定，也称为"特殊目的转移支付"。通常，专项转移支付受到附加条件的限制，地方政府需要提供资金配套，使其具有高度政策导向性。

---

① 王善迈，杜育红，张晓红. 政府间转移支付制度的理论与制度分析 [J]. 北京师范大学学报（社会科学版），1998，147（3）：73-81.

（二）政府间转移支付的依据

理论上，之所以需要政府间转移支付，是基于以下三个方面的理论。

1. 地方政府存在必要性理论

根据 Tresch 的偏好误识理论[①]，地方政府比中央政府更接近居民，从而更了解居民的真实偏好，因此，地方政府可以减少决策失误。相反，由于信息缺失，中央政府可能会错误地估计当地居民的偏好并导致福利损失，因此地方政府有存在的必要。

2. 社会公平理论

市场机制可以促进资源的有效配置，但无法解决社会公平问题，需要依靠政府来解决。公平一般包括起点公平和结果公平。起点公平要求机会均等，然而实际上，由于资源禀赋的差异，人们无法实现绝对平等。因此对机会均等的追求需要政府通过诸如能够提高人们的受教育水平、家庭人口素质和劳动技能的义务教育等社会机制来实现[②]。结果公平要求收入分配公平合理，因此在初次分配存在收入差距过大的情况下，需要借助再分配来"削峰平谷"，而其制度基础便是政府主导的税收和各项转移支付制度。

3. 地区经济协调发展理论

由于区位条件存在差异，各地区经济发展水平参差不齐，不同地区的人们享有的公共服务水平不均。这种差异产生的"虹吸效应"将导致劳动力和资本等生产要素向发达地区流动，使贫困地区发展经济所需的人力和财力愈加稀缺，进一步扩大地区间差距[③]。因此政府应发挥作用，努力缩小地区间的贫富差距，促进各地区协调发展，避免生产要素的低效流动。

因此，从政府间财政关系的角度看，为了给所有地区居民提供大

---

① TRESCH R W. 公共部门经济学 [M]. 北京：中国人民大学出版社，2014.

② 吴晓蓉 . 扶贫攻坚与社会公平之理性构建 [J] . 南方论刊，2018（9）：50-52.

③ 陈硕峰 . 我国区域经济协调发展的特征及其财税政策分析 [J]. 中国商论，2016（13）：123-124.

致相同的公共服务，即实现基本公共服务均等化，促进地区经济协调发展，有必要要求发达地区将一部分财政资金转移到贫困地区，即实行横向的政府间财政转移支付制度。但是自利性导致地方政府只关注本地区的效益，很难站在国家的高度统筹，需要中央政府发挥统筹作用，所以政府间的转移支付还包括了上级政府为协调总体形势和促进社会公平而进行的纵向转移支付。

二、我国的转移支付制度

中国的转移支付制度是在 1994 年分税制改革的基础上建立起来的，是一套由税收返还、一般性（财力性）转移支付和专项转移支付三部分构成的，以中央对地方的转移支付为主的具有中国特色的转移支付制度。

1. 税收返还

中央对地方税收返还，包括增值税、消费税两税返还和所得税基数返还。这是因为在 1994 年分税制改革后，为了确保地方既得利益，中央政府通过调整收入分享方式，返还部分地方收入存量，这是制度改革的产物。

2. 一般性（财力性）转移支付

一般性（财力性）转移支付是中央安排给地方财政的补助支出，资金由地方统筹安排而无须地方财政配套。目的是弥补财政实力薄弱地区的资金缺口，平衡地区之间的资金差距，实现地区间基本公共服务能力的均等化。

2002 年实施的所得税收入分享改革，中央财政把增加的收入全部用于对地方尤其是中西部地区的一般性转移支付，建立了一般性转移支付资金的稳定增长机制。中央对地方的一般性（财力性）转移支付，由 2009 年的 11 317.20 亿元提高到 2019 年的 66 798.16 亿元，年均增长 20.74%，占转移支付总额的比重由 47.8% 提高到 89.83%[①]。一般性

---

① 数据来源：国家统计局。

转移支付的稳定增长，大大提升了中西部地区的财力水平，助力扶贫工作。

3. 专项转移支付

专项转移支付是中央财政为实现宏观政策和战略目标，以及对委托地方政府代理的一些事务进行补偿而设立的补助资金，地方财政需按规定用途使用资金。据 2017 年统计，中央财政专项转移支付共计 102 项[①]，重点用于教育、医疗卫生、社会保障、支农、环境保护等公共服务领域。

中央对地方的专项转移支付，由 2009 年的 12 359.89 亿元提高到 2018 年的 22 927.09 亿元，年均增长 9.03%。[②] 在资金分配过程中，专项转移支付将考虑与政策相关的人口和粮食产量等因素，并在民生领域大力拨款。中央政府政策的实施和地方政府资金的引导，都极大地促进了社会事业的发展。

第二节　中央转移支付

由第一节可知，中央对地方的转移支付又可分为一般性转移支付和专项转移支付。本节将围绕这两方面重点阐述我国均衡性转移支付和专项转移支付扶贫的概况、存在的问题、原因分析和简要的建议提示。

一、均衡性转移支付

我国在 1995—2002 年实行过渡时期的财政转移支付，2009 年后，为规范对转移支付的管理，将原"财力性转移支付"变更为"一般性转移支付"，将原"一般性转移支付"变更为"均衡性转移支付"。

---

① 数据来源：Wind。
② 数据来源：国家统计局。

也就是说，变更以后，"均衡性转移支付"包含在一般性转移支付里。因此本节第一部分特以"基本公共服务均等化"为目标，选择均衡性转移支付为研究对象，重点关注我国均衡性转移支付是如何影响地方财政支出并影响地方财政支出结构，进而如何影响扶贫支出的，并由此看均衡性转移支付对贫困县的扶贫效果。

（一）均衡性转移支付概况

根据《2017年中央对地方均衡性转移支付办法》规定，均衡性转移支付资金分配采用公式法，公式为

某地区均衡性转移支付＝（该地区标准财政支出－该地区标准财政收入）×该地区转移支付系数＋增幅控制调整＋奖励资金＋农业转移人口市民化奖补资金

其中，"该地区转移支付系数"根据均衡性转移支付总额、各地区标准财政收支差额以及各地区财政困难程度等因素确定；各地区财政困难程度由困难程度系数来衡量，困难程度系数根据地方"保工资、保运转、保民生"支出占标准财政收入比重及缺口率计算确定，考虑到地区之间存在的客观差距，在转移支付系数的确定上还考虑了如人口规模、海拔、贫困县和民族地区等反映地方政府特征的一些指标；"增幅控制调整"是为了保障各地财政运行的稳定性，以中央对地方均衡性转移支付平均增长率为基准，对超过（或低于）基准增长率一定幅度的地方适当调减（或调增）转移支付额；"奖励基金"是为了促进省以下推进基本公共服务均等化，对省对下均等化努力程度较好的地区，考虑当年测算情况给予奖励；"农业转移人口市民化奖补资金"是在新型城镇化下，中央财政根据农业转移人口实际进城落户以及地方提供基本公共服务情况向地方分配奖励资金[①]。

地方标准财政收入将根据地方政府税基和税率确定，而地方标准财政支出将根据基本公共服务确定，包括一般公共服务支出、教育支出、

[①] 财政部.关于印发《中央对地方均衡性转移支付办法》的通知.[EB/OL].（2017-04-14）.https://www.pkulaw.com/chl/39a83f8e97ba5f92bdfb.html.

医疗支出、农林水务支出等。一般来说，贫困地区的标准财政支出均大于标准财政收入。表 4-1 反映了中央对地方转移支付概况。

表 4-1　中央对地方转移支付概况

年份	转移支付合计 / 亿元	一般性转移支付合计 / 亿元	均衡性转移支付合计 / 亿元	专项转移支付合计 / 亿元	均衡性转移支付占转移支付比重 /%	均衡性转移支付占一般性转移支付比重 /%
2009	23 677.09	11 317.20	3 918.00	12 359.89	16.55	34.62
2010	27 347.72	13 235.66	4 759.79	14 112.06	17.40	35.96
2011	34 881.33	18 311.34	7 487.67	16 569.99	21.47	40.89
2012	40 233.64	21 429.51	8 582.62	18 804.13	21.33	40.05
2013	42 973.18	24 362.72	9 812.01	18 610.46	22.83	40.27
2014	46 509.49	27 568.37	10 803.81	18 941.12	23.23	39.19
2015	50 078.65	28 455.02	18 471.96	21 623.63	36.89	64.92
2016	52 573.86	31 864.93	20 709.97	20 708.93	39.39	64.99
2017	57 028.95	35 145.59	22 381.59	21 883.36	39.25	63.68
2018	61 649.15	38 722.06	24 442.28	22 927.09	39.65	63.12
2019	74 359.86	66 798.16	15 632.00	7 561.70	21.02	23.40

资料来源：Wind。

由表 4-1 可知，2011 年一般性转移支付已经超过专项转移支付。均衡性转移支付从 2009 年的 3 918 亿元增加到 2018 年的 24 442.28 亿元，占转移支付总额的比重由 2009 年的 16.55% 提升到 2018 年的 39.65% 后，在 2019 年出现了大幅度回落。此外，均衡性转移支付占一般性转移支付从 2009 年到 2014 年经历了一个从上升到下降的过程，在 2015 年大幅上升并维持到 2018 年，在 2019 年又出现了巨大幅度的回落。可见，均衡性转移支付在稳步增长。

（二）均衡性转移支付对地方财政支出的影响

Buchanan 的研究认为，转移支付可以缩小经济发展差距，促进地区基本公共服务水平均等化[①]。但是，转移支付的实际效果会受总量规模、分配结构、资金分配方式及地方政府行为等多方面的影响[②]。为此，笔者简单梳理了现有文献。

1. 均衡性转移支付对地方政府财政支出总额的影响

根据财政补贴理论，中央对地方的均衡性转移支付，实际上为地方增加了一笔额外收入，将推动预算线向外平移[③]。然而1美元的中央政府的均衡性转移支付仅使政府支出增加0.33美元，这表明地方政府不合理地将中央的均衡性转移支付资金用于地方公共支出，即"政府补助会粘在它所在的部门"，故称为"粘蝇纸效应"[④]。

在实证研究中印证了"粘蝇纸效应"。范子英等在2010年发现财政转移支付在促进地方财政支出过快增长中的显著作用[⑤]。2015年，李丹等人以国定扶贫县为研究对象，发现扶贫县存在"粘蝇纸效应"，面向扶贫县地区的均衡性转移支付资金的使用效率严重低下[⑥]。

2. 均衡性转移支付对地方财政支出结构的影响

从理论上讲，均衡性转移支付在缓解地方财力缺失和促进基本公共服务均等化方面发挥着重要作用[⑦]。但Stein研究认为，在均衡性转移支付分配机制下，地方政府有激励去改变自身财政支出结构，从而

---

① BUCHANAN J M. Federalism and fiscal equity ［J］. American economic review，1950，40（4）：583-599.

② 李丹，裴育.均衡性转移支付能促进贫困地区基本公共服务供给吗——基于国定扶贫县的实证研究［J］.财贸研究，2016，27（3）：91-125.

③ 曹翔伟.中央对省一般性转移支付的"粘蝇纸效应"研究——基于2010年—2011年的数据［J］.商，2014（5）：157-158.

④ GRAMLICH E M. Intergovernmental grants: a review of the empirical literature ［J］. International Library of Critical Writings in Economics, 1998, 88: 274-294.

⑤ 范子英，张军.中国如何在平衡中牺牲了效率：转移支付的视角［J］.世界经济，2011（11）：117-138.

⑥ 李丹，张侠.贫困地区存在"粘蝇纸效应"吗［J］.上海财经大学学报，2015（3）：41-49.

⑦ 尹恒，朱虹.县级财政生产性支出偏向研究［J］.中国社会科学，2011（1）：48-55.

倒逼中央政府增加财政转移支付，导致地方财政支出结构失衡[①]。

具体到公共服务的研究中，考虑到"粘蝇纸效应"以及我国财政预算软约束和地方官员晋升激励制度，宋小宁等人指出均衡性转移支付的效果是极其微弱的，因此就实现基本公共服务均等化方面，更应该依靠专项转移支付[②]。

（三）国家级扶贫县均衡性转移支付及基本公共服务概况

国家级扶贫县主要分布在"老、少、边、穷"地区，财政收入不足，严重依赖均衡性转移支付。根据李丹等人《均衡性转移支付能促进贫困地区基本公共服务供给吗——基于国定扶贫县的实证研究》，笔者摘录了其中的数据，如表 4-2 所示。

表 4-2　国家级扶贫县转移支付规模及结构

年份	转移支付总额/亿元	均衡性转移支付/亿元	专项转移支付/亿元	均衡性转移支付占转移支付总额比例/%	专项转移支付占转移支付总额比例/%	扶贫县均衡转移支付占总量均衡性转移支付比重/%
2001	608.35	58.86	210.46	9.68	34.60	42.59
2002	770.25	82.10	245.64	10.66	31.86	29.43
2003	858.01	112.05	260.93	13.06	30.41	29.46
2004	1 121.15	195.03	345.99	17.40	30.86	26.18
2005	1 390.46	282.80	406.88	20.34	29.26	25.25
2006	1 805.62	346.18	545.63	19.17	30.22	22.63
2007	2 386.93	488.43	786.21	20.46	32.94	19.50
2008	3 372.33	1 821.58	1 426.63	54.02	42.30	20.83
2009	4 473.02	2 184.35	2 166.84	48.83	48.44	19.30

资料来源：李丹，裴育. 均衡性转移支付能促进贫困地区基本公共服务供给吗——基于国定扶贫县的实证研究［J］. 财贸研究，2016，27（3）：91-125.

[①]　STEIN E. Fiscal decentralization and government size in Latin America[R]. The English IDBOECD International Forum on Latin American Perspective，1997.

[②]　宋小宁，陈斌，梁若冰. 一般性转移支付：能否促进基本公共服务供给［J］. 数量经济技术经济研究，2012（7）：33-43，133.

表 4-2 表明，自 2001 年以来，国家级扶贫县均衡性转移支付规模大幅增加，占转移支付总额的比重从 9.68% 上升到 2007 年的 20.46%。但扶贫县均衡性转移支付占均衡性转移支付总量的比重却逐年下滑，从 2001 年的 42.59% 压缩到 2009 年的 19.3%，这与均衡性转移支付制度的设计理念相悖 [1]。

由表 4-3 可知，国家级扶贫县主要基本公共服务项目的支出结构中，虽然均衡性转移支付的总量在增加，但由于均衡性转移支付资金没有规定使用方向，地方政府的财政支出结构很可能存在扭曲现象。也就是说，大部分流向了上级政府考核更严格的教育支出和符合地方政府利益的行政管理支出，而对基础设施建设、社会保障和农林水务等其他基本公共服务的项目支出较少。

表 4-3　国家级扶贫县基本公共服务项目支出概况　　　亿元

年份	均衡性转移支付	基本建设支出	农林水务支出	教育支出	医疗卫生支出	社会保障支出	行政管理支出
2001	58.86	51.84	—	219.00	—	19.64	128.83
2002	82.10	61.34	32.30	263.56	—	30.30	149.77
2003	112.05	70.00	64.80	289.59	54.67	33.00	168.45
2004	195.03	74.08	78.60	341.38	60.57	39.85	196.51
2005	282.80	103.98	104.70	400.49	76.68	37.59	234.57
2006	346.18	127.06	129.80	511.65	112.79	57.66	296.19
2007	488.43	—	274.00	730.33	201.78	380.85	—
2008	1 821.58	—	575.50	1 003.30	292.56	576.99	—
2009	2 184.35	—	799.00	1 177.00	424.90	876.69	—

资料来源：李丹，裴育 . 均衡性转移支付能促进贫困地区基本公共服务供给吗——基于国定扶贫县的实证研究 [J] . 财贸研究，2016，27（3）：91-125.

由此可知，从财政支出总量来看，国家级扶贫县的均衡性转移支付同样存在"粘蝇纸效应"，即地方政府财政支出规模的大幅增加。

---

[1]　李丹，裴育 . 均衡性转移支付能促进贫困地区基本公共服务供给吗——基于国定扶贫县的实证研究 [J] . 财贸研究，2016，27（3）：91-125.

从支出结构来看，均衡性转移支付资金主要用于地方政府"青睐"的教育和行政支出，其他基本公共服务支出主要依靠专项转移支付来实现扶贫减贫目标。

（四）均衡性转移支付扶贫的改进方向

（1）进一步提高均衡性转移支付比例，控制专项转移支付的范围与规模。完善均衡性转移支付资金配置公式，充分发挥均衡性转移支付对缩小地区间财政差距的作用，以及基本公共服务在保障贫困地区中的作用[①]。

（2）加强地方政府财政支出的绩效管理，监督和管理地方政府财政资金的使用。通过制度设计，完善绩效考核标准，使地方政府财政支出资金真正落到民众关切的基本公共服务项目中去[②]。

（3）推动预算编制体系朝"公式法"方向发展。所谓"公式法"，即参考均衡性转移支付资金分配的公式，考虑各种客观和政策因素，作为变量纳入指标的衡量中，以改善财政支出模式。对于均衡性转移支付或者一般性转移支付，在选择因素时，应引入反映地区之间经济和社会差异的因素，如人口、人均 GDP 和人均财政收入、人均资源量等，采用国际上通用的"收入能力 - 支出需求均衡拨款型"来确定转移支付数额[②]。

二、专项转移支付

（一）我国专项转移支付概况

专项转移支付是中央财政为实现宏观政策和战略目标，以及对委托地方政府代理的一些事务进行补偿而设立的补助资金，地方财政需

---

① 储德银，迟淑娴．转移支付降低了中国式财政纵向失衡吗［J］．财贸经济，2018，39（9）：23-38.

② 黄玉银，何世文．完善财政转移支付制度的建议［J］．经济研究参考，2018（18）：29.

按规定用途使用资金。根据国家统计局数据，中央对地方的专项转移支付，由 2009 年的 12 359.89 亿元提高到 2017 年的 21 883.36 亿元，年均增长 7.68%。据 2017 年统计，中央财政专项转移支付共计 102 项，重点用于教育、医疗卫生、社会保障、支农、环境保护等公共服务领域。表 4-4 反映了 2008—2015 年中央对地方专项转移支付按项目分类概况。

表 4-4　中央对地方专项转移支付按项目分类概况　　　亿元

年　　份	教　　育	农林水事务	医疗卫生与计划生育	社会保障与就业
2008	692.74	1 513.13	780.02	2 399.31
2009	520.21	3 182.54	1 205.64	1 640.47
2010	878.79	3 384.39	1 395.51	1 927.52
2011	1 184.54	4 183.99	896.65	1 462.31
2012	1 074.39	5 247.86	910.62	1 405.05
2013	1 107.52	5 182.18	916.58	1 584.55
2014	1 236.00	5 611.89	960.55	1 424.14
2015	1 654.59	5 957.97	1 206.91	2 567.12

资料来源：财政部。

由表 4-4 可知，专项转移支付资金分布的重点领域如下。

第一，在支农方面，中央财政实行现代农业生产发展资金、农田水利设施建设和水土保持补助资金、农机购置补贴资金、农业综合开发补贴资金等项目。中央财政支农专项转移支付占专项转移支付总额的比重由 2002 年的 10.9% 提高到 2015 年的 27.55%[①]。

第二，在教育方面，2006 年，西部地区和部分中部地区 5 200 万农村义务教育学生的学费和杂费均免征，为 3 730 万名家庭经济困难学生提供免费教科书，为 780 万名寄宿生提供生活费的补贴。中央财政教育专项转移支付占专项转移支付总额的比重由 2002 年的 2% 提高到 2015 年的 7.65%。教育专项资金"以保障义务教育为核心，全面落实教育扶贫政策，进一步降低贫困地区特别是深度贫困地区、民族地

---

① 刘怡. 财政学 [M]. 北京：北京大学出版社，2010：337-338.

区义务教育阶段辍学率⋯⋯全面推进贫困地区义务教育薄弱学校改造工作，重点加强乡镇寄宿制学校和乡村小规模学校建设，确保所有义务教育学校达到基本办学条件⋯⋯实施好农村义务教育学生营养改善计划。在贫困地区优先实施教育信息化 2.0 行动计划⋯⋯改善贫困地区乡村教师待遇"[①]。

第三，在医疗卫生方面，2006 年，中央财政拨付了 42.7 亿元用于安排新型农村合作医疗补助资金，全国 50.7% 的县（市、区）对新型农村合作医疗制度进行了试点改革，参与农民 4.1 亿，从制度和机制上缓解了"因病致贫、因病返贫"的问题[②]。中央财政卫生专项转移支付占专项转移支付总额的比重由 2002 年的 0.4% 提高到 2015 年的 5.58%。具体而言，卫生专项转移支付"将贫困人口全部纳入城乡居民基本医疗保险、大病保险和医疗救助保障范围。落实贫困人口参加城乡居民基本医疗保险个人缴费财政补贴政策，实施扶贫医疗救助⋯⋯推进县乡村三级卫生服务标准化建设，确保每个贫困县建好 1～2 所县级公立医院（含中医院），加强贫困地区乡镇卫生院和村卫生室能力建设⋯⋯支持地方免费培养农村高职（专科）医学生，加强对贫困地区慢性病、常见病的防治"[①]。

第四，在社会保障方面，中央财政社会保障专项转移支付占专项转移支付总额的比重从 2011 年的 8.83% 上升到 2015 年的 11.87%。具体而言，社会保障专项转移支付主要用于"统筹各类保障措施，建立以社会保险、社会救助、社会福利制度为主体，以社会帮扶、社工助力为辅助的综合保障体系，为完全丧失劳动能力和部分丧失劳动能力且无法依靠产业就业帮扶脱贫的贫困人口提供兜底保障"[①]。

然而，我国专项转移支付存在着以下问题。

1. 专项转移支付规模长期过大

由图 4-1 可知，2008 年我国专项转移支付占总的转移支付比例出

---

① 中共中央 国务院 . 关于打赢脱贫攻坚战三年行动的指导意见 . [EB/OL]. （2018-06-15）. http://www.gov.cn/zhengce/2018-08/19/content_5314959.htm?trs=1.

② 贾康 . 中国财税改革 30 年：简要回顾与评述 [J]. 财政研究，2008（10）：2-20.

现了一次极值，达到了 52.53%。自 2011 年以来，我国专项转移支付占比开始下降，到 2019 年底，中央专项转移支付占比为 10.17%，较 2016 年首次低于 40% 后进一步下滑。

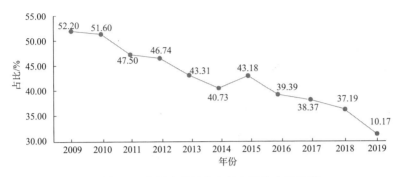

图 4-1　我国专项转移支付占转移支付比例

资料来源：财政部。

据审计署报告，具有指定用途的转移支付占比仍然较高。"2017 年中央对地方转移支付中，专项转移支付占比下降 1 个百分点，但一般性转移支付中有 37 项 12 434.42 亿元资金指定了用途，加上专项转移支付，地方无法统筹使用的资金占比仍达 60%"[①]。一般性转移支付中，共同财政事权转移支付 31 845.69 亿元（占 51.9%）有指定用途，具有明显的专项转移支付特征。应列入一般性转移支付的 11 项财力性补助中，有 2 项（涉及 200 亿元，占 6.6%）列入了专项转移支付。这样由于专项转移支付的科目过多且规模较大，均衡性转移支付的占比很小，可能难以起到均衡地方财力的作用。

①　国务院. 关于 2019 年度中央预算执行和其他财政收支的审计工作报告. [EB/OL].（2020-06-18）. http://www.npc.gov.cn/npc/c30834/202006/858f628fa8f5432cb3f5 17ddfd01c20b.shtml.

2. 资金使用效率不高且整合难度大

专项转移支付资金的效率不高，主要表现在三个方面[①]：一是资金分配不规范。专项转移支付资金采取分类制和项目制的分配方式，而非像一般性转移支付资金分配采取因素法和公式法。在这样的分配方式下，如同撒胡椒面似的划拨资金，重复交叉现象严重。二是资金使用效率低下。由于预算科目设置不合理，有的专项资金被挤占挪用，有的则拘泥于专款专用，调剂困难，使专项资金未能用于实处。三是资金预算可预期性不足。由于分配程序公开透明性不足，临时性和随意性问题突出，可持续趋势不明显。

为此，中央政府一再要求合并和清算专项转移支付，但效果有限。2015 年 2 月，国务院印发《国务院关于改革和完善中央对地方转移支付制度的意见》（国发〔2014〕71 号），明确"逐步将专项转移支付占比压缩到 40% 以下"[②]。但地方政府在落实政策的过程中，仍存在着部门阻力大、预决算间的衔接难度大等问题。

（二）我国扶贫专项资金概况

2011 年，根据财政部、国家发展改革委、国务院扶贫办联合印发的《财政专项扶贫资金管理办法》（财农〔2011〕412 号），"中央财政预算安排的财政专项扶贫资金按使用方向分为发展资金、以工代赈资金、少数民族发展资金、'三西'农业建设专项补助资金[③]、国有贫困农场扶贫资金、国有贫困林场扶贫资金、扶贫贷款贴息资金"。办法明确规定，"中央财政专项扶贫资金主要按照因素法进行分配。资金分配的因素主要包括各地扶贫对象规模及比例、农民人均纯收入、

---

① 唐金倍，苏志诚 . 中央专项转移支付存在的主要问题及对策建议 ［J］. 财政科学，2018，26（2）：118-122.

② 国务院 . 关于改革和完善中央对地方转移支付制度的意见 . ［EB/OL］.（2015-02-02）. http://www.gov.cn/zhengce/content/2015-02/02/content_9445.htm.

③ "三西"地区是指甘肃河西地区 19 个县（市、区）、甘肃中部以定西为代表的干旱地区 20 个县（区）和宁夏西海固地区 8 个县，共计 47 个县（市、区），总面积 38 万平方公里，农业人口约 1 200 万人。

地方人均财力、贫困深度等客观因素和政策性因素"①。同时，办法对财政专项扶贫资金要求专款专用而不可挪为他用。

表 4-5 反映了 2010—2020 年财政部统计口径下的全国农林水事务项中的扶贫专项支出，这笔专项财政拨款主要被用于农村基础设施建设、生产发展、社会发展、贷款补助和"三西"农业建设专项补助中，其中农村基础设施建设支出占比最大。

表 4-5　全国农林水事务扶贫专项支出概况　　　　　亿元

年份	扶贫总支出	农村基础设施建设支出	生产发展支出	社会发展支出	扶贫贷款奖补和贴息支出	"三西"农业建设专项补助支出
2010	423.49	213.51	98.54	7.20	10.60	3.51
2011	545.25	242.45	119.08	8.85	11.84	3.13
2012	690.78	322.70	153.81	5.74	12.28	3.18
2013	841.00	343.79	194.78	6.82	24.81	3.34
2014	948.99	374.83	202.13	12.39	20.41	3.15
2015	1 227.24	410.28	230.20	12.18	32.93	5.23
2016	2 285.86	822.15	400.78	28.14	76.69	4.54
2017	3 249.56	1 039.24	646.09	68.20	97.95	5.78
2018	4 863.84	1 685.70	875.17	120.77	131.63	5.01
2019	5 561.48	1 810.66	1 056.80	99.02	108.78	4.58
2020	5 621.63	1 614.07	1 263.56	114.69	117.94	5.88

资料来源：Wind。

2018 年，中央财政预算安排补助地方财政专项扶贫资金 1 060.95 亿元，比 2017 年同口径增加 200 亿元，增长 23.2%。加上 2017 年 10 月提前下达的 738.31 亿元，截至 4 月底，2018 年中央财政补助地方专项扶贫资金 1 060.95 亿元已全额拨付，较上年提早了近两个月，为扶贫攻坚创造了有利条件②。根据财政部在 2019 年全国两会上做的报

①　财政部. 关于印发《财政专项扶贫资金管理办法》的通知 [EB/OL].（2011-11-29）http://www.gov.cn/gzdt/2011-11/29/content_2006260.htm
②　张弛，郁琼源. 中央拨付 2018 年财政专项扶贫资金 1060 多亿元 [EB/OL].（2018-05-04）. http://www.gov.cn/guowuyuan/2018-05/04/content_5288150.htm.

告——《关于 2018 年中央和地方预算执行情况与 2019 年中央和地方预算草案的报告》，"增量部分主要用于'三区三州^①'等深度贫困地区，重点支持解决好实现'两不愁三保障^②'面临的突出问题，深入实施产业、就业、教育、健康、社会保障、文化等扶贫"。^③

然而，随着扶贫工作的不断推进，问题矛盾也日益凸显。

1. 财政专项扶贫体制不健全

（1）扶贫资金拨付不规范及时。在实际工作中，财政部门和主管部门在专项扶贫资金拨付方面，设置环节过多，审批流程太长，导致专款到位不及时，扶贫脱贫项目进展缓慢^④。根据审计署公布的《国务院关于 2016 年度中央预算执行和其他财政收支的审计工作报告》，"基层扶贫资金统筹和监管尚未完全到位。有 119 个县财政涉农资金统筹整合试点推进慢，基本是基于原有渠道和原有办法，并单独申报、实施和管理，其中 84 个县形成闲置资金 19.54 亿元，有 6.23 亿元闲置两年以上"^⑤。

（2）地方配套资金不到位。在贫困地区，财政收入微薄，经济基础薄弱。在一些地方，由于无法提供相应的项目支持发展资金，难以获得上级扶贫开发项目方面的支持^④。根据审计署公布的《关于 2017 年度中央预算执行和其他财政收支的审计工作报告》，"96 个地区建档立卡数据不够完整准确，50 多万贫困户未按规定享受助学金、危房改造等补贴 2.86 亿元；23 个地区易地扶贫搬迁规划不合理、配套不齐

---

① "三区三州"是指西藏自治区、四省藏区、新疆维吾尔自治区南疆四地州、四川凉山州、云南怒江州、甘肃临夏州，于《关于支持深度贫困地区脱贫攻坚的实施意见》首度提出。

② "两不愁三保障"是指"不愁吃、不愁穿，义务教育、基本医疗、住房安全有保障"，于《中国农村扶贫开发纲要（2011—2020 年）》中提出。

③ 国务院. 关于 2018 年中央和地方预算执行情况与 2019 年中央和地方预算草案的报告. [EB/OL]. (2019-03-17) .http://www.gov.cn/xinwen/2019-03/17/content_5374492.htm.

④ 李存英，赵秋梅. 精准扶贫财政专项资金使用存在问题研究 [J] . 财政科学，2018，27（3）：123-128.

⑤ 国务院. 关于 2016 年度中央预算执行和其他财政收支的审计工作报告. (2017-06-23) .http://www.gov.cn/xinwen/2017-06/23/content_5204961.htm.

全等，影响 2 万多贫困户的安置"。

2. 资金使用和项目管理存在薄弱环节

（1）部分地区挤占、挪用套取扶贫资金。在具体扶贫工作中，仍然存在扶贫资金跑冒滴漏、专项资金被挤占挪用等违法违规现象[1]。由于财政收支矛盾突出，有些地区或是未经批准调整扶贫资金的使用，把专项资金用作普通资金；或是设置一个单独的名称来预留资金并将其用于其他目的。2018 年 9 月 25 日，审计署公布了 2018 年第二季度国家重大政策措施落实情况跟踪审计结果。"此次审计署抽查了 1 540个单位和 2 439 个项目，涉及资金达 4 187.45 亿元，其中中央财政资金为 451.12 亿元。在扶贫政策落实方面，18 个地区落实易地扶贫搬迁、教育扶贫、健康扶贫、金融扶贫等扶贫政策不到位；16 个地区存在违规将资金用于非扶贫领域、骗取套取扶贫资金、超标准超范围发放等问题，涉及金额共计 11.38 亿元"[2]。

（2）扶贫效果评价机制不完善。目前，各地评价扶贫开发效果的主要标准是扶贫对象的减少情况，而对于扶贫资金使用带来的经济效益和社会效益缺乏全面科学的评估[3]，绩效考核机制的不完善将阻碍扶贫专项资金的有效性。同时，当前的评价指标还存在过于强调扶贫资金短期绩效的问题，有可能引起地方盲目增加扶贫项目的短视化行为，不利于建立财政扶贫资金长期扶贫机制[4]。

3. 扶贫地区自身素质影响资金吸收能力

首先，贫困地区往往区位条件不足，发展模式单一，单一产业难以形成贯通上下游的完备的产业链条以支撑工业和服务业的发展，使

① 李静. 产业扶贫关键在发展新型经营主体完善利益联结机制 [J]. 中国发展观察，2017（24）：32-34.

② 审计署. 2018 年第二季度国家重大政策措施落实情况跟踪审计结果. [EB/OL].（2018-09-26）. http://www.gov.cn/xinwen/2018-09/26/content_5325366.htm.

③ 李存英，赵秋梅. 精准扶贫财政专项资金使用存在问题研究 [J]. 财政科学，2018，27（3）：123-128.

④ 刘天琦. 我国农村财政扶贫资金投入与运行机制的优化问题研究 [D]. 北京：首都经济贸易大学，2018.

增收方式乏力。同时大部分贫困地区新型产业主体发育不足，在农业发展方面也缺乏龙头企业，仍未能对贫困户起到带动作用 [1]。

其次，经济落后导致扶贫对象物质资本、人力资本、人际关系等方面积累不足，使贫困家庭的子女在竞争中往往处于劣势，极易陷入与其父母类似的困境，即农村贫困代际转移 [2]。在这种情况下，农村劳动力竞争力普遍较低，难以满足现代集约生产企业的要求，因此在产业选择上，也只能选择初级产业，延续粗放式的生产方式，使贫困地区欠缺整体发展的内生动力，陷入代际贫困陷阱。

最后，贫困地区的中青年劳动力普遍短缺。由于大量中青年外出打工，实际上大部分分配给贫困地区的扶贫资金被弱势群体如留守的老弱使用，而这些留守的弱势群体生产能力较弱，即使有劳动能力，也未必有足够的经营能力，在产业扶贫过程中即使成为经营主体，也难以适应市场的变动，抗御风险的能力不足，导致反贫困效应不佳 [1]。

案例 1：专项巡视列出"三区三州"所涉地区问题清单

2019 年 1 月 30 日，中央脱贫攻坚专项巡视公布对 26 个巡视对象的反馈情况。其中，"三区三州"深度贫困地区所涉及的青海、甘肃、西藏、新疆、云南五省区，因其贫困发生率高、贫困程度深，一直是集中力量攻克贫困的难中之难、坚中之坚，其反馈情况也受到广泛关注。从反馈情况来看，被巡视地区党组织脱贫攻坚工作取得明显成效，但与此同时，贯彻落实党中央脱贫攻坚方针政策不够到位，"不够精准""存在偏差"被多次提及。例如，云南"落实'两不愁、三保障'等政策不够精准"；青海"存在扶贫政策'大水漫灌'现象"；新疆"落实中央精准扶贫、精准脱贫政策有偏差"；西藏则被指"落实脱贫攻坚'精准'要求不

---

① 李静.产业扶贫关键在发展新型经营主体完善利益联结机制 [J].中国发展观察，2017（24）：32-34.

② 徐慧.转型期农村贫困代际转移、影响因素及对策研究 [J].经济体制改革，2016（3）：101-106.

够扎实"。此外，巡视组还关注到"三区三州"地区在具体落实中央脱贫攻坚方针政策过程中的问题。例如，云南、甘肃、青海均被指出在扶贫资金的监管方面存在薄弱环节，还有多个省区被指落实产业扶贫政策存在短板等。

资料来源："三区三州"贫困地区有哪些问题？专项巡视列清单 [N/OL]. 中国纪检监察报，2019-01-31. http://www.chinanews.com/wap/detail/zw/gn/2019/01-31/8744236.shtml.

从案例来看，"三区三州"等深度贫困区域一直受到广泛聚焦。截至 2018 年底，贫困人口 3 万人以上的县还有 111 个，贫困发生率在 10% 以上的县还有 98 个①，这些县就成为攻坚克难、攻城拔寨的"寨子"，从国家到地方都强调要盯着这些地区加大财政资金投入、加大帮扶力度，落实深度贫困地区脱贫攻坚实施方案。然而事实上，仍能发现这些地区存在着不同程度的问题，除了各项资金使用不到位、产业政策落实存在短板以外，还有诸如形式主义、官僚主义作风严重，"整改不到位"等问题，都制约着进一步推进扶贫攻坚。因此，需要坚持问题导向，对中央脱贫攻坚专项巡视发现的问题和考核评估发现的问题，以及各个方面发现的问题，包括媒体监督发现的问题，进行认真整改，通过问题整改推进工作。将脱贫攻坚与乡村振兴战略相衔接，把防止返贫摆到更加重要的位置，健全稳定脱贫长效机制，增强贫困地区、贫困群众内生动力和自我发展能力。

（三）扶贫专项资金改进方向

1. 完善财政扶贫体制机制，提高资金使用效率

加快推动财政扶贫资金的立法工作，加大力度惩处挪用占用专项扶贫资金的行为，加强财政扶贫专项资金的统筹协调，确保专项扶贫

---

① 国务院扶贫办. 聚焦深度贫困地区 特别是"三区三州". [EB/OL].（2019-03-17）. https://baijiahao.baidu.com/s?id=1627317023093579862&wfr=spider&for=pc.

资金专款专用。通过搭建完善的资金项目管理平台，共享项目和资金信息，起到相应的激励与约束作用，才能确保各个扶贫项目落到实处，让财政专项资金发挥"乘数效应"，推动贫困地区创收增效，提高扶贫开发效益。

2. 加大转移支付力度，扩大优质资源覆盖范围

要进一步增加对贫困地区的财政转移支付，为贫困地区提供覆盖科学、教育、文化和卫生等各方面的优质资源，缩小贫困地区与其他地区在教育、文化、医疗和社会保障等方面的差距，提高贫困地区群众的生活水平。财政部指出，2019年国家财政在三大攻坚战的部署主要在于解决好实现"两不愁三保障"面临的突出问题，深入实施产业、就业、教育、健康、社会保障、文化等扶贫。"坚持扶贫同扶志扶智相结合，增强贫困地区、贫困群众内生动力和自我发展能力。继续推进贫困县涉农资金整合试点，落实省负总责要求，促进扶贫资金精准投放、精准使用。"[1]

3. 建立多维度评估体系，加强绩效评估

根据《扶贫项目资金绩效管理办法》（国办发〔2018〕35号），"扶贫项目资金绩效目标应作为预算安排的重要依据，并细化量化为绩效指标，主要包括数量、质量、时效、成本，以及经济效益、社会效益、生态效益、可持续影响和服务对象满意度等指标"[2]。就目前来看，财政部正探索建立财政扶贫资金动态监控机制，以加强各级各类财政扶贫资金管理。从2018年的数据来看，财政部制定的财政扶贫项目资金绩效管理办法行之有效，绩效目标管理基本实现全覆盖，涉及约11万个扶贫项目、8 000多亿元，全年减少农村贫困人口1 386万[3]。

① 国务院．关于2018年中央和地方预算执行情况与2019年中央和地方预算草案的报告．[EB/OL]．（2019-03-17）．http://www.gov.cn/xinwen/2019-03/17/content_5374492.htm.

② 财政部、国务院扶贫办、国家发展改革委．扶贫项目资金绩效管理办法．[EB/OL]．（2018-05-28）．http://www.gov.cn/xinwen/2018-05/28/content_5294294.htm.

③ 国务院．关于2018年中央和地方预算执行情况与2019年中央和地方预算草案的报告．[EB/OL]．（2019-03-17）．http://www.gov.cn/xinwen/2019-03/17/content_5374492.htm.

但是，目前对扶贫资金使用的评估指标仍主要是扶贫对象减少的数量，标准单一难以实现全面科学。应该根据不同扶贫阶段，细化资金考核的指标依据，不仅包括扶贫对象的减少，还应包括返贫人口的增加、扶贫项目落实开展情况、扶贫资金的到位程度、项目完成效果和资金具体使用用途等硬性指标。与此同时，绩效评价体系中还应体现贫困户自我发展水平的提高等软性指标，才能体现整个绩效评价体系的全面多维[①]。

4. "输血"与"造血"两手抓，减轻贫困地区"路径依赖"

为贫困户实现收入脱贫，除了依靠专项财政扶贫资金的"输血"，还需要有"扶贫先扶志，治穷先治愚"的思想，一方面通过财政扶贫资金提高贫困地区的劳动力素质，另一方面支持有条件的贫困县创办一、二、三产业融合发展扶贫产业园。同时，可以改善新农业企业与贫困户之间的利益联结机制，促进合作、订单协助、生产保管等有效实践，实现贫困户与现代农业发展的有机联系，通过电子商务的发展实现信息扶贫。

案例 2：信用体系网精准扶贫码助力信息扶贫

精准扶贫码运用最新的信息科学技术，支持内部嵌入文字、影像等，与传统的 QR 码整合叠加后更具特殊优势，同时拥有既开放又私密的生成算法与解码算法，然后通过大数据的挖掘和分析，筛选出优质性的扶贫产业，为扶贫攻坚提供精准数据、动态跟踪、第三方测评和专家考核等服务。它采用了特殊的"回"字形结构，内部嵌套精准扶贫项目，外部嵌套的是帮扶进度、监管和详细的影音资料，通过数据的汇总形成综合企业数据系统，运用大数据的挖掘和分析，让优质项目脱颖而出。通过精准扶贫码，在扶贫项目和投融资机构之间架起沟通桥梁，为优质的扶贫产业

---

① 刘天琦. 我国农村财政扶贫资金投入与运行机制的优化问题研究 [D]. 北京：首都经济贸易大学，2018.

脱贫提供更加便捷的条件。此外，精准扶贫码将全面推进种子项目发展，并形成巨大的规模效应，给种子项目下一步发展带来新的机遇。

资料来源：信用体系网精准扶贫码横空出世 [EB/OL]. 2018-05-09. http：//www.cpad.gov.cn/art/2018/5/9/art_31_83566.html.

事实上，信息扶贫早已成为新时期下精准扶贫的重要创新方式，以缩小城乡"数字鸿沟"，为打好精准脱贫攻坚战提供坚实的网络支撑。根据工业和信息化部（以下简称"工信部"）《关于推进网络扶贫的实施方案（2018—2020年）》（工信部通信〔2018〕83号），2020年，全国12.29万个建档立卡贫困村宽带网络覆盖比例超过98%。工信部将保障建档立卡贫困人口方便快捷接入高速、低成本的网络服务，保障各类网络应用基本网络需求，更多建档立卡贫困人口都有机会通过农村电商、远程教育、远程医疗等享受优质公共服务、实现家庭脱贫，高速宽带网络助力脱贫攻坚的能力将显著增强[①]。

第三节　地方转移支付

地方转移支付体系庞杂，既包括了地方政府间的横向转移支付，又包括了地方政府对群众的各种转移支付，具体形式包括实物型的转移支付、知识性的转移支付等。本节将围绕这两方面从理论到现状展开梳理。

---

① 工业和信息化部.关于推进网络扶贫的实施方案（2018—2020年）.[EB/OL].（2018-06-06）. https://wap.miit.gov.cn/ztzl/rdzt/fpgzztbd/xxgk/zcwj/art/2020/art_423687ccc25446f59e8f47e32a9e0384.html.

一、地方政府间的横向转移支付

1. 实施横向转移支付的原因

根据地方财政学的相关理论，我国各省区市经济发展呈现非均衡态势，财政水平与公共服务差距过大，制约了整体经济的协调发展。而中央政府的财力有限，目前的纵向转移支付具有中央对地方的控制导向，如果只使用纵向转移支付来缓解地方财力分化，满足公共服务均等化的要求，效果极其有限，因此需要对转移支付进行新的路径探索[①]。

根据我国国情，发达地区的财政收入充裕，落后地区的财政状况紧张，为了促进区域间的均衡协调发展，缓解中央财政压力，有必要实行横向转移支付。再者，一方面，我国的流转税税收体现了注册地原则而非消费地原则，导致许多产生在中西部的消费的税源实际上流入了东部的注册地中，税收划分的不合理也要求发达东西部地区对西部地区进行补偿[②]。另一方面，贫困地区多为限制开发和禁止开发地区，承担着生态功能，提供地区性生态产品。这些生态产品辐射范围广，受益范围已跨越了行政区域但又未覆盖全国，即存在正外部性，但却无法获得补偿而使生态产品供应不足，生态保护行为也受到抑制。因此让受益地方付费实际会比国家付费更科学，进行必要的横向转移支付也是对贫困地区承担生态保护功能的补偿[③]。

从横向转移支付承担的功能来看，首先，横向转移支付有助于实现政治安定。例如两德统一时，为确保政局稳定，德国成立了"统一基金"，来要求原西德地区向东德实施横向转移支付，以改善东德地区的经济环境，最终实现了政权的平稳过渡。其次，横向转移支付可

---

① 王雪晶. 我国财政实施的横向转移支付制度研究 [J]. 现代营销（下旬刊），2018，12（2）：12.

② 刘金山，何炜. 流转税税收税源背离与地区经济发展——基于消费原则的研究 [J]. 税务与经济，2014（4）：81-87.

③ 陈挺，何利辉. 中国生态横向转移支付制度设计的初步思考 [J]. 经济研究参考，2016（58）：35-46.

以带来经济增长。一方面，通过对教育等投资进行人力资本积累，可以形成落后地区经济增长的内生动力；另一方面，发达地区和落后地区相互联系，发达地区需要落后地区的市场和资源作为其可持续发展的后备动力。横向转移支付推动落后地区增长财力和改善民生，提升了当地居民的购买力，反过来能为发达地区提供消费和投资的新增长点[①]。最后，横向转移支付可以推动社会和谐。横向转移支付可以将资金从发达地区转移到落后地区，既缩小了收入差距，又增加了贫困地区民众的情感认同，缓解了潜在的社会矛盾，有利于共同富裕。

从国际上看，实行横向转移支付的国家不在少数。以德国为例，基于州际财政失衡，德国转移支付体系中的第二个层次即州与州之间的转移支付，其操作程序是，先测量财力指数（衡量各州的税收能力水平）和平衡指数（确定标准财政支出需求），然后比较各州的财力指数和平衡指数来确定该州是支援州还是受援州，以及各州之间财政横向转移支付的资金规模[②]。可见，德国横向转移支付是采用统一分配的方式，只涉及政府间的水平关系，即高收入能力州向低收入能力州进行转移支付。

2. 我国横向转移支付的现状

对口支援政策是在政府主导下经济相对发达地区对经济相对落后地区实施的一项区域发展援助政策，以加快落后地区经济社会发展，促进区域协调发展[③]。从发展历程上看，1979 年，全国边防工作会议正式确立了对口支援机制，要求组织内地发达省市对口支援边境和少数民族地区；1983 年，国家经委等部门进一步明确了对口支援工作的重点、任务和原则，省际对口支援在全国蓬勃发展，范围进一步扩大；自 1992 年起，除省际对口支援，一些特定项目也被纳入对口支援范围，逐步形成省

---

① 廖明月. 新时代我国横向转移支付制度的构建 [J]. 当代经济，2018（17）：22-25.

② 李万慧，于印辉. 横向财政转移支付：理论、国际实践以及在中国的可行性 [J]. 地方财政研究，2017（8）：27-39.

③ 王磊，黄云生. 对口支援政策的演进及运行特征研究——以对口支援西藏为例 [J]. 西南民族大学学报（人文社科版），2018，39（5）：26-33.

际和项目对口支援并存的局面①。2016年7月20日，习近平总书记在银川主持召开的东西部扶贫协作座谈会上明确强调，"东西部扶贫协作和对口支援是推动区域协调发展、协同发展、共同发展的大战略，是加强区域合作、优化产业布局、拓展对内对外开放新空间的大格局，是实现先富帮后富，最终实现共同富裕目标的大举措。"②

然而，对口支援在执行的过程中存在着一系列问题。

首先是标准性问题。由于没有立法支持，对口支援往往是由中央相关会议推进而缺乏持续推进机制，标准不明确，因此具有很大的不确定性，也就无法确定对口支援机制启动或终止的时间，对口支援双方和具体的支援方案以及可操作性的评估依据和标准，后续的报备和统计工作也很不完善，缺乏一整套包括项目论证、立项、施工、监管、验收、使用维护及资金管理在内的项目建设全过程的标准化体系③。

其次是范畴性问题。德国横向转移支付的内容仅限于财产，包括资金和实物，而不涉及人才、技术和管理知识或经验。而我国对口支援的内容是全方位的，充分体现了"造血强于输血"的理念，却有可能造成过重负担而超负荷运转①。

最后是激励与约束问题。财政分权理论认为地方政府存在的理由是有助于实现辖区内居民福利的最大化，而地方之间是相互独立的自利体，如果没有共同利益，对口支援将存在严重的激励不足。一旦地方领导人弱化政绩追求，对口支援很可能演变为应付式的政治行为。另外，对口支援缺乏法律约束，容易诱使地方政府在财政支出方面出现过度竞争，使这一机制成为一些地方领导人提升政绩的捷径①，与其实施初衷背道而驰。

---

① 廖明月.新时代我国横向转移支付制度的构建[J].当代经济，2018（17）：22-25.

② 习近平：认清形势聚焦精准深化帮扶确保实效 切实做好新形势下东西部扶贫协作工作[J].紫光阁，2016（08）：7.

③ 王磊，黄云生.对口支援政策的演进及运行特征研究——以对口支援西藏为例[J].西南民族大学学报（人文社科版），2018，39（5）：26-33.

因此，推动横向支付制度的标准化和法定化成为现阶段横向支付发展的重要方向，对此，一些发达地区的省份率先进行了制度试点。

案例3：广 东 试 点

为推进基本公共服务均等化，广东省开始尝试在区域内建立横向转移支付制度。根据《关于建立推进基本公共服务均等化横向财政转移支付机制的指导意见》，要求推进全省基本公共服务均等化，促进区域协调发展，主要内容包括："第一，确定对口帮扶关系。将珠江三角洲地区（广州等7市）确定为财力转出市，其余14个地级市为财力转入市，具体对口帮扶关系由双方协商确定。第二，确定帮扶任务。财力转出市要确保无偿提供横向转移支付资金帮助转入市提高基本公共服务水平，还需做好其他方面的结对帮扶工作和继续开展劳务输出合作及吸纳就业工作。第三，建立健全帮扶制度。主要涉及指定帮扶工作的党政领导，共同制定具体帮扶规划和年度帮扶计划以及横向转移支付额度应列入预算等内容。第四，规范管理横向财政转移支付资金。在协商一致后双方政府签订具体协议，明确帮扶范围、项目、资金使用计划和管理监督责任"[①]。

资料来源：广东省预算会计研究会.广东省建立横向财政转移支付机制推进基本公共服务均等化［J］.预算管理与会计，2010（7）：53.

总的来说，"广东率先启动的横向转移支付立法活动是对现有对口支援的一次大胆尝试和创新，对全国范围内的制度构建具有重要的示范意义。"虽然对口支援和广东方案还存在许多不足，但丝毫不影响它们运行多年带来的实践成果，横向转移支付可以在此基础上进行制度构建[②]。

---

① 广东省预算会计研究会.广东省建立横向财政转移支付机制推进基本公共服务均等化［J］.预算管理与会计，2010（7）：53.

② 廖明月.新时代我国横向转移支付制度的构建［J］.当代经济，2018（17）：22-25.

3. 建立横向转移支付制度的具体构想

在横向转移支付的制度设计上，可借鉴德国模式。正如上文所提到的，德国采用的是"统一分配"模式，但这种模式适用于德国本身总体经济实力雄厚且地区间发展差距并非如此显著的情况，显然与我国国情存在差异，不可贸然套用。

因此，我国可采用"共同协商"模式。该模式是根据各省社会经济财力状况，按照"一对多"或"多对一"的形式确立具体的转移支付双方，从而建立明确的对应关系，以搭建双方的共同利益基础。当接受方获得支出方的转移支付后，会发挥其比较优势，在资源、原材料、劳动力及市场拓展等方面回馈支出方，形成协同发展的良性循环关系[①]。

在激励与约束的问题上，有必要同时考虑激励和约束。从约束层面而言，为使支出方积极执行横向转移支付政令，需完善一系列信息传递与反馈机制，建立有效的监督约束机制。从激励层面而言，一方面，应该尊重支出地区自身发展的需要，不宜施加过重的扶贫任务，同时给予支出方一定的税收等优惠政策，激励他们继续实施横向转移支付；另一方面，就接受方而言，当地政府须将这些资金足额地投入扶贫等民生领域，否则相关人员应被追究其法律责任[②]。

在支付额的确定上，德国采用因素法，将人口规模与密度、年龄结构等因素纳入接受方的资金需求计算中。结合我国国情，由于地方间财力差距悬殊，不可完全照搬。所以，支付额的确定应综合使用因素法和协商法，让转移支付双方在因素法形成的客观基础上进行协商，来满足双方的需求，以保证横向转移支付的科学性和可持续性[③]。

---

① 王磊，黄云生. 对口支援政策的演进及运行特征研究——以对口支援西藏为例［J］. 西南民族大学学报（人文社科版），2018，39（5）：26-33.

② 张莉. 中国东西部地区扶贫协作发展研究 [D]. 天津：天津大学，2015.

③ 廖明月. 新时代我国横向转移支付制度的构建［J］. 当代经济，2018（17）：22-25.

二、地方给贫困户的转移支付

1. 有形补贴

有形的财政补贴的形式多样，除了一般的货币形式外，可能采取实物或票证形式等非货币形式，因此财政补贴在增加领取补贴者购买力的同时，往往改变了一部分商品、服务和生产要素的相对价格。

根据补贴是针对个人还是商品进行，可以将其分为明补和暗补。明补相当于给接受方一笔收入，如粮油补贴、交通补贴、住房补贴等，接受明补后，面对的商品的相对价格并未发生改变。而暗补是使消费者以低于市场的价格得到某种商品，"双重价格"的存在改变了商品之间的相对价格，使消费者可增加对补贴商品的消费。从效率角度看，由于明补未改变商品之间的相对价格，只产生收入效应，而暗补反之，相对价格的变化改变了消费者的选择，从而产生替代效应，造成效率损失。然而，尽管明补比暗补更有效率，但明补相当于对所有商品进行补贴，难以通过对食品等特定商品的补贴实现对贫困人口的关注，而暗补却可以帮助政府实现特定的救助目标，故成为政府常采取的财政补贴形式。因暗补产生的供给不足而限量供应的现象，诞生了票证制度。两者的相同之处在于都是以优惠价格购买商品，不同之处则在于暗补在购买量上没有限制，而票证在购买量上有限制。比如美国的食品券计划，便是为了帮助低收入群体获得充足的食物与营养。它根据民众的收入水平发放，受益者须到指定的超级市场购买粮食或食品①，如今约每6名美国人中，就有一人受惠于食品券计划。

另外，根据政府补贴是以实物还是以现金的形式发放，还可以将其分为实物补贴和现金补贴。实物补贴是对特定商品的补贴，比如说湖南省浏阳市委统战部和农业局牵头购买了118件家电家具，对接当

---

① 王正友，赵伟. 美国食品券项目及启示［J］. 中国粮食经济，2013（6）：28-30.

地贫困户 111 户，圆了当地贫困户春节看"春晚"的梦想[①]。然而从某种意义上说，现金补贴会优于实物补贴，这是由于人们对补贴的需求各不相同，政府难以提供实物补贴的具体数量，必然会造成效率损失。在实践中，以低价或免费形式提供的实物补贴导致人们对补贴品的过度需求，易滋生腐败，如政府在对住房、教育、药品等提供补贴时存在诸多浪费和腐败现象，也使实物补贴这种形式广受诟病。

2. 无形补贴

无形补贴是区别于上述现金或实物型的补贴，它的形式是无形的体现，如知识的转移、知识人才的转移等，它们在促进人力资本积累方面发挥着重要作用，是人力资本扶贫的重要形式。

知识的转移支付也可称为教育扶贫。"教育扶贫是指国家对贫困地区的贫困人口提供教育支持，旨在通过提升当地教育质量和贫困人口素质，帮助贫困人口掌握摆脱贫困的劳动技能。它不仅是国家扶贫开发战略的重要任务，也是实现教育公平和社会公正的重要方面"[②]。随着时代发展，教育扶贫也不仅局限于纯知识性的转移，同样包含了教师、职业技术人才的转移等。

进入 21 世纪后，教育扶贫的重心转移到西部和农村贫困地区，尤其是少数民族地区。在这一阶段，义务教育沿着三条线前行，一是由"基本普及"到"全面普及"；二是由"一费制"到"完全免费"；三是由严重的不均衡逐步走向均衡[③]。教育扶贫的内涵已经从新中国成立初期的文化扫盲和义务教育，逐步拓展到涵盖学前教育、基础教育、职业教育、继续教育等多层次、多类型教育在内的政策体系。教育扶贫项目也在各个领域得到完善，如学前教育三年行动计划、农村义务

---

① 颜开云，熊鹏洲，陈红艳.为贫困户送家具家电 浏阳各界爱心众筹对接春节"微心愿".[EB/OL].（2018-02-07）. https://www.icswb.com/h/100106/20180207/524146_m.html.

② 钟慧笑. 教育扶贫是最有效、最直接的精准扶贫——访中国教育学会会长钟秉林［J］. 中国民族教育，2016（5）：22-24.

③ 罗祖兵. 义务教育的伟大历程［J］. 教育研究与实验，2009（1）：5-8.

教育学生营养改善计划、农村贫困地区定向招生专项计划和乡村老师支持计划等①。

自提出"精准扶贫"的概念以来，2015年发布的《中共中央 国务院关于打赢脱贫攻坚战的决定》中提到，"要在精准扶贫原则指导下，实施教育扶贫工程"。各地方也积极贯彻中央教育精准扶贫的指示，并在具体实践过程中发展出多种农村教育精准扶贫模式②。

案例4：多种农村教育精准扶贫模式

1. 雨露计划

雨露计划主要依靠政府扶贫资金的扶持，并通过直接补贴，让农村贫困家庭的贫困学生在接受九年义务教育之后继续接受职业教育和技能培训等，提高贫困地区适龄劳动力的就业能力。

2. 义务教育精准扶贫

义务教育扶贫模式下的具体扶贫措施形式多样：第一，学生营养改善计划。该项目于2011年9月实施，要求进一步改善农村学生的营养状况，改善农村学生的健康状况。第二，薄弱学校改造计划，旨在改善农村贫困地区义务教育学校的条件，提高农村贫困地区学校的信息化水平。第三，教师配套计划，即通过在省内招录特岗教师及大量大学生教师，解决农村贫困地区师资力量薄弱的问题。

3. 职业教育、高等教育精准扶贫

通过精准招生，有针对性地对农村贫困地区开展定向招生；通过精准资助，对农村贫困学生接受职业教育提供专项资助；通过精准就业，鼓励企业参与解决农村贫困学生的就业问题等。

---

① 陈燕凤，夏庆杰. 中国多维扶贫的成就及展望［J］. 劳动经济研究，2018，6（2）：70-93.

② 胡兰. 农村教育精准扶贫推进策略研究［J］. 中国成人教育，2018（16）：155-157.

4.技能培训精准扶贫

这种模式主要是通过精准化职业培训，如联系有关院校和企业，举办月嫂培训班、家政培训班、农村电商培训班等免费培训班，帮助农村贫苦户成为具有知识、文化和技术的新农民。

资料来源：胡兰.农村教育精准扶贫推进策略研究［J］.中国成人教育，2018（16）：155-157.

以上四种教育扶贫或人才输送帮扶的形式一定程度上增强了贫困劳动力脱贫增收能力，实现了稳定就业，但同样面临着一些问题。如教育扶贫政策的"造血"功能薄弱，目前采取的完善各地教育基础设施、"三支一扶"等专项政策吸引师资等举措仍属于"输血"举措，在如何增强贫困地区内部自身发展动力上仍需更深思考。再如制度设计上缺乏协同性，不少部门各自为政，阻碍了信息公开与资源共享，都大大降低了教育扶贫的精准度和效率[①]。

因此，在教育扶贫过程中，既要把握制度的定位，即加强不同教育扶贫主体之间的沟通与交流，强调教育扶贫与产业扶贫、专项扶贫和社会扶贫之间的融合，又需要把握过程的定位，即注意教育精准扶贫的梯度。教育是一个循序渐进的过程，人力资本的积累亦非一日之功，在优先解决农村教育的硬件问题时，解决教育资源问题和师资问题也是重中之重，尤其是要通过系列激励措施及人才配套，改善贫困地区乡村教师待遇，落实教师生活补助政策，争取更多大学生教师和技术人才返乡就业与创业，缓解师资短缺的问题。同时，应该完善当地教师的继续培训工作，提升农村教师的职业能力。

[①] 代蕊华，于璇.教育精准扶贫：困境与治理路径［J］.教育发展研究，2017，37（7）：9-15，30.

第四节　对口帮扶

对口帮扶是国家一项重要的扶贫开发政策。1996 年 10 月，中央召开了扶贫开发工作会议，在《中共中央 国务院关于尽快解决农村贫困人口温饱问题的决定》（中发〔1996〕12 号）中确定了对口帮扶政策，要求北京、上海、广东、深圳等 9 个东部沿海省市和 4 个计划单列市对口帮扶西部的内蒙古、云南、广西、贵州等 10 个贫困省区。对口帮扶具有横向转移支付的特点，但除了单纯的资金转移外，又有技术、人才经验等方面的转移。同时，新时期下，对口帮扶又不仅限于横向的转移，也体现了中央对地方的定点帮扶。因此，本节先梳理对口帮扶相关政策，再分别从纵向帮扶和横向帮扶两个角度来展现对口帮扶的模式与效果，最后剖析其中存在的问题和未来发展的方向。

一、我国对口帮扶概况

1. 我国对口支援系列政策

对口帮扶政策从属于我国对口支援系列政策。我国对口支援系列政策是从对口支援政策开始的，其后逐步出现对口帮扶、对口协作和对口合作。其中，对口帮扶政策与扶贫政策联系最为密切，故本节重点阐述。

1996 年，东西部扶贫协作工作正式启动，东部发达省市开始对中西部欠发达地区实施帮扶，随后，《国务院关于印发中国农村扶贫开发纲要（2001—2010 年）的通知》（国发〔2001〕23 号）中指出"继续做好沿海发达地区对口帮扶西部贫困地区的东西扶贫协作工作"，将"扶贫协作"改为"对口帮扶"，也称作"东西部扶贫协作"[1]。一般而言，对口帮扶分为三个层次：一是在中央政府的统一部署下，由地方政府牵头的东西部协助扶贫，即东部发达省市帮扶西部贫困省区，

---

① 国务院 . 中国农村扶贫开发纲要（2001—2010 年）.[EB/OL].（2001-06-13）. http://www.gov.cn/zhengce/content/2016-09/23content_5111138.htm.

也称为横向帮扶；中央和各级国家机关、企事业单位帮扶辖区内的贫困县区，也称为纵向帮扶或定点帮扶；三是社会组织、民间组织和民主党派向贫困地区提供产业投资、合作和智力帮扶[①]。

2. 对口帮扶与扶贫政策的结合

对口帮扶的对象是边疆少数民族地区和不发达地区，由于贫困落后在发展过程中面临瓶颈，因此对口帮扶就是要改变地区贫困的现状，便相应具有扶贫的特点。中国20世纪80年代开始制定正式的扶贫政策，并在90年代提出东西部扶贫协作的概念。根据1996年《中共中央 国务院关于尽快解决农村贫困人口温饱问题的决定》（中发〔1996〕12号），"北京与内蒙古，天津与甘肃，上海与云南，广东与广西，江苏与陕西，浙江与四川，山东与新疆，辽宁与青海，福建与宁夏，大连、青岛、深圳、宁波与贵州之间开展扶贫协作"，这样把对口帮扶的方法引入扶贫政策，实现了对口帮扶与扶贫政策的结合。

2015年，国家进一步提出"精准扶贫"的概念，对口帮扶也向"精准化"转变，采取了很多精准扶贫的方式，如产业扶贫、教育扶贫、医疗扶贫、科技扶贫等。精准扶贫政策确定的目标是确保全部贫困人口到2020年实现脱贫，对口帮扶与扶贫政策的结合可以在扶贫中发挥作用。

二、纵向帮扶

（一）纵向帮扶概况

纵向对口帮扶既包括中央部门对地方的支援，也包括中央企业对地方的援助，它实际上是出自上级政府的安排，利用上下级之间的命令关系来让中央部委及企业承担部分的国家职能[②]。从机制设计讲，主

---

① 帅传敏. 中国农村扶贫开发模式与效率研究 [M]. 北京：人民出版社，2009：59.
② 杨龙，李培. 府际关系视角下的对口支援系列政策 [J]. 理论探讨，2018，200（1）：148-156.

要分为以下两类。

1. 国家职能向部门分派

中央部门承担支援地方政府的任务。例如，从 2016 年开始，水利部定点扶贫县调整为重庆市城口、巫溪、丰都和武隆等 4 个区县，成立了由水农司牵头、16 家单位组成的帮扶集团，对其进行对口帮扶，至今已累计投入资金 42 亿元，建成各类水利工程 2 386 处，推动了当地水利和扶贫事业的发展[①]。表 4-6 以"三区三州"为例，说明中央各部委单位牵头负责的扶贫开发工作。

表 4-6　"三区三州"中央各部委牵头扶贫专项工作一览表

牵头单位	扶贫专项内容
财政部	加大中央财政投入力度。有条件的中央一般性转移支付、财政专项扶贫资金进一步向"三区三州"倾斜
中国人民银行、中国银保监会、中国证监会、财政部	加大金融扶贫支持力度。针对"三区三州"制定差异化信贷支持政策，在贷款准入、利率、期限等方面，对建档立卡贫困户和扶贫产业项目、贫困村提升工程、基础设施建设、基本公共服务等重点领域提供优惠政策
国家发展改革委	加大项目布局倾斜力度。在"三区三州"优先安排公益性基础设施项目、社会事业领域重大工程建设项目以及能源、交通等重大项目
国家发展改革委、国务院扶贫办、中国人民银行	加大易地扶贫搬迁实施力度，强化深度贫困地区搬迁群众后续脱贫措施，加大产业扶持、转移就业、生态扶贫等政策落实力度
国家发展改革委、财政部、国家林业局、农业农村部	加大生态扶贫支持力度。加强"三区三州"生态建设，优先安排退耕还林任务，重点支持防护林建设和经济林发展
中央组织部、人力资源和社会保障部、科技部	加大干部人才支持力度。在待遇、职称、培养、选拔等方面出台特殊倾斜政策，对"三区三州"申报国家"千人计划""万人计划"适当放宽申报条件和评审标准

---

①　潘明祥. 水利部定点扶贫工作的实践与思考——以重庆市巫溪县为例［J］. 中国水利，2018（17）：36-38.

牵 头 单 位	扶贫专项内容
国务院扶贫办、国家发展改革委、全国工商联、民政部	加大社会帮扶力度。东部经济发达县结对帮扶西部贫困县"携手奔小康行动"和民营企业"万企帮万村"精准扶贫行动，要向"三区三州"倾斜
国家卫生计生委	解决因病致贫问题。建立健康扶贫保障机制，支持推进健康扶贫工程，从源头上防止因病致贫返贫
中国残联、民政部、教育部	解决因残致贫问题。把符合条件的建档立卡贫困残疾人全部纳入农村低保范围。把建档立卡贫困家庭重度残疾人全部纳入医疗救助范围
民政部	加强兜底保障工作。完善农村低保制度，对无法依靠产业扶持和就业帮助脱贫的家庭实行政策性保障兜底
水利部	保障贫困户饮水安全
住房城乡建设部	保障贫困户住房安全。农村危房改造任务和资金安排向深度贫困地区倾斜，中央补助资金聚焦贫困户等重点对象，户均补助提高到 1.4 万元
教育部、人力资源和社会保障部	加大教育扶贫力度。中央相关教育转移支付存量资金优先保障、增量资金更多用于深度贫困地区教育发展和建档立卡贫困家庭子女受教育的需要
人力资源和社会保障部	加大就业扶贫力度。依托东西部扶贫协作和对口支援工作机制，提高劳务扶贫协作组织化程度
交通运输部、国家能源局、工业和信息化部、农业农村部、国家发展改革委	加强基础设施建设。加快推进贫困地区建制村和撤并建制村通硬化路任务，加大中央预算内投资和车购税补助地方资金对深度贫困地区农村公路建设的支持力度
国土资源部	加强土地政策支持。探索"三区三州"及深度贫困县增减挂钩结余指标在东西部扶贫协作和对口支援框架内开展交易

资料来源：中共中央办公厅、国务院办公厅：《中共中央办公厅 国务院办公厅关于支持深度贫困地区脱贫攻坚的实施意见》（厅字〔2017〕41 号）

2. 国家职能向央企分派

央企是由国务院或国务院授权的机构出资建立的，尽管其性质是企业，但有时也可代表中央政府。在对口支援中，央企便承担着帮助受援地区经济发展、技术提高、扶贫等重要任务[①]。如中国银行在陕西省咸阳"北四县"开展定点扶贫工作，并批准了 5 000 多万元的扶贫资金，实施帮扶援建项目 30 多个，2017 年拨付专款 700 余万元，用于资助 1 404 名因学致贫的在校大学生和 6 724 名非寄宿中小学生，对贫困人口的帮助已经完全覆盖了 4 个贫困县[②]。

上述两种机制设计的一个重要特征是中央直接参与基层地方的发展。中央政府越过了省级政府，直接安排受援地区与支援方结对，突破了属地管理的制度，体现在以下三方面：对口帮扶的主体由中央决定，中央规定了对口帮扶的阶段目标并制定了规划，中央直接规定了支援工作的内容并最终确定对口帮扶的支援标准和资金的额度[③]。

（二）纵向帮扶典型案例

案例 5：高校定点帮扶——以华南理工大学定点帮扶为例

自 2013 年起，按照教育部关于滇西边境山区区域发展与扶贫攻坚工作的统一部署，华南理工大学对口扶贫云南省临沧市云县，并派干部到云南省普洱市孟连傣族拉祜族佤族自治县、滇西应用技术大学普洱茶学院挂职锻炼。同年，广东省委、省政府启动新一轮扶贫开发"双到"工作，华南理工大学对口帮扶揭阳市惠来县隆江镇孔美村。同时，学校充分发挥学科、人才等方面优势，为帮扶地区输送教学设备、网络培训等教育资源，招商引资、

---

① 杨龙，李培.府际关系视角下的对口支援系列政策［J］.理论探讨，2018，200（1）：148-156.

② 马晓曦.中国银行加强定点扶贫工作：聚焦精准 创新帮扶［J］.中国金融家，2018（4）：99.

③ 国务院.中国农村扶贫开发纲要（2001—2010 年）.［EB/OL］.（2001-06-13）http://www.gov.cn/zhengce/content/2016-09/23/content_5111138.htm

技术指导等产业资源、科技专家、挂职干部、大学生等人才资源，环境规划设计、传统文化发掘与保护等文化资源，以及门诊诊疗、手术示范培训等医疗资源，与帮扶地区密切配合，促使教育、产业、智力、文化和医疗扶贫落到实处，开展了一系列卓有成效的工作[①]。

资料来源：教育在线广东站。

以华南理工大学定点帮扶为例的高校定点帮扶充分体现了教育部陈宝生部长"高校要发挥在经验、知识、专业等方面优势，找准主攻方向，确定突破口，靶向治疗、配置资源，共同发力促进脱贫攻坚"的具体要求[②]，依托各高校的学科优势、人才力量、科技实力、社会资源，并结合具体定点扶贫地区实际，充分发挥智库作用和利用专业知识，有助于从传统的"输血式扶贫"转变为"造血式扶贫"。

案例 6：金融业定点帮扶——以中国农业发展银行为例

2012 年，国家部署新一轮定点扶贫工作，明确中国农业发展银行（以下简称"农发行"）定点帮扶吉林大安、云南马关、广西隆林和贵州锦屏 4 个县（市）。农发行从融资、融智、融商三方面着力构建"三融一体"定点扶贫格局，为定点县脱贫攻坚作出了积极贡献。

（1）融资方面：农发行持续加大信贷投入并积极开展公益扶贫，重点支持易地扶贫搬迁，基础设施扶贫、特色产业扶贫及粮棉油收购、健康扶贫、教育扶贫等项目，项目直接服务或带动建档立卡贫困人口 47.34 万人。

---

① 中国华南理工大学再获教育部直属高校精准扶贫精准脱贫"十大典型项目"，教育在线广东站，2018 年 10 月 19 日。

② 陈宝生．高校扶贫要在突破中整合资源．[EB/OL]．（2018-06-12）．http://m.ce.cn/bwzg/201806/12/t20180612_29412169.shtml.

（2）融智方面：农发行积极开展定点县扶贫干部系统性帮扶培训，成立"农发行＋企业＋隆林扶贫开发攻坚战指挥部"的联合扶贫党支部，协助出台支持当地产业发展带动贫困人口增收的产业融资方案，积极推动当地投融资体系建设。

（3）融商方面：农发行发挥自身系统优势、客户优势，帮助定点县搭建融商平台，实现招商引资，强化脱贫产业支撑[①]。

资料来源：谢雪芹."三融一体"助推定点脱贫[J].金融扶贫，2018（2）：53-55.

以中国农业发展银行为例的金融业定点帮扶充分发挥了金融业特有的资金优势和产业战略资源优势，通过各种优惠政策加大融资支持，再通过大量的资金和人才援助，提供了充足的智力支持，最后通过搭建融商平台，强化产业支撑，从而形成"融资＋融智＋融商"相互结合互为补充的定点帮扶新机制，具有较强的社会影响力和经济效应。

（三）纵向帮扶政策效果

从中央部门的对口帮扶效果上看，中央部门通过直接指导制定受援地区产业发展规划，提高了其产业规划水平。中央部委派遣干部到受援地工作，传播了先进的管理理念和工作方法，提高了当地干部队伍的决策和管理能力。为了完成对口帮扶任务，相关部委也需要充分调动已有资源并自己开发资源，因此提高了政府资源的利用效率和部门内部组织间协同能力。

从央企的对口帮扶效果上看，央企通过发挥先进的技术、市场占有优势和雄厚的资本实力，帮助受援地区发展地区产业，实现脱贫攻坚。2012年6月1日，西藏自治区政府分别与国家电网、南方电网、华能集团、大唐集团、华电集团、国电集团、中国电力投资集团、长江三峡集团等11家电力央企签署了《"十二五"电力援藏工作协议》，这些企业直接

---

① 谢雪芹．"三融一体"助推定点脱贫［J］．金融扶贫，2018（2）：53-55.

投资总共超过 9 亿元，用于解决无电人口用电问题，实施发电厂工程及应急电源工程，这些措施对缓解当地电力供应均起到了积极作用[①]。

三、横向帮扶

（一）横向帮扶概况

横向对口帮扶涉及没有隶属关系的省、市（地区）、县（市、区）间的关系，如浙江省对口帮扶四川省甘孜藏族自治州、阿坝藏族羌族自治州和凉山州木里藏族自治县。横向府际关系既有相邻地方政府间关系，也有不相邻的地方政府间关系，也称"飞地式关系"。对口帮扶是典型的飞地式横向府际关系，这种飞地式关系不是地方政府间自发形成的，而是由上级政府安排而结成的，并经常发生在不同级的政府之间[②]。

具体来看，我国的横向帮扶具有以下特征。

1. 扶贫主体多元化

（1）政府引导。实际上，横向帮扶是国家职能向下级地方政府分派的表现。无论是促进民族团结、维护国家统一还是扶贫、缩小区域发展差距，都是中央政府的经济和社会职能，但中央政府以政治任务的方式，要求部分地方政府对口帮扶另外一些地方，是把国家的职能下放，让地方政府承担了国家的部分职能[②]。

（2）企业支撑。在政府的引导下，以东部地区优势资源、支柱产业和重点项目为依托，企业成为东西部地区扶贫协作中产业扶贫的支撑力量[③]。据云南省扶贫办统计，"20 年来，沪滇经济合作累计实施项目近 2 000 个，实际到位项目资金 645.8 亿元，光明食品、金茂股份、上实发展等一批大企业来滇投资，实现了由单一技术转让、营销

① 杨明洪. 市场化背景下的央企对口援藏制度研究 [J]. 中国藏学，2015，119（3）：99-110.

② 杨龙，李培. 府际关系视角下的对口支援系列政策 [J]. 理论探讨，2018，200（1）：148-156.

③ 张莉. 中国东西部地区扶贫协作发展研究 [D]. 天津：天津大学，2015.

合同向以资金为纽带的并购重组、技术协作、全方位、多领域合作发展。20 年间，上海市共投入产业帮扶资金 4.44 亿元，实施产业帮扶项目 558 项，培植了以光明集团云南石斛公司为代表的一批产业扶贫龙头企业，探索了新形势下农村富余劳动力就近转移就业和产业帮扶新模式，实现了由传统单一产业培植到发挥优势、规模发展、种养加一体化的特色农业扶持转变"①。

案例 7：民营企业"万企帮万村"精准扶贫行动

2015 年 10 月 17 日，全国工商联、国务院扶贫办、中国光彩会正式发起"万企帮万村"精准扶贫行动。该行动以民营企业为帮扶方，以建档立卡的贫困村、贫困户为帮扶对象，以签约结对、村企共建为主要形式，力争用 3～5 年时间，动员全国 1 万家以上民营企业参与，帮助 1 万个以上贫困村加快脱贫进程，为促进非公有制经济健康发展和非公有制经济人士健康成长，打好扶贫攻坚战、全面建成小康社会贡献力量。

3 月 27 日，"万企帮万村·江北在行动"精准扶贫启动仪式暨横向生态补偿协议签订仪式在重庆市酉阳自治县举行。满集网、财信等江北辖区 130 家企业对口帮扶酉阳 130 个贫困村，将通过产业扶贫、消费扶贫、就业扶贫、智力扶贫、公益扶贫等方式，帮助贫困村建卡贫困户早日脱贫，助力酉阳自治县决战脱贫攻坚。

"万企帮万村·江北在行动"是落实习近平总书记给"万企帮万村"行动中受表彰民营企业家回信的具体行动，彰显了中国特色社会主义政治制度集中力量办大事的独特优势和魅力，凸显了民营企业家感党恩、听党话、跟党走的高度政治觉悟和行动自觉。

资料来源：万企帮万村 | 满集网助推酉阳脱贫攻坚工作 [EB/OL].（2019-03-28）.http://www.sohu.com/a/304411174_528577.

---

① 国家乡村振兴局 . 真情真心帮扶 滇沪情深谊长——上海与云南对口帮扶合作 20 年综述 . [EB/OL].（2016-04-20）. http://nrra.gov.cn/art/2016/4/20/art_42_48504.html.

满集网作为一家全球性大型综合电商平台,通过投身"万企帮万村"精准扶贫行动,以"互联网＋精准扶贫"为行动方针,充分发挥了产业互联网优势,提升了农副产品附加价值,推动了脱贫攻坚工作,实现了农民大力增收和农村经济快速发展。事实上,"万企帮万村"行动通过重点发展一批特色产业,既有利于解决贫困户劳动力就业问题,也充分发挥了先进地区民营企业在人才、资金、技术、管理等方面的优势,有助于激发贫困户自力更生、艰苦奋斗、勤劳致富的内生动力,帮助其实现真正的脱贫。

（3）社会参与。东西部地区横向帮扶也吸引了各民主党派、工商联、无党派人士、社会组织和个人的广泛参与。如上海市出台政策鼓励社会力量参与东西部扶贫协作和对口支援,首批已经有 42 个项目获得资助,政府补贴 1 100 万元,撬动社会资金近 6 000 万元①。

案例 8：众多国际组织帮扶中国等发展中国家实现脱贫攻坚

2018 年 9 月 26 日,石油输出国组织（欧佩克）国际发展基金总干事苏莱曼表示,愿继续支援中国扶贫与发展,与中方强化合作,推进南南合作和全球可持续发展。欧佩克国际发展基金成立于 1976 年 1 月,主要通过提供无偿援助和优惠贷款资助广大发展中国家经济发展。10 多年来,基金通过 11 个合作项目向中方提供低息贷款等援助,为中国中西部欠发达地区在医疗卫生、教育、饮用水、能源等领域提供大力支援。在提供物资援助的同时,也传播了包括基金会组织在内的国际社会扶贫经验。

资料来源：欧佩克国际发展基金会表示愿继续支援中国扶贫与发展 [EB/OL].（2018-09-27）.https：//news.china.com/internationalgd/10000166/ 20180927/34022389_all.html．

减贫是联合国千年发展目标中最重要的目标,中国在减贫上作出

① 郝洪,杨文明.上海对口支援云南,从单向输血到双向协作——产业牵了手脱贫路好走 [N].人民日报,2018-10-23（12）.

的成绩，离不开自身的努力，也离不开世界各国及各组织的物资、经验、人力等支援。据统计，外交部多方联系协调各国际组织，不断加强各领域人才培训，累计投入帮扶资金 414.96 万元，实施包括联合国开发计划署社区发展项目及科技、教育及干部素养培训等 49 个项目，惠及 14 638 人，培养出一批技术过硬的明白人、带头人，外交部还实施了包括中华慈善总会医疗药品捐赠，英国劳合社爱心电教室，韩国现代爱心之屋，三星智能教室，飞利浦电子设备捐赠，边境地区新农合补贴，电脑、电视、图书室及爱心衣橱捐赠等 63 个项目，累计投入帮扶资金 1 168.46 万元，惠及 7.48 万人①。如今，中国在精准扶贫上取得的成就，也逐渐被国际社会认同。在联合国秘书长古特雷斯看来，"精准减贫方略是帮助最贫困人口、实现 2030 年可持续发展议程宏伟目标的唯一途径。中国已实现数亿人脱贫，中国的经验可以为其他发展中国家提供有益借鉴"②。

2. 扶贫工作多点推进

（1）产业引领。针对西部地区产业结构单一、层次较低的问题，部分东部地区省份坚持培育当地产业助推扶贫发展。如日照大宗商品交易中心以红枣上线为突破口，聚集各方红枣产品以及金融、物流资源，打造电子商务、"互联网＋"、供应链金融等全新商业业态，为红枣生产者和消费者提供现代化的采购与配售服务，助力麦盖提县成为立足南疆、面向全疆、辐射全国的红枣聚集地，并依托新疆优势农产品，增加交易品种，创新交易模式，更好地支持新疆农业转型升级③。

（2）智力支持。针对西部地区技术落后、劳动力受教育水平不高素质较低的问题，大部分东部省市坚持输出智力和科技来推进扶贫工

---

① 外交部 26 年真情帮扶云南金平 [N/OL]. 云南日报，2018-09-25.http：//www.cpad.gov.cn/art/2018/9/25/art_40_89310.html.

② 中国减贫，为世界提供有益借鉴（评论员观察）[EB/OL].（2018-11-08）. http：//politics.people.com.cn/n1/2018/1108/c1001-30388486.html.

③ 郭鑫.山东实施"互联网＋"市场援疆行动 助力喀什地区农民增收脱贫.[EB/OL].（2017-12-05）.http://www.dzwww.com/finance/jiaodian/zxbb/201712/t20171205_16747148.html.

作。如北京市在对口帮扶内蒙古的过程中，就专门安排了专项资金用于教育、文化、卫生、金融等重点领域的干部和专业人才培训。在卫生领域，"2015 年 12 月 1 日，北京市对口帮扶兴和县医疗健康'精准扶贫'工程正式拉开帷幕。北京派出 26 名全科专家，再加上乌兰察布市市县两级共百名医疗技术人员组成工作队，对兴和县因病致贫的 4 150 人进行健康体检和重点疾病筛查，对参加体检的患者进行系统分类，制定有针对性的诊疗办法措施，惠及将近 3.5 万贫困人口"[①]。

（3）平台搭建。针对西部地区位置闭塞、信息交流不畅的现实，部分东部省份通过搭建平台，实现"引进来"和"走出去"。"一是借助结对平台，如天津市 14 个区县和甘肃 13 个县扶贫部门加强经贸合作；二是借助展会平台，如帮助甘肃省在天津举办招商座谈会、食品博览会等[②]；三是借助培训平台，如上海市通过搭建商贸平台促进云南特色产品的经销"[③]。

（4）民生保障。针对西部地区社会保障低、生活水平差的现实，大多数东部地区省市坚持以民生项目建设保障扶贫协作开展。如上海市在对口援疆过程中，注重改善民生，一方面帮扶农牧民新农村建设；另一方面帮助建设学校、医院等民生项目，解决了当地群众就医难、上学难等问题[④]。

（二）横向帮扶政策效果

从政策效果来看，成果是喜人的。首先，通过横向帮扶，东部地区带去了改革开放和市场经济实践中积累的宝贵经验，以思维开拓推

---

① 袁京. 北京医疗对口帮扶内蒙古乌兰察布市. [EB/OL].（2016-01-04）. http://www.rmzxb.com.cn/c/2016-01-04/663506.shtml?n2m=1.

② 甘肃乡村振兴局. 天津市对口支援甘肃工作前方指挥部临时党委——党建引领力拔穷根 [EB/OL].（2021-09-28）. http://fpb.gansu.gov.cn/fpb/c105276/202109/1837353.shtml.

③ 郝洪，杨文明. 上海对口支援云南，从单向输血到双向协作——产业牵了手脱贫路好走 [N]. 人民日报，2018-10-23（12）.

④ 克拉玛依市人民政府. 精准援疆让油城迸发新活力——上海市人才援克工作综述 [EB/OL].（2019-10-13）. https://www.klmy.gov.cn/002/002003/20191014/77e9aff2-72ab-450e-9266-ec0c9d3f6ce0.html.

动了西部扶贫的改革创新。其次，通过东部政府财政拨款对接企业的招商引资，向西部地区输出了大量投资，并发挥乘数效应带动了其他要素在西部地区的集聚和区域经济的发展。再次，通过大力培育以特色农业和劳动密集型产业为主的现代产业体系，在提高西部地区"造血"能力的同时，也实现了创收和生活水平的提高。此外，通过一系列的"引智"措施，对开发西部地区人力资源和人力资本积累增加了外部动力。最后，东部省区在帮扶的过程中，坚持保护与开发并举，通过技术提升，改善了西部的生态环境。综上，横向帮扶将引资、引智和引技相结合，有效推动了西部区域经济社会的可持续发展。

然而，在政策实施上，也存在一些问题。从国家职能向下级政府分派这一设计来看，也存在着上下级间的博弈，地方可能对上级的政策采取象征性执行、附加执行、选择性执行、替换性执行等措施，导致政策执行过程中发生偏差 [1]。针对这种现象，中央分派的对口帮扶任务不能单纯靠政治命令，而应试图说服地方政府，指明帮助贫困地区的发展也是地方政府，尤其是"先富起来"的地方政府的责任。这种政治动员的方式多种多样，可以采取中央不定期召开座谈会的形式。只有引起地方政府的高度重视，各地方政府才能积极高质量地完成对口帮扶任务。

地方政府的职能本不包括支援其他地方政府，中央安排的对口帮扶会给地方带来两个方面的挑战。一是地方需要自筹资金等资源来完成任务。由于地方自身资源也有限，支援方则倾向于把有限的援助款凸显最大的效果，便极容易出现一些"面子工程"。二是地方领导干部完成对口帮扶任务的激励问题。地方领导与地方干部之间在对口帮扶工作上存在着利益差异，地方干部的考核与对口帮扶任务的完成情况并不直接相关，因此地方领导需要设计专门的激励和约束措施，提高部门领导和干部完成对口帮扶任务的积极性 [2]。

① 杨龙，李培．府际关系视角下的对口支援系列政策［J］．理论探讨，2018，200（1）：148-156.

② 张莉．中国东西部地区扶贫协作发展研究[D].天津：天津大学，2016.

另外，从西部省市来看，一些地方存在一定的"等、靠、要"思想，欠缺主动意识，组织协调能力也有待提升，都不同程度地阻碍了项目的落地。

（三）横向帮扶改进方向

现阶段，本届政府施政的重点在政府与市场关系的协调，并将在未来较长时间内引领全面深化改革。相比之下，当前的东西部地区对口帮扶机制还有很多不足之处，如对政府引导依赖过强，市场潜力未充分激发；传导机制中各主体的地位不够明确，辅助与保障仍有缺失，都将制约横向帮扶的可持续发展。

从未来看，首先需要优化政府引导力量，实现东部政府的投入与西部政府的有效对接。"把人才支持、市场对接、劳务协作、资金支持等作为协作重点，深化东西部扶贫协作，推进携手奔小康行动贫困县全覆盖，并向贫困村延伸。加强东西部扶贫协作责任落实，加强组织协调、工作指导和监督检查，建立扶贫协作账户制度，进行年度考核。"[①] 其次，通过与中部崛起、西部大开发和丝绸之路经济带的政策融合，强化战略耦合力量。在传导机制上，着力构建以市场需求促进企业生产，以企业生产带动就业提升，以就业提升促进收入增长的良性循环，让市场机制激发西部地区发展的内生动力。最后，从保障机制上看，有必要将宏观层面的区域、财政和货币政策联系起来，配合微观层面的监督评估政策，加强政策保障；通过人才管理、人才激励和人才流动政策完善人才保障；通过产业准入、地区退出政策完善调整机制。动力机制、传导机制、保障机制和调整机制的构建与相互作用，将有利于推动构建新时期下东西部横向帮扶协作。

---

① 中共中央 国务院 . 关于打赢脱贫攻坚战三年行动的指导意见 . [EB/OL]. （2018-06-15）. http://www.gov.cn/zhengce/2018-08/19/content_5314959.htm?trs=1.

第五节 启 示

一、转移支付扶贫的成就与不足

改革开放 40 多年来，我国在转移支付扶贫上取得了举世瞩目的成绩。我国政府通过中央对地方的纵向转移支付安排，通过均衡性转移支付和专项扶贫资金，保障贫困地区的基本公共服务水平均等化；再通过地方政府间的横向转移支付、对贫困户的各项补助和教育扶贫，提高了农民创造财富的能力；最后通过对口帮扶等一系列政策，实现多元主体参与的多维度扶贫，初步实现了"融资、融智和融技"的有机结合。

党的十八大以来，我国精准扶贫已经实施了 9 年多，脱贫攻坚战取得了全面胜利。我国贫困人口从 2012 年的 9 899 万人减少到 2018 年的 1 660 万人，连续 6 年平均每年减贫 1 300 多万人。全国 832 个贫困县，2016 年摘帽 28 个县，2017 年摘帽 125 个县，2018 年要摘帽 280 个县左右。2013 年有建档立卡贫困村 12.8 万个，2018 年底还剩 2.6 万个贫困村[①]。据联合国《2015 年千年发展目标报告》，中国极端贫困人口比例从 1990 年的 61% 下降到 2002 年的 30% 以下，率先实现比例减半，2014 年又下降到 4.2%，中国对全球减贫的贡献率超过 70%，成为世界上减贫人口最多的国家，也是世界上率先完成联合国千年发展目标的国家[②]。

取得这些成就，得益于一系列帮助贫困地区休养生息的优惠政策，以及对传统的转移支付扶贫方式适时的调整和改革。在扶贫战略上，从不含具体扶贫目标的经济增长转向目标瞄准型减贫；从单纯的救济

---

① 国务院扶贫办就攻坚克难——坚决打赢脱贫攻坚战答记者问 [EB/OL].（2019-03-07）. http://www.china.com.cn/zhibo/content_74538764.htm.

② 苏礼和. 新中国成立以来中国共产党扶贫思想与实践研究 [D]. 福州：福建师范大学，2017.

式扶贫向开发式扶贫、协作式扶贫转变。在治理结构上，也逐步形成了以政府为主导、社会组织和受益群体积极参与的模式[①]。

然而取得突出成就的背后，仍存在诸多有待改进的地方。

（一）转移支付资金使用效率不高

从均衡性转移支付来看，实证研究指出"粘蝇纸效应"广泛存在于国定扶贫县的扶贫过程中，即这部分资金并未合理使用到增强贫困地区基本公共服务保障的财政支出上，而较大比例用于地方行政费用支出上；从专项转移支付来看，项目制的专项资金容易导致"跑冒滴漏"等腐败现象。

（二）标准化程度有待提高

从专项转移支付来看，项目制的专项资金导致"撒胡椒面"式的资金拨付；分配过程中的透明度不高，"跑部钱进"的现象仍频频发生，均削弱了专项扶贫资金的使用效率。从地区间的横向转移支付来看，由于缺乏标准化的公式及分配制度和程序规定，资金分配以及制度的可持续性均面临较大的不确定性。

（三）多方激励不足

从横向帮扶来看，由于对口帮扶工作是一项"政治任务"，一方面容易因财政收入被分散而激励不足；另一方面又容易因政绩考核需要而过度竞争，因此必要的激励约束措施是必需的。

二、转移支付扶贫未来的发展方向

党的十八大以来，以习近平同志为核心的党中央把脱贫攻坚工作纳入"五位一体"总体布局和"四个全面"战略布局，作为实现第一

---

① 刘奇．贫困不是穷人的错 [M]．上海：生活·读书·新知三联书店，2015．

个百年奋斗目标的重点任务，作出一系列重大部署和安排，并提出要在 2020 年彻底根除贫困。在转移支付扶贫领域，可从以下方面有所突破。

（一）完善各项制度设计

"除了进一步增加对深度贫困地区专项扶贫资金、教育医疗保障等转移支付，加大重点生态功能区转移支付、农村危房改造补助资金、中央预算内投资、车购税收入补助地方资金、县级基本财力保障机制奖补资金等对深度贫困地区的倾斜力度之外，要从根本的制度和机制层面做好规划设计。"[①]

具体而言，在预算管理方面，专项转移支付资金及横向转移支付资金应广泛采用因素法、公式法的编制方法，使资金分配有制度可循。在监督管理方面，应加强地方政府财政支出绩效管理，明确绩效目标，科学设立绩效考核标准，落实资金使用者的绩效主体责任，优化地方政府财政支出项目，"加强执行监控，强化评价结果运用，提高扶贫资金使用效益。建立县级脱贫攻坚项目库，健全公告公示制度。加强扶贫资金项目常态化监管，强化主管部门监管责任，确保扶贫资金尤其是到户到人的资金落到实处"[②]。在激励约束方面，应根据府际利益关系的博弈，科学设定激励和约束机制，一方面可以通过制度设计给予支出方一定的优惠政策，激励他们实施转移支付；另一方面将转移支付的履行情况纳入双方的政绩考核体系，以约束双方行为。

（二）搭建扶贫"造血"机制

"开发式扶贫""精准扶贫"的战略定位体现着从"输血"到"造血"的战略本质。"造血"能力的提升是减贫的关键，提升扶贫"造血"

---

① 中共中央 国务院 . 关于打赢脱贫攻坚战三年行动的指导意见 . [EB/OL]. （2018-06-15）. http://www.gov.cn/zhengce/2018-08/19/content_5314959.htm?trs=1.

② 杨龙，李培 . 府际关系视角下的对口支援系列政策 [J] . 理论探讨，2018，200（1）：148-156.

能力，就必须从源头激发可持续地提高收入、应对致贫风险的内生动力。除了常规的在教育、医疗、生态、就业、资源等保障性公共服务的财政资金或转移支付投入之外，还应从源头增加农民收入机会，开辟具有可持续性的增收渠道，如企业、产业、土地联动的农业收入分享机制。比如湖北出台精准扶贫"211"工程，因地制宜发展特色产业，组织引导农户承包地向农业龙头企业流转，推行"公司＋基地＋合作社＋种植农户（贫困户）"的模式，形成收益分成、土地入股、股权激励的红利分配制度[①]。

（三）创新资金筹集方式

扶贫开发工作涉及多元层面、多个维度，项目众多，资金需求量大，"造血"能力的提升是一个长期过程，而短期又不可仅靠东部发达地区的横向帮扶或中央对地方转移支付的专项资金，因此各地方政府在扶贫攻坚工作中，可充分利用各金融工具，创新资金筹资方式，尽可能弥补资金缺口。以易地搬迁为例，易地搬迁所需资金巨大，许多地方都面临筹资难的困局。2016年9月，四川省探索发行易地扶贫搬迁债券，用于解决两个国家级扶贫工作重点县的资金缺口问题。该债券一经推出立即得到市场高度认可，首期5亿元额度认购资金高达近35亿元，有效缓解了扶贫搬迁的资金难题。西南财经大学西财智库CEO（首席执行官）汤继强说，"以金融工具作为扶贫手段在四川已开展多时，农村小额信贷、土地权益质押等在省内已很常见。债券具有成本低、规模大及期限长等优点，可在易地扶贫搬迁债券之外，采用适当的手段与机制设计，探索发行产业债等，为脱贫提供更多资金支持"[②]。

---

① 杨璐璐．减贫"造血"能力提升与农村土地股份合作［J］．绿色发展与共享发展，2016，270（8）：83-86.

② 易地搬迁缺钱 四川探索发行扶贫债券解决资金缺口［EB/OL］．（2017-05-03）.http://www.cpad.gov.cn/art/2017/5/3/art_5_62588.html.

（四）强调多元多维扶贫的协同性

转移支付扶贫只是多维扶贫中的一个维度，资金投放的领域涉及医疗、教育、社会保障等多个领域，也牵涉到管理这些领域的各个部门。因此转移支付扶贫需要与其他维度的扶贫措施紧密结合，才能发挥出制度的指导功能。除此之外，仍需要探索不同层级政府以及政府内部之间在扶贫领域的协调机制，突出转移支付扶贫与产业扶贫、教育扶贫等多项扶贫工作之间的融合以及扶贫工作与城乡一体化、公共服务均等化之间的衔接与协同[1]。

---

① 胡兰.农村教育精准扶贫推进策略研究［J］.中国成人教育，2018（16）：155-157.

第五章[①]
赋权扶贫

　　权利是法律赋予个人实现自身利益的一种力量。它与义务相对应，是人权概念的核心词，也是家庭、社会和国家关系中最广泛、最实际的内容。权利与义务是辩证统一的，简单来讲，权利是人在自身所处的社会关系中得到的价值回报，而义务则是相应的价值付出。权利按照不同的标准可以划分为绝对权和相对权、主权利和从权利等。在我国，公民的基本权利大致包括平等权、政治权、宗教信仰自由权、人身自由权、监督权、社会、经济和文化权利等。在"大扶贫"机制中，我们对建档立卡户（以下简称"贫困户"）生存发展的权利保障不应仅仅关注于基本权利，还要对生存发展所需要的更多权利作出探索。扶贫也要赋权，赋权才能精准可持续[②]。

　　赋权扶贫的内在含义就是，在大扶贫机制下通过物质和制度上的保障，赋予贫困户相应的权利。赋权扶贫的目的就是将物质扶贫拓展到权利扶贫的领域，为内生脱贫动力的激发提供权利保障，变"输血扶贫"为"造血扶贫"[③]。具体来说，我们提出了生存权、选择权、迁徙权、知情权、参与权、美好生活权等六项必需的权利。

---

　　①　感谢郭兰滨为本章所做工作。

　　②　庚虎，蒙云龙.解决农民贫困问题须走赋权扶贫之路［J］.经济研究导刊，2009，8（9）：43-44.

　　③　陈默.文化扶贫："输血"重要，"造血"更迫切［N］.中国文化报，2019-02-20（003）.

第一节 生 存 权

生存权是指人们具有享有维持基本生活所必需的物质和精神条件的权利。生存权有广义与狭义之分。广义的生存权以国家为主体，它指一个国家和民族拥有与世界其他国家和民族一样平等生存谋求发展的权利；狭义的生存权即保障个人在生理意义和社会关系意义上的生存权不受侵犯，包含了物质和精神的双层含义，是个人发展自我提高的基本保障[①]。特别地，我们对贫困人口的生存权有更加细致的划分，一般通过对贫困户生命权、财产权、劳动权、社会保障权和环境权的保障来实现生存权的赋予（图5-1）。

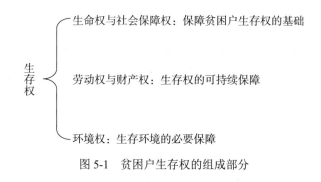

图 5-1　贫困户生存权的组成部分

一、生存权的相关理论研究

生存权是人权[②]的重要概念，对它的理论研究往往和人权密切相关。生存权的系统研究主要出现在国外学术界，奥地利法学家安东·门格尔首先将生存权作为明确的法权概念提出，并将生存权、劳动权和劳

---

①　张扩振.生存权保障的体系化研究 [D].武汉：武汉大学，2011.
②　人权通常是指普遍的人类权利。人权是观念中的基本权利，基本权利是由法律规定的人权。

动收益权等并列一起作为人权的基础，将人权定义为经济基本权。恩格斯将平等权赋予生存权的内涵之中，将平等的政治地位和社会地位作为平等权利的基础，他认为只有当一个国家、一个社会中的一切人都具有平等的政治地位和社会地位，平等权利才会演变成人人可享的基本权利，人们的生存权才能得到保障。之后，生存权的发展经过了"生存权和人的本质存在在一个国家和社会中享受保障自身生命最起码的物质条件的权利"到"保障人们在政治、社会关系中的存在和平等"的演变，将生存权延伸到物质和精神两个层面。但从经济学意义上讲，在一定生产条件下的物质条件约束更为紧缩，"温饱的权利首先就是一种人权，不仅是生存权的重要体现，也是个人生命得以持续的必备权利"。

在扶贫的意义上，我们可以将生存权分为生命权、财产权、劳动权、社会保障权和环境权几个部分，通过贫困识别，赋予不同的贫困户不同的权利，通过多元扶贫切实将权利赋予贫困户，实现脱贫增收[①]。

二、生命权与社会保障权

生命权保障贫困人口的基本生命权利，社会保障权是对贫困人口基本社会保障的维护，而社会保障譬如医保、低保、五保等对贫困户的生命权具有十分重要的意义，所以生命权和社会保障权往往密不可分。生命权和社会保障权保障贫困户生存的必要物质技术条件，也是他们实现进一步发展的基石[②]。贫困户生命权缺失的原因各有不同，有的贫困户因病致贫，难以支付高额的医疗费用；有的贫困户缺少劳动力，难以得到持续稳定的收入来源；有的贫困户缺少资金，没有投入产业的准备条件；有的贫困户缺少技术，难以获得期望的收入。

---

① 王仓.和谐社会下的生存权思考——以农村"五保"制度为视角 [J].法制与社会，2009（34）：313-314.

② 王素芬，董国礼.反贫困视角下的最低生活保障制度研究 [J].温州大学学报（社会科学版），2019，32（1）：54-62.

低保标准因地区而异并做季度调整，以河北省为例，如图 5-2、图 5-3 所示，不论是城市还是农村，平均低保水平按季度逐渐上升。特别地，城市低保标准往往高于农村。

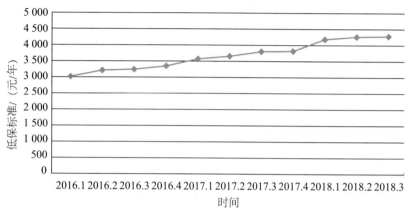

图 5-2　河北省 2016 年第一季度—2018 年第三季度农村低保标准

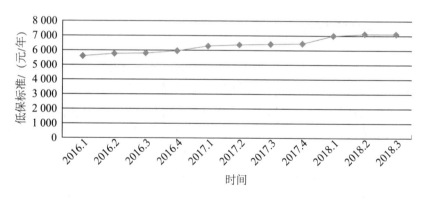

图 5-3　河北省 2016 年第一季度—2018 年第三季度城市低保标准
资料来源：中华人民共和国民政部。

对待因病致贫的家庭，生命权的保障需要社会保障权的补位。在现行的医疗保障救助体系中，贫困户的基本医疗保险全覆盖且保费部分或全部由财政缴纳，大病和慢性病患者享受大病、慢性病保险，部分集体收入较高的贫困户会有误工补贴、住院补贴和医疗商业保险等，切实维护了贫困户的社会保障权，从而保障他们的生命权。

案例 1：临淄区医疗保障实例

2017 年，临淄区全面完成了 4 300 元以下贫困人口脱贫任务，辖区贫困户收入全部脱贫。但困难群众仍存在精神、技能等多维度贫困问题，存在因病、因灾返贫的可能性。为此，临淄区创新工作机制，在提前完成精准识别贫困户全部脱贫的基础上，2018 年，不仅继续为贫困户统筹缴纳医疗保险、养老保险等社会保险，还投入 36 万余元，为全区 2 718 名贫困群众建档立卡，新增了医疗商业补充保险、意外伤害保险、家庭财产保险等特惠保险；同时，投入 260 万元，为 4 800 名困难群众购买了商业补充保险，实现了贫困户全覆盖，全面防范致贫、返贫风险，真正为贫困户上了"双保险"，巩固了脱贫减贫成效。

资料来源：《大众日报》——山东：临淄为 2718 名贫困群众上"双保险"。

临淄区的贫困户医疗保障体系充分体现了对贫困户生存权的维护，在基本医疗保障全覆盖的前提下，做到了商业保险和意外险的主动补位。医疗保险和养老保险作为社会保险的重要组成部分，对贫困户生存权的意义不言而喻，只有做到了对他们社会保障权的切实维护，才能真正保护贫困群体的生命权。

对缺少劳动力的贫困户来说，保障他们的生命权要求拓展他们的劳动形式，打破种地放牧的单一农村生产模式[①]，对严重缺乏劳动能力的贫困户应由社会保障补位。笔者曾见某村为双腿残疾的贫困户联系手工艺制作，并由村委负责运送原材料和贩卖成品，这样一来，该户的手工艺收入、贫困户补助和残疾补助能够很好地帮助他们改善生活。对于严重缺乏劳动能力的贫困户，更普遍的救助形式则是低保和五保，

---

① 蒋英. 在日常劳动生活中找到扶贫新路 [N]. 贵州日报，2016-05-31（10）.

而低保、五保收入以及贫困户扶持政策已经完全可以覆盖生活支出，确保他们的生命权不受损害。

对于缺少资金和技术的贫困户而言，保障其生命权的方式一般是采取小额信贷和技术讲座。小额信贷是指短期的由政府担保的小额贷款，一般是 5 万元以内，往往作为贫困户自主脱贫的启动资金，是非常有力的资金支持；技术的支持往往存在浓厚的地域因素，因为对技术要求高的作物和产业与当地气候条件和产业规模密切相关，所以技术扶持在一定地域范围内是强有力的措施，由于这种作物或产业往往有很高的经济收益，所以技术的支持往往对贫困地区收入有很大的提升作用。2020 年，湖北省银行业累计发放扶贫小额信贷 280 亿元，支持建档立卡贫困户 64.7 万户 [①]。

三、劳动权和财产权

财产权是指贫困户财产神圣不可侵犯的权利，而对贫困户劳动权的维护往往着眼于平等的就业机会，这两者作为贫困户获得稳定收入、积累财富的必要权利，共同为贫困户的进一步发展提供保障。

对贫困户而言，对劳动权的保障是保障财产权的基础，因为劳动是贫困户获取财产的必要手段。从狭义上讲，贫困户公平工作的权利应当得到保障，这包括平等竞争、就业指导、机会公平等。具体来说，在政府出资或发起的项目中，应优先雇用贫困户，在高职院校和高等教育中，应对贫困家庭子女的就业进行指导，开展特色的职业技能培训。在基层的驻村干部或工作队也应承担一部分的贫困户就业职责，来帮助贫困户自食其力。从广义上讲，劳动权应包括代际的劳动机会平等，

---

① 中国银行保险监督管理委员会湖北监管局网站——《湖北银保监局引导全省银行业保险业巩固脱贫攻坚成果，推动金融高质量服务乡村振兴》http://www.cbirc.gov.cn/branch/hubei/view/pages/common/ItemDetail.html?docId=988423&itemId=1411&generaltype=0.

即保证下一代相当程度上的受教育水平，即对贫困户的教育保障①。具体来说，贫困户子女的教育问题在政策上采取"三免一补"，即免课本费、学杂费和文具费，实行住宿补贴和餐补。在义务教育阶段以后，贫困户子女仍可以享受高中、高职和高等院校的贫困生补助，以确保其受教育的权利得到维护，获得公平的受教育机会。以安徽省为例，从 2016 年起，截至 2021 年 6 月底，全省累计资助建档立卡家庭学生 512.4 万人次，60.8 亿元，"雨露计划"职业教育补助 46.3 万人次，9.47 亿元；重点高校定向招收贫困地区学生 3.7 万名，帮助贫困学子圆了重点大学梦②。

　　财产权是贫困户树立正确财富意识、积累财富的必要保障。首先，要帮助贫困户树立正当的财产保护意识，一些地区的乡村图书漂流活动、图书馆和普法讲座对贫困户认识财产权有很大的帮助；其次，是公共产权和个人产权的明晰，如果人们对公共资产和个人财产往往没有充分明确的区分，在扶贫工作的开展中极易造成产权混乱，导致工作难以展开；最后，注意对公共财产的保护，这主要是指生态保护，如植被、林地保护等，扶贫开发要注重生态，"既要绿水青山，又要金山银山"。财产权的保障要求贫困地区的原住民发挥主人翁意识，深刻认识到财产权的重要性，切实保护个人财产和公共财产。

四、环境权

　　环境权是指贫困户获得自身发展所必需的自然环境和社会环境的权利。自然环境是个人生存与发展的基础，是环境权最基本的体现。社会环境是贫困户在社会中面临的经济环境、社会关系和社会地位的综合表述。两者共同构成贫困户面临的外部环境，是他们享有环境权的具体体现。

---

① 舒黎. 人力资本视域下农村家庭贫困代际传递研究 [D]. 武汉：华中农业大学，2017.

② 资料来源：余波，赵中山. 凝聚合力 打赢脱贫攻坚战 [N]. 安徽日报，2018-12-07（08）.

在对自然环境的维护中，要讲究因地制宜[1]。在自然环境破坏严重的地区，要防止环境的进一步恶化，注意生态恢复；在自然环境良好的地区，要尤其注意发展和生态的协调统一，不能以生态换发展；对具有特殊地貌或地理位置特殊的地区，生态保护应特殊问题特殊对待。比如某村地处险峻山区，虽然可以通过搬迁扶贫来帮助村民，但在当地规划建设了旅游风景区之后，地理上的劣势反而变成营收的优势，当地村民也不必离开生存了几百年的家乡。在保护自然环境的方式上，设置公益岗位是一个双赢的选择，一方面可以保护地区的自然环境，另一方面还可以帮助贫困户自食其力。以新疆维吾尔自治区为例，其针对贫困户设立草原管护员公益岗位 8.89 万个，将农牧民人均纯收入提升至 9 718.4 元，较 2010 年增加 116.2%[2]。

案例 2：甘肃省内自然环境与生存权的问题

甘肃省境内河流干涸，人畜吃水极其困难。据专家预测这些地方的地下水超不过 10 年就会彻底干枯。甘肃本来是个自然环境恶劣的艰苦地区，吃水、山行无疑成为他们的主要问题，尤其是对于那些在山大沟深的农民来讲，更加是"吃水难、行路难，难于上青天"。例如甘肃省会宁县、定西县等地，生存环境极其艰苦。定西县的鲁家沟乡等地的农民用水是相当经济、相当节约的。一盆水首先是洗脸，洗完脸之后，才给牲口喝。每当天下雪或下雨，人们就忙着往院子里的窖中扫雪或积雨水，等到沉淀好之后，人才饮用，尽管水面上漂着羊粪蛋蛋，农民还是小心谨慎地用着这些水。在当地农民的眼中"水贵于油"。对于贫困地区的甘肃农民来讲，已经谈不上饮用水是否影响健康，或涉及个人生命安全之事。严格意义上讲，甘肃省贫困山区的农民能否

---

① 熊晓青，姚俊智.农村环境保护困境的立法应对 [J].法治论坛，2018（4）：142-158.

② 资料来源：卢静.描绘大美草原生动画卷——"补奖政策"强力推动牧业振兴和牧民增收 [N].农民日报，2018-08-03（02）.

吃上水或者能否用上自来水问题直接关乎农民生存权能否实现的问题。

资料来源：陈焱.甘肃省农民生存权现状及其社会学分析 [D].北京：中国农业大学，2005.

如案例 2 所示，甘肃省某些地区的自然环境已经深深地影响了人民的生存，对贫困户尤甚，管中窥豹，其他地区必备资源的缺乏会不会也如这些地区一样？对特定地区来说，自然环境的维护就是对生存权的最大保障[①]。对每一位居民来说，一个好的自然环境是实现生存权的必要条件，而贫困户作为收入和生活水平较低的一类群体，恶劣的自然环境对他们的影响更大。因此，做好自然环境的保护和地区生态的恢复，是扶贫工作的基本遵循。

在对社会环境的维护中，关键是要抛除旧观念。大多数人对贫困持鄙夷的态度，一提到贫困，脑海中大抵浮现出来的就是脏乱差。在这种观念下，劳动力、资本等要素的流动受到了很大的限制，就劳动力而言，但凡具备一定知识素养的年轻人，都会主动外出工作，导致劳动力呈现出从贫困地区到发达地区的单向流动；就资本而言，企业家往往也避免在贫困地区投资办厂，导致资本反而从稀缺的贫困地区流向了充足的发达地区。其实人们的观念就是一种预期[②]，当人们认为贫困地区的贫困难以改变时，贫困地区就真的无法吸引到足够的要素，难以发挥其潜在优势脱离贫困陷阱，引发贫困陷阱，贫困户所处的社会环境便变得极其恶劣起来[③]。

生存权是贫困户生存的基础和发展的保障，放在"大扶贫"的背景下又有新的含义。本书对生存权的剖析分为生命权和社会保障权、

---

① 王玲玉.从人权的视角看环境保护 [J].法制博览，2018（35）：103-104.

② 对未来情况的预估。

③ 董沥，兰慧灵，袁琴，等.少数民族地区贫困陷阱及破解——以宁夏回族自治区海原县为例 [J].品牌研究，2018（S2）：53，55.

财产权和劳动权、环境权三个方面五种权利来进行。扶贫开发正是通过对这五种权利的保障，真正做到了对贫困户生存权的有力维护，实现将赋权扶贫纳入大扶贫机制的第一步。

第二节　选　择　权

选择权是个体决定一件事情做与不做的权利，具有平等、公平的内涵。对于贫困户来说，是否拥有选择权决定其是否具备自由履行自己其他权利的能力。简单来说，对贫困户选择权的赋予意味着确保其选举权和被选举权、对扶贫项目的选择权、对工作的选择权和人身自由权（图 5-4）。

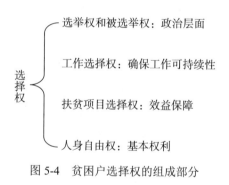

图 5-4　贫困户选择权的组成部分

一、选举权与被选举权

选择权的内涵之一就是确保选举权和被选举权，这是公民基本政治权利的一部分，是对相关法律的重申。扶贫不仅是在物质上对贫困群体进行满足，而且应该把他们从脱离社会、落入贫困陷阱的道路上拉回来。贫困户执行选举权的方式一般是参与基层选举，保证贫困户参与基层选举是社会主义民主的重要体现，同时也是反映贫困户政治诉求和利益的必然要求。而被选举权是个人享受政策红利，真正做社会主义主人的重要体现，对贫困户尤其如此。在重大选举问题上应确保对贫困户不遗漏不忽略，主动将符合条件的贫困户纳入候选人行列，以切实维护保障贫困户的被选举权。特别地，对明显存在不公平、不透明的选举过程，应积极审核，必要时可以考虑重新进行选举过程[①]。

二、对扶贫项目的选择权

对扶贫项目的选择和落实应给予贫困户充分的选择权，这是保障扶贫效果的必然要求。项目的选择需要充分尊重贫困群体，这是因为我国幅员辽阔，地理、水土、人文等环境天差地别，而不同的项目在不同的地区会展现出不同的生命力和效力；项目的实施尤其是这样，先验印象[②]往往产生于贫困户听到项目大概全貌的那一刻，项目的实施却往往与贫困户的设想千差万别，一是由于规划实施者与贫困户的背景身份差别很大，二是由于项目实施往往会作出预料外的改变。总的来说，在事关贫困户切身利益的情况下，多聆听他们的声音，往往比一厢情愿地拍脑袋决定要有效得多。

案例 3："菜单式"扶贫——对扶贫项目的选择权

"菜单式"扶贫模式，就是政府制定菜单、由贫困户点菜、帮扶部门提供配菜、政府买单的扶贫方式。通过整合"三到村三到户"等扶贫项目资金，乌兰浩特市根据产业发展情况和贫困户实际需求制定了 27 项产业发展目录，也就是 27 道"菜"。贫困户按照目录选择脱贫产业，在帮扶单位的帮助下投资先建，政府验收合格后，给予每个贫困人口最高 1.5 万元的补助资金。

资料来源：许雪亚.把扶贫项目的选择权交给贫困户——内蒙古自治区兴安盟产业扶贫纪实［J］.农村工作通讯，2017（24）：37-38.

---

① 胡锦光.是什么阻碍了村民选举权实现［J］.人民论坛，2018（31）：80-82.

② 先验印象：在得到事实验证之前对某件事情形成的主观感受。

如案例 3 所示，菜单式扶贫更好地解决了扶贫项目的落地问题，在政府部门层层把关之后能够实现扶贫资金更有效率地应用。将选择权交给贫困户，就是对他们最好的尊重。

三、对工作的选择权

对工作的选择权是贫困户自力脱贫的重要保障。工作是贫困户获得稳定收入来源的基本保障，而在为贫困户提供工作机会时应充分注意他们的选择自由。对大多数具备工作意愿但无法寻求合适工作机会的贫困户来说，我们不仅要对他们进行培训上岗，还应给予他们充分的选择自由。比如在就业培训之前鼓励贫困户自由选择自己喜欢或擅长的职业进行培训，鼓励他们挑选喜欢的工作，等等。政府委派的驻村工作队和第一书记应充分发挥其社会地位与关系网络的优势，提供给贫困户可供挑选的工作岗位。特别地，在政府投资建设的工程和政府招标的项目中，应在同等条件下优先录用贫困户，扩大贫困户工作的选择范围。

四、人身自由权

人身自由权主要是为了保障贫困户在扶贫开发进程中的个人选择自由，而个人选择权主要保障贫困户是否参与项目的人身自由。在我国现行的扶贫体制下，官员政绩与扶贫项目和扶贫成效挂钩。某些地区便出现了上马扶贫项目越多越好，强制贫困户参与的现象。项目最终沦为形象工程和面子工程，既无法保障资金的使用效率，又无法让贫困户有实实在在的获得感。而从贫困户的角度看，由于其社会地位较低，又长期接受政府的扶持政策，对一些不合自身利益、明显水土不服的项目也只能听之任之。

要解决这个问题，就要明确扶贫项目的中心是贫困户，贫困户的获得感是评价扶贫成效的基本指标。从经济学的角度分析，政策执行者作为项目的发起人不能准确分析政策的成本收益，往往以贫困户是否得到超出标准线的补贴、是否获得了超出以往的生活条件作为扶贫的标准；扶贫项目的承担人（市场和社会主体）一般把利益而不是扶贫成效作为第一位；在目标不一致的情况下，贫困户往往难以获得最优的扶持，导致资源浪费、扶贫效果不达标等后果。此时最好的办法是将项目的参与与否交给贫困户来决断，即保障贫困户的个人选择自由。举扶贫政策中"户贷户用"的例子来说，它规定贫困户可以无息借得 5 万元以下贷款，并由当地政府担保，但在实施过程中演变为村集体牵头由贫困户贷出款项交由企业，企业按一定利率支付贫困户红利，红利的数量大概与贫困的收入标准持平。这样貌似解决了贫困户的收入问题，但资金的管控风险扩大，资金监管难度增大，逾期率上升，企业反而成为最大的受益人。

五、总结

选择权是扶贫效果精准可持续的保障。它充分体现了对贫困户意愿的尊重，同时能够有效避免项目的水土不服，一定程度上能够反映社会主义民主政治，对基层民主的推进大有裨益[①]。当回到贫困这个话题中，有的贫困是由于突然的变故，有的贫困是由于代际传递，致贫原因各不相同，但贫困的现实往往要多代人的努力才能改变。那么对比来看，一个地区的贫困人口多了，地区也会陷入贫困，而出于社会上对贫困的不成熟认知，物质资本、人力资本的流动往往在贫困地区停滞，这样就形成了所谓的"贫困陷阱"，地区的贫困陷阱显然更难走出去。与此同时，生存在贫困地区的贫困户也往往由于制度和交通的双重障碍难以得到有效发展，而这时，迁徙权能为他们带来更多的保障。

---

① 赵树凯.农民需要自由选择权［J］.农村工作通讯，2012（19）：36.

第三节　迁　徙　权

在我国，迁徙权是在遵守宪法规定的户籍、就业、社保等制度的条件下，公民自主地进行居住、迁徙、选择职业的权利。迁徙权是贫困户自主发展的重要保障，也与政府的一些扶贫工程如搬迁扶贫等息息相关[①]。从现实意义上讲，贫困群体事实享有的迁徙权往往少于法律规定，要保障贫困户的迁徙权，应保障他们的交通权、平等工作权、城乡物质平等权和城乡制度平等权（图 5-5）。

图 5-5　贫困户迁徙权的组成部分

一、交通权

交通权主要是为了保障贫困地区和贫困户实现发展、迁徙所需的必备交通条件。从发展的角度看，就贫困群体的分布而言，大多数贫困户分布在贫困地区，而贫困地区产业不够发达，无法满足贫困户自我发展的需要，相较而言，满足地区发展的交通标准往往比满足个人发展更加严格。就现状来看，大多数地区城乡、城际交通已经达到了个人发展所要求的标准，但就现有的乡镇一级道路状况而言，虽然道路硬化基本达标，但多数地区的道路通畅和宽阔程度依旧难以满足工

---

① 宁宏伟. 迁徙权问题研究 [D]. 合肥：安徽大学，2010.

业发展的要求。从迁徙的角度看，履行迁徙权的首要条件是有效的工作机会，获得稳定的收入之后，才进一步具备迁徙、居住的权利。如果与经济发达地区的交通不畅，本地产业又发展不起来，贫困户就会失去获得稳定收入的机会，更谈不上迁徙定居了。所以，交通的发展是贫困户能够正常享受迁徙权的基础。而从新结构经济主义来看，交通的建设属于基础建设，其作为生产的一大要素，对促进经济发展具有十分重要的意义。简单来说，政府举债修路，可以在不景气的时候吸收就业，稳定社会，也能在新一轮经济周期来临的时候为经济的发展提供必要的基础设施，是地区致富的有效途径，也是保障交通权的必要之举。

二、平等工作权

平等工作权是对贫困户获得工作机会的重要保障。工作机会缺乏是贫困户迁徙权缺失的根本原因，贫困户迁徙一般涉及工作、居住和落户三大事项，而工作、获得稳定收入是立足当地的根本保障。对大部分具备相应劳动能力的贫困户而言，歧视是阻止他们获得适宜工作岗位的主要原因，这从一定程度上阻碍了他们迁徙自由，对人力资本、物质资本的自由流动造成极大的阻碍。要解决这个问题，首先要在全社会树立一种友好和谐的观念，杜绝因歧视造成的就业不公现象；其次，在政策上对贫困户应有一定的倾向，比如，由政府作为主要投资方的工程或政府招标的项目，在同等条件下应优先录用贫困户，同时鼓励企业在不损害自身利益的情况下主动承担扶贫这一社会责任。一般来讲，贫困户家庭往往是由于缺少稳定收入来源而陷入贫困，当他们有足够的就业意愿和充分的能力时，对贫困户的雇佣就不仅仅是一个企业的成本选择问题，而是社会稳定和贫困治理的问题[①]。

以陕西省为例，截至 2020 年 10 月，全省 112.38 万贫困户每户至

---

① 赖作明.赣州市大余县："五个精准"发力就业扶贫［J］.中国就业，2018（6）：27.

少有一人就业，202.12 万贫困劳动力实现就业创业。新培育的就业扶贫基地总数达到 1 120 家，吸纳就业 11.99 万人，其中贫困劳动力 1.8 万人。陕西省还将就业扶贫特设公益性岗位纳入乡村公益性岗位，截至 2020 年 10 月，其人社部门共安置 12.61 万贫困劳动力在公益性岗位就业，其中当年新开发岗位 2.95 万个 [①]。

三、城乡物质平等权

城乡物质平等权是缩小、解决城乡物质差异的必要权利。城乡之间的差异是影响贫困户迁徙权的直接因素，主要体现在经济差异上。从人均可支配收入来看，虽然农村人均可支配收入的增长速度已经连续几年超过城市，但其可支配收入水平依然远远低于城市，如果单独考虑贫困户，这个差距就显得更为突出。经济差距本身并不能代表什么，但经济的差距反映出的社会交际、生活、娱乐方式的差距是对贫困户城乡物质平等权保障的重点（表 5-1、图 5-6）。

表 5-1　城乡人均支配收入及名义增速对比

年份	城镇居民人均可支配收入 / 元	名义增长（城镇）/%	农村居民人均可支配收入 / 元	名义增长（农村）/%
2020	43 834	3.5	17 131	5.7
2019	42 359	7.9	16 201	10.8
2018	39 251	7.8	14 617	8.8
2017	36 397	8.3	13 432	8.6
2016	33 613	7.8	12 363	8.2
2015	31 195	8.2	11 422	8.9
2014	28 844	9.0	10 489	11.2

① 　资料来源：雷恺 . 陕西：200 多万贫困劳动力实现就业创业 . [EB/OL].（2020-10-15）. https://baijiahao.baidu.com/s?id=1680614265506337899&wfr=spider&for=pc.

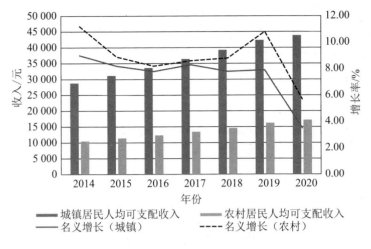

图 5-6　城乡人均支配收入及名义增速对比

资料来源：国家统计局。

　　消除城乡差异对贫困户的影响体现在更加长远的将来，从人的发展来看，大抵是通过经济的累积由相对不发达的地区迁往相对发达的地区，通过社会地位的进一步提升，为家族的代际发展提供更好的平台，所以解决城乡物质差异问题对于避免贫困代际传递具有十分重要的意义 [①]。简单来讲，解决城乡物质差异问题，可以从两方面入手，一是城市，通过改革让城市对农村更加友好；二是农村，建立新型城市，建立从农村到城市演化递进。农村社区就是基于农村方面的改革。农村社区的建设主要是将闲散的村落结构整合成类似城市社区的集中结构，对村民就近搬迁，这样一来使村民主观情感上更容易接受，二来也能保障他们的农业活动。这样一来，农民生活在布局与城市社区相仿的农村社区，而且依然通过耕地获得稳定的收入来源，体现了解决城乡物质差异的巨大创新。特别地，将农村社区改革后多余的住宅用地退化为耕地，一方面通过增加耕地增加了种植收入，另一方面通过交易

----

　　① 李长健，胡月明. 城乡贫困代际传递的比较研究 [J]. 财经问题研究，2017（3）：99-105.

闲置的住宅用地指标增加农民个体的收入和村落的集体收入,从两个方面实现了农户的增收。简单来说,农村社区的建设相当于在城乡之间设置了一个"缓冲区",对于减少由城乡差异带来的贫困问题有十分重要的意义[①]。

案例4:江苏省滨湖社区

　　滨湖社区隶属滨湖区雪浪街道管理,位于太湖新城西区,东至华庄街道周潭社区,南临太湖,北至望溪社区,西至裕新社区,2004年由原滨湖村和方湖村合并而成,总面积2.66平方公里,原共有16个村民小组,总户数1 360户,总人口3 385人,辖区内共有企业37家,年销售4.5亿元,国地两税1 800万元。自2003年至今,因环太湖高速、南泉工业园、亲水河、贡湖湾湿地五期、五湖大道、干城路等多工程项目建设,共拆除住宅1 126户,共计17万平方米,拆除企业28家,共计4万平方米,目前社区还剩自然村巷3个,180户住宅,6家企业。2015年5月,社区接管方泉苑一期、二期、五期E/C/F块安置小区物业管理,在新的挑战下,开始了新的奋战。

　　资料来源:江苏政务服务网。

　　江苏省无锡市的滨湖社区是农村社区改造很好的例证。在农村社区的建设过程中吸引企业进驻,改变传统农村的组织生产结构,为城乡一体化和新型城镇化做了充分的准备。

四、城乡制度平等权

　　城乡制度平等权是缩小城乡制度差异的保障,也是解决城乡差异问题的核心内容。城乡制度差异来源于方方面面,从治理方式的层面讲,

---

①　蒙云龙,庾虎.赋权扶贫:农民贫困问题解决的新出路[J].中北大学学报(社会科学版),2009,25(6):22-26.

贫困户由农村到城市会经历从人治到法治的过程，往往会出现多方面的不适应。首先就是户籍制度，我国户口分为"农业户"和"非农业户"，这就是所谓的城乡户口二元结构，对于"农转非"有相当严格的管理制度①，这就相当于将城镇人口与农业人口隔离开来，衍生出了相关的社会保障、教育、医疗、就业等制度的差异。

社会保障制度的差异主要在覆盖面和管理模式上，相较而言，城市的社会保障制度覆盖范围大、统一管理、责权明晰，而农村社会保障覆盖范围小、管理松散、事权分散。具体来说，城市社会保障在项目上包括养老、失业、医疗、生育等方面，从老人到小孩都有相关的福利制度和救济制度，且由民政部门统一管理，事权集中；而农村社会保障仅包括养老和医疗，以及一些低保、五保等特殊的救济制度，管理较为松散，由民政、劳保部门等分头管理，事权并不统一。另外，城市社会保障水平远远超过农村社会保障水平。

城乡教育制度差异明显。从财政资金使用来看，城市学校的资金结构更加合理，不论是资金量还是资金效率都超过了农村学校；从教育内容来看，农村学校更倾向于职业教育和实用技巧一类，基础启蒙教育的力度远远落后于城市学校。

城乡医疗制度差异巨大。医疗保障作为社会保障的重要一环，是解决贫困户"三保障"问题的重要措施。在现有的医疗报销制度下，城市人口的报销比例远远大于农村人口，而城市人口的人均收入又远远超出农村人口，两者共同作用构成了城乡之间巨大的医疗制度差异。

城乡就业制度差异依然存在。就业制度的差异源于新中国成立初期发展重工业的需要，对农村劳动力市场和城市劳动力市场的分割依然存在，而先进产业的发展又主要在城市，这就对农村的就业与劳动力流动形成制度上的限制。长期来看，虽然改革已经逐步打破这种体制，但差异依然十分显著。

城乡制度的差异是阻碍贫困户行使迁徙权的无形壁垒，比物质差异影响更大，保障城乡制度平等权应借助于政治体制改革。促使城乡

---

① 王文录. 人口城镇化背景下的户籍制度变迁研究 [D]. 长春：吉林大学，2010.

制度一体化，为贫困户的迁徙权提供有力保障，就是保障了贫困户发展所需的必要条件。但应注意的是，迁徙权的评估改革往往十分复杂，需要细致认真地调研考核才能完成预期目标。

五、总结

迁徙权是对贫困户实现自身发展的有力保障，也是贫困地区收入增加、逃离贫困陷阱的有力推手。对迁徙权的学术探讨尚无定论，但在现有的政策体制下，对贫困户迁徙权的保障仍有提升的空间。要保障贫困户的迁徙权不受损害，就要从他们的交通权、平等工作权、城乡物质平等权和城乡制度平等权角度给予重视。如果说迁徙权是贫困户自主发展的有力保障，那么知情权就是贫困户自主发展的内在动力，信息畅通才能激发他们的内在动力，而信息不畅会从根本上损害他们的积极性。

第四节　知　情　权

知情权即依法享有的获得信息的权利。知情权有广义与狭义之分，广义知情权的权利主体是自然人、法人和各类社会组织，权利主体享有获悉法律赋予的与自身权利相关的各类信息的权利；狭义知情权的权利主体特指公民，公民依法享有获知官方信息的权利[1]。

在我国，知情权的普及和保障并不尽如人意，宪法、法律对知情权的规定语焉不详[2]，我国公民知情权的意识也比较淡薄。但在当今社会，知情权对于贫困户来说尤其重要。在公民的政治生活中，最直接的知情权表现在行政机构的透明度和行政公开的程度。简单来说，对

---

① 周杨.论我国公民知情权救济 [J].法制与社会，2013（32）：157-158.

② 周义，李源泉.宪法上的知情权及其救济[J].湛江师范学院学报，2008，29（4）：85-88.

贫困户知情权的保障应着重于概念的明晰和法律地位的奠定，主要包括立法明确、诉讼规范、政府改善、贫困户获悉四个方面（图 5-7）。

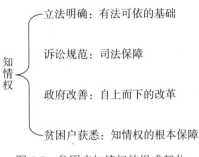

图 5-7　贫困户知情权的组成部分

一、立法明确

保障知情权的关键在于确立它的正当权利地位，首先应该在宪法中规定知情权是权利主体应当享有的一项基本权利。从我国法律体系看，没有写入宪法的权利在必要时往往因为缺乏宪法的相关规定得不到必要保护，所以将知情权作为基本权利明确列入宪法，是确保知情权不受侵害的首要措施[①]。知情权在政治生活中代表政府信息的公开，它对于保障贫困户获得应得的扶持，避免贪腐现象的发生有十分重要的意义。保障政治生活中的知情权，就是要提升《政府信息公开条例》的地位，应制定统一的"法律"来替代"条例"，这是因为法律的约束范围更加广泛，它能将人大、法院及党组工作机关纳入信息公开的范围。将《政府信息公开条例》变成"政府信息公开法"[②]，就是将全国各地各部门的信息公开作出明确的规定和监督，形成一个完整的政务公开体系，从根本上保障贫困户的知情权。

① 王瑞. 知情权救济体系的构建 [J]. 商场现代化，2005（29）：368.

② 韩敬，胡细罗. 知情权法律救济在我国遭遇的尴尬 [J]. 河北法学，2009，27（4）：62-65.

二、诉讼规范

诉讼制度是对知情权的有力保障。在制定了"政府信息公开法"的前提下，对于侵害知情权，违反"政府信息公开法"的行为，法院应接受相关案件的诉讼，这有利于培养全社会对知情权的重视。但在一般的诉讼案件中，诉讼规范的制定应符合知情权的要求。在一些必要的隐私信息公开可能会造成对方利益损失的情况下，法官虽然能够决定相关的政府信息不向原告公开，但法官自己要通过审查隐私信息对双方的陈述做判断，这样就避免了因信息隐私可能造成的知情权的损害。

三、政府改善

政府的治理观念对于知情权的保障十分重要。作为国家行政机关，其权力执行方式和政务处理公开与否很大程度上影响了当地公民的知情权。在我国的政治实践中，政府对信息公开的不重视很大程度上损害了公民的知情权，特别是在扶贫领域，政府信息的不公开极易滋生腐败，影响权力的正常运转。从经济学的分析来看，政府作为权力行使机关，其利益诉求是尽可能减少自己的约束而拥有尽可能大的裁量权，但公权力的膨胀会导致社会的退步，成为经济运作的障碍。所以权力是需要约束的，我们要"把权力关在笼子里"，而政府信息公开就是最有力的约束。但遗憾的是，信息公开并没有成为政务人员的自觉，某些地区还出现了恶意隐瞒信息的事件。比如某地村支书隐瞒相关的补贴政策和补贴额，补贴发放的当天要求村内低保户、五保户和贫困户上交存折，以发放补贴的名义公然贪污相关补贴。其实这都是政务信息不够公开透明导致的，信息的传递中止，贫困户的知情权被公然侵害，引发贪腐现象。为此，应该改善政府的治理观念，确立规范有效的信息公开机制，确保信息能够准确无误地传达到贫困户[①]。

---

① 陈思丞，李岩.浅析政务信息公开存在的问题与建议 [J].才智，2018（3）：243.

开远市扶贫开发领导小组于 2019 年 1 月 9 日，通报了开远市 2018 年度贫困对象贫困退出和贫困村脱贫出列情况：截至 2018 年 12 月 31 日 24：00，全国扶贫开发信息系统锁定开远市建档立卡贫困人口 5 906 户 24 901 人，已脱贫 5 257 户 22 605 人（2018 年度脱贫 1 581 户 6 536 人），未脱贫 649 户 2 296 人，贫困发生率 1.27%；锁定已脱贫出列贫困村 30 个（2018 年脱贫出列 18 个），未出列贫困村 6 个（乐白道街道办事处怡里村，中和营镇冲门村、中寨村、冲子村、米朵村，碑格乡小寨村）。

资料来源：开远市人民政府网。

扶贫信息的公开能够很好地落实对贫困户知情权的保障。以开远市为例，将年度数据及时在政务网站公开，既体现了对自己工作的负责，又体现了对贫困群体的尊重，杜绝了自动脱贫、隐瞒脱贫等状况的发生。但需要注意的是，对贫困户的信息公开应更加注意方式[①]，仅仅通过网站信息的被动传播是不够的，应当在基层确立完善可靠的信息传递机制，确保贫困户能知与自身息息相关的信息。

信息公开在现阶段已成为广大人民的普遍诉求，扶贫相关的政务机关对此也更加重视。以国务院扶贫开发领导小组办公室为例，其信息公开机制在近几年内迅速革新发展，信息公开的数量也得到了迅猛的增长（表 5-2、图 5-8）。

表 5-2　国务院扶贫开发领导小组办公室信息公开统计　　　　条

年　份	公开信息总量	年　份	公开信息总量
2012	126	2017	606
2013	122	2018	5 160
2014	181	2019	3 546
2015	187	2020	3 567
2016	418		

---

① 　王芸 . 新媒体环境下政务信息公开探讨［J］. 科技风，2018（26）：75.

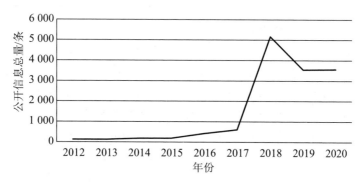

图 5-8　国务院扶贫开发领导小组办公室信息公开趋势图

资料来源：国务院扶贫办 2012—2020 年政府信息公开年度报告。

四、贫困户获悉

贫困户作为权利主体，知情权是应当享受的基本权利。从贫困户的角度讲，只有正确认识到知情权的合法性和合理性，才能积极主张争取自身的合法权利，推行自身知情权的实现。让贫困户意识到自身权利的重要性还有很长的路要走，所以增强贫困户的权利意识的相关举措十分关键，比如开展相关法律讲座、乡村图书馆、图书漂流等活动。从经济学意义分析，扶贫相当于一个委托代理模型，中央政府作为决策者，目的是让贫困户获得最优的扶持，基层政府作为执行者，存在降低贫困户福祉获得自身效用增加的激励，这样在中央政府无法获得基层政府行动完全信息的情况下，就会存在与中央政府目标相背离的行为，导致扶贫成效低于预期。信息不对称[①]是委托代理模型的核心问题，如果赋予贫困户一定的知情权，由信息不对称产生的效率问题就能得到很好的解决。

---

① 参与行动的两方拥有不同的信息。

174

五、总结

知情权是现代社会公民的基本权利之一，对贫困户来说尤为关键。在扶贫过程中赋予贫困户知情权需要各方共同努力，立法、诉讼、政府以及贫困户本身都需要作出改变。知情权的特殊意义在于，它能减少因信息不对称而产生的地方政府的寻租行为，提高扶贫资金的使用效率、扶贫政策带来的红利，最大效率促进贫困户的发展。

第五节　参　与　权

参与权是指公民依法享有的参与国家公共生活的管理和决策的权利。参与权是我国社会主义民主的重要体现，它为公民参与国家公共生活的管理提供了制度保障；参与权是对社会自治的有力支持，它对于基层民主的实现有不可替代的作用；参与权是监督国家的必然要求，它是公民权利和自身意志的体现。参与权包含国家公共生活的各个方面，特别地，对于贫困户来说，保障他们的参与权就是保障他们的行政参与权、社会参与权、城乡规划参与权和环境参与权（图5-9）。

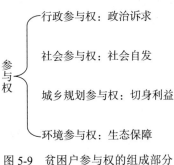

图 5-9　贫困户参与权的组成部分

一、行政参与权

行政参与权是指公民参与国家行政管理和行政程序的权利。保障贫困户的行政参与权是指在国家相关法律的指引下，在当地政府不作为或故意侵害行政参与权时，保障贫困户群体能够正常参与到行政管理中来。在现行的法律制度下，行政参与权的保障尚有不足。首先便是行政参与的保障力度较小，行政参与条例中没有规定公民的行政参与缺位产生的后果和惩罚；其次是行政参与权的效力不明确，对公民行政参与权占决策权的比重没有明确规定；最后是行政参与权相关的配套法律依然不甚完善，行政参与权很难独自发生作用。

对于贫困户来说，行政参与往往意味着更多的诉求和对政策改善的期盼，所以必须着力改变行政参与权保障不足这一现状。从问题入手我们应主要关注三个方面：首先是建立政府关于行政参与权的责任制度，有权利就必定有义务，贫困户依法行使自身的行政参与权，政府就要依法履行保障行政参与权的义务，当没有履行义务时就要承担一定的责任，如此方能自上而下地解决行政参与权保障的难题；其次要建立公众参与的效力标准，将贫困户的意见纳入结果的评估体系，赋予贫困户的意见相应的权重也就是重要性，从根本上保障贫困户权利的正常履行；最后要完善相应的配套制度，将行政参与权的政策落到实处，从配套条例、配套制度的角度对行政参与权进行完善，将行政参与权实实在在地赋予贫困户①。

二、社会参与权

社会参与权指社会成员在法律的指引下在社会领域实现自我决策和自我管理的权利。社会参与权是社会主义民主政治的必然要求，体现了社会自治的本质。从性质上讲，社会参与权存在于国家政治权力

---

① 邓佑文.论行政参与权保障与救济制度的完善［J］.理论学刊，2012（3）：88-92.

和个人权利的中间领域①，核心是社会自治，而社会自治与政府管理处在不断的动态博弈之中，所以社会参与权和行政参与权是相互影响的。相较而言，社会参与权的特点在于更加多元化、多样性，更能体现基层民众的诉求。

社会参与权的保障离不开法律和相关规章制度的确立。相较行政参与权而言，社会参与权的参与主体更加多元化，行使参与权的内容更加复杂多变，参与方式更加方便。对社会参与权的保障首先要从立法着手，在宪法和法律的角度明确公众的社会参与权，在关乎贫困户切身利益的问题上要保证他们能够及时准确地反映自身意见，加强相关法律的完善；其次要规范社会主体行使参与权的方式，社会参与权不同于行政参与权，如果没有相关条例的规范，参与主体行使权利的动机难以保证，极易发生寻租行为；最后应当建立顺畅的沟通机制，社会参与权主体更加多元化，权利内容更加复杂多变，如果没有顺畅的沟通机制，很难确保贫困户的声音得到准确传达，扶贫的成效也就很难提升。

三、城乡规划参与权

城乡规划参与权指公众参与权在城乡规划领域的具体体现。根据社会福利的定义之一：社会福利等于社会成员中最低的效用②水平，贫困户作为乡村生活水平较低的一类群体，社会福利的改善往往与贫困户效用的改善密不可分。城乡规划的目的就在于整合城乡要素产品市场，带动乡村地区发展，如果在城乡规划中忽略了贫困户的权益，从本质上讲社会福利的改善可能为零。

城乡规划参与权的重要意义在于可以减少规划建设过程中可能存在的贪腐现象，促使城乡规划朝着更加民主、更加公开的方向发展，

---

① 李文玲.新媒体背景下公众社会参与权该如何实现[J].人民论坛，2018（13）：108-109.

② 效用：对个人欲望得到满足的一个度量。

有利于更加有效率地进行城乡资源规划的资源分配。从现实讲，保障贫困户正当的城乡规划参与权存在一些亟须解决的问题。首先是立法保障不足①，现行的城乡规划法对权力行使的程序规定不足，无形中增加了贫困户寻求城乡规划参与权的难度。其次，并没有明确指出权利主体的参与效力，参与主体行使参与权如何决定最终的规划结果？人治还是法治？在法律条文没有明确的情况下，往往是人治优先，这就很难保证贫困户的相关权利。再次，贫困户参与途径不足。在相关法律中，虽然对公众的参与方式做了明确规定，但往往很难顾及底层民众特别是贫困户的意见，尤其缺少自下而上的参与途径。最后，贫困户往往缺少行使城乡规划参与权的能力，这主要指的是准确表达自身需求以及形成对城乡规划最基本的认知的能力，从相当程度上讲，这是制约贫困户参与权最根本的因素。当贫困户缺乏最基本的参与权概念的时候，他们就不会有行使城乡规划参与权的动机，很难自下而上地形成改革推力。

四、环境参与权

环境参与权指公民在环境开发利用中依法享有的参与决策和管理的权利。环境参与权既属于公民参与权的一部分，也属于环境权的范畴②。环境参与权对于贫困户尤其重要，因为在环境开发利用的生态扶贫中，往往伴随着一系列的环境保护和经济利益的博弈，如果贫困群体不能正确维护自身的环境参与权，就很难在这两者之间找到最佳的结合点。

环境参与权的保障首先在于立法保障。在我国的环境法中应当增加确立完备的环境参与权，并以此作为贫困户行使环境参与权的基础。

---

① 朱海东.论公民城乡规划参与权及实现［J］.住宅与房地产，2017（32）：222.

② 张小军.论环境参与权［J］.环境科学与管理，2006（7）：19-21.

立法保障首先要确立公众参与原则[①]，对公众参与的程序性问题做明确规定，确保公众尤其是贫困户行使环境参与权有法可依、程序正当；其次要确保环境参与权的效力，切实推行我国社会主义民主法制；最后在于增强贫困户的参与意识。贫困户的参与意识是他们获得正当环境参与权的基本要求，只有明确相关权利的重要性和对贫困户的影响，才能让他们形成这种权利意识，自觉维护保障自身利益。

五、总结

参与权是公众参与国家公共生活的必要权利，对贫困户尤其重要。要实现 21 世纪 20 年代全面脱贫，实现全面小康社会，就必须尊重贫困户的参与权，在扶贫工程的建设中充分发挥社会主义民主。贫困户的参与权能够保证扶贫工程的有效性，实现社会总体福利的帕累托优化。但参与权的落实还有一些现实问题，有政府层面的问题，也有贫困户自身的问题，这都需要我们去解决。扶贫要赋权，参与权的赋予是提高扶贫效率的有力保障。

第六节　美好生活权

美好生活权是指每个公民都拥有通过努力获得生活条件改善的平等机会。美好生活权是一种机会平等意义上的权利，它需要基础设施和制度上的保障。按照本书行文顺序，从扶贫的意义上讲，生存权、选择权、迁徙权、知情权和参与权都是实现美好生活权的基本保障。

---

① 陈叶兰．农民的环境知情权、参与权和监督权［J］．中国地质大学学报（社会科学版），2008（6）：18-22.

一、生存权

生存权是贫困户拥有满足基本生活所需物质和制度条件的权利。生存权是保障和实现贫困户美好生活权的基本条件[①]。简单来说，生存权要求贫困户具有获得最低生活保障和制度保障的权利，而生活保障是更为基本的方面。贫困户本身就是缺乏物质保障的群体，对他们的生活保障体现在对具备相当劳动能力的贫困户提供培训和工作机会、对不具备劳动能力的贫困户提供最低生活保障两个方面。保障了贫困户的生存权，就保证了他们实现美好生活权的最基本要求。

二、选择权

选择权是贫困户实现自我价值的第一步。在扶贫建设中，关键是要将脱贫由"输血"向"造血"转变，俗话说"授之以鱼不如授之以渔"，关键就是要建立贫困户自我选择的意识和途径。在扶贫项目、工作机会等方面，贫困户应当具备独立的选择权，这不仅需要政府、市场和社会主体的帮助，还需要贫困户本身的意识觉醒。只有让贫困户具备了相应的选择意识，才能将赋权扶贫真正纳入大扶贫机制，让贫困户自力更生脱贫致富。

三、迁徙权

迁徙权是指在现有户籍制度下赋予贫困户自由迁徙的权利，在赋权扶贫中扮演减少贫困代际传递的角色。不论是物质方面还是制度方面，对贫困户迁徙权的保障都存在很多现实问题。从现实意义来讲，迁徙权的保障要着眼于经济发达地区和经济不发达地区的差异，不仅从物质上赋予贫困户更多的机会，还要从制度上满足他们生存发展的

---

① 杨永纯. 中国减贫是对人权的贡献 [N]. 人民日报，2016-10-19（5）.

需要。就现有的实践经验而言，农村社区的设立对贫困户迁徙权保障有着十分重要的影响，在城乡之间设立农村社区的缓冲，能有效地缩小城乡差距，还能在不损害贫困户劳动机会的基础上获得一部分个人收入和集体收入，对于贫困户迁徙权的保障十分重要。

四、知情权

知情权是体现社会主义民主和集体智慧的制度基础。选择权、参与权等的实现都要靠知情权的有力保障。知情权的保障需要自上而下地改革，但立法缺失是赋予贫困户知情权的第一个难题；知情权能有效地减少贪腐现象，相当于赋予了贫困户监督政府的权利，但多数人特别是贫困户群体无法意识到知情权的重要性，从权利主体的角度上丧失了对知情权的诉求，这是第二个不足，也是最根本的原因；知情权对贫困户本身的重要性远远大于普通民众，这是由现阶段扶贫工程的重要地位和扶贫措施的多样性决定的，从社会总体福利的角度看，将知情权切实赋予贫困户，也是对社会总体福利增加的必然要求。

五、参与权

参与权是正确行使知情权和选择权的有效途径。贫困户的知情权和选择权是贫困户形成自身权益意识的权利基础，参与权则是体现贫困户个人意志，将贫困群体的个人意志形成集体意志并产生效力的权利要求。贫困户要正确行使自身的行政参与权、社会参与权、环境参与权和城乡规划参与权，就要对政府应承担的义务和责任提出新的要求，真正贯彻好、落实好"将权力关在笼子里"的民主思想。如果贫困户的参与权没有得到如实的保障，他们的选择就难以产生足够的效力，扶贫工程的效率和适用性就更加难以得到保障。

六、美好生活权

美好生活权体现的是一种机会平等的思想。在保障了上述权利的基础上，贫困户从相当意义上获得了和其他社会主体一样的发展权利与机会，但权利的赋予也对贫困户本身提出了新的要求[1]。扶贫并不是给予，赋权扶贫更需要贫困户本身的积极参与，任何物质条件的改善都应出自贫困户本身的劳动和努力。扶贫解决的是贫困户陷入贫困陷阱难以自力发展的问题，而不应该是为个人的贫困现象全盘买单，赋权扶贫十分明显地体现了这一点。赋予贫困户相应的权利，往往需要他们形成正确的权利意识，从这个意义上讲，美好生活权的保障是对贫困个人提出的新的更高的要求。

第七节　启　　示

赋权扶贫是大扶贫机制的内在要求，一是对政府、市场和社会主体提出了更高的要求，扶贫绝不是政策套利，补贴了事；二是对贫困户主体提出了更高的要求，除了少数缺少劳动能力的贫困户，享受贫困扶持的对象应该具有一定的文化和道德素养，只有贫困主体具备正确的权利意识，才能真正做到赋权于民。在大扶贫机制中，赋权扶贫更多地体现为一种权利思想和权利意识，与道德扶贫、文化扶贫等概念一脉相承；它也是对扶贫机制的思考和反思，从权利的层面为大扶贫机制查漏补缺，切实保障扶贫效果精准可持续。

---

① 　无逸.让人民生活更美好[N].玉溪日报，2018-11-27（1）.

第六章①
赋能扶贫

2017 年 10 月，习近平总书记在党的十九大报告中强调要"注重扶贫同扶志、扶智相结合"——"扶贫先扶智，扶贫必扶志""贫困地区、贫困群众首先要有'飞'的意识和'先飞'的行动。没有内在动力，仅靠外部帮扶，帮扶再多，你不愿意'飞'，也不能从根本上解决问题"②。"扶智"与"扶志"，即着眼于向扶贫对象赋能，激发与增强其脱贫的内在动力和能力。此前，习近平在《做焦裕禄式的县委书记》中曾指出"贫困地区发展要靠内生动力"③；《人民日报》亦强调要"加大内生动力培育力度"，"注重激发贫困地区和贫困群众脱贫致富的内在活力，注重提高贫困地区和贫困群众的自我发展能力"④。扶贫不仅靠国家财政支持，也要发挥贫困地区人民的个人能动性。

在我国扶贫政策由"救济式扶贫"到"开发式扶贫"，再到"精准扶贫"的转向与深入之时，扶贫工作已在诸多方面取得显著成效，在开发式扶贫理念框架内提出的激发扶贫对象的"内生动力"也逐渐占据了重要位置，赋能扶贫成为扶贫整体工作中不可或缺的一项。当前，

① 感谢王璠为本章所做工作。
② 习近平 . 决胜全面建成小康社会 夺取新时代中国特色社会主义伟大胜利 [R].2017.
③ 习近平 . 做焦裕禄式的县委书记 [M]. 北京：中央文献出版社，2015：17.
④ 人民日报，2017 年 6 月 25 日。

赋能扶贫主要是基于多种形式、多种年龄层次的教育与自主学习方式。

本章从教育扶贫的理论基础与政策沿革出发，以义务教育、职业教育、干中学三种教育及学习模式为主，着眼于实践模式、个案研究等方面，展示其发展与实践状况，对基于教育问题的赋能扶贫之现状与未来进行研究和探讨。

第一节　理论与政策

一、教育扶贫的理论基础

金久仁基于教育的功能论，强调了涂尔干（Emile Durkheim）等人提出的教育的社会整合功能，认为教育有能力使具有个体差异的社会成员拥有共同的信念、态度和价值准则，并使来自各个阶层的社会成员提升个体人力资本，最终维持代际优势或实现代际流动，即教育在个体成长和社会整合中承担"输血"的功能。在扶贫工作中强调教育，不仅是为了对扶贫对象"授以渔"，更重要的是，教育扶贫是拔除穷根、阻断贫困代际传递的关键，教育在农村脱贫过程中发挥着"渔"的作用。作为"授以渔"式扶贫的重要方式，公平而有质量的教育是农村脱贫的切实路径[1]。

我国贫困地区固然多数受制于恶劣的地理环境，其教育水平的长期低下也是脱贫难的重要因素。教育不仅能够促进农民收入的增加，而且有助于拓宽农民的发展渠道，有益于促进农民参加社会交往，提升参与扶贫政策活动的积极性[2]。通过教育赋能于贫困民众，努力形成

---

[1]　金久仁.精准扶贫视域下推进城乡教育公平的行动逻辑与路径研究［J］.教育与经济，2018，34（4）：30-36，45.

[2]　杜栋."紧紧扭住教育这个脱贫致富的根本之策"——学习习近平教育扶贫相关论述的体会［J］.党的文献，2018（2）：30-37.

脱贫的可持续发展力，才能有望从根本上阻断我国贫困现象的代际传递。作为赋能扶贫的主要体现，教育扶贫的关键作用日益凸显。

"教育扶贫"这一概念最早由林乘东于 1997 年提出，他认为"反贫困不应局限于经济战场，而应作为一项系统工程，教育是这项工程的重要组成部分之一"①。教育以其反贫的功能，能够切断贫困的恶性循环链②。

教育扶贫具体可解读为两个层面的内涵。一是"扶教育之贫"，即对贫困地区的受教育者进行帮扶，使他们能够接受优质教育。二是"以教育扶整体之贫"，也即从"内生动力"的角度出发，将教育作为脱贫的根本手段，一方面努力转变贫困人群的脱贫观念，增强"内生性"脱贫的意识和信念；另一方面使他们具有相应的知识能力与方法。这一层面不仅会涉及义务教育、中等教育和高等教育，更需要成人教育、职业培训以及干中学等多种教育形式的支持③。

1. 代际传递理论

贫困代际传递理论于 20 世纪 60 年代在西方提出，是一个对贫困在代际维持与延续之原因进行探讨研究的理论流派。其试图从贫困群体内部因素诸如人力资本、教育、社会关系等方面，探讨贫困群体内部存在长期性、持续性、复杂性的原因。

贫困代际传递（intergenerational tansmisson of poverty，ITP）可以被界定为，贫困以及导致贫困的相关因素和条件，在贫困家庭内部由父辈传递给后代，使后代在成年后重复父辈贫困境遇的过程，也指在一定区域内或特定阶层内贫困以及导致贫困的相关条件和因素在代际延续，使后代重复前代的贫困境遇。

对贫困代际传递产生的原因，比较有代表性的理论如文化贫困理

---

① 林乘东. 教育扶贫论 [J]. 民族研究，1997（3）：43-52.

② 潘志方. 精准扶贫视角下农村教育扶贫路径研究 [J]. 乡村科技，2018（19）：15-17.

③ 任友群. 教育信息化：推进贫困县域教育精准扶贫的一种有效途径 [J]. 中国远程教育，2017（5）：51-56.

论、政策贫困理论和经济结构贫困理论，以及代际遗传理论、教育贫困理论、社会排斥理论、能力贫困理论等。其中，文化贫困理论由美国人类学家刘易斯（Oscar Lewis）提出，通过文化贫困对贫困的代际传递进行了解释。他认为贫困不仅是经济上的收入低，同时也是一种自我维持、代际传递的文化现象。穷人与其他社会成员在社会文化方面相互隔离，长期贫困的穷人群体会形成一套自己特定的文化体系、生活方式、行为规范及价值观念，且穷人群体的聚居，以及缺少与其他社会阶层的交流和流动，更加强化与固化了这种贫困的价值观与文化，因而形成一种"贫困亚文化"，会对周围的人特别是后代产生影响，保持贫困文化自我维持并且不断复制，导致贫困的恶性循环[①]。教育，便是破除这一恶性循环、消解文化贫困乃至阻断贫困代际传递的一个关键因素。

2. 人力资本理论

潘志方指出，人力资本理论认为教育是减贫的一种重要手段，通过教授知识与技能，贫困对象能够将之内化为一种人力资本。西奥多·舒尔茨在其演说"Investment in Human Capital"中提出经济的发展主要取决于人的质量，而非自然资源的丰瘠抑或是资本存量的多寡。贫困地区之所以落后，其关键不在于物质资源的匮乏，而在于人力资本的稀少。而教育事业对人力资本的形成、经济结构的转变和经济可持续发展均具有重要意义[②]。

基于这一理论，贫困地区人力资本的缺乏便成为扶贫工作进行的切入点，通过教育扶贫来开发和储备人力资本是一条重要的脱贫路径。

3. 参与式治理理论

"参与"的理念在 20 世纪 90 年代初期进入中国，并影响到中国扶贫政策的决策与实践。李小云最早将参与思想引入扶贫治理中，指

---

① 李晓明. 贫困代际传递理论述评 [J]. 广西青年干部学院学报, 2006, 16 (2): 75-78, 84.

② 潘志方. 精准扶贫视角下农村教育扶贫路径研究 [J]. 乡村科技, 2018 (19): 15-17.

出参与式作为一种全新的扶贫方式，赋予了贫困群体平等的机会，通过政策支持和社会各界的帮助，提高贫困群体的自我发展能力，促进其自我觉醒、自我管理及自我发展，从根本上摆脱贫困[①]。而在教育扶贫方面，亦需要政府、学校、企业、扶贫对象等多方协作，共同参与。

二、教育扶贫的政策沿革

我国对教育扶贫关注已久。1988 年，国家教育委员会开始实施"燎原计划"，通过推进农村地区的教育改革和发展职业教育，提高农民的文化素质与生产技能，增加收入，提高生活水平。1994 年，国务院制定和发布《国家八七扶贫攻坚计划》，要求推进我国农村特别是贫困地区农村的教育改革并开展成人职业教育培训。1995 年，国务院开始实施"国家贫困地区义务教育工程"。至 2013 年，国务院办公厅转发的教育部等部门《关于实施教育扶贫工程的意见》中，明确"把教育扶贫作为扶贫攻坚的优先任务"。2015 年，在《中共中央 国务院关于打赢脱贫攻坚战的决定》中，第九项即为"着力加强教育脱贫"。该决定提到要加快实施教育扶贫工程，让贫困家庭子女都能接受公平有质量的教育，阻断贫困代际传递。内容涉及国家教育经费的布局、贫困地区的义务教育建设、教师队伍建设、学校硬件建设、职业教育建设等。近年来，《"十三五"脱贫攻坚规划》（2016）、《国家乡村振兴战略规划（2018—2022 年）》（2018）、《中共中央 国务院关于打赢脱贫攻坚战三年行动的指导意见》（2018）等政策的相继出台与逐步落实，进一步显示出我国将教育扶贫进行到底的决心。

总体而言，改革开放以来，我国的教育扶贫出现多种趋向。教育内容由基础教育向职业教育、技术培训扩展；教育范围由义务教育向学前教育、继续教育延伸；教育对象由区域性整体扶持转向区域扶持

---

① 潘志方.精准扶贫视角下农村教育扶贫路径研究［J］.乡村科技，2018（19）：15-17.

与对特殊人群的重点资助相结合；教育扶贫的参与主体由单一政府转向与社会力量合作①。

第二节 义 务 教 育

正如习近平总书记所指出的，"抓扶贫开发，要紧紧扭住教育这个脱贫致富的根本之策，再穷不能穷教育，再穷不能穷孩子，务必把义务教育搞好，确保贫困家庭的孩子也能受到良好的教育，不要让孩子们输在起跑线上"。义务教育作为人的系统教育的起步阶段，是贫困地区的孩子掌握文化与技能、形成良好价值观的基础，也是努力达成教育公平与社会公正的重要步骤。因而义务教育扶贫可称为教育扶贫最基础、最重要的方面，成为当前扶贫工作必须要解决的突出重点问题②。

马歇尔在舒尔茨的人力资本理论的基础上，对人力资本进行了进一步研究，指出最有价值的资本是投资人力的资本，须为穷人提供教育，最好是实施强制义务教育③。对我国而言，现阶段虽已全面普及义务教育，但在部分贫困地区，教育普及率依然是一个重要的难题。

一、发展概况

改革开放初期，我国各地普遍存在教育发展落后、农村人口受教育率低、文盲数量多的情况，为改变这一状况，教育扶贫政策主要侧

① 向雪琪，林曾．我国教育扶贫政策的特点及作用机理［J］．云南民族大学学报（哲学社会科学版），2018，35（3）：86-91.
② 祝志芬．义务教育精准扶贫研究——基于湖北省恩施州的思考［J］．湖北社会科学，2018（6）：85-88.
③ 孙燕，崔惠民．乡村振兴战略视角下教育扶贫的实现路径［J］．黑龙江工业学院学报（综合版），2018，18（7）：79-84.

重于发展基础教育、保障义务教育水平与消除文盲等方面。

1986 年，我国颁布义务教育法，正式确立了义务教育制度，为适龄儿童接受义务教育提供了法律保障，同时对义务教育阶段的教育教学、教师质量、学校管理等提出了相应的要求，为义务教育阶段的学生平等享受高质量教育提供了制度保障。1988 年颁布《扫除文盲工作条例》，该条例规定，除丧失学习能力外的 15 周岁以上的文盲、半文盲，不分性别、民族，都要接受扫盲教育，这是我国公民的权利，亦是义务。各扫盲单位需要普及初级阶段的义务教育，保证农村地区的文盲人数低于总人口的 5%，城镇地区低于总人口的 2%。颁布于 1995 年的教育法，进一步强调受教育者在学习、升学、就职等方面的各项平等权利，贫困地区的群众作为社会的一员，同时也是全体受教育者中的一员，享有同样的受教育权利和义务，国家需要为这些贫困地区的学生，特别是义务教育阶段的困难学生予以重点帮助和支持，保障全国各个地区的适龄儿童都能如期接受义务教育[1]。

在教育扶贫工作中，义务教育一直是关注的重点。2012 年，习近平在河北省考察时强调："要把下一代的教育工作做好，特别是要注重山区贫困地区下一代的成长。下一代要过上好生活，首先要有文化，这样将来他们的发展就完全不同。义务教育一定要搞好，让孩子们受到好的教育，不要让孩子们输在起跑线上。古人有'家贫子读书'的传统。把贫困地区孩子培养出来，这才是根本的扶贫之策。"[2]2012 年以来，我国财政性教育经费支出的 50% 以上用于义务教育，并向中西部地区大幅倾斜，我国义务教育的普及率已经超过了世界高收入国家的平均水平。[3]

就我国现阶段而言，全国小学的学龄儿童净入学率已经超过

① 向雪琪，林曾. 改革开放以来我国教育扶贫的发展趋向 [J]. 中南民族大学学报（人文社会科学版），2018，38（3）：74-78.

② 习近平. 做焦裕禄式的县委书记 [M]. 北京：中央文献出版社，2015：17.

③ 苑英科. 教育扶贫是阻断返贫与贫困代际传递的根本之策 [J]. 华北电力大学学报（社会科学版），2018（4）：108-115.

99.9%，但与此同时，九年义务教育的巩固率仅 93.4%，两组数据之间的差距主要体现在初中阶段失、辍学者较多。也就是说，有将近 1 000万处于义务教育阶段的学生或自愿或不自愿地失学或辍学，而这一群体主要集中在贫困的农村地区。金久仁认为，考察任何教育阶段的不同群体受教育的公平状况，首要应考察其在该教育阶段是否能够获得均等的教育机会，其次便是基于机会之上享受到的教育质量。

可以说，目前我国义务教育的入学机会已不再是稀缺资源，但基于教育质量的对比，会发现城乡教育资源（包含软硬件）的配置不均衡已成为义务教育发展最为显著的问题之一。农村学校普遍存在办学条件相对较差、学校规模小且运转困难、边远地区的学生难以就近入学等问题。由此，优质甚至仅仅均质的教育资源以及师资力量的分布状况，应列为考察城乡教育资源均衡与否、义务教育扶贫开展状况的重要参照系[①]。

目前城乡教育的巨大差距，既与不同的城乡政策相关，也与经济手段、社会环境广泛联系，还与农村家庭相对较弱的教育支持能力与意愿等因素紧密相连，种种因素塑造了当下城乡教育发展的巨大差距。考察义务教育扶贫问题，势必要从弥合现有差距入手。

案例 1：湖北省恩施州义务教育的贫困现状

地处鄂西南部的湖北省恩施州是兼具"老、少、边、山、西"等各类特点的大山区，其各县市多年来一直名列国家级贫困县名单。贫困学龄儿童多，农村留守学生比例大，教育经费投入不足且呈逐年递减的趋势。多年来国家与当地政府一直不断完善救助体系，全方位保障贫困群众生活，但其中义务教育扶贫的困境依旧严峻。

资料来源：祝志芬.义务教育精准扶贫研究——基于湖北省恩施州的思考［J］.湖北社会科学，2018（6）：85-88.

---

① 金久仁.精准扶贫视域下推进城乡教育公平的行动逻辑与路径研究［J］.教育与经济，2018，34（4）：30-36，45.

以恩施州为典型案例，从其现状及存在问题出发，教育扶贫的关键与发展的增长点部分体现于以下四个方面。

1. 教育经费：总体相对增长而具体尚有逐降

据统计，我国农村教育经费呈现持续增长的态势。2016 年全国公共财政教育支出比 2001 年增长 9.73 倍，其中，农村普通小学生均公共财政预算教育事业费支出比 2001 年增长 15.78 倍；农村普通小学生均公共财政预算教育事业费支出与全国的比例，2001 年为 0.85∶1，2016 年则提高到 0.97∶1（表 6-1）。

表 6-1　2001—2016 年部分年份小学生均公共财政预算教育事业费支出比例[①]

年　　份	2001	2013	2016
农村与全国比例	0.85∶1	0.99∶1	0.97∶1

2016 年全国普通初中生均公共财政预算教育事业费支出比 2001 年增长 15.42 倍，农村普通初中生均公共财政预算教育事业费支出，2016 年比 2001 年增长 18.02 倍。农村普通初中生均公共财政预算教育事业费支出与全国的比例，2001 年为 0.80∶1，2016 年这一比例增长至 0.93∶1（表 6-2）。

表 6-2　2001—2016 年部分年份初中生均公共财政预算教育事业费支出比例

年　　份	2001	2013	2016
农村与全国比例	0.80∶1	0.99∶1	0.93∶1

在看到教育财政向农村倾斜的同时，也要清醒地意识到其绝对值依然存在很大差距，且广义的农村平均值或许并未反映农村地区内部不均匀的贫困状况。

当前，我国义务教育经费投入的体制模式以中央、省级政府为主，地方财政投入为辅。通常可以把教育支出占财政支出的比例作为判断

[①]　秦玉友.不让农村教育成为中国未来发展的短板[J].教育与经济，2018（1）：13-18. 表 6-2、表 6-4、表 6-5、表 6-7 同。

教育投入是否充足的依据。如表 6-3[①] 所示，将湖北恩施与其省会城市武汉及地理位置最近的省内城市宜昌进行纵向、横向比较发现，2013年至 2015 年间，武汉、宜昌两市的生产总值稳定增长，增速渐缓，恩施较为平稳。其间，武汉市教育支出比例逐年上升，达到国家规定的20% 标准线，教育投入水平最高，分别是恩施州三年间教育投入水平的 2.44、2.64、2.78 倍，是宜昌市的 1.77、1.47、1.41 倍；宜昌的教育投入水平也远高于恩施州，分别是其 1.37、1.80、1.99 倍。

表 6-3　2013—2015 年湖北恩施州生产总值、教育支出基本情况

城　市	武　汉			恩　施			宜　昌		
年份	2013	2014	2015	2013	2014	2015	2013	2014	2015
生产总值 /亿元	9 051.27	10 069.48	10 905.60	552.48	612.01	670.81	2 818.07	3 132.21	3 384.80
比上年增长 /%	10.00	9.70	8.80	9.90	9.50	9.10	11.50	9.80	8.90
财政支出 /亿元	550.08	562.24	638.88	216.69	216.32	332.50	360.85	442.82	540.58
教育支出 /亿元	101.76	108.51	129.05	41.73	41.09	46.48	57.37	73.90	92.44
教育占比 /%	18.50	19.30	20.20	19.25	18.99	13.97	15.90	16.70	17.10
小学人数 /万人	42.38	44.45	47.39	27.11	24.72	25.74	15.63	15.82	16.16
小学教师 / 人	—	—	—	2 083	2 083	2 087	10 169	11 100	10 900
中学人数 /万人	31.40	30.66	30.28	12.91	17.25	17.30	14.47	13.91	13.43
中学教师 / 人	—	—	—	1 277	1 281	1 284	13 318	13 300	13 100

　　资料来源：2011—2015 年武汉、宜昌、黄石国民经济和社会发展统计公报财政预算执行情况报告。

---

　　① 祝志芬 . 义务教育精准扶贫研究——基于湖北省恩施州的思考 [J] . 湖北社会科学，2018（6）：85-88.

总体而言，恩施州与武汉、宜昌相比经济发展水平较为平缓，武汉、宜昌的教育投入逐步增加，已经达到或超过国家标准线，而恩施州的教育支出占比则呈减速趋势，尤其在 2015 年发生锐减，偏离国家标准线较多。由此可见恩施州义务教育资金投入之不足。

2. 师资力量：平均值达标而薄弱个例仍存

教师是教育事业的发展之本，我国向来重视教师队伍的建设。师生比是师资数量充裕程度的重要指标，从这一指标看出，农村师资正不断充裕。在秦玉友的统计中，从整体宏观走势上看，全国师生比和农村师生比都呈现出提高趋势，农村提高幅度高于全国平均水平。2008 年及以后，全国小学师生比开始呈现出乡村＞镇区＞城区的状况（表 6-4）。

表 6-4 2001—2016 年部分年份小学师生比变化表

年份	城　区	镇　区	乡　村
2001	1：19.21	1：19.99	1：22.68
2004	1：19.33	1：19.54	1：20.28
2006	1：19.36	1：19.63	1：18.96
2008	1：19.41	1：19.20	1：17.75
2016	1：18.83	1：18.06	1：14.64

全国初中的师生比出现乡村＞镇区＞城区，则是在 2012 年，此后这一状况持续保持（表 6-5）。

表 6-5 2001—2016 年部分年份初中师生比变化表

年份	城　区	镇　区	乡　村
2001	1：16.67	1：19.43	1：20.15
2005	1：15.74	1：18.37	1：18.19
2008	1：15.63	1：16.93	1：15.36
2012	1：14.11	1：13.80	1：12.46
2016	1：12.83	1：12.64	1：10.98

全国平均数据背后，亦隐藏有极端化的边缘性真相。

以祝志芬对湖北恩施的研究为例（表6-6），从师生比来看，2013至2015年，湖北省恩施州义务教育小学阶段师生比为1∶123，义务教育阶段初中师生比为1∶134。而其附近城市宜昌市同期的义务教育小学阶段师生比大约为1∶15，初中阶段师生比为1∶10.15。根据我国2001年颁发的《关于制定中小学教职工编制标准的意见》，义务教育阶段教师配备标准应为城市小学阶段师生比1∶19.0，城市初中阶段师生比1∶13.5；农村小学阶段师生比1∶23.0，农村初中阶段师生比1∶18.0。

表6-6　2013—2015年湖北恩施州与宜昌市义务教育阶段师生比情况

师 生 比	恩 施 州	宜 昌 市	国 家 标 准	
			农　村	城　市
小学	1∶123	1∶15	1∶23	1∶19
初中	1∶134	1∶10.15	1∶18	1∶13.5

恩施的小学与初中师生比均已经与国家标准产生10倍有余的差距，故师资队伍配置的巨大缺口是恩施义务教育质量贫困的主要因素之一。

3. 办学条件：多个方面不断改善

根据秦玉友的调查统计，农村学校的危房面积正在逐渐减少。2009年，住房城乡建设部、国家发展改革委、财政部出台《关于2009年扩大农村危房改造试点的指导意见》后，全国各地均加大了对危房的普查力度，之后危房面积不断减少。校舍硬件条件改善的同时，农村学校的信息化水平也在不断提高。2001年农村小学建立校园网的学校比例（建网率）为0.96%，至2016年这一比例增长到51.81%；2013年农村小学接入互联网的学校比例（入网率）为64.77%，截至2016年，这一比例已经达到91.55%。在初中，建网率和入网率分别在2016年达到了71.3%和98.45%，较2001年和2013年均有所增长（表6-7）。

表 6-7　2001—2016 年部分年份小学建立校园网和接通互联网学校占比变化表

%

年　份	小　学		初　中	
	建 网 率	入 网 率	建 网 率	入 网 率
2001	0.96		4.15	
2013		64.77		91.66
2016	51.81	91.55	71.3	98.45

4. 教育观念：趋于悲观仍有待进步

在邹薇与郑浩的研究中，数据显示社会中的个体进行人力资本投资的意愿与其收入呈现正相关的关系，与高收入家庭相比，低收入家庭普遍无法或者有较低意愿让自己的子女接受较高的教育[①]。贫困地区因其教育质量的落后以及经济发展、就业前景的晦暗，极易成为"读书无用论"思想的温床。

例如，恩施州贫困人口多、密度大，在祝志芬做相关调查时近 30万的人口还处于绝对贫困的状态。他们在脱贫方法、亲子教育等方面的认识较为受限，容易把贫困问题归为历史原因、环境原因等外部因素，如认为"山区贫困是天注定，山里人考不上大学，考上了大学也上不起，读书没有什么用，应靠山吃山、靠水吃水"，从而形成了"穷父母、穷教育、穷二代、穷教育、穷三代……代代穷"的怪圈[②]。

这些贫困地区的家庭对于靠读书来改变命运这一出路逐渐丧失信心，而对于具有理性能力的贫困个体而言，一旦丧失"知识改变命运"及"寒门出贵子"的信念，教育扶贫政策便会遭遇釜底抽薪般的窘境。

义务教育扶贫便是要围绕这些突出的问题，在已经取得积极变化的基础上，进一步"兜底线""促均衡"，从改善薄弱学校办学条件、

①　邹薇，郑浩.贫困家庭的孩子为什么不读书：风险、人力资本代际传递和贫困陷阱［J］.经济学动态，2014（6）：16-31.
②　祝志芬.义务教育精准扶贫研究——基于湖北省恩施州的思考［J］.湖北社会科学，2018（6）：85-88.

均衡城乡教育资源、大力培养教师队伍等诸方面做起，加快缩小城乡、区域差距 ①，重视对贫困人口教育思想的培育，推进义务教育扶贫工作持续有效开展。

二、未来路径

1. 政府发挥主体作用

政府是扶贫工作最重要的主体。杜栋认为，政府作为教育扶贫工作的主要实施者，应承担起首要的主体责任，对教育的重要性有清醒认识，并优化义务教育发展的资金与政策环境。首先应加大在学校的基础设施建设、教师待遇、课程体系设置等方面的资金投入力度，改善贫困地区的教学条件，统筹城乡资源，推进教育公平，逐步缩小城乡教育差距；且要因地制宜，在决策时充分考虑当地实际情况，义务教育扶贫工作一定要首先做到精准，建档立卡到家到户，充分了解每个贫困家庭教育的具体情况，同时坚持问题导向，了解群众的真实意愿和实际困难，确保帮扶到位 ②。

2. 加强教师队伍建设

教师队伍建设是教育事业尤其是教育扶贫工作的重中之重。2015年4月，习近平总书记主持召开中央全面深化改革领导小组第十一次会议，会上通过了《乡村教师支持计划（2015—2020 年）》，明确指出，发展乡村教育"要把乡村教师队伍建设摆在优先发展的战略位置，多措并举，定向施策，精准发力，通过全面提高乡村教师思想政治素质和师德水平、拓展乡村教师补充渠道、提高乡村教师生活待遇、统一城乡教职工编制标准、职称（职务）评聘向乡村学校倾斜、推动城市优秀教师向乡村学校流动、全面提升乡村教师能力素质、建立乡村

---

① 王嘉毅，封清云，张金 . 教育与精准扶贫精准脱贫［J］. 教育研究，2016，37（7）：12-21.

② 杜栋 . "紧紧扭住教育这个脱贫致富的根本之策" ——学习习近平教育扶贫相关论述的体会［J］. 党的文献，2018（2）：30-37.

教师荣誉制度等关键举措，努力造就一支素质优良、甘于奉献、扎根乡村的教师队伍"。

秦玉友认为，教育系统的内外部条件共同造成了农村学校教师岗位吸引力的相对弱势。农村学校尤其是贫困地区学校的教师岗位，在薪资待遇、发展前景等方面具有明显的内部条件劣势，而贫困地区经济文化社会等外部条件亦具有明显的局限，这使得相当多数的年轻教师没有长期留校任教的意愿，教师流动性大，对教学秩序的正常进行以及学生的学习和成长都会造成一定的负面影响。只有同时着力于教育系统内外部条件的改进，才有可能增强农村及贫困地区学校教师岗位的吸引力[①]。他进一步提出，通过建立"补偿＋激励"的策略来增强农村教师岗位的吸引力。例如，教师去往偏远地区教学所产生的交通、生活费用或专业培训费用列入补偿范围，再根据学校的艰苦偏远程度设置差别化并有一定力度的补助额度和鼓励措施。同时，国家应着力于进一步改善农村的交通、生活、通信条件和基础设施，尽量缩小城乡学校教师生活的硬件条件差距。

3. 着力改善办学条件

聚焦于诸种办学条件的改善，王嘉毅等列举出了若干条相关举措[②]。

其一，改善农村义务教育办学条件，加快义务教育学校标准化建设。

其二，保障村属小学和教学点的基本办学需求。确保百人以下小规模学校兜底，因地制宜保留并办好必要的村小和教学点。进一步改善边远小规模学校、办学条件，提高公用经费保障水平。

其三，建设一批标准化寄宿制学校。扩大寄宿制学校规模，通过让贫困地区学生寄宿来缓解学生上学远、家庭教育不足等问题。扩大规模的同时确保学校软硬件达标，要特别重视改善宿舍、餐厅、饮水、

---

① 秦玉友 . 不让农村教育成为中国未来发展的短板［J］. 教育与经济，2018，34（1）：13-18.

② 王嘉毅，封清云，张金 . 教育与精准扶贫精准脱贫［J］. 教育研究，2016，37（7）：12-21.

浴室条件及如厕环境，保障高寒阴湿地区（山区、农牧区、高原）寄宿制学校取暖条件，提高家庭经济困难学生的补助标准。同时搞好文化和体育设施，因地制宜开展多样的文体活动，丰富学生的课余生活。通过对寄宿制学校的水电费、职工工资等给予补贴，来降低学生食宿等费用，从而减轻贫困家庭的负担。

其四，加快教育信息化进程。实施"贫困地区教育教学资源云覆盖计划"，将教育信息化的基础设施纳入学校基本办学条件，办好贫困地区远程教育，巩固提升"教学点数字教育资源全覆盖"成果。

其五，探索改革义务教育学制。在保证贫困地区小学生就近入学的基础上，推进义务教育资源结构调整与优化配置，在农村地区开展义务教育学制改革。例如，100人及以下的学校可试行义务教育"三六"学制，即在家门口的教学点或村小接受一年级至三年级的教育，到乡镇中心学校寄宿或在县城学校寄宿，完成四年级至九年级的教育，或可采用"四五"学制等，以此优化各个学校的资源配置。

4. 培养积极学习观念

帮助贫困地区群众树立"知识改变命运"的信念是一项长久的工作，需要合理的政策引导与细致的教学实践，并辅以时间。在扶贫实施方法的细节方面，王嘉毅等特别提到，在教育扶贫过程中对贫困家庭子女的帮扶或特殊支持，要注意方式方法。对于宏观政策或具体措施可以广泛宣传，但具体对待每个学生则应润物细无声，顾及其内心感受，不可伤害其自尊[①]。最终让通过教育扶贫受益的一代人能更加重视教育，尤其是对其子女的教育，使其下一代也能有一个良好的启蒙和教育环境，避免陷入被家庭经济条件限制而无法接受高质量教育的困境，切断贫困代际传递的恶性循环。

---

① 王嘉毅，封清云，张金.教育与精准扶贫精准脱贫［J］.教育研究，2016，37（7）：12-21.

第三节 职业教育

在 2019 年 4 月 4 日于北京召开的全国深化职业教育改革电视电话会议上，中共中央政治局常委、国务院总理李克强作出重要批示。批示指出：发展现代职业教育，是提升人力资源素质、稳定和扩大就业的现实需要，也是推动高质量发展、建设现代化强国的重要举措。应进一步改革完善职业教育制度体系，积极鼓励企业和社会力量兴办职业教育，补上突出短板，推动产教融合，着力培育发展一批高水平职业院校和品牌专业[1]。

职业教育是与经济社会产业联系最为紧密的教育类型，其内容包括短期的职业培训与职业学校的学历教育，前者的主体是农村成年劳动者，后者主要面向学生群体。职业教育对象涉及的范围广、层次多，且其中的贫困人口比例较大。

林乘东提出，普通教育与职业教育应由目前的主次关系改为并列关系，甚至可以使职业教育的发展超过普通教育的发展，提高职业教育的地位，实现教育投资的多元化[2]。王嘉毅等也认为职业教育是"挪穷窝""拔穷根""摘穷帽"的关键，对于贫困人群掌握技能、稳定就业、提高收入起着关键作用[3]。

与义务教育等基础阶段的教育不同，职业教育在课程设置方面多是应用类专业，注重专业的技术教育和技能培养，可操作性强并且紧跟时代的步伐，这种教育更适合基础知识相对薄弱并亟须获取工作收入的人群。就业方面，职业教育一般会通过校企合作等途径实现学生

---

[1] 李克强对全国深化职业教育改革电视电话会议作出重要批示强调 加快培养国家发展急需的各类技术技能人才 让更多有志青年在创造社会财富中实现人生价值 孙春兰出席会议并讲话 [EB/OL].[2019-04-05].http://www.moe.gov.cn/jyb_xwfb/s6052/moe_838/201904/t20190404_376780.html.

[2] 林乘东.教育扶贫论 [J].民族研究，1997（3）：43-52.

[3] 王嘉毅，封清云，张金.教育与精准扶贫精准脱贫[J].教育研究，2016，37（7）：12-21.

的工学结合，为学生提供较充足的实践机会，使之能较快地获得收益，带动整个家庭脱贫，并有效防止返贫。

贫困家庭的学子通过职业教育可以掌握实用技术和生产技能，学到一技之长，提高自己的就业竞争力，贫困地区的成年劳动者亦可通过短期职业培训获得专业技能，提高生产力，这对贫困人口的脱贫帮助可谓最为直接、快捷、有效。在脱贫攻坚取得全面胜利后，中国全面推进乡村振兴，发展职业教育已经成为一种较为迫切的民生需求。秉持着"拔除穷根"的信念，应促进优质的职教资源向贫困地区倾斜，着力培养适合于贫困地区发展需求的技术型人才，广泛开展各类技能人才培养培训，以期助力扶贫事业的整体成效。

本节分别讨论职业教育与职业培训，所提及的职业教育侧重指狭义的学历教育，职业培训则指非学历教育。

一、发展概况

如本章篇首所述，改革开放以来，基础教育日益普及全国，我国教育水平逐渐提高，教育规模日趋扩大，基础教育之外的职业教育等其他教育形式也逐渐兴起。我国教育扶贫内容的转变呈现出由基础教育向职业教育、技能培训扩展的趋势。通过职业培训提高人口素质，增强就业创业能力，转化人口压力为资源优势，这是脱贫减贫的有效途径。但我国职业教育的发展尚不成熟，对此政府已高度重视，不断巩固基础教育，同时扩大职业教育的规模与多样性，积极发展以就业为导向的职业教育。

1994 年，国务院发布《国家八七扶贫攻坚计划》，该计划要求大力推进贫困地区的教育改革，开展成人培训等技术教育，让青壮年都能学会一到两门实用技术。1996 年开始施行《中华人民共和国职业教育法》，明确职业教育是国家教育体系中的重要组成部分，国家要采取相应措施促进农村及少、边地区发展职业教育。2001 年，国务院印发的《中国农村扶贫开发纲要（2001—2010 年）》中突出科技对扶贫的促进作用，要求紧抓贫困地区人民群众的科技文化教育，把对农民的科技培训作为扶贫的重要任务，做好普通教育、职业教育、成人教育统筹工作等。2002 年，国务院发布《国务院关于大力推进职业教育改革与发展的决定》，明确了职业教育在社会主义现代化建设中的重要地位。2003 年，《国务院关于进一步加强农村教育工作的决定》提出要大力发展职业教育与成人教育，深化农村教育改革。2004 年，国家扶贫办推出"雨露计划"，帮助农村青年就业创业。

2014 年以来，中国职业教育进入大发展阶段。2014 年 6 月，习近平总书记对职业教育工作作出重要指示，他指出，职业教育是国民教育体系和人力资源开发的重要组成部分，必须高度重视、加快发展。国务院同年召开全国职业教育工作会议，印发《国务院关于加快发展现代职业教育的决定》，进一步巩固职业教育在国家人才培养体系中的地位。

目前，我国职业院校共开设近千个专业、近 10 万个专业点，基本覆盖国民经济各领域，具备了大规模培养高素质劳动者和技能型人才的能力。中高等职业教育培养质量也保持较高水平。中职毕业生就业率连续 10 年保持在 95% 以上，高职毕业生半年后就业率超过 90%。职业院校毕业生成为支撑中小企业集聚发展、区域产业迈向中高端的生力军。

通过职业教育减轻社会不利地位人口的贫困问题，保护比较脆弱的社会群体，从而促进社会的和平与和谐发展，已成为国际社会的共识，也是我国政府工作的重点。国务院将职业教育作为教育投入的重点倾斜领域。"十二五"以来，国家实施了示范性中等和高等职业学校建设、现代职业教育质量提升计划等重大工程，中央财政投入超过 800 亿元，打造了一批骨干学校、专业和师资队伍。家庭经济困难学生资助体系逐步健全，中职免学费、助学金分别覆盖超过 90% 和 40% 的学生，高职奖学金、助学金分别覆盖近 30% 和 25% 以上的学生①。

---

① 中国职业教育发展情况介绍 [EB/OL]. ［2017-07-03］.http：//www.moe. gov.cn/jyb_xwfb/xw_fbh/moe_2069/xwfbh_2017n/xwfb_070703/170703_sfcl/201707/ t20170703_308410.html.

总体而言，国家一直以来都充分肯定职业教育对于提高劳动者素质、拓宽贫困人口就业通道、促进人力资源开发的作用，并将其列为建立科学的教育体系与完善扶贫模式的重要一环。中央对职业教育的重视程度不断提高，对职业教育的政策倾斜也逐年增加，对职业培训项目的扶持与职业学校学生的优惠与补助也不断增加。同时还鼓励通过合作机制，如企业对口培训、校企协作等方式，提高教学质量，强化就业保障，让贫困群众能更快、更有效地从职业教育与培训中受益。

案例2：贵州省职业教育扶贫的若干举措

贵州省致力于教育扶贫工程，在加强教育资助的基础上突出发展职业教育。率先免除中职学费、构建现代职教体系，编制《现代职业教育体系建设规划（2013—2020）》及出台《支持现代职业教育发展的意见》；在全省范围颁布全国首部《职业教育条例》，规定加强建设面向贫困地区、少数民族地区的职业教育，为贫困人口提供免费的职业教育培训。其突出做法有以下几方面。

（1）扩大职业教育规模和创新办学方式。一方面扩建校舍，增加学位；另一方面着力实践"产业园区＋标准厂房＋职业教育"的办学模式。

（2）开展大规模职业技能培训。依托职业教育学校组建职教扶贫基地，通过各项职教扶贫行动，逐步减少直至消除农村"零就业"的贫困家庭。

（3）在优质的职业学校创办精准扶贫班，向贫困子女提供免费教育且优先保障就业。自2015年起，贵州十余所职教院校每年从威宁、赫章两县招收100名贫困学生组成两个精准扶贫班，为学生提供一系列优惠政策，如免除学费、住宿费，发放助学金、交通补贴，设置特别专业并优先保障就业等。直至2017年，该政策覆盖至5个贫困县，招生名额增至4 000人。

通过内涵建设提高教育质量。2016年8月，贵州省出台《以

由贵州省的实践经验观之，职业教育正在国家政策的扶持下稳健发展。在《国务院关于加快发展现代职业教育的决定》的引导下，各地方积极行动，主要做法包括实施现代职业教育质量提升计划，建立生均拨款制度，改善基本办学条件和提高教师素质，推动优质和一般职教学校对口帮扶和合作办学，加大对农村和贫困地区以及民族地区职业教育支持力度，完善资助政策体系等。

中等职业教育办学条件的改善和入学优惠政策为贫困家庭子女接受教育创造了条件。但是，檀学文在其调查研究中指出，很多地区的中职学校入学比例趋于下降，体现在部分地区和部分学校招生不足，尤其以贫困地区县城的职业学校为主，这说明其教学质量和就业前景对学生来说没有吸引力[①]。

同时，作为广义的职业教育之一方面的职业培训，也面临一些窘境。如王海港等基于珠江三角洲农村职业培训的研究发现，职业培训尤其对成年男性和年轻人的就业与提升工资水平作用有限，而参加强制培训计划的收益最低，甚至不足以弥补参加培训计划的成本[②]。

从而，王海港等进一步认为目前的职业培训没有充分发挥其应有的积极作用，因为能从培训中获得最多收益的人较少参与，而参与了培训的人并不是具有最迫切需求的，如此一来，群众对培训的热情度

---

① 檀学文.中国教育扶贫：进展、经验与政策再建构［J］.社会发展研究，2018（3）：223-241.

② 王海港，黄少安，李琴，等.职业技能培训对农村居民非农收入的影响［J］.经济研究，2009（9）：128-139.

与培训的参与率低便是不难理解的了。而这与将参加培训者人数及合格率作为考核培训部门的指标有关。研究建议政府应该吸引和动员那些不参加职业培训便难以提高工资收入的村民参加培训。

对此，杨智进行了更加深入细致的研究，他认为当前职业培训扶贫存在的问题，是重视经验思维而弱化专业思维，以至于影响到了扶贫的最终效果[①]。

在精准扶贫的政策背景下，尽管职业培训扶贫也以"精准教育扶贫"思想为指导，但其并未真正从本质上帮助贫困居民"拔除穷根"。表层原因是职业培训扶贫形式与实质的脱离，深层原因则是职业培训扶贫中专业思维不足与经验思维"泛滥"。当前职业培训扶贫工作的"欠专业化"主要体现在四个方面。

（一）职业培训扶贫的机构设置

目前我国职业培训扶贫机构的技术专业性较弱，常常由地方行政、事业单位、企业单位与民间服务机构共同作为不同层面的扶贫机构主体，都具有职业培训的某方面优势，但并未有效地整合起来。

（二）职业培训扶贫的队伍建设

职业培训扶贫工作主要有教育教学、管理和咨询服务三类，对应教育教学队伍、管理队伍与专家队伍，而目前这三支队伍均某种程度上欠缺专业化。

教育教学队伍的人员构成主要是技术骨干和普通职校教师。技术骨干通常来自比较专业的技术机构，如政府或企事业单位具有专业特长的技术人员，尽管专业技术扎实，但他们的教学理论与实践一般并不充足，会影响职业培训扶贫的实际效果。普通职校教师虽然具有较丰富的职业教育经验，但其教学对象通常是未成年学生群体，其教育教学经验或许并不足以适应文化技术水平不高的成年人。

---

① 杨智. 经验思维转向专业思维：农村职业培训扶贫"精准化"的本土路径[J].
终身教育研究，2017，28（4）：62-66.

管理队伍的人员构成主要有三类：扶贫办公室人员、普通职校的管理人员和企事业单位的管理人员。扶贫办公室人员通常会基于自己的行政经验开展工作，普通职校的管理人员的管理经验基于未成年人教育，而企事业单位管理人员的经验亦基于自己的工作范畴，对于农村贫困人口职业教育，缺乏相关经验的三类人员或许并不能驾轻就熟。

职业培训的专家队伍中，聚焦于书面研究、理论研究的较多，兼具理论知识与实践经验的专家偏少，导致一些专家只能在演绎推理的范畴内筹划职业培训工作。

（三）职业培训扶贫的实施过程

因职业培训带有"教育"属性，遂从培训对象、课程设置、教学过程三个维度进行讨论。首先，目前的培训缺乏对培训对象的前期深入研究，培训对象的确定方式通常为乡镇干部建档立卡，由相关部门主观确定每位贫困对象是否适合接受培训，并下达一定培训名额，完成任务式地征集培训对象。其次，职业培训扶贫的课程设置和专业性较为薄弱，多是基于相关技术人员的切身经验，使部分课程形式重于实质。最后，培训教师进行教育教学时，由于相关教学经验和对参训者学习能力了解的不足，很难掌握好有效的授课方式。

（四）职业培训扶贫的效果认定

职业培训的目的是通过职业技能的教授最终达到脱贫减贫的效果，故只有对培训扶贫效果进行认定后才可视为工作完成，但在目前缺乏专业评价指标体系的情况下，职业培训扶贫效果的认定只能依托于管理者的经验。根据杨智调查的实际经验，扶贫效果认定主要体现为两种操作方式：一是参与即脱贫，为了完成政府规定的脱贫指标，参加过职业培训扶贫的对象两年后就"被脱贫"；二是就业即脱贫，只要家庭中有人求学毕业后顺利就业即视为全家脱贫。

二、未来路径

职业扶贫有其多元的目标，主要是促进未升入普通高中的贫困家庭子女接受中等职业教育而不是直接进入社会。发展职业教育对于教育扶贫具有数量增长和结构优化的双重意义。而结构优化效应更为重要，因其使教育结构与生源素质结构以及劳动力需求结构更加匹配，更多地覆盖到贫困家庭子女[①]。林乘东认为，职业教育应该把教育的超前性、导向性和实用性相结合，既要注意依据各地经济发展水平组织教学内容，又要注意教授先进科技知识与劳动技能，职业教育内容太一般化会导致学无所用，教育内容太实用化、"本土化"则发挥不了教育的诱导作用，不能提高当地的经济和科技水平[②]。

关于职业教育的发展，王嘉毅等提出若干切实的建议[③]。

第一，应着力提升贫困地区中等职业教育的办学能力。由于贫困地区学校办学条件相对简陋、师资与专业建设相对滞后、职业教育吸引力有待增强，在精准扶贫、精准脱贫过程中，应进一步加大政策支持与资金投入，支持贫困地区中职学校提升办学能力，改善办学环境。

第二，加快区域性的公共实训基地建设。贫困地区发展职业教育，最大的不足便是教学实践条件落后，应当通过建立区域性的公共实训基地，开展校企合作、产教融合，由此整合各方面资源来服务学生的技术技能训练，也便于加快贫困地区的技术技能人才培训和劳动力转移。因此可以根据不同区域的经济社会对技术人才的需求，建立若干大型、开放的职业教育公共实训基地，作为加强校企合作、产教融合的重要平台，统筹区域内外的有利资源，为片区培养掌握实用技术的人才。

第三，强化实用技术技能的培训力度。一方面可以建立公益性的

---

① 檀学文. 中国教育扶贫: 进展、经验与政策再建构[J]. 社会发展研究, 2018(3): 223-241.

② 林乘东. 教育扶贫论 [J]. 民族研究, 1997 (3): 43-52.

③ 王嘉毅, 封清云, 张金. 教育与精准扶贫精准脱贫[J]. 教育研究, 2016, 37(7): 12-21.

职业农民培养培训制度；另一方面，可以打造一批贫困地区的职教集团，重点建设一批服务"三农"的专业点，面向贫困地区，积极培养新型职业农民。

第四，鼓励贫困地区的职业院校与企业合作办学。贫困地区职业教育要获得快速发展，校企协同的模式格外重要。应充分发挥省内外各类职教集团的作用，加大贫困地区职业院校与省内外企业、职业院校合作办学力度，提高教学实践能力和办学水平。

此外，瞿连贵提出，职业教育应更加强调系统培养和长期培养[①]。系统培养是指要积极发挥职业教育在预防贫困发生方面的作用，这就需要加大面向贫困人口的职业教育和培训力度，建立起涵盖中职、高职、应用本科等层次的贫困人口进入通道，真正为贫困人口提供既能谋生脱贫，又能发展致富的教育机会；同时，通过关注培养质量、开展就业援助与服务，将其成功导向就业和工作世界，形成从入口到出口的质量控制与保障制度。长期培养是指改变当前职业教育偏于短期性、应急性的培养模式，更加关注对学生的长期培养。如为初、高中毕业未能升学的学生提供更多更方便的职业培训的机会；通过培训模式改革，优化培训内容，使培训与就业有机衔接，发挥职业教育在贫困人口的就业能力提升中的有利作用。

在职业培训方面，基于前文所举的四方面欠缺专业化的表现，杨智认为，未来职业培训扶贫工作需要以专业思维为导向，从以下四个层面提升专业效果，进而优化扶贫成效[②]。

（一）构建专业的职业培训扶贫组织

专业的组织能够获得更多社会的认可，而这一组织的构建需要综合多方力量。如由政府主导推动，整合社会培训资源；国家赋予其一

---

① 瞿连贵. 从职业教育扶贫到职业教育精准扶贫——内容分析、问题反思及前景展望［J］. 成人教育，2018，38（11）：75-80.

② 杨智. 经验思维转向专业思维：农村职业培训扶贫"精准化"的本土路径［J］. 终身教育研究，2017，28（4）：62-66.

定的特权，避免多个部门协作的融合困难和资源耗费；职业培训扶贫组织的构建体现区域特色，不搞"一刀切"等。

（二）建设专业的培训队伍

职业培训需要建设的队伍包括专业的管理队伍、专家队伍和教师队伍，其队伍构建需从三个队伍所对应的三个维度展开。

管理队伍需要掌握基本的扶贫、教育与管理学理论及实践知识，具有较强的执行力。专家队伍需要掌握扶贫与教育理论及实践知识，且在该领域有较深造诣，并应以对该区域有深入研究的专家为主。因为现实中同时具备扶贫与职业教育理论知识的专家相对较少，因此专家队伍可采用不同领域专家合作的形式进行构建，让不同专家的主攻领域相互影响、相互促进。教师队伍需要掌握教学基本理论与技能、熟稔的专业知识与技术能力等，同时能用参训对象易于接受的方式传授专业知识与技术。教师队伍的建设可采用专家指导的方式，或集中培训并颁发任职资格证书，以此提高队伍教学水平。

（三）开发专业的培训课程

职业培训扶贫的对象是居住于各区域的贫困居民，具有不同的文化经验，因此立足实际，开发专业的职业培训扶贫课程尤为重要。比如深入了解致贫原因——思想观念、知识技术抑或是外在环境。前两者可作为课程设计的逻辑起点，后者作为外因，可视作课程设置的参照条件。同时，以致贫原因为依据，组织专家团队与该区域内已经脱贫成功的居民进行协商，共同制定课程内容。以当地贫困居民就业为向导，综合可能岗位的理念、知识与技能要求进行专门培训。最后，应注意课程的难度、深度符合培训对象的文化水平和认知能力，并争取获得课程相关的辅助资源，包括教师资源、实践平台等，避免课程成为"空中楼阁"，不切实际。

（四）构建专业的扶贫效果评估体系

目前，职业培训的扶贫效果认定主要以贫困群众接受培训后的收入为依照，然而其收入数字或为行政干预的结果，不能真实反映扶贫效果。构建一个合理的评估体系，亦需要从三个维度展开。第一，评估体系的构建要以贫困类型的划分为依据，如从思想贫困、物质贫困、环境贫困三个方面出发设计这一扶贫效果的体系。第二，评估体系的构建需要搭建线上线下两个平台，线上用于长期跟访扶贫对象的发展情况，线下则需要组织专业队伍深入实地了解情况后进行评估。第三，组建专业的评估队伍，可以是经过授权的第三方评估机构，也可以是自建的评估队伍，同时应倡导多主体参与的评价方式，以不断趋近准确的评价结果。

职业培训之专业性的建构是使培训发挥更好作用的必由之路，又如刘淑云所说，首先应结合地方经济社会发展的特色产业，对扶贫对象开展有针对性的职业技能培训；其次要及时开展就业指导，学会技术并锻炼就业能力后，将各种招聘信息面向贫困人口进行宣传和扩散，助其谋到职业、实现脱贫①。

案例 3：湖北五峰，用教育扶贫打开"致富之门"

据《中国教育报》报道，位于湖北省西南部武陵山区的五峰土家族自治县积极开展职业培训，各式各样的培训班遍布 97 个行政村、11 个社区居委会。

五峰县通过整合职教培训资源，以"扶贫导向、突出重点、对接产业、部门联合、分类组织、全年集训"为原则，针对村民需要探索出"送学上门""特色产业班""致富带头人"等免费培训模式，搭建起服务精准脱贫到乡村振兴的全覆盖教育体系。

---

① 刘淑云.国内"教育精准扶贫"研究热点的共词分析［J］.武汉交通职业学院学报，2018，20（2）：74-80.

县职教中心每年都会围绕五峰的特色产业，开设乡村旅游、农村电商、魔芋种植、礼仪文明等数十种培训班。由于课程较为实用，每次的报名人数都超过了原定限额。当地第二次参加培训班的村民介绍，她在培训班不仅能学到40多道地方特色菜的烹饪技巧，还能享受半个月免费食宿。

三教庙村村民向波涛参加致富带头人培训后，成立了拥有3 630余箱蜜蜂的中蜂专业合作社，带动115户贫困村民脱贫；龙桥村村民张祥裕接受中药材种植培训后，逐渐发展成为拥有1 500亩田地的产业大户，带动500多家贫困户脱贫；采花乡栗子坪村村民简琼于2016年参加烹饪技能培训后，回村开办农家乐，解决了10余户贫困村民的就业问题……

截至2019年4月，全县108个村共有11 704名村民接受了培训，基本实现了"职教一人，就业一个，脱贫一家"的目标。

资料来源：开办数十种培训班 为每村培养致富带头人 湖北五峰：教育扶贫打开"致富之门"[EB/OL].（2019-04-02）.http://www.moe.gov.cn/jyb_xwfb/moe_2082/zl_2018n/2018_zl84/201904/t20190402_376389.html.

湖北五峰的职业培训班即提供了一种有益做法，政府及时了解居民需求，派出专家团队上门培训，结合当地产业条件与实际需求设计多样且实用的课程，取得了较好的专业性与扶贫效果。

在当地政府的主导推动与资源整合下，五峰县职业培训班在免费教学的基础上为参训者提供免费食宿待遇，无疑会进一步提高居民的学习热情。其中"致富带头人"培训尤其可资借鉴，在村民中培养具有专业知识技能的带头人，既掌握了脱贫的科学方法，亦熟稔于当地实际状况，带头人将其知识与能力投入创业，从而吸纳更多村民就业，由此以一种村民内部自发形成的帮扶动力走向脱贫。

第四节 干 中 学

在论及教育培训时，林乘东提道，教育培训作为扶贫系统工程的一个组成部分，其形式不局限于课堂知识和技能传授，还包括实践中的示范教育，使培训对象接受能力训练和观念改造，或称"边干边学"（干中学），是一种很重要的教育形式[①]。研究表明，对农民工来说，干中学是其劳动技能形成的主要途径，重要性超过了教育培训[②]。

Lucas 认为，人力资本的形成主要来源于教育和干中学（learning by doing）。教育是社会向新成员传授知识、技能和规范的重要制度化渠道，劳动者由此获得了人力资本；而干中学作为劳动者在工作中不断积累知识与经验、形成技能的非制度化渠道，亦是人力资本形成的重要途径。从民工潮兴起以来，干中学便是形成农民工人力资本的重要手段，而在以往的研究中却一直被忽略。前人研究虽肯定了教育等人力资本因素有助于提高农民工等贫困群众的收入，但缺乏对农民工在外出务工之后的人力资本长期积累和变化的研究，而干中学所产生的人力资本对于扶贫工作的意义也鲜有学者提及。

一、发展概况

20 世纪 30 年代，美国经济学家赖特（Wright）提出关于"干中学"的理论，即劳动者生产某个产品所需要的劳动时间随着他生产的量的增加而减少，这一现象被他称为"学习速度"。

Arrow 在 1962 年发表的《干中学的经济含义》一文中，将该理论从劳动者个人技术进步层面提升到国家整体技术的进步层面，用以说

---

① 林乘东. 教育扶贫论 [J]. 民族研究，1997（3）：43-52.
② 吴炜. 干中学：农民工人力资本获得路径及其对收入的影响 [J]. 农业经济问题，2016（9）：53-60.

明技术进步的内生行为，国家会随着投资积累和国民生产总值的增加而积累生产经验、提高劳动生产率，进而促进经济发展。即经济发展仅依靠生产要素的投入来解释是不够的，还有便是在这些人力、资本和技术的投入过程中所积累的生产经验、知识和技能。企业在引入投资和生产过程中"学习"到的知识会逐渐被社会所共享，进而对经济增长产生贡献，这是"干中学"的本来意义。

舒玲总结了基于农民的"干中学"特征，即指农民在日常农业生产过程中不断积累经验，从实践中获得知识，从而提高自身的综合素质，并增加了知识量[①]。农民"干中学"能力消除贫困的实质在于，农民在实际工作中直接获取能够提升自身能力的知识、技能、经验等，来提高当前的能力与综合素质水平。通过实践经验的积累及外界的知识传授等方式，获得一定的能力来改变当前生活的贫困状态。"干中学"的过程可以包括实践、教育培训、经验传授等多种方式，而且学习及技能经验的积累并不局限于生产技能，必要的人文、历史、科技常识等都属于能力的培养。

然而当前，干中学对我国扶贫工作的开展似乎尚未起到应有的积极作用。

就贫困地区当地居民而言，我国贫困地区的农民综合素质并不高，"干中学"的能力不强，面对外界的帮助也显示出并不十分积极的姿态。究其原因，一方面如上文所说，目前的教育培训在诸多方面尚存待改进之处；另一方面，则是贫困地区的农民自我发展的能力不足。而这种贫困群众个体能力的贫困，首先与留守村庄的群众的年龄构成有关，年轻人进城务工，留守人员多为老人和孩子，学习能力有限；其次与其思想意识有关，贫困地区农村多缺少真正有效的社会组合形式，以血缘为主要纽带的交际环境影响思想的开放性与接纳性，群众普遍对学习生产技能的热情不高。

而那些离开村庄、进城务工的农民，或许依然没有通过"干中学"

---

① 舒玲.基于农民"干中学"的能力贫困消除问题研究——以岩头村为例[D].长沙：湖南农业大学，2015.

彻底摆脱贫困。

在吴炜看来，当前教育培训并没有成为我国农民工技能的主要来源，农民工技能的主要来源是干中学，是他们在工作中习得的，来自他们的直接经验。但随着社会进步，很多工作涉及的技术复杂性会越来越高，而这些复杂的技术或者需要有较好的教育才能直接获得，或者需要在受过良好教育的基础上才能有所领悟。农民工受教育水平的限制，面对干中学这种直接体验的技能获得方式，很难从中获得较高的技术水平，由此农民工只能主要从事体力和半体力劳动，对提升他们的经济地位也极为不利[①]。

二、未来路径

干中学是农村留守人员提高技能的主要途径[②]。如果贫困群众的干中学能力得到提升，很大程度上会对消除贫困产生有益影响。

首先，贫困群众主动学习、主动脱贫的意识会增强；其次，能掌握新技术，得以对传统农业种植项目进行升级或指导；最后，通过提升干中学的能力，贫困群众的适应能力也趋于提高。生活在较为艰苦的环境中，贫困群众和现代社会诸多新元素，如信息获取、市场经营方式等之间或许存在交流不畅、接受无能的现象，干中学便要求贫困群众具有较好的适应能力，以积极正确的心态接受社会的各种改变。在以上诸种变化下，干中学得以提高农民的脱贫能力，提升农业产业发展能力，最终为脱贫奠定基础。

于是，怎样鼓励村民投入干中学、提升个人能力便成为亟待解决的问题。

对此，黄建强根据艾宾浩斯遗忘曲线设计出干中学与人力资本积

---

① 吴炜.干中学：农民工人力资本获得路径及其对收入的影响 [J].农业经济问题，2016（9）：53-60.

② 黄建强.山区农村人力资源开发研究——以湖南省会同县为例 [D].咸阳：西北农林科技大学，2011.

累模型（图6-1），提出让贫困群众不断重复实践，达到开发农村贫困地区人力资源的目的。①

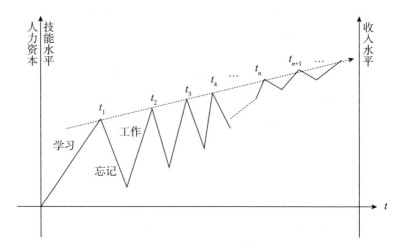

图 6-1　干中学与人力资本积累模型

根据干中学与人力资本积累模型，干中学与人力资本的积累过程是：通过第一个周期的学习，掌握了一定技能，随着时间推移这种技能水平会逐渐下降，再继续通过工作学习得到提高，如此反复，遗忘的技能越来越少，收入也逐渐提高。t_{n+1} 周期后，技能水平趋于稳定，于是可以学习更进一步的新技能。在这样的过程中，人力资本得到积累。

对于主要依赖干中学提升自我的农民工群体，吴炜认为，他们接受的教育与技能培训的程度远远不够，这迫使他们只能通过干中学这种方式获得粗浅的工作技能，从事较低端的工作，弱化了其经济地位，因此，加强教育培训是推动我国产业升级、劳动者收入增长的必由之路。

另外，农民工收入的增长仅依赖于教育培训还不够，在提升农民工受教育水平的同时，应采取激励措施，积极鼓励农民工在工作中努力学习，坚持在自己的职业中积累经验，提升异质型的人力资本。只

① 黄建强. 山区农村人力资源开发研究——以湖南省会同县为例 [D]. 咸阳：西北农林科技大学，2011.

有这样才能发挥干中学的积极作用，更有利于收入增长。总之，要提升农民工的工资水平，在加强教育培训的同时也应鼓励干中学[①]。

案例4：岩头村经由"干中学"致富

岩头村位于湖南省怀化市，村民以种地为生，青壮年进城务工，留守村中的多为老人与小孩，经济形式单一，村域经济发展缓慢，多年以来一直被列为重点帮扶的贫困村，且单纯的项目扶贫已经难以获得实际成效。

对此，当地政府调整村委领导班子，吸收退伍军人、回村经商人士、退休教师等人群加入村两委班子，选派有较强业务素质的工作人员驻村开展业务指导，协调农、林、牧、水利等上级对口单位给予政策扶持和技术指导。广泛发动群众，搞活土地流转，走集约化发展之路。

村里将土地统一流转发包，村民在收租金的同时，也可以到受让方打工，由此村民既是土地的收租人又是企业雇工，获得了双重收益。在村党支部领导下，该村成立山羊养殖专业合作社、蔬菜专业合作社等，集体经济收入不断增加，扶贫工作效果显著。

资料来源：舒玲.基于农民"干中学"的能力贫困消除问题研究——以岩头村为例[D].长沙：湖南农业大学，2015.

岩头村通过"干中学"取得脱贫成效，给扶贫工作带来诸多启示[②]。

第一，通过科技知识培训和产业化有效开发农村人力资源，提升农民"干中学"的能力。现场教学、手把手教授的方式，使农民较快获得技能，提升学习能力以及从实践中总结经验的能力。

第二，将能力提升与收入增加挂钩，并兼顾村集体与农民个体的

---

① 吴炜.干中学：农民工人力资本获得路径及其对收入的影响［J］.农业经济问题，2016（9）：53-60.

② 舒玲.基于农民"干中学"的能力贫困消除问题研究——以岩头村为例[D].长沙：湖南农业大学，2015.

增收致富，提高农民的积极性。对不同工作内容、不同技术水平的工种采取不同工资标准，在"干中学"的过程中，能力较高的人往往从事专业技术岗位，工资也较为丰厚；而对部分因主客观原因难以提高自身能力的村民，也给予一定保障性工资，体现村集体经济发展的成果。

第三，技能重复训练，提高效果。面对一些村民因年纪较长而对知识接受速度慢的情况，每次技能培训均采取现场教授的方式并及时回顾以往内容，多次讲解，重复训练，确保知识的掌握。

第四，政府在各方面给予扶持和引导，如在技能培训方面，便发挥了政府农技部门与行业协会的关键作用。

第五，形成良好的组织形式，并发挥规模化优势。岩头村在政府引导下，形成了严密科学的农业种植合作社，获得了与市场经济主体合作的机会。

第六，村集体经济发展成果实现全体村民共享。岩头村在集体经济富裕之后积极回馈村民，实施多种帮扶措施，如安装自来水、修公路、安路灯、兴建老年公寓等。

第五节　启　　示

本章前四节概述了教育扶贫的政策沿革与理论基础，并以义务教育、职业教育、干中学三种形式的教育、学习方式为例，对其发展概况、面临的问题与未来的路径进行讨论。综合以上内容，就教育扶贫事业而言得到以下启示。

一、多元参与式

公众参与可以视为一种全新的扶贫方式，国家政策与社会公众的有机结合有利于提高贫困个体自主脱贫的能力。潘志方援引参与式理论，对教育扶贫提出了新的发展路径[①]。

（1）继续加大对贫困地区教育资源的投入力度。资源充足是教育扶贫开展的基础，一是要拓宽融资渠道，政府补贴以外也争取当地企业的更多支持；二是保障资源的充分利用，合理分配教学资源，妥善规划学校建设规模等；三是建设教师队伍，采取补助、激励等方式留住优秀的教师资源。

（2）构筑起教育扶贫的多元主体合作机制。一是政府方面，落实国家政策的同时发挥政府的主导作用，激发社会各界热情投入当地扶贫事业；二是企业方面，响应国家扶贫号召，积极承担社会责任，通过定点扶持、校企合作、提供实习基地等方式予以助力；三是高校方面，努力提高产学研协作转化率，带动经济发展，对农村贫困地区学生给予一定政策倾斜与资金补助，为扶贫事业的研究与实施起到智库作用；四是贫困户方面，努力转变观念，积极发挥主观能动性，参与学习与培训，提高自主脱贫的能力。

（3）完善教育扶贫的动态监督考核体系。一是要健全信息公开制，通过政府官方门户网站公开扶贫相关政策与资金使用进展等信息，接受公众监督；二是要合理设置扶贫成效的评估指标，并对已脱贫人员的收入稳定性等进行动态跟踪监测；三是要发挥第三方评估的作用，保证扶贫工作的精准度和实效性。

二、教育信息化

任友群等认为，教育信息化是实现教育精准扶贫的一条有效路径。因为教育信息化有如下几大优势：一是识别对象精准，能为每个学生建立自己的资料库，了解其在学业方面的动态趋势与生活状态，并对贫困程度进行识别，加强扶贫工作精准性；二是项目措施精准，每项决策都基于大量数据，从而使制定过程更为精准；三是追踪评估精准，

①　潘志方.精准扶贫视角下农村教育扶贫路径研究［J］.乡村科技，2018（19）：15-17.

根据追踪和评估结果有针对性地修订和完善项目方案，优化资源配置；四是监察管理精准，使整体工作透明公开；五是教师队伍建设精准，通过网络平台开展教师培训；六是帮扶效果精准，各个环节均基于海量且透明的数据，在贫困识别、预警、施策、干预、评估和监管方面更加精准客观[①]。

同时，教育信息化不仅是教育扶贫的有效手段，也是重要的教学内容，可培养农村教师、家长和学生的互联网思维，提升其数字技术的应用能力，有效缩小城乡之间的数字鸿沟。

案例5：《冰点周刊》专题报道《屏幕改变命运：248 所贫困区中学用直播上名校课 88 人上清北》

　　2018 年 12 月《中国青年报•冰点周刊》报道的网络直播教学案例，引发了全国关注与讨论。位于国家级贫困县的云南禄劝第一中学通过网络直播教学，获得了四川名校成都七中的优质教学资源和教学理念，实现"低进高出"，甚至有学生考上北大、清华。

　　网络直播课的屏幕将 248 所贫困地区的中学与著名的成都七中相连接，远端班级的学生全天候跟随成都七中平行班直播，一起上课、作业、考试。经过高中三年的直播课，有的学校出了省状元，有的本科升学率涨了几倍、十几倍。

资料来源：从玉华.屏幕改变命运：248 所贫困区中学用直播上名校课 88 人上清北.冰点周刊微信公众号，2018（12/13）.

通过技术改变资源流动的方向，打开"输血"的阀门，让贫困地区有机会以较低成本获得优质资源，这是现代技术助力乡村教育的典型案例，也是教育信息化推动城乡公平的一种有益尝试。

---

① 任友群.教育信息化——推进贫困县域教育精准扶贫的一种有效途径[J].中国远程教育，2017（5）：51-56.

利用直播进行远程教学在我国并非新近的举措，一些学校已经进行了十几年的尝试，所取得的令人欣慰与振奋的成效远非一朝一夕之力。当直播教学的成果显现，当地优秀学生获得学业上更好的发展机遇，便会产生正向激励效应，加强当地重视教育的良好风气，从而最终形成地方教育发展的良性循环。诚然，现代技术助推的直播课只是辅助手段，老师和学生是教育中的绝对主角。未来，仍需政府继续端稳教育的水平线，一方面进一步资助远程教学等信息化教育方式；另一方面继续着力于通过信息教学手段提高当地教学与师资水平，让"远端"学生距离教学公平、优质资源不再遥远。

三、谋求获得感

李锋提出，当前学术界关于贫困地区教育扶贫效果的评估，多是集中于区域整体经济的发展情况和个体居民生活水平的变化，往往忽视了扶贫对象对于自身获得的个体及社会体验[①]。

获得感是指人们占有社会资源后产生的满足感，既来自社会成员的实际获取情况和社会地位，也源自人们对自身既得福利的主观认同，关乎人的生存满意度与幸福感。而贫困群众要产生获得感，目前尚且面临诸多困难。

其一，"相对剥夺感"积聚心理焦虑，因为大环境的贫富不均现状，贫困群众或许会产生生存的相对剥夺感、经济的弱势意识、社会的底层意识等，使心理失衡。其二，"教育致贫"导致生计压迫，因为受教育的成本难以短期回收，且可能会诱发短时间内新的贫困，削弱了扶贫对象受教育的意愿。其三，"文化否定"诱发心理隔阂，即扶贫工作者不自觉持有的对贫困地区文化的歧视态度，会引起扶贫对象对相关政策的反感。其四，"读书无用"带来教育疑虑，因为教育难以在短期内获得高额回报，使许多贫困家庭因为教育支出而面临更为窘

---

① 李锋."获得感"提升视角下民族贫困地区教育扶贫的困境与出路 [J]．民族论坛，2017（3）：100-104.

迫的经济状况，生活压力与短期内的无力感导致部分地区越穷越认同"读书无用论"。

由是观之，在教育扶贫的过程中，基于扶贫对象的心理获得感，还有大量的工作需要考虑及落实，如以下所列举。

（1）激活基层组织，发现教育需求。根据基层组织贴近群众生活的特点，深入沟通了解民众的教育需求。

（2）整合帮扶措施，缓解教育压力。厘清每家每户贫困之根源，有针对性地发放生活补贴、教育贷款等，避免教育致贫；同时结合区域发展进行长远规划，减少扶贫对象接受教育后再次返贫现象发生。

（3）优化教育结构，塑造多样人才。教育扶贫的形式不局限于读写教育，而是结合当地实际，长短期规划相结合，培养应用型技术技能人才，不断提升贫困群体的文化水平。

（4）引导教育预期，强化心智扶持。弱化教育行为的功利色彩，避免扶贫对象急于追求短期收益，弘扬非功利的本体价值，帮助其树立长期教育的理念和理性的社会心态。

（5）结合地方性知识，贯彻多元文化教育。尊重不同地区、不同民族的独特文化，在各类教育中传播主流价值观，同时借助民族的功能性特色文化符号，助推教育扶贫措施在民族贫困地区的实施，并且着力于发掘有效的地方性经验，拓展民族贫困地区内源式人类发展通道。

通过持续赋能以摆脱贫困面貌，教育扶贫仍需久久为功。

第七章①
基础设施扶贫

过去的 40 多年里，在全世界发展中国家消除贫困的进程陷入困局、进展缓慢时，改革开放后的中国有 7.7 亿人摆脱了贫困，在扶贫攻坚领域创造了前所未有的奇迹。

随着扶贫工作的逐步深入，我们发现，基础设施是公共服务必要的配套准备，基础设施的健全程度是经济发展水平的重要表征②。基础设施建设是一个涉及政府、企业、专业机构和社会群众等多方面的综合事业，做好基础设施扶贫，既有利于扶贫工作事半功倍地开展，也有利于让百姓在生活中顺其自然地得到应有福利。

本章将从基础设施扶贫的模式（以"水、电、路、气"为例）、机制、制度安排、路径以及启示等五个方面概括论述，探讨基础设施扶贫在扶贫工作领域的作用和意义。

第一节 模 式

世界银行给出的定义中，基础设施是一种供居民使用或用于经济

① 感谢高笑歌为本章所做工作。

② 吴国宝 . 改革开放 40 年中国农村扶贫开发的成就及经验［J］. 南京农业大学学报（社会科学版），2018（6）：17-30，157-158.

生产的永久性项目或设施，可以分为公共设施（包括供水设施、电力设施、管道煤气设施、卫生设施等）、公共工程（包括道路、水利设施等）、交通设施（包括铁路、港口、机场等）三类①。张军等研究认为，基础设施可以归类为：水、电、煤气的生产和供应；交通与邮电；水利、环境和公共设施三个方面②。在基础设施所涵盖的各领域中，影响贫困地区经济水平最基础也最具代表性的就是"水、电、路、气"的建设，"水、电、路、气"的完善与否不但直接决定民生水平，更是影响着社会生产的各个方面，党和国家始终高度重视"水、电、路、气"的建设。

一、水利基础设施

作为基础设施扶贫中的重要一环，不论是最为基础的农业领域还是发展中的工业化、城镇化建设领域，水利设施在各类产业中都占据着重要的地位，为保障生产生活的正常运行和经济发展，提供了必不可少的物质基础。

新中国成立以来，无论是政策导向还是资本流向，水利设施建设始终是党和国家关注的焦点。2011年，党中央、国务院发布了题为《中共中央 国务院关于加快水利改革发展的决定》的一号文件，全文近万字的篇幅都是围绕水利建设而展开，文件专门拿出一节来具体部署水利基础设施建设，从江河治理、区域配置、水土保持、水能开发、科技利用五个方面来阐述各方面要求，以此可见党和政府对水利基础设施的重视程度。进一步地，理解水利基础设施的作用模式也可以帮助我们了解公共基础设施对经济增长的贡献。

水利设施在我国经济发展中起着保障性作用③。水利设施是农

---

① World Bank. 1994 World Development Report[R].Washington D.C.: World Bank，1995.

② 张军，高远，傅勇，等.中国为什么拥有了良好的基础设施？[J].经济研究，2007（3）：4-19.

③ 张勋，张睿.水利基础设施的经济增长效应及其作用机制[J].财政研究，2017（10）：30-42.

业发展的核心要素，是不可替代的，农产品能否"旱涝保收"，从而保障农民的收入稳定，水利设施建设是否完善尤为重要。水利基础设施的灌溉、防洪、发电以及改造生态环境的作用，不但直接影响着自然环境和农作物的产量，对降低农民的经济成本、增加非农业收入等方面也有很大帮助，在不同的自然环境下，水利基础设施会对区域经济产生相应影响，一些超大型水利设施甚至会造成地质变化和人口迁徙。

除此之外，刘生龙等认为，在我国经济快速发展的过程中，因基础设施的溢出效应[①]所带来的"正外部性"[②]对我国经济增长也起到了十分重要的推动作用[③]。同时，在乡村发展的过程中，房屋建筑、改造厨房和厕所、修缮道路等方面也离不开水利设施的参与，所以说水利基础设施的建设不仅关系到"产业兴旺"，更是关系到"生态宜居"。

案例1：贵州省毕节市威宁彝族回族苗族自治县水源设备工程

贵州省威宁自治县位于贵州省西北部，处于云贵高原乌蒙山脉腹地，地理特征呈喀斯特地貌。威宁自治县是贵州省面积最大的自治县，县域内民族人口众多，水利基础设施薄弱，贫困程度较深。人均水资源量约 1 800 m³，远低于全省人均 2 800 m³，全国人均 2 240 m³，仅为世界人均水资源占有量的 1/5。由于威宁自治县经济发展基础较弱，贫困人口数量及贫困程度都比较严重，1986 年，威宁自治县被国务院确定为国家级贫困县，1994 年被国务院定位"八七"扶贫攻坚县，2009 年被国务院定位喀斯特地区扶贫开发综合治理试点县。自脱贫攻坚工作实施以来，威宁自

---

① 溢出效应：事物一个方面的发展带动了其他方面的发展。
② 正外部性：一经济体的活动会促进其他经济体获益，而受益方无须付出代价。
③ 刘生龙，胡鞍钢. 基础设施的外部性在中国的检验：1988-2007[J]. 经济研究，2010（3）：4-15.

治县水务部门和各级扶贫单位深入考察论证，针对民生饮水、供水需求切实解决"吃水难"的问题，新建一批水资源设施，改善了当地城乡用水条件，为当地发展提供了水源保障。威宁自治县水源改造项目及效果见表 7-1。

表 7-1　威宁自治县水源改造项目及效果

工 程 类 别	工 程 投 入	工 程 效 果
水源工程	①实施马家、小米、川洞海子、落水洞 4 座水库工程（总投资 680 000 000 元），建成马家水库工程（总库容 174×10⁴ m³）；②完成杨湾桥水库等 15 座水库的除险加固（总投资 70 300 000 元；③投资 146 000 000 元，建成小山塘 366 座（新建 167 座、整治 199 座），新增蓄水量 149×10⁴ m³	①解决了 7 个行政村 10 520 人、3 783 头牲畜的饮水及 $1.1×10^4$ 亩耕地灌溉用水；②解决了 $2.9×10^4$ 亩农田灌溉用水；③解决了 $7.3×10^4$ 亩经济作物基地（烤烟、蔬菜、中药材等）的灌溉用水和大牲畜 26.5×10⁴（头、匹）的饮水问题
农村饮水安全工程	组织实施 1 020 个农村饮水安全工程（总投资 782 000 000 元）	解决了全县 70 余万人的饮水安全问题
农业产业水利配套工程	①实施小型农田水利建设项目 28 处（总投资 160 000 000 元），建成 8 个特色产业示范点；②实施三膜马铃薯基地配套供水工程、苹果基地灌溉供水工程（总投资 45 000 000 元）；③实施抗旱应急工程 147 个（总投资 88 500 000 元）	解决了 $4.3×10^4$ 亩农田的灌溉用水问题

路径：

（1）水库工程：水库的选址和地形的勘探保证严谨科学，尽量避免喀斯特地貌区域及其断层、破碎带，修建过程中采取铺盖、帷幕灌浆等方式防渗防漏。

（2）山塘工程：采取"整合资源、集中投入、建管并重"的措施进行工程建设。

（3）水窖工程：对居住偏远且分散、水源匮乏的农户，修建小水窖蓄水以供人畜使用。

资料来源：郑启龙.喀斯特地区脱贫攻坚水资源配置工程建设［J］.云南水力发电，2018，34（2）：7-9.

案例分析与启示：

威宁自治县在其水源设备建设的过程中能够取得较快进展主要取决于如下方面。

（1）工程前期准备充分，资金充足。成立"十三五"规划项目储备库，多渠道融资解决了资金筹措问题。

（2）建设方式科学，较好地利用"五小"水利工程（即小水窖、小水池、小泵站、小塘坝、小水渠的总称）、高扬程提水等方式，在喀斯特地区、高海拔地区解决农村人口的生活用水。

（3）因地制宜地确保农村饮水安全。完善农村饮水安全工程建设，因地制宜、实事求是，建设与监督并举，责任落实到人，确保每家每户的饮水安全。

满足贫困群众基本生活用水的需求，不仅是党和国家在扶贫工作中提升贫困群体幸福感与获得感的有效手段，更是保障国计民生的必要措施。在我国贫困地区，尤其是中西部地形复杂、地势特殊、基础设施尚不完善的地区进行水利设施改造，虽然困难重重而且成本偏高，但其社会效益和长远收益不可忽视。例如，威宁彝族回族苗族自治县近年来在各级财政的支持下，采取了许多措施建设各类水源配置工程，破解了喀斯特地貌区的用水难题，保障了全县群众饮水安全，通过完善水利基础设施建设带领群众走出"靠天吃水"的困境，也为当地加速脱贫攻坚步伐、实现经济又好又快发展打下了基础。

二、电力基础设施

"十三五"规划纲要将"产业扶贫"放在脱贫攻坚工作的首要位置。摆脱简单的"输血扶贫"模式，以产业扶贫为基础，培养贫困地区的"造血能力"，激发当地经济发展的内生动力，形成脱贫致富的长效机制，是我们扶贫工作追求的目标之一。电力基础设施正是产业扶贫的基础。第一产业中的农产品生产、养殖业，第二产业中建设发展的乡镇工厂、农产品加工工厂，第三产业中的乡村旅游、农村电商等各个方面均离不开电力的参与，作为最基本的公共服务设施，因地制宜地为贫困地区的产业发展找到合理的电力能源供应方式，确保持续稳定的电力供应，是打破发展制约的必要条件。

改善贫困地区电力基础设施首先要解决的问题是贫困地区人口的用电普及，其次是优化老旧线路，消除贫困地区电压不稳、"低电压"的情况，以此为电力排灌、规模化养殖、设施农业建设等多方面发展铺平道路。随着电力的贯通、机械化设备的引入，电力基础设施扶贫不但有助于贫困地区人口生产生活的改善，也为农业现代化建设和农业产业调整带来极大益处。

电力系统不但支持其他产业发展，其本身的建设就是一项重大产业。习近平总书记曾谈道："光伏发电①扶贫，一举两得，既扶了贫，又发展了新能源，要加大支持力度。"②依托电力基础设施，光伏发电产业对我国贫困地区，尤其是对处于中西部高山高原地形下的集中连片贫困特区的脱贫发展来说是一个极大的机遇。这些区域大多海拔比较高，本身接受日光照射的时间和强度比平原地区要强，而且开发程度较低，有大面积的地域可以用来建设光伏发电设施。结合电力基础设施建设和危房改造，为贫困地区建设光伏发电站，这种比传统火电更为清洁环保的能源生产方式既解决了贫困户日常生活用的电费支出，

---

① 光伏发电：在农户住房屋顶和农业大棚上铺设太阳能电池板进行发电，以实现"自发自用、多余上网"。

② 2017年12月中央经济工作会议。

未用尽的电还可以出售给国家电网,获得政府给予的发电补助①。与此同时,随着光伏发电产业的建设,电力养护和维修工人的岗位需求还会为贫困地区人口带来就业机会,电力建设在多方面带动了贫困地区发展。

案例2:内蒙古自治区某地"光伏＋扶贫＋治沙"项目

我国内蒙古自治区地处大陆腹地,气候干燥,又因二次工业革命导致的化石能源过度使用,荒漠化问题十分严重,且直接造成了当地人民群众的贫困问题。在治沙过程中,降水量少、地下水资源不足、治沙成本高等问题都成为内蒙古自治区当地人民群众脱贫的障碍,且全球气候变暖,人类对能源的需求进一步扩大以及难以完全扼制的滥垦、滥牧等问题,亟待一种全方位、多层次的治沙扶贫方式来改善当地困难情况。近年来,"光伏＋扶贫＋治沙"的模式经实践后受到广泛欢迎,通过光伏发电设施不但降低了产电成本、减少了化石能源消耗,而且光伏电池板的建设有利于防风固沙,涵养了水分、减轻了荒漠化程度,当地百姓可发展经济作物,增加自己的收入方式。内蒙古某地300MW光伏发电项目节能减排表及社会效益分析如表7-2～表7-4所示。

表7-2 内蒙古某地300MW光伏发电项目节能减排表

功　能	名　　称	标　准	效益/(万吨/年)
节能	煤炭	330 g/kWh	13.86
	水	3.1 L/kWh	130.23
	土地		建火电厂永久征地和灰渣储存土地
	烟尘	0.718 g/kWh	0.03

---

① 郭建宇,白婷.产业扶贫的可持续性探讨——以光伏扶贫为例[J].经济纵横,2018(7):109-116.

功 能	名 称	标 准	效益 /（万吨 / 年）
减排	SO_2	5.744 g/kWh	0.24
	NO_X	8.617 g/kWh	0.36
	CO_2	789.98 g/kWh	33
	灰渣	119.45 g/kWh	5

表 7-3　光伏发电项目治理社会效益分析　　　　亿元

效 益 项 目	2017 年	2018 年	2019 年
光伏上网电价金额	54.6	51.3	48.2
增加扶贫经济效益	12	12	12
减少荒漠化治理成本	5.4	5.4	5.4
减少煤炭成本	31.2	31.2	31.2
电价扣减各效益项	6	2.7	-0.4

表 7-4　风能代替煤炭的社会效益分析　　　　亿元

效 益 项 目	2017 年	2018 年	2019 年
风能上网电价支付金额	41.2	33.6	32.6
减少煤炭成本	31.2	31.2	31.2
电价扣减各效益项	10	2.4	1.4

　　"光伏＋扶贫＋治沙"项目在实施的过程中，较传统火力发电减少了能源消耗，也节约了火电厂建设用地和灰渣储存用地。节能减排效果明显。光伏发电设施节省了农业用地，当地群众大量种植经济作用油用牡丹，预计带动 4 000 名贫困人口就业，贫困户人均将获得 1.2 万元以上的年收入。治污成本、治荒漠化成本减少，不但符合我国绿色发展理念，而且可以将资金更好地用于扶贫工作中。

　　资料来源：王敏."光伏＋扶贫＋治沙"互补发展初探［J］.华北电力大学学报（社会科学版），2018（3）：1-10.

案例分析与启示：

"光伏＋扶贫＋治沙"的新型发展模式在已实践地区取得了良好效果，但是在发展过程中我们要注意，建设光伏发电设施不是目的，重要的是通过光伏发电的推广实现绿色发展，降低用电成本，带动光伏技术和农业生产结合，增加农户的收入来源，以"光伏"带"脱贫"。比如在我国西北地区可推广"光伏＋农业大棚"的模式。西北地区白天日照充足，夜间气温骤降，昼夜温差大，可依靠太阳能光伏发电满足温室用电和日常管理用电，以满足经济作物生长。

光伏扶贫项目与农业生产项目相结合，可为贫困地区人口提供更多的就业机会；农业大棚直接供给当地农产品，降低了运输成本，农作物外销，增加了农户经济收入；光伏项目的推广有利于扩大耕地面积，提高土地利用率；光伏发电减少了电网建设成本和线损，降低用电成本，实现间接扶贫，提高贫困地区人口生活质量；农业大棚可起到防风固沙的作用，降低土地荒漠化程度。2014 年，甘肃景泰腾格里沙漠建起温室大棚，平均每个大棚纯收入超过 1.5 万元，每亩纯收入约 3 万元，极大地提高了当地农户的经济水平。

三、道路基础设施

我国的贫困地区、深度贫困地区大多集中在中西部山区、高山高原地区，这些地区所面临经济发展的最大制约就是交通不便，贫困地区人口要直接面临交易成本高昂、信息流通不畅等不利因素，这也间接导致了人力资本素质不高、非农就业机会少等诸多问题。而这些因素又会导致农业产出效率不高、现代化水平低、农副产品因交通成本的加入在市场中无法占据价格优势等情况，农户本人也因交通不便使得时间和体力无法投入有效生产劳动中，贫困地区人口陷入恶性循环，始终走不出因交通不便引起的贫困陷阱。

农户的生产生活都离不开市场的参与，缩短市场距离、降低交易成本是帮助他们走出贫困陷阱的有效手段，而道路基础设施的经济作用就是通过改善道路运输环境，特别是机动车辆的运输环境以缩短车辆行驶距离、降低运输成本。道路基础设施建设在经济发展的其他方面也起着推动作用，如城镇化建设、因人口流动所带动的第三产业发展、专业化分工等，都会因道路设施的健全而得到改善。此外，农户的日常生活，比如取水、粮食加工、就医、上学、走亲访友等社会活动也离不开交通设施的参与，更重要的是道路基础设施所带来的文化交流、人力资本的互通还能平衡城乡差距，为交通闭塞的地区带来外界的先进资讯，推进"乡风文明"建设。

基于此，我国自改革开放之初就开展"以工代赈"[①]计划，以改善贫困地区的道路、桥梁等基础设施。截至 2018 年，我国所在自然村通公路的农户比重合计达到100%，除青海、四川、西藏等省份中尚有部分农户因地况的特殊性导致未能通路，其他省份均达到 100% 的公路贯通率[②]。这也为我国扶贫攻坚事业的顺利推进奠定了坚实基础。农村公路将松散的农户结构与该区域的经济、文化中心联结，并由一个个小中心经由干线道路逐级联通到更高层级的中心，这样既为贫困地区带来了贸易机会和基础设施，也为现代城市带来了劳动力和社会服务提供者。因此，道路基础设施建设无论是对于贫困地区脱贫，还是对于现代城市发展，都有着重要意义。

案例 3：甘肃省农村交通扶贫模式

　　甘肃省地处我国西北高原，自然条件较差，尤其是在农村地区，交通基础设施较为落后，农村居民出行的成本高，条件恶劣。尤其是以农产品生产、加工、销售为主的村民，他们对于交通出行的需求具有较强的不确定性，所以导致其出行频率与出行范围在交通设施的限制下呈反比关系。具体关系如图 7-1 所示。

---

① 以工代赈：受赈济者参加政府投资建设的基础设施工程获得劳务报酬，以此取代直接救济。

② 数据来源：国家统计局 . 中国农村贫困监测报告 2018. [EB/OL].（2019-05-05）. http://www.tjcn.org/tjnj/NNN/37757.html.

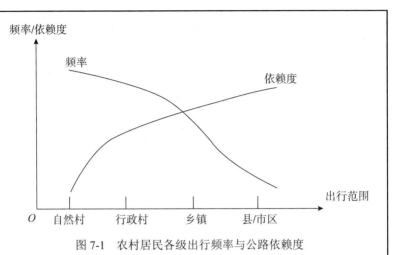

图 7-1 农村居民各级出行频率与公路依赖度

甘肃农村居民大多呈分散居住,消费需求在区位上也比较分散,消费品市场难以形成,所以农户只有将农产品带到乡镇及以上行政级所在地的农贸市场才有销路。且农户自有的交通工具无法在高等级公路行驶,农产品寻不到销路或运输成本过高,自然导致农户收入不佳。再者,交通设施的健全与否直接影响当地旅游业的发展,所以,针对甘肃省所面临的问题,甘肃省政府采取以下方式来进行"交通扶贫"。

(1)基于基础设施建设:①根据农村居民出行特点,强化农村道路设施,提升农村道路等级,增加路网密度,形成村镇道路网络;②增强客运、货运站点的运输能力,增加客运班次和货运班次,增设农村班车站点、停靠点,活跃农村客运、货运市场。

(2)基于农用交通工具补贴:通过对农用交通工具的补贴鼓励农户购买等级较高的农用车辆,降低农户的运输成本,缩短运输时间,提高运输效率。

(3)基于燃油税减免:①针对经常在路况不好的村镇之间运行的农用车,减免燃油税,降低因油耗较多带来的负担;②通过减免燃油税的方式鼓励农户大范围使用农机设施，增加农产品交易频率。

（4）基于免费公交设施：通过免费公交设施降低农村居民的交通成本，也通过此方式带动当地旅游业的发展。

资料来源：王花兰，王宝丽.交通扶贫模式：以甘肃农村为例[J].综合运输，2018，40（12）：8-12.

案例分析与启示：

通过交通基础设施扶贫，不但有利于当地的交通设施改善，降低客运、货运成本，而且能够提供大量的就业机会，以工代赈吸引人口流动。城乡居民的良性流动，既可以使城里的先进思想进入偏远的农村地区，偏远地区农户也可以更方便地去城镇就学、就医，提高生活质量。改善交通基础设施、减免燃油税、补贴农用机械等扶贫方式可通过降低运输成本来带动农产品资源、旅游资源的开发，实现资源的可得性，带动当地经济发展。

当然，同一地区、不同的交通扶贫方式带来的扶贫效果不同；不同地区、同样的交通扶贫方式带来的效果也会不同，所以在实践中我们更应该注意要结合当地区位特点，因地制宜地实施交通扶贫。

四、燃气基础设施

能源用于人类的生产和生活，主要包括煤炭、石油、天然气和化石燃料等不可再生能源；太阳能、风力、潮汐能和地热能等可再生能源；以及有机能源、生物能源等新型能源。工业革命后，人类进入机械化大生产时代，生产效率前所未有地得到突飞猛进的提升，从此，能源资源开始在人类社会中扮演更为重要的角色。从传统的取暖和烹煮，到工业生产、车船运输，再到今天的电子信息设备的正常运作，没有哪一项社会活动离得开能源的参与，能源已经成为我们日常生活中不可或缺的生产资料。

对于贫困地区人口而言，与民生有着最直接联系的就是燃气，尤其是沼气这种特殊能源的供应。农村沼气通过利用有机元素，如日常厨余垃圾、生物粪便、秸秆等，在微生物的发酵作用下形成可燃气体，通过清洁便利的方式解决了日常生活、养殖产业的用气、用电、用热的需求。大型沼气工程还可以通过发电上网，经提纯处理后并入天然气、车用燃气管道，实现增值利用，变"废气"为"工商用气"。沼气的合理利用在优化国家能源结构、促进生态农业发展以及环境保护等多方面都起到了积极作用。2004 年以来，每年中央一号文件都对农村沼气基础设施的建设提出明确要求。截至"十二五"期间，国家发展和改革委员会、农业部累计投资 142 亿元用于农村沼气建设。在"十三五"期间，党中央、国务院提出了建设大型沼气工程和生物天然气工程的新发展目标 [1]。

国务院发展研究中心的一项研究结果表明，每增加1%的城镇化率，能源消耗将增加至少 6 000 万吨标准煤。长期以来，农村地区人口因技术设备滞后、科技水平不发达而低效率地使用能源，所造成的环境破坏常常被忽视 [2]。根据《国家新型城镇化规划（2014—2020 年）》，2020 年，我国常住人口城镇化率达到了 63.89%，这意味着约有 1 亿农村人口和其他常住人口在城镇定居 [3]。在城镇化率提升的过程中，面对城市人口增多所带来的能源需求压力，利用好沼气能源，将有机废物转化为清洁能源，这种模式符合我国"五位一体" [4] 国家总体战略布局的要求，有利于生态文明建设。

---

① 2017 年 1 月，《全国农村沼气发展"十三五"规划》。

② LIU G，LUCAS M，SHEN L. Rural household energy consumption and its impacts on ecoenvironment in Tibet：taking taktse county as an example［J］. Renewable and sustainable energy reviews，2008，12（7）：1890-1908.

③ 2021 年 8 月，住建部：我国常住人口城镇化率达 63.89%[EB/OL]. https://www.chinanews.com.cn/gn/2021/08-31/9554999.shtml.

④ 五位一体：中共十八大报告中提到的"经济建设、政治建设、文化建设、社会建设、生态文明建设"总体布局。

案例 4：贵州省黔西南州沼气建设工程的实施

沼气工程是党和国家在扶贫工作中着力发展的一项重点工程，尤其是对于山地较多、村寨分散的贵州地区，沼气工程对实现当地群众脱贫致富有着极其重要的作用。黔西南州是贵州省实施沼气工程扶贫的重点区域之一，自 2000 年 10 月，黔西南州各县市区就开始进行大范围的沼气工程的普及，以黔西南州的首府兴义市为例，如表 7-5 所示。

表 7-5　贵州省兴义市沼气建设工程改造前后对比

改 造 前	改 造 后
①用电量 $120 \sim 180$ 度 / 年 / 户，用煤量 $2.4 \sim 3.2\ t$/ 年 / 户，农作物秸秆 $4.3 \sim 5.5\ t$/ 年 / 户，薪柴 $3.1 \sim 4.5\ t$/ 年 / 户。 ②地表径流或集雨延长渗透需 $2 \sim 5\ h$	①户用电量（$300 \sim 400$ 度 / 年），户用煤 $< 1\ t$/ 年（仅做冬季取暖，农作物秸秆不做燃料，不伐薪柴），年平均节省生活用煤费 800 元 / 年 / 户。 ②地表径流未出现在坡地，在平地 $3 \sim 4\ h$ 内渗透完。 ③敞口池沤肥比沼肥全氮低 14%，铵态氮低 19.3%，有效磷低 31.8%，户年平均节省化肥开支 $240 \sim 280$ 元 /$3 \sim 4$ 亩 / 年。 ④改善土壤结构，改良土壤的重要物质和组成部分。 ⑤春—夏—秋季肠道传染性疾病发病染降低 30% $\sim$ 60%，年均减少治疗费 $50 \sim 100$ 元 / 户

此外，沼气池的建设对提高森林覆盖率、山泉溪水净化及农户生活成本的减少有着间接的影响作用，更重要的是，沼气这种清洁能源的使用，有助于村民使用热水、洗澡洗衣，促进了村民的身心健康，提高当地的乡村治理水平。

资料来源：费伦敏，黄有志，严再蓉. 实施沼气工程的效应浅析［J］. 山东省农业管理干部学院学报，2010，27（4）：57-58.

案例分析与启示：

兴义市在 2015 年就已基本实现"户均一口沼气池"的目标，黔西南州自实施沼气工程以来，极大改善了农户的生活，降低了生活成本，实现了沼气扶贫的目的，并且沼气的广泛使用降低了肠道传染病的发生率，增强了农民身体素质，改善了土地和森林结构，促进地方和国家的能源互通。下一阶段需要加强的是，如何扩大沼气池的范围，以满足日常生活更多的能源需求；提升沼气纯度，确保每户用的沼气优质高效；户户通气后，通过沼气的集中带动沼气发电工程发展以及加强农户安全使用沼气的能力。

作为基础设施扶贫的重要一环，沼气设施的完善不但有助于农户更方便地使用清洁能源，而且对改善环境、降低生活成本有着很好的推动作用，所以在"十三五"发展规划中，农村地区尤其是贫困农户的沼气建设始终是党和国家关注的重点。在进行沼气基础设施建设的过程中，生态环境综合治理、农业基建沼气项目、农村沼气国债、沼气扶贫等工程，为当地群众致富奔小康探索出了一条更循环、更清洁、更便利的新路子。

第二节　机　　制

对于基础设施的论述，Paul N. Rosensten-Rodan 最早将区域社会总投资分为"社会先行资本"与"私人资本"，其中"社会先行资本"即指基础设施[①]。之后的研究中，许多学者分析和讨论了基础设施对于经济发展的意义。1994 年世界银行发展报告《为发展提供基础设施》一文，详细论述了基础设施在现代国家发展中起到的作用，报告中提到，基础设施对经济增长有着强大的带动作用，甚至在其建设阶段就会为

---

① 　陈文科，林后春.农业基础设施与可持续发展[J].中国农村观察，2000（1）：9-21，80.

当地的商品交易和劳动力流动带来活力。

我们常认为基础设施是一种准公共物品，它为社会生产和生活中的各部门提供基本的公共服务，具有公共物品的一些基本特征（如非竞争性、非排他性等）。它可能是具象存在的（比如上文所提到的水、电、路、气等设施），也可能是无形存在的（比如教育、医疗、文化等社会事业组织）。因此，我们可以将基础设施视为一种社会中提供公共服务的"部门"，根据其"投入 - 产出"关系，通过常用的生产理论来分析基础设施的供求关系、效率及其外部性，其"产出"我们便可以视为基础设施对经济增长的"贡献"。

根据常见的生产函数表达 $F(K, L)=K^{\alpha}L^{\beta}$（柯布·道格拉斯生产函数），经济增长主要取决于资本投资（K）、劳动力投入（L）、资本产出弹性（α）和劳动力产出弹性（β）以及技术进步。不同的决定因素对基础设施"产出"也起着不同的影响。

一、资本

作为准公共物品，基础设施具有投资需求大、经营成本低的特点。基础设施建设初始投资资金较多，在设施的使用和运营过程中成本将逐步收回。但这个周期较长，往往在短时间内难以取得明显收益，这也是基础设施建设难度大、更新慢、私人投资者通常不会选择此类投资的主要原因。以农村自来水系统为例，铺设自来水管道、建设水库水塔、设立水泵等初期设施搭建阶段是在整个自来水设施建设中花费资金最多的阶段，跨过了初期建设阶段，农户在使用自来水设施过程中所缴的"水费"将会逐步弥补初期建设阶段的一部分投资。

公共物品的非排他性使得大众在使用某些公共物品时都没有付费意愿，更倾向于去"搭便车"[①]，而基础设施在为农户带来福利的过程中往往具有一定的公益性，所以它的主要提供者便是政府。根据西方

---

① 搭便车：1965 年由美国经济学家曼柯·奥尔逊提出的不付成本而坐享他人之利的投机行为。

经济学的观点，当厂商在向市场提供自己的产品时，定价在理论上应该等于边际成本，而有些公共设施在使用过程中所"花费"的边际成本趋近于 0（比如行人使用桥梁，行人每次所"花费"的边际成本接近于 0），则厂商的"定价"也应该趋近于 0，基础设施的这一特征使私人无法高效、稳定地提供公共服务，公共物品供给的"帕累托最优"就取决于公共经济部门。不同于竞争市场中的私人厂商，政府通过征税来充实财政收入，从而实现国家资源的再分配，为基础设施建设提供资本支持。对政府来说，提供公共服务、合理有效地利用财政支出以使得公共物品的效力达到最大化是主要关心的问题，而非过分考虑收益与成本的关系。

政府通过合理、有效的手段实现资源再分配，既是在财政学角度上国家需要思考的重要内容，也是基础设施扶贫的必要手段。为基础设施建设提供必要资本，主要有以下几种方式。

1. 政府财政

正如上文所述，政府通过税收的方式取得的财政收入可直接用于基础设施建设的投资，这是最简单直接，也是最有效地解决贫困地区基础设施不完善的方式。政府投资的社会效益显著，外部性强，鉴于有些基础设施的公益性强和收益率低的特点，在诸多领域只有政府投资可以解决发展所面临的问题。政府独资的基础设施项目主要服务于日常生活的以下三个方面：①国计民生的需要。比如长江三峡工程、青藏铁路等。②国家安全的需要。比如航空航天、核电工程等。③反垄断的需要。比如通信行业、供水供电行业的建设等[①]。这类基础设施的建设资本仅靠私人资本是远远不够的，这时就需要强大的财政收入来支撑，而强大的财政收入也是国力强盛的体现之一。我国经济水平在改革开放后得到快速发展，综合国力也逐步增强，充足而丰厚的财政收入支撑着我们完成了一个个近乎不可能完成的工程。"十五"规划期间，党和国家提出要排除困难，建设全国"新世纪四大工程"（青

---

① 陈共. 财政学 [M].7 版. 北京：中国人民大学出版社，2012.

藏铁路、南水北调、西气东输、西电东送），随着建设的不断深入，
四大工程逐步建设完善，每一项基础设施工程不但带动了整个国家的
资源互补和信息流通，还为沿线贫困地区的经济发展带来了机遇。以
青藏铁路为例，从青海省省会西宁市到西藏自治区首府拉萨市，全程
1 956公里的青藏铁路沿线几乎覆盖了中国贫困程度最深、脱贫难度
最大、自然环境条件最恶劣的区域。随着2006年国家投资建设下的
青藏铁路贯通，因铁路带来的经济机会和旅游人口明显增多，沿线地
区经济实现跨越式发展，基础设施所带来的经济效果十分明显。截止
到2020年，青藏铁路贯通后青海省、西藏自治区两地城乡居民收入
变化如图7-2、图7-3所示。

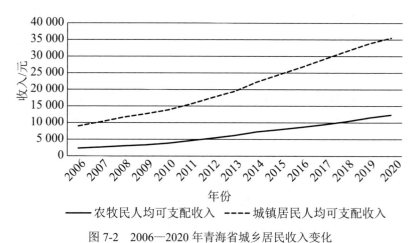

图7-2　2006—2020年青海省城乡居民收入变化

资料来源：《青海统计年鉴》2006—2020年。

根据图7-2、图7-3可知，自2006年青藏铁路正式通车以来，从
青海和西藏两省级单位角度来看，城镇居民人均可支配收入和农牧民
人均可支配收入持续增长，且都得到较大幅度提升，城镇居民人均可
支配收入增加了3倍左右，农牧民人均可支配收入增长了5倍以上。
这表明政府投资的基础设施对区域经济产生了巨大影响。

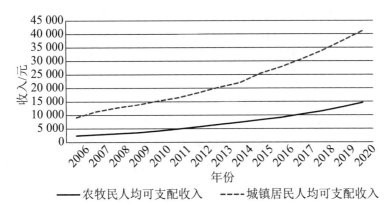

图 7-3 2006—2020 年西藏自治区城乡居民收入变化

资料来源：《西藏统计年鉴》2006—2020 年。

2. 私人出资

上文中我们介绍了基础设施这类准公共物品的特点。相比于政府投资建设的各类基础设施，私人投资建设的情况相对较少，但仍然存在于我们生活中的部分领域，这类基础设施规模不大、影响范围有限，但也对当地经济增长、居民生活水平产生了一定正向作用。比如我们在日常生活中见到的"贷款修路""收费还贷"等现象，就是以盈利为目的的企业或集体通过"先修路，后收费"的模式建造路、桥等基础设施。值得一提的是，尽管私人出资的基础设施并不通过政府财政的参与来建设，但是为了保障社会稳定和民生发展，私人出资的收费路桥的收费期限、价格定制、道路状况标准等方面仍受政府控制。

私人投资的基础设施往往带有一定的公益性特征，当政府无力，或在某些特殊地区未能有效提供公共物品时，私人出资的基础设施就可以弥补这一不足。私人资助的基础设施在一定程度上也反映了准公共物品的"公平性"，通过收费的方式让"使用"基础设施的"消费者"来"购买"使用权，而这些资金可以用来弥补初始投资以及使用过程中的养护费用，市场的调节在整个过程中发挥了作用。

私人资本投资下的基础设施在一定的时期内能够起到便民、利民的效果，但从长期看，若基础设施的营利性较强，则会引发"使用者"和"经营者"的对立矛盾，成为社会不稳定的潜在因素；并且政府可能会花费大量的监管成本于这类基础设施，因此而带来的财政压力也说明通过私人资本投资的基础设施可能不是福利最大化的最好形式。

3. 政府与民间机构共同参与

除了政府提供和私人出资两种传统的资本提供模式外，为了提升基础设施建设水平，随着私人经济体的不断壮大，逐渐形成了政府和民间机构共同参与的资本方式，这种"公私合营"融资模式正在成为基础设施投资、融资模式的主流。我们在日常生活中常见的"公私合营"资本提供模式有如下几种。

（1）BOT（build-operate-transfer）模式。BOT 模式的命名取自英文"建造—运营—转让"三个单词的首字母，指政府授予某个私人单位获得基础设施建设的特许权，在这个特许权期限内允许私人单位进行融资、建设、盈利经营。因特许期内私人单位要自行承担风险，所以投资方往往会要求政府保障其最低收益率，以使私人部门的投资不会因提供公共物品而得不到回报。在特许期间，政府有权对其进行监管。

在我国实施光伏扶贫的过程中，BOT 模式的融资方式起到了巨大的推动作用。光伏基础设施建设需要大量的资本参与，BOT 模式下财政扶贫专项资金与社会资本结合来分担风险，在为当地农户的脱贫事业提供基础设施支持的过程中，既保证了工程质量、解决了维护问题，又能为负责项目的私人单位带来收益，从而达到多方共赢的效果[①]。在扶贫攻坚的工作当中，对贫困地区的污水处理、垃圾回收、规模养殖等项目的建设，也往往通过 BOT 模式来进行融资经营。

（2）PPP 模式。PPP 模式取自英文"public-private partnerships"三个单词的首字母，意为"政府和社会资本合作"，这种模式在基础设施建设初期引入民间资本加入，解决了政府融资难的问题，它是政府和私人部门共同为公共服务提供资本的典范。PPP 模式既减轻了政

---

① 陈国峰，林亮. 山东临朐：光伏扶贫 点石成金 .[EB/OL].（2020-06-10）. https://m.gmw.cn/baijia/2020-06/10/1301277502.html.

府负债，保证了基础设施的有效提供，同时又为私营单位带来了相关利益，在当下被世界各个国家和地区广泛使用。PPP 模式不只存在于基础设施建设的初期，在基础设施的运营维护阶段也可以通过 PPP 模式进行公私共同经营。

2015 年《中共中央 国务院关于打赢脱贫攻坚战的决定》指出，财政资金在扶贫开发中起引导作用的同时，要鼓励社会资本的加入，让更多的企业和民营资本加入基础设施扶贫建设中来。在我国扶贫攻坚事业推进的过程中，PPP 模式被用于诸多领域，其中最为重要的便是基础设施建设中的投入。在经济新常态下，PPP 模式不但能够解决贫困地区资金不足的问题，加快健全贫困地区基础设施体系，也有利于政府的权力下放，加快政府职能的转变，减轻债务压力。充分利用好 PPP 模式进行基础设施建设的投融资，合理平衡公共利益与私人利益的关系，使投资精准，资本用之有效，在扶贫攻坚过程中起到了相当大的推动作用[①]。

（3）TOT（transfer-operate-transfer）模式。TOT 模式的命名源自英文单词"移交—经营—移交"的首字母缩写，这是一种新型的基础设施融资方式。TOT 模式指政府将已完成项目的产权或经营权转让给私人投资者进行运营管理，私人投资者可以在合同期内通过自营方式取得回报。TOT 融资模式可以看作是 BOT 模式的一种发展。TOT 模式能够很好地利用闲置或长期以来得不到更新的基础设施，盘活社会资源，带来更多的社会投资的渠道和资本数量；同时 TOT 模式也会促进政府职能转变，由一个资本输出者变为监督服务者。

TOT 模式在我国扶贫工作的过程中，尤其是在部分兼有经营性质的基础设施单位中得到广泛应用。比如污水处理、垃圾分类等产业，由之前政府主导的方式移交给私人单位经营，不但技术问题得到了很好解决，工作效率显著提升，而且这一举措也是此类基础设施市场化的重要一步，贫困地区人口增多了就业机会和经济来源方式，形成了

---

① 廉超. PPP 模式助推精准扶贫、精准脱贫［J］. 贵州社会科学，2017（1）：152-157.

多方共赢的局面。但值得注意的是，在 TOT 模式的运作过程中要做好法律法规的制定和利用，防止国有资产流失，也保护百姓利益不受损。

（4）其他类型。除了上文提到的在基础设施建设过程中常见的"公私合营"模式，公共投资和私人资本合作还有许多投资方式。比如 BOO（build-own-operate，建设—所有—运营）、BBO（buy-build-operate，购买—建设—运营）、DBM（design-build-maintain，设计—建设—维护）、BOOT（build-own-operate-transfer，建设—所有—运营—转移）等投融资方式，大多可以通过缩写的全称看出经营模式的意涵和权责转换路径，这类投融资方式用得不多，甚至有些资本模式就包含在其他"公私合营"模式之中 [比如 PPP 模式中就包含 operations & maintenance（OM）、management contract（MC）、build-own-operate（BOO）等多种经营模式]①。

二、劳动力

由柯布·道格拉斯生产函数可知，劳动力的投入量在生产中扮演着重要角色，同样，劳动力的多寡也决定着基础设施建设的产出。根据刘易斯的城乡二元经济模型理论，现代工业部门的边际生产效率和工资水平远高于农业部门②。有鉴于此，农村劳动力将从农业转向工业，从而实现了从农村到城市的劳动力转移。随着农村劳动力的减少和农业部门边际生产率的提高，农民收入也将增加，从而发生劳动力的再次转移，直到两类部门的边际产出相等，"农业—工业""城市—乡村"的劳动力异动呈现一种动态平衡的状态。而在这整个过程中，基础设施无论是在劳动力转移还是在提升农业产业的边际生产率中都起到了

---

① 刘家伟.我国农村基础设施投融资模式研究[J].中央财经大学学报,2006(5)：52-56，67.

② LEWIS W A. Economic development with unlimited supplies of labor [J]. The Manchester school of economic and social studies，1954（22）： 139-191；LEWIS W A. The dual economy revisited [J]. The manchester school of economic and social studies，1979，47（3）： 211-229.

关键作用。随着资本的引入，基础设施建设开展，这种带有工业性、服务业性质的产业将为农村劳动力提供大量就业机会，在短期内带来较丰厚的经济收入，吸引劳动力转移。在我国贫困地区有大量的劳动力会随着基础设施建设的开展从传统的农业耕种转移到新产业中，而随着基础设施的逐步建立健全，农业产业的边际生产率自然会得到提升，农业生产得到保障，再加上我国推进农民工返乡的各种优惠政策，又会导致劳动力从工业转移到农业。

在我国基础设施扶贫的过程当中，贫困人口会大量投入当地基础设施建设当中，劳动力匮乏的问题会得到一定程度上的解决，但是劳动力质量和人力资源管理水平能否同时得到提升值得我们思考。更重要的是，随着资本的高速积累，城乡之间劳动力流动并不充分，我国还存在地域差异性较大、地区发展不平衡的情况，农村劳动力转移时每个个体对于地理空间和流动成本上的考量也会影响到劳动力流动情况，这也最终导致了劳动力供给不充分。劳动力的过度供给会"稀释"生产效率，导致人员结构臃肿、生产效率低下，所以，寻求劳动力要素的合理供给是在基础设施扶贫以及后续乡村振兴过程中的重要一环。

三、资本和劳动力产出弹性

产出弹性是指当其他因素不变时导致产出变化的生产要素投入比例，是产量对某种生产要素投入的敏感性反映。在柯布·道格拉斯生产函数中，资本的产出弹性系数 α 和劳动力的产出弹性系数 β 是由一定时期内资本或劳动力平均产出弹性所决定的，一般来说固定不变。但有些经济学者将其看作与时间有关的函数，因为在长期来看，随着市场和生产力水平的变化，产出弹性会发生变动，但一般情况下二者并不因要素投入量的多少而改变。所以在基础设施扶贫的过程中，我们可以将其视为固定不变的影响因素以更方便地衡量产出。

四、技术进步

技术进步是指在一个开放的经济环境中由技术引进、自主开发、外界合作等方式带来的知识改进或技能革新。类似于资本和劳动的产出弹性，技术进步在短期内往往也无法实现，但是在国家扶贫攻坚的过程中，无论是生产方式还是管理水平，我们都有充分的理由相信科技进步和国家支持会带来贫困地区的技术进步，使得基础设施的"产出"发生飞跃性的提升。同样，基础设施建设也将会在某些方面成为贫困地区的技术进步因素。

比如长江三峡工程给当地电力行业、运输业、养殖业等方面带来的影响，这种影响不局限于基础设施建设完善而导致的生产便利，而是整个生产方式的革新和改变。三峡工程在施工过程中需要 32 台 70 万千瓦水轮发电机组，21 世纪初，我国只能够生产 30 万千瓦的水轮发电机组，于是不得不采取国外进口的办法来弥补此项短板。这样的大型订单在世界各国水电设备企业备受关注，招标过程中中国三峡总公司规定：国外企业必须和中国企业同时投标并且中方所占份额不能低于 25%；国外企业必须转让相关技术给中方企业，并确保中方可以自主建造一台 70 万千瓦级的水轮发电机组；最后两台发电机组必须主要由中方企业制造；国外企业要确保中方企业的相关技术人员已掌握制造 70 万千瓦级水轮发电机组的技术后方可收到货款。随着项目的开展，中国公司成功掌握了 70 万千瓦级水轮发电机组的制造技术，2007 年 7 月 10 日，中国首台国产 70 万千瓦级水轮发电机组成功投入运行。我国企业通过 7 年的时间实现了其他国家 30 年才能完成的技术跨越，自此，我国逐渐发展水轮发电机的制造能力，现在已经达到了国际先进水平。这样的技术进步不仅惠及三峡水利工程影响下的长江沿线，给当地居民带来直接利益；还带动了一个行业的壮大，实现跨越式发展[①]。

---

① 李翀. 以市场能够换技术吗？——我国提高科学技术水平的路径分析 [J]. 经济社会体制比较，2014（5）：12-19.

由此可见，在扶贫攻坚的过程中，这种基础设施建设和技术进步相互促进的"螺旋式"结构使扶贫事业对社会的影响并不局限于"脱贫"的单一目标，基础设施在为贫困人口带来社会福利的过程中也会得到提升科技水平，提升自身产出效率，实现代际跨越。扶贫攻坚是一个多元的工作，涵盖社会的多个维度，辐射生活的各个领域。完成好中共中央、国务院所要求的脱贫攻坚任务既是为全民福祉谋利的好事，也是各产业的机会，脱贫攻坚并不是拆了东墙补西墙，而是借助此次发展契机在经济新常态下改善产业结构、促进产业升级，真正实现在全面建成小康社会、实现中华民族伟大复兴的征程中"一个都不能少"。

五、基础设施对经济的影响

1994 年世界银行公布的《1994 年世界发展报告：为发展提供基础设施》表明，基础设施存量每增加 1%，国内生产总值便会增长 1%[①]。国内学者袁力（2006）的研究表明，在农村地区劳动力数量保持充足的情况下，基础设施投资会带来大量工作岗位，因此带动了生产力的成倍增长。并且基础设施可以降低交易成本，提升交易效率，促进农村经济的内生增长能力的发展。

自 2004 年中央一号文件回归"三农"主题以来，历年一号文件都在强调完善农村基础设施的重要性，党和国家每年也都在加大农村基础设施的财政投入。在我国农村基础设施水平滞后的背景下，特别是在迫切需要解决基础设施问题的贫困地区促进基础设施建设，不但能为扶贫攻坚工作作出巨大的贡献，而且在宏观层面有助于扼制经济下行的趋势，改善经济环境，使得国民生产总值保持持

---

① World Bank. 1994 World Development Report[R].Washington D.C.: World Bank，1995.

续稳定的增长。这也是中国自 1998 年以来长期采取积极财政政策^① 的原因^②。

将基础设施扶贫的作用过程转化为生产函数来看待，基础设施的投入显著即是生产要素的投入，基础设施的影响即是生产函数的产出，通过对简单的生产函数分析，我们了解了各个要素对最终基础设施扶贫效果的影响机制。由此可见，基础设施在扶贫攻坚过程中扮演着极其重要的角色，它为其他部门提供发展条件的同时也在潜移默化地为当地人口带来就业岗位，振兴了当地市场，刺激了区域经济增长，促进了当地人民生活水平提高。2017 年中央农村工作会议指出：实施乡村振兴战略，必须重点抓好农村公共基础设施建设，推进农村基础设施建设升级。因此，做好贫困地区的基础设施建设工作是一项艰巨、紧迫、必要的任务。基础设施建设功在当代利在千秋，因基础设施改善而产生的巨大经济效益无论是对一个地区还是对整个国家都有着关键作用。

第三节　制　度　安　排

党的十八大以来，中国扶贫事业取得了巨大成就，我们已实现第一个百年奋斗目标，全面建成小康社会历史性地解决了绝对贫困问题。贫困地区的基础设施实现了翻天覆地的变化，贫困人口的生活水平也因此而得以提升。但是，面对日新月异的市场环境和贫困群众不同阶段的需求，基础设施制度与时俱进，对保持贫困地区的经济增长活力、应对制度边际效用递减起着极其重要的作用。尤其是对于以农业生产

---

① 积极财政政策：通过财政投融资进行基础设施建设，调整经济结构，推动产业升级，形成新的经济增长点，并以此增加就业，扩大内需，使经济得以可持续发展。

② 郭庆旺，贾俊雪.基础设施投资的经济增长效应［J］.经济理论与经济管理，2006（3）：36-41.

为主要经济来源的贫困地区人口，因自然条件限制和农业产业的天然短板，天气、有限的自然资源、生产技术等因素都有可能打破农业生产中暂时的制度均衡，所以党和国家十分重视基础设施制度安排，以使现行制度可以解决因滞后性而导致的一系列问题。

1993年诺贝尔经济学奖得主、美国经济学家道格拉斯·C.诺斯（1981）认为，制度的创新和改进不是一劳永逸的过程，任何制度都有它的周期规律，一项"新制度"会在历史的演进当中逐渐变为"落伍的旧制度"，此时为了保证稳定的产出，我们需要及时作出制度创新和制度调整，通过协调生产关系以达到产出最大化的效果[①]。党和国家在基础设施扶贫的过程中十分重视制度的安排。

一、顶层设计

党的顶层设计中强调了基础设施扶贫在社会发展和扶贫攻坚工作中的重要性。在党的第十八次全国代表大会和第十九次全国代表大会上，党中央都提出了要加强建设我国现有较为落后的基础设施，提高公共服务水平，特别是对于农村和贫困地区，应具有长期且明确的布局规划。党的十八大报告指出，"要坚持把国家基础设施建设和社会事业发展重点放在农村"，应在扶贫开发过程中落实"全面改善农村生产生活条件"[②]。在党的十九大报告中，习近平总书记强调，在基础设施的建设上要着重加强水利、铁路、公路等基础设施网络建设，形成现代化的生产联动结构，促进生产力的提升。特别是在脱贫攻坚的关键阶段，要"动员全党全国全社会力量"，坚持精准扶贫、精准脱贫，"解决区域性整体贫困"[③]。党和国家清楚地认识到，基

---

① 诺斯.制度、制度变迁与经济绩效[M].上海：格致出版社，2008.

② 胡锦涛.坚定不移沿着中国特色社会主义道路前进 为全面建成小康社会而奋斗[N].人民日报，2012-11-18（01）.

③ 习近平.决胜全面建成小康社会 夺取新时代中国特色社会主义伟大胜利[N].人民日报，2017-10-28（1）.

础设施建设不但影响着国计民生，更是在国家发展中有着举足轻重的地位。

二、中央文件

党和国家在具体工作中规划了基础设施扶贫在社会发展与扶贫攻坚工作中的发展蓝图。中央一号文件① 对当年的"三农"工作起着纲领性、指导性的作用，自 1982 年改革开放后的第一份涉农中央一号文件开始，历年一号文件都会强调农村地区的基础设施建设对当地经济影响的重要性，尤其是党的十八大以来，每年的中央一号文件都会对基础设施扶贫进行相应的制度安排。党的十八大以来中央一号文件对基础设施建设的概述如表 7-6 所示。

表 7-6　党的十八大以来中央一号文件对基础设施建设的概述

发表年度	文 件 名 称	政 策 概 述
2013 年	《中共中央 国务院关于加快发展现代农业 进一步增强农村发展活力的若干意见》	通过加大公共财政对农村基础设施的覆盖力度，将社会事业发展和基础设施建设的重心转向农村，在"十二五"建设的后期基本解决贫困地区农村人口的饮水、用电问题，推进西部地区和连片特困地区的交通路桥建设，加快互联网基础设施建设，增强贫困地区人口预防自然灾害的能力
2014 年	《中共中央 国务院关于全面深化农村改革 加快推进农业现代化的若干意见》	提高农村饮水工程和用电设施建设标准，加快西部地区和连片特困地区的交通路桥建设，因地制宜发展农村沼气能源建设。推进医疗、教育等基本公共服务城乡均等化，推进信息进村入户的工作进展

---

① 中央一号文件指中共中央每年发布的第一份文件。自 1982 年，中共中央、国务院签发第一份以"三农"为主题的中央一号文件以来，连续多年的一号文件均以"三农"为主题，因此中央一号文件便成为国家"三农"工作政策导向的代名词。

发表年度	文件名称	政策概述
2015 年	《中共中央 国务院关于加大改革创新力度 加快农业现代化建设的若干意见》	加强对贫困地区农田水利设施、交通路桥、基本饮水用电等基础设施的改善外，更要加大贫困地区的科技投入和环保投入。促进贫困地区一二三产业融合发展，鼓励贫困农户大胆尝试通过非农产业创收，利用好当地资源，加大乡村旅游休闲的投入
2016 年	《中共中央 国务院关于落实发展新理念 加快农业现代化 实现全面小康目标的若干意见》	国家支持基础设施建设应以农村地区为重点，特别是贫困地区的基础设施的建设。在加大基础设施力度的同时，要更加注重农村基础设施的维护，形成绿色发展的长效机制。提升贫困地区的公共服务水平，在基础教育、医疗保障、妇女权益、殡葬改革、文化建设等多方面与时俱进，通过基础设施的改善影响当地文化和思想
2017 年	《中共中央 国务院关于深入推进农业供给侧结构性改革 加快培育农业农村发展新动能的若干意见》	通过改革基础设施建设投融资方式形成脱贫新机制，加大地方政府"债券支持农村基础设施建设"的力度，拓宽贫困地区基础设施的投融资渠道，让扶贫攻坚的工作不会因为资金问题而放慢脚步
2018 年	《中共中央 国务院关于实施乡村振兴战略的意见》	强调了农村地区，特别是农村贫困地区基础设施的落后情况。在继续加强水、电、路、气等基础设施建设的同时，要大力促进互联网和农村电商的普及；实现城乡基础设施"互联互通"的同时，要让农村的科技步伐也能够跟随时代脚步。在"乡村振兴"战略的新阶段，基础设施扶贫也要注重结合美丽乡村建设的推进，不能因基础设施建设而破坏了"绿水青山"
2019 年	《中共中央 国务院关于坚持农业农村优先发展 做好"三农"工作的若干意见》	关注农村饮水安全、道路建设、危房改造、电气化提升工程的同时，特别强调完善县乡村物流基础设施网络、推进宽带网络延伸及提速降费。要求健全责任制度，明确各方管护责任，鼓励地方将管护费用纳入财政预算

发表年度	文件名称	政策概述
2020 年	《中共中央 国务院关于抓好"三农"领域重点工作 确保如期实现全面小康的意见》	重点强调农村道路交通的建设和养护，推动"四好农村路"示范创建提质扩面，有序推进较大人口规模自然村（组）等通硬化路建设，加强农村公路养护和道路交通安全管理，加快农村公路条例立法进程。另外，强调电网升级改造，农村公共基础设施管护责任落实和做好村庄规划
2021 年	《中共中央 国务院关于全面推进乡村振兴 加快农村农业现代化的意见》	强调继续把公共基础设施建设的重点放在农村，推进道路畅通、供水保障、清洁能源建设、电网建设、燃气下乡、发展农村生物质能源等事业。特别强调实施数字乡村建设发展工程，内容包括千兆光网、5G、移动物联网、农村遥感卫星等。强调发展智慧农业，完善农业气象综合监测网络，提升气象灾害防范能力。突出高新技术作用，开启乡村振兴新格局

由此可见，党和国家每年的"三农"工作部署中对基础设施建设都有着清晰的定位和制度安排，从建设前的投融资到建成后的管理和维护，每个对基础设施扶贫效果有着深远影响的环节都得到了重视。

三、地方政策

地方政策的部署实现了基础设施扶贫在社会发展和扶贫攻坚工作中的落实。在我国基础设施扶贫的过程中，针对党和国家作出的顶层设计，不同地区会根据当地实际情况，作出适合当地经济发展水平和人民生活习惯的具体制度安排。以我国西部地区扶贫攻坚的政策安排为例，20 世纪 80 年代以邓小平为核心的党中央通过分析我国经济发展不平衡的现状，认为改革开放后东部沿海地区快速发展，但西部地区限于恶劣的自然环境和固化的思维习惯，贫困发生率较高，且贫困程度较深。因此，邓小平同志提出了"两个大局"的思想，即改革开放初期，中西部地区要顾全东部沿海地区加快对外开放、先发展的大局；当发展一定时期后，东部沿海地区要服从拿出更多力量帮助中西部地区加快发展的大局。2000年，党和国家提出西部大开发战略，战略中最核心的一点就是加快西部地区的基础设施建设以促进当地贫困群众脱贫。2007年3月，《西部大开发"十一五"规划》强调，要继续重视基础设施建设，加大重点项目的推进力度，提高基础设施建设带来的综合效益。2012年2月，《西部大开发"十二五"规划》强调，基础设施要在城乡之间建立良好的联系，搭建起共同发展的桥梁。2017年1月，《西部大开发"十三五"规划》提出，基础设施建设目标之一就是"建成现代化交通网络和相对发达的城乡支干交通网络"。随着西部大开发战略的不断推进，我国西部地区人口的生活得到明显改善，脱贫情况不断向好，极大地加快了致富步伐。除此之外，我国针对东北老工业基地的基础设施改造，以及中部地区基础设施现代化建设，也对当地贫困群众的生活产生了相当大的影响[1]。

总体来看，在基础设施制度的变迁过程中，既有一以贯之的关注点，也有在不同社会环境下的"时代性"和"特殊性"，而制度变迁的过程也并非对外部环境带来的影响因素全盘接受或全盘斥出，每项制度自我完善的经历中都会有"新制度"与"旧制度"的矛盾，而我国的基础设施制度建设始终走在完善的道路上[2]。

① 张国防.脱贫攻坚与贫困地区基础设施建设 [J].开发研究，2018（3）：118-123.

② 李怀.制度生命周期与制度效率递减——一个从制度经济学文献中读出来的故事 [J].管理世界，1999（3）：68-77.

案例 5：黑龙江省乡村社区水利基础设施建设的完善

作为农业大省，黑龙江省始终重视乡村社区基础设施的建设，公布多项地方政策以促进基础设施的发展，其中：

（1）2012 年出台《进一步加强全省农村社区建设的意见》。

（2）2015 年在全省范围内开展农村社区建设"531 工程"［利用 5 年时间，每年建成 300 个基础设施达标、服务内容丰富、社区治理规范的农村示范社区，实现每个乡（镇）至少拥有 1 个示范社区］，着力完善乡村基础设施。

（3）实施农村饮水安全工程、农村电网升级改造工程、新农村建设工程、农村危房改造工程、黑龙江省美丽乡村建设三年行动计划（2015—2017 年）、黑龙江省十大民生工程等多项基础设施建设规划，以促进乡村基础设施完善和当地经济发展。

以农田水利基础设施建设为例，全省每年在水库数量、水库容量、除涝面积等各项指标上均有所改善，水土流失治理面积也较为稳定，如表 7-7 所示。

表 7-7　黑龙江省农田水利基础设施情况

时　间	水库数量 / 座	水库总库容量 / 亿立方米	除涝面积 / 平方千米	水土流失治理面积 / 平方千米
2016 年	1 130	267.6	3 393.97	4 213.42
2015 年	1 139	268.14	3 385.25	3 834.23
2014 年	1 139	268.14	3 382.06	3 708.28
2013 年	1 133	262.62	3 378.1	3 609.73
2012 年	930	179.15	3 365.57	4 979.77

资料来源：《中国统计年鉴》。

资料来源：张平，孙伟仁，唐立兵.乡村振兴战略背景下黑龙江省乡村社区基础设施建设问题及对策［J］.黑龙江八一农垦大学学报，2018，30（6）：118-124.

案例分析与启示：

（1）由表 7-7 可知，黑龙江省水库数量和容量基本呈上升趋势，除涝面积能维持在 3 300 平方千米以上的水平。这对于一个农业大省稳定粮食产出极为重要。

（2）作为农业大省，黑龙江省的基础设施水平虽然稳定保持在一个较高水平上，但是仍然存在很大的提升空间，基础设施进一步完善和更新十分重要。在未来的基础设施建设中，应统筹好基础设施的供给机制，鼓励社会、企业等民间力量参与到基础设施建设中来，形成政府主导、多方参与的多元供给机制。

（3）基础设施建设应以居民需求为中心。基础设施"自上而下"的供给机制往往会造成农村居民参与度不够、工程建设不符合民意的情况。要让"使用者"成为"决策者"，把满足居民需求当成基础色才是建设的目的，才是今后优化基础设施建设的出路。

（4）基础设施建设好后还应推出配套的监督和管护机制，有效的监督和管护才能延长基础设施的使用寿命与作用效率。

第四节　路　　径

在前文中，我们论述了基础设施的重要性以及党和国家对基础设施建设所提出的相关政策，通过基础设施建设的推进来加快脱贫的步伐，最终实现消除贫困的目标是我们扶贫攻坚工作中的重点之一。

国内外许多学者对基础设施在经济增长和生产率提升等方面的作用进行了论证。Ashcauer 通过实证分析研究了美国公共资本的产出弹性，认为公共资本和全要素生产率有着相同的趋势[①]；张林秀等认为，从区域经济学的角度来看，贫困地区的经济发展水平和当地贫困人口

---

① ASHCAUER D A. Is public expenditure productive？[J]. Journal of monetary economics，1989，23（2）：177-200.

的非农就业情况是影响农村基础设施建设的重要因素，地方区域经济发展水平越高、农户非农就业人数越多，对基础设施方面的投资就会越大[①]；杨印生等通过量化分析得出，公共投资对农业生产率提升有明显的推动作用[②]；Fan 等研究表明，基础设施的建设情况与当地居民的家庭收入显著正相关[③]；汪小勤等认为农村水利设施和电力设施的改善可以使当地克服因生产要素匮乏、资源禀赋不足、生态条件恶劣等多种不利因素导致的农业生产效率低下的情况，提升农业产出[④]；米建伟等则认为在农业基础设施中科技投入和水利设施投入对农业生产率的影响最显著[⑤]。

　　基础设施的完善不但可以降低生产成本、提升生产效率、保障贫困地区经济的稳定产出，而且有助于实现农业现代化，促进产业结构调整和区域经济联系。鞠晴江等的研究表示，农村基础设施对农业生产、非农业生产、农民收入等多方面都有着显著影响，其中教育基础设施的作用最明显，不同的基础设施对农民的收入影响各有不同[⑥]；Boarnet 以公路设施为例分析了基础设施对农业生产要素流转的促进作用，交通设施的改善也有利于优化生产要素配置，带动各地区的经济

　　① 张林秀，罗仁福，刘承芳，等．中国农村社区公共物品投资的决定因素分析[J]．经济研究，2005（11）：76-86.
　　② 杨印生，张充．公共投资对粮食主产区农业生产率增长的驱动效应分析——基于吉林省1989—2006年数据的实证检验[J]．数理统计与管理，2010，29（4）：571-577.
　　③ FAN S，NYANGE D. Public investment and poverty reduction in Tanzania：evidence from household survey data，DSGD discussion paper18[R]. Washington D C：International Food Policy Research Institute，2005.
　　④ 汪小勤，姜涛．基于农业公共投资视角的中国农业技术效率分析[J]．中国农村经济，2009（5）：79-86.
　　⑤ 米建伟，梁勤，马骅．我国农业全要素生产率的变化及其与公共投资的关系——基于1984—2002年分省份面板数据的实证分析[J]．农业技术经济，2009（3）：4-16.
　　⑥ 鞠晴江，庞敏．基础设施对农村经济发展的作用机制分析[J].经济体制改革，2005（4）：89-92.

联系[①]；Gibson 等通过分析巴布亚新几内亚的农村道路，研究基础设施对当地贫困的影响，研究结果表明，若居民能更好更快地找到基础公路并通过公路实现人口流动，则贫困发生率就会降低[②]。因此，如何提升基础设施的"可得性"是基础设施在建设过程中的关键；刘生龙等、张学良、胡煜等均对基础设施的空间溢出效应进行了实证分析，他们认为，中国的基础设施，特别是交通基础设施有显著的空间溢出效应，一地的基础设施完善，会带动多个区域范围的经济增长[③]；骆永民等基于空间相关性和空间异质性，研究发现农村基础设施的完善对本省和周边省份都具有正向作用，因此也证明了基础设施的空间溢出效应[④]。

基于以上研究，通过对不同类别研究结果的总结，简单来说基础设施主要在以下几个方面对贫困地区的经济水平产生影响。

1. 农业生产率

基础设施对农业生产率的提升主要表现在以下几个方面：①降低农户的交易成本，提供便捷高效的生产要素供应通道和产品出售渠道。在贫困地区的农产品产销过程中，基础设施条件的改善可有效降低农户的各种交易费用，比如交通道路的改善能为农户降低运输成本，互联网的普及能节省农户获取交易信息的成本等。②减少农户的劳动时间，降低其工作强度，让农户以耗时较短、较轻松的方式获得更多的经济收入。比如乡村自来水系统的搭建能减轻农户取水的负担，电力

① BOARNET M G. Spillovers and the locational effects of public infrastructure [J]. Journal of regional science, 1998, 38（3）：381-400.

② GIBSON J, ROZELLE S. Poverty and access to roads in papua new guinea [J]. Economic development and cultural change, 2003, 52（1）：159-185.

③ 刘生龙，胡鞍钢. 基础设施的外部性在中国的检验：1988—2007 [J]. 经济研究，2010（3）：4-15；张学良. 中国交通基础设施促进了区域经济增长吗——兼论交通基础设施的空间溢出效应 [J]. 中国社会科学，2012（3）：60-77；胡煜，李红昌. 交通枢纽等级的测度及其空间溢出效应——基于中国城市面板数据的空间计量分析 [J]. 中国工业经济，2015（5）：32-43.

④ 骆永民，樊丽明. 中国农村基础设施增收效应的空间特征——基于空间相关性和空间异质性的实证研究 [J]. 管理世界，2012（5）：71-87.

的稳定输出能保证农业机械化水平可以更好地用于农业生产中，减少农户的劳作时间等。

2. 收入获得方式

基础设施的完善，不但改进了传统的农业生产方式，更为当地群众带来了非农就业机会。随着基础设施的完善，外出务工的成本降低，农业生产率的提升也降低了外出工作的机会成本，而有一些基础设施在建设过程中本身就可以起到"以工代赈"的效果，使当地贫困群众投入建设工程中，不但能拿到稳定的工资，而且保证了就在居住地附近，"既靠近土地，又靠近工地"，很好地解决了一些农户不愿"走出去"的难题。如今，非农业收入已占到农民年人均净收入的60%以上，如果可以较好地提升基础设施水平，使得更多的贫困户外出务工获得非农收入，对减贫工作的推进将有着重大意义。

3. 相关经营活动

基础设施建设本身带来的各类经营活动也是当地农户创收的机会。基础设施建设时，因车流、人流、物流的增多而产生的积极影响，为贫困地区带来了充足的活力，当地农户的运输业、餐饮业、个体商业等多种产业均会迎来发展机遇。除了工地劳动力的需要和参与到基础设施建设的日常维护工作中外，新的基础设施建设也会方便杂货商店、小型餐馆等服务业的发展，贫困地区人口调动起来，各年龄段的村民依照所具备的不同生产技能为基础设施建设过程中所需的各方面而贡献，并因此取得报酬，这是一种提高贫困户私营活动收入、扶贫助贫的好办法。

4. 人力资源素质

人力资本的素质提升是一个复杂且漫长的过程，除了传统的以教育的方式来提升平均人力资本水平，引入基础设施是在短期内提升人口素质的方法之一。随着基础设施的改善，当地居民有了更好的生活质量和与外界的沟通条件，比如，交通的改善让农户有了更多的机会去使用机动车，到附近的集市或城区更加容易；光纤设备的健全让农户有了更便捷使用互联网的能力，农户可以足不出户而了解国家政策、农产信息、时事新闻……以往的交通成本、信息获取的成本大幅度减少，为贫困地区农户获取各类社会、生产服务带来了更便利的机会，农产品更新换代、农业机具共享、生产技术革新等多方面都会因此受到正向影响。同时，基础设施的健全也会给农户带来接受技术培训的机会，农户的人力资本随着信息流的增多和针对性的培训而得到提升，这种内生动力的提升是扶贫减贫的根本，也是扶贫攻坚工作要达到的目的之一。

第五节　启　　示

根据本章所述，在介绍基础设施建设扶贫的过程中，我们详细分析了基础设施对贫困地区经济发展的作用、基础设施在提升当地经济水平中的作用机理以及基础设施建设在扶贫攻坚工作中的意义。通过资料的整理和总结，我们得到如下启示。

一、改变贫困现状

1. 直接促进贫困地区进步

基础设施的改善促进了农户生产能力和收入获得能力的发展，基础设施不但缩短了农户到市场、农户到乡县以及农户到银行、医院、学校等社会部门的距离，更重要的是，因基础设施完善而带来的生产便利和市场信息是其他扶贫环节所替代不了的。只有通过基础设施的逐步完善，贫困人口才能更好地拓宽自己的收入来源，了解到外界市场信息，有针对性地选择个人劳动方向和方式，并通过市场交易、劳动输出、农业资源整合、农户合作等方式促进当地经济事业发展。在生产生活成本降低、便利程度提升的过程中，没有了后顾之忧，贫困地区农户可以更好地发挥个人能力于经济创收，而减轻对基本生存要求的重视。甚至，基础设施建设会为当地带来革新性的改变，彻底改变传统的生产生活方式和文化环境。

首先，基础设施在助贫扶贫的每个阶段都对贫困人口有帮助作用。相比于非贫困户，贫困人口在基础设施的需求上有着更迫切的需要，党和政府在基础设施的立项、选址过程中就充分考虑了区域发展不均衡的问题，努力辐射更多贫困地区。比如在京九线铁路建设的过程中，国家就充分考虑了贫困地区的发展需要，在京九线贯穿的 9 个省市中有 12 个国家级贫困区以及多个革命老区，京九线的贯通也为我国中西部地区的发展，尤其是中西部落后地区的发展带来了机遇，联系起了香港与内地，有效地促进了各地经济繁荣。据统计，京九铁路每产生 1 元直接增加值，就会带动沿线地区相关产业 5.7 元增加值。京九铁路通车 10 年间，创造直接增加值累计约 1 244 亿元，带动沿线地区增加值累计约 7 765 亿元。京九线上的革命老区江西赣州作为脐橙主产区，就借助京九铁路的贯通将远在深山的特色农产品运向全国各大城市，甚至远销中东、欧美等地①。其次，基础设施建设过程中，对贫困地区的财政、居民消费等方面的促进作用也会比其他地区更强。正如西方经济学中的"边际效用递减规律"②，一项基础设施的建设完成对贫困地区的人均纯收入增长的效用要大于对正常地区的影响，贫困地区人口受惠于基础设施在生产生活中的体现也更明显。最后，基础设施对提升贫困人口素质也更显著。随着基础设施建设的完善，当地农户有了更多了解新型农产品、接受科学培训的机会，经过长期的接触和学习，农户可以提高自身素质，发展创收技能，基础设施在此方面对贫困人口的影响要明显超出其本身的作用。因此，基础设施也会在一定程度上影响贫困地区的文化，改变贫困地区的落后习俗，扶贫亦扶智，使贫困人口摆脱因贫困心理所陷入的贫困陷阱。

---

① 陆娅楠．"大京九"：区域发展的主引擎 [N]．人民日报，2008-11-12．

② 边际效用递减规律：一定时期内，当其他条件不变的情况下增加消费量，边际效用会增加，但累积到一定消费量后，随消费量增加边际效用会逐渐减少。

2. 多方影响地区发展要素

扶贫不是一件只关心结果不关心过程的事情，扶贫攻坚的过程是一个既重目标也重手段的长期事业。在我国庞大且复杂的扶贫工作中，基础设施扶贫不仅通过影响贫困地区人口的生产生活、为贫困人口提供工作岗位来提升当地居民生活水平，还可以以基础设施为轴，联动上层市场和基层农户、上级财政和基本土地、上部政策和基底民生，形成多方协调的扶贫网络，挖掘贫困地区人口的内生动力，在摆脱贫困的过程中实现共同进步。

减贫对象不仅需要外部帮助，更需要多方面的努力，无论是扶贫工作中的主体、客体还是第三方，需要实现内外联动才能达到最佳效果。仅仅在数据上达到或超过"贫困线"对社会发展的意义并不大，要真正能够树立既减贫又发展的思维模式，不论是政府、市场、社会组织还是受助对象，每个方面都参与到基础设施建设中来，推动整个扶贫方式的转型，提升扶贫的效率与质量。

3. 增加精准扶贫手段

生活中的一般常识认为，只要能实现经济增长，就能消除贫困。因此，在之前的扶贫工作中我们单纯将工作重点放到促进经济建设中。但随着扶贫工作的开展以及我们对贫困问题的认识不断深入，理论与实践均意识到物质匮乏并不是致贫的唯一原因，贫困心理的消除或许才是扶贫的重点。有一个共识是，激发贫困人口的脱贫意愿，改变他们根深蒂固的传统工作方式和收入思想是使其内生脱贫的有效手段。这就需要基础设施建设这种特殊方式的介入，基础设施建设不仅可以促进贫困人口的收入增长和生活便利，更是可以通过基础设施的完善使得贫困人口更有效地获取市场信息，从而达到缩小收入差距、促进社会公平的效果。市场信息获取更为广泛、准确，归根结底说到其益处，是因为这有助于每一个个体可以根据需求来找到适合自己的创收方式，也有利于政策"因村而异""因人而异"，实现分类政策，达到"一村一策，一户一法"，实现减贫手段的多元化和综合化 ①。

收入方式是多元的，除了传统的农耕劳作，金融投资、社会参与、人力培训等很多方面都可以为贫困人口打开发展思路，而这一切最重要的就是有效地获取市场信息，跳出传统的思维模式，大胆创新，敢于闯出自身原有的封闭环境。基础设施建设让贫困地区较好地实现通电、通网、通路等方面的联通，为贫困人口创造了基本条件，增加了脱贫手段。

二、完善扶贫政策

1. 保证基础设施投资

由基础设施建设而带来的诸多益处可使党和政府在推进"乡村振兴战略"的过程中优先考虑基础设施方面的投资与强化。基础设施虽然投资需求较大，但是技术门槛不高，且与农户的生产生活关系密切，推进基础设施建设的发展能收获更好的减贫效果。

2. 提升劳动力素质

基础设施能够带动贫困人口外出务工，这也是贫困地区增加收入最直接的、最有效的方式。由于基础设施改善后更多的人能够"走出去"，人员流动和信息交互所带来的知识技术传播反过来也会进一步提升基础设施扶贫效果。所以，在政策制定过程中我们应鼓励人口流动，保障贫困地区劳动力的基本生活所需，减少他们的后顾之忧，做好劳动力的培训和教育，提升劳动力素质和知识文化水平，真正实现剩余劳动力的有效利用。

习近平总书记提醒我们，"'十三五'的最后一年是 2020 年，正好是我们确定的全面建成小康社会的时间节点，全面建成小康社会最艰巨最繁重的任务在农村，特别是在贫困地区。"在扶贫工作中，不仅要脱贫，而且要实现高质量的脱贫。基础设施建设在贫困地区的发

---

① 高飞，向德平. 社会治理视角下精准扶贫的政策启示 [J]. 南京农业大学学报（社会科学版），2017，17（4）：21-27，156.

展中起着重要作用，产生多重影响，其含有的综合性和决定性为精准扶贫提供了更清晰的思路与更明确的目标。通过基础设施扶贫，我们既要实现全民基础设施的完善，保证人民的基本生活需求，更要通过基础设施的建设开阔视野，促进贫困地区和贫困人口的全面发展与思想革新。

第八章[①]
收入分配扶贫

　　收入是衡量贫困与否的基础标准之一，减少贫困首先要提高贫困个人和家庭的可支配收入水平。如何实现上述目标是一个值得研究的命题，传统经济增长论认为，只要提高生产力水平、促进国民总财富增长，就能消除贫困现象，然而国内外的实际情况和研究表明，经济增长只是消除贫困的必要条件而非充分条件。

　　经济增长和贫困减少之间并非简单线性的关系，国民总财富的增加是减少贫困的物质基础，然而居民可支配收入是对国民总财富进行分配后形成的，由此可见收入分配在脱贫攻坚中扮演着关键性角色。随着脱贫攻坚已经如期完成，制度性能力贫困也越来越突出，相对贫困取代绝对贫困成为贫困现象的主体，如何提高收入分配制度的益贫性变得十分重要。探索收入分配减贫的作用机制和有效路径，形成以初次分配为基础、再分配为重要补充、鼓励发展第三次分配及第四次分配的收入分配扶贫模式，对全面建成小康社会、让全体人民真正共享经济发展成果有重要意义。

---

　　①　感谢李婉君为本章所做工作。

第一节 模 式

一、初次分配

初次分配和再分配是国民收入分配中最基础的环节。初次分配是对生产要素的分配,再分配则是在生产环节之后以经常转移的形式对收入进行分配。生产活动形成的原始收入经过初次分配后,形成一国的初次分配总收入,经过收入再分配后形成一国的可支配总收入。在市场经济当中,为劳动、土地、资本和技术等生产要素提供的报酬构成生产要素提供者的初次分配收入。

市场机制在初次分配中发挥主导作用,以价值规律为导向促进资源有效配置,初次分配因而具有高效率的特征并成为国民收入分配中最基础的分配关系。从效率与可持续性的角度出发,收入分配扶贫应当设法增加贫困者的初次分配收入。创造公平透明的市场环境、提高贫困者的市场参与能力,能够为贫困者自食其力创造条件,也与我国的开发式扶贫、可持续扶贫等理念不谋而合。

目前我国的初次分配格局还有很大的改进空间。首先,劳动是贫困人群所拥有的最重要的生产要素,然而近年来我国劳动者报酬增长持续慢于经济增长,其占 GDP 比重不断下降。郭庆旺等[①] 的实证研究结果表明,我国国民收入中税后劳动要素分配份额的持续下降,是城乡居民收入比和城乡居民消费比扩大的重要原因。其次,我国贫困人口多为农民,宅基地、耕地、林地是农民与城镇居民相比的优势资源,然而在城镇化发展的进程当中农民享受到的土地增值收益却十分有限。再次,财产性收入差距成为我国居民可支配收入差距的重要来源。初次分配是居民获得收入的基础环节,提高贫困者在初次分配中获得的收入、提高劳动者报酬在国民收入中的比重、建立土地增值收益共享

---

① 郭庆旺,吕冰洋.论要素收入分配对居民收入分配的影响[J].中国社会科学,2012(12):46-62,207.

机制、丰富贫困者财产性收入，可以成为调整我国初次分配格局、减少贫困的出发点。

二、再分配

以价值规律为原则、以生产要素贡献程度为标准的初次分配为国民经济的高效运行提供了保障，但由于人们在资源禀赋、人力资本和市场风险等方面存在着不同程度的差异，初次分配不可避免地使国民收入存在差距[①]。合理的收入差距能对各经济主体形成激励，但过大的收入差距则有损社会公平与安定，不利于进一步减少贫困。对经济增长、收入分配和贫困减少三者间关系的理论和实证研究表明，收入分配差距过大对减少贫困有消极作用，会在不同程度上抵消收入增长带来的积极作用，并且随着人均收入的增加，收入不平等对贫困减少的不利影响会越来越显著[②③]。因此，将收入差距控制在合理范围内应成为减贫工作的重要内容。

基尼系数[④]常用于反映收入分配差异程度，基尼系数越高表明收入差异越大。国家统计局公布的数据显示，2003—2016 年全国居民人均可支配收入基尼系数始终高于 0.4 的国际警戒线（图 8-1）。除总体基尼系数外，农村内部与城镇内部的基尼系数也呈现上升态势[⑤]。徐映梅

① 严先溥.中国居民收入差距到底有多大？［J］.经济研究参考，2005（38）：21-29.

② 谷宏伟.贫困、增长与收入分配差距——基于中、印、俄、巴四国 Panel Data 模型的分析［J］.财经问题研究，2007（8）：14-19.

③ 盛来运.经济增长和收入分配对农村贫困变动的影响［J］.中国农村观察，1997（6）：33-38.

④ 基尼系数在洛伦兹曲线基础上计算得出，将洛伦兹曲线与 45°线（即收入分配绝对平等线）之间的面积记为 A，将洛伦兹曲线与右侧两条直角线之间的面积记为 B，基尼系数 =A/（A+B）。

⑤ 程永宏.改革以来全国总体基尼系数的演变及其城乡分解[J].中国社会科学，2007（4）：45-60，205.

和张学新 [①] 重新测算了 1978—2007 年的中国基尼系数，并对适用于中国的基尼系数警戒线进行了重新估计，认为中国基尼系数警戒线应为 0.45 左右。重新测算的基尼系数与 0.45 的警戒线十分接近，并同样呈现明显的上升趋势。

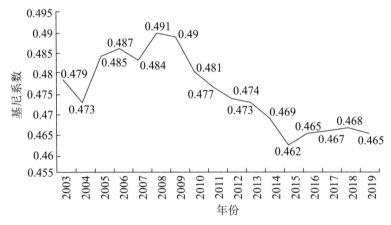

图 8-1　2003—2019 年全国居民人均可支配收入基尼系数

资料来源：国家统计局。

不合理的收入差距会直接加剧贫困问题。人均可支配收入是度量贫困的基础标准，收入差距过大，财富向少部分人集中，就可能导致绝对贫困发生，即个人和家庭的可支配收入无法满足其基本生存需要。由于我国城乡经济差异化发展的历史基础和延续至今的城乡二元结构，城乡居民间的人均可支配收入差距仍然较大，如果考虑城乡居民在医疗、养老等方面的差异，城乡差距则进一步扩大。1980 年，中国城镇居民人均可支配收入是农村居民人均可支配收入的 2.5 倍，这一差距在 2003 年扩大到 3.2 倍，到 2016 年回落至 2.7 倍，但仍高于 1978 年

①　徐映梅，张学新．中国基尼系数警戒线的一个估计［J］．统计研究，2011，28（1）：80-83.

的 2.57 倍 [①]。与城乡收入差距相对应，我国的贫困人口绝大部分分布在农村。

除绝对贫困外，贫困又可表现为相对贫困，即个人和家庭的收入水平与社会平均水平的差距扩大到一定程度时的生活状态。在我国现有贫困线标准下，脱贫仅意味着绝对贫困人口减少，但收入差距扩大会增加相对贫困。2020 年后相对贫困人口将成为我国贫困人口的主体部分，收入差距所导致的贫困问题不容忽视（图 8-2）。

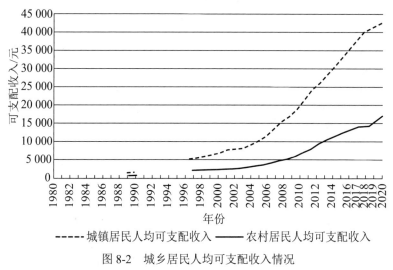

---- 城镇居民人均可支配收入　—— 农村居民人均可支配收入

图 8-2　城乡居民人均可支配收入情况

资料来源：国家统计局。

根据可行能力理论，收入差距会导致贫困问题的恶性循环。阿马蒂亚·森在其著作《作为能力剥夺的贫困》中称"贫困必须被视为是对基本能力的剥夺，而不仅仅是收入低下"。贫困是人们缺乏参与和适应劳动力市场能力的后果，过大的收入差距又会导致低收入群体在

---

① 严先溥 . 中国居民收入差距到底有多大？[J].经济研究参考，2005（38）：21-29.

市场中更加脆弱，难以从经济增长中获得足够的收入①。收入差距不利于贫困人口积累人力资本，可造成贫困的代际延续和阶层固化现象。对宏观经济而言，需要注意收入差距和居民边际消费倾向递减带来的影响。收入差距过大时高收入群体的消费需求趋于饱和，而低收入群体的消费需求无法满足，结果是居民消费需求不足，不利于通过刺激内需拉动经济保持中高速增长，从而削弱减少贫困的物质基础。

　　再分配是调节收入差距的重要工具，是政府对生产要素收入进行调节的重要过程。再分配扶贫可从税收、转移性支付、社会保障等方面着手，弥补初次分配的不足，为市场中的弱势群体提供保障。我国居民可支配收入由工资性收入、经营性净收入、财产性净收入和转移性净收入构成，前三类属于初次分配范畴，转移性净收入则属于再分配范畴，从近几年我国居民的收入构成来看，再分配收入占比较高且有上升趋势（表 8-1）。对无劳动能力的群体而言，转移性净收入几乎是可支配收入的全部来源，无劳动能力者将成为最后一部分贫困人口的主体。从再分配维度着手推进扶贫工作，应从财政支出与财政收入两方面进行考虑。从财政支出角度看，必须加大对贫困地区和贫困群体的转移支付力度，提供均等化的基本公共服务，为贫困者提供社会保障兜底网。从财政收入角度看，可以依靠累进的个人所得税与合理的起征点，减轻低收入者的纳税负担；通过给予税收优惠，鼓励企业到贫困地区发展，带动当地产业发展和就业增长。

表 8-1　2013—2020 年我国居民人均可支配收入构成

项目	2020 年	2019 年	2018 年	2017 年	2016 年	2015 年	2014 年	2013 年
居民人均可支配收入/元	32 189	30 733	28 228	25 974	23 821	21 966	20 167	18 311
居民人均可支配工资性收入/元	17 917	17 186	15 829	14 620	13 455	12 459	11 421	10 411

　　① 张伟宾，汪三贵.扶贫政策、收入分配与中国农村减贫［J］.农业经济问题，2013，34（2）：66-75，111.

项目	2020 年	2019 年	2018 年	2017 年	2016 年	2015 年	2014 年	2013 年
居民人均可支配经营净收入 / 元	5 307	5 247	4 852	4 502	4 218	3 956	3 732	3 435
居民人均可支配财产净收入 / 元	2 791	2 619	2 379	2 107	1 889	1 740	1 588	1 423
居民人均可支配转移净收入 / 元	6 173	5 680	5 168	4 744	4 259	3 812	3 427	3 042
占比 /%	19	18	18	18	18	17	17	17

资料来源：国家统计局。

三、第三次分配

在初次分配和再分配的基础上，厉以宁提出了第三次分配的概念，但目前学术界对"第三次分配"概念的厘定还存在以下几方面争论。

一是关于第三次分配的范围的争论。以厉以宁为代表的学者认为在道德和习惯的影响下，个人或企业自愿地捐赠一部分收入就属于第三次分配[①]；而另一些观点认为以公益慈善为中介、投入公益慈善事业中的捐赠才属于第三次分配，第三次分配应促进公益慈善组织的发展[②]。

二是涉及国民收入的级次划分的争论。学术界对于初次分配和再分配的概念已取得了共识，但对于初次分配和再分配以外的分配行为则莫衷一是。一部分观点认为国民收入分配包括初次分配、再分配、第三次分配，第三次分配指捐赠行为；另一部分观点认为社会捐赠应属于再分配范畴，否则就意味着捐款需要来自税后收入，会大大限制社会捐赠的规模[③]；学界亦存在"第四次分配"的概念，认为第三次分配应当是政府向社会提供的均等的公共服务，而慈善分配则是第四次

---

① 厉以宁 . 股份制与现代市场经济 [M] . 南京：江苏人民出版社，1994.

② 辜胜阻 . 强化第三次分配，发展慈善捐赠事业，缓解贫富差距 [J] . 经济界，2006（5）：4-6.

③ 唐钧 . 评厉以宁先生的"第三次分配"理论 [EB/OL] . （2005-03-20）https://www.zhaoqt.net/ganwuaiqing/306266.html.

分配，是对前三次分配的重要补充①。

三是关于第三次分配的动机的争论。厉以宁提出的基于道德力量的第三次分配的概念，一些学者进而强调第三次分配是由道德驱动的，甚至称第三次分配为道德分配②；另一部分学者认为道德分配这一说法有失偏颇，否则凡是没有捐赠行为的个人或企业就是不道德的，事实上捐赠与否是捐赠者基于现实情况作出的理性决策，没有捐赠不等于不道德③。有学者认为应当以企业社会责任的名义鼓励企业参与第三次分配，企业要将增进社会利益作为经营目标；也有学者提出市场经济企业的经营目标是利润最大化，不可对企业形成"道德胁迫"④。

本书将第三次分配定义为：所有自然人、法人或社会团体自愿捐赠一部分收入的行为，也即所有的社会捐赠行为。无论是对公益组织的捐赠，还是对高校、科研机构的捐赠，无论是直接捐赠给个体，还是捐赠给组织、机构，都属于第三次分配。再分配是对初次分配的补充，可解决市场失灵问题。然而政府主导的再分配要兼顾和平衡不同阶层与群体的利益，容易忽略特定地区、特定群体的需求。第三次分配是在市场和政府双失灵情况下，对国民财富进行的又一次分配。

在以社会捐赠为主要内容的第三次分配中，相当一部分的资源直接投入公益慈善事业当中。公益慈善组织被称为区别于市场和政府的第三部门，对包括贫困者在内的弱势群体具有天生的关注与关怀，并且公益慈善组织信息灵敏、行动灵活的特点，使其能够在初次分配和再分配双失灵的地带发挥作用。本书在讨论第三次分配扶贫时，将关注社会捐赠中流入公益慈善事业的部分，并将社会捐赠和慈善捐赠概念等同使用。

---

① 青连斌.四次分配论与分配制度的改革创新［J］.中共珠海市委党校珠海市行政学院学报，2010（3）：61-64.

② 王海英.重建公平有序的收入分配体系［J］.经营与管理，2008（7）：7-8.

③ 周德海.评学术界对慈善分配的研究——从国民收入分配的级次谈起［J］.管理学刊，2012，25（4）：20-26.

④ 张北坪.困境与出路：反思慈善捐赠活动中的"道德胁迫"现象［J］.西南大学学报（社会科学版），2010，36（6）：71-76.

四、第四次分配

第四次分配是在我国扶贫工作中出现的特色分配环节，只针对有劳动能力的贫困户，将部分补贴由以往的无偿给予变为现在的有偿发放，将补贴、补助变为奖金、工资，鼓励有能力的贫困户通过提供劳务来获得这部分收入。

第四次分配与前三次分配既有相似之处又有区别，可视为前三次分配的混合。从分配原则来看，市场机制在初次分配中发挥主导作用，在第四次分配中贫困劳动力虽同样需要将劳动这一生产要素投入生产环节中才可获得收入，但第四次分配中的"劳动力市场"是一个向贫困劳动力倾斜的不完全竞争市场，具有鲜明的公益性。从分配对象来看，初次分配的分配对象为生产过程中产生的国民总收入，而第四次分配的分配对象则为各类扶贫资金、涉农资金或村集体资产。与政府主导的再分配和社会力量主导的第三次分配相比，第四次分配的资金虽有相当一部分来自政府财政支出和社会捐款，但再分配、第三次分配与第四次分配的运作方式显著不同。再分配、第三次分配中贫困者无偿获得收入，在第四次分配中则不然。第四次分配鼓励贫困户付出劳动来换取福利，又保护贫困户免受竞争市场的不确定性影响。第四次分配在为贫困者提供保障的同时，又避免助长"等、靠、要"的思想，既考虑到了贫困人口的实际困难情况，又有助于提高扶贫资金的使用效率，激发贫困者内生的脱贫动力，是我国扶贫工作转向可持续发展方向的表现。

设立公益性岗位是第四次分配的常见做法，公益性岗位被用于安置就业困难的贫困劳动力，以往无偿发放的补贴则变成就业者的工资和奖金。人社部、财政部于 2018 年 8 月联合印发的《人力资源社会保障部 财政部关于进一步加大就业扶贫政策支持力度 着力提高劳务组织化程度的通知》提道，要通过公益性岗位实现托底安置，要求各地利用各类资金积极开发保洁保绿、治安协管、乡村道路维护、山林防护、孤寡老人和留守儿童看护等公益性岗位，鼓励贫困村利用村集体收益开发公益性岗位，这些公益性岗位应当优先用于安置贫困劳动力。

基于以上经济增长与贫困减少的关系，以及初次分配环节的基础地位、再分配在调节收入差距方面的重要作用、第三次分配对市场与政府双失灵的有效弥补、第四次分配独特的优越性，应当充分重视收入分配对减少贫困的作用。今后应加快构建以初次分配为基础、以再分配为重要补充、鼓励慈善捐赠和第四次分配的收入分配扶贫模式，推动减贫政策由以促进收入增长的开发式扶贫向以改善收入分配为重点的社会保护式扶贫转变[①]。

第二节　路　　径

一、初次分配扶贫路径

初次分配是国民收入分配中最基础的环节，提高贫困者从初次分配获得的收入是收入分配扶贫的治本之策。但是，等价交换是市场机制的基本原则，利益最大化是市场的运作目标，贫困者在市场中同样要参与竞争，没有理由因其特殊状况而获得额外"照顾"。初次分配扶贫是提升贫困者在市场中的竞争力或市场参与能力，提高贫困者在市场中的参与度和贡献度，形成可持续发展的扶贫模式。

加强专业技能培训，提高贫困者的边际生产力，增加劳动所得，鼓励劳动脱贫、就业脱贫。在一个充分竞争的市场当中，劳动作为一种生产要素被投入生产过程当中，其报酬与劳动的边际生产力成正比。党的十九大报告指出增加收入的根本途径是提高劳动生产率，劳动者只有提高自身的劳动生产力，才有机会获得更高的劳动报酬。

人力资本是个人市场参与能力的重要影响因素，贫困者的一个显

---

① 陈立中. 收入增长和分配对我国农村减贫的影响——方法、特征与证据 [J].
经济学（季刊），2009，8（2）：711-726.

著的共同特征就是受教育程度低、缺乏专业技能，故而有针对性的职业培训尤为重要。提高人力资本，既要对正处于劳动年龄的贫困者开展职业技能培训，又要鼓励贫困家庭子女接受教育。2016年7月14日印发的《人力资源和社会保障事业发展"十三五"规划纲要》指出，要强化职业培训、鼓励贫困家庭子女免费接受职业技能培训；2018年8月发布的《人力资源社会保障部 财务部关于进一步加大就业扶贫政策支持力度 着力提高劳务组织化程度的通知》提出，以项目制形式为贫困劳动力免费提供技能培训、为参加培训的贫困劳动力提供培训期间的生活费等创新做法。

开展职业技能培训，要从思想观念上进行鼓励，从物质条件上予以补贴，充分激发贫困劳动力的主动性。掌握技能仅仅是手段，贫困者实现就业、创业、带动家庭脱贫才是目的，因此还必须做好培训与就业、创业的衔接工作，创业带动就业、鼓励就地就近就业、开展有组织的劳务输出，让贫困劳动力实现就业脱贫。

盘活农村土地、房屋等资产，提高农民的财产性收入是今后扶贫的重要方向。财产性收入，指家庭拥有的动产和不动产所获得的收入，包括出让财产使用权获得的利息、租金等，也包括运营财产获得的分红、增值收益等。实证研究表明财产性收入差距是人均可支配收入差距的重要来源，这种差距既体现在城乡居民之间[①]，也体现在农民内部[②]。党的十七大报告提出"创造条件让更多群众拥有财产性收入"，党的十九大报告再次提出要拓宽居民的财产性收入。增加贫困者的财产性收入，既是缩小我国收入差距的选择，也是我国目前完成脱贫攻坚的重要保障。

提高贫困者的财产性收入，首先要增加贫困者的合法财产。绝大多数农村贫困者仅拥有房屋和土地两项财产，提高财产数量和丰富度是财产增收的前提条件。其次，必须创造条件使贫困者的财产具有增

---

① 谢宇.当前中国家庭财产状况与消费活动[N].北京日报，2014-08-25（021）.

② 刘长庚，王迎春.我国农民收入差距变化趋势及其结构分解的实证研究[J].经济学家，2012（11）：68-75.

收空间。物权法是保护财产的重要依据，以贫困户最为重要的财产——土地为例，目前不完善的农民土地财产权转让制度已经成为农民土地财产性收入增收的制度障碍[①]，亟须建设完善的产权体系，深化农村产权制度改革，完善农村产权交易市场，让贫困户享有全面的财产权利。积极探索财产创收的实践路径，通过发展特色产业、加强产业融合等途径活化贫困户的资产，如引导土地流转进行适度规模经营；鼓励以资产入股方式提高闲置资产利用率；整合闲置土地与房屋，发展乡村旅游、民宿[②]。

推动农业现代化经营，提高农业收入。在初次分配中，农业经营是大多数贫困者的基础收入来源，传统农业生产方式"靠天吃饭"的脆弱性和落后性、过于分散的农业经营方式等因素，又是不少贫困户的致贫原因。在农业现代化、乡村振兴的发展格局下，提高农业竞争力仍是增加贫困者初次分配收入的重要渠道。继续加大农业基础设施建设的力度，包括灌溉、仓储、运输等方面；建设完备的农业生产服务体系，向农户提供科学的农业技术指导，发放良种、优质化肥；利用电商平台和现代物流拓宽农产品销路，打造"互联网＋农业"，更好地匹配生产信息与消费信息，降低市场不确定性。加强农民的联系与合作，鼓励发展农民专业合作社，增强贫困农户的市场议价能力；能力较强的贫困农户多承包耕地，能力弱的贫困农户流转耕地获得租金、分红，促进农业集约化经营。培育新型农业主体，发展多种农业经营方式；结合本地特色发展加工业，实现产业融合，提高农产品附加值；提高金融市场的包容性，优化农村金融的供给数量和质量，向贫困农户提供优惠的农业保险产品，提高贫困农户的抗风险能力。

① 刘国臻，周翔.论增加农民土地财产性收入的制度障碍与克服[J].法学评论，2014，32（5）：83-89.

② 陈兰，信桂新.深度贫困地区农民财产性增收问题研究——基于秦巴山区和武陵山区的调研[J].绿色科技，2018（6）：240-242.

二、再分配扶贫路径

再分配扶贫有两方面的现实路径。一是利用税收工具，通过税费改革增强财政资金扶贫实力；理顺中央与地方政府的税收关系，培育地方主体税种，增强地方政府财政实力，改变地方政府财权事权不相匹配的状况；转变税收重心，建立以间接税为主、所得税为辅的税收体系，完善遗产税、赠与税、财产税，发挥所得税在调节个人收入差距方面的作用。二是利用财政转移支付工具，加强支农惠农力度、社会保障力度和专项扶贫力度，促进基本公共服务均等化，打造社会保障安全网。除此之外，还可综合利用税收优惠、补贴等财税政策，动员社会力量参与扶贫，打造全社会共同参与扶贫开发的"大扶贫"格局，发挥政府在脱贫攻坚中的先导和统筹作用。

取消农业税是我国改革农村税费制度、减轻农民税费负担最为瞩目的举措之一。税收是财政的基础，其中对居民家庭及个人收入造成最直接影响的应当是个人所得税，1986 年 9 月发布的《中华人民共和国个人收入调节税暂行条例》标志着我国的个人所得税政策进入实施阶段。但由于我国现行贫困线标准远低于个人所得税起征点，随着 2018 年我国个税起征点从 3 500 元上调至 5 000 元，个人所得税的征收将不会对贫困者造成直接影响，个人所得税对减贫的作用不大。对贫困问题造成直接影响的税收是农业税和其他农村税费。在 2006 年以前，农民要负担包括农业税、农业特产税、屠宰税和契税的"农业四税"，还要缴纳名目繁多的农业费用。农民沉重的税费负担，既受我国计划经济时期优先发展工业的战略选择影响，又受中央政府和地方政府财政关系不协调的影响。农业税和其他农村税费加剧了农村贫困，以 1995 年数据进行模拟测算的结果显示，全面取消农民的税费能够使当年的贫困发生率从 7.4% 降至 3.9%[①]。基于现实情况，我国于 2000 年试点农村税费改革，并于 2006 年全面取消农业税，直接提高了农民

---

① 中国国际扶贫中心. 利贫增长的公共政策研究 [M]. 北京：中国财政经济出版社，2012：59-62.

的收入水平，有助于减少贫困。

发放惠农补贴，增加农民收入和农业竞争力。现阶段我国贫困人口中，大部分是集中在农村地区、从事低附加值农业生产的农民，惠农补贴对于农民尤其是贫困农户而言是重要的收入补充。自2004年起，我国先后实施农作物良种补贴、种粮农民直接补贴、农资综合补贴三项惠农补贴政策，统称"三项补贴"。经2015年试点后，于2016年在全国范围内对"三项补贴"进行改革，将"三项补贴"合并为农业支持保护补贴，用于促进耕地地力保护和粮食适度规模经营。改革以来，农业农村部和财政部连续两年发布了当年重点强农惠农政策，对补贴内容与发展目标作出规定。2016年实施的"三项补贴"改革，体现了我国农村发展方略的新思路，在不改变原有扶农助农原则的基础上，新增了农业农村生态保护、农业现代化经营的目标，有助于引导农户转变经营方式，将扶贫助农与提高农业生产率、保护生态环境相结合。

实行最低生活保障制度，提供社会福利兜底。扶贫方式要结合贫困户的具体情况，不可"一刀切"。初次分配扶贫具有动力足、渠道多、可持续等优势，但劳动能力不足或无劳动能力的贫困户除资产收益外，很难从初次分配中再获得其他收入，最低生活保障制度则给予这部分群体兜底保障，确保其满足最基本的生活需要。我国的最低生活保障制度（以下简称"低保"）于1997年首先从城市开始，2007年开始在农村推广，标志着从单一的城市低保转向全社会低保。除低保外，农村还实行五保供养制度，构成贫困者的社会安全网。在低保的具体实施过程中，要进行差异化评估，避免简单地按照家庭人口计算低保金，应当给予病人、高龄老人和儿童更高的权重。在未来新的贫困线标准下，绝对贫困人口中有相当一部分丧失了基本劳动能力，从而无法进入劳动力市场。要巩固脱贫的胜利果实，必须进一步完善最低生活保障制度，在精准识别帮扶对象、合理筹措和使用资金、增强低保户生活福利、探索差异化保障等方面作出更有效的安排。

加强教育、医疗、住房保障，促进基本公共服务均等化，加大中央财政对贫困地区的财政支持力度,规范使用中央财政专项扶贫资金。2015 年发布的《中共中央 国务院关于打赢脱贫攻坚战的决定》规定,我国现行脱贫标准除收入标准外,还要加入"两不愁、三保障","两不愁"即农村贫困人口不愁吃、不愁穿,"三保障"指农村贫困人口义务教育、基本医疗和住房安全有保障。基本公共服务均等化可以进一步缩小城乡差距、贫富差距,在再分配环节要加大对贫困地区和贫困人口的基本公共服务的保障力度,避免出现因病、因学致贫或返贫的现象。贫困地区政府承担了艰巨的脱贫攻坚任务,当地相对落后的经济状况导致地方政府依靠税收的财政收入十分有限,加剧了贫困地区地方政府财权与事权不相统一的矛盾。

针对上述情况,中央财政通过设置专项扶贫资金,用于支持各地精准扶贫、精准脱贫,加大对贫困地区的财政支持力度。2016 年中央财政专项扶贫资金超过 600 亿元,2017 年达到 860.95 亿元,2018 年则达到 1 060.95 亿元。2018 年中央财政专项扶贫资金分配情况如图 8-3 所示。加大资金投入的同时要规范资金使用,2017 年,财政部等六部门印发《中央财政专项扶贫资金管理办法》,规定中央财政专项扶贫资金向脱贫攻坚主战场聚焦,要求各省将该项资金用于培育和壮大贫困地区特色产业、改善小型公益性生产生活设施条件、增强贫困人口自我发展能力和抵御风险能力等方面,为脱贫攻坚提供了物质保障和制度要求。

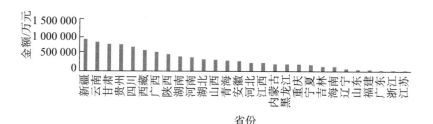

图 8-3　2018 年中央财政专项扶贫资金分配情况

资料来源:中华人民共和国财政部网站。

利用财税政策鼓励社会力量参与扶贫，打造全社会共同参与扶贫开发的"大扶贫"格局。2018 年 5 月，国家税务总局发布《支持脱贫攻坚税收优惠政策指引》，归纳整理了脱贫攻坚的主要税收优惠政策，其中涵盖的内容有：支持贫困地区基础设施建设、推动涉农产业发展、激发贫困地区创业就业活力、推动普惠金融发展、促进"老少边穷"地区加快发展、鼓励社会力量加大扶贫捐赠，对税收优惠的享受主体、优惠内容、享受条件以及政策依据作出清晰界定。同时，目前的税收优惠政策关注点局限在农村、农民和特定地区的贫困问题上，应当在推动小微企业发展、解决城市贫困问题方面推出更多税收优惠政策[①]。扶贫是全社会的事业，政府是扶贫中的先导力量但不是唯一力量。政府设计全面、长效的扶贫税收优惠政策和财政补贴政策，能够引导社会资源向贫困地区、贫困人口流动。

三、第三次分配扶贫路径

慈善捐赠蓬勃发展，民营企业成为慈善捐赠的主力军，扶贫成为主要捐赠方向之一。民政部公布的历年社会服务发展统计公报显示，我国的慈善捐赠总额总体呈上涨趋势，2017 年达到 754.2 亿元（图 8-4）。《中国慈善发展报告（2018）》据样本分析，2016 年度民营企业占企业总体捐赠的比例为 49.65%（图 8-5）。中国慈善联合会发布的《2017 年度中国慈善捐助报告》显示民营企业全年捐赠达 482.83 亿元，占企业捐赠总量的 50.12%。《福布斯》中文版公布的 2018 年中国慈善榜中[②]，上榜的 100 位中国民营企业家及企业在 2017 年的现金捐赠总额达到 173.1 亿元，约占 2017 年全国慈善捐赠总额的 23%，远高于 2016

---

① 杨英杰，齐航，杨全社.我国扶贫事业的税收治理探究［J］.国家行政学院学报，2018（5）：45-50，188.

② 2018 年福布斯中国慈善榜统计的是中国民营企业家及企业在 2017 年向公益慈善领域的现金捐赠总额，以此类推。

年 103.8 亿元的现金捐赠总额和 13% 的占比 ①。《广东民营企业社会责任报告（2016）》显示有公益慈善行为的企业占被调研企业总数的 71.7%，并且民营企业在扶贫济困方面的投入最大。据中国慈善榜统计，扶贫是慈善捐赠最主要的方向之一：2017 年，恒大集团董事局主席许家印向贵州省扶贫基金会捐赠 30 亿元，碧桂园杨国强家族捐资 5 亿元帮扶广东省英德市，企业家张茵捐赠 3 亿元支持地方扶贫。2018 年召开的慈善组织工作经验交流会上，民政部数据显示过去两年里，民政部登记的 206 个基金会向扶贫领域累计投入约 48 亿元。

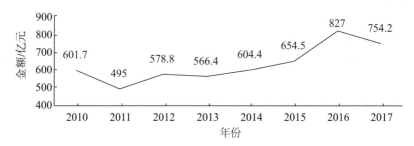

图 8-4　2010—2017 年慈善捐赠总额

资料来源：民政局各年社会服务发展统计公报。

图 8-5　2013—2016 年企业捐赠构成占比

资料来源：《2016—2017 年度中国慈善捐赠报告》。

---

① 资料来源：福布斯中文网，新华网。

民营企业除直接捐赠以外，还具备很强的社会资源动员能力和创新能力。以互联网企业腾讯打造的"99公益日"为例，2018年"99公益日"通过家乡公益、爱心加倍卡、社区＋公益、集小红花、捐行为公益活动、明星短视频互动等新颖的公益参与形式，吸引更多网友参与"99公益日"募捐活动，最终创下2 800万名网友捐赠8.3亿元、2 000余家企业捐赠1.85亿元的纪录。

对于慈善捐赠中投入扶贫事业的部分，加大税收优惠力度，落实优惠政策。税务总局发布的《支持脱贫攻坚税收优惠政策指引》中，列举了针对鼓励社会力量加大扶贫捐赠的部分，企业通过公益性社会组织或政府部门进行公益性捐赠、个人通过社会团体或国家机关进行公益性捐赠、个人通过非营利社会团体和国家机关向农村地区义务教育进行捐赠、财产捐赠行为、接受境外捐赠的受赠个人，在满足一定条件的情况下都可享受税收优惠政策。

打造"互联网＋捐赠"模式，创新捐赠渠道，完善信息公开，提高捐赠者参与感。随着互联网的发展，互联网捐赠因其便利性成为个人捐赠的首选，网络捐赠人数和数额都呈快速增长趋势。2012年，腾讯公益网络募捐平台募捐总额突破1亿元，我国首个筹款过亿的网络募捐平台诞生。2016年，民政部评定首批12家互联网募捐信息平台，标志着互联网捐赠进入法治时代，推动互联网捐赠再上一个台阶。2016年，微公益、阿里公益、腾讯公益的捐赠流量分别达到3 049万元、4.89亿元、8亿元。2017年，首批依法认定的互联网募捐信息平台捐赠流量共计25.8亿元。

相比于捐赠金额，更重要的是，互联网捐赠的发展表明公益文化、公益氛围正在全社会范围内不断增加，支持慈善公益逐渐成为民众的习惯。与此同时，需要解决网络捐赠的规范和监管问题。加强对公益项目的审核，杜绝诈捐、骗捐行为。完善信息公开，让捐赠者事前能全面了解项目基本信息，事后看得见资金流向和项目进展，增加慈善组织的公信力，同时也提高捐赠者的参与感与认同感。慈善组织要加强自身建设，其网络资源运用能力、组织规模、品牌和口碑、信息公开度都会影响捐赠者的网络行为。政府部门以及行业内有号召能力的慈善组织，要牵头举办主题论坛、研讨会等活动，促进行业反思和讨论，争取在开展募捐活动方面取得更大共识。

四、第四次分配扶贫路径

设立公益性岗位，实行以奖代补，提高贫困户的参与感、获得感。随着脱贫攻坚的完成，剩余贫困人口具有老龄化、残障、识字率低等特征，无法适应市场经济中的竞争关系，贫困程度向深度贫困发展，整体扶贫工作难度加大。公益性岗位扶贫是介于救济式扶贫和开发性扶贫之间的新思路，即在贫困地区设置一批由建档立卡贫困户就职的公益性岗位，政府或社会组织利用扶贫资金为贫困户提供实物或现金报酬，可进一步拓展为"购买服务式"扶贫，与有条件现金转移支付政策十分相似①。与公益性岗位扶贫类似的，还有以工代赈扶贫。国家安排资金投入农村基础设施建设，优先动员当地贫困农民参与工程建设，获得劳务报酬，直接增加收入，在各地已有大量实践。

公益性岗位扶贫既鼓励贫困户付出劳动换取福利，又保护贫困户免受市场竞争的不确定性影响，用劳动换福利、以报酬代替补贴的做法可纠正"等、靠、要"的消极思想，有助于提高扶贫资金的利用率。公益性岗位多用于提供贫困地区的公共服务，如保洁员、保安、道路维护等，能够在贫困人口增收的同时兼顾解决贫困地区公共服务不足的问题。更具体地，公益性岗位扶贫还可将诸如空巢老人、留守儿童看护等问题与扶贫工作相结合，山东省淄博市的"养老＋扶贫"模式，让有一定劳动能力的建档立卡户接受护理培训，为老人提供上门养护服务，一举多效。

发展庇护性就业、支持性就业、辅助性就业，协助残疾人士脱贫。残疾人是我国贫困人口中特殊、庞大的群体，除了利用市场手段、社

---

① 李博，左停.集中连片贫困地区"购买服务式"综合性扶贫治理模式研究——以陕南秦巴山区"公益岗位"为例［J］.农业经济问题，2017，38（2）：85-91.

会保障兜底等手段帮助残疾贫困户脱贫外，还可利用第四次分配助其脱贫，由国务院扶贫办、中国残疾人联合会等部门和单位制定的《贫困残疾人脱贫攻坚行动计划（2016—2020 年）》指出："在建档立卡贫困人口转化为生态护林员的工作中，优先吸纳有管护能力的残疾人"。除公益性岗位扶贫外，可由政府和各类社会组织提供资金发展庇护性就业，辅助残疾贫困人口脱贫，政府针对这类机构制定税收优惠政策、政府采购政策等。

第三节　制度安排

一、基本分配制度

我国实行"按劳分配为主体、多种分配方式并存"的基本分配制度，是以马克思主义收入分配理论为基础，对中国具体实际情况的经验总结与成功探索，是形成合理收入分配格局、提高贫困人口收入水平、发挥初次分配扶贫作用的制度保障。

马克思的劳动价值论认为，劳动是价值创造的唯一来源，其他生产要素只是劳动创造价值的外在条件，相应地，劳动就是收入分配的唯一尺度。基于对马克思主义经典文本和苏联具体实践的参考，新中国成立至 1978 年间，我国在社会主义计划经济体制下对个人消费品实行按劳分配。由于对当时生产力水平的认识不到位，从社会主义改造后期开始，平均主义在国内泛滥，生产关系与生产力水平不相匹配严重阻碍国民经济增长。近代中国需要构建与相对落后的生产力水平相适应的收入分配制度，要让收入分配制度能够为全社会提供创造财富的动力。

党的十一届三中全会后，中国的分配制度突破了单一的按劳分配，开始逐步探索如何协调按劳分配和按生产要素分配之间的关系：党的十四届三中全会提出要"允许属于个人的资本等生产要素参与分配";党的十五大提出要坚持按劳分配为主体、多种分配方式并存的制度,并且要将按劳分配与按生产要素分配相结合;党的十七大报告肯定了居民私人财产在收入分配中的合理地位,鼓励让更多群众拥有财产性收入。

根据马克思主义的劳动价值论,按劳分配与按生产要素分配本不能同时存在。在劳动价值论中,由于只有劳动创造价值,因而全部的新增价值都应归劳动者所有,而在按生产要素分配当中,劳动与资本、土地都属于生产要素,因而劳动者只获得维持劳动力再生产的劳动报酬,剩余价值被分割为利息、地租由资本所有者与土地所有者获得。作为唯一价值来源的劳动与仅作为生产要素之一的劳动之间存在本质区别,导致按劳分配和按生产要素分配在理论上无法共存。但是这两种分配方式是基于不同的生产资料所有制而存在的,因此随着我国提出"公有制为主体,多种所有制经济共同发展"的基本经济制度,"按劳分配为主体,多种分配方式并存"的分配制度也就应运而生。在公有制经济内仍然坚持按劳分配,而在非公有制经济当中,则按照劳动、资本、土地、技术等生产要素的贡献进行分配。

中国特色的分配制度是对马克思主义分配理论的创造性继承。坚持按劳分配为主体,强调了劳动者在财富创造中的主体地位,为劳动者共享经济发展成果提供了制度性保障。在社会主义初级阶段,肯定资本、土地、技术的贡献有助于激发全社会创造财富的热情,提高生产力水平。

二、税收制度和财政公共支出制度

微观层面的再分配扶贫,要降低贫困者的税负,并要加大对困难群体的转移性支付,增加其可支配收入。宏观层面的再分配扶贫,则要增强脱贫攻坚重点地区的财政实力,向经济欠发达地区注入扶贫资金。我国现行的财税制度为政府对国民收入进行再分配提供了制度框架,其中个人所得税制度、政府转移性支付制度、政府间财政转移支付制度在再分配扶贫当中具有重要作用。

税收是政府获得财政收入的主要手段，税收对于收入分配扶贫的重要性可从两方面理解：一方面，在累进税率下，低收入人群相对于高收入人群而言承担了更少的税收，是另一种意义上的收入增加；另一方面，税收为政府进行转移支付、提供公共服务奠定了物质基础。最优税收理论认为，一项合理的税收制度应当能够兼顾资源配置的效率和收入分配的公平，其内容包括最优商品税、最优所得税以及商品税和所得税的融合[①]。在商品税方面，我国主要设置了增值税、消费税制度；在所得税方面，我国主要设置了个人所得税和企业所得税制度，其中又以个人所得税对贫困者的影响最为直接。《中华人民共和国个人所得税法》《中华人民共和国个人所得税法实施条例》对个人所得税的征收范围与标准作出了安排，合理的累进税率在减轻贫困者税负的同时调节了过高收入，体现了税收的公平原则。一般认为，商品税更侧重于效率目标的实现，所得税则更侧重于公平目标的实现，但目前我国税收制度以商品税为主，所得税占比不高，随着经济的发展和居民收入的提高，商品税和所得税的比例需要适时调整。

各项税收和非税收入共同构成了国家财政收入，财政公共支出就是政府利用这部分资金提供公共服务、履行政府职能的活动。公共支出可划分为政府购买支出与转移性支出，前者指政府直接在市场中购买商品或劳务的行为，后者指政府无偿地将资金转移给受益者。政府的转移性支出是资源在社会成员间有针对性的转移，直接影响贫困人口的收入情况，本书着重讨论转移性支出。

政府转移性支出的主要内容为社会保障支出和财政补贴。政府对社会保险、社会救助、社会优抚和社会福利的投入构成社会保障支出，社会救助制度和社会福利制度在减少贫困方面的作用最为直接，以政策兜底形式扶贫减贫，为贫困者提供最低生活保障。中国政府于 1999 年颁布《城市居民最低生活保障条例》、于 2007 年发出《国务院关于在全国建立农村最低生活保障制度的通知》，基本建立起了社会救助

---

① 刘怡.财政学 [M].北京：北京大学出版社，2016：178-184.

制度；随着丧失劳动能力的孤寡老人、残障人士和孤儿在贫困人口中占的比例越来越大，以《中华人民共和国农村五保供养工作条例》等法律法规确定的社会福利制度，能够为上述特殊困难群体的生活提供基本保障。

财政补贴是政府转移性支出的另一种形式，按照生产、生活活动分类设置，如农业保险补贴、教育补贴等。与最低生活保障不同，政府可以通过补贴引导贫困者参与某项具体的经济活动或社会活动，以实现具体的政策目标。如对贫困户子女的教育补贴，旨在鼓励贫困者提高文化程度，进行人力资本投资；农业保险补贴旨在缓和农业生产的波动性，避免农户因灾致贫。财政补贴的存在，能为实施其他扶贫政策创造有利条件。

我国 1994 年实施的分税制改革对中央和地方政府的财权与事权进行了划分，确定了中央和地方政府的收入范围与职能范围。由于各地经济发展水平不同，地方政府之间的财政能力就存在差异。中西部经济欠发达地区是脱贫攻坚的重点地区，但这类地区的政府往往财政能力较弱、征税能力不强，单凭地方财政收入无法为扶贫事业提供充分的财政基础。政府间财政转移支付制度能够缓解各地发展不均衡、地方政府财权事权不一致的矛盾。目前我国中央对地方的转移支付体系包括税收返还、一般性转移支付和专项转移支付，利用政府间的财政转移支付制度，做好国民收入在地方间的再分配，有助于增强中西部地区财力、拉动贫困地区经济增长，帮助贫困地区扶贫减贫（表 8-2）。

表 8-2　我国政府间转移支付主要类别

类别	税收返还	一般性转移支付	专项转移支付
具体内容	两税返还、所得税基数返还	均衡性转移支付、民族地区转移支付、农村税费改革转移支付、调整工资转移支付	

三、慈善法确立第三次分配基本框架

我国于 2016 年 9 月正式实施的《中华人民共和国慈善法》（以下简称《慈善法》），对慈善捐赠的定义、捐赠人的权利与义务、受捐者的权利与义务等作出了规定。除此之外，《慈善法》对于如何促进慈善捐赠也进行了一些探索，主要的手段为税收优惠。该法第九章第八十条、第八十一条规定慈善捐赠的捐赠者和受捐者依法享受税收优惠，财税部门则对此进行了细化和落实，如允许企业大额捐赠连续几年结转扣除（一次捐赠，抵扣 4 年），股票捐赠人以历史成本确定转让收入等[①]。除税收优惠以外，该法第九章第九十条还规定"捐赠人对其捐赠的慈善项目可以冠名纪念"。

鼓励慈善捐赠，不仅可以从捐赠者出发，还可以从受捐者角度出发，鼓励并规范慈善组织基于慈善宗旨开展募集财产的活动。本次《慈善法》出台的一大亮点在于在一定程度上放开了公开募捐的范围。《慈善法》出台前，只有少数几家取得公开募捐资格的基金会能够开展面向社会全体公众的募捐活动，这毫无疑问不利于慈善捐赠规模的扩大。而《慈善法》施行后，不具有公开募捐资格的个人或组织也可以与具有公开募捐资格的慈善组织合作以达成慈善的目的，并由该慈善组织开展公开募捐活动并管理所得款物，这项规定有助于激发社会范围内慈善募捐和慈善捐赠的热情。

但需要明确的是，慈善捐赠针对的是整个公益慈善事业，要让其在扶贫减困当中发挥更大作用，则需要进一步引导慈善资源向扶贫领域倾斜。因此《慈善法》第九章第八十四条明确指出"国家对开展扶贫济困的慈善活动，实行特殊的优惠政策"，具有明显的政策导向。

尽管《慈善法》的颁布和实施为我国慈善捐赠提供了可依凭的法律基础，然而因其是一部原则性、纲领性的法律，难免缺乏针对性和

---

① 倪建文.社会慈善助推精准扶贫的对策及路径研究[J].齐鲁学刊,2018（2）:109-115.

具体性。地方层面的实证研究表明，受不完善的制度限制，公益慈善组织参与扶贫虽有成效但仍十分有限，地方政府需要进一步加强适应当地情况的规则和制度建设 [①]。因此《慈善法》第九章第七十七条规定"县级以上人民政府应当根据经济社会发展情况，制定促进慈善事业发展的政策和措施"，各地政府应当把握这一活动空间，充分发挥自主能动性，推动慈善捐赠的发展，为社会力量扶贫提供良好的制度环境。

第四节 机　　制

一、初次分配扶贫机制

创新贫困劳动力就业机制，提高贫困劳动力的劳动所得。劳动是贫困群体所有的最主要的生产要素，促进贫困劳动力就业是提高贫困者初次分配收入的前提条件，因此有必要通过人社部和财政部等部门的联动配合，让更多市场主体参与就业扶贫。政府部门应引导创新就业扶贫的组织形式，促进贫困劳动力与劳动力市场的良好衔接，提高劳务组织化程度，提高贫困劳动力应对市场的能力。重视发挥企业的作用，鼓励企业吸纳贫困劳动力，建设更多就业扶贫基地；将专业技能培训更多地交给企业完成，加强培训的专业性和针对性；同时政府对吸纳贫困劳动力就业的企业、开展职业培训的企业给予补贴优惠。除企业外，农民专业合作社能够通过承接本村及周边地区的水利、道路、搬迁等公共建设项目，组织贫困劳动力就近就地就业。

---

① 孔祥利，邓国胜.公益慈善组织参与扶贫：制度困境与发展建议——基于广东省的实证研究［J］.新视野，2013（1）：72-76.

案例 1：毕节市提高劳务组织化程度的实践与探索

贵州省毕节市由当地人社局牵头，在全市范围内探索组建就业扶贫劳务公司、村级就业扶贫合作社，以市场经营方式专门专项解决贫困劳动力就业问题。①就业扶贫劳务公司在乡（镇）设立分公司（或工作站），具体负责开展乡镇一级的相关业务：组织劳动力就地就近转移，开展劳务派遣、劳务协作；统一整合扶贫、人社等部门的培训资金，组织贫困劳动力进行职业技能培训。②村级就业扶贫劳务合作社，将本村全部建档立卡贫困劳动力和自愿加入的农村劳动力纳为社员，按照社员的劳动技能、年龄、身体素质等情况确定分红比例；整合本村劳动力资源，承接农村基础设施建设等劳务项目，组织本村劳动力就地就近就业。

资料来源：潘宇.发挥市场主体作用 创新就业扶贫新机制 [N].中国劳动保障报，2018-04-28（3）.

贵州省毕节市的做法解决了贫困劳动力就业的两大障碍。从贫困劳动力的角度来看，贫困劳动力普遍具有文化水平不高、信息获取渠道闭塞的特征，依靠个人难以识别和获得外出就业机会。贵州省毕节市建立"县（区）—（乡镇）—村"三级劳务组织化体系，并配套《就业扶贫劳务公司组建运行方案》《关于就业扶贫劳务合作社组建运行的指导意见》等政策，明确各市场主体与组织部门的职能范围，能够有组织、有规模地促进贫困劳动力就业，将促进贫困劳动力就业的责任落到实处。从劳动力市场运行效率的角度来看，就业扶贫劳务公司是区别于政府部门的、具备完整公司组织架构的市场主体，这样的身份促使公司要设法提高贫困劳动力就业培训、劳务派遣等业务的运作效率，有助于在政府部门的政策框架下将政策落到实处。截至 2018 年 4 月，毕节市已组建 10 个劳务公司、204 个劳务分公司（工作站）以及 2 057 个村级就业扶贫劳务合作社，促进 8.43 万名建档立卡劳动力参与职业技能培训、18.79 万名建档立卡劳动力就业，为提高贫困劳动者以劳动所得为主的初次分配收入创造了条件。

建设劳动者权益保障机制和工资谈判协商机制，构建和谐劳动关系，实现"十三五"规划提出的"明显增加低收入劳动者收入"目标。劳动者权益保障不仅影响当期已脱贫劳动力能否通过就业不再返贫，还会影响他们以后是否愿意外出就业。贫困劳动力通常不具备很强的信息甄别能力、讨价还价能力、维权意识和维权能力，因而我国现行劳动合同法"以'劳动行政监察＋劳动者个体维权'模式实现劳动者权益保护有很大的缺陷"[①]。既要加强政府的顶层设计、落实执行细则，又要规范发挥工会作用，强化与完善工会集体协商维权制度。在全国范围内建设企业信用体系，加强部门联动，利用黑名单制度规范企业用工行为。

案例2：四川省巴中市针对贫困劳动力开展就业援助

2012年9月，四川省巴中市建立该市首个域外劳务基地联络处——巴中市泉州劳务基地联络处，免费为在泉州务工的巴中籍民工提供政策咨询、职业指导、职业介绍、劳动维权等服务，协调解决随迁子女入学等具体问题，开启了巴中市域外劳务基地联络机构的建设进程。巴中市巴州区是2018年四川省脱贫摘帽县区之一，要求域外劳务基地联络处向其辖区内的巴州籍贫困劳动力提供域外维权服务，包括岗位介绍、法律援助，确保在外务工的贫困劳动力的劳动权益有所保障。

资料来源：彭阳春.巴州区：创新构建"三四三"就业扶贫机制［J］. 四川劳动保障，2017（9）：24-25.

在上述案例中，考虑到贫困劳动力大规模转移就业的现实情况，巴中市将贫困劳动力的就业援助网络拓展至辖区以外地区，形成对转

---

① 赵红梅.从"富士康事件"看我国劳动者权益保护机制的缺陷［J］.法学，2010（8）：3-11.

移贫困劳动力的动态追踪机制，防止本地贫困劳动力到外地务工后再次陷入贫困。贫困劳动力属于劳动力市场中的弱势群体，远离家乡外出打工则会面临更大的风险。因此，对贫困劳动力的保障应当超越行政区划分割，为外出务工的本地贫困劳动力提供域外维权服务与就业支持，进一步完善贫困劳动力就业脱贫的支持体系。

值得提出的是，巴中市的做法尽管有助于保障贫困劳动力的劳动所得，但仍然是一种事后追责的做法，而事后追责往往成本更高、风险更大。因此，应当重视建立劳动者权益的事前保障机制，提高侵权成本。人社部于 2017 年印发《拖欠农民工工资"黑名单"管理暂行办法》，规定人社部门应将各地拖欠工资"黑名单"信息纳入当地和全国信用信息共享平台，由相关部门在各自职责范围内依法依规实施联合惩戒，在政府资金支持、政府采购、招投标、生产许可、资质审核、融资贷款、市场准入、税收优惠、评优评先等方面予以限制。我国减贫工作中涉及大量的扶贫资金及优惠政策，应当考虑在上述管理办法的基础上，进一步制定针对拖欠贫困劳动力工资的惩戒办法，以起到事前防范的作用。

探索资源—资产收益扶贫，完善资产收益扶贫的利益分享机制，促进多渠道增收。资产收益扶贫是我国扶贫工作中适用面广、成效显著的扶贫方式之一，应当建立将资产变为股权、将扶贫资金变为股金、将农民变为股民的"三变"体系，盘活贫困户的房屋、土地等资产，集中利用扶贫资金，完善利益分配机制，实现资产收益扶贫。

但除重视如何让各项资源、财产、扶贫资金具备盈利能力外，还要重视利益应当如何分配的问题。资产收益扶贫首先需要对相关资产进行确权与定价，明确权属关系与行为主体，为未来的利益分配提供依据。以资产收益扶贫中最重要的资产——土地为例，除农民个人耕地、林地与宅基地外，村集体用地、荒山荒地同样会投入生产经营，首先要厘清各类土地的归属，进而规定不同类型土地产生的收益如何在各利益相关方之间进行分配。固定资产的定价会直接影响利益的分配。仍以土地为例，土地参与资产收益扶贫的具体方式包括土地流转和土地入股两种方式，汪三贵等[①]针对土地入股的形式指出：土地入股时股本金的计算方式对农户分红收益影响很大，但目前并无统一做法，我国滞后的土地确权工作与不完善的土地交易市场，往往导致农户以土地入股时土地的价值被低估，从而使农户的收益相应地受到削弱。

资产收益扶贫中投入的各类资产来源广、类型多，在利益分配上既要保障贫困户所得，又要兼顾经营效率与其他利益相关方的权益。平利县张店村将各户的林地进行集中承包经营，发动群众种植180多万株杉木苗，明确规定按照"四三三"的比例进行收益分配，实有人口占40%股份，劳动力占30%股份，集体提留占30%股份[②]。对于扶贫资金的资产收益分配，汪三贵等[①]认为如果按照使用要求，扶贫资金产生的收益应当用于贫困人口，但如果扶贫资金产生的收益仅对村内贫困农户进行分配，很容易激发村内社会矛盾，而全覆盖式的分配则违背了扶贫资金精准使用的要求。因此，具体的操作办法需要基层干部结合实际情况进行统筹协调，在广泛受益和倾斜分配之间寻找平衡点。

二、再分配扶贫机制

形成部门间的协作机制，提高信息共享程度和利用效率。首先，各级政府部门的权责关系要更加明确，实行中央统筹、省负总责、市县抓落实的工作机制，确保财政扶贫资金、再分配扶贫政策落到实处。其次，再分配扶贫涉及包括财务部门、扶贫办在内的多个政府部门，要提高部门间的信息共享程度，将扶贫系统与其他相关系统互联互

---

① 汪三贵，梁晓敏.我国资产收益扶贫的实践与机制创新［J］.农业经济问题，2017，38（9）：28-37，110.

② 韩海燕，姚金伟.资产收益扶贫制度与农村土地产权制度关系辨析［J］.学习与探索，2018（6）：135-140

通。再者，随着越来越多的农村贫困劳动力外出务工，各地政府部门间要加强协作，解决外出就业与政策属地管理间的矛盾，保障外出务工的农村贫困劳动力也能享受到工作地的就业困难人员优惠政策[①]。最后，充分利用大数据时代的优势，增强税务部门的数据处理能力，能从税收数据中提炼出有效的经济信息，并为扶贫工作提供更加精确的指导[②]。

进一步完善贫困人口识别机制，将最低生活保障制度与扶贫建档立卡制度相衔接，实现"两线合一"，发挥社会保障兜底作用。低保标准和扶贫标准由不同政府部门根据不同程序确定，导致低保的瞄准偏误大，低保户和贫困户之间的重合度不高[③]，部分贫困户被排除在低保制度之外。要进一步完善贫困人口的识别机制，让低保线向贫困线看齐，发挥低保制度在再分配扶贫中的兜底作用。合理确定低保标准，低保适用于满足救助对象的最低生存要求，合理控制低保标准有助于鼓励有劳动能力的低保户积极就业，避免形成福利依赖[④]。2011—2020年各年贫困人口与低保人口数量如图8-6所示。

建立财政专项扶贫资金的合理分配机制和监督机制，提高地方决策能力和资金使用的精准性。财政专项扶贫资金的分配必须有据可依，《中央财政专项扶贫资金管理办法》规定，资金分配要依据贫困状况、政策任务和脱贫成效，让资源向脱贫攻坚任务更重、更艰巨的地区倾斜。各地在专项扶贫资金的使用上具有较大能动性，可结合当地实际情况确定资金使用范围，因此必须建立对资金使用的监管机制，探索建立协同监管机制、信息共享和成果互认机制，确保扶贫资金用到实处。

---

① 李鹏．精准扶贫视阈下就业扶贫：政策分析、问题诠释与治理路径［J］．广西财经学院学报，2017，30（6）：5-12.

② 杨英杰，齐航，杨全社．我国扶贫事业的税收治理探究［J］．国家行政学院学报，2018（5）：45-50，188.

③ 朱梦冰，李实．精准扶贫重在精准识别贫困人口——农村低保政策的瞄准效果分析［J］．中国社会科学，2017（9）：90-112，207.

④ 左停．积极拓展公益岗位扶贫政策的思考［J］．中国国情国力，2017（11）：18-20.

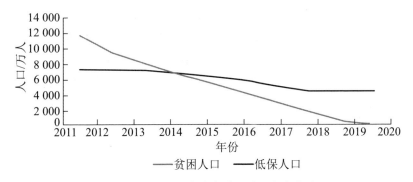

图 8-6　2011—2020 年各年贫困人口与低保人口

资料来源: 国家统计局全国年度统计公报, 民政局各年社会服务发展统计公报。

建立扶贫支出的信息披露机制, 提高再分配扶贫的权威性和透明性。建立如何用好扶贫资金的指导机制, 解决在资金充裕情况下不知道如何使用的问题。

完善享受财税优惠政策的服务体系, 简化申请、审批流程。新华网报道的新闻表明, 某些地区农民申请农机购置补贴的流程成了"马拉松", 农户购买拖拉机 4 年后仍未领到补贴, 如此一来, 涉农资金是否合理使用、惠农益贫政策是否落实都需要打上问号。要让具体到微观主体的各项扶贫财税政策能够付诸实践, 就要提高政策可及性。提高贫困户和扶贫主体对政策的知情度, 地方各级部门上下联动, 创新宣传方式, 加大宣传力度, 利用政府部门官方网站、微信、微博、印发资料等多种渠道, 加大对脱贫攻坚领域财税政策的宣传, 对于偏远的贫困地区, 利用政策下乡进村形式, 确保政策传播到人到户。建立咨询服务体系, 为受教育程度不高的贫困户提供问询服务。简化行政审批流程, 提高办事效率, 降低制度性成本, 让各微观主体能更快享受政策福利。

三、第三次分配扶贫机制

形成慈善组织对社会扶贫资源的动员机制, 扩大慈善捐赠规模。

适度合理放开公募资格，创新公开募捐管理办法。截至2018年9月5日，全国登记认定慈善组织4 774个，其中具有公开募捐资格的1 293个。2016起实施的《慈善法》规定，不具有公开募捐资格的个人或组织可以与具有公开募捐资格的慈善组织合作以达成慈善的目的，为慈善组织动员社会扶贫资源创造了更大的行动空间。打造"互联网＋捐赠"模式，提高慈善捐赠的便捷性和透明性。网络捐赠已成为民众首选的捐赠形式之一，要加快互联网募捐信息平台审评工作和监管工作，鼓励具备公开募捐资格的慈善组织积极参与到互联网募捐当中。发展多种形式的资源动员主体，形成点面结合、线上与线下结合的捐赠网络，如慈善超市、经常性社会捐助工作站等。

建立慈善传播机制，结合中华民族传统美德，创造良好的舆论环境。加强慈善组织和媒体的合作，利用微信、微博、广播电视、报刊等媒介，创新传播形式，增强公众的慈善意识，扩大慈善事业的社会影响。建立有效的激励机制，对贡献突出的捐赠者予以表彰和鼓励。尽管现代意义上的慈善事业在中国起步较晚，但中华民族自古以来就有扶弱济困、乐善好施的传统美德，能够为现代慈善事业的发展提供支撑。因此在慈善传播中要将时代精神与传统美德相结合，让慈善文化成为有源之水、有本之木。

完善《慈善法》配套措施。法规制度方面，要进一步完善慈善税制改革、慈善募捐信息平台、慈善信息公开等方面的制度保障，对投入扶贫领域的慈善捐赠要给予特殊优惠，形成政策导向；针对当前互联网筹款中捐赠零散、金额小、频次高的特点，出台更符合互联网捐赠特点的审计标准；对互联网公开募捐信息平台和慈善组织间的责任义务关系作出进一步明确，减少可能的风险。政策实施方面，加强税务部门和民政部门的合作，畅通慈善捐赠享受税收优惠政策的渠道；降低社会组织登记注册门槛，简化行政审批流程，鼓励更多小而美的扶贫公益慈善组织出现，对接精准扶贫。建立公益慈善事业的监督管理机制，行政监管和社会监督并举，及时公开慈善捐款的来源、金额、用途等信息，提高慈善事业的公信力。

四、第四次分配扶贫机制

形成公益性岗位开发机制。首先，设置公益岗位前必须对贫困地区进行实地调查，摸清实际情况，让驻村工作队、村两委等对本地情况较为熟悉的人员参与该过程，也可考虑让企业、社会组织参与该过程。根据每个贫困地区、贫困村的地理状况、经济条件、人文历史等方面编写档案，关注各地区的公共服务情况，让公益性岗位契合当地实际需求。除一般的保洁、保安、生态护林员、道路维护等岗位外，还可结合各地实际情况设置乡村传统文化与习俗传承岗、空巢老人关爱岗、传统手工艺传承岗等[1]，让公益性岗位在扶贫之外还能在其他方面发挥作用，一举多效。其次，要加强人社局、民政局、林业局等各部门之间的沟通，提高信息共享程度，及时增加或撤销一些岗位。

建立公益性岗位就职人员的精准识别、动态管理机制。在公益性岗位就业人员的任用方面，要首先对贫困人口进行评估，优先考虑贫困程度更深、脱贫困难更大同时又有一定劳动能力的人员。在任用流程方面，充分利用民主评议机制，杜绝托关系、走后门现象，提高公益性岗位的透明度和群众认可度，同时也有利于对就职人员形成监督氛围。对于从其他渠道增收的在岗贫困户，应当结合当地其他贫困人口的情况，考虑是否让其退出公益性岗位。对于工作积极性不高、效果不理想的在岗贫困户，优先考虑对其加强动员工作和技能培训。对公益性岗位的设置和运作引进第三方评估，避免出现冗岗冗员现象。

案例3：秦巴山区三县10个贫困村试点公益性岗位扶贫

秦巴山区公益性岗位扶贫试点中，形成了较为完善的公益性岗位设置流程。

---

[1] 李博，左停.集中连片贫困地区"购买服务式"综合性扶贫治理模式研究——以陕南秦巴山区"公益岗位"为例［J］.农业经济问题，2017，38（2）：3，85-91.

（1）开展本土摸查、关键人物座谈、入户个案访谈，召开村民代表大会解读公益性岗位的相关规定和要求。

（2）开展村民协商，各试点村庄每年设置一批符合村庄发展需求的公益性岗位，目前已包括村庄环境保护、村庄公共设施管理与服务、传统工艺传承、乡土文化传承、传统农作物品种保护、生态农业科技示范、传统蚕桑养殖示范等岗位。

（3）通过竞聘与公示核定70名岗位人员，召集入选村民赴西安参加岗前培训，细化岗位职责并签订《岗位责任承诺书》（一式三份）。

（4）乡镇管理人员每月检查各岗位工作情况，政府、高校和社会组织三方联动监管公益性岗位执行情况，不定期进行总体检查与评估。

资料来源：左停，王琳瑛，旷宗仁.工作换福利与贫困社区治理：公益性岗位扶贫的双重效应——以秦巴山区一个行动研究项目为例［J］.贵州财经大学学报，2018（3）：85-92；李博，左停.集中连片贫困地区"购买服务式"综合性扶贫治理模式研究——以陕南秦巴山区"公益岗位"为例［J］.农业经济问题，2017，38（2）：85-91.

上述是秦巴山区试点公益性扶贫岗位的实践，试点村庄首先结合当地情况，充分动员村民参与，设置了一批特色鲜明、效益显著的公益性岗位。既有助于当地贫困户自食其力，又促进了当地风土民情的完善和维系。任何扶贫政策要发挥作用，首先要让贫困户对其有清晰的了解。上述案例在设置公益性岗位前进行的本土调查与政策宣讲，就有助于提升村民对公益性岗位的感知度和认可度。除面向全村居民进行宣讲外，还应有专人负责协助贫困家庭或个人完成公益性岗位申请。四川省凉山彝族自治州甘洛县即规定在每个贫困村公益性岗位上单设"就业和社会保障协理员"，协理员必须具备初中以上文化程度，主要负责贫困家庭劳动力人员的动态管理、上门入户服务等工作①。

公益性岗位的价值不仅在于协助贫困户在经济上脱贫，还在于提升贫困户的自我认同感与当地的公共服务水平。上述案例中，因意外而部分丧失劳动能力的贫困户侯某被确定为"村庄环境卫生保护岗"岗位责任人后，除能获得一定的收入之外，也参与到了村庄公共事务治理过程中，通过自己的工作使村庄内卫生环境大为改善，岗位责任人员这一身份能使贫困户本人感受到自身的价值所在，有助于提升自身的脱贫能力和信心。公益性岗位具有很强的社会性，甚至能起到带动其余贫困户脱贫致富的联动效果。汉阴县五爱村的欧某被确定为"传统工艺传承岗"岗位负责人后，定期向村民传授拐枣酒酿造技术。一方面，欧某每年可获得 1 200 元岗位补贴；另一方面，欧某得以继承和发展其家族祖传的传统酿酒工艺。此外，欧某担任传统工艺传承岗的岗位负责人后，通过将酿酒技术传授给其他贫困户，带动其他贫困户增收。

建立帮扶对象的诉求反馈机制。在第四次分配中，要结合贫困户的具体情况考虑。家庭照料负担是影响贫困户劳动意愿和可行性的重要因素，亲人照料是农村中最主要的照料方式，对于家中有病人、高龄老人、未成年人而劳动力数量又很少的贫困户而言，其家庭照料负担就比其他贫困户高得多。如果仅从家庭劳动力的个人能力出发而不考虑其家庭照料负担，即使能够增加当期的收入，也会带来许多新的问题②。可考虑对每个贫困户家庭建立"劳动力—抚养、赡养比"指标，将家庭负担纳入选择扶贫措施的考虑当中。要畅通反馈渠道，及时关注贫困户的诉求，对于劳动能力实在不足的，不能实行"一刀切"。

建立第四次分配的资金筹措和管理机制，规范资金使用，保障贫

---

① 甘洛县人力资源和社会保障局.关于继续推进贫困村公益性岗位开发工作的通知 [Z].2018-03-14.

② 李鹏.精准扶贫视阈下就业扶贫：政策分析、问题诠释与治理路径 [J].广西财经学院学报，2017，30（6）：5-12.

困户权益。设置公益性岗位在很大程度上也是完善各地公共服务的内容，因此政府需要提高购买服务的积极性，并逐步提高对于岗位人员的补贴标准，同时可利用贫困县涉农资金整合试点政策筹措资金。可从集体资产收益或产业分红划拨一部分资金，用以支持公益性岗位运作和优化农村公共服务体系。动员社会力量，引入企业和社会组织提供资金或技术的支持。

第五节　启　　示

收入分配扶贫，即围绕贫困户的收入来源及国民收入的各分配环节思考如何提高贫困户的收入水平。收入分配扶贫是一项系统性工程，统筹考虑既有的"两不愁、三保障、五个一批"，从整个收入分配体制入手思考如何增加贫困户的合法收入，促进资源向贫困地区和贫困人口倾斜。在初次分配环节中，尊重市场规律，既创造提高贫困户市场参与能力的内源扶贫机制，又从市场环境和法律法规入手，创造维护贫困户市场权益的外源扶贫机制。在再分配环节中，发挥再分配对收入的调节作用，财税政策一方面利用于直接减轻贫困户负担，提供基础公共服务和社会兜底保障；另一方面为农村发展产业、吸引社会投资等创造激励条件，引导"大扶贫"格局。在第三次分配当中，关键问题在于如何设计相关政策措施与借助互联网力量，让慈善捐赠多起来、让慈善捐赠到扶贫领域里来，把慈善扶贫捐赠用好用活。第四次分配着重解决的是需要社会力量长期帮扶的贫困户的问题，在为其提供基本生活保障的同时，又要提高其脱贫的思想积极性、行动可能性，以及参与感、获得感。

收入分配是对扶贫问题的一种重新认识。在改革开放前及改革开放初期，贫困是国家整体生产力水平不高导致的；改革开放后，在高速的经济增长下贫困问题得到一定缓解，此时的贫困问题是中国特色社会主义市场经济发展初期的产物，部分群体由于在市场中缺乏竞争力而陷入贫困。在上述第二个阶段，国家将大量人力、物力资源投入扶贫事业当中，使用各式各样的支持政策帮助贫困人口脱贫，救助式扶贫和开发式扶贫相继展开，取得了卓越的成效。在脱贫攻坚战役已经胜利的今天，我国贫困的形势较以往发生了改变，一是一些扶贫政策总是无法落地、落地后没有效果；二是要思考如何防止脱贫人口返贫的问题。要适应新形势并巩固脱贫攻坚的成果，需要我国的扶贫工作由政策性扶贫转变为制度性扶贫，由短期的手段转变为长期的组织体系，调整不合理的制度体制，增强整个经济发展的益贫性。我国政府一向在扶贫工作中发挥主导力量，在收入分配扶贫的整个过程中，政府的力量也始终存在。收入分配扶贫要处理好政府和市场、企业、社会组织、个人等主体间的关系，合理运用市场机制、政府作用、道德力量，在不同的收入分配环节应当各有侧重，以合理的收入分配格局巩固脱贫攻坚战的胜利果实。

第九章①
产业扶贫

　　传统的救济式扶贫为我国 30 年来扶贫事业的不断推进奠定了坚实的基础，随着我国贫困状况发生重大变化，反贫困治理的难度也在逐步增加，"输血式"的扶贫方式已经无法再满足我国现阶段扶贫事业的需求。为了根治贫困"痼病"，党和政府在及时把握国情的基础上提出了产业扶贫战略思路，它可以通过整合贫困地区优势资源，借助市场在反贫困治理中的积极要素，构建并优化地区产业结构来推动扶贫事业和社会经济效益可持续发展。

　　产业扶贫的良性运作可以产生显著的扶贫效益，原因在于它是一种"造血式"的扶贫方式，可以通过培养贫困群体自我脱贫的能力，激发贫困群体脱贫的内生动力，来帮助贫困群体实现稳定脱贫。因此，本章将围绕"产业扶贫如何实现良性运作"这一核心问题，从以下五节进行阐述。

　　产业扶贫实践不是政府的单向治理，而是多元主体与贫困群体的互动过程，因此以多元主体为划分标准的模式总结构成了本章的第一节。在明确治理主体的基础上，第二节对产业扶贫的运作机制进行了详细论述。此外，产业扶贫政策执行需要完善的制度规范予以保障，第三节对我国产业扶贫相关的制度设计进行了归纳，并提出了部分制度出现的问题。第四节则从"多元"视角出发提出了多元产业扶贫和

---

① 感谢盖策为本章所做工作。

多元治理主体的政策建议。第五节是对产业扶贫的相关启示。需要特别强调的是，产业扶贫战略并不是孤立的，只有同其他扶贫战略协同推进，才能发挥其最大效用。

第一节　模　　式

　　模式是解决问题的方法论。产业扶贫的模式应该具有科学的理论指导，因地制宜才能增强其科学性、针对性和有效性。作为我国开发式扶贫的核心部分，我国正在逐步完善这种新型的扶贫方式。纵观近些年来国内外反贫困实践，已经出现了不少比较成熟的产业扶贫模式，较为典型的国外案例如日本的"农协"扶贫、毛里求斯的社区旅游、丹麦的"绿色养殖"等，国内较为典型的如河北阜平"政府＋金融＋科研＋企业＋园区＋农户"六位一体模式、陕西凤翔产业扶贫"563"模式和河北易县"878"产业发展模式等[①]。这些模式按内容可划分为农林产业扶贫、旅游扶贫、电商扶贫、资产收益扶贫和科技扶贫[②]。

　　在我国反贫困治理体系下，贫困群体在产业开发中能否持续受益往往与组织经营方式有着重要关系，多元化的治理主体构成了多元化的组织经营方式，因此，按照产业扶贫治理主体对产业扶贫模式进行整理分析更具有借鉴和参考意义。根据我国产业扶贫的实际情况，我国的产业扶贫多元共治体系由地方政府、龙头企业、社会组织、产业合作社以及贫困农户个体组成，主体的多元化为我国产业扶贫的发展提供了多维助力。

　　产业扶贫主体多元化的理论基础是 20 世纪 90 年代以来西方公共管理学界较为推崇的多元治理理论。多元治理理论认为多元主体参与

---

　　① 　以上案例根据网络数据整理。

　　② 　国务院关于印发"十三五"脱贫攻坚规划的通知 [EB/OL].（2016-12-02）http://www.gov.cn/zhengce/content/2016-12/02/content_5142197.htm

贫困治理可以有效弥补政府失灵、减轻政府扶贫压力。与传统的公共管理模式认为只有政府可以作为管理主体的观点不同，多元治理理论指出为了充分整合社会资源消除贫困，需要在治理结构上实现治理主体的多元化，将私人部门、第三方部门甚至贫困户自身等多元主体纳入反贫困治理进程中，且赋予各方表达权益、参与监督评价的渠道和机会，鼓励这些主体积极互动，实现治理目标的多元共赢[1]。地方政府、龙头企业、社会组织、产业合作社以及贫困农户个体这 5 个主体分别拥有特殊的反贫困治理优势，即政府的政治和制度优势、龙头企业的技术与市场优势、社会组织的理念与人才优势、产业合作社的地缘优势以及贫困户独有的主体角色优势，通过主体间的平等协商可以使这些优势互相融合，充分发挥正外部效应。在此基础上，笔者总结出了以下我国较为常见的五种产业扶贫模式。

一、"地方政府"模式

地方政府作为我国产业扶贫的主导核心，掌握着大部分的扶贫资源，也承担着最艰巨的扶贫责任。该模式中地方政府包揽了一切产业扶贫相关事宜，包括制定产业规划、审批产业项目、负责产业投资、规范产业市场、出台产业政策、拓展产业链条、开展产业培训等一系列事项，是我国产业扶贫发展初始通用的模式[2]。从我国产业扶贫实践来看，《国家八七扶贫攻坚计划》出台至精准扶贫政策颁布，构成了我国产业扶贫的初始阶段，该阶段典型特征是以"地方政府"模式为核心的产业扶贫路径，一是依靠财政部和银行向指定的贫困县提供产业扶贫补助与产业贷款申请；二是动员工青妇等群团组织在其专业知识或服务领域内设计和实施产业扶贫项目。可以看到，国家力量之所以在该阶段起主导作用，原因在于以下几个方面：第一，纵观全球各

---

① 李广文，王志刚．大扶贫体制下多元主体贫困治理功能探析［J］．中共南京市委党校学报，2017（6）：64-69.
② 王亚军．精准扶贫中的政府职能研究［D］．西安：西北大学，2018.

国治理贫困的历史脉络，任何一个国家在通过产业发展改善民生福利的起步阶段都离不开国家或政府的身影，这和反贫困事业的"公共"本质相关；第二，借鉴亨廷顿关于"第三波"民主化浪潮中发展中国家如何治理社会问题的论述，我国整体和局部的贫困状况呈现复杂性与差异性，而产业扶贫又处于探索阶段，缺乏成熟的经验指导，因此需要一个可以统筹规划、兼顾细节的治理主体，即一个具有高效能的中央政府来担当产业扶贫战略蓝图的"总设计师"，这也充分体现了社会主义"集中力量办大事"的制度优越性。

案例1：政府主导下的三江源地区旅游扶贫

国家自然保护区——三江源位于我国青海省南部，是长江、黄河和澜沧江的源头汇水区，该地区辖16县1镇，包含8个国家级贫困县（泽库县、甘德县、达日县、玛多县、杂多县、治多县、囊谦县、曲麻莱县），占青海省贫困县总数的半数以上。三江源地区自然条件严酷，经济社会基础设施严重滞后，最为关键的是，该地区缺乏具备扶贫资质的社会力量，贫困人口素质较低，参与能力差，参与意识薄弱，如果不依靠政府治理，该地区的扶贫工作很难起步。

精准扶贫政策开始落实后，三江源地区制定了以生态旅游为核心产业的扶贫规划，充分利用三江源地区丰富的植物、地质、高原野生动物以及人文等旅游资源，打造具有藏族独特风情的集行、住、食、游、购、娱为一体的旅游产业链。开发初期，各个县的政府机构首先着力于完善相关基础和旅游设施，并组织贫困户参与建设，以获取劳务收入。旅游产业开始运作后，政府又设立景区管理部门，制定景区管理条例，并帮助贫困户安排就业。除了受过一定教育的贫困户可以优先安排在景区管理局就业外，政府鼓励并政策支持贫困户在景区内规范营业，可租用景区综合服务中心购物店的摊位或在自家店面经营旅游商品，譬如出租马

四、民族服装供游客照相；建设特色民居客栈；销售民族纪念品等。就目前来看，虽然贫困问题尚存，但是由政府主导的旅游扶贫打破了三江源地区贫困陷阱的恶性循环链条，人口、环境和经济步入协调发展。

资料来源：李佳.扶贫旅游理论与实践 [M].北京：首都经济贸易大学出版社，2010.

三江源地区的产业扶贫工作是典型的"地方政府"模式，该模式的优势在于可以以"政策驱动"的方式实现扶贫资源的直接配置，短时间内有效改善三江源地区贫困现状。可以看到，三江源地区恶劣的自然环境和落后的社会环境不仅是该地区产业扶贫所面临的困境，其扶贫历程更是我国西部地区和部分中部地区产业扶贫的缩影。这些地区由于普遍资源匮乏、社会边缘化特征显著、公民社会发育程度较低、社会资本极为薄弱、扶贫产业选择单一，导致扶贫成本较高，脱贫难度较大。一些学者曾提出依靠市场化扶贫的路径来进行产业扶贫，他们认为政府干涉市场规律过多，会造成产业扶贫过多依赖行政资源，不利于产业扶贫的可持续性。在一定程度上，这种判断是有科学依据的，但是这绝不等于行政主导的产业扶贫让位于纯粹的市场化扶贫。市场目标是追求利益最大化，在这些条件极为恶劣的地区，市场狭小，经济成本会大大增加，基于自身利益的考量，依靠市场力量来兼顾自身利益和贫困户脱贫的社会责任是十分困难的，在某些情况下，甚至还会牺牲贫困户利益来保护自身利益。此外，市场也存在失灵的时候，所以产业扶贫的可持续经营问题并不能简单地通过市场解决。因此，具备强大动员和整合能力的政府机构是这些地区产业扶贫的最优选择。

同时需要认识到，单纯依靠政府主导的模式对地方政府的执行力、政策执行人员的业务能力和行政伦理提出挑战，并且大批专项扶贫资金的长期投入也会对公共财政形成压力。随着近些年三江源地区旅游产业扶贫的推进，逐渐暴露出了"地方政府"模式的些许弊端。学者李佳（2010）在其著作《旅游扶贫理论与实践》中总结了三江源地区产业扶贫在长期的政府主导中出现的问题。

第一，政府作为区域内的扶贫主导，所承担的任务是十分繁重的，在面对扶贫新形势新要求时，一部分地方政府的治理观念出现了滞后，比如发展产业扶贫仍采用原有的惯性思维，工作方式方法没有创新，根据经验和老办法解决新问题，对于自身角色的定位越来越倾向于全能主义，虽然在短时间内能较快提升产业效益，但从长期来看，政府的长期越位，不仅使得贫困群体长期未形成主体意识，在心理层面逐渐孕育出"等、靠、要"的观念，导致"懒贫""返贫"等现象频发，还会严重损害龙头企业、合作社和大部分贫困户的参与性与积极性。甚至在部分地区，一些产业扶贫项目做大做强以后，政府盲目追求规模化导致片面追求经济效益，而忽略了扶贫济困的目标。

第二，现代产业的本质特点是"高投入、高产出、高风险"，因此，在政府主导的产业扶贫中，融资难是一个普遍问题，容易导致产业难以发展。虽然三江源地区的基层政府为推动产业扶贫投入了许多资金和资源，但贫困户与龙头企业、合作社与龙头企业之间等多方参与主体之间的关系没有理顺，风险利益联结机制不够健全，资金投入仍然不能满足需求。

第三，在产业化扶贫中，贫困户总是不可或缺的一环，然而三江源地方政府缺乏足够的动员力与公信力，价值塑造的意愿与能力不足，主动服务引导意识不强，出于政府本身的权威考虑，对于贫困户的主动服务意识较为欠缺。因此，目前政府主导的产业扶贫工作中经常出现的问题就是农民的缺位。

基层政府在工作中长期侧重于单向扶贫工作，一味地下决策接项目，把农民只当作农村扶贫政策的受益对象，在政策的制定和实施过程中，片面认为农民只是配合即可，不愿意花费精力动员农民积极参与，没有发挥出自身的动员力。并且基层政府在进行承接、推行农业产业化扶贫项目的前期工作时，大多只考虑当地是否具备合适的资源条件，而对当地农民或贫困户是否具备足够的技术水平、种养能力和积极性鲜少进行实地调研与论证，造成大多数当地农民对扶贫项目了解较少，对基层政府推行的政策、项目不理解、不信任，甚至一部分人持怀疑态度，不愿意积极参与农业产业化扶贫项目建设。此外，虽然大多数政府部门单位都组织领导干部深入帮扶的贫困户家中进行走访，但是部分单位只委托第一书记或指导员到贫困村和贫困户中开展帮扶走访活动，帮扶没有形成常态化，帮扶的形式比较单一，没有对贫困户脱贫进行全方位的指导，造成群众发动范围窄、群众积极性不高。

第四，在产业化扶贫开展的过程中，三江源地区的基层政府花费了大量的精力开展前期工作，然而在后期扶贫项目的立项实施、检查核验、资金的使用管理等方面，只侧重内部监督，来自外部的社会监管力量十分薄弱，由此引发了非法挪用、寻租等一系列现象。内部监督的不足在于，由于产业扶贫政策的执行必须依靠基层干部来落实，这种依赖关系间接降低了内部的监管力度，形成流于形式尚未产生实质性的监督力。

第五，行政流程再造比较困难。在现行政府主导产业扶贫模式中，一些部门的权责互相交叉和牵制，在为同一个工作目标运转的时候，多部门的参与，在选择项目、分配资源时难免会造成抢夺和互相牵制，尤其是在整合资源、分配任务时，极易造成部门的争抢和推诿。加之，产业项目运转需要多条线沟通与融合，但是条块关系的存在隔断了项目运转过程各条线的有效衔接，造成项目的审批或资金的拨付过程十分漫长。

第六，政府主导产业扶贫的典型特征是运动式治理，评估验收前突击进行示范点的建设工作，注重前期工作的开展，往往为迎接上级检查，对产业化的长远成效选择忽视。为了凸显政绩，地方政府通过盲目下任务、定指标等方式强行推进产业项目，既不得民心，又容易引起市场经济的混乱，挫伤参与者的生产、经营积极性，无法发挥出自身的社会化服务功能。

当然，这些问题不仅出现在三江源地区，现阶段我国产业扶贫面临的贫困群体内生动力不足的问题很大程度上是由于产业扶贫的初始阶段长期的政府主导而形成的"政策沉淀"①。

因此，由三江源案例可以看到，产业扶贫的"地方政府"模式有利有弊，在特定的历史时期和环境下，它所作出的贡献毋庸置疑。而随着我国脱贫攻坚事业的如期完成，经历了二十余年反贫困治理的我国在贫困状况方面已经有了翻天覆地的变化，多数贫困地区或多或少都拥有一项或多项支柱产业，为我国现阶段产业扶贫的可持续发展奠定了坚实的基础。党和国家也准确把握历史机遇，及时转变产业扶贫的治理思路，提升参与式产业扶贫的战略地位，形成了以下四种创新性的产业扶贫模式。

二、"地方政府+贫困户"模式

"地方政府＋贫困户"模式是在延续"地方政府"模式中政府主导产业扶贫各项事宜的基础上，开始在产业扶贫的具体实施过程中尊重贫困群体的意愿，注重贫困户的参与。这一价值转变起源于参与式扶贫理论，由 Norman Uphoff 教授提出，他认为反贫困治理的前提是要赋予贫困群体发展的权利，譬如政治权利、经济权利、社会权利等，使其可以真正参与到涉及自身利益的产业项目的决策和控制活动中，以及与其他治理主体的良性互动②。

国内首先注意到参与式发展理念并进行研究的是李小云教授，在其著作《参与式发展概论》一书中提出了参与式扶贫理念，即政府通过投入一定数量的资金，为贫困户创造表达意愿的机会，赋予贫困户知情权和监督权，并激发他们的参与意愿，发动群众参与扶贫项目的决策、实施和监督过程，从而提高贫困户自主脱贫、自我发展能力，

---

① "政策沉淀"：指代前期政策的执行状况对后续政策的潜在影响或正负效应。
② 郭劲光，俎邵静.参与式模式下贫困农民内生发展能力培育研究［J］.华侨大学学报（哲学社会科学版），2018（4）：117-127.

从根本上解决贫困问题①。由此可以看到，参与式发展理论与传统的自上而下的发展理论泾渭分明，是对传统的发展理念的反思和否定，认为只有贫困户内心认可、行动参与才能切实地把外部干预力量转化为自身发展动力。这一理论的核心在于"参与"和"赋权"。"参与"是指贫困户真正确定自身发展需求，并深入项目的设计、实施和评估的整体活动；"赋权"强调外来者在协助贫困地区摆脱贫困的过程中，不再是传统控制发展方案并全权配置资源的局面，而是将这些权利还给贫困地区的贫困户。

在这一过程中，贫困户的主体作用主要表现为自主性、自觉性、创造性三种主体特性。

（1）自主性。贫困户的自主性首要表现贫困户能够按照自身的意愿在生产活动中支配一切物和一切社会关系的动机与能力，即对于生产力和生产关系的支配能力上，只有拥有这两个最根本方面的支配能力，才能说贫困户真正拥有自主性。在进行产业扶贫的过程中，有必要充分挖掘在政策推进过程中贫困户的自主性，如果只是一味地采用自上而下的方式，产业扶贫在行政资本撤离后会存在很大的失败风险。

（2）自觉性。自觉性表示人按照自身意愿执行和追求整体长远目标任务的程度，为了最终实现某一目标，人能够清楚地意识到自己行为的意义并加以主动控制。在工作和生活中，自觉性可以使人们抱以一种负责任、饱满热情的积极心态，也可以使人们抱以一种消极、冷淡、逃避的消极心态，这是人们的主观选择，是一种有意识的行为。贫困户的自觉性体现在对国家颁布的政策、方针，是抱以积极的还是消极的行为趋势。

（3）创造性。创造性是贫困户主观能动性的最高表现层次，他们不仅仅是主观能动的，而且还是具有创造能力的。贫困户的创造性指的是贫困群体在从事生产实践中的创造性思维和实践成果，通常表现为"积极的求异性，敏锐的洞察力，非常的新颖性和特别的主动性"。

---

① 李小云.参与式发展概论 [M].北京：中国农业大学出版社，2001.

历史证明，我国农民是富有创造力的、充满生机的群体，他们在积极响应国家政策号召时对自身的发展作出了积极的探索，比如家庭联产承包责任制的出现，股份合作制的出现等，这些为我国的经济发展和繁荣稳定作出了巨大贡献。

从理论层面上讲，参与式产业扶贫主张培养贫困户的自主性、自觉性和创造性能力，这要比传统的、自上而下的、以政府为单一主导力量的产业扶贫模式更加具有活力，更能激发贫困群体的内生动力。随着我国贫困群体的能动主义观念在不断增强，越来越多的贫困户开始意识到只有亲身参与到扶贫事业中才能帮助自己更快地脱贫致富，这就促使了政府反贫困治理思路的转变。也只有贫困户对自身主体性具备明显认知，主动积极配合其他治理主体，产业扶贫才能发挥应有的效果，反之，就只能落到后者"独打保龄球"[①]的尴尬境地。

不足的是，我国产业扶贫实践中贫困群体的参与问题依旧严峻，贫困的亚文化环境诸如封闭的生活空间、相对落后的教育资源、社会信息渠道匮乏等造就了大多数贫困群体保守、短视、能力匮乏、参与意识薄弱等问题，严重影响了政策的预期绩效[②]。此外，贫困户参与产业扶贫面临的普遍障碍是乡村老龄化、空心化趋势的日益严峻，大批年轻劳动力外流，在缺乏人力资源的情况下公民参与无从谈起。

三、"地方政府+龙头企业+贫困户"模式

这种模式对以上两种模式进行了创新，强调政府职能的转变以及具体事权的下放，政府不再包揽一切产业扶贫事宜，而是为龙头企业提供良好的政策环境、有序的市场氛围与适当的资源扶持，充当好服务型政府角色。龙头企业成为产业扶贫政策的中坚力量，帮助贫困群体脱贫致富。作为促进贫困地区区域发展的重要力量，龙头企业成熟

---

① 独打保龄球：引自 Robert D. Putnam *Bowling Alone* 一书，寓意公民参与的衰落。

② 张建斌，徐世明 . 农户参与农村产业扶贫项目的阻滞因素分析——基于内蒙古自治区 × 旗的实地调研［J］. 内蒙古财经大学学报，2017，15（5）：15-18.

的市场、技术、资金和产业链优势会大大降低反贫困治理的成本，可以帮助产业发展充分利用市场调节资源配置的优势，更有效地实现集群产业的辐射带动效应，发掘地区经济潜能。可以说，该模式较好地兼顾了反贫困治理和地区经济发展，是一项企业、政府和贫困群体多赢的产业扶贫模式。

缪尔达尔（1957）曾提出，企业参与产业扶贫，可以提高贫困人群的参与程度，为贫困人群提供就业机会，降低社会歧视与排斥，公司内部治理机制在某方面的改善对扶贫减贫有积极作用。缪尔达尔认为缓解贫困问题必须引进企业模式，企业独立法人制度和其技术与人才优势，为产业发展的融资环节带来极大便利。私人企业的存在和发展不应是为了实现狭隘的个人利益，应该更多的是创造社会效益[①]。和缪尔达尔的论点相同，国内很多学者也认为企业参与产业扶贫是一种承担社会责任的体现，指出企业在产业扶贫中的力量是不可忽视的，应充分调动它们参与产业扶贫的积极性，在扶贫工作中发挥好主力军的作用。与此同时，也应当警戒企业参与产业扶贫过程中出现的问题。

案例2：贵州大方县恒大农业产业扶贫项目

地处我国乌蒙山集中连片特困地区的大方县是国家扶贫开发重点县，它位于贵州省西北部，乌蒙山腹地地区，据统计，截至2016年，全县共有贫困乡镇24个、贫困村175个、贫困人口5.4万户、18.16万贫困人口，贫困发生率为16.4%，人均GDP 26 844元，仅为全国平均水平的54.39%。该地区耕地稀少，基础设施落后，再加上传统的煤炭、电力和烟草产业尚未转型成功，新兴产业基础薄弱，当地群众脱贫意识不强，这一系列问题加大了大方县反贫困治理的难度，贫困状况不容乐观。

2015年12月1日，恒大集团积极践行党和国家关于鼓励民

---

① 缪尔达尔.亚洲的戏剧——南亚国家贫困问题研究 [M]. 北京：首都经济贸易大学出版社，2001.

营企业参与精准扶贫的指示精神，主动承担"脱贫攻坚"社会责任，与大方县正式结对帮扶。在贵州省委省政府的支持和大方县委县政府的领导下，恒大成立大方扶贫管理有限公司作为大方脱贫攻坚的指挥中枢机构；建立了政企联席会议制度，双方每月定期进行扶贫事宜的沟通。此外，恒大从集团内部遴选了287名管理骨干进驻大方县各个贫困村进行驻村扶贫，有效缓解了人才匮乏对产业扶贫的掣肘。3年以来，恒大向大方县累计投入扶贫资金30亿元，半数用于产业扶贫建设，在实地考察和市场调研基础上，恒大帮助大方县确定了肉牛、蔬菜、中药材和经果林四大核心产业，建成并投入使用了大批先进农业技术产业基地，并引进了地利集团、中和恒瑞集团等43家上下游龙头企业，以劳务收入和入股分红的方式帮助贫困户脱贫增收，实现了从"输血式扶贫"到"造血式扶贫"的完美转变。在这一系列强力措施下，截至2018年12月，大方县贫困户年人均纯收入超过4 000元，贫困发生率已经下降到了3%，不仅贫困状况得到大幅度改善，县域社会经济效益也有了迅猛发展，并正式向国家提出了贫困退出的申请。

资料来源：钟宏武，汪杰，黄晓娟，等 . 中国企业扶贫研究报告：2018[M]. 北京：经济管理出版社，2019.

笔者认为，大方县的农业产业扶贫很好地体现了企业参与产业扶贫的重要作用，在这一机制下，贫困户、恒大集团以及地方政府多方协同发展农业产业，并真正设立利益联结机制使贫困户受惠，各主体互帮互助，存在一种既统一运作又相互促进的关系，这也是通过政企合作的方式达到的资源共赢。这个模式能够确保恒大集团退出帮扶序列后，当地农业产业项目依然能继续运营下去。针对这种可持续式的做法，国务院扶贫办联合中国社会科学院权威发布的《中国企业扶贫研究报告（2018）》一书中对此进行了褒奖，提出"恒大集团帮扶大方地区贫困群众构建了长效脱贫增收机制，为企业参与脱贫攻坚探索出了一条可复制、可推广、可借鉴的新道路"。

相比三江源地区产业扶贫，大方县的脱贫任务虽然艰巨，但是有一定的产业基础，在产业环境方面要优于前者，因此相较于传统的地方政府主导，大方县的产业扶贫更适宜让龙头企业参与进来。事实证明，大方县扶贫取得如此成效，和大方县委县政府与恒大集团形成的稳定有序的"政企合作"模式有着密切关系。恒大集团作为世界500强企业，拥有强大的资金储备、丰富的管理经验、高效的专业人员和灵敏的市场嗅觉，这些都是产业发展不可或缺的元素。在大多数人看来，企业只有逐利一项属性，企业所有的活动都是以利润为目标，企业的活动范围应当向前景广阔、风险较小、效益丰厚的产业聚集，这是不可否认的，但是这种观点忽视了企业的"社会责任"，企业所得取自社会，因此也应当在力所能及的范围内回馈社会，恒大集团参与扶贫便是一个很好的案例。更关键的是，恒大集团在履行社会责任的同时，提高了企业形象和社会公信力，间接地为其带来了无形的效益。剑桥幸福亚太研究院的一项研究表明，更好地履行社会责任的企业通常具有更高的利润与投资回报率，更强的品牌建设与顾客忠诚建设，更高的创新水平和员工使命感、满足感及更低的运营成本。这证明，企业效益和社会责任是相辅相成、互相促进的。

恒大模式的成功，还在于构建了较为完善的利益联结机制。《中国农村扶贫开发纲要（2011—2020年）》指出，产业扶贫项目要建立健全带动贫困户脱贫增收的利益联结机制，要实现农业产业建设资源的最优配置，就要在市场交换的背景下，创建一种全系统"风险共担、利益均沾"的关系，据此可见利益共同体的重要性。

现行的产业扶贫企业与贫困户的利益联结机制主要包括"以市场为纽带的松散型""以商品合同为纽带的半紧密型"和"以要素契约为纽带的紧密型"利益联结机制。以市场为纽带，即完全由市场支配扶贫产业所产出农产品的价格和销量，随行就市，自由买卖。尽管具有灵活、自由的特点，却把本就处在资本劣势地位的贫困户直接暴露在市场风险之下,给扶贫结果增加了不可控的因素。以商品合同为纽带,即在合作之前,企业和贫困户就签订契约,规定双方权责,确定农产品未来收购的价格。在某些地区,为减少违约现象,也会提前设立市场保护价,当价格低于保护价格时,按保护价交易以减少贫困户承担的风险。还有些地区采取利润返点的模式,如重庆天友乳业,在农户提交牛奶后会按其质量和数量进行返还,以让利于贫困户,这种合同制的机制比较好地完成了贫困户与扶贫企业之间的利润分配,也保证了农产品的销售,增加了扶贫工作的稳定性。然而这个利益联结机制的核心——合同,却依然存在着不确定的风险。贫困户和龙头企业分别作为有限的理性人和独立的市场主体,为了各自的利益最大化,在市场波动时仍然有违约的可能。以要素契约为纽带包括以下几种情况:农户把土地使用权租赁给企业,获得租金,这种方式被称为土地流转;政府下发至各户的扶贫资金直接在龙头企业入股,农户按期获得企业的分红;项目建设的初始资金由龙头企业承担,农户负责劳动力和土地,农产品产出后按照市场价或合同价格直接提交给企业,以抵付企业的初期投入。如此,企业与农户之间形成了比契约关系更稳固的产权关系,是一种可持续发展的长效机制。

当然,大方县产业扶贫能取得如此成绩也离不开大方县委县政府的坚强领导。这里所说的坚强领导并不等同于我国产业扶贫发展初期政府的"全面领导",从案例中可以看到,政府和恒大集团之间的合作关系并非传统的"命令—服从"关系,而是建立在平等协商基础上的良性互动。无论是产业规划的制订还是产业实施的过程,政府都给予了后者充分的自主权和参与权,利用其既有优势构建反贫困治理的效率机制,这恰好印证了深化"放管服"政府职能改革在现阶段产业扶贫领域所具备的活力。

两者在明确分工、互不越位的基础上,充分发挥各自优势和特色,形成强大合力,高效推进产业扶贫。同时不可忽视的是,恒大参与产业扶贫的过程中也产生了一些问题,王钟女(2018)通过对恒大产业扶贫的调研发现,弱者吸纳和精英俘获在一定程度上限制了企业对于扶贫的正面功能[①]。

第一，既然该模式强调了企业在产业扶贫中的重要作用，就必须对企业参与产业扶贫的资质进行严格的审核，恒大集团既具备丰富的扶贫资源，也拥有回馈社会的企业文化，这是企业参与产业扶贫的必备条件，但是大方县的一些地区同时也出现了由于参与扶贫的上下游企业经营不善导致贫困群体背上"产业负债"的情况。由于承担了支持贫困地区发展的功能，产业扶贫中的龙头企业无法完全按照现代农业企业的方式经营，而是具有了"利益捆绑"和"责任连带"的特点，同时也得到了政策上的扶助。部分地区的政策规定直接把补贴到各户的扶贫资金入股龙头企业。这样做可以避免农户各自经营，就算达不到产业规模，也可以使农户每年都能从龙头企业获得分红，保证了农户的固定收入。这种"以要素为纽带"的方式使农户成为公司的股东。然而，部分农户还在企业打工。这种员工与股东的双重身份成为企业管理上的负担，加之产业扶贫项目天生具有的责任连带特点，令很多经营状态好、实力强劲的优质企业望而却步，不愿意申请相关项目。反倒是条件相对一般的或是现金流出现问题的公司，为了国家的优惠政策和资金积极申请，而它们却不具备足够的产业带动能力，结果造成更多的扶贫资源被"弱者吸纳"。这种方式只能通过雇用贫困户、土地流转这种方式短期内提高贫困户收入，实际上违背了产业扶贫的初衷，贫困户自我发展能力不能获得真正的提高，扶贫效果缺乏可持续性。产生这种现象一方面是由于政府宣传和引导不足；另一方面是由于企业参与扶贫的资质尚未形成统一的审核标准。

第二，即便严格采取龙头企业参与产业扶贫的机制，也无法保证其在产业扶贫过程中积极履行社会责任。龙头企业逐利的天性在缺乏监管的情况下可能会引发"精英俘获"[②]等问题，使得贫困群体无法得到应有的政策扶持，这一问题在大方县部分地区也颇为严峻。尽管政府对企业的产业活动有监督的义务，但是政绩导向会导致基层政府的

①　王钟女.产业扶贫中的企业参与问题研究 [D]. 长春：吉林大学，2018.

②　精英俘获：引自邢成举《精英俘获：扶贫资源分配的乡村叙事》一书，指代本应该瞄准贫困人口的扶贫资源和扶贫项目却被村庄内的富裕精英群体获得。

规模偏好，即投资到生产资料较丰足的贫困户身上会获得比投资到生产资料较贫乏的贫困户身上更多的产业效益，这一结果往往是政府对龙头企业逐利但不亲贫行为的默许。在某些地区，扶贫企业利用扶贫机制和自己的规模优势，使贫困户成为公司的打工者。单个分散劳动者的劳动力资源则被企业所占有，企业一方面获得了劳动力；另一方面通过优惠政策，低价拿地、减少税务支出、获得技术培训，降低了运营成本，获取了更多利润。这样看来，龙头企业的带动在某种程度上不仅无法达到产业扶贫的根本目标，还有碍社会公正，扩大了当地的贫富差距，出现内殖民现象，在某种程度上也累积了社会冲突，不利于社会团结。归根结底，这种现象的原因在于"原子化"的贫困户与掌握扶贫资源的龙头企业、政府之间关系的天然不对等，使得前者利益很容易被侵占。解决这一问题需要构建贫困群体的参与机制，这也是"地方政府＋龙头企业＋贫困户"模式不可或缺的部分。

针对这些现象，王钟女进行了如下分析。

第一，政府干预。在我国部分贫困地区，当地政府往往受到传统的政治文化等因素的影响未能及时转变思路、合理放权，限制了企业优势的发挥，尽管大方县与恒大集团构建起了制度化的沟通机制，但是对于各自的职能边界依然较为模糊，并且在一些关键性的问题方面，政府始终坚持拥有垄断性的话语权，这在一定程度上消磨了企业的积极性，这一点在我国诸多企业参与扶贫的地区较为普遍。

众所周知，产业扶贫主要靠企业带动贫困地区的特色产业发展，通过把农户纳入市场链条和打开销路创造利润而实现扶贫目标。尽管政府具有宏观调控的职责，在扶贫事业中负主要责任，但除了大包大揽，更应当担当协调者的角色。然而我们看到，现实中的地方政府仍占据主导地位，是不可摇撼的核心主体。全能主义的惯性也不可避免地在政府的工作方式上留下了痕迹。当地方政府掌握了来自中央的扶贫资金控制权力时，龙头企业和贫困农户的权利空间就十分受限，致使多元的良性互动体系很难建立起来。以"精英俘获"和"弱者吸纳"问题为例，这主要是由于地方政府在上下游企业的审查上出现偏差所导致的结果，更深层次的原因是中央政府、地方政府和地方扶贫企业的目标和利益存在差异所导致的扶贫项目靶向偏离。中央政府的本意是产业带贫，但地方政府的负责人在实际操作中将其内化为其个人的政绩目标而倾向于打造"亮点"。部分学者认为，这其实是在当前政府体制中激励缺失而导致的委托代理问题。

第二，监督制衡缺陷。企业侵占贫困户利益现象时有发生，与缺少完善的制衡和强有力的第三方监督约束有着密切关系。在现行的维权体系下，贫困户受到权益侵害时的维权成本远远大于收益，因此，不维权成为理想选择，这更加助长了利益被侵犯的概率。

第三，难以消除的市场风险和自然风险。探讨市场失灵，就必须客观分析产业扶贫的背景环境。现有的利益联结方式无论是以市场、商品，还是以要素契约为纽带，均是在不同程度上以市场价格为基准。而农业生产中的自然风险、市场风险又很难规避。市场环境受多种因素的影响，当价格发生变动，就会给农作物的生产者造成很大困扰。贫困地区的资源有限，在应对激烈市场竞争所带来的风险时会显得更加力不从心。一旦发生损失，势必损害到扶贫企业或是贫困户的利益。

第四，市场逻辑和社会逻辑的矛盾。企业出于自利动机，为获得扶贫资金而申请扶贫项目，或是龙头企业侵占贫困户利益的行为，是因为企业逐利性过强，不积极承担社会责任。但是在更深层次上，是由产业扶贫模式下市场逻辑和社会逻辑的矛盾引起的。从市场角度来看，企业总要追求资源的最优配置和利润最大化，而贫困户脱贫也总要以产业发展有实效、有效益为前提。这就要求扶贫产业必须追求市场利润。然而，在道德立场上，产业发展的根本目标是扶贫济困，要在追求利益的基础上，承担社会责任。以产业发展为动力，解决贫困户的生活问题进而脱贫致富，促进社会融合。这是社会公平正义的正向价值体现，某种程度上是衡量政府道德水平的标准，表现的是一种底线思维。然而，现实情况中尽管市场逻辑下的优势龙头企业带动产业带来了经济的增长，但并不一定总是能使所有贫困户受惠。同样地，完全倾向于照顾和扶助贫困户的政策一定不利于产业本身的创收。因此，要优化产业扶贫中的企业参与问题，就必须要对这两种矛盾进行调和。

尽管存在问题，但是恒大模式仍旧是值得大多数参与产业扶贫的龙头企业学习和借鉴的。笔者认为，为了弥补市场失灵的一些问题，需要通过组织化的方式将贫困户个体聚集起来，增强其与企业和政府的对话能力，其中最为有效的方式就是以下即将论述的"地方政府 + 产业合作社 + 贫困户"模式。

四、"地方政府+产业合作社+贫困户"模式

分散经营背景下贫困户个体所拥有的资源是无法满足其扩大生产所需的，因此，"地方政府 + 产业合作社 + 贫困户"的产业扶贫模式成为解决这一问题的理想路径。该模式一般由当地具备生产资料和技术优势的产业大户发起，将"原子化"的贫困户纳入规范化的组织，通过快速整合乡村分散的劳动力、资金和土地资源来解决贫困户生产资料匮乏导致的自我发展能力不足的问题。与龙头企业和社会组织相比，产业合作社抵御市场风险的能力稍弱，带动效应也无法与前两者比肩，产业的辐射范围大都局限于产业大户所在区域，但是它们可以通过自身组织建设转变贫困户个体在产业扶贫中的弱势、被动地位，增强同政府、企业以及社会组织的平等对话能力，构建共赢的利益分配机制，以此保障自身利益不被侵犯。最为关键的是，相较于其他治理主体，拥有地缘优势的产业合作社与贫困户之间的联系最为密切，它们拥有充分调动贫困群体参与产业扶贫积极性的独特优势，因此在部分地区，产业合作社可以有效带动贫困群体参与周期长、见效慢的优质产业，增强其抵御市场风险的信心 [1]。

---

① 秦文娟 . 内生式产业扶贫的成效、困境及建议——以孝感市大悟县某贫困山村一个农民专业合作社为例［J］. 湖北职业技术学院学报，2018，21（3）：5-9.

案例 3：安徽砀山专业合作社入选 2018 年中国产业扶贫十大机制创新典型

2018 年 10 月 17 日，农业农村部公布了 2018 年产业扶贫十大机制创新典型，其中，安徽砀山县抓住时代机遇，充分发挥地区优势，以"农民专业合作社＋电商"模式高效带动全县脱贫的模范案例成功入选。

2012 年，被列为国贫县的砀山县拥有贫困人口约 18.37 万人、55 741 户，与山区贫困县恶劣的自然条件不同，砀山县拥有独特的气候、土壤和水质条件，在发展水果产业方面具备天然的优势。然而随着近些年全国水果市场竞争日趋激烈，以个体经营为主的砀山水果产业逐渐暴露出深加工层次低、品牌效应欠缺、规模效益差等问题，大量的水果在全国各地遭遇销售"冷冬"，砀山果农的贫困状况日趋严峻。

2013 年初，在党和国家积极鼓励各级政府创新探索脱贫机制的号召下，砀山县委县政府充分调查致贫原因，分析地区优势，选择以产业合作社的模式带动产业扶贫，着力推动和打造一批优质产业合作社。数据显示，截至 2018 年 10 月，砀山县共有登记在册的农民专业合作社 3 072 家，这些合作社以水果产业为支柱，引进先进技术，在提高产量的同时大力发展水果罐头等深加工产业，同时，还回收利用废弃果树枝条创新了"食用菌"产业，形成了较为成熟的产业链。2015 年，砀山县在优化道路交通的基础上，又开展大规模"农民专业合作社＋电商"产业模式，大幅度拓展了果品的销售市场。在全县人民的共同努力下，2017 年时全县贫困发生率就已经从 2014 年的 12.2% 降至 3.1%，贫困户平均可支配收入中来自专业合作社的收入达到 5 000 元以上，目前已正式向国家提出贫困县退出申请。可以说，砀山农民专业合作社在产业扶贫中发挥着越来越重要的作用，为其他地区的扶贫开发工作起到了良好的借鉴作用。

注：根据拂晓新闻网关于砀山扶贫的报道及相关资料整理。

砀山产业扶贫拥有传统产业的优势条件，相较于资金、技术等资源的需求，制约砀山产业扶贫发展的最大瓶颈是组织形式。由于水果产业本身极易受到气候、运输和市场的影响，由此带来的商业风险是个体经营的果农无法承受的，很容易陷入贫困陷阱。此外，砀山县传统的种植技术已经无法满足市场需求，处于产业链低端的水果产业缺乏技术和管理支持，无法提升品牌效应和深度加工带来的附加值，市场竞争力明显不足。为解决这一系列问题，无论是技术的更新（大棚技术、培育良种等）还是加强与市场的对接（改善运输、找准市场等），都需要以组织化的形式开展，这既有助于减少中间成本，还可以实现规模效益的最大化。以砀山县农业科技推广为例，受到贫困户个体特征因素影响，相对年老、文化素质较低、思想较为闭塞的果农碍于对实施新产业技术的成本的担忧，往往在接受农业科技应用时呈现低效率、弱意向的特征，进而直接限制了收入的增长，而产业合作社的普及可以通过集体育种、集体施肥、集体科技指导的方式来解决这些问题。

尽管效益显著，砀山县的合作社扶贫还是出现了诸多问题，其中之一就是贫困户的参与热情不足，使合作社的作用发挥受到限制。有些合作社在贫困户心中的形象还未有足够的影响力，导致一部分贫困户对加入合作社中是否真正能够帮助实现脱贫致富还是持一种观望甚至怀疑态度。

从合作社内涵中可以了解到，合作社的本质是村民自治机构，它依赖于贫困户内在动力的发挥，具有一定的独立性。但是不论是合作社的注册登记、运营管理，还是参与的产业扶贫项目，都得需要政府部分的批准和支持。由政府控制合作社的运营和发展，一方面能够保证合作社的正常运行；但是另一方面也会使得合作社独立性受到极大影响，使其不得不形成对政府在资金、管理等方面的依赖，这种管控在一定程度上制约了村民自治的活力，因此，如何平衡政府管理和合作社自治成为一项难以解决的问题。从我国大多数合作社产业扶贫来看，政府过度干涉是很多合作社发展面临的首要问题之一。

此外，随着合作社规模的扩大和产业链条的延伸，合作社原有资金、技术人员和管理人员已经无法满足发展需求。资金不足主要体现在集体留置资金不足，合作社具有一定的盈利能力，可以像企业那样通过生产经营获取资金收入，但是由于合作社是贫困户自愿组成的，集体留置资金的多少很大程度上取决于贫困户意愿，这就导致多数合作社的集体留置资金呈现"真空"状态，这也是砀山县许多合作社选择放弃独立性、依赖政府资金来运营的原因。人才不足主要体现为由于越来越多的高学历、高素质人才选择到政府或者大型企业就职，很少会选择到没有发展前途的合作社中，这就会导致现有合作社管理人员的管理观念普遍较为落后、创新思维能力不强、组织能力有限。这些问题将极大地限制合作社的发展，更不利于合作社在产业扶贫中优势作用的发挥。

从合作社内部管理视角出发，砀山县的合作社还存在内部建设不完善的问题。多数合作社只是将国家合作社法照搬过来，并没有进行细化，对管理层、社员的权利、义务和责任以及合作社的组织行为、财务管理和监督制度等都没有一个完善的规定。此外，合作社社员之间资源享赋的不同，形成了异质化的内部社员机构体系，出资多的社员一般是合作社的核心成员，控制着合作社的财产所有权，因此他们必将在合作社的制度建设中制定出符合自身利益诉求的治理体系。而对于加入合作社的贫困户来说，他们就是合作社中的弱势群体，由于缺乏入股所需的资金，所以经常被排斥在合作社的门槛之外。这一现象类似于企业参与模式中的"精英俘获"问题。学者赵晓峰通过多个省份的调研发现，部分贫困地区的产业合作社已经由一开始的合作共赢"异化"为少数人受益，扶贫资源被能人大户获取，普通贫困户无法享受政策性收益[①]。从理论上来看，只要国家的扶贫资源不是直接落实到贫困户个体，而是通过企业、合作社等间接的方式进行，资源分配不公的问题就会产生。伴随着合作社模式的逐渐普及，在能人大户和普通贫困户之间构建起相对公平互助合作的利益关系则显得尤为重要，而解决这一问题，则必须从两方面着手。

---

① 赵晓峰.农民专业合作社制度演变中的"会员制"困境及其超越［J］.农业经济问题，2015，36（2）：27-33，110.

第一，产权制度建设。产权制度是我国专业合作社法的核心部分，考虑到贫困户以入股的方式进入合作社，就必须对贫困户在合作社中的经济权利予以充分的保障，以此维护其应得利益。尽管砀山县部分合作社也存在不同程度的"精英俘获"问题，但是砀山县委县政府准确地把握住问题核心——产权制度不明晰，出台了一系列规章制度和政策文件，在深化《中华人民共和国农民专业合作社法》法律宣传的基础上，帮助贫困户树立起保护切身利益的维权意识，并予以制度保障。这些措施的开展，将在一定程度上改善贫困户不能参与合作社管理的关键问题。

第二，培养贫困户合作意识。"合作"，是产业合作社模式的核心内涵，正是由于"合作"所蕴含的功能，产业合作社模式才有了实践的价值。尽管贫困户合作意识的匮乏同对能人大户的不信任有着密切关系，但是从宏观层面来看，更多的是由于受到市场经济个体化经营观念的冲击，乡村场域内的合作氛围已经大不如前。学者秦文娟（2018）通过对孝感市大悟县某贫困山村的专业合作社调查发现，农民合作意识的不足通常与乡村社会资本匮乏有关，这里所说的社会资本是政治社会学意义上的社会资本，帕特南将其简述为"公民之间的相互信任、强大的互惠规范和成熟的公民参与网络"[1]，而我国乡村社会的现实环境却是公民意识欠缺、政治冷漠普遍、功利主义盛行，长期个体经营形成的路径依赖更是进一步阻碍了贫困户之间的相互合作。针对这些问题，砀山县一方面从复兴乡村传统睦邻文化出发，培养村民的相互信任感；另一方面则继续加大对贫困户参与产业合作社的政策扶持，打消其内心疑虑，均取得了良好的成效。

五、"地方政府+社会组织+贫困户"模式

在产业扶贫多元共治体系中，社会组织是不可或缺的一环，它参与产业扶贫模式的优势在于：第一，社会组织的决策层和管理层往往

---

[1]　帕特南. 独自打保龄 [M]. 刘波，等译. 北京：北京大学出版社，2011.

拥有可观的社会资源，组织本身也拥有多渠道的融资手段，可以为产业扶贫的资源整合提供助力；第二，社会组织的公益价值取向决定了其在产业扶贫开发中关注的不是自身利益与报酬，而是减少贫困这一社会责任，因此往往在产业扶贫中更加注重贫困户参与；第三，社会组织的运作模式大都采用自下而上的方式来解决一些微观层面的社会问题，灵活的工作方式和组织的"草根性"可以使其更容易贴近群众、满足贫困户需求，迅速有效地将原子化的贫困群体进行整合，大大提高产业扶贫效率[①]。

早在"八七"扶贫攻坚期，国家就已经开始鼓励民间组织参与扶贫工作，表 9-1 列举了在我国产业扶贫领域较为活跃的部分国内社会组织和国际非营利组织。这些组织的参与不仅有效地缓解了政府扶贫边际效应下降带来的财政压力，其成员与志愿者还成为我国产业扶贫事业的有生人才力量，并且通过与政府合作扶贫，还可以促使政府吸收其先进的扶贫经验。其中较为典型的案例要属中国扶贫基金会创新的小额信贷项目。该项目起源于 1996 年世界银行对秦巴山区的扶贫援助项目，2000—2005 年中国扶贫基金会完成了项目的接管和全面改制，2008 年原中国扶贫基金会小额信贷部转制为中和农信，现已成为我国最大的公益性小额信贷机构。截至 2017 年底，中和农信小额信贷项目覆盖全国 21 个省，设有 258 个分支机构，其中 70% 以上为国家级、省级贫困县，其他为欠发达县或地震灾区县，累计发放贷款 207 万多笔、278 亿多元，支持帮助了超过 500 万农户[②]。

表 9-1　参与国内产业扶贫活动的部分国内外非政府组织

机 构 名 称	机 构 背 景	活 动 范 围	活 动 领 域	总部所在地
爱德基金会	政府	国内	社会公益	南京
中国人口福利基金会	政府	国内	弱势群体救助	北京
中国光彩事业促进会	政府	国内	中西部大开发	北京

---

① 黄林,卫兴华.新形势下社会组织参与精准扶贫的理论与实践研究[J].经济问题,2017（9）：1-5, 12.

② 中国扶贫基金会年度报告（2017）. [EB/OL].（2018-06-06）. http://www.cfpa.org.cn/information/institution.aspx.

机 构 名 称	机 构 背 景	活 动 范 围	活 动 领 域	总部所在地
中国扶贫基金会	政府	国内	贫困治理	北京
中国国际民间组织合作促进会	政府	国内	民间合作扶贫	北京
中国老区建设促进会	政府	国内	老区扶贫	北京
中国青少年发展基金会	政府	国内	社会公益	北京
四川仪陇乡村发展协会	民间	地方	区域发展	四川
四川农村发展组织	民间	地方	区域发展	四川
乐施会	民间	全球	国际救助	英国
荷兰发展组织	海外	发展中国家	国际救助	荷兰
福特基金会	海外	全球	贫困治理	纽约
世界宣明会	海外	全球	国际救助	蒙诺维亚
国际行动援助	海外	全球	国际救助	南非

从现实情况来看，社会组织出于自身的公益性特征，在资金链、技术与市场方面虽然无法同龙头企业相比，但是在政府的适当扶持下，其较为稳定的筹资渠道，专业化的社会工作人才与志愿者，较之私人部门更强的社会责任感都可以为产业扶贫增添助益。

通过这些组织状况可以看到，我国参与产业扶贫的社会组织主要存在以下特征。

第一，具有官方背景的社会组织参与度高于民间社会组织。譬如中国青少年发展基金会的业务主管单位为共青团中央委员会，爱德基金会的业务主管单位为中国共产党江苏省委员会统一战线工作部，中国扶贫基金会的业务主管单位为国务院扶贫开发领导小组办公室。与此相比，民间社会组织参与产业扶贫则较为不足，我国产业扶贫发展还蕴藏着巨大的民间潜力，如果可以有效地引导这一力量进入扶贫领域，势必会大大缓解产业扶贫的资金和人才问题。

第二，国际非营利组织（国外学界通常使用的"非营利组织"与我国学界使用的"社会组织"内涵基本等同）参与相对不足。这些组织往往在资金、内部管理制度、人才以及扶贫经验等方面要比我国的社会组织更加具备优势,政府应当理性看待其角色地位,适当放低准入门槛,在确保其活动不会威胁国家核心利益的前提下充分利用这些优势为扶贫工作增添助力。

王婉(2018)以我国援助西藏发展基金会为典型案例,分析了我国社会组织在参与产业扶贫过程中的困境[①]。

第一,政府层面对社会组织参与产业扶贫的制约。首先,双重管理体制制约了社会组织参与产业扶贫的独立性。双重管理体制源于1998年颁布的《社会团体登记管理条例》,条例第九条明确规定"申请成立社会团体,应当经其业务主管单位审查同意,由发起人向登记管理机关申请登记"。这一条例明确规定社会组织一方面由业务主管单位指导组织业务活动;另一方面受登记管理机关(中华人民共和国民政部和县级以上地方各级民政部门)监督,双方共同负责社会组织的日常管理,也就是双重管理。社会组织作为产业扶贫主体的优势在于灵活性、机动性和慈善性,这种双重管理体制明显削弱了社会组织的及时性和有效性。其次,双重管理体制制约社会组织产业扶贫的积极性。具有公募资格的社会组织,设有公募资金账户,属于参公单位,设立财政拨款账户。一个组织两个账户,开展项目资金申请时,资金类属划分变得异常严格与困难。为了工作不出现失误,社会组织主动筹资的积极性下降,开展项目积极性不高。再次,法治环境不完善制约社会组织产业扶贫主体地位,使社会组织参与产业扶贫的合法性降低。我国社会组织已经作为政府扶贫职能的承接者活跃于各个领域,但其合法性与合规性一直都存在疑问,现有的关于社会组织的法规、法律仅有三部,且存在一定程度上不适应现有社会组织发展需要的问题。最后,关于社会组织参与产业扶贫的优惠政策少而宏观。虽然中央政府与自治区政府支持社会组织参与产业扶贫的政策数量不断增多,但是其中的优惠政策有限,仅仅停留在鼓励、倡导行动层面,缺乏实质性的引导力。

---

① 王婉. 社会组织参与精准扶贫问题与对策研究 [D]. 拉萨:西藏大学,2018.

第二，社会组织自身问题对参与产业扶贫的制约。由于社会组织自身的非营利性质，低福利、低保障、低薪资的现实使得社会组织在吸引扶贫人才方面缺竞争力。这一困境不仅削弱了社会组织带动产业发展的专业性，减少了对贫困地区的智力和技术支持，也使其在产业项目推进时可能出现"力不从心"的窘境。此外，我国社会组织参与产业扶贫的最大障碍是资源整合和动员能力的不足，筹资渠道单一，缺少多元化的筹资渠道，对政府财政拨款依赖性较强，尤其是一些民办社会组织在这方面更是显得异常艰难。

第三，公信力缺失使得贫困户对社会组织持不信任态度，从而对其工作持抵制或不配合的态度。社会组织的公信力反映了整个社会和社会成员对其的认可度和信任度，其生存与发展离不开社会和公众的认可和支持。然而近些年一些社会组织的信任危机事件频发，直接引发了民众对社会组织的质疑。另外，贫困户的不信任也与对社会组织工作的不了解有关，媒体对社会组织的工作宣传不到位，贫困户甚至会将社会组织误以为政府的化身，这些因素导致社会组织公信力的缺失，直接限制了社会组织产业扶贫优势的发挥。

当然，以上五种产业扶贫模式只是最基础的模式，我国大部分贫困地区的产业扶贫模式一般是多种模式的融合，精确把握社会发育现状，充分利用各个主体的优势，这也是近些年我国产业扶贫取得巨大成就的主要原因之一。

第二节　机　　制

结合我国产业扶贫实践，本节构建了产业扶贫的四项机制，即引导机制、传递机制、动员机制和规范机制。产业扶贫是一项复杂的系统工程，其发展是上述四项机制相互作用的动态过程，由此构成的产业扶贫发展机制是产业扶贫事业持续推进的重要保障。

一、引导机制

在产业扶贫中，引导机制决定了产业扶贫的方向。我国产业扶贫的基本思路是：坚定脱贫目标、明确产业种类、多元产业主体、完善利益机制、实现自我发展。坚定产业扶贫在我国脱贫攻坚战略当中的角色地位并制定科学合理的产业扶贫发展规划是产业扶贫良性发展的前提条件。随着我国贫困状况的不断演变，党和国家在把握国情的基础上分层次地提出了产业扶贫的发展规划，如表 9-2 所示。

表 9-2　产业扶贫发展规划历程

年份	政 策 名 称	主 要 内 容
1994	《国家八七扶贫攻坚计划》	强化了产业扶贫在整个扶贫开发战略中的比重，要求重点发展成本低、利润高、见效快的特色种植养殖业等
2001	《中国农村扶贫开发纲要（2001—2010 年）》	正式提出"产业扶贫"的定义，开创"公司＋农户"和订单农业
2011	《中国农村扶贫开发纲要（2011—2020 年）》	提出 2020 年初步构建"特色支柱产业体系"的任务
2014	《关于创新机制扎实推进农村扶贫开发工作的意见》	把产业增收列为农村扶贫十项重点工作之一
2015	《中共中央 国务院关于打赢脱贫攻坚战的决定》	明确提出要"发展特色产业脱贫"，加快一、二、三产业融合发展
2016	《"十三五"脱贫攻坚规划》	将产业脱贫列于我国脱贫攻坚八大重点工程的首位，并提出农林产业脱贫、旅游扶贫、电商扶贫、资产收益扶贫以及科技扶贫五项产业路径、十三项产业扶贫工程
2016	《贫困地区发展特色产业促进精准脱贫指导意见》	强调贫困地区发展特色产业是提高自我发展能力的根本之举，凸显产业扶贫在精准扶贫中的重要地位

注：根据《国家八七扶贫攻坚计划》等政策文件整理。

可以看到，这一系列纲领性的政策意见对产业扶贫的地位、内容、目标以及思路等多方面进行了阐释，规划了我国产业扶贫的宏伟蓝图。目前，我国产业扶贫已经确立了"五个一"的规划：选准一个产业、打造一个龙头、创新一套机制、撬动一笔贷款、提供一套服务。

选准一个产业指的是根据地区特色来确立核心产业，首先，产业的选择应当尊重产业的特殊性和普遍性。从地区自然环境和社会环境条件出发，不同的地区、不同情况的贫困户应当选择不同的产业，这就要求从整体出发来分析地区的独特优势和劣势，深入了解市场动态，立足区位优势，以产业关联度大小作为主导产业的选择基准来确定优势主导产业，兼顾区域发展和益贫效应。其次，科学的产业扶贫规划必须建立在科学的实地调查研究基础上。政府应当主动了解主导产业的市场需求状况，充分把握地区特有的资源优势以及致贫原因，突出地方资源特色，着重发展一些周边贫困地区未涉及的产业，并拉长产业链，增强优质产业的集群效应。再次，贫困地区扶贫产业的发展依赖于外部的市场环境，因此，扶贫产业的产品要符合潜在市场的整体收入水平，重点优先发展投入成本低、价格弹性大的产业，发挥贫困地区劳动力价格低廉和政策补贴的优势。同时，贫困地区的产业选择受制于区域的总体生产能力，扶贫产业与当地农业和非农技术的发展水平有重要联系，优先发展和扶持技术普及度更广、技术更成熟的产业部门。然后，扶贫产业需要进行适时的周期调整。在确定减贫目标的基础上，周期性地调整产业组合，为同类扶贫产业制订远期的发展规划，分阶段地实现由扶贫产业向一般产业过渡的计划。在此过程中，要因地制宜地认识本区域的贫困状况的变化。最后，产业扶贫在注重"量"的同时也要关注"质"的发展。要突出产业的精品化，持续优化产业结构，解决二、三产业滞后的问题，提高产业附加值。加大对优质产业支持的政策倾斜力度，支持地区资源合理开发利用，及时淘汰产能低下且重复的产业。从近些年部分地区的产业扶贫实践中可以看到，一些劣质产业的发展不仅造成了资源的浪费，还给当地生态环境造成了巨大的破坏，虽然产生了短期的经济效益，但是从长期来看却侵蚀了产业可持续发展的能力。

打造一个龙头指的是通过产业发展培养一个具备市场竞争力、可以带动产业进步的优质核心龙头企业。市场化是产业扶贫的重要优势，而企业作为市场上最具活力的主体，是发挥市场主体地位最有效的单位。政府不直接参与生产活动，难以精准地把握市场的交易规则和环节，无法向贫困农户提供统一的技术指导、产品购销的服务，因此，需要离消费市场更近的企业参与产业扶贫，弥补政府主导的不足。

创新一套机制是指根据当地实际贫困状况，构建一套包含主体和产业运作模式等元素的体系，这套机制是指开展产业扶贫工作过程中各项政策法规、组织机构、推动措施、工作方式等之间的相互作用、相互影响、相互制约和相互促进的动态关系，既有动力机制方面的含义，也有运行机制方面的内容，目的就是让产业扶贫效益最大化，最终实现脱贫。

撬动一笔贷款是指鼓励贫困户在产业扶贫中响应国家小额贷款政策来扩大生产。从我国现有小额贷款状况来看，普及率呈现低迷态势，多数贫困户考虑到风险因素而选择规避贷款风险，同时导致的问题是，贫困户无法获得足够的产业发展资金，限制了自我发展的能力。为了解决贫困户的这种顾虑，国家已经出台了多项政策来减轻贫困户的风险，设置了财政风险资金来保障贫困户无法按时偿还贷款时所承担的成本。在没有借贷后顾之忧的基础上，小额贷款的普及率才会提高，产业扶贫资金困难的问题才会得到一定程度的缓解。

提供一套服务是对政府职能的界定，对产业扶贫的社会力量提供完整且高效的服务是政府的应有职责。因此，政府要制定科学和切实可行的产业扶贫政策，在适当的时候制定产业扶贫地方性法规和政府规章，并且制定相应的实施细则来推进当地产业扶贫工作的开展。在这方面离不开政府职能的转变，从"管理型"政府转变为"服务型"政府，充分发挥政府在推进产业扶贫工作中的"掌舵者"作用，让各种扶贫力量可以充分发挥作用，带动产业扶贫联动发展，形成产业扶贫的"大格局"。

随着党和政府扶贫思路的优化转变，产业扶贫在整合扶贫战略体系中的比重持续加强,甚至成为反贫困治理最为重要的举措。关键的是,我国产业扶贫的思路不再是单纯帮助贫困群体增收,而是更加注重从多元维度提高贫困户自我发展能力来实现最终的脱贫目标,这些都意味着我国产业扶贫的引导机制已经趋于完善,发挥着应有的正功能。

二、传递机制

产业扶贫发展的传递机制是产业扶贫发展目标与政策等得以实施的载体,主要包括产业扶贫发展的运作系统、组织与管理体系。其中,运作系统由决策与计划系统、传递系统和接受系统组成。如图9-1所示。

在我国产业扶贫实践中,政府处于主导地位,因此,首先由政府负责的决策与计划系统对产业发展进行可行性调研,制订产业扶贫的目标与战略规划,出台相关配套政策。传递系统则是整合传导机制的核心。此时,地方政府出于客观条件限制无法再对所有环境广袤且复杂的贫困地区提供公共服务,这就需要部分社会力量适当地弥补这部分政府职能缺失,因此,私人部门与第三方部门开始介入传递系统,帮助确定、规划以及实施产业扶贫项目,募集并投放产业扶贫资金,进行产业扶贫开发与项目管理,组织贫困群体的参与。接受系统是指产业扶贫开发的目标地区和目标人口,其职能是积极主动参与产业扶贫战略实施,在具体的产业项目实施中培养自我发展能力,实现贫困状态的良性转换,最终脱贫致富。此外,产业扶贫发展的组织与管理体系是产业扶贫运作的保障。要求理顺产业扶贫管理体制,明确产业发展的主管部门及其角色。"十三五"脱贫攻坚规划中明确了中央扶贫开发领导小组办公室在精准扶贫战略中的统一领导地位,省、市、县各级扶贫办也充分发挥了产业扶贫的协调统筹作用,黑龙江省、石家庄市、西双版纳傣族自治州等地区还尝试建立了产业扶贫工作领导小组办公室专门负责地区产业扶贫工作的组织领导和综合协调工作,明确专人专职负责产业扶贫项目的管理与实施,提高了产业扶贫管理效率。

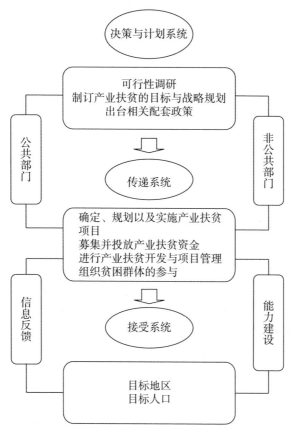

图 9-1　产业扶贫发展的运作系统

具体实施过程中，产业扶贫的运作机制主要分为以下程序。

第一，明确扶持对象、范围和方式。扶持对象为建档立卡贫困户、建档立卡贫困村和辐射带动贫困户明显的合作组织、龙头企业、家庭农场、产业能人大户、致富带头人等新型经营主体及村级集体组织实施的贫困户参与程度高的产业基地项目。扶持范围主要包括帮助贫困户增收带动作用明显的种植、养殖、农产品加工、特色手工业、光伏、生态、乡村旅游、休闲农业、电商扶贫、扶贫车间、服务业类、设施农业、水利水电开发项目，产业扶贫基地配套的基础设施建设项目，及其他能够带动贫困户增收的产业项目。扶持方式主要包括资金直补、贷款贴息、保费补贴、资产收益扶贫、帮扶责任人携资结对帮扶、就业技能和产业技术培训等。

第二，规范产业扶贫利益联结机制。大力推行村干部与能人带头领办、村党员主动参与、村民自愿参与、贫困群众统筹参与的"一领办三参与"产业合作形式；每个贫困村、每个扶贫产业至少建立一个专业合作社，支持贫困户以各种要素参与合作社或入股合作社；支持合作社与龙头企业以多种形式合作，确保有产业发展意愿的贫困户全部加入合作社。贫困户以政府扶持的产业资金入股合作社的，只享受收益权，股本金归村集体所有。推动农村资源变资产、资金变股金、农民变股东改革，通过盘活集体资源、入股或参股、量化资产收益等渠道，增加村集体经济收入。积极引导和支持龙头企业、家庭农场、能人大户、致富带头人组建或加入产业合作社，支持和引导合作社组建联村或乡镇级合作联社，力推龙头企业、合作社、贫困户三方联合的模式，完善合作社的运行机制，并建立紧密的利益联结机制。

第三，健全政策扶持机制。推动产业资金直补政策落实。政府相关部门要制定扶贫产业的奖补办法和奖补标准，充分发挥政府的主导作用和财政资金的撬动作用，继续加大扶贫政策实施力度，全力推进产业资金直补政策落实。对贫困户、贫困村、具有扶贫带贫功能的扶贫合作组织发展扶贫产业的，落实产业扶贫资金奖补政策，按其发展类别、规模将产业扶贫资金直补到贫困户、贫困村和产业扶贫合作组织。此外，还要做好金融支持与服务工作，金融主管部门要主动配合金融部门和金融机构全面落实好各项金融扶贫政策，通过创新金融产品，逐步加大对贫困户和扶贫新型农业经营主体的信贷支持力度，着力落实扶贫小额信贷、产业扶贫信贷通、扶贫再贷款等特惠产品，充分发挥金融助推产业的重要作用。同时还要完善保险扶贫政策。安排专项资金，对贫困户以及具有扶贫带贫功能的龙头企业、合作组织、家庭农场、能人大户、致富带头人等新型经营主体和贫困户自愿投保的各类保险扶贫，政府按比例给予补贴。

第四，完善服务保障机制。整合培训资源，依托现有培训机构，结合贫困户需求、意愿和发展实际，分类设置课程和培训标准，分产业、分层次、分岗位开展实用技术与技能培训，提高贫困群众的自我发展和抵御风险能力。发挥本土技术力量作用。充分利用本地致富带头人、能人大户、土专家等技术人才力量，依托省、市、县、乡四级产业技术专家和服务团队，深入开展扶贫产业技术指导与服务，实行贫困村产业发展技术包干服务，建立贫困村产业发展"一对一"技术帮扶机制，确保每个发展产业的贫困户都有专家或技术人员开展全过程技术跟踪指导服务。

第五，健全约束监督管理机制。各地区要根据当地经济和社会发展计划，结合当地脱贫攻坚实际，编制产业扶贫规划，并具体到村。对建档立卡贫困村和贫困人口较多的村，要编制具体的扶贫产业基地建设规划，建立产业扶贫项目库，做好项目储备工作。列入年度项目实施方案和计划的项目，原则上应当从项目库中选择。产业扶贫项目实施前，项目实施单位应制订项目实施方案，并要求项目主管部门、项目实施单位、项目村分别签订责任书或合同书，层层落实相关责任。坚持资金到项目、管理到项目、核算到项目，实行项目管理制和乡级财政报账制，加强绩效考评，完善协调统一的资金项目管理机制。产业扶贫资金项目要坚持公开透明、阳光操作，推行资金项目公告公示制及工程审计制，基地建设项目按"绿色通道"及有关规定实行招投标制、合同制和项目法人制，设立项目标识牌，接受群众和社会监督。

三、动员机制

动员机制既包括动员多元的社会力量参与产业扶贫，还包括动员贫困群体。尽管国家从"八五"时期就开始鼓励社会力量参与反贫困治理，"十三五"脱贫攻坚规划要求产业扶贫要尊重群众意愿表达的权利，但就现有产业扶贫参与情况来看，普遍存在二者参与不足的问题，因此动员机制的构建就显得尤为重要。

在产业扶贫中，贫困群体是产业扶贫最核心的受益者，他们应该具有产业扶贫项目确定、规划、实施以及评估的发言权。已有研究表明，贫困群体参与扶贫实践的程度越高，扶贫绩效往往越显著，相反，如果产业扶贫规划和决策得不到当地贫困人口的认可，他们会持抵触情绪和反对情绪，从而影响该地产业扶贫的可持续发展[①]。就目前我国出台的相关政策来看，还尚未对贫困群体参与扶贫的权利予以规范说明，宣传不力、激励不足等问题使得贫困群体参与产业扶贫的程度较低。

扶贫任务给政府带来了较为沉重的财政负担，而我国市场经济和公民社会的日渐发展孕育了大批较为成熟的私人部门和第三方部门，在政府的引导下可以在产业扶贫中发挥显著作用。虽然近些年政府日益重视这些部门的参与，但是刚性的管理体制、低效能行政和市场、金融环境偶现的无序发展等限制了这些部门主动参与的积极性[②]。

动员机制的构建最为重要的部分就是利益分配。诚如社会组织这一类型的非营利组织，都需要在产业扶贫中获取一定的收益来维持组织的正常运作。目前我国产业扶贫的利益分配机制大致分为两种模式，一种是政府无偿为贫困户分配产业发展所需的生产资料，产业所得由贫困户自负盈亏；另一种是政府将产业项目外包给私人部门或第三方部门并为其提供相应的产业发展资源，贫困户以股东身份参与产业收益的分配，根据劳动或者其他生产资料折现来获得相应的股息和红利。第一种模式属于直接扶持，是我国产业扶贫初期最为常见的利益分配机制，在诸多地区取得了不错的成效，但是这种机制近些年也逐渐暴露出一些问题，譬如不适用于老弱病残贫困户、生产资料被贫困户用

---

① ZHANG H M.The minimum living standard guarantee system and citizenship cultivation among the poor in China［J］.Asian journal of social science，2018（5）：483-506.

② 高敏芳.政府部门精准扶贫投入效果分析——基于渭南市临渭区截面数据分析［J］.渭南师范学院学报，2018，33（16）：44-57.

于其他目的等；而第二种模式属于间接扶贫，注重培养贫困户自我发展的能力，无论是资金管理的监督还是产业扶贫绩效的增加，都要比第一种利益分配机制更适用于产业扶贫的可持续发展[①]。

在动员机制中，要始终坚持中央政府在产业扶贫中的"元治理"角色，它不仅担负着构建产业扶贫工作各级领导机构的使命，还要制订国家扶贫开发规划，安排扶贫专项资金投入，对贫困地区、贫困户和扶贫开发工作实行各种优惠政策。政府主导组织的党政机关定点帮扶制度不仅有利于密切党和政府同群众的联系，而且有利于党的干部全面认识我国的基本国情，提高做群众工作的本领和解决实际问题的能力。此外，安排东部发达省市对口帮扶西部贫困地区，不仅是加快贫困地区脱贫致富步伐，缩小地区发展差距，逐步实现共同富裕的重要措施，也是促进东部发达省市了解贫困地区发展的客观规律和突出问题，增进对贫困地区群众的感情，改进工作作风的必要举措。

企业参与产业扶贫开发工作。目前，企业参与产业扶贫开发主要通过与农户构成不同连接方式，共同发展产业；群团组织和社会组织参与扶贫开发工作，例如中华全国总工会定点帮扶山西省和顺县，其开展的特色产业开发取得了显著成就；民主党派和工商联参与扶贫开发工作，例如民建中央与黔西县、民进中央与金沙县、农工党中央与大方县、九三学社中央与威宁自治县等先后建立了定点帮扶关系，帮助这些贫困地区构建了大量周期短、见效快、科技含量高的扶贫示范项目。此外，大量国际组织也参与到我国产业扶贫开发领域中来，譬如在产业扶贫领域的国际合作中，世界银行是与中国政府合作时间最早、合作项目最多、合作资金规模最大的国际机构。

在所有的动员机制中，国家最关注贫困户的动员问题。一方面，注重培育贫困群众参与的意识，贫困地区由于整体经济发展水平还很低下，贫困群众在社会生活中往往表现出依赖盲从、消极被动、畏惧保守等心理特征。另一方面，注重增强贫困群众参与的能力，提高贫

① 郭建宇.农业产业化扶贫效果分析——以山西省为对象［J］.西北农林科技大学学报（社会科学版），2010，10（4）：20-26.

困群众的综合素质，同时把推进参与式扶贫与解放思想、更新观念、转变政府职能结合起来，与健全基层党组织领导的基层群众自治机制、完善民主管理制度结合起来，与建设农村社会化服务体系、推进农村各项改革结合起来，以此增强贫困乡村和贫困群众的自我组织、自我管理、自我教育、自我服务、自我发展的能力。

四、规范机制

这里所阐述的规范机制主要体现为政府部门为落实产业扶贫政策、提高产业扶贫绩效所构建的一系列规范措施，它既包括政府内部管理，还包括对其他参与主体的管理，从内容上主要划分为组织建设层面、监督层面、考核层面和问责层面。

第一方面，我国产业扶贫的工作机制是"片为重点、工作到村、扶贫到户"，因此，村一级产业扶贫的组织建设显得尤为重要。为此国家不仅制定了《关于加强贫困村驻村工作队选派管理工作的指导意见》[①] 等一系列相关政策措施，还通过选调生制度、干部交流制度、业务培训、完善保障政策等方式加强贫困地区干部队伍建设，并将产业扶贫落实情况纳入公务人员政绩与晋升考核指标。充分发挥基层党组织的领导核心作用，强化职责意识，提高管理水平和执行能力。

第二方面，从国务院扶贫办扶贫领域违纪违规曝光平台显示的数据看，国家在持续加强对产业扶贫工作的监督力度和审计力度，《关于完善扶贫资金项目公告公示制度的指导意见》[②] 对产业扶贫资金的使用与管理、项目的选择等政务信息的透明度建设提出了要求，另外还通过普法宣传来增强社会力量的监督意识，鼓励社会监督问责的参与，增强其监督热情，这些都毫无疑问体现了国家对于构建政府监督、组

---

① 中共中央办公厅 国务院 . 关于加强贫困村驻村工作队选派管理工作的指导意见 . [EB/OL]. （2017-12-24）. http://www.gov.cn/zhengce/2017-12/24/content_5250001.htm.

② 国务院扶贫办 财政部 . 关于完善扶贫资金项目公告公示制度的指导意见 . [EB/OL]. （2018-04-16）. https://www.taihe.gov.cn/xxgk/detail/60bc874d88668819078b4577.html.

织自律和社会监督"三位一体"的监督体系的决心。不足的是，国家对于其他参与主体的监督力度较为薄弱，欠缺一些针对性的法律法规，随着其他参与主体在产业扶贫领域发挥的影响日益扩大，解决这一问题将是接下来我国产业扶贫规范机制走向成熟的关键举措。

第三方面，《关于创新机制扎实推进农村扶贫开发工作的意见》指出要通过提高扶贫开发成效在部分地区政府绩效考核指标中的比重的方式来督促地方政府加快扶贫进程，深化扶贫质量[①]。《省级党委和政府扶贫开发工作成效考核办法》[②] 明确提出了减贫成效、精准识别、精准帮扶和扶贫资金四项扶贫开发考核指标，为各级地方政府扶贫开发绩效考核体系的完善奠定了基础。从近些年国务院扶贫办的考核措施来看，创新了不定期与定期、定量与定性、上级评估与第三方评估等方式相结合的考核体系。此外，在考核基础上还在逐步探索配套的问责与激励机制。虽然针对产业扶贫的绩效考核办法尚未出台，但是可以在借鉴已有指标和广泛调研的基础上，开创出适合我国国情的、科学合理的产业扶贫考核机制，构建自我评估、第三方评估和政府评估"三管齐下"的产业扶贫评估体系。

第四方面，国务院扶贫办始终重视扶贫问责机制的建设，根据考核评估所得结果对相关治理主体的产业扶贫绩效作出反馈，加大对表现较好的主体的产业扶贫资金投放，给予合理范围内的政策优惠等，而对于表现较差的主体，不仅需要严格的惩罚措施，更需要注意惩罚不是目的，而是手段，应当及时明确问题，对经验教训予以总结，及时调整不适应地区实情的产业扶贫机制，这样才能保证效率机制发挥其应有的作用，实现产业扶贫的良性运作。

---

① 中共中央办公厅 国务院办公厅.关于创新机制扎实推进农村扶贫开发工作的意见.[EB/OL].（2014-01-27）. http://www.scio.gov.cn/ztk/xwfb/2014/31788/zcfg31798/Document/1383152/1383152.htm.

② 中共中央办公厅 国务院办公厅.省级党委和政府扶贫开发工作成效考核办法.[EB/OL].（2016-02-16）. http://www.gov.cn/xinwen/2016-02/16/content_5041672.htm.

第三节 制度安排

制度是经制定而为大家共同遵守认同的办事准则，一般具有约束性、权威性和稳定性。制度贫困理论认为制度缺陷是造成贫困的主要原因，因此通过梳理已有的与产业扶贫相关的制度设计，查漏补缺，提出一些建设性的意见建议，可以有效促进产业扶贫的持续发展。

一、融资制度

随着我国扶贫进程的持续推进，产业发展资金需求扩大，融资制度成为我国产业扶贫配套制度设计的核心，它主要包括财政融资制度和商业融资制度。目前我国产业扶贫的融资制度尚未完善，产业扶贫资金主要来自财政融资，即中央财政转移支付的专项扶贫资金。多数地区政府也设立了针对产业扶贫的财政专项补贴制度，例如云南德宏傣族景颇族自治州规定建档立卡贫困户产业补助标准为 0.5 万元 / 户至 1 万元 / 户，安徽岳西县针对传统产业、成熟产业和新兴产业合计 19 项产业项目分别制定了产业补助标准[①]。总体来看，国家对于产业扶贫的财政资金投入呈现递增趋势。此外，为了进一步整合社会资源、提高银行的贷款积极性、减少对农户不良贷款的顾虑，我国农业部正在逐步探索"银行贷款 + 风险补偿金"这一新型机制，由国家财政出资在不良贷款发生时对银行进行按比例赔付，以较少的引导资金撬动了较大规模的银行贷款，为贫困户发展产业提供了强有力的资金支持。另一种发放形式是发放给龙头企业扶贫信贷资金，国家对此明确了申报原则、贴息对象和范围、贴息方式和申报额度。从目前我国产业扶贫的实践来看，企业对于融资的需求更为巨大，为此国家提出在兼顾效益和还贷的基础上适当降低贷款门槛，为产业扶贫

[①] 岳西县农业农村局. 关于调整 2017 年度产业扶贫到户项目奖补标准的通知 [EB/OL].（2020-04-27）. https://www.yuexi.gov.cn/public/2000000221/2017849301.html.

提供资金保证。但是随着产业扶贫的进一步深化，对于资金的需求日益增加，国家财政专项扶贫资金承担的压力越来越重，国家开始尝试推动更多的商业资本为企业产业扶贫助力，但是在没有"硬性"规范或足够的激励制度的条件下，还款逾期、资本的逐利性等问题使得商业融资态势仍然较为严峻，一些效益产出较慢的产业进行商业融资尤为困难。

案例 4：基于 PPP 模式的西安产业扶贫

PPP（public-private partnership）模式是公共基础设施建设的一种融资模式，是政府和民间资本为提供公共服务而建立的全程合作关系，以特许经营权为基础，以利益和风险共享为特征，明确权责，发挥双方优势，最终提高公共服务的质量和效率。纵观发达国家的治贫历程，PPP 模式在解决产业扶贫"融资难"的问题上拥有无可比拟的优越性，因此我国地方政府正在逐渐将该模式应用于产业扶贫领域。在"供给侧"结构改革和产业扶贫的双重推进背景下，西安市将 PPP 模式与产业扶贫相融合，取得了较大成就。

基于 PPP 模式的西安产业扶贫覆盖了农业产业、旅游产业、养殖产业和光伏产业等多个领域。首先，最重要的资金投入部分，西安市成立了产业扶贫（农业）投资基金统筹领导小组办公室专门负责通过公开招标的方式引入民营资本，并成立投融资平台用于资金的整合和投放，市政府财政专项扶贫资金和私人企业自有资金构成了产业扶贫项目的初始资金；其次，产业项目的管理由市政府和私人企业共同设立的项目公司负责，考虑到企业管理的优势，通常由私人企业负责日常运营，政府负责日常监督；最后，产业扶贫的收益主要分为三部分，第一部分优先保障贫困户收益，第二部分用于市政府返还银行贷款，第三部分则用于私人企业再生产。除此之外，为了保证资金整体风险控制，西安市的 PPP 模式还建立了担保平台以及引入商业保险，确保整体的资金运营更加安全。

资粮来源：刘洋，田昭．基于 PPP 模式的西安产业扶贫路径研究［J］．对外经贸，2018（7）：113-116.

西安市将 PPP 融资模式应用于产业扶贫领域，主要起到了三点作用：第一，有效缓解了扶贫资金压力。尽管国家近些年逐步增加了对西安市的财政扶贫专项资金补贴力度，但是在严峻的贫困形势面前，产业扶贫资金的不足仍然是制约西安市产业扶贫的首要因素，这也是西安市将 PPP 模式引入产业扶贫的初衷，即整合社会资源，减轻财政压力。第二，提高了产业效率。政府和民间资本的合作，不仅增强了产业抵御风险的能力，而且通过引入先进的管理经验和技术提高了产业效率。在西安市的光伏产业扶贫中，民间资本将一系列科技含量较高的产品应用于太阳能收集，提高了贫困户的光伏收益。第三，利于构建长效扶贫机制。PPP 模式的产业项目周期一般较长，通常只有当产业链成熟、贫困群体可以获得长效增收机制后，该项目实现了既定目标才会逐步退出。

由此，可以归纳出我国产业扶贫可以利用的融资构成来源。

第一，产业扶贫内源资金，主要是指处于被扶贫产业的产业链中各企业的内源资金的聚集，它不是各企业内源资金的简单相加总数，而是权重中上下游企业内源资金在整个产业链中的融合与配置组合。

第二，产业扶贫外源资金，指的是企业通过一定方式向企业之外的其他经济主体筹集资金，主要分为政府财政资金、资本市场中运作资金、合资合作资金和国际组织来源资金。

政府财政资金是产业扶贫资金来源的主体部分，具体方式有政府直接的财政拨款或者政策性银行拨款，由主管部门按计划从财政经费中分配给被扶持产业；再者就是政策性的贷款，由国有商业银行对国家需要优先扶持的领域发放的利率较低、期限较长的政策性银行贷款。

资本市场运作融资的资金是扶贫产业发展的另一资金来源，在市场经济条件下，该资金来源具有规模大、形式灵活、快捷等特点，将成为产业扶贫资金来源的重要组成部分，一般包括两大类，即债务融资资金和股权融资资金。债务融资是指企业通过举债筹措资金，资金供给者作为债权人享有到期收回本息的权益，具体方式有商业银行贷款、企业债券及金融租赁等。股权融资是指企业通过转让股权向社会筹措资金，股东根据所持有的股权份额获得股利，具体方式有上市融资、向风险投资机构融资、产业投资基金及以其他形式向社会公开募集股权资金。

合资合作资金是扶贫产业资金的一种新型筹措方式，即国内外企业合作资金。为发展某特定产业，往往可以根据产业转移或者异地产业学习等途径，联合其他地区成功的企业合作发展本地产业，大胆吸收利用国内外企业资金，不但给产业发展注入了血液，更重要的是在扶贫产业发展过程中，对产业的可持续发展给予了技术、管理及市场需求方面的支持。

一些国际政府、扶贫及经济发展援助组织为贫困地区提供的产业援助资金，具有大额、负担轻、风险小的特点。这一部分资金是产业发展资金的补充部分，具有一定的不稳定性，一般需要繁杂的申请手续，而且拨款慢，还需要专门的机构实施检查管理。

尽管成效良好，西安市的 PPP 模式还是存在一些问题，这些问题在我国其他地区也较为普遍。在中央政府的鼓励支持下，各地区都在大力推进 PPP 融资，但是多数地区却忽略了通过法律法规来对民间资本的利益进行制度保障，相关法律法规不健全导致社会力量参与融资的态度冷淡。此外，产业扶贫项目投资大、周期长且具有公共指向的特点，很难对民间资本产生足够的吸引力。最为关键的是，政府对于产业扶贫的目标属于公益导向，而私人企业对于产业扶贫的目标属于利益导向，这种内生性的冲突需要政府具备高效、科学、合理的监督和评估机制，否则可能由于企业逐利而影响产业扶贫的成效，从目前西安市甚至其他地区的相关制度来看，这类评估和监督机制呈现"真空"状态。

此外，PPP 模式还存在一些固有劣势，也是值得注意的。PPP
模式是一种公私合作模式，政府追求的是改善贫困户的生活状况，
社会资本追求的是自身的发展，这种合作模式将它们的利益捆绑在一
起，公私之间的界限就逐渐地模糊，要么政府受社会资本的影响追求
利益，导致贪污受贿现象；要么政府和社会资本目标产生冲突，影响
项目的社会效益，由此降低了公共品供给效率，甚至导致整个项目的
失败。最为严峻的是，一旦公私利益相连，政府监督职能的发挥将受
到限制。由于在项目实际运行过程中政府部门和社会资本之间是协作
的关系，为了共同的利益，它们相互妥协、相互依存，很多情况下政
府的监督职能执行受到影响，监督职能不能得到很好的发挥。

为了解决以上问题，完善的法律法规是前提，合理的风险分担机
制是基础，配套的政策支持是手段，监督机制是保障。为充分调动民
间资本的积极性，首先要规范 PPP 融资的法律机制，这一机制需要覆
盖与融资相关的立项、审批、投资、运营、争议解决制度等，目前由
国家发改委牵头的《基础设施和公用事业特许经营管理办法》和由财
政部主导的《财政部关于推进政府和社会资本合作规范发展的实施意
见》将会有力地支持 PPP 融资模式在产业扶贫领域的应用。其次，合
理的风险分担机制将减轻民间资本对产业扶贫项目高风险的疑虑。然
后，政策支持也是必要手段，要在项目审批、用地、税收减免、财政
奖补、收费运营等方面提供配套优惠政策支持。最后，政府应当切实
履行好"监督者"角色，在满足民间资本需求的同时也不能忽视贫困
群体的利益诉求，尤其是要将监督贯穿于产业扶贫从计划到实施的全
过程。通过以上措施的落实，PPP 模式将成为我国产业扶贫的一针"强
心剂"，有效地推动精准扶贫事业的持续发展。

二、资金使用管理制度

完善的资金使用管理制度对于产业扶贫的健康发展不可或缺。随
着我国产业扶贫项目的不断增多，涉及资金的规模越来越大，对于合

理地使用、实时地监督以及科学地评估这些资金的要求也就越来越严格。从 2000 年我国第一部完整意义上的国家扶贫资金管理法规《财政扶贫资金管理办法》（试行）^① 出台至今，我国对用于产业的财政扶贫资金已经形成了一套较为完善的使用管理制度。《财政扶贫资金管理办法》（试行）是我国第一部完整意义的国家扶贫资金专项管理法规，对扶贫资金的使用范围（含负面清单）、使用载体、分配依据、拨付程序进行了详细规定。在该法规基础上，2011 年出台的《财政专项扶贫资金管理办法》^② 创新了资金分配的因素法，扶贫资金支出方向开始向重点贫困地区聚焦，并提出资金项目审批权限逐渐下放到县级，强调资金使用提高贫困群体自我发展能力，可以说，这项法规标志着我国扶贫专项资金管理趋于成熟。

为了进一步提高扶贫专项资金的使用效率，我国相继出台了资金报账、政务公开和绩效问责等政策文件。《财政扶贫资金报账制管理办法》（试行）^③ 首次要求财政扶贫资金实行封闭运行、专户管理，这在很大程度上遏制了我国部分贫困地区挪用扶贫资金、贪污腐败的乱象，提高了扶贫资金的到户率。《关于完善扶贫资金项目公告公示制度的指导意见》^④ 要求各级政府对扶贫资金的数量、用途，扶贫项目的审批、招标等情况进行公示，在明确公示内容的基础上对公示渠道和公示程序进行严格要求，大大加强了社会力量对财政专项扶贫资金的监督力度，扶贫资金及项目开始在阳光下运行。《财政专项扶贫资金绩效评价办法》^⑤ 对扶贫资金考评的依据、内容、指标、程序、结果进

① 财政部 . 财政扶贫资金管理办法（试行）[EB/OL].（2006-09-23）http://www.gov.cn/ztzl/fupin/content_396720.htm

② 财政部 . 关于印发《财政专项扶贫资金管理办法》的通知 [EB/OL].（2011-11-29）http://www.gov.cn/gzdt/2011-11/29/content_2006260.htm

③ 财政部 . 关于印发《财政专项扶贫资金管理办法》的通知 [EB/OL].（2001-01-21）http://www.neixiangxian.gov.cn/2001/0121/17670.html

④ 国务院扶贫办，财政部 . 关于完善扶贫资金项目公告公示制度指导意见 [EB/OL].（2018-04-16）http://www.ruzhou.gov.cn/327.news.msgopendetail.dhtml?news_id=87967

⑤ 财政部，国务院扶贫办 . 财政专项扶贫资金绩效评价办法 [EB/OL].（2017-09-19）http://www.gov.cn/xinwen/2017-09/19/content_5226116.htm

行了详细规定，突出使用精准，提高了"资金拨付进度"和"资金结转结余率"指标的权重，明确将违法使用资金行为作为扣分指标，这项办法标志着扶贫资金激励和问责制度趋于成熟。可以看到，这一系列制度基本兼顾了财政扶贫资金使用管理的各个事项，覆盖了扶贫资金预算与分配、各级政府对资金的使用方式和范围、内外部监督、考核问责的四大流程，具有科学、高效、合理的特点，同时政府也在尝试解决多头管理等问题。此外，随着社会资金不断流入产业扶贫领域，对产业扶贫的贡献率日益提高，政府对于社会资金的使用和管理制度却呈现真空状态，尽管这在一定层面上给予了各治理主体在财务方面的自主性，但是为了提高社会资金利用效率，避免资源流失，政府理应积极履行监督责任，建立健全社会资金使用和管理的相关法规，在制度层面保障产业扶贫的良性发展。

尽管如此，我国的扶贫资金管理还是出现了一些不和谐的现象，陈安玉基于对云南省产业扶贫资金使用管理情况的调查，总结了以下较为普遍的问题，基本可以概述我国产业扶贫资金使用管理存在的一些漏洞[①]。

第一，产业扶贫资金挪用、滞留情况严重。云南省投入的大量产业扶贫资金专用于贫困地区的产业发展，但在现实中地方政府管理不善，也不能及时公布资金流向接受监督，导致许多扶贫资金迟迟没有发到贫困农户手中，严重影响了扶贫项目的实施，这样就导致这些资金难以得到合理的利用从而发挥作用。在贫困地区实施的产业项目许多都是与农业相关的项目，而农业生产非常强调时效性，一旦错过合适的生产季节，生产就难以进行，产业扶贫资金的拨付如果出现挪用、滞留、发放不及时等情况，将严重影响扶贫项目的开展，进而影响扶贫成效。

第二，产业扶贫资金在使用过程中存在滥用现象。云南省有些部门通过产业立项得到了政府的大量资金支持，但是等产业扶贫资金拨下之后却随意更改资金原定用途，或者不合理地利用扶贫资金，导致许多产业项目"名不符实"，反而成了地方政府或企业套取政府扶贫

① 陈安玉. 云南省农村扶贫资金投入的减贫效果分析 [D]. 昆明: 云南财经大学, 2018.

资金的手段。

第三，产业资金管理机制分散，缺乏有机整合。目前的体制下，产业扶贫资金来自多部门财政领域，常常是由多个政府部门共同参与和管理。其中，财政扶贫发展资金和新增财政扶贫资金由财政和扶贫两个部门负责，以工代赈资金由发改委系统负责。在这种制度安排下，多部门管理资金投入交叉，协调成本高。

对此，陈安玉提出建立激励与约束并重的资金管理分配体系的可行性建议。他提出，一直以来，我国产业扶贫资金投入效率偏低且效果不明显的主要原因之一在于政府既是资金的提供者又是资金使用者的双重矛盾身份，资金投入、分配、管理、监督等一系列的行为都由政府自行决定，缺乏一定的监督和管理。因此，加快建立产业扶贫资金的法律管理机制是关键。发达国家的经验表明，资金高效的使用须建立在立法的基础之上。然而，迄今为止，我国尚未建立一套完整的专门针对产业扶贫资金制度化的管理办法，产业资金在分配上存在随意性和模糊性，一般性的行政文件缺乏法律性的制度规范和约束，导致贫困地区的基本权益难以获得长期、稳定的法律保证。因此，将产业扶贫资金使用管理制度化可以保证贫困主、客体的合法权益，规范各项扶贫机构、组织的运作和管理，为实现扶贫工作的顺利开展奠定法律基础。

此外，建立中央牵头、地方相配套的产业扶贫资金统筹协调机制，突破各部门之间的利益阻隔，加强财政部门与其他产业扶贫资金管理部门的协调配合。对各部门间产业扶贫事权和支出责任进行明确划分，考虑建立"清单式"事权划分机制，明确地方各部门间的事权和支出责任，以清单方式促进扶贫事权明了。

为了提高资金使用效率，调动产业扶贫资金管理主体的积极性和主动性，资金管理、分配的激励与约束机制应当及时完善。创建产业项目管理共享平台，确保共享平台具有产业扶贫项目的发布、上报、查询和更新系统，保证各项信息能够及时公开和更新，以便接受社会监督。将产业资金使用成效与当地党政干部的工作绩效相结合进行考评，以调动干部开展扶贫工作的积极性和提高资金使用的约束性。加快建立以产业扶贫产出效果为导向的财政扶贫资金分配机制，这实际有利于将产业资金的分配因素从投入角度转向产出角度考虑，将贫困地区农业产出的多寡、贫困农户因生产而收入水平提高的幅度作为产业扶贫资金分配的考核标准，更有利于明确财政扶贫资金的投入力度产生脱贫效果的程度，以此提高资金的使用效率和脱贫能力，保证资金的公平与合理分配。

三、社会扶贫制度

社会扶贫是帮助贫困地区和贫困户开发经济、发展生产、摆脱贫困的一种社会工作，是专项扶贫、行业扶贫、社会扶贫"三位一体"大扶贫格局中的重要一极。社会扶贫最终的实现效果是协同政府扶贫工作，动员全社会力量，科学、精准、有效地实现脱贫攻坚。而社会扶贫制度构建了我国基层产业扶贫的组织体系，是多元主体参与产业扶贫的制度保障。我国的社会扶贫制度起源于《国家八七扶贫攻坚计划》，经过长期的探索已经形成了以定点帮扶制度为主导，东西部协作帮扶制度、企业帮扶制度以及社会组织帮扶制度共同发展的制度架构。表 9-3 对我国社会扶贫制度化进程进行了整理。

表 9-3　社会扶贫制度化进程

社会扶贫	年份	通知 / 公告	内　容	意　义
定点帮扶	1994	《国家八七扶贫攻坚计划》	要求中央和地方党政机关及有条件的企事业单位积极与贫困县定点挂钩扶贫，不脱贫不脱钩	首次提出定点帮扶
	2012	《关于做好新一轮中央、国家机关和有关单位定点扶贫工作的通知》	明确规定了 310 个中央、国家机关和有关单位定点帮扶 592 个国家重点县	首次实现定点扶贫对国家扶贫开发工作重点县的全覆盖

社会扶贫	年份	通知/公告	内　容	意　义
东西部协作帮扶	1994	《国家八七扶贫攻坚计划》	东部发达省要对口帮助西部贫困省发展经济	首次提出东西部协作帮扶
	2016	《关于进一步加强东西部扶贫协作工作的指导意见》	开始实施东西部市县一级对口帮扶	东西部协作帮扶制度趋于完善
社会组织帮扶	1994	《国家八七扶贫攻坚计划》	工青妇科残、中国扶贫基金会、其他种类民间扶贫团体和国际组织要积极参与扶贫开发工作	首次提出社会组织帮扶
	2017	《国务院扶贫开发领导小组关于广泛引导和动员社会组织参与脱贫攻坚的通知》	产业扶贫是社会组织参与扶贫的六个重点领域之首，完善了社会组织管理制度等配套措施	社会组织帮扶制度趋于完善
企业帮扶	1994	《国家八七扶贫攻坚计划》	动员大中型企业参与扶贫	首次提出企业帮扶
	2018	《国务院扶贫办关于完善扶贫龙头企业认定和管理制度的通知》	详细构建了龙头企业参与扶贫的准入机制	企业帮扶开始制度化进程

注：根据《国家八七扶贫攻坚计划》等政策文件整理。

就当前我国产业扶贫在基层的运行状况来看，政府部门是产业扶贫的主导力量，因此定点帮扶和东西部协作帮扶是社会扶贫制度中较为稳定核心的扶贫方式。企业和社会组织是产业扶贫的具体实施主体，它们拥有各自独特的优势，是社会扶贫制度不可或缺的部分。可以说，在这些制度的保驾护航下，我国的产业扶贫事业才能迅速推进。同时可以看到，目前我国多元主体产业扶贫的协商制度还不够完善，多元治理的优势还未充分发挥，针对性的相关法律规章较为缺失，这将是政府部门亟待解决的问题之一。

从制度安排层面来看，我国社会扶贫制度运行机制发展迟滞，从掌握了解贫困信息到筹集社会资源、寻找参与渠道以及对于整个参与社会扶贫过程的监督管理等一系列过程都存在一些问题。

一是社会扶贫信息共享机制还不健全。目前，社会各类扶贫主体需付出一定额外成本、时间、精力才能解决"哪里需要帮扶，需要怎样的帮扶"这类问题。尽管党和政府多次强调加强"互联网＋社会扶贫"建设工作，完善社会扶贫信息服务与共享机制，但是，我国社会扶贫信息收集与共享机制建设发展仍然较为滞后，尤其是地方扶贫信息平台建设还不到位，对于各贫困地区建档立卡工作成果的运用尚不充分，此现状的存在增加了人力、物力、财力等各方面的社会扶贫成本，从而限制了社会参与产业扶贫工作的深度与广度。据此，政府应当以产业扶贫信息网络平台为核心，推动社会资源供给与产业扶贫需求精准对接，依托移动信息技术与建档立卡工作成果，推动社会主体主动开展产业扶贫与贫困户自行申请救助相结合，打造社会各界互动参与的信息网络平台，继续完善中国扶贫信息网建设，同时鼓励地方各省市根据实际情况开展"互联网＋社会扶贫"建设工程，在各扶贫网站及时发布准确的产业项目需求信息，传送有效的信息资源。

二是社会扶贫资源的筹集主体与渠道较为单一。在了解贫困状况之后，社会主体开始寻找帮扶渠道和资源筹集主体，而目前我国主要通过慈善基金会等非营利性社会组织来筹集扶贫资源，主体相对单一。这种单一的筹资主体和规模有限的社会扶贫组织难以满足现有的扶贫需求，也大大制约了社会扶贫在整个扶贫开发中的作用。据此，必须充分发挥政府的外在催化作用，推动社会主体自觉参与扶贫事业。依法落实税收减免、扶贫捐赠税前扣除等税收优惠政策，将荣誉性奖励与扶贫工作开展的效果与绩效相挂钩，制定公正、公平、公开的扶贫激励政策。同时在全国范围内开展最美扶贫人物与先进扶贫事迹系列宣传活动，使得慈善扶贫理念不断渗透到社会中，加强社会大众对社会参与扶贫的关注度与参与度。

三是社会力量参与产业扶贫的监督与管理制度不够系统。我国目前的社会参与产业扶贫管理制度缺乏系统性，社会扶贫资源浪费的现象时有发生，对于社会力量参与扶贫的行动缺乏监督，尤其针对社会参与扶贫的实施效果、资源运用、精准对接、扶贫方式等方面还不够重视，政府监督、媒体舆论监督与社会公民监督等多主体联合监管机制尚未建设完善。据此，我国应继续完善"社会组织自我监管、政府官方权威监管、社会舆论广泛监管"相结合的多元扶贫监管机制，提高社会参与产业扶贫工作效果，杜绝"被扶贫""数字扶贫"等不良现象的出现。

四、绩效评估制度

在产业扶贫制度中，需要在整个机制的运行过程中对产业扶贫的效果进行监测评估，以便及时发现问题并进行修正和完善，保证其向着产业扶贫的目标迈进，从而形成一个有反馈机制的循环体系。到目前为止，我国统一的扶贫考核制度出自 2016 年《省级党委和政府扶贫开发工作成效考核办法》，湖北、贵州、甘肃等省份在参照中央考核办法的基础上对考核指标进行了细化，制定了较为完善的评估体系。但是关于产业扶贫绩效考核的针对性考核办法尚未出台，扶贫开发的考核指标是否适用于评估产业扶贫还值得商榷。在借鉴我国已出台考核办法的基础上，笔者整理了益贫效应和可持续发展能力两个评估维度来对产业扶贫进行测度（表 9-4），并以此为依据，制定和实施更有效的调控措施。

产业扶贫的首要目标是益贫效应，主要包括脱贫率、贫困户收入增长率、地区经济带动能力等指标。产业扶贫的最终目标是要提升贫困群体的可持续发展能力，在帮助贫困群体彻底摆脱贫困的同时实现经济、社会、生态以及内部治理结构之间的协调发展。

表 9-4　产业扶贫监测评估指标体系

评价维度	评价项目层	评价因子层
益贫效应	脱贫率	贫困发生率、返贫率
	产业扶贫收入	产业扶贫贫困户人均纯收入、产业扶贫收入
	生存环境	公共基础设施建设，例如学校、医院、水利工程等
	地区经济带动能力	地区 GDP 增长率、产业扶贫产值对地区 GDP 的贡献率、产业扶贫产值的增长率、农林牧渔业增加值等
	贫困人口自我发展能力	带动贫困率就业人数、户均产业数等
可持续发展能力	经济可持续	产业基础设施建设、产业链发育程度、产业项目经营状况、扶贫投入力度等
	社会可持续	贫困群体参与度、社会力量参与度
	生态可持续	森林覆盖率、产业废物净排放量
	内部治理可持续	产业扶贫主体的内部治理能力和责任机制、产业扶贫收入分配的公平性、产业合作社覆盖率、财政资金绩效评估等

　　注：根据《河北省市级党委和政府扶贫开发工作成效考核办法》《湖北省贫困县党政领导班子和领导干部经济社会发展与精准扶贫实绩考核办法（修订）》等政策文件整理。

　　这套评价指标兼顾了短期绩效指标和长期绩效指标，衡量了产业扶贫政策实施后短期内和长期所带来的效益和脱贫效果。以短期社会指标的选择和设计为例，主要反映产业扶贫政策在实施后的较短时期内能够为本地区带来的社会效益，包括产业扶贫项目脱贫人口数和贫困发生率等，通过贫困人口数量的变化对贫困地区的贫困状况进行初步的判断。长期绩效指标主要目的是衡量产业扶贫政策实施后长时间内带来的效益和脱贫效果。以生态指标的选择和设计为例，它主要反映产业扶贫政策的实施是否会对当地的生态环境造成破坏和影响，包括森林覆盖率、产业废物净排放量两个指标，这些指标的选择是考虑到我国部分地区已经出现了在产业扶贫发展过程中以破坏生态为代价获取经济增长的问题。

当然，这套体系只是梳理了一些较为基础的产业扶贫监测评估指标，在实际操作中还需要考虑实情灵活运用。此外，在完善监测评估的内容的同时必须考虑到监测评估的主体。产业扶贫是一个动态发展的过程，由政府主导的绩效评价机制和过程监督机制在实际运作中增加了行政成本，监测评估效果往往不尽如人意，因此近些年国家开始将第三方评估纳入评估主体，尝试加强社会监督的影响。

第四节　路　　径

多元扶贫作为我国反贫困治理的核心路径，亦适用于推进产业扶贫，即多元产业扶贫。多元产业扶贫一方面体现为产业布局多元化，另一方面体现为产业扶贫主体多元化，两种路径相辅相成，可以推动产业扶贫又好又快发展。

一、产业布局多元化

产业扶贫的关键是产业布局的规划。赫希曼认为构建某区域内实现最优市场绩效的产业结构需要一批影响力系数和感应度系数均较高的产业进行带动[①]。产业经济学中著名的价值链理论认为产业链的每一项产业都会对其他产业的价值产生影响，发展潜力较大的产业在带动整个产业链方面潜能也较大[②]。

武汉大学杨艳琳和袁安以产业扶贫理论和产业选择理论为基础，结合我国集中连片特困地区农村的实际情况，构建了一套科学的扶贫

---

① 赫希曼 . 经济发展战略 [M]. 曹征海，译 . 北京：经济科学出版社，1991.
② 彭四平 . 特色产业发展理论研究 [J] . 中国市场，2018（1）：56-57.

产业精准选择指标体系[①]，颇为全面、详细地论述了我国产业扶贫中各地区如何选择"主导产业"的问题。

第一，禀赋能力指标。

自然环境状况评价指标。在农村贫困地区范围内，最先考察的是该区域的自然环境状况，相关指标包括地形评价、降水条件评价和土壤肥力评价。现阶段集中连片特困的农村贫困区域集中于山地、高原和丘陵一带，地形条件复杂，因此，选择单位面积内可耕种土地面积作为评价指标；降水条件是另一条决定地区扶贫产业发展的重要指标，考虑到扶贫产业以农业为主，尤其是种植业对降水量要求较大，因此，选择年平均降水作为评价指标；土壤肥力是影响农业扶贫产业发展的重要原因，由于贫困地区缺乏精耕细作的农业技术，因此，普遍的土壤肥力水平较差，处于较低的水平，这一指标以全国土壤普查所得的肥力分级代为表示。综合以上3个具体指标可以得出贫困地区的自然环境状况评价指标。

可利用资源。扶贫产业选择需要考虑当地的可利用资源情况，应当优先发展资源优势较大的产业。根据国民经济行业分类标准，贫困地区可利用的产业发展资源包括四个方面。一是与种植业和渔业相关的资源，这类资源对扶贫产业的选择具有直接的资源导向，相关的产业开发周期较短，产业形成效率较快，该类资源可以用种植业、渔业的种类和产量来作为评价指标。二是与畜牧业相关的养殖资源，这类资源的固定资本投入更高，培育周期相对较长，产业形成效率较低，该类资源可以用畜牧种类和单位年度产量来作为评价指标。三是与开采业相关的矿产资源，这类资源的固定投入巨大，开发周期更长，对地区生态环境影响较大，该类资源可以用地区矿产种类和预计储量作为评价指标。四是与旅游业、文化艺术加工业相关的文化资源，这类资源包括传统物质和非物质文化遗产、民俗节日等，该类资源可以用地区景点数量、非物质文化遗产数量来作为评价指标。

---

① 杨艳琳，袁安.精准扶贫中的产业精准选择机制［J］.华南农业大学学报（社会科学版），2019，18（2）：1-14.

基础设施条件。扶贫产业的选择要考虑农村贫困地区的基础设施建设情况，扶贫产业受制于贫困地区的基础设施条件和发展水平。基础设施的评价指标包括五个方面：一是贫困地区的陆路交通状况评价指标，包括道路等级、里程数和密度；二是贫困地区饮用水状况评价指标，包括居住区水源距离、水源类型（浅井水、深井水、自来水）和饮用水供应质量；三是电力设施分布及使用情况指标，包括是否通电、电缆密度和人均用电量情况；四是通信条件的建设情况指标，包括百人的电话（手机）拥有量和信号站密度；五是工业生产设施的建设情况指标，包括现有厂房面积和现有工业生产设备数量。综合上述五个方面的具体指标得出基础设施评价指标。

贫困人口数量和贫困发生率。贫困人口数量和贫困发生率描述了农村地区贫困状况。贫困人口数量是农村地区绝对贫困人口数量，是扶贫产业所要面对的直接约束条件和脱贫目标，而贫困发生率是贫困人口在农村地区全部人口的占比，体现了农村地区贫困人口的分布情况。

区位条件。区位条件是评价扶贫产业变现能力的重要因素，包括农户村庄到县城的距离、到大中城市的距离和到商贸集散地市场的距离。

第二，扶贫产业的脱贫能力指标。

可创造的贫困户就业岗位。扶贫产业的选择需要预估该类产业所能创造的贫困户就业岗位，吸纳贫困户劳动力就业的岗位越多，则该产业解决失业贫困的能力越强。

预期的产值和贫困户收入。扶贫产业的脱贫能力需要考察产值和贫困户就业员工的工资收入，扶贫产业的产值高，则能够提供更高的、针对贫困户工作岗位的工资，即脱贫能力强的产业。

产业发展规模化需要的时间。产业的脱贫能力还要预估该产业从落地到规模化所需要的时间，时间越长，贫困地区的前期投入风险越大，扶贫产业固定周期内的脱贫能力越弱；反之，则越强。

对基础设施的改造能力。扶贫产业不仅要解决贫困户的收入贫困问题，还要能够解决地区的贫困条件，最直接的是对地区基础设施进行改造，因此，该指标预估产业对贫困区域基础设施的改造作用。主要指标包括新增道路数量、总里程数、新增饮用水设施数量、电力和通信设施的改造数量、生产设备扩增数量。

政府对扶贫产业的支持力度。地区政府对扶贫产业的支持力度是产业扶贫脱贫能力的外在优势的体现，政府对扶贫产业的支持主要以地区扶贫财政投入总量、地区政策支持力度、政府参与的扶贫产业规划项目数量和扶贫工作参与人数来综合衡量。

社会组织对扶贫产业的帮扶力度。社会组织对扶贫产业的帮扶力度指标由对口帮扶援建资金数量、社会参与组织规模和数量以及派遣的专业人才数量来综合衡量。

第三，扶贫产业的发展潜力指标。

优秀特色产品种类与品牌数量。在扶贫产业建成落地之后，应该关注其长期的脱贫潜力。该指标预估产业运作之后，形成的优特产品种类数量和品牌数量。

产业的自然资源依赖程度。在对扶贫产业的前期考察中，需要对该产业的自然资源依赖程度进行测度，自然资源依赖程度越高，受制于贫困地区落后的生产环境，其产业的发展潜力越低。

特色产业的市场竞争力。对特色产业市场竞争力的考察需要关注现有特色产品市场的发展状况，并整合同类型产品的市场占有率情况，瞄准存在市场空缺的劳动密集型或特色产品。

非农产业技术推广的难易程度。该技术指标主要以贫困地区各行业专业人员数量来进行评估，具体包括互联网人员数量、商业人员数量和工业制造人员数量。

贫困人口的人力资本积累。农村贫困人口的人力资本积累指标用贫困人口的总体受教育年限、工作经验和技能状况来综合衡量。

农业科技发展水平。农村扶贫产业以种植业和畜牧业为主，对农业技术有一定的要求，因此，对农业技术要求较高的产业不适合贫困地区，对农业技术不具备推广能力的产业不适合农业技术闭塞的地区。

该评价指标用农业专业人员数量、单位面积内农技站密度和农业站辐射范围面积来评估农村贫困地区的产业发展潜力。

需要提到的是，在产业扶贫和生态保护产生冲突的背景下，"绿色产业减贫"已然成为新时期产业规划的理想选择，它以"绿色发展"为理念基础，以"两山理论"为理论基础，以生态高效的发展方式作为产业扶贫的动力机制，是新时期我国产业扶贫可持续发展的必然要求。践行"绿色产业减贫"，要不断丰富其理论内涵，以制度化形式确立其核心地位和规范机制，创新发展模式，才能充分发挥其正外部性，实现经济、社会与生态的协调发展[①]。

二、产业扶贫主体多元化

1. 从政府自身角度出发

构建多源流的融资机制才能满足产业扶贫的稳定发展需求。一方面应当稳定增加财政专项扶贫资金的转移支付力度，完善扶贫贴息贷款、税收、产业、保险政策并予以大力宣传。优化资金结构，集中扶持一批辐射效应较强的重点产业。另一方面要积极引导民间资本进入产业扶贫领域，优化融资环境，完善金融体系，加强对市场的适当有序监管，建立公平公正的市场竞争体制，以此增强金融机构的投资积极性。譬如增加乡村区域的农行网点、规范发展小型金融机构或资金互助组织、鼓励金融机构创新金融产品服务、不同金融机构应当针对当地贫困状况合理合法调整贷款程序、条件、期限、额度、模式等以适应产业扶贫发展需求。

完善产业扶贫所需配套制度保障。第一，加强对政府专项扶贫资金使用全过程的审计监管，促进资金管理部门的协作，规范资金使用程序，提高资金使用绩效。第二，及时了解产业扶贫实时动态，完善县级脱贫攻坚项目库建设，运用"大数据"技术建立产业项目信息系统，

---

① 薛黎倩. 区域绿色减贫路径研究 [D]. 福州：福建师范大学，2017.

与建档立卡信息系统进行对接,对扶贫产业项目的规划编报、资金投入、建设运行以及成果验收等流程都要进行严格的监测分析,强化督查,以此提高产业扶贫成效,对于发展态势良好的产业可以进行推广普及,对发展态势较差的产业进行及时止损。第三,完善脱贫攻坚责任制建设,为了满足产业扶贫的"精准化"需求,权责重心要由省一级逐渐向县一级下沉。第四,建立健全产业扶贫考核机制,明确各层级、各部门的权责,尤其是针对官员群体的扶贫绩效考核奖惩办法更是重中之重,通过科学性、综合性、专业性的指标设计督促官员提升工作成效、加快扶贫步伐。尤其是做好人才管理工作,完善产业扶贫公务人员的培训体系,提高其业务能力,健全激励和保障机制,提高其工作积极性。

正确认识基层党组织在基层产业扶贫中的领导核心地位,贯彻落实并不断完善驻村干部制度和机关定点扶贫制度,但是这并不等同于对产业扶贫各项事宜的总揽,而是对于一些"想管却管不好"的微观层面的事宜选择同其他社会力量进行社会共治,完成从"全能政府"到"有限政府"角色的转变。政府应当明确基层扶贫干部的权责与定位,形成与其他治理主体的伙伴关系,培养各治理主体的扶贫积极性。此外,还要不断优化产业扶贫的政务环境,提高行政效率,精简流程与机构,完善基础设施建设等配套措施来吸纳尽可能多的社会力量与资源要素参与产业扶贫①。在调查组调查过程中发现,产业扶贫的一条可靠路径就是加快土地产权确属下的规范有序流转。随着近些年来大量农村贫困人口向城市流动,土地利用率下滑,而一些能人大户却由于欠缺足够的土地资源而无法扩大农业产业规模。在深化产权明晰的土地制度改革基础上,外出务工或缺乏劳动能力的贫困群体可以将土地作为资产出租,既可以持续获取收益,还可以促进土地资源的合理配置,为现代规模化产业发展奠定基础。

正如前文所述,合作型反贫困主张通过多元治理主体的互动实现扶贫效益最大化,潜在含义是不仅仅要将这些社会力量融入扶贫事业

① 周常春,张秀云,张泽辰.扶贫参与主体能力建设对产业扶贫的影响研究[J].昆明理工大学学报(社会科学版),2015,15(6):53-58.

中，还应当构建良性的社会扶贫生态①。从现实来看，我国的多元扶贫缺乏各主体间平等对话协商的平台，利益表达机制和信息共享机制的构建尚不完整，而这些都是有效整合社会资源、提高产业扶贫效率的前提。因此，首先要在政府主导下，建立社会力量和贫困人口参与产业扶贫的咨询机制，确保其知情权。其次，还要形成产业规划重大问题的反馈沟通机制，引导相关主体做好产业扶贫工作，解决治理主体之间的信息不对称弊病，构建多方平台或渠道，定期组织一些座谈会，在产业扶贫的任何环节，都要协调各方利益，最大限度地吸收合理化建议，及时反馈给管理部门，并根据这些意见或建议及时弥补产业扶贫实践的漏洞，最终实现资源的有效统筹管理。最后，深化产业扶贫质量还要建立健全贫困群体与社会治理主体的多元化利益联结机制，通过技术、土地、劳动等资源入股、租赁、联营等方式形成利益与风险共享的共同体关系。

需要注意的是，在关注产业扶贫操作层面的问题的同时，还要从理论层面深化对产业扶贫模式的学术研究和宣传工作，尤其要注意借鉴西方扶贫经验，完善具备中国特色的反贫困理论与政策体系。

2. 从龙头企业角度出发

首先要强调的是，龙头企业参与产业扶贫的运作必须遵守《中华人民共和国公司法》，这是毋庸置疑的。严格龙头企业的准入与退出工作，实现动态管理。应当综合企业内部治理能力、企业信用评级、产业可持续发展能力、辐射带动能力等结果导向性指标建立公平的企业竞争与退出年终考核机制，对享有政策优惠却不积极履行产业扶贫带动职责或其他违法行为的企业依法追责，同时为了鼓励优质企业，地方政府也可以以表彰大会的形式对其进行鼓励，并予以奖励，增强其社会责任感。强化龙头企业的带动作用，通过资金、人才、产业等政策积极扶持一批优质龙头企业，增强品牌效应，强化其辐射带动作用，尤其是对龙头企业所得税和增值税进行依法减免的力度要增加，落实

① 李荣梅.精准扶贫背景下产业扶贫的实践模式及经验探索［J］.青岛农业大学学报（社会科学版），2016，28（4）：1-4，20.

税收返还和"三免三减半"政策[①]。

舒尔茨（1987）在著作《改造传统农业》中提出了农业发展理论，认为单纯依赖传统农业是无法摆脱贫困的，有效的方式就是通过改造生产方式增加农业附加值[②]。这就要求企业坚持科技兴农的核心理念，鼓励企业积极进行科技创新与成果转化，通过切实可行的激励政策激发企业创新活力，提高产业附加值，实现产业结构优化升级。加强企业党建工作，以此为渠道培养企业的社会责任文化氛围，提高企业员工慈善认知，增强企业的社会责任意识。需要注意的是，"经济人"假设下的私人部门自身的逐利性可能会与其社会责任相悖，使得产业扶贫的效果大打折扣，因此需要政府部门加强对企业产业扶贫绩效的监督考核，完善社会监督机制。

3. 从社会组织角度出发

完善现有的社会组织管理相关立法，推动制定《中华人民共和国社会组织法》，在规范其组织形式以及具体职能的同时也要及时改进双重管理体制等不合理条例，推动社会组织去行政化改革，使其可以充分发挥自身扶贫优势。完善社会组织内部治理机制，特别要注重组织内部人力资源管理制度的构建，要求覆盖科学的激励机制、奖惩机制和薪酬机制，提高社会组织成员产业扶贫的积极性。考虑到社会组织独有的理念优势，政府可以适当放宽准入限制，对于一些资金、人才等资源不足的社会组织可以提供政策优惠或其他支持，保证其在参与产业扶贫实践中可以兼顾组织发展。例如项目资助、税收优惠以及向社会组织购买产业扶贫领域的公共服务等。同时还要鼓励社会组织采取多渠道筹资的策略，在充分利用政府财政资金的同时积极整合社会扶贫资金，无论是宏观层面的大型社会公开募捐活动，还是微观层面的"微信公众号"平台筹资，都可以为产业扶贫的发展作出贡献。可以定期派遣专业社工教师队伍对社会组织成员进行综合素质培训，

① 刘任平，刘兰星. 精准扶贫中的龙头企业模式及其运行措施 [J]. 企业改革与管理，2018（4）：207，224.

② 舒尔茨. 改造传统农业 [M]. 梁小民，译. 北京：商务印书馆，1987.

提高其扶贫能力。对社会组织参与的产业扶贫项目进行适度监管，既要规范其组织行为，还要保证其自治性①。

4. 从产业合作社角度出发

建立健全产业合作社扶贫管理机制，严格遵守《中华人民共和国农民专业合作社法》，支持农村产业合作社的规范化组建，确保合作社的优质高效运行。切实履行政府监督职能，加强对合作社资金的审计监察，定期开展绩效评估，并推动建立合作社资金县、乡、村三级公示制度，为社会监督提供便利。对合作社参与产业扶贫的效果进行考核评估，并以此为依据进行适当的奖惩，激励其充分发挥主观能动性，带领贫困群体脱贫致富。成立合作社综合服务中心作为统一协调管理机构，提高服务效率，充分发挥合作社在带动农户和协调企业方面的纽带聚合作用。作为产业扶贫的排头兵，政府不仅仅应当在合作社所需政策、人才、资金、技术、信息等方面予以扶持，还应适当"赋权"，在坚持政府主导地位的基础上将部分权力"让渡"给专业合作社，明确界限，如此才能充分激发农村自组织的活力。从我国大多数产业合作社模式来看，产业扶贫绩效与合作社管理层人员的业务能力和社会责任感密切相关，因此应当做好带头人的业务培训工作，要鼓励其创新经营方式，践行"互联网＋产业扶贫"等先进的产业经营理念，还要培养合作意识，积极主动地帮助贫困群体。针对我国产业合作社组织化程度参差不齐的问题，政府应当在一定时期内对其日常运作进行跟踪指导。加强对产业合作社的宣传工作，重点扶持一批优质产业合作社典型，使贫困群体认识到合作社组织在产业扶贫当中的重要作用，提高其参与积极性。

5. 从贫困户个体角度出发

针对贫困户被动参与或低水平参与产业扶贫的问题，前提是要构建贫困户合法参与的渠道，在法律制度层面提供贫困户自我发展所需

---

① ZHANG X，BAUM R. Civil society and the anatomy of a rural NGO［J］. The China journal，2004（52）：97-107.

的权利，也就是制度贫困理论所述的"赋权"①。核心措施是"精神扶贫"，要转变贫困户"等、靠、要"的思想观念，培养其合作意识，激发贫困户脱贫的内生动力。可以运用乡规民约来塑造一种"脱贫为荣"的社会风气，以此来治理"懒贫"问题。而在一定情况下，即便满足了"赋权"，贫困户自我发展能力的匮乏也是产业扶贫最大的障碍之一。因此，针对贫困户产业发展资金不足的问题，要加大扶持力度，一方面要大力宣传小额信贷政策；另一方面还要加大小额贷款投入力度，适当放宽还款期限和降低贷款门槛，充分发挥该项政策的正向功能。除了基础性的物质帮扶，还应当大力推广科技扶贫，扩大乡村教育资源的投入，建立健全乡村产业知识技能培训体系，在培养贫困户产业技能的基础上还需普及企业管理、法律法规、网络电商等方面的综合文化知识，全面提升人力资本②。可行性措施之一就是培养职业农民队伍，由政府出台优惠政策吸引有能力的入城务工人员返乡创业，实现"城市反哺乡村"，为农业产业化发展注入活力。同时还应加强乡村青少年教育扶持，同"雨露计划"相结合，防止贫困的代际传递③。

第五节 启　　示

天地之大，黎元为先④。

贫困问题是一个世界性难题，一直以来，众多学者都在探索贫困的机理和反贫困的战略，产业扶贫作为一种以扶贫为导向的产业发展方式，是在反贫困和产业经济深化发展过程中应运而生的一种新理念

---

① 刘北桦，詹玲.农业产业扶贫应解决好的几个问题[J].中国农业资源与区划，2016，37（3）：1-4，175.

② 舒尔茨.人力资本的投资[M].蒋斌，张蘅，译.北京：商务印书馆，1990.

③ 陈希勇.山区产业精准扶贫的困境与对策——来自四川省平武县的调查[J].农村经济，2016（5）：87-90.

④ 天地之大，黎元为先：引自唐太宗《晋宣帝总论》，寓意黎民百姓是国家的根本。

和实用工具。狭义上讲，产业扶贫可以在帮助贫困群体脱贫增收的同时促进私人部门的规模化生产、降低成本；广义上讲，产业扶贫可以开启民智并培育现代农民。

改革开放 40 多年，我国脱贫攻坚战已如期完成，党和国家及时转变扶贫理念，从长期以来单纯的物质扶贫开始向精神扶贫与物质扶贫并重转变，强调既要激发贫困群体脱贫的内生动力，还要帮助贫困群体培养自主脱贫能力，因此选择了产业扶贫这条真正能使贫困人口持续受益的扶贫途径。当然，优势与问题并存，目前政府需要处理的问题有很多，产业扶贫对于地方经济的贡献率和益贫效应尚属有限，一些劣质粗放的产业项目不仅没有带来正向的社会效益，反而引发了一系列环境问题，贫困户对政策措施的不了解使得公民参与始终处于低迷态势，各个社会力量并未在产业扶贫中充分发挥自身优势，不公平分配的现象也偶有发生。对此，国家要继续加大产业投入力度，创新产业扶贫模式，弥补现有制度缺陷，完善配套政策机制，提高扶贫专业人才建设，最关键的是，要整合社会各界力量，将贫困户自身作为多元治理的重要一极，构建产业扶贫的多元共治生态，如此，产业扶贫才能实现又好又快的发展。

通过对"十三五脱贫攻坚规划"的解读，我们还可以看到，产业扶贫战略并不是孤立的，它是我国扶贫开发战略的重要组成部分，产业扶贫的发展势必推动扶贫开发整个进程，同时，它同资产扶贫、就业扶贫、生态扶贫以及赋权扶贫等重大战略是相辅相成、互相促进的，这就要求国家树立全局观念，统筹推进这些战略，产业扶贫才能发挥最大的作用。相信在党和国家的正确领导下，我国会走出一条科学、合理、高效、具备中国特色的产业扶贫之路。

第十章[①]
资产扶贫

　　过去很多年的扶贫手段中，大多为直接进行资金及物资的捐赠，即捐赠者被赋予财产捐赠的权利或财政资金下拨。在传统模式下，捐赠资金及物资的使用效率低、受助群体无法脱离捐助、扶贫效果不具有可持续性，同时，中国地区间差异较大，贫困人口总量以及贫困程度都不可忽视要增大摆脱贫困的艰难程度。各种研究发现，中国仍有大量的社会物资、资金、人力资源闲置，尤其是在贫困农村地区，大量土地资源使用效率低。在已有资产资源却缺乏资产活力的背景下，盘活资产、巧妙利用资产成为提高中国扶贫攻坚工作能力的一大手段。在"十三五"规划中，中国提出了资产收益扶贫制度，各地开始根据当地情况实施、探索资产收益和扶贫的具体实施办法。学术界也开始对资产扶贫进行理论研究。

　　本章将基于已有的资产收益扶贫的实践探索，对其进行理论补充与完善，总结归纳出资产扶贫的模式、机制、路径、其中的中央及地方政府的制度安排，同时也将归纳资产扶贫模式的经验、提出未来的改进建议、结合中国当前扶贫工作进展提出对应的建议，以及对其他参与到全球减贫工作中的国家提供中国精准扶贫的"中国方法"。

---

①　感谢胡玲锐为本章所做工作。

第一节 模 式

一、资产与扶贫

资产是会计学中非常重要的概念。它有三个特征，预期会为企业带来经济利益，应该由企业拥有或控制的资源，以及由企业过去的交易或者事项形成。佩顿和利特尔顿在《公司会计准则导论》（*An introduction to corporate standard*）（1940 年）中提出了未确定成本的概念，资产被认为是尚未达到运营成本和费用阶段的运营和生产要素的平衡[①]，是成本中未消逝的部分余额。美国会计协会于 1957 年发布的公司财务报表的《会计和报告指南》明确指出："资产是特定会计主体运营所需的经济资源，是可用于或有益于未来经营的服务潜能总量。"这其中展现了资产与经济资源的联系。穆尼茨（Moonitaz）与斯普劳斯（R. T. Sprouse）（1962）在《会计研究论丛》第 3 号《企业普遍适用的会计准则》文献中明确说明："资产是企业通过当前或过去的交易获得的预期未来经济利益。"美国财务会计准则委员会在《财务会计概念公告》第 6 号中指出："资产是可能由特定个体从已经发生的交易或事项中获得或加以控制的未来经济利益。"而在会计以外针对资产也有很多探索，Nelson 探索了通过大规模的资产（包括空间、能源、耕地等物质资产）投资，使资产的产出和增长超过人口增长的过程，Schultz 则强调了资产不仅仅包括物质资产，更重要的是包括了人力资产，其中主要为人口的质量与社会整体的知识水平。

值得注意的是，资产的法律属性必须由企业控制。本章所讨论的资产扶贫，企业的参与在其中占了很大的比重，狭义上的资产对本章尤为重要。但在这里我们将讨论广义资产，即自然资产、物质资产、金融资产、人力资产、社会资产等。

---

① 佩顿，利特尔顿 . 公司会计准则导论 [M]. 北京：中国财政经济出版社，2004.

贫困取决于一个家庭可以控制的"经济资源"以及社会可以接受的最低基本需求。过去大部分针对消除贫困的理论研究主要是为了消除绝对收入贫困，重"基本需求"提升，轻"经济资源"灵活使用。本书中提到的贫困，除了包括人均收入的维度以外，还包括针对社会资源、经济资源、个人自身能力等维度的考量。本章重点关注贫困的资产资源维度，尤其是针对资产自身活力与资产利用效率问题展开研究。本书中的扶贫则为针对贫困群体，通过多元的扶贫手段从多维度减轻贫困程度，而资产扶贫则是针对上述资产活力与效率较低问题的一种具有针对性的扶贫手段。

二、资产收益扶贫与资产扶贫

资产扶贫狭义上也可称为资产收益扶贫，作为一种需要整合大量资源的新型扶贫模式，他国实践较少，中国自"十三五"规划提出"资产收益扶贫"概念后开始大规模进行实践探索[①]。现有研究主要针对个案进行分析，以及较为零散地对资产收益扶贫模式进行总结，主要将资产收益扶贫视为与产业扶贫联结的一部分。然而，从实践及理论看来，资产扶贫可以由几条孤立的执行路径拓展为六大执行主体间的完整协作体系。在本书中，基于现有研究，将资产扶贫界定为：在政府引导下，整合社会资产，帮助贫困户通过资产入股、租赁或托管等方式，获得资产性收入进而增加个人收入以及增加"知产"的扶贫方式。

三、相关理论

1. 贫困恶性循环理论

Nurkse 在 1953 提出了贫困恶性循环理论，即为"低收入—低储蓄能力—低资产形成—低生产力—低产出—低收入"的循环。该理论揭

---

① 汪三贵，梁晓敏.我国资产收益扶贫的实践与机制创新［J］.农业经济问题，2017，38（9）：28-37，110.

362

示了经济和资本发展之间的本质联系。由于贫困地区经济发展落后，居民收入低，资金无意投资，限制了资本的发展。这反过来又影响了区域经济的发展，最终导致当地贫困人口产生。由于资金不能投入贫困地区进行长期周转，该地区陷入贫困的恶性循环。贫困的恶性循环是指供求之间的矛盾。一方面，贫困地区人均收入水平越低，储蓄能力越低，投资能力越低，从而导致资金不足。生产规模不能扩大，限制了劳动生产率的提高，进一步降低了人均收入水平。另一方面，贫困地区的低收入水平导致消费水平下降，供过于求的市场形势限制企业的发展。企业的低效益发展进一步降低了居民的收入水平。贫困的恶性循环可能导致贫困地区的经济发展异常[1]。要冲破这种恶性关系的壁垒，首先就必须对贫困恶性循环有彻底的了解，解决资本运转资金短缺的问题，努力在贫困地区以外引入政府补贴，促进贫困地区经济发展。

2.马克思主义贫困理论

马克思和恩格斯对贫困的研究固定在资本主义发展的早期阶段，即资本主义经济危机的周期性爆发时期和穷人的大规模失业时期。马克思首先从系统中彻底研究了贫困并揭示了其根源。马克思主义的贫困理论是关于无产阶级在资本主义制度下的贫困化及其倾向的理论，揭示了阶级化贫困的特征，需要从社会制度中进行分析。基于资本主义生产本质的马克思主义贫困理论认为剩余价值导致了贫困的产生。马克思指出，随着资本主义社会资本积累的增加，无产阶级的状况必然日趋恶化。资本积累的后果一方面是资产阶级财富的增加，另一方面是无产阶级贫困的积累。马克思认为，无产阶级希望改变自身贫困的命运。马克思的结论是：如果无产阶级想要摆脱贫困，唯一的出路就是消除资本主义的工资劳动制度[2]。马克思和恩格斯在资本主义初期

---

① 汪翠荣.以财政扶贫资金建立资产收益型产业产业扶贫新模式探讨——以河北省威县资产收益型扶贫模式为例［J］.财会研究，2016（4）：8-11.

② 马克思.资本论［M］.中共中央马克思恩格斯列宁斯大林著作编译局，译.北京：人民出版社，2004.

只研究资本主义条件下的贫困问题，没有条件研究社会主义制度下的社会贫困问题。社会主义贫困问题是社会主义条件下经济发展的产物，需要进行具体研究。

四、资产扶贫模式

资产扶贫基础运作模式如图 10-1 所示。

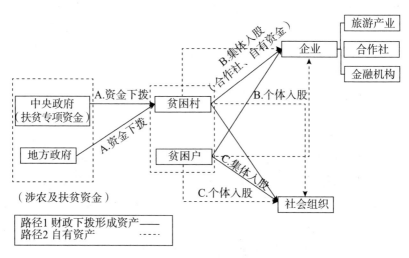

图 10-1　资产扶贫基础运作模式

在资产收益扶贫模式中，有 3 个主要实体和 6 个执行实体。中央政府、地方政府分别主导模式运作及辅助出资，贫困村参与管理、参与收益，贫困户参与收益、出资自有资产，企业及其他社会组织获得资产投入、通过资产运作创收给予贫困户分红。在基础的运作之外，贫困户在获得新的资产收入（包括物质资产以及非物质的知识技术等"知产"）后，增强自身发展动力，进一步参与到更多的社会工作中，真正实现可持续的脱贫。

第二节 机 制

一、概述

中国自"十三五"规划提出资产收益扶贫制度后，党中央、国务院将资产收入扶贫纳入产业农业发展脱贫一批之中，从中央到地方，大范围倡导、小范围因地制宜进行探索，推进改革试点建设。资产收益扶贫是资产扶贫的重点落实形式，资产扶贫较资产收益扶贫有更大范畴，要发挥资产扶贫在扶贫攻坚工作中的重要推动作用，需要中央政府、地方政府、贫困村、贫困户、企业及社会组织的相互协作。

在本书中，我们将资产扶贫的机制界定为"三大主体与六个执行主体的相互协作模式"。3个主体机构是政府、社会力量与贫困主体。政府主体下的执行机构是中央政府与地方政府；社会力量主体下的执行主体分为企业与社会组织，更为全面地来看，社会力量还包括有捐助能力的个人与知识技能型的能人等，但在实践中不具有普遍性且无法进行大范围学习借鉴，在此不列入具体执行主体的范畴；贫困主体下的执行机构包括两个层面：贫困村和贫困户。

二、各级政府领头发展

中共中央在"十三五"规划中首次提出"资产收益扶贫"，后续资产收益扶贫又被纳入产业发展脱贫一批。后续财政部、国务院扶贫办和农业部联合发布了有关资产收益扶贫措施的具体政策。各地方政府积极结合实际情况发布相关有针对性的资产收益扶贫操作通知，协调内部外部资源进行政策落实。

（1）组织领导。在国务院的领导下，省级政府制定了各地方资产扶贫工作的总体规划，协调各区域之间的不平衡的发展，参与打赢脱贫攻坚战的工作。

（2）风险把控。各级政府控制项目管理单位在资产扶贫项目运作中的权利和义务。贫困户不负责项目管理风险。鼓励实体实施购买商业保险，分散和降低运营风险，并提高合规偿付能力。另外，在量化资产份额时，采用民主决策和第三方评估来确保资产的公平估值。资产收入扶贫主体解散或破产清算时，依照有关法律法规清偿债务后，应当优先保护贫困村和贫困户的权益[①]。

（3）监督管理。扶贫工作的开展伴随着大量的财政资金与社会资金，同时涉及的社会部门较多，全国涉及的范围广，地方政府、贫困村、村内干部在获取大量扶贫资源，享受社会整体发展水平提升与个人生活水平提升的同时，也出现了一些腐败问题。这些问题的出现会使得扶贫行为违背了工作的初衷，拉大社会贫富差距，削弱政府公信力。中央纪律检查委员会建议在2018年至2020年期间持续开展有关扶贫的腐败和作风问题的特别治理行动。中央纪律检查委员会还集中研究了24个典型的扶贫腐败和作风问题案例。资产扶贫资金的积累自然成为腐败的"重创"。

当前也有学者们对基层扶贫官员腐败的内在逻辑有所研究。从腐败的发生地来看，扶贫领域中涉及腐败的各层级干部都有，但最多的还是村干部，说明了扶贫工作的"最后一公里"最容易滋生腐败（莫光辉），在靳涛的研究中，基层扶贫官员腐败的主要原因包括扶贫资源主导权大量的下放、基层扶贫官员权力的膨胀、基层社会传统"官本位"的思想根深蒂固、扶贫工作的监督机制不完善以及扶贫政策信息的民众普及与各级传导机制不完善[②]。从制度上完善、在监督上严格、从观念上引导，才能将扶贫工作中的资金落到实处，不浪费社会资源。

（4）宣传工作。宣传是落实政策的必要保障。广泛开展资产收益的贫困政策宣传，提高贫困人口政策的认识和意识水平，增强主体意

---

① 财政部 农业部 国务院扶贫办.关于做好财政支农资金支持资产收益扶贫工作的通知.[EB/OL].（2019-11-07）.http://kedong.gov.cn/web/article/cfe87fb9dfe84b3c86020b59367d2e2e.

② 靳涛.基层扶贫官员腐败的内在逻辑与治理路径 [J].廉政文化究，2018，9（5）：52-58.

识和参与积极性。同时，及时总结实践经验，加强相互交流，营造有利于进一步实施资产扶贫工作的良好氛围。

（5）专项资金下拨及管理。2017 年，中央财政补贴地方特殊扶贫资金 861 亿元，比 2016 年增长 30.3%[①]。针对贫困县的专项扶贫资金增长率更是达到了 32.6%（表 10-1）。[②] 一般转移支付和农业和教育领域的特别转移支付也增加了对贫困地区的投资。与此同时，地方政府债券达 600 亿元，用于改善贫困地区的生产和生活条件。此外支持推进分类施策。将贫困县的农业相关基金纳入贫困基金的使用范围。完善资金使用管理机制，规范资产收益和扶贫，积极支持工业扶贫、教育扶贫、生态扶贫。促进农村低收入保障与扶贫开发的有效衔接，进一步加强政策覆盖。同时强化扶贫资金监管。财政部负责统筹管理财政专项资金的下拨，国有资产作为资产扶贫中的重要来源，国家政府从源头上输送扶贫力量，同时针对专项扶贫资金的使用进行监督。

表 10-1　2017 年国家贫困县扶贫资金增长情况

扶贫资金来源	2016 年 / 亿元	2017 年 / 亿元	增长 /%
1. 中央扶贫贴息贷款累计发放额	556.7	733.8	31.8
2. 中央财政专项扶贫资金	627.6	832.3	32.6
3. 中央专项退耕还林还草工程补助	107.9	114.1	5.8
4. 中央拨付的低保资金	378.0	373.4	-1.2
5. 省级财政安排的扶贫资金	259.7	332.0	27.8
6. 国际扶贫资金	3.2	6.9	116.2
7. 其他资金	1 025.4	2 027.0	97.7

资料来源：国家统计局 . 中国农村贫困监测报告 2018. [EB/OL].（2019-05-05）http://www.tjcn.org/tjnj/NNN/37757.html

中央下拨资金至省级政府后，省级政府下拨至贫困市，部分贫困

---

① 　财政部：防范化解地方政府债务风险 坚决遏制隐性债务增量。

② 　国家统计局 . 中国农村贫困监测报告 2018. [EB/OL].（2019-05-05）. http://www.tjcn.org/tjnj/NNN/37757.html.

市市级政府财政直接对接贫困户账户。对扶贫专项资金去向执行公开公示制度，且接受贫困村第一书记、村委会以及社会力量的监督。从资金的流向上对资产扶贫的其中一个"资产源"做好基本的保障工作。

（6）涉农资金整合及管理。地方政府按照中央和省级政府的相关精神指示，以改善扶贫、优化扶贫资金管理机制。在不断创新的金融投资方式和提高资金使用效率的基础上，将财力集中在精准扶贫上。部分地方政府陆续推出整合涉农资金用于扶贫攻坚工作的政策。

案例1：河北省衡水市饶阳县涉农资金整合用于扶贫攻坚的模式

2016年一批计划整合各级各类财政专项资金共计10 111.909 02万元，其中包含以下几项。

（1）扶贫专项资金4 445.329 02万元。

（2）中央彩票公益金项目资金2 050万元。

（3）现代农业生产发展资金（含支持农民合作组织发展中央补助）636万元。

（4）农村综合改革转移支付（一事一议）936万元。

（5）车辆购置税收入补助地方用于一般公路建设项目资金（支持农村公路部分）1 706万元。

（6）中央及省预算内投资用于"三农"建设部分38.58万元。

（7）县级扶贫专项资金300万元。

（8）用于扶贫开发债券资金规模7 500万元。重点用于贫困村基础设施建设，确保整村出列目标实现。

整合资金使用方向如下。

（1）产业扶持。①实施特色产业扶贫工程。产业发展补助不高于1.2万元，支持贫困户发展设施果蔬、畜牧养殖、光伏发电、资产权益入股、保险、贷款贴息及贫困户培训等，整合资金4 060万元（已列入年度计划）。扶贫办牵头，各乡镇负责实施。②设立风险补偿金。加大金融扶贫工作力度，投入风险补偿金

---

900 万元。农业局、扶贫办会同相关部门负责。

（2）实施整村推进精准扶贫到村。有效盘活贫困村资源资产，围绕"基础设施改善，骨干产业培育"等内容，在79个贫困村推进通村道路、村内基础设施、产业发展基础设施、安全饮水、村民活动中心、村两委办公场所、环境综合治理等工程建设。同时，发挥财政资金杠杆作用和融资平台作用，撬动金融资本和社会资本投入，确保贫困村基本达到美丽乡村标准。①贫困村内和产业区基础设施建设资金715.89万元（2015年二批及2016年一批计划）。扶贫办牵头、各乡镇实施。②贫困村基础设施建设2 000万元。重点用于2016年彩票公益金项目。扶贫办牵头，饶阳镇负责实施。③勘察设计、评审、审计、验收等政府购买服务支出364.019 02万元，各牵头单位对应支出。④贫困村产业和基础设施奖补资金500万元。⑤贫困村人居环境改善项目资本金1 572万元。

饶阳县梳理各级各类财政资金，整合投入用于资产扶贫，其中包括中央彩票公益金、现代农业生产发展资金、中央及省级预算用于投资"三农"建设的部分等。用途去向则主要为产业扶持、基础设施改善与骨干产业培训的推进工作。

资料来源：河北省衡水市饶阳县扶贫办公室。

在此案例中，印证了上文中提到的各级政府在资产扶贫进程中的具体职能。中央及省级政府下拨"三农"建设等部分预算投入资金，并引导监督管理工作。政府购买服务的评审、审计及验收等工作也获得合适比例的支出，以把控资金资源风险。需要重点强调的是，饶阳县对于整合用于扶贫攻坚的资金以及用途，针对不同的群体，通过"明白纸"、网站公开等方式均进行了宣传，既增强了贫困主体脱贫攻坚的参与意识，更有效保障了扶贫资金落实。

此案例还可提供一个启示，即扶贫工作根本上是面向"三农"问题的工作，是在农村地区优化农业结构、提升农民生活水平的工作，则"涉农"资金资源是扶贫工作中应重点整合的部分。另外,扶贫工作虽主要面向"三农"问题,但不仅仅是"三农"问题,还涉及区域发展的多方面问题,在满足已有条件的情况下还应整合除"三农"资金外的其他资源,促进整体发展。

饶阳县的扶贫工作不仅切实符合了人民的生活发展需求以及地区的脱贫需求,还将财政资金聚少成多使资产保值增值,为地区提供了更高质量的社会保障与服务。饶阳县已于 2018 年 9 月正式退出贫困县序列,是河北省第二批退出的贫困县,获得的阶段性成功即是对其扶贫工作有效性的验证。

针对类似饶阳县的已进行财政资金整合扶贫达到一定成效且脱贫的县域,本书建议在后续专项扶贫资金减少的阶段,关注群众及地区发展的具体需求(尤其是针对需要长期投入的基础设施建设等),灵活运用资金可靠来源而不变资金最终用途,保证扶贫成效的延续性。

三、社会力量参与模式

社会力量主要包括企业和社会组织两个主体。企业作为营利性的专业机构,可以大力发挥在资产运作上的优势;另外,企业也应该履行其社会责任,充分参与到扶贫的工作中来。社会组织是资产扶贫工作中的另一主体,其法人形式多样化,有企业、民间非企业机构、社团等。社会组织相较于企业而言,比起经济目的更加注重社会效益,协助贫困户的知识技能培养或提供基础服务等。

1. 资产运作

参与资产扶贫的企业主要有金融公司、金融机构、合作社、新型经营主体(龙头公司、旅游公司等)。金融公司主要是充分利用政府的扶贫小额信贷政策,金融机构对有贫困户档案的贫困户进行信用评估和评级授信工作,为贫困户提供免担保、免抵押、全贴息贷款,并以此为发展资金,量化入股当地实力较强、信誉较好、市场潜力较大的龙头企业参与经营,享受稳定的资产红利收入,增加贫困户的资产收入。

新型经营主体中的旅游公司是目前在资产扶贫中发挥力量较大的一支队伍。主要是将村庄内耕地、林地、农户房屋等进行改造,打造成旅游景点。贫困户获得的资产收益包括几个部分:一是土地、房屋等资源按协议租赁获得收入;二是旅游门票收入,村庄与企业签订协议,每年拿出部分旅游门票收入给贫困户,使贫困户享受旅游发展带来的红利;三是工资收入,有劳动能力的贫困户可以选择到公司务工,从而获得工资性收入。这种扶贫方式使贫困户能够享受到资源开发带来的收益,有效发挥旅游扶贫项目的经济效益、社会效益和生态效益,实现旅游扶贫的精准实施。

案例 2:中国旅游集团有限公司在西盟县用旅游 +扶贫谱写阿佤人的新赞歌

西盟,素有"阿佤山"之称,是全国两个佤族自治县之一,也是中国旅游集团定点帮扶的两省五县(市)之一。

据悉,西盟全县共有单体旅游资源 188 处,旅游资源亚类 22种,旅游资源基本类型 50 种,但如何深挖西盟资源禀赋,唤醒西盟沉睡的旅游资源,是中国旅游集团在推动西盟扶贫工作中需要解决的重要难题。

中国旅游集团脱贫攻坚工作领导小组就此开展多次调研,考察西盟、孟连两县县区规划及西盟博航十组民族旅游生态村、勐梭龙潭景区、"神鱼谷"等旅游项目,很快意识到景区周边配套设施相对落后。中国旅游集团快速采取行动,一方面加快建设景区周边配套设施,持续深挖旅游文化资源禀赋,积极支持当地民族舞蹈史诗《阿佤人民唱新歌》,加强当地旅游品牌文化建设;另一方面,利用国旅总社、中旅总社两大旅行社品牌在当地的旅游线路规划、产品设计及聚客能力,打造市场化旅游产品,对接不同的消费市场,切实帮助当地老百姓脱贫增收。

为了传扬西盟极具特色的民族文化,形成独特的旅游品牌文化,西盟县委、县政府根据 50 多年来的发展历程，创作融合政治、历史、民族、艺术为一体的具有浓郁特色的民族舞蹈史诗《阿佤人民唱新歌》。为解决因财政困难导致的剧目演员人员不稳定、传承佤文化人才流失等问题，2017 年，中国旅游集团投资 230 万元成为该节目的出品单位，实现对旅游资源的文化扶持，为中国旅游集团探索文化旅游扶贫项目的开展提供经验。通过旅游扶贫，不仅极大地促进了贫困群众增收致富和生产生活方式的变革，而且深刻地影响着贫困群众的思想观念。贫困群众以前过着农耕生活，交往范围小，交往对象以亲属、邻里为主，现在通过发展旅游扶贫每天一开门就要面对来自天南海北、国内国外的游客。贫困群众越来越渴望文化知识，更加追求健康生活方式，环保意识也显著增强。

——云南省普洱市副市长、西盟县县委书记杨宇

资料来源：中国旅游集团有限公司. 企业社会责任报告 2017——新旅游、新生活 [R].2017.

中国旅游集团有限公司作为有丰富旅游产业运营经验的领头公司，依据自身运营优势探索创新性的扶贫模式。对云南西盟县的资源进行识别、聚集、运营，盘活已有资产，将地方本土文化在保护的基础上进行现代化操作，提升地方整体文化自信，是社会力量参与资产扶贫的典型案例。

中国旅游集团进行的资产扶贫项目有几个值得学习的地方。首先，对于贫困地点的资源类型及资源数量进行了精准的识别。精准的资源识别是制定资产扶贫具体模式的基础，是扶贫模式有效性和可持续性的基本保障。其次，对于资源的识别和利用不仅仅局限在自然资产和实物资产上，还针对本土传统文化一类的无形资产进行了有效开发。对于丰富的旅游资源和匮乏的旅游基础设施的矛盾，中国旅游集团利用自身优势，加快周边旅游基础设施的建设，对于丰富却零散的本土传统文化，中国旅游集团积极统筹发展当地文化产业。最后，在扶贫

过程中，中国旅游集团与云南省各级政府及人民达成了友好的关系，在发展战略上合作、在资金投入上支持、在文化建设上交流。

但针对中国旅游集团的资产扶贫模式，本书提出一个需要注意的问题，旅游扶贫项目不仅仅要满足旅游资源的所有者以及旅游产业开发者，还要满足旅游资源的使用者，即"游客"，更应该注重自然资源的保护。总而言之，以旅游为切入点的资产扶贫项目，不仅需要"to business"，还需要"to customer"，更重要的是环境友好。

合作社、龙头企业及种养大户等则主要通过整合贫困户的土地资源或者吸收贫困户的资金参与资产扶贫。利用国家针对贫困地区的优惠政策，大力发展种植养殖，使土地资源有效转化为优势产业的发展资源，贫困户成为新型经营主体的股东，以股东身份享受分红，从而增加资产收益和财富，达到脱贫目的。

2. "知产"共享

参与资产扶贫的企业以及新型经营主体掌握大量的技术资源以及具体的经营实践经验，其中包括企业经营、财务管理、人力资源管理、具体的生产养殖种植经验，同时针对政府政策及当前扶贫攻坚战的进程，由于社会组织以及企业较强的专业性和深度的参与，组织内部的人才知识水平较高、获取信息资源较多、掌握的社会资源较为广泛。企业在以其资产运作的方式参与扶贫工作的过程中，同时也可以以"知产"共享的方式参与其中。对于企业而言，与贫困主体的知产共享可以提高其在当地的社会影响力及品牌知名度，深化对当地用户群体或客户群体的理解是它们履行企业公民社会责任的重要途径。

四、贫困主体创收获益

（1）资产投入。从总体体量上来看，贫困户以及贫困村掌握大量的实体资源，包括土地（耕地、林地等）、房屋以及部分资金。然而，当前农村多为中老年人口居住，青年人大量来到城市打工，农村中的闲置农用地较多；贫困户也许部分拥有一部分资金，但由于不懂得进行自我财务管理，手中资源闲置。贫困户在政策指引以及企业与社会组织协助下，将自有资产投入企业换取对应的股份。每年企业给予分红，政府要求无论企业经营的情况如何，大部分地区每年都需要给贫困户分红2 000元。政策的要求将资产运营的风险基本控制在企业身上，贫困主体在资产收益上基本享有无忧的保障。

（2）自我发展。在资产运作为地区带来产业、技术的同时，贫困户可以组织共同学习专业技术以及参与社会经济发展的基础知识，贫困主体可以在发展过程中获取经验、自主学习，将资产不仅变为更多物质资产，还将其上升为"知产"，为未来自身的可持续发展提供基本技能保障。

当前，中国贫困地区常住劳动力已在政府引导下逐步进行技能培训，2017年的统计数据显示，中国贫困地区中已有26.30%接受过技能培训，其中还有12.80%接受的是非农业技能培训（图10-2）。虽然整体接受技能培训的水平仍有很大的提升空间，但技能培训的多样化为贫困群体开拓了更为广阔的就业方向，更为地区内部产业多样化发展提供了劳动力基础。

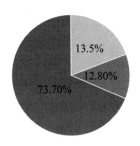

▨ 接受过农业技能培训 ▪ 接受过非农业技能培训 ▪ 未接受过技能培训

图10-2　中国贫困地区常住劳动力技能培训接受情况（2017年）

资料来源：国家统计局。

374

第三节　制　度　安　排

一、国家层面政策

习近平主席在"2015 减贫与发展高层论坛"上的演讲主旨为"携手消除贫困　促进共同发展"。2015 年，汪洋副总理指出河南省处于扶贫开发期，必须继续创新和加强措施[①]。要创新扶贫开发融资机制，发挥金融扶贫资金的引导和杠杆作用，吸引更多的信贷资金和社会资本用于扶贫开发。利用市场化的方法，依托新技术、新商业模式和龙头企业，推进光伏扶贫、电子商务扶贫、旅游扶贫等，探索稳定的贫困人口福利机制。汪洋副总理在"'三西'扶贫开发现场会议"上说，有必要根据当地情况，创造多元化的扶贫路径，促进资产收益扶贫，探索金融扶贫资金作为农民的股份，参股合作社或龙头企业，让了解市场的人引导群众摆脱贫困、致富。创新扶贫方式，重点利用金融扶贫资金带动信贷资金和社会资金投资扶贫，动员各方力量与扶贫相结合。充分利用评估指挥棒，促进有效实施扶贫政策和措施，确保有质量、可持续性和可负担性地实现扶贫成果[①]。

资产收益扶贫在"十三五"首次正式提出后，在法律、行政法规、部门规章制度、党内法规以及团体规定中均有出现。

全国人民代表大会上提出的关于扶贫资产收益的内容包括：在 2016 年第十二届全国人民代表大会第四次会议上，提出了进一步促进资产收入扶贫的试点项目；2017 年第十二届全国人民代表大会第五次会议提出改革试点，推动贫困地区水电和矿产资源开发扶贫；2018 年第十三届全国人民代表大会提出大力推进资产收益扶贫，带动贫困群众增收；2018 年 6 月，全国人大常委会关于批准 2017 年中央预算决议，提出完善资金使用管理机制，规范资产扶贫的效益。

从行政法规的层面来看，2016 年实施的《国务院办公厅关于支持

---

①　左常升 . 中国扶贫开发年鉴 [Z]. 2016.

贫困县开展统筹整合使用财政涉农资金试点的意见》提出使用创新金融农业相关基金的机制。贫困县应积极探索和实施工业扶贫、资产收益扶贫等制度创新，借鉴易地扶贫的安置模式。通过有效的政府和社会资本合作方式，政府购买服务，建立贷款贴息补贴和产业发展基金，充分发挥金融资金的引导作用和杠杆作用，撬动更多金融资本、社会帮扶资金参与扶贫。在选择扶贫项目时，要充分尊重贫困人民的意愿，积极推进群众的民主决策机制，优先考虑贫困人口，以高度的热情和强烈的意愿参与扶贫项目。有条件的可以吸收贫困村和贫困户的代表参与项目选择和施工管理 ①。各级有关部门要加强指导、服务和监督；《国务院关于印发"十三五"加快残疾人小康进程规划纲要的通知》中特别要求在资产收益扶贫工作中，财政专项资金形成的资产可以定量分配给残疾贫困家庭；2016 年，国务院办公厅发布扶贫改革试点方案，开发贫困地区水电、矿产资源。在严格保护生态环境、充分发挥资源优势、创新贫困地区水电矿产资源开发占用农村集体土地补偿方式的前提下，通过建立集体股权参与项目红利，探索资产收入和扶贫的长期机制；《国务院关于印发全国农业现代化规划（2016—2020 年）的通知》建议探索资产收益扶贫，通过财政涉农资金投入设施农业、养殖、光伏、水电、乡村旅游等项目形成的资产折股量化以及土地托管、吸引土地经营权入股等方式，让贫困户分享更多资产收益 ②。在《国务院关于印发"十三五"脱贫攻坚规划的通知》中，正式提出组织资产收益扶贫工作。

具体的落实层面，则在各部门发布工作通知中体现。关于扶贫资产收益的内容最早出现在 2015 年财政部《关于支持多种形式适度规模经营促进转变农业发展方式的意见》中，该意见建议大力推进贫困地区优势产业实现规模化经营，积极探索资产收入以减轻贫困，并量化财政投资对穷人形成的资产，帮助贫困人口脱贫致富；国家民政委员

---

① 国务院办公厅.关于支持贫困县开展统筹整合使用财政涉农资金试点的意见. [EB/OL].（2016-04-16）.https://www.gahou.gov.cn/zfxxgk/c102859p/202105/4118153bddde4a9b9012aeea3d4b65ca.shtml

② 国务院 . 国务院关于印发全国农业现代化规划（2016—2020）的通知 [EB/OL].（2016-10-20）http://www.gov.cn/zhengce/content/2016- 10/20/content_5122217.htm

会提议实施一项健康扶贫项目，以支持资产收入和扶贫的探索；国家能源与 2016 定点扶贫与对口支援工作要点中也强调了探索资产收入和扶贫的必要性，以使清洁能源的发展与贫困家庭的扶贫直接相关，增加穷人的收入，真正实现扶贫；2016 年国家发展改革委、国务院扶贫办、国家能源局、国家开发银行、中国农业发展银行《关于实施光伏发电扶贫工作的意见》中建议各地区将光伏扶贫作为扶贫资产收益的重要途径①；留守儿童家庭也在资产收益扶贫中受到优待，2016 年，将农村留守儿童贫困家庭全部纳入建档立卡范围，实施精准帮扶，在劳动力转移就业、资产收益扶贫等项目中给予倾斜，为农村留守儿童贫困家庭落实帮扶责任人；在地方的实践中，湖北、湖南、重庆、贵州也在国家民族事务委员会、国家旅游局等部门的意见下探索资产收益扶贫，通过旅游资源和扶贫资金参与旅游开发，使贫困人口从旅游开发中获得稳定的收入。

2017 年以来，多个文件中将资产收益扶贫工作作为工作重点。其中包括《财政部关于切实做好 2017 年基本民生支出保障工作的通知》等；《财政部 农业部 国务院扶贫办关于做好财政支农资金支持资产收益扶贫工作的通知》中要求帮助贫困人口增加收入、摆脱贫困。其紧密结合产业发展，完善制度建设和风险管理，规范、健康、有序地促进资产收益和扶贫，为与贫困做斗争提供强有力的支持②。

2017 年，国家旅游局办公室、国务院扶贫办、中国农业发展银行《关于组织推荐金融支持旅游扶贫重点项目的通知》中对于已有成效的资产收益扶贫项目给予了进一步的支持，项目区内有较多的重点扶贫村，建立了完善的旅游扶贫机制和明确有效的扶贫项目。通过在贫困地区开发自然资源、开发资产达到减轻贫困的旅游项目等优先支持申报③；国家

① 国家发展改革委等五部门. 关于实施光伏发电扶贫工作的意见 [EB/OL].（2016-04-05）http://www.nea.gov.cn/2016-04/05/c_135250679.htm

② 三部门部署做好财政支农资金支持资产收益扶贫工作 [EB/OL].（2017-07-06）http://www.gov.cn/xinwen/2017-07/06/content_5208522.htm

③ 国家旅游局、国务院扶贫办、中国农业发展银行.《关于组织推荐金融支持旅游扶贫重点项目的通知》，2016 年

能源局和国务院扶贫办还通报了《光伏扶贫电站管理办法》，提出光伏扶贫是产业扶贫的有效途径，进一步推动资产收益和扶贫标准化。

相关的团体也发布了关于资产收益扶贫的通知。其中，县乡政府和村民委员会要求量化农业、光伏、水电、乡村旅游项目等资产收益，由特殊金融扶贫资金和农业相关资金确定。在土地流转、宅基地使用和资源开发形成的资产收益分配过程中，优先考虑确定为贫困户的贫困家庭，可适当提高资产收益配置比例。

除了指导和鼓励资产 - 收入扶贫模式的政策外，中央政府还指导了资产 - 收入扶贫的具体运作。例如扶贫再贷款办理的扶贫方法。于2015年12月16日中央扶贫开发工作会议后，国家发展和改革委员会会同中国人民银行提出了开展金融扶贫行动的实施意见，举办了全国扶贫资金视频会议，启动了金融扶贫活动。协调出台扶贫再贷款政策。国务院扶贫办与中国人民银行就扶贫再贷款的政策框架、扶贫再贷款政策操作细节进行多次协商，目前已形成扶贫再贷款管理办法，对支持对象、承办主体、期限设置、贷款利率和风险补偿作出了明确规定。这是继扶贫小额信贷之后的又一项特惠措施，为"发展产业脱贫一批"提供了有力的金融政策支撑。强化与扶贫政策性银行合作。国务院扶贫办与中国农业发展银行、中国邮政储蓄银行签署金融扶贫合作协议。继续与国家开发银行、中国进出口银行和中国农业银行签订协议，开展金融扶贫合作。与中国农业发展银行、中国邮政储蓄银行相关部门负责人就旅游扶贫、光伏扶贫、扶贫小额信贷等项目进行专题研究；中国农业发展银行和中国邮政储蓄银行扶贫部分别提出了迁地扶贫贷款管理办法和光伏扶贫贷款管理办法；与国家开发银行合作创办政策性银行，建立精准扶贫台账制度、国有企业出资开展扶贫产业基金的课题研究；与中国农业发展银行联合启动了广西壮族自治区百色市政策性金融扶贫试验示范区建设项目。中国农业发展银行、中国邮政储蓄银行对易地扶贫搬迁给予了 1 000 亿元的政策性扶贫贷款支持。同时还推动扶贫攻坚投融资平台建设。为了承接金融债和政策性金融贷款支持扶贫攻坚，召集 11 个省（区）研究推动扶贫攻坚投融资主体建设的办法和路径。重点选择扶贫搬迁任务比较重的几个省（区）推动工作。有扶贫开发任务的省（区、市）均陆续成立了省级扶贫攻坚投融资平台，或拟由现有的投融资平台承担扶贫开发投融资平台业务。

二、地方资产收益扶贫政策

（1）政策落实统计。中央政府提出增加资产收入减轻贫困后，各地都根据当地情况积极探索资产收益扶贫模式。从地方性法规、地方规范性文件以及地方工作文件中资产收益扶贫出现的次数来看，各地重视程度都很高，尤其是重点贫困地区以及本身产业较少的地区，更多去探索资产扶贫模式（表 10-2）。

表 10-2　各省区市地方政策文件中资产收入减贫的发生频率

省　份	出现频次	省　份	出现频次
河北	13	四川	22
山西	26	贵州	17
内蒙古自治区	14	云南	14
辽宁	20	陕西	2
吉林	8	甘肃	16
黑龙江	7	青海	7
江苏	2	宁夏回族自治区	6
浙江	1	新疆维吾尔自治区	3
安徽	66	海南	8
福建	8	重庆市	3
江西	7	湖北	9
山东	9	广东	2
河南	11	广西壮族自治区	10
湖南	9		

资料来源：北大法宝法律法规文件库。

（2）地方政策案例。其中，海南省、山西省为资产收益扶贫的重要试点。

自 2017 年以来，海南省一直支持临高、白沙、琼中、保亭、五指山等 5 个重点扶贫开发县开展资产收益扶贫试点。农村集体经济组织、农民合作社、龙头企业等新型经营主体，有意愿并且具有驱动能力，管理能力，经营能力，业绩良好、保障收入的能力。它们都可以成为实施与财政收入相关的扶贫项目的主体 ①。

其中，资产收益扶贫的范围是土地承包经营权、住房财产权、林地经营权和贫困户的其他资产、贫困村集体所有的经营资产以及社会资本积极参与公益性扶贫资产。试点中包含的财政涉农资金主要包括财政专项扶贫资金和贫困地区农业生产发展和农村基础设施建设投资产生资产收益的其他财政涉农资金。在不改变资产用途的情况下，允许量化财政涉农资金投入设施农业、加工、养殖、光伏、乡村旅游等项目形成的资产到贫困村和贫困户。优先考虑失去工作能力的贫困户。资产以标准化程序移交给农村集体经济组织、农民合作社、龙头企业等新型经营主体统一经营。财政涉农资金形成的资产股权原则上以计价形式平均量化，其中财政专项扶贫资金形成的资产股权按精准扶贫要求，全部量化给建档立卡贫困户。

符合条件的财政涉农资金投入农民合作社形成的资产，可以按照规定的程序和方法对所有成员进行量化。经农民合作社全体成员同意，财政涉农资金形成的部分资产可以用于建立贫困户的优先股，其余部分将按成员量化。其中，投资于农民合作社的财政专项扶贫资金形成的资产，应以优先股的形式全部量化给贫困户，并参考当地行业的平均投资回报率，确保贫困户分红底线。投资于农村集体经济组织的财政涉农资金形成的资产，由村集体经济组织的大多数成员批准，可以提取一些资产，建立贫困户优先股，其余部分可以量化给农村集体经济组织的成员。其中，投资于农村集体经济组织的财政涉农资金形成的资产，应以优先股的形式全部量化给贫困户，并参考当地行业的平均投资回报率，确保贫困户分红底线；财政涉农资金之前形成的资产

---

① 海南省人民政府. 海南省人民政府办公厅关于开展资产收益扶贫试点工作的实施意见 [EB/OL]. （2017-05-17）https://www.hainan.gov.cn/data/hnzb/ 2017/06/3816/

可以转移到农村集体经济组织和农民持有的资本金，然后投资于农民合作社、龙头企业等新型经营主体，形成农村集体经济组织和农户持有的股权。受益于财政涉农资金投入的新型经营主体应首先参考当地行业的平均投资回报率，以确保贫困户分红底线。在不改变资金性质的前提下，允许投资于村户的财政涉农资金中的发展类资金直接转入贫困村集体经济组织和贫困户持有的资本金。在量化折股后，它们被投资于新型经营主体，如农民合作社和龙头企业。贫困户股份可统一由农村集体经济组织代持。农民合作社和龙头企业等新型经营主体应首先参考当地行业的平均投资回报率，确保贫困户分红底线；鼓励龙头企业与农民合作社或农村集体经济组织联合使用财政涉农资金建立实体，明确双方的持股比例。贫困户通过农民合作社或农村集体经济组织持有实体股份。农民合作社或农村集体经济组织应当按照上述规定的方法确定贫困户的股份和分红底线。

第四节　路　　径

当前资产扶贫模式中，各执行主体在发挥其职责的同时，在政策的规范下，主体之间打通了四条主要路径，将资产的流动与使用、执行主体之间的配合与制衡、政策的落实完整地结合。首先是资产聚集阶段，包括财政资金的分配和自有资产的收购；其次是资产运作阶段，在资产聚集后，通过产业、合作社、金融机构等多种方式的运作，盘活已有资产；再次是收益分配阶段，在资产运作中产生的收益，即在下一步进行收益分配，主要是企业给予贫困户分红；最后是资产再增收阶段，该阶段在政策关于资产收益扶贫的设定与落实中没有强制要求与表现，但本书认为，资产扶贫的可行性、可持续性与借鉴意义正体现在最后的资产再增收阶段。在本节的最后，我们将通过对河北省衡水市饶阳县的详细分析，实际展示资产扶贫运作的路径[①]。

---

①　戴旭宏.精准扶贫：资产收益扶贫模式路径选择——基于四川实践探索［J］.农村经济，2016（11）：22-26.

一、资产聚集阶段

资产扶贫模式运行的基础来自资产的聚集与积累，在中国当前以政府牵头、社会多方力量参与的资产扶贫模式中，资产聚集阶段主要分为财政资金下拨，个体自有资产与集体资产入股两种方式。

财政资金下拨的主要来源是中央政府或地方政府。地方政府在扶贫方面的投入是由中央政府投入的扶贫专项资金和由不同地方政府整合的扶贫和相关涉农资金，在部分地区也包括地方政府债券资金等资产。

据官方统计，2017年中国专项扶贫资金规模突破1 400亿元，其中包括中央财政专项资金和地方财政专项资金。其中，中央财政资金拨付给地方的专项扶贫资金达860.95亿元，比上年增加200亿元，增长比例达到30.3%；28个有重点扶贫任务的省（自治区、直辖市）的省级专项扶贫资金总额达到540亿元。从体量上看，云南、广东、河北、内蒙古、四川、广西壮族自治区等省份均超过30亿元，江西、甘肃、山东等省超过20亿元。从年度增幅来看，内蒙古、河北、浙江、广西、江西、甘肃、西藏等省份增长了50%以上。云南、黑龙江、安徽、四川等省份增长超过34%，高于中央财政专项扶贫资金增幅[①]。

财政资金的聚集需经历两个步骤，其一是中央直接下拨至地方政府或地方政府整合专项扶贫资金以及相关涉农资金，下拨至贫困村后整合进入负责资产运营的相关执行主体。但在实际操作中，部分地方政府减少了资金下拨至贫困村的步骤，直接将扶贫资金拨至对接企业或贫困户个人，贫困村村两委班子以及第一书记只负责扶贫资金数量统计上的管理以及地方政府与贫困户及企业的对接，没有直接接管与扶贫有关的财政资金管理，从源头上杜绝贫困村委会可能产生的扶贫资金的腐败行为，也提高了资产扶贫运作的效率，但某种程度上也增加了地方政府的工作压力及相应权力，减少了贫困村管理班子本应有的职能。

---

① 黄承伟. 中国精准扶贫发展报告 2017 [Z]. 2017.

个体自有资产与集体资产入股则是资产聚集的另一种方式。相比财政资金的聚集方式而言，个体自有资产有资产种类多、聚集方式更为直接的特点。贫困户将其自有资金入股各类企业或以土地、房屋、机器等固定资产折价入股企业。由于中国管理的层级制度，有很大一部分资产所有权为村集体所有，为盘活这部分资产，在资产扶贫中，贫困村也可以以集体形式的名义将集体所有资产入股企业。集体资产投入中涉及的问题主要为集体所有资产的估价、决定入股与否、获得收益的分配。当前的主要方式为村两委班子组织公开会议，召集村民进行民主评议并签字确认。在实际操作中，如果村两委政策普及以及工作效率较低，则民主投票环节会形同虚设，无法起到应有的平衡作用。

资产聚集过程中的一个重要环节就是将各类资产登记确权，将各类型的资产转化为可以流通交易的资本，才能够实现其最后的保值增值目的。在其中需要明确资产允许量化确权的范畴，不让没有价值的资产流入从而避免降低资产扶贫的效率；明确能够参与资产扶贫的人员范畴，不能让过多资产流入整个体系，使得财政政策的社会效应受到干扰，加剧社会发展的不均衡；需要一套特定的资产评估与量化程序、标准、主管机构等。

二、资产运作阶段

运作资产的主体主要为各类企业，包括旅游产业中的企业、农业合作社（种植业、养殖业、林业等）以及部分设有扶贫专项项目的金融机构。涉及资产扶贫的资产主要包括土地、机器和资金等。在资产运作阶段，需要讨论与关注的问题一个是资产是否被改变用途，另一个则是资产的所有权是否被改变。

（1）资产的用途。土地资产在我贫困地区的低效资产中占有很大比例，在农村主要涉及农用地的使用。据统计，截至 2016 年底，全国农业用地共 64 512.66 万公顷（1 公顷 =10 000 平方米），其中耕地 13 492.10 万公顷 [20.24 亿亩（1 亩≈ 666.67 平方米）]，园地总面积

1 426.63 万公顷，林地面积 25 290.81 万公顷，牧草地面积 21 935.92 万公顷（图 10-3）。①土地一般不会改变其在资产经作中的用途，耕地、园地、林地和牧草地继续其原有用途。但从农用地原本的细分用途来看，部分农用地则在已有功能基础上被赋予了新的功能。

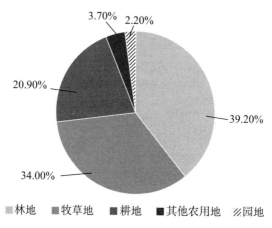

图 10-3　中国农用地使用情况（2016）

资料来源：自然资源部 . 2017 中国土地矿产海洋资源统计公报 . [EB/OL]. （2018-05-18）http://gi.mnr.gov.cn/201805/t20180518_1776792.html

　　例如原本的林地在整片区域新建为旅游景区后，被赋予了社会功能，即旅游观赏的功能；原本的园地在部分地区改造为以产出蔬果为主要产业、休闲旅游为辅助产业的区域后，也同样被赋予了旅游观赏的新功能。也有部分本身闲置的个人或集体所有的农用地，其功能被产业带动激活，赋予其全新的、能带来经济增长及社会正向影响的功能。机器等固定资产由于其功能的单一及固定性，无法改变其功能，其可以直接转换使用，但同时也有不灵活的性质。资金方面，财政资金在整合入企业时，"扶贫"是其唯一目的，但在企业经营、资产运作过程中，其扶贫的功能被阶段性隐藏，单纯作为企业的经营资本金存在，而个人自有资金以及村集体所有资金，在整合入企业时，本身就以获

---

　　①　自然资源部 . 2017 中国土地矿产海洋资源统计公报 . [EB/OL].（2018-05-18）. http://gi.mnr.gov.cn/201805/t20180518_1776792.html.

得收益的目的存在，则自始至终未改变其功能 [1]。

案例 3：贵州万达丹寨小镇

万达丹寨旅游小镇是万达集团包县精准扶贫的重大创新。万达集团将当地民族文化与现代商业相互融合，借助万达商业开发和运营优势，将其打造成贵州乃至全国独具特色的民族文化旅游目的地。

万达丹寨旅游小镇和辐射周边的老城区及卡拉村、龙泉山、高要梯田等旅游景点，与以贵州万达职业技术学院为中心的教育产业基地共同构建了"丹寨新城中心"，为推动丹寨经济和教育的发展夯实了基础。

小镇选址贵州省丹寨县核心位置东湖湖畔，占地面积 400 亩，建筑面积约 5 万平方米，全长 1.5 公里（1 公里 =1 000 米），是一座以苗族、侗族传统建筑风格为基础，以非物质文化遗产、苗侗少数民族文化为内核，集"吃、住、行、游、购、娱、教"为一体的民族风情小镇。

小镇于 2016 年 5 月 1 日开工建设，2017 年 7 月 3 日正式运营，开业仅仅 40 天，游客量即突破了 100 万人次大关，历史单日游客最高 7.9 万人次。

到 2018 年 7 月 3 日，丹寨万达小镇开业一周年庆时，小镇全年累计接待游客已达 550 万人次，是 2016 年丹寨全县游客数量的 600%；丹寨县旅游综合收入达 24.3 亿元，是 2016 年全县旅游综合收入的 443%，直接创造近 2 000 人就业，带动全县 1.6 万贫困人口实现增收。

资料来源：央广网．万达"有心扶贫"与"无意之作"——丹寨小镇 [EB/OL].[2018-09-05]. http：//baijiahao.baidu.com/s?id=1606954508206655856.

---

[1] 赵永杰．农村土地使用现状研究 [J]．乡村科技，2016（21）：75.

贵州地貌复杂且林地资源丰富，据统计数据显示，2017 年贵州省森林覆盖率高达 55%，省森林面积自 2013 年的 845 万公顷增加到了 2019 年的 1 056.13 万公顷（图 10-4）^①。而上述案例中的万达小镇所处的丹寨县正是林地占比较大的地区。丹寨县自然资源丰富但需以生态保护为首，现有建设用地使用效率不高，万达小镇的建设在解决丹寨县的这两大问题上作出了勇敢的尝试。

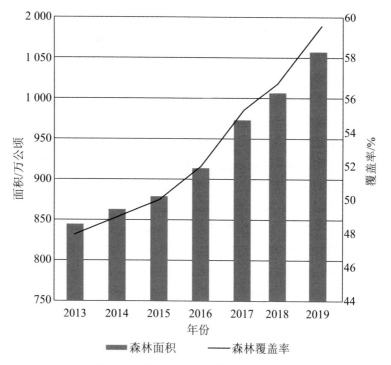

图 10-4　贵州省森林面积及森林覆盖率（2013—2019 年）

资料来源: 贵州省人民政府. 贵州统计年鉴（2013—2019）. [EB/OL].（2020-06-18）
https://www.guizhou.gov.cn/zwgk/zfsj/tjnj/

盘活现有建设用地方面。万达小镇所在地在扶贫开发中改造闲置

---

①　贵州省人民政府. 贵州统计年鉴（2013—2019）. [EB/OL].（2020-06-18）. https://www.guizhou.gov.cn/zwgk/zfsj/tjnj/.

地、农用地、居住地，赋予其更为丰富的用途——通过建设"民族风情小镇"，吸引人流、拉动消费、带动贫困主体自主就业；通过建设万达职业技术学院，提升地区教育水平及就业率，吸引周边地区人流，间接带动消费。同样一块土地，在被赋予了新的社会功能后，为当地带来了大量就业机会与经济发展机会。而无论是由万达企业而来的还是财政来源的资金资产，从最终目的来看都未改变其资产用途。

自然森林资源方面。万达旅游小镇辐射了周边的龙泉山、高要梯田等景点，为其提供旅游基础设施。在不进一步开发森林资源的情况下提供了旅游产业发展的必要设施，带动当地旅游产业发展。同时，从自然资源资产评估的角度来看，该案例中的做法还一定程度提升了当地林地资源的评估价值，为地域未来的整体价值提升起到了促进作用。

绿水青山就是金山银山。盘活已开发的建设用地，提高已开发土地资源的使用效率，同时在保护林地资源的前提下增加其附加值，势必成为自然森林资源丰富地区值得借鉴的扶贫方式。

（2）资产的所有权。资产在聚集阶段已经转移其归属权及使用权，替代以股份或其他形式返还给原本的资产持有者。在资产的运作阶段，企业、合作社、金融机构等资产运作主体，拥有资产的全部所有权，但同时也承担着资产运作中的风险，而通过政策的保障，贫困群体基本不承受资产运作风险的影响。在扶贫进程中，由于贫困群体受教育程度整体水平较低，若让贫困群体参与到资产运作中来，一方面会降低资产增收的效率，另一方面也会增加贫困群体的资产风险。

三、收益分配阶段

收益分配阶段主要在地方政府管理及监督下，由企业依据贫困户或贫困村之前资产经由评估后确认认领股份的合同，按照其中约定份额对贫困主体进行分配。由贫困户通过信用社账号、到企业或村委领取现金等方式，获取资金收益。

另外，资产收益分配还可以表现为社会组织或企业将技术、知识、文化活动以培训班、分享会、座谈会、海报宣传、入户宣传等多种方式将非财产性资产传播给贫困户。这一部分分配力度无法进行传统的定量统计与核算，部分地区将培训活动的举办次数纳入扶贫工作的考核范围内，但就考察中来看，单纯以数量评判的经验分享与传播，实际上的影响效果不佳。针对这类活动，首先扶贫干部应从观念上认可，企业与社会组织应身体力行参与其中，三大主体才能进行良性互动。

四、资产再增收阶段

完成了由资源资产入股企业、企业进行资产运作、社会力量对贫困户进行收益分配的基础阶段后，进入需要发展期间贫困户内生动力的资产再增收阶段。本书对于资产再增收的定义为：通过外力介入获得相对于获得资助前更为丰富的实物资产、资金资产与知识资产后（即已有资产达到使自身可以融入社会生产与自由市场交易的水平），参与社会工作与自由市场交易，发挥自身已有资产的作用，逐步获得可持续自我发展的动力，逐步摆脱外力（例如财政资金以及扶贫相关社会组织）的支持，真正实现可持续的脱贫。

在实际的扶贫工作中，许多人可能面临疾病导致的贫困、教育贫困和婚姻贫困等返贫情况，减少甚至避免返贫的重要手段就是将真正的资产持久活力赋予贫困户。

第五节　启　　示

观察近年来中国的扶贫数据可知，财政扶贫支出在大幅增加，中央财政专项的扶贫资金自 2010 年到 2017 年翻了近 4 倍，而每年的减贫人数逐渐减少。2020 年，我国已消除绝对贫困。中国的扶贫工作进入新的阶段，扶贫难度不断增加，需要更加注重提升资产的利用效率[①]。针对现状，基于中国扶贫实践经验，本节总结以下八点建议，供未来扶贫工作参考。

（1）资产扶贫中的支出结构偏差问题。在资产扶贫中的资产运作阶段，当前大量的产业集中在发展旅游业、农业、种植业、光伏、风能及边境贸易产业上，而其他传统能源产业（例如矿产资源开采与加工、水电开发等）以及除旅游外的其他第三产业（例如建筑业、其他服务业等）较少。大量的扶贫专项资金以及农业闲置资源涌入几个重点参与扶贫的产业。在当前国别竞争激烈的环境中，区域间贸易等政策不确定性较高；整体市场饱和度未知，产业当前仍然存在的可发展空间难以预测；政策的产业偏好难免导致投机行为的增加。资产扶贫中的支出结构偏差和以上原因，都可能给扶贫工作以及整体社会发展带来一定风险。在未来的资产扶贫政策中，可依据当前的各类产业发展政策将其他产业加入资产扶贫的运作中。

（2）运营效益问题。当前资产扶贫的模式中，大多以财政资金引导，撬动各类社会资本参与，引入专业化管理。由于有财政资金"兜底"，在实际操作中仍有部分企业运营效率较低，例如大规模开展的分片式或集中式光伏发电实际上运营成本较高，运营收益低，种养殖项目由于不适宜本地环境，或种养殖项目的项目附加值低、产业链短、缺乏整体的规模效应，以至于实际上难以获得较好的收益。在保障贫困户的保底分红收益的同时，仍然需要考虑产业运营的效率，避免从另一个漏洞浪费财政资金以及社会资源。

（3）政策的时效性问题。资产扶贫过程中需要有大量的中央政策及各地地方政府的政策优惠进行引导。在一开始政策鼓励力度极大，吸引大量的社会力量参与以及纳入大量的社会资本，但由于短期内的急速增多，企业的经营水平与经营质量无法保障，以及企业本身自由的资本支持也有很大的不确定性，如果财政政策的鼓励措施断崖式减少，很可能会造成社会力量的流失，间接地严重影响了

① 赖小妹，徐明 . 中央扶贫资金投入的减贫效应与益贫机制研究［J］. 统计与决策，2018，34（24）：129-133.

贫困户的分红收益。

例如在河北省，有大量的光伏发电扶贫项目，光伏发电的项目收益影响因素为发电量与当期电价。河北省针对在 2017 年年底前建成的并网发电的光伏发电项目给予光伏发电补贴。依据数据，1.5 kV 分布式光伏发电站年发电量为 1 200 ～ 1 500 kw/h，按照财政补助后的电价水平，一座 1.5 kV 的分布式光伏发电站年收益为 1 300 ～ 1 800 元，年收益率可以达到10% ～ 15%，一般以 10% ～ 12% 的固定年收益率对贫困户分红。然而，2017 年后建成且并网发电的光伏发电扶贫项目将不再享受此类政策。可能的后果有以下两种。最直接的影响就是已有的光伏发电扶贫项目收益率大幅下降，企业发展动力不足，贫困户获得分红下降。另一个影响则是由于没有大力财政优惠政策，新的光伏运营企业缺乏进入本地市场的动力，已有企业由于缺乏竞争，改进管理水平、运营水平、技术的动力缺乏，造成本地的产业产生惰性。

建议变动政策的时候，逐步增加或减弱政策力度，而非直接增加或取消某项政策，对于本身发展缓慢的地区，政策变动过快会导致市场失灵，产生负向影响。

（4）扶贫专项资金的监管问题。资产扶贫财政资金在经过贫困村扶贫管理班子时，容易造成财政资金贪污，但一味将财政资金的管理权从贫困村管理班子剥离，又会加大地方政府的对应权力，增加地方政府与负责资产运作主体的直接联系与利益关联。同时，目前的中央政策没有涉及财政专项扶贫资金以及财政涉农资金整合进入相关企业的途径和相关监督制度。本书认为应总结地方政府的实践经验。总结一条能够平衡财政资金整合路径中各主体权利与义务、将财政资金下拨与运营的效率控制在合理范围内的执行步骤，中央政府在制定步骤后全面"下放"执行权力以及给予适当的因地制宜的变更空间，并全面抓紧对各步骤的监督与管理。尤其是在脱贫攻坚战全面胜利后，在扶贫力度不减但扶贫质量逐步提高的现状下，将资产扶贫模式中的资金流动渠道规范化、合理化尤为重要，这不仅是维护资产扶贫模式可持续运作的手段，也是向世界推广中国减贫经验帮助实现人类千年发展目标的必要步骤[①]。

（5）注重资产再增收。从资产扶贫到知产扶贫。资产再增收阶段，由于难以通过统计的方式展现其成果，且获得收益的进程较为缓慢，无论从政府、企业、社会组织还是从贫困主体来说，参与动力都普遍不足。但从长久来看，资产再增收阶段是巩固已有扶贫成果，保障社会整体生活水平与经济发展水平平稳运行，保障个人生活水平保持在小康且不返贫的重要手段。政府作为社会发展的先导，建议出台相关政策给予鼓励，例如针对贫困户个体的学习、创新创业行为进行支持；企业与社会组织积极分享社会经验，为社会资源作出贡献；贫困主体积极响应政府提议并加强自我完善。尤其是在当前中国贫困发生率快速下降、脱贫攻坚战全面胜利的情况下，保住已有成果，促进整体平稳发展愈发凸显其重要性。

（6）盘活土地资产，同时注重保护农用地的原有功能。随着城镇化和经济的飞速发展，中国农村大量劳动力迁移至城市打工，《2016年农民工监测调查报告》显示，2016年农民工总数达28 171万人，比上年增加424万人，增长1.5%，增速比上年加快0.2个百分点。其中，本地农民工人数为11 237万，比上年增加374万人，增长3.4%，增速比上年提高0.7个百分点；外出农民工16 934万人，比上年增加50万人，增长0.3%，增速较上年回落0.1个百分点。本地农民工增量占新增农民工的88.2%。在外出农民工中，进城农民工13 585万人，比上年减少157万人，减少1.1%[②]。青壮年人口大量从农村离开，留下中老年人口，农村内势必有大量的闲置土地。由于历史问题，中国整体宅基地布局较为随意，部分老宅基地未进行耕地恢复。因此在盘活农村资产的过程中，闲置土地的应用十分重要。但在进行土地开发时，也应注重保护已有较高利用率的农用地的原有功能，不能为了赋予其新的例如旅游功能，而破坏其原有的耕地、草地等功能，在开展扶贫

---

① 张春华.乡村治理中精准扶贫瞄准偏离与纠正机制[J].广西社会科学，2017（9）：183-187.

② 国家统计局.2016年农民工监测调查报告.[EB/OL].（2017-04-28）. http://www.gov.cn/xinwen/2017-04/28/content_5189509.htm#1.

工作的进程中应该重点开发本身质量偏低的耕地，而非破坏优秀质量的耕地。

（7）因地制宜制定资产扶贫具体举措，挖掘地区潜在资源。丰富的自然条件和历史文化条件决定了贫困地区资产种类与资产现状的多样化。部分地区自然资源资产丰富，另一部分地区则有大量潜在的人力资源资产，也有部分地区受到邻近地区影响而有潜在的产业资源。资产扶贫的总体逻辑都为"聚集—运作—分配—再增收"，但对于不同类型的资产需要有针对性的处理方式，需要结合地方已有经验进行探索。需要强调的是，在制定资产扶贫的具体举措前，通过大量的调研工作识别地区内部潜在未开发或闲置的资源是资产扶贫得以有效进行的前提条件。

（8）充分利用互联网及大数据技术，高效管理和监控资产扶贫进展，及时优化工作管理方法及扶贫项目执行方法。当前针对扶贫资金使用、扶贫项目有效性以及扶贫工作评估的方式，基本为通过村、乡（镇）、市、省、中央各级扶贫办公室及相关部门层层上报，人工进行统计后发布统计数据以及扶贫工作进展，针对各级的检查大多仍需要大量的纸质材料。国务院扶贫办针对全国贫困户设置了 MIS（管理信息系统），每一户贫困户在系统中都有自己的贫困档案，评选及退出贫困户都有相应的记录。但贫困户所获的各类扶贫资金、扶贫政策优待以及对应的帮扶责任人，在 MIS 中没有设置相应的板块。基于各政府部门的电子政务板块，建立各级扶贫办公室电子互通系统，建立贫困户与各级扶贫办的交互系统，同时将各类统计数据互通，利于政策及其工作成果的发布，也利于加强对资产扶贫的监督。

第十一章①
就业扶贫

　　就业是民生问题，将就业和扶贫联系起来，是促进经济发展、减少贫困的有效手段。1601 年，英国《伊丽莎白济贫法》最早对就业扶贫主体和扶贫对象作出要求，即政府部门要对有劳动能力的贫困人口提供就业帮扶，贫困劳动力不得拒绝就业推荐，否则或是强制其劳动，或是将其关进监狱。此后，许多西方国家相继提出"福利—就业"计划，要求具有劳动能力的贫困人口必须接受技能培训或工作安排，否则取消其救济金领取资格。相比较而言，中国就业扶贫工作在法律上得以确认的时间，远远晚于西方许多国家。但是，不可否认的是，中国政府取得的成就令世人瞩目。我国人力资源和社会保障部相关人员在 2018 年第三季度的新闻发布会上表示，截至 9 月份，通过就业帮扶已经使 859 万贫困劳动力实现成功就业，就业扶贫工作成效显著。

　　中国是世界人口大国，也是贫困人口众多的发展中国家。经过几十年的不懈努力，已经全面摆脱贫困，对全球贫困的减少作出了巨大贡献。这些成就的取得，离不开中国共产党、中国政府和中国人民的共同努力，也离不开中国对国际反贫困理论和经验的借鉴。就业扶贫的提出，是国际经验和中国实践结合的产物。它将就业和扶贫有机结合，通过"授人以渔"的意识和行动，将"输血式"扶贫转变为"造血式"

---

　　① 感谢周坤为本章所做工作。

扶贫，使自主就业成为贫困者脱贫的内生动力。

本章通过对我国就业扶贫模式的分析，探讨就业扶贫机制和制度安排是如何为这些模式提供支持的，并介绍实现就业脱贫目标的具体路径经验，以期为扶贫事业发展提供理论和实践参考。

第一节　模　式

就业扶贫是扶贫模式的一种，其本身也囊括几种基本模式。任丘市人力资源和社会保障局 2018 年 7 月发布的《就业扶贫政策解读》文件将就业扶贫解释为"通过就业援助、就业培训、创业带动就业等措施，提升贫困劳动力就业创业能力、帮扶贫困劳动力实现稳定就业，促进贫困家庭尽快脱贫"。这一政策文件对就业扶贫的定义，表明我国就业扶贫的对象是贫困劳动力，采取的基本模式主要有就业、创业和直接援助三种，目的是通过提升贫困劳动力的就业能力水平使其摆脱贫困。这是一个可持续的过程。

一、就业扶贫的理论基础

就业和扶贫是两个重要的社会、经济和政治问题。就业扶贫模式的提出，是将两者相结合，突出就业的导向作用。它鼓励贫困劳动力自食其力，通过就业自主脱贫，实现脱贫的可持续性。这一模式的理论基础，大致可归为三个：党和政府的扶贫思想，权利贫困理论，以及西方经济学就业理论。这三大理论相辅相成，后两个理论是第一个理论的思想来源，第一个理论拓宽了后两个理论的理论范围；此外，后两个理论之间又相互补充，为具体就业扶贫措施的提出指明了方向。

（一）党和政府的扶贫思想

有学者认为，我国扶贫思想来源于马克思主义的贫困理论，由历届领导人不断补充和创新得以发展，即从救济式扶贫、开发式扶贫到精准性扶贫的演进[①]。马克思主义的扶贫思想在中国运用和发展过程中与我国传统文化相结合，具有了中国本土特色。可以说，就业扶贫思想根植于马克思主义扶贫思想和我国传统文化，并经历届领导人扶贫思想得以扩充和发展。

如今，最新的就业扶贫思想，当属习近平总书记提出的精准就业扶贫思想。这一扶贫思想强调了就业扶贫的"精准"性。这里的"精准"包括三层含义：一是准，即扶贫对象、方法和工具的准确性；二是精，即三个"到位"，政策实施到位、责任落实到位、工作执行到位；三是具有可持续性。这一思想的提出将就业扶贫推向了精准化的道路。在具体的扶贫工作中，要考虑贫困劳动力能否通过就业脱贫、贫困人口选择就业的方式、贫困人口就业是否具有稳定性等问题，以便实现扶贫对象的精准、扶贫责任主体的精准与扶贫资源分配的精准。这是一种城镇化、精准到户的扶贫方式，摆脱了传统以县为单位的扶贫，通过对家庭单位的扶贫，实现扶贫资源的精准化和高效利用[②]。

（二）权利贫困理论

贫困的辨别一般都直接或间接地与收入相联系，学者们对其原因的探讨也从一维走向了多维。扶贫模式与此相对应，它的提出可从阿马蒂亚·森[③]的权利贫困理论中找到依据。该理论是在马克思贫困理论基础之上发展起来的，借鉴融合了欧洲的"社会剥夺""社会排斥"理论和公民权利理论，将公民拥有的基本权利、自由和政治权利的实

---

① 黄承伟，刘欣.新中国扶贫思想的形成与发展 [J].国家行政学院学报，2016（3）：63-68.

② 马燕坤，肖金成."十三五"时期精准扶贫的基本思路 [J].经济与管理，2016，30（4）：10-13.

③ 森.贫困与饥荒 [M].王宇，王文玉，译.北京：商务印书馆，2001：5-10.

现结合起来。阿马蒂亚·森认为在一个人的权利关系中劳动权是十分重要的，它是一个人从事生产、工作、交易等活动的基本保证。人们致贫和不能摆脱贫困的原因，就是交换权利的下降（如失去劳动能力、失业等）。该理论强调了不同阶层的人拥有对社会权利支配和控制的能力，而其不足在于还是以收入为计算基准。因此，他提出能力贫困理论对该理论进行补充，主张将贫困人口的能力水平纳入对贫困的衡量中。这一理论为贫困问题的研究提供了新的视角，为以就业的方式解决贫困问题提供了思想来源，是具有重要指导意义的理论。

（三）西方经济学就业理论

西方经济学就业理论产生于 20 世纪 30 年代。经过多年发展，已经形成一套完整的就业理论体系，包括古典经济学派的就业理论、凯恩斯学派的充分就业理论、发展经济学派的就业理论、新凯恩斯的工资黏性就业理论等。其中，最广为人知的是凯恩斯提出的充分就业理论。凯恩斯在《就业、利息和货币通论》一书中指出，古典就业理论存在两种假定：第一，工资等于劳动的边际产品；第二，在工资等于劳动边际产品与就业人数不变的情况下，工资效用等于就业量的边际负效用[①]。他肯定了古典就业理论的第一种假定，并对第二种假定提出了疑问。他认为，古典就业理论的第二种假定忽视了"非自愿"失业的情形，而这种类型的失业是不可缺少的。"非自愿"失业是由有效需求不足引起的，并且往往与充分就业水平有关，可用边际消费倾向递减、货币流动偏好和资本边际效率递减三个规律进行解释。对此，凯恩斯提出要用政府这只有形的手来弥补市场失灵，即通过财税政策和货币政策进行宏观调控，扩大就业。这一理论在治理层面为就业扶贫提供了指引，使得就业扶贫工作在"政府推动，市场主导"下展开。

就业扶贫的提出是党和国家扶贫思想、权利贫困理论和就业理论的融合。在具体的就业扶贫工作中，既要坚持党和国家的扶贫战略思想，

---

① 凯恩斯. 就业、利息和货币通论 [M]. 南昌：江西教育出版社，2014：6-20.

保障贫困劳动力的就业权利，又要坚持贫困劳动力在政府干预、市场主导下实现就业，达成就业脱贫的目标。

二、就业扶贫模式类型

模式是行为主体所采取的介于理论和实践之间的行为方式。它是个中观概念，是理论的具体化，也是路径的抽象。就业扶贫无论是在理论层面还是在实践层面，都提出了许多种方式和手段，这些方式和手段共同构成了就业扶贫的模式。就业扶贫模式是指扶贫主体运用资源和要素，通过一定的方式和手段来帮扶拥有劳动意愿和劳动能力的贫困劳动者，是对具体就业扶贫机制、制度安排和具体路径在整合基础上的抽象。目前，我国就业扶贫在各地区自成模式，既有共性又兼具各地区地方特色，整体实践发展形势良好。本章按照"十三五"规划的要求，将就业扶贫模式按照扶贫客体能力，分为转移就业扶贫模式、创业就业扶贫模式和直接援助就业扶贫模式（或称"兜底安置就业扶贫模式"）三种基本模式。这三种模式在当今的扶贫工作中很普遍，是互相融合、相辅相成的。

（一）转移就业扶贫模式

研究表明，农村人口转移就业收入远高于务农收入。在市场经济建立初期，政府为鼓励农民进城就业，鼓励"劳务输出"；随着市场化程度提高，政府干预逐渐减弱，劳动力供需以市场调控为主，这时称之为"进城务工"[①]。这种用语的变化，反映了政府对农村劳动力就业帮扶政策的变革，即从主动引导转向鼓励自主择业。根据国家统计局发布的数据可知，我国 2012 年的城镇化率约为 52.57%，到了 2018 年达到了约59.58%，提高了大约 7 个百分点[②]。城镇化进程加快，进一步推动农村外出务工劳动力数量和收入增加。2012 年我国第一季度的农村外出

---

① 刘宾志，滑运舍.精准扶贫中转移就业面临的困难与对策［J］.领导之友（理论版），2016，233（12）：5-9.

② 城镇化率 =（城镇常住人口 / 常住总人口）×100%

务工劳动力为 16 371 万人，到 2018 年第一季度变为了 17 441 万人，同比增长了 1.09%；月均收入则从 2012 年第一季度的 2 173 元，增加到 2018 年第一季度的 3 736 元，同比增长了 7.26%（表 11-1）。

表 11-1　2012—2018 年第一季度外出务工基本情况

年　度	农村外出务工劳动力人数 / 万人	人数同比增长率 /%	外出务工劳动力月均收入 / 元	月均收入同比增长率 /%
2012	16 371		2 173	
2013	16 645	1.67	2 436	12.10
2014	16 933	1.73	2 681	10.06
2015	16 331	-3.56	3 000	11.90
2016	16 799	2.87	3 273	9.10
2017	17 253	2.70	3 483	6.42
2018	17 441	1.09	3 736	7.26

注：根据国家统计局、国民生活指标季度数据整理。

从表 11-1 中可以看出，从 2012 年起，我国农村外出务工的劳动力和他们的月均收入均呈显著上升趋势，但是月均收入上涨速度是下降的。总体上看，工资收入上升速度远大于外出务工劳动力的数量增长速度。这表明了城镇既可以吸纳大量的农村劳动力，又能够提供相较于在农村劳作更高水平的收入，满足贫困人口最基本的生存需求。同时，也表明了城镇对农村劳动力的容纳量是有限的，大量农村劳动力选择进城就业，也会引发诸多问题。首先，城市自有一套社会保障和公共福利体系，一方面，农村劳动力作为城市的外来人口，很难真正融入城市，另一方面，由于法律意识淡薄、观念落后等原因，社会保障和公共福利政策在他们身上得到的回应并不明显，甚至完全不起作用；其次，农村劳动力就业技能和受教育的水平相对较低，使得他们大多从事的是繁重的体力劳动；最后，由于劳动力较多集中于抗风险能力弱的中小企业，外出务工的劳动力劳动权益往往得不到保障[①]。

---

① 李亦楠，邱红 . 新型城镇化过程中农村剩余劳动力转移就业研究 [J] . 人口学刊，2014，36（6）：75-80.

因而，为了解决这部分贫困劳动力就业问题，国家提出了转移就业扶贫模式，旨在通过相应的制度安排，保障他们的就业权益。

（二）创业就业扶贫模式

创业是自就业的一种方式，部分贫困劳动力拥有一定的能力，但是因缺少资金、销售、运输渠道等而无法实现创收，于是国家提出创业方式，给予他们帮助。这种模式一般与农业、旅游业、互联网等产业相结合，具有创新特色和时代特点。

创业就业扶贫模式的提出与运用，创新和丰富了传统扶贫理论和实践，符合就业扶贫发展战略要求。这可以从其提出的思路、理念和参与方式三个角度进行理解[①]。从思路上看，创业就业扶贫模式通过支持和鼓励贫困劳动力创业实现脱贫，是政府、市场和社会共同作用的结果。这一模式的关键是创业，落脚点是贫困劳动力脱贫致富的内在需求，结果是其需求得到满足的程度。现阶段的创业就业扶贫建立在精准识别基础上，突出了贫困劳动力的主体地位，目的是激发他们脱贫的内在积极性。因而国家政策也更多地将注意力集中在创业者的创业诉求和机会型的创业需求上。从理念上看，创业就业扶贫模式符合"大众创业，万众创新"的理念，契合"供给侧"改革战略，更是服务型政府建设要求之一。劳动力市场对劳动力的需求有限、岗位竞争激烈。转换就业角度，拓宽就业渠道，方可促进更多人员就业，减少贫困劳动力的外生性贫困。从参与方式上看，创业就业扶贫模式中，市场是主导力量，政府是管理者和监督者。政府为贫困劳动力搭建创业信息平台，贫困劳动力根据需求自主参与。这种就业扶贫模式有利于政府职能的转变，使扶贫主体将目光聚焦在贫困人口集中的区域和特困人员身上，注重各自间关系的协调和扶贫效率的提高。这也意味着更多的非政府组织将参与就业扶贫工作，打破传统政府扶贫的单一模式，有利于多元就业扶贫主体参与结构的建立。

① 吴军宏.创业扶贫：对传统扶贫理论和实践的突破［J］.重庆行政（公共论坛），2016（2）：37-40.

（三）兜底安置就业扶贫模式

兜底安置就业扶贫模式是指为那些没有就业创业能力、急需收入维持正常生活的就业困难群体提供的直接岗位援助。这种模式是就业扶贫模式的补充，也是保证处于劳动年龄的贫困劳动力都能实现就业的重要一环。按照模式发展的起源，兜底安置就业扶贫模式早已存在，它是就业扶贫最初采用的帮扶模式。我国在计划经济时期，当单位出现岗位空缺或新增岗位时，登记在册的城市失业人员是首先被考虑给予这些岗位的对象。这一时期，获得就业的机会稀少，很少有人对此提出异议。随着就业扶贫模式的不断发展，如今提到的兜底安置就业扶贫模式不再是僵化的直接安置方式。它给予贫困劳动力一定的选择空间，贫困劳动力也需要竞聘上岗。这一模式涵盖的范围不仅限于城市，农村岗位开发也得到了鼓励。这种模式下的岗位多属于公益性岗位，获得的收入等于或略高于最低工资。但它仍不失为一种保障每一个贫困劳动力在就业脱贫道路上不落队的重要补充模式。

三、影响就业扶贫模式选择的因素

我国地缘辽阔，扶贫模式具有地区性差异，贫困对象也具有异质性。在选择就业扶贫模式时，不能奉行"拿来主义"，不加鉴别地套用，要根据其影响因素进行适当选择，加以修正。

首先，区域性差异。我国的扶贫工作，由于存在地区间自然地理环境、资源禀赋、国家资金投入等主客观因素的影响，各地区采取的方式有所不同。在具体实践中，各省采取的扶贫模式是多种模式的融合，没有只采用单一扶贫模式的地区[①]。其中，有17个省（自治区）运用了就业扶贫的方式，占60.71%，具体包括广西、四川、河北、陕西、青海、宁夏等地区。

---

① 刘春腊,等.中国精准扶贫的省域差异及影响因素[J].地理科学,2018,38(7): 1098-1106.

其次，贫困劳动力群体的异质性。就业扶贫模式选择要充分考虑贫困劳动力群体性相关因素的影响。因为贫困劳动力有城市和农村之分。对于城市贫困群体，他们更多的是因病、失业等致贫。通过就业的方式来帮助其脱贫是个不错的选择，但是要注意其能力水平。具体地，我们可以通过公益岗位开发、就业培训等方式对其进行就业帮扶。对于农村贫困群体，他们部分人拥有土地、农产品、手工技术等资源，可以从事生产、养殖、种植、手工等劳动，通过创业脱贫；其他一些身体素质良好的年轻劳动力，鼓励其向城市流动寻找就业机会或者对其进行培训就近就业。两种不同的群体，其能力水平高低不一，选择就业扶贫模式的侧重点也应有所不同。只有更加了解他们的实际情况，后续的机制和制度安排才更具针对性。

最后，贫困原因的多维性。贫困不只是与收入有关，导致贫困的原因是多维的。不是所有的贫困人口都适用就业脱贫模式，也不是所有的贫困人口都要从事相同的工作。让有劳动能力的贫困人口就业是就业扶贫的根本出发点，为此我们要了解贫困人口拥有的就业技能水平、身体健康状况、当下的劳动年龄等基本状况，分析其就业意向、是否拥有自主创业能力，以及家庭劳动年龄人口构成等情况。要具体情况具体分析，才能选择出适合贫困劳动人口的就业帮扶模式。

第二节 机 制

就业扶贫在我国扶贫战略体系中占据着重要地位。在中共中央、国务院发布的《中共中央 国务院关于打赢脱贫攻坚战三年行动的指导意见》中，把"全力推进就业扶贫"放在了精准扶贫的十大重要举措之中。但是，就业扶贫模式包括转移就业扶贫、创业就业扶贫和兜底安置就业扶贫，要有一定的机制作为支撑。

一、市场驱动机制

就业扶贫并非单纯的救济行为，它是通过市场引导的以"培训－择业"为内在逻辑实现的扶贫[①]。这意味着，要将贫困劳动者推向市场化，才符合就业扶贫发展的趋势。国家福利体系不是懒汉的保护网，就业脱贫有其推崇的必然性。在就业扶贫中，无论是转移就业扶贫、兜底安置就业扶贫还是创业就业扶贫，无不昭示着市场化的重要性。贫困劳动者在就业过程中是受市场对劳动力的供需影响的。一旦劳动力不具备相应的市场竞争资本，就会被市场所淘汰。西方经济学的劳动力需求理论认为，市场的劳动力需求是该市场上所有厂商在实际工资水平上对劳动力的总需求量。但是，厂商从事生产不仅依赖于劳动力，对技术、生产要素、资本等也有要求。当某一要素成本过高时，就会降低对那一要素的使用，转为使用可替代的其他要素。当前我国的劳动力现实是红利正在减少，雇佣成本逐步上升。在同等情况下，市场上的厂商更愿意使用其他资本来代替劳动力的投入。这会导致市场上对劳动力的需求减少，压缩劳动者的就业选择空间。普通劳动力尚且受到市场劳动力供求的冲击，贫困劳动力情况就更为严重。在市场化驱动下，要想实现贫困劳动者就业脱贫的目标，就需要一系列的保障机制予以支持。

二、保障机制

就业扶贫模式的保障机制是保障就业扶贫工作顺利进行的一套辅助工具。良好的就业扶贫机制不仅会促进整个扶贫战略目标的成功实现，还会对转变贫困人口的就业观念和提升贫困人口的就业率有十分重要的意义。为了匹配就业扶贫模式、提高贫困人口就业率，我们一方面要不断总结和借鉴我国各地区已有的经验，使就业扶贫工作得以

[①]　梁剑箫. 提高"就业扶贫"精准度 [N]. 经济日报，2018-10-10（15）.

高效快速开展；另一方面又要舍弃不适用的方式，探寻和完善更适宜的方案来保障各贫困群体的就业。从就业扶贫模式选择的保障机制看，就业扶贫就是瞄准、参与和服务三种机制相互作用的动态过程。

（一）瞄准机制：完善信息平台搭建

瞄准机制指的是对就业扶贫对象识别和帮扶的精准性。这和我国目前精准扶贫的战略目标是一致的。它要求建立有效的信息沟通和传输平台，充分体现参与扶贫的部门之间协同作用和扶贫主客体之间信息的互通。

首先，精准识别贫困劳动力。就业扶贫的工作对象是指已建档立卡、有就业创业意愿的贫困劳动力。建档立卡的提倡，使得贫困人口就业能力、需求、意愿等情况得到很好的传达，扶贫主体能更方便快捷地收集信息，并对信息进行整合分析，以便采取更具有针对性的就业扶贫措施。比如，在教育培训方面，给有创业想法的贫困劳动力介绍国家政策、管理和行业信息，给有就业意向的贫困劳动力进行在岗培训，资助贫困的年轻劳动力去技能学校学习等。就业扶贫是一项长期工作，需要相关部门进行横向和纵向协作。在横向上，同级别的政府部门直接互通信息，相互配合；在纵向上，做到上传下达，一方面根据上级政策目标制订具体行动方案，另一方面收集下级部门在实践中遇到的问题并传达给上级。同时，相关部门的工作人员要对贫困劳动力的就业情况进行长期追踪，了解和倾听贫困劳动力的想法，形成及时的反馈机制，以便及时调整就业扶贫中某些不适用的做法，保证贫困人口就业的稳定性。

其次，建立信息互动平台。在贫困劳动力参与就业活动中，他们潜力的发挥、与岗位的匹配程度等，直接影响着就业的长久性。当贫困劳动力的潜力得不到充分发挥，或者能力与岗位匹配程度较低时，用人单位和劳动力本身会受到很大影响。在改革开放前，国家对贫困劳动力采取的是安置就业措施，这个问题就显得不那么突出。但是，在市场机制的驱动下，对于有劳动技能和劳动意愿的贫困劳动力，信息的不对称会磨耗他们的就业意志,也会给政府带来很大的影响。对此,我国建立了许多专门的网站来加强贫困劳动力与用人单位之间的信息联通。如中国公共招聘网站设置有专门的"扶贫基地招聘岗位"模块,各单位发布就业需求供贫困劳动力查询;中国就业网也开辟了"就业扶贫专版专栏",发布相关政策、典型事例、工作经验等信息,供浏览该网页的人学习。当然,各网站之间也不是各自独立的,它们均有直接链接到其他网站的通道。比如,中国就业网站上的"扶贫职位专区",链接的是中国公共招聘网;中国社会保障网站下也有通往中国就业网、地方人社部网站等的链接通道。

(二)参与机制:鼓励就业扶贫主客体积极参与

就业扶贫的目标是通过就业的方式使贫困劳动力能够长期有效地摆脱贫困。在这一过程中政府是主要的推动力量,贫困劳动力是主要的扶持对象,其他的企事业单位或社会群体是重要力量,缺少任一单位体都是不完整的。因此,建构多元主体参与的就业扶贫机制,引导贫困人口自主就业创业就显得尤为重要。

首先,贫困劳动力的参与是基本保证。在就业扶贫中,贫困劳动力是就业扶贫的对象,是从事就业的人员,如果他们不参与其中,那么就业扶贫也就无从谈起。贫困劳动力根据参与就业的意愿,可分为主动型和被动型。这两类群体占比的不同将会导致扶贫主体采取的就业政策和方案有所不同。比如,对于被动参与型贫困劳动力就要了解他们实际的就业需求和就业意愿。如果他们不被预先告知地分配去就业,有可能产生抵触心理和反对情绪,从而影响就业的质量;对于主动参与型贫困劳动力,可采取最低工资制保障他们的收入,适时给予培训等。无论是主动选择就业还是被迫就业的贫困劳动力,他们都有权了解就业扶贫的相关政策、可以免费接受的培训类型,以及获得的创业补贴信息等。

其次,政府协同作用的发挥是关键。在就业扶贫中,政府把控全局,起牵头作用。这要求政府制定好相关政策,做好相关规划,必要时发挥其行政职能。根据我国传统文化，老百姓对权威有一定的依赖性和服从心理，有政府做后盾，后续的就业扶贫工作就会省掉很多麻烦。但是，如果所有事情都要依靠政府跟进，那么就业扶贫工作的开展不仅耗费的成本高，也不利于服务型政府的建设。因此，政府要把握好大局，各相关部门之间也要注重相互配合，明确各自职责，实现精细化管理。

最后，社会组织的介入是重要力量。这里所指的社会组织包含营利性组织和非营利性组织。对于就业扶贫工作，将一些项目方案（如培训）外包给社会组织来实施，效果会更好。它们为提高组织的社会形象，会投入资金或设置公益岗位安置贫困劳动力。此外，对于贫困劳动力的就业，一方面它们更能深入了解其现实状况和市场需求；另一方面为了降低成本，它们会不断研究创新有效的培训方式，采用更精细化的分工来增加就业岗位。

（三）服务机制：保障就业扶贫顺利进行

1. 教育培训机制

我国的贫困人口大多处于农村，受教育水平不高，文化素质低，掌握的技能有限，有些人更是没有就业意愿和正确的择业观。在就业市场化的进程中，一个人没有相关的专业技能，也没有接受相关的培训和教育，是很难获得就业机会、实现平等就业的。Shenggen Fan 等通过对我国农村公共投资与减少贫困之间关系的研究得出，教育投资得到的回报最大，对减少贫困的影响也最大[①]。所以，为保障贫困劳动力享有平等的就业权利，提高其人力资本竞争水平，必须对其开展相应的教育培训。

（1）教育培训的内容。在就业扶贫中，对贫困劳动力的培训内容主要包括：一是思想教育。所谓"扶贫扶智"，如果贫困人口对创业就业毫无意愿，那么，就算政府和其他人员再努力也是没有用的。因

---

① FAN S，et al. Reforms，investment，and poverty in rural China ［J］. Economic development and cultural change，2004，52（2）：395-421.

而，要培养贫困劳动力脱贫的自主性。二是就业的技能培训。这主要是针对就业人群的培训。为了使贫困劳动力有能力胜任用人单位的岗位，就要制订相应的就业培训计划，以最低的成本帮助贫困劳动力接受个性化的技能培训。如今我国对贫困人口的职业技能培训遍地开花。比如，青年贫困劳动力去技术学校接受教育、妇女在家接受灵活就业的手工培训等。三是专业知识培训。这部分培训针对的是有一定资本、具有创业能力，却缺乏某些资源的贫困劳动力。了解最新的产销渠道、管理理论、行业信息、成功经验、政策规定等，使得他们运用已有的资源实现创收脱贫具有很大的可能性。

（2）教育培训的方式。对于贫困劳动力的教育培训可以采用的方式有很多种。比如项目制，扶贫主体可以购买职业技能培训或创业培训项目，为贫困劳动力提供免费的指导和培训；政府和非政府组织进行的专题培训，提升贫困劳动力岗位技能；政府组织的成功脱贫经验交流会，使贫困劳动力学习成功的脱贫经验；提供就业岗位的企业举行的岗位技能培训，实现培训与就业的无缝对接；乡镇政府聘请手工艺专业技术人员，定期举办各种工艺制作培训班，为行动不便的人或妇女提供在家灵活就业的手工技能；网络、电视、报纸等扶贫政策的宣传，使人们时时刻刻都能接收最新的国家扶贫信息等。这些都是教育培训的方式，它们是灵活多样的。

2. 资金补贴机制

财政资金分配和补贴是重要的就业扶贫支持性政策工具。在《财政部关于全面加强脱贫攻坚期内各级各类扶贫资金管理的意见》《人力资源社会保障部 财政部关于进一步加大就业扶贫政策支持力度着力提高劳务组织化程度的通知》《国务院关于进一步做好新形势下就业创业工作的意见》等政策文件中，明确了对用人单位、贫困劳动力和公共就业服务机构的补贴形式。在用人单位方面，政府可为其提供职业培训、社会保险与公益性岗位补贴，以及一次性奖金补助等。在贫困劳动力方面，有创业意愿和一定创业条件的人，则可获得创业补贴、税费减免、场地安排、创业担保贷款及贴息等支持；而积极就业的贫困劳动力，在求职和工作过程中，可获得生活费补贴、异地求职补贴、免费培训等。在公共就业服务机构方面，政府可为其提供就业创业补助和资金奖励。具体地，各地方政府会在中央政策指导下，依据实际情况对国家扶贫专项资金、地方财政拨款进行详细的分配安排，包括补贴对象、条件、标准、申请流程等。例如，河南省根据国家相关政策，制定了"3+1"就业扶贫补贴和奖励措施（详见案例1）。该省明确了就业扶贫补贴适用对象，将补贴类型划分为培训扶贫补贴、就业扶贫补贴和创业扶贫补贴三大类，并为促进就业扶贫工作开展，采取了就业扶贫奖助措施，以提高贫困劳动力就业率，并鼓励社会人员参与就业扶贫工作。

案例 1：河南省"3+1"就业扶贫奖补政策

培训扶贫补贴。①生活费补贴，参加定点培训机构培训的贫困劳动力每人 30 元 / 天。②交通和住宿补贴，在县市外省内定点培训机构参加培训的贫困劳动力，每人不超过 300 元。③岗前培训补贴，招收贫困劳动力的企业按《河南省就业补助资金管理暂行办法》得到有关职业培训补贴标准 80% 的补贴。

就业扶贫补贴。①在公益性岗位就业的贫困劳动力原则上得到不低于当地最低工资标准的 50% 的补贴。②为贫困劳动力缴纳基本养老保险费、医疗保险和失业保险费的乡镇得到公益性岗位社会保险补贴。

创业扶贫补贴。①创业培训补贴，每人 1 500 元，具体标准为创业意识培训补贴 200 元 / 人、创业实训补贴 300 元 / 人、创办（改善）企业培训补贴 1 000 元 / 人。②一次性创业补贴。这是为自主创业、取得营业执照并正常营业 6 个月以上的贫困劳动力提供的一次性 5 000 元的补贴。③创业服务补贴。这是为吸纳贫困劳动力就业达到 30% 及以上的乡镇、村创办实体提供的年最高限额

10 000元的补贴，且不能超过实体发生的物业管理、卫生、房租、水电等实际费用的50%，补贴期限最长3年。

就业扶贫奖助。①求职介绍奖励。主要是为介绍贫困劳动力与当地企业或其他实体签订劳动合同并实现就业6个月以上的各类中介机构、劳务经纪人、劳务信息员等提供每成功介绍1人200元的奖励。②省级优秀创业项目资助。省每年评选出贫困县推荐的优秀创业项目，每个项目按照相关条例给予2万～15万元的资助。③创业孵化基地一次性奖补。

资料来源：河南省人力资源和社会保障厅，河南省财政厅，河南省人力资源和社会保障厅.河南省财政厅关于就业补助资金支持转移就业脱贫工作有关问题的通知[Z]. 2017.

由此可知，贫困劳动力供给市场化是必然的，只有提供满足市场需求的贫困劳动力，才能达到贫困人口脱贫的长期效果；也只有完善相应的就业扶贫配套机制，才能使贫困劳动力适应市场的变化。

第三节　制度安排

作为一种约束人们行为的规则，制度分为正式和非正式两种。正式制度是由法律、法规、通知、意见等组成的政府规范性文件；非正式制度则是社会交往过程中形成的共同行为准则，包括风俗习惯、道德规范等。二者均通过制度安排得以体现。一般认为，有什么样的模式和机制，就会有什么样的制度安排对此进行规划和指引。就业扶贫的制度安排，可以从就业扶贫政策制度和就业扶贫权责体系两方面考虑。

一、就业扶贫政策制度

（一）国家层面的政策指导

1. 就业扶贫是扶贫战略布局的重要举措之一

2015 年 6 月，习近平总书记在分省区市党委主要负责同志座谈会上强调"消除贫困、改善民生、实现共同富裕，是社会主义的本质要求，是我们党的重要使命"，突出了扶贫的重要性。十九大报告提到"就业是最大的民生"，肯定了就业对国民生活水平的影响。因此，将就业扶贫作为扶贫模式之一，是国家扶贫的重要举措。2016 年，我国人社部、财政部、国务院扶贫办三部门就就业扶贫问题专门发布了《关于切实做好就业扶贫工作的指导意见》，文件中明确了就业扶贫的指导思想、基本原则、目标任务、主要措施及工作要求，为推动就业扶贫工作提供了政策指导。同年发布的《人力资源社会保障部关于学习贯彻李克强总理重要讲话精神进一步做好就业创业工作的通知》提出，将贫困劳动者引向新经济、新产业和新业态方向就业创业；同时，《中国保监会　国务院扶贫开发领导小组办公室关于做好保险业助推脱贫攻坚工作的意见》也提出，增加新岗位，优先任用贫困人口。在财政资金的管理方面，2018 年发布《人力资源和社会保障扶贫领域作风问题专项治理实施方案》，要求严查扶贫专项资金的使用，对就业补助资金未按照政策执行的情况进行了规定。

2. 支持就业扶贫基地建设

建设就业扶贫基地或就业创业示范园，主要是为贫困劳动力和有劳动力需求的组织单位搭建基础交流的平台。它的主要作用就是吸纳农村贫困劳动力，为各地有需求的单位组织提供充分的岗位信息，使单位组织能有效开展劳务输出、贫困劳动力能根据需求自主择业。它一方面为贫困劳动力提供培训、岗位对接服务，另一方面也是有志于创业的贫困群体的创业孵化基地。1996 年，我国最早关于就业扶贫工作的政策文件——《劳动部关于推荐全国示范职业介绍服务中心的通知》提出了贫困劳动力与求职单位之间信息不匹配的解决措施，即选取职业介绍服务单位。此后，国家继续加强对此类单位的关注，特别是在就业扶贫工作中重视就业扶贫基地的建设和选取。相关政策文件表明，2017 年，全国经国家人社部审定的扶贫基地，共有 2 465 家。其中，山东省所拥有的数量最多，达到 99 个，其次是河南省，有 96 个，最少的是海南省，只有 5 个（图 11-1）。

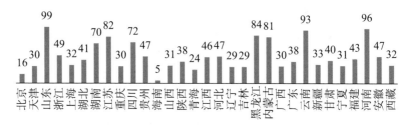

图 11-1　2017 年全国就业扶贫基地数量

资料来源：《人力资源社会保障部办公厅　国务院扶贫办综合司关于公布全国就业扶贫基地名单的通知》（人社厅函〔2017〕148 号）。

（二）基层政府的制度配合

政策工具是实现政府管理职能的手段和方式，是理论和实践的交叉①。各基层政府的制度安排都是在国家政策指导下依据地方特色提出，因而具有一定的共性和鲜明的特性。以"就业扶贫"为主题的地方文件大致分为两类：地方规范性文件，这类文件主要是以通知和意见的形式发布；地方工作文件，主要以通知的形式进行发布。各地方的现有就业扶贫政策体系，主要集中在：一是特殊群体②就业扶贫政策。江苏省、苏州市、镇江市和南京市都出台了专门的政策文件，对残疾人就业扶贫的目标任务、福利措施、企业补贴等进行了规定。二

---

① 陈振明，等，政府工具导论 [M]. 北京：北京大学出版社，2009：18.

② 这里的特殊群体主要是指残疾人群体，他们是重点就业困难群体，市场机制发挥的作用不大，必须进行政府干预。

是就业扶贫工作计划、实施方案政策。2018 年，甘肃省制订了就业扶贫三年工作计划，海南省、吉林省、福州市、赣州市政府也出台了就业扶贫工作的实施方案，对目标任务、政策措施、工作要求等进行了规定。

二、就业扶贫权责体系

就业扶贫是政府推动贫困劳动力自主脱贫的一项扶贫工作，我国设有专门的扶贫组织部门对此进行领导管理，并在法规条例上对相关部门工作的协同和责任范围进行了描述。在中央层面上，为了扶贫工作顺利有序开展，我国从 1986 年开始成立专门的扶贫小组——国务院扶贫开发领导小组。这一组织的成员包括农业部、中央宣传部、民政部、全国总工会、农业银行等有关部门的负责人。它的主要任务有六个：一是拟定扶贫开发的法律法规、方针政策和规划；二是审定中央扶贫资金分配计划；三是组织调查研究和工作考核；四是协调解决扶贫开发工作中的重要问题；五是调查、指导全国的扶贫开发工作；六是做好扶贫开发重大战略政策措施的顶层设计。此外，各省、自治区、直辖市、县政府也成立了相应的扶贫办，负责各地的扶贫工作。对就业扶贫而言，各地还专门成立了就业扶贫领导小组，实行分级负责管理。同时，根据《关于切实做好就业扶贫工作的指导意见》，就业扶贫重在我国人社部、财政部和国务院扶贫办三部门的分工合作与协调配合。这 3 个部门的职责分别是：我国人社部将就业扶贫工作规划放置在就业工作的关键位置，侧重于对贫困劳动力培训和劳务协作的推动服务；扶贫办要做好就业扶贫与其他扶贫模式的配合工作，关注贫困地区就业岗位挖掘和贫困劳动力就业基本信息记录，并且要与我国人社部形成信息互通，做好贫困人口数据库的完善；财政部门则负责就业扶贫中各项资金和工作资金的预算、分配和发放，并做好资金的使用和监督工作（图 11-2）。

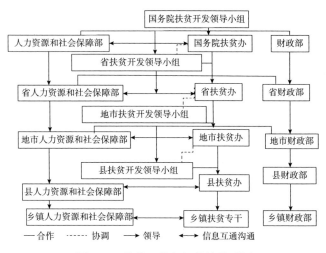

图 11-2　扶贫工作部门结构体系图

资料来源：国务院扶贫开发领导小组办公室官网和就业扶贫政策文件。

第四节　路　　径

一、就业扶贫中的路径依赖

（一）路径依赖理论

路径依赖包含一系列用来描述社会"进化"的动态过程，是偶然发生、不可逆转的[①]。它的研究受到国内外学者广泛关注，并在经济学、社会学、心理学、管理学、政治学等多门学科领域均有运用。它经美国经济史学家大卫引入社会科学领域，已经逐渐成为社会科学领域使

---

①　AKERLOF G A. Path dependence，its critics and the quest for 'historical economics[M]// COWEN T，CRAMPTON E. Market failure or success.Cheltenham，Camberley，Northampton：Edward Elgar Publishing，2002；GARROUSTE P，LOANNIDES S. Evolution and path dependence in economic ideas：past and present[M].Cheltenham，Camberley，Northampton：Edward Elgar Publishing，2001.

用频率最高的理论之一，未来跨学科的研究将会越来越多，对路径突破和创新的探索也会更加频繁①。它可用于解释过去与现在相关联的某些组织性质，可从宏观、中观、微观三个层面进行理解。宏观层面，它能解释组织制度的持久性；中观层面，它能解释组织内部的技术和治理模式；微观层面则偏重于实践失效的补救措施——动态管理，强调对路径依赖偶然性和自我强化两个独特条件的利用，弥补路径依赖中出现的短板②。

（二）就业扶贫的路径依赖

在就业扶贫工作中，扶贫思想和方式多样，并且随着时代发展在变化。根据路径依赖理论，一旦采用某种路径形成惯性，想要有所突破和创新就变得很困难。也就是说，习惯于采用某一种对贫困劳动力的就业帮扶措施，需要另辟新径或优化路径，阻力就会很大。郭京裕等提出了解决路径依赖的方法是精准扶贫③。他们认为，无论是现在的扶贫还是过去的扶贫，都存在向"领导交代"的思想，在具体的扶贫措施上摆脱不了传统思维惯性，习惯性沿用老办法。但是，值得注意的是，路径依赖并不意味着选择的路径总是不好的结果。有学者提出，我国扶贫的路径依赖现象不存在孰优孰劣的情况④。他们主张将"输血式"就业扶贫和"造血式"就业扶贫有机结合，即救济式就业扶贫和开发式就业扶贫都要采用，使它们共同发挥作用。因为，"输血式"就业扶贫短期效应明显，不可持续；"造血式"就业扶贫效

①　刘汉民，等.国外路径依赖理论研究新进展［J］.经济学动态，2012（4）：111-116.

②　VERGNE J P，DURAND R. The missing link between the theory and empirics of path dependence：conceptual clarification，testability issue，and methodological implications［J］. Journal of management，2010（47）：736-759.

③　郭京裕，刘艳丽.精准扶贫要克服传统扶贫路径依赖［J］.当代农村财经，2016（10）：12-13.

④　罗福勇，陈锋.我国农村扶贫的实践模式与路径依赖——兼谈对钦州市农村扶贫政策制定的建议［J］.人民论坛，2014（12）：210-212.

益凸显较慢，过程中的不稳定和不可控因素较多，单独使用其中任何一种扶贫方式效果都不会理想。因而有必要将两者进行结合。这是从扶贫主体采用的扶贫方式上进行讨论的，符合当前我国精准就业扶贫中兜底安置就业、转移就业和创业就业并行的就业扶贫模式。在就业扶贫工作中，就业扶贫模式多样，具体的实践路径也很灵活，警惕路径依赖，才能避免就业扶贫模式僵化或就业脱贫具体路径固化的情形。

（三）突破传统就业扶贫路径依赖的核心要素

在就业扶贫中，突破路径依赖最难做到的就是突破已有的行为和观念模式。因为从一种模式和机制转变为另一种模式和机制，所要花费的时间和金钱成本高，大部分扶贫主体也因为这样都愿意将就业扶贫锁定在现有的、不是最优和最合适的低效率路径上。要突破我国就业扶贫路径依赖，就要解决三个核心问题。

首先，解决政府家长式帮管问题。在就业扶贫工作中，政府主导式的就业扶贫占据着主要地位。可是，政府掌握的资源和能帮扶的精力毕竟有限。在就业帮扶工作中，政府应该站在宏观角度考虑问题，是"掌舵者"，而不是"划桨者"。不过，这也会使我们忽略很多问题。如因为农村贫困人口多，关注焦点都集中在了对农村贫困人口的帮扶上，很容易忽视城市底层贫困人口的就业扶贫。同时，不同地区之间由于资源禀赋存在差异，资源的地区差异会加剧就业扶贫的路径依赖程度。因此，有效地定位政府角色，改变不合适的就业扶贫模式和机制，是突破就业扶贫路径依赖最重要的因素。

其次，改变贫困劳动力得过且过的观念。贫困劳动力对就业帮扶模式、机制和制度安排的接受和满意程度，很大意义上决定了就业扶贫的工作成效。如果贫困劳动力持着依靠救济金度日的观念，就很容易会形成惰性心理。要想突破原有思想路径依赖束缚，就要采取措施来改变贫困劳动力的原有观念。这需要建立一个完善的信息互动机制和就业保障机制，促进就业扶贫主体和客体之间沟通，保障扶贫客体的生存底线，激励他们就业。

最后，政策制度的及时跟进。事实上，不少学者用路径依赖理论来探讨制度变迁问题。而在就业扶贫中，制度变迁主要是指正式政策的变迁。如果一种路径是历史文化的积淀，那么短时间内要想突破这种路径依赖，就必须通过权威的政策重新规定来加以引导。要想引导贫困劳动力自主就业创业，就必须在制度层面对其加以规范和支持。

二、我国就业扶贫的路径选择

既然就业扶贫可能存在路径依赖，那么如何选择合适的路径？或者说，如何在扶贫初期选择好符合国家或地方发展的就业扶贫道路，并在后续实践中突破瓶颈与困难，对其进行优化？这要从我国就业扶贫的具体实践中进行探讨。

（一）"培训＋"路径

那些因缺乏劳动技能而就业困难的贫困劳动力的脱贫方式，有"培训＋就业"和"培训＋创业"两种。研究表明，初始收入水平相同条件下，经过培训的农民工收入远高于未经培训的农民工收入[①]。换言之，收入是影响农民工非农就业最主要的因素。培训有利于贫困劳动力增强就业自信心、主动寻找工作。以江西省万载县为例，该县通过前期调研制订培训计划和贫困劳动力就业培训台账，在"培训＋就业"路径上，与村级就业扶贫车间对接，实现贫困劳动力培训和就业的无缝隙对接；在"培训＋创业"路径上，为有创业意愿和符合创业条件的贫困劳动力提供免费培训和技术指导，使他们能够进行创业增收（详见案例2）。这种帮扶方式，专注于提升贫困劳动力的人力资本竞争力，有助于斩断贫困家庭的代际传递，从根本上实现贫困人口稳定脱贫。同时，重

---

① 杨晓军，陈浩.农民工就业培训的投资决策模型及实证分析［J］.中国人口科学，2008（6）：64-68.

视贫困劳动力培训，也体现了扶贫开发从重视物资投资到重视人力资本的转变。但是，这种方式存在一个弊端是需要大量的资金支撑，万载县的培训资金主要来源于财政投入，这不是长久之计，未来的发展应拓宽资金融入渠道，保证资金稳定供给。

案例 2：江西万载县打造以培训促就业扶贫模式

万载县人力资源和社会保障局为实现"培训一人、就业一人、脱贫一户"的目标，积极出台了《关于组织贫困劳动力开展技能培训工作的通知》，对贫困劳动力的培训进行指导。

培训前，该县对企业和就业市场做用工需求调查，确定了以实用技能培训为重点、以"家门口"就近就业为导向、以"专业训考、强化操作"为教学特色的培训计划。

在具体培训方式上，一方面，该县通过政府机关单位牵头，邀请有脱贫经验的人现身说法、播放脱贫攻坚励志类题材影片等，调动贫困劳动力的脱贫积极性，帮助他们树立正确的择业观。另一方面，该县还聘请行业资深老师进行专业化、系统化授课，采取边教学边实践的方式，确保参训学员理解理论知识、掌握岗位技能，并帮助对接就业单位，为用人单位提供实用劳动力。同时，用 2～3 个月时间开展"送培训到村"活动，在全县各乡（镇）组织 3 000 名贫困劳动力开展种植、养殖等实用技能培训。

该县贫困户胡福生说："通过免费种植技能培训，我掌握了一门技能，每月可赚到 3 000 元以上。"贫困户易林福也通过林下产业经济专业技能培训，租赁了稀疏残林、荒坡 620 亩种植草珊瑚药材，实现了每年收入 180 多万元，并带动当地 32 名农村贫困劳动力就业。

注：根据江西省万载县新闻网整理。

416

（二）"创业＋产业"路径

随着互联网的发展和物流网络覆盖的普遍，这种路径是当前许多地区选择的扶贫途径。通过构建综合物流平台，拓宽销售市场，使部分拥有丰富农产品资源、土地资源等的农村贫困人口通过自主创业，销售农产品，实现增收。在这一过程中，农产品需要进行加工，这是从农业供给侧进行的结构性改革，进一步吸纳贫困劳动力就业[①]。这种就业扶贫方式实施以来，通过就业与产业的融合，不仅有效促进了贫困劳动力就业和脱贫增收，也有助于国家和地区经济的发展。

案例3：江苏省"互联网＋乡村众创＋精准扶贫"

江苏省宿迁市是一个互联网电商强市，也是著名电商平台京东创始人刘强东的故乡。它通过"一村一品一店"的农村电商模式，从小工厂、小农场、小物流、小电商、小服务"五小创业"工程着手，致力于将互联网与贫困户创业联系起来。

一、具体做法

（1）政策支持。2015 年，宿迁市提出了互联网就业创业扶贫方式，实行公职人员"挂村包户"脱贫责任制，带领贫困户通过电商创业脱贫。进而相继出台了《关于加快推进网络创业的实施意见》《"十三五"电子商务产业发展规划》《关于支持返乡就业创业的实施意见》《人社精准扶贫实施方案》等一系列政策文件，扶持电商行业发展，鼓励贫困人口创业。

（2）免费培训。为了让贫困户能够更好地了解电商创业、积极创业，宿迁市对有意向的贫困户开展了免费的网络创业培训，包括政策咨询、资金扶持、技术指导等，致力于培养实战型、应用型人才。

（3）保障措施。为保障全市各村贫困劳动力都能够参与到创

---

① 郑良泽.多措并举打好汕头脱贫攻坚战 [N].汕头日报，2018-09-10（F02）.

业脱贫活动中，宿迁市相关单位加大了对创业园网络建设力度，完成了125家乡镇级以上电商服务平台的创建。同时，在创业就业扶贫工作中，形成了省级督查激励机制，保障了扶贫工作的有序进行。

二、成效

如今，宿迁市已经实现了贫困劳动力返乡创业试点的全面覆盖，当选江苏省唯一的电商就业创业扶贫示范区，实现了5 000多户贫困户开设网店，26万贫困人口在"互联网＋创业"扶贫工程中受益。

资料来源：许建，张亮.江苏省"互联网＋乡村众创＋精准扶贫"[N].中国劳动保障报，2018-10-17.

宿迁市"一村一品一店"的创业就业扶贫做法，是将互联网产业、农产品产业和创业就业结合起来的就业扶贫路径（详见案例3）。该市以村为单位（"一村"），鼓励贫困人口创立以特色农产品（"一品"）为主要商品的网上交易商铺（"一店"）。这种脱贫帮扶方式的优点：首先，它是在劳动力市场对电商人员需求增大的驱动下，结合国家就业扶贫要求提出的、符合国家标准的扶贫战略；其次，它完美地利用和发展了该市的电商文化，将新兴文化产业融合到扶贫工作中；最后，政府制定了一系列的政策，为贫困劳动力电商创业提供了制度保障，创建了市、县、乡、村四级全覆盖公共创业服务体系。不过，电商的发展竞争激烈，网上小商铺的抗风险能力低，如何在众多的网上商铺中保有客流量，实现增收的稳定性，是值得宿迁市相关扶贫单位和工作人员进一步思考的问题。

当然，"创业＋产业"的路径不仅包括互联网、农产品加工产业，还包括其他产业。以制香产业为例，湖南省江华县通过引导在广东从事制香的4万余人回乡创业，建成了白芒营镇云田村、桥市乡大鱼塘村等组成的制香产业村，带动3 000余人就业，实现年收入超2万元①。又以旅游业为例，2010年，三江源地区有贫困人口约25.4万，李佳通过对三江源地区旅游业带动贫困劳动力就业人数进行预测得出，2020年旅游业将带动8.67万贫困劳动力就业，到2025年，这一人数将突破10万人，达到13.26万人②。

（三）搭建创业就业平台路径

实践证明，创业就业平台是连通贫困劳动力和企业的中间桥梁，既可以促进贫困劳动力就近就业，减少社会上普遍存在的儿童、妇女、老人留守现象，又可以解决中小微型企业劳动力缺乏、劳动雇佣成本过高的问题。特别是"扶贫车间"的设立，标志着就业扶贫工作由岗位帮扶为主的阶段，发展到以公共就业指导和人力资源开发为主的新阶段。这一举措对贫困劳动力创业就业产生了重要影响。

自提倡扶贫车间建设后，就业扶贫工作就由单向的资金输入转变为资金、物资、技术和培训相结合的复合式服务。2017年，在江西省赣州市召开的全国就业扶贫经验交流现场会上，国务院扶贫办副主任陈志刚明确表示，将扶贫车间纳入脱贫攻坚规划是精准扶贫的重中之重。这标志着以扶贫车间建设为主的就业扶贫措施得到了有力的肯定。以郓城县为例，其立足于实际，打造创业就业平台——扶贫车间，并以政策和资金为支撑，保障扶贫车间效用发挥。这种扶贫车间的打造，调动了贫困人口脱贫的积极性，增强了村级党组织的号召力和凝聚力，盘活了农村经济。对于入驻贫困车间的企业，不仅解决了企业用工成本高、劳动力缺乏的问题，还有利于企业良好社会形象的创建，提升市场竞争力；对于贫困劳动力，扶贫车间促进其就近就业，一定程度上缓解了近年来农村老人、儿童的留守问题，促进了社会的和谐稳定。不过，该县扶贫车间建设的重点是促进贫困劳动力的就业，缺乏对创业的鼓励，应该增加创业园试点，鼓励外出农民工返乡创业，拓宽就

---

①　唐晶生，盘江华.小微企业进村，打造就业扶贫新名片[J].中国就业，2018（8）：26-27.

②　李佳.扶贫旅游理论与实践[M].北京：首都经济贸易大学出版社，2010：146.

业渠道。因而，就业扶贫车间建设要最大化其对就业的帮扶，并注重与其他就业扶持措施的配合。

案例 4：菏泽市郓城县着力推进扶贫车间就业

2016 年，菏泽市郓城县在县委常委带领下，联合省市派第一书记 45 名、相关部门单位 72 个、100 家以上企业开展援建扶贫车间行动，利用村级活动场所、小学旧址、建设用地等，建成 627 个扶贫车间。其中，县级部门单位援建 84 个、财政资助 458 个，企业帮扶建设 50 个，乡镇建设 33 个，覆盖了 91% 的村庄，吸纳劳动密集型项目 459 个入驻，2.1 万人就业，有 6 000 多人年收入超过万元。2017 年，为不断优化扶贫车间的产业结构，该县颁布了《郓城县扶贫车间建设方案》政策文件。这些扶贫车间建设和完善的资金来源于财政专项、企业和爱心人士捐献、东西扶贫协作支持和涉农资金，同时享有小额信贷和扶贫贷款贴息政策。运营期间，该县还给予税费、租金、用电和用地优惠。

资料来源：人民论坛专题调研组.扶贫车间建村头 脱贫增收不用愁——菏泽市郓城县着力推进扶贫车间就业模式［J］.国家治理，2018（1）：29-31.

（四）异地就业路径

异地就业是将贫困劳动力输出到户籍所在地之外的地方就业，它具有开发人力资源和促进人口就业的特性。它主要针对的是农村人口。改革开放后，随着城镇化水平的提高，我国对人口流动的限制政策逐渐放开。大量农村富余劳动力向城市转移，农民的收入逐渐增多，农村地区的贫困问题得到了很大程度的解决。在就业扶贫工作中，这种路径选择具有四种效应，分别为：一是鼓励贫困劳动力离开农村，从事非农劳动，实现劳动增收；二是劳动力从农村转移，使得从事农业生产的个人劳动生产率提高，转化为货币的收入上升；三是有利于退耕还林，使生态压力减小；四是外出的贫困劳动者能够接触到新事物，解放思想[①]。相关统计数据表明，与 2019 年相比，2020 年我国东部、中部、西部和东北部的农民工数量均处于下降状态。其中，2020 年，东部地区农民工数量为 10 124 万人，下降 2.8%；中部地区农民工数量为 9 447 万人，下降 1.8%；西部地区农民工数量为 8 034 万人，下降 0.2%；东北部地区农民工数量则为 955 万人，下降 3.6%。两年来，中东部地区始终是农民工数量最多的地区，西部地区是农民工数量下降最慢的地区（图 11-3）。这表明，我国农民工异地就业还是偏好于中东部地区。

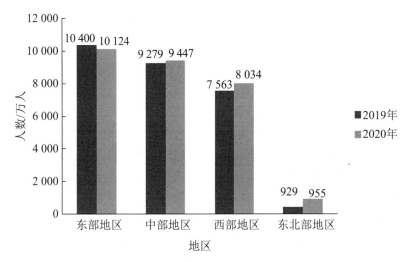

图 11-3　农民工输出的地域分布

资料来源：国家统计局 . 2020 年农民工监测调查报告 . [EB/OL]. （2021-04-30）. http://www.gov.cn/xinwen/2021-04/30/content_5604232.htm.

（五）公益岗位开发路径

公益岗位开发主要是兜底安置就业模式采取的就业扶贫方法，具体包括扶贫公益专岗和特设公益性岗位两种公益岗。它通过公开招聘

———————

① 何道峰，萧延中 . 异地就业：扶贫与人力资源开发——中国西南劳务输出扶贫项目的个案分析［J］. 开发时代，1997（3）：5-19.

无法离乡、无业可扶、无力脱贫的建档立卡的"三无"贫困劳动力到公益岗位上就业。各地还制定了专门的政策进行规范，比如2010年杜尔伯特蒙古族自治县人民政府发布了残疾人在公益岗位就业的相关规定，2014年，青海省政府发布了关于特定公益岗位设置和管理的规定，2018年，陕西省发布的关于就业扶贫公益专岗的岗位开发、招聘、考核监督等规定。这种公益岗位的提供有两种途径：一种是政府通过财政补贴支持农村增设公益岗位，按照最低工资标准给予贫困劳动力岗位待遇。例如，贵州金沙县人民政府公布的《2018年就业扶贫公益专岗招聘计划》，该县拟定在安洛乡、高坪镇、化觉镇、长背镇、大田乡、五龙街道等37个乡（镇、街道），招募1 732名贫困劳动力从事文化志愿者、护林员、协管员、养老护理员、护路员等工作，涉及住建部、教育局、团县委等11个部门。对这些劳动力的补助情况，非全日制的为544元/月，全日制的为1 570元/月。另一种是企业预留公益岗位接收贫困劳动力。这种做法增多了就业扶贫主体，增强了企业社会责任感，提升了企业形象。

由此，根据我国就业扶贫的路径选择现状，可将具体路径按照贫困劳动力掌握资源的丰富程度[①]和贫困程度，分为技能培训路径、产创联动路径、直接岗位援助路径和异地就业路径四种。对贫困程度低、掌握资源少的贫困劳动力，可以采取技能培训路径帮助其实现就业；掌握资源较为丰富的，可以鼓励其通过创业实现增收；对贫困程度高、掌握资源少的贫困劳动力，政府应该直接对其进行岗位援助；掌握资源丰富的，则建议他们选择异地就业，主要是输出到劳动力缺乏、经济发展程度高的地区就业（图11-4）。当然，这四种选择路径之间不是绝对独立的，实践中也并不只有这四种选择，扶贫主客体要根据实际情况进行选择优化，并运用创业就业平台搭建路径进行补充完善。

---

① 这里所指的掌握资源丰富程度包括技能水平、文化素质、资金、土地等影响贫困劳动力就业的因素。

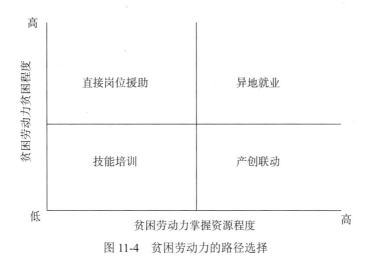

图 11-4　贫困劳动力的路径选择

第五节　启　　示

一、就业扶贫是一种长效扶贫模式

就业是一个人从事劳动获得收入的基础，对于劳动者和其家庭而言，理论上获得劳动收入是最可靠的摆脱贫困的方式。

首先，就业扶贫是扶贫的一种模式。虽然就业扶贫不是一个新颖的扶贫方式，甚至可以说是一个普遍的常识性问题——用劳动换取收入。但是，现在以一个专有词汇提出，在我国还出现了大量相关立法，大大提高了就业扶贫的关注度。它有利于我们将就业与扶贫联系在一起，关注影响贫困劳动力就业的因素问题。健全机制体系，完善制度安排，探索出能够使贫困劳动力有效脱贫的就业路径。

其次，就业扶贫模式有利于国际经验交流。就业与收入是有密切关系的，这是人们的共识。国外的"奥肯定律"、凯恩斯就业理论、实际收入工资黏性理论、马克思的按劳分配和按生产要素分配理论等，是就业扶贫模式的理论基础，为我国就业扶贫工作开展提供了很多启示。同时，我国就业扶贫理论和实践探索，也丰富了国际扶贫理论和实践。

最后，与其他扶贫模式相比，就业扶贫是我国人才强国战略的一部分。就业扶贫针对的是有劳动意愿和劳动能力的贫困群体，法律规定年龄在 16～65 周岁。现有贫困劳动力最大的不足就是素质不高、技能水平相对低下，在劳动力市场化以及产业转型过程中，缺乏竞争力，发展后劲不足。就业扶贫模式无论是在机制、制度安排还是在具体的路径选择上都把贫困劳动力的技能培训放在重要位置。明确岗前、岗中、岗后技能培训，特别是鼓励年轻贫困劳动力去技能院校学习，目的就是培养更多的应用型人才。这与我国应用型人才培养战略契合，有利于提高我国人力资源总体质量。

二、就业扶贫是就业和创业的有机结合

在我国经济增速放缓、产业结构转型的关键期，仅采用一种就业扶贫模式是不可能的。因此，将就业与创业结合的扶贫模式，符合我国就业扶贫工作实际。

首先，我国目前的就业扶贫基本模式还是以就业帮扶为主。这是由我国贫困劳动力整体素质不高、技能水平落后；群体和群体之间、各地区之间差异大；非政府组织力量薄弱；地区经济发展不平衡，东部富裕，西部相对落后，城市发展较快，农村基础薄弱等现状决定的。同时，长期接受政府救济，会令自尊心强的部分贫困劳动力产生自卑心理。因此，通过组织和引导贫困劳动力就业，激发他们内生脱贫的动力，使他们自尊、自信、自强是十分重要的。

其次，"创业扶贫"模式是我国独具特色的就业扶贫模式。"大众创业"指的创业不仅是针对有资本、有能力的高端人才，也包括贫困劳动力。创业与扶贫结合，创新了就业扶贫模式，也有利于将就业扶贫与产业联合。这响应了我国创新型国家建设的政策号召，激发了

市场活力。对于进行小型创业的贫困劳动力，可以通过创业增收脱贫；而对于创业较为成功、发展成中小企业规模的创业体，还可以带动其他贫困劳动力就业。

三、就业扶贫机制和制度安排是理论和实践的融合

我国国内消费需求大，庞大的消费市场必然会有大量的劳动力需求，这是以就业为扶贫手段的重要选择依据。就业扶贫是瞄准机制、参与机制和服务机制相互支持、相互配合的动态过程。要做好扶贫工作，必须要对贫困劳动力进行建档立卡、精准识别。同时，政府要做好带头作用、放开社会组织准入条件，做好财政补贴预算和技能培训规划。当前，在就业扶贫工作中，政府仍是重要牵头单位，各部门之间的配合仍需加强。这需要出台相应政策进行保障，关注农村贫困劳动力岗位补贴、社会保障政策制定，解决小微型企业贷款难问题，规范各部门权力结构和责任体系，加强部门间的联动和国家的宏观调控。

四、精准就业扶贫是突破路径依赖的有效途径

就业扶贫是一项复杂的系统工程，不仅要从国家层面考虑，还要结合区域性的具体情况进行考虑；不仅要立足于贫困人口就业本身，还要考虑其脱贫的长远效应。就业扶贫可以包含很多种模式、机制和制度安排，不同的模式也有不同的选择路径。我国就业扶贫路径是在精准扶贫基础上进行的选择。传统就业扶贫路径，在资金上，依赖于公共投入，是救济式计划安置帮扶；在扶贫工作方式上，相关部门负责人"向上级交代"的做法蔚然成风，对贫困人口帮扶落不到实处；在扶贫主体上，偏向于政府家长式扶持，社会力量薄弱。因此，精准就业扶贫是对传统扶贫路径的突破。其使贫困主体对贫困劳动力的帮扶，责任落实到个人，帮扶精准到个人，形成全社会范围内的精准扶贫特色。

第十二章[①]
语言扶贫

　　2016 年的《中国人类发展报告》中提到，我国约有 6.6 亿的农村人口在经济收入指数上升的前提下成功脱贫。作为经济工作建设的辅助事业，语言文字工作始终服从并服务于国家发展的基础需求，二者始终紧密相关。经济发展处于国家的核心地位，语言文字工作也随着不同时期经济发展的定位作出相应的调整。2018 年 1 月，《推普脱贫攻坚行动计划（2018—2020 年）》正式由教育部、国务院扶贫办、国家语言文字工作委员会三部委联合发布，国家通用语言文字普及与推广工作在新时期则被赋予了打通语言扶贫"最后一公里"的新使命。

　　本章将围绕国家语言文字事业发展的扶贫思路，从贫困地区的语言国情展开，分析国家通用语言文字对于个人资本积累和社会经济发展的影响，进而梳理语言在扶贫工作中的目标、运作机制及制度安排，系统地解读语言扶贫从国家到地方的相关实施保障，最后总结语言扶贫面临的挑战和机遇，并结合国家的语言战略、扶贫战略和教育战略提出相应的可行建议。

---

① 感谢赵耀为本章所做工作。

第一节 模 式

作为多民族、多语言、多方言的人口大国，中国语言文字事业的开展始终根植于维护民族团结和国家统一的初衷，始终本着促进各地区、各民族之间经济文化交流的宗旨，始终向着推动国家经济建设与社会发展的目标迈进。目前，国家语言文字工作委员会、国家民族事务委员会结合"精准扶贫"的思路，以普通话普及和推广作为扶贫工作的一项基层实践，努力改善国家通用语言在农村和民族地区的传播和使用现状。

一、国家通用语言文字使用情况的基本国情

新中国成立伊始，全国人口的文盲率高达 80%，文化落后成为中华民族巩固新政权的现实难题。只有解决了识字这一根本问题，中国才能改变积贫积弱的社会面貌，才能实现国家工业化发展，进而走上新民主主义社会的建设道路。扫盲识字的学习热潮自此在中华大地兴起，1 亿多人经过不懈努力在 1949 年至 1964 年间摘掉了文盲的帽子，其规模和成就可谓是人类历史上的奇迹。2020 年第七次全国人口普查公报（第六号）显示，文盲这一低文化人群的人口占比已经下降为 2.67%[①]，彰显了我国数十载扫盲识字工作的显著成效。识字不仅大幅提升了国民的生存与生产能力，更将全民建设小康社会的热情与积极性充分地调动起来。中国地域幅员辽阔，"五里不同音，十里不同调"曾一度对地区人口迁移和劳动力流通造成严重影响。这表明我国国民识字率逐渐攀升的同时，语言交往效率仍旧是影响社会凝聚力和大众物质文化生活质量的干扰因素。费什曼（Fishman）在研究语言和经济的互动关系时发现，经济发达的国家往往在语言上表现为"同质性"

[①]　国家统计局 . 第七次全国人口普查公报（第六号）. [EB/OL].（2021-05-11）. http://www.gov.cn/xinwen/2021-05/11/content_5605789.htm.

（homogeneous），而经济发展相对欠佳的国家，语言国情较为复杂且呈现出语言的"异质性"（heterogeneous）[①]。苏剑和葛加国对语言、地理和经济发展做了定量研究，验证了各国在经济互动中往往考虑如何降低沟通成本以求得更大的收益，人们青睐于使用通用语种进行交易而表现出"语言趋同"（language convergence）之势[②]。随着国家通用语言文字的推广和普及，越来越多的人民群众学会并选择使用普通话，一些因语言不通而产生的沟通障碍被大量消除，"民族共通语"因此在城乡发展的进程中发挥了其他方言和少数民族语言无法比拟的作用。

交际壁垒的语言国情虽然已大幅改观，但国家通用语言文字的低普及率依然是制约"老少边穷"地区发展的关键问题之一。中国少数民族汉语水平等级考试（MHK）结果也表明，少数民族受试者的MHK 成绩呈"两头小，中间大"的分布特点，处于初级水平和中间水平的比例较大，2016 年能够达到高级水平的仅 17.74%[③]，2017 年则降为 17.59%[④]，总体语言能力的发展趋势并不乐观。2000 年，教育部公布的数字显示，西部 12 个省（自治区、直辖市）的普通话普及率具有明显的地区差异，多数地区的普通话普及率并未达到地区人口的半数。横向对比 2015 年的综合社会调查结果，不难发现，受访者处于中年段（30 岁至 44 岁之间）的普通话水平上升了 31.26%，比 2000 年刚过半数的普及率大有提高。足见随着时间的推移，年青一代接受普通话教育的人群成长起来，提升了普通话的普及率[⑤]。普通话的普及程度不但

---

① FISHMAN J A. Some contrasts between linguistically homogeneous and linguistically heterogeneous polities [J]. Sociological inquiry，2007，36（2）：146-158.

② 苏剑，葛加国. 经济发展、地理与语言趋同的实证检验 [J]. 统计与决策，2014（24）：127-130.

③ 国家语言文字工作委员会. 中国语言文字事业发展报告（2017）[M]. 北京：商务印书馆，2017：28.

④ 国家语言文字工作委员会. 中国语言文字事业发展报告（2018）[M]. 北京：商务印书馆，2018：9.

⑤ 俞玮奇. 国民普通话能力的基本状况与发展态势 [J]. 语言文字应用，2018（2）：99-107.

与地区经济的发展水平有联系，还与贫困人口的地理分布高度相关。在人口学和地理学研究中，"胡焕庸线"通常被视为我国城镇化发展水平的分割线，地处该线西北方向的各省区，其城镇化建设绝大多数要明显低于全国平均水平。这些地区有着较为类似的特点：尽管在社会制度上有所跨越，社会文明程度却没有同步跟进，民族地区仍有许多群众不学汉语、不识汉字、不懂普通话[①]。国家民族事务委员会在 2017 年公布了一组数据：包括内蒙古、新疆、西藏、宁夏、广西、云南、贵州、青海在内的 8 个少数民族省、自治区的贫困人口规模约占全国总贫困人口数的 1/3，这一群体约为 1 032 万人。我国境内的 14 个地理位置连片的特困地区中，有 11 个就分布在"胡焕庸线"的附近与西部[②]。

"三区三州"作为典型的深度贫困代表地区，自然环境、民族宗教、边疆治理与国防安全等问题是形成深度贫困的症结点，相对滞后的社会发育进程和社会文明程度也增加了相关部门的扶贫成本和脱贫难度。结合国家语言文字工作委员会的调查结果可知，少数民族自治地方和较大的汉语方言区多采用双言双语或多言多语的交际模式，这是当今中国社会语言生活的主体趋势；深度贫困地区人口语言使用的具体情况更为复杂，普通话普及程度极低；汉语方言或少数民族语言没有因为推普工作的开展而呈现弱势，部分地区的方言或民族语言还有增强的情况出现。"深度贫困攻坚"要处理好人口数量的"加减法"："国家普通话推广工程"探索的是增加以贫困地区人口为主的普通话平均普及率；"国家扶贫开发工程"追寻的是减少以深度贫困地区为核心的贫困人口数量。"增减"两项任务的价值取向虽有不同，但都在为实现深度贫困"清零"的工作齐头并进。这是国家在脱贫攻坚过程的巨大挑战，也印证了当前普通话的普及工作任重道远，普及程度虽有所提升，但普及质量还亟待提高。

---

① 习近平. 在深度贫困地区脱贫攻坚座谈会上的讲话 [EB/OL].[2017-06-23]. http://cpc.people.com.cn/n1/2017/0831/c64094-29507970.html.

② 李宇明. 修筑扶贫脱贫的语言大道 [N]. 语言文字周报，2018-08-01（1）.

二、精准扶贫下的"宏观推普"与"微观推普"

　　非发达国家的语言规划往往有两个基础目标：其一，最大限度地提高国民获得知识的能力，以期提高国家的教育水平和生产力；其二，最大限度地增强国民的凝聚力，赋予国民沟通合作的能力，从而推动国家发展。国家层面的语言规划活动，确立和推广民族共同语是要务之一，它直接影响着社会稳定和教育水平。一个主权国家理应把握国民语言能力的发展脉搏，国家通用语言文字的普及程度和掌握水平就是其中一项重要指标。国家通用语言与信息资源、教育资源、经济资源的获得有着不可分割的联系，这种联系蕴含着"语言缺失"与"贫困循环"的理据，也揭示了语言可以发挥扶贫作用的根源。现阶段的推普脱贫攻坚行动已经纳入国家扶贫工作的总议程当中，因此语言扶贫也要贯彻精准扶贫、精准帮扶的理念，充分考虑不同贫困地区的语言环境，考察不同贫困户的普通话实际应用能力，落实"谁（语言能力）贫困就扶持谁"的科学扶贫管理模式。结合我国当前扶贫工作的实际需求，笔者认为，国家通用语言文字的普及与推广应该从"宏观推普"和"微观推普"两个维度开展。

1."宏观推普"

　　深度贫困地区多是"老少边穷"地区，信息渠道和公共交通不畅，教育资源和基础设施也相对匮乏，制约了民众思想和文化的进步。在深度贫困地区加大普通话的推广力度，有提升贫困人口"造血"能力的基础性功能。2016年举办的第19届"全国推广普通话宣传周"的通知中提道，要坚持共享发展，在夯实城市推普工作基础的同时，实施国家通用语言文字普及攻坚工程，加大农村、边远、民族地区推普工作力度，实施精准推普。纵观党中央扶贫政策的嬗变，曾经的"救济模式"已被"开发模式"取代，"区域扶贫"已经逐步锁定到贫困区县，进而瞄准乡村、精确入户。语言文字事业也结合社会所需而与时俱进，以提升全中华民族的国家通用语言文字能力作为"推普脱贫"的终极目标，加大政策扶持和资金投入的力度，落实普通话助力"精准扶贫"的重要交际作用。

综上，从大方向出发的普通话推广活动可以称为"宏观推普"，其工作重点在于激发贫困地区人口使用国家通用语言的意识，尤其适用于双语、双言、多语或多言区。因缺乏以国家通用语言文字为载体的经济信息传入，贫困人口对劳动力市场的需求不了解，必然会对增加个人收入表现不出强烈的欲望，最终导致内生动力严重匮乏，形成了扶贫工作中最难解决的问题。以四川藏族群众居住区的贫困县稻城为例，当地人口中非藏族群体仅为4%，藏族群体占全县总贫困人口99%，他们的语言观念受宗教和民族信仰影响较大。人们由于与外界接触较少，对新媒体的利用度也不高，民族内部相对独立的言语环境直接在当地经济文化中增添了一道屏障。目前，偏远贫困地区的乡村广播、科教新闻节目仍然是普通话传播的重要有声媒体渠道，有近1/3的人口选择传统媒体来收听收看广播与电视节目。笔者由此提议，"宏观推普"要大力倡导"面面交互"的方式，采用"领域推普"的方式带动"地域推普"。由传媒领域、教育领域牵头加强国家通用语言文字的宣传普及和教育推广，进而引导从国家至地方各省、市、区（县）、镇（乡）、村五级的"联动推普"，让人们在获取外界资源之时尽可能多地接收到普通话的语音信息，通过听觉接触和心理感知来体会掌握国家通用语言的重要性。所以，"宏观推普"应当要求教育和传媒领域发挥示范性的带动作用，坚持贯彻以普通话作为学习（工作）语言和服务语言的原则，从而潜移默化地增强民众学习和使用普通话的意识。

2. "微观推普"

语言教育活动在某种程度上是为了扫除文盲、普及语言文字的读写能力而服务的，学校尽管是开展教育活动最主要的场所，但并不是唯一的场所。联合国教科文组织正在执行的扫盲行动计划重点关注了社会弱势群体的读写能力，把"学习型家庭"模式当作代际扫盲的重要教学法来推广。越来越多的国家将扫盲识字工作落实到家庭教育中，让处在社会弱势阶层的家庭充分享受教育资源，发展这些家长及其处在幼儿及学龄阶段子女的听、说、读、写能力，以便他们更好地适应现代化的社会生活。该模式本着"父母与孩子是平等的伙伴关系"的理念，家长可以参与孩子的读写活动，孩子也乐于与家长分享知识、共同进步。从已有的成绩来看，实施家庭扫盲项目的国家普遍提高了社会底层成年人的沟通技巧和交际能力，在增强其自尊、自信的同时，促进了他们与不同民族（种族）人士的社会交往，也为他们融入主流社会提供了便利。这种方式非常值得中国借鉴，因为家庭是人们发展可持续性教育的基本起点，这对于普通话学习同样适用。

综上，"微观推普"相对适用于大多数的单语区、单方言区，其关键途径是在家庭内部切断语言贫困的代际传递，要重点创设贫困地区人口使用国家通用语言的家庭环境和社区环境。家庭语言规划（family language planning，FLP）越发引起语言学界的重视，家庭成员所表现出来的语言态度和语言意识发挥着"承上启下"的作用：上承国家倡导的语言政策走向，下启家庭内部的语言实践，决定着家庭环境的语言使用状况①。教育部的调查结果也表明，普通话流利程度不佳的群体受语言环境的影响较大：有41%的人因生活环境缺乏普通话的使用机会；近54%的人受汉语方言的母语负迁移作用而说不好甚至不会说普通话。家庭内部通常的语码选择（code choosing）以方言和民族语言更为普遍，尤其是与老人交流之时，这种情况会明显上升；相较之下，儿童及青少年是家庭中使用普通话较多的群体，不少人在校期间接受了良好的普通话教育从而表现为"无方言"的特征。所以，年青一代可以成为家庭内部执行普通话推广攻坚的"排头兵"，对家庭成员进行语言帮扶无疑是在自然的环境中形成普通话使用的"言语共同体"。

社区作为联系家庭与社会的桥梁与纽带，它为语言传播提供了社会经济基础和具体实践环境，也是语言维持活力与价值的社会场所②。笔

---

① 刘群. 家庭语言规划和语言关系［J］. 江西师范大学学报（哲学社会科学版），2017，50（6）：117-121.

② 方小兵. 从家庭语言规划到社区语言规划［J］. 云南师范大学学报（哲学社会科学版），2018，50（6）：17-24.

者认为，在普通话普及率较低的地区，需要以乡、村、组等聚落形态为单位形成学习和使用普通话的社区交际网络。社区内部除了要提供大量的普通话言语互动来保障传播与普及，更需要通过"三个精准"来考察家庭语言规划的实践效果：一是"精准登记"，扶贫干部对普通话普及程度较低的社区进行入户登记；二是"精准送教"，在每个社区中举办推普脱贫的培训班，有条件的社区可以邀请大学生志愿者进行定点的普通话送教服务；三是"精准验收"，根据贫困人口档案卡上的普通话学习掌握情况定期回访，重点考核不懂普通话的青壮年农民、牧民的普通话学习质量。总之，"精准推普"要注重形成群体的"语言学习效应"和"交际合作效应"，最终实现民众的国家通用语言文字能力积累，对其升学就业、个人收入和社会地位发展起到积极影响。

3. 宏观微观相结合的"精准推普"案例

偏远民族地区的深度贫困人口组成较为复杂，其中一个比较特殊的群体就是"直过民族"。像云南省部分深度贫困地区的基诺族、佤族、拉祜族同胞，都是在新中国成立之后未经民主改革，从原始或奴隶社会直接进入现代社会主义社会的群体。特殊的历史背景使得"直过民族"人口的贫困程度更深，这些群众的生活水平和经济状况几乎达不到平均水平，思想观念和文化程度滞后。由于教育程度较低，"直过民族"较难与现代生活节奏接轨，生活质量数十年难得改善，走不出贫困循环的怪圈，代际传递的负面影响十分突出。"直过民族"的脱贫必然要依托语言习得和教育赋能，所以在这些群体的聚居地区进行推普工作尤为艰巨，不但要进行"宏观推普"调动民众的普通话学习兴趣，还要结合"微观推普"促进家庭与社区的推普帮扶。

案例1：云南省"语言扶贫App"项目助力推普脱贫

云南省办公厅、省政府、省教育厅等部门根据中央相关文件精神，为帮助占全省人口33.4%的少数民族通语脱贫，发布了《关于做好语言扶贫APP推广应用工作的通知》，并出台了相应的实施方案。各级市、县政府会同中国移动公司和科大讯飞集团，开

展了政界商界的互动语言扶贫合作。中国移动公司先后投入 8 800 万元和 5 000 万元，分别用于网络流量补贴和手机终端补贴[①]。此项目开发出的"语言扶贫 App"主要用来配合省教育厅普通话培训工作的推进，将使 1 000 名少数民族教师以及 20 000 名少数民族贫困人口获益。目前，仅怒江傈僳族自治州辖下的 4 个市县就已经为深度贫困群众发放了近 2 000 部"语言扶贫 App"智能手机，"语言扶贫 App"的程序安装也已突破 2 000 余次。当地大学生志愿者团队负责为群众现场手把手教授"语言扶贫 App"的用法，使语言扶贫的送教培训形成了"线上自学、线下帮扶、送教到人"的动态模式。

资料来源：教育部、云南日报。

云南怒江傈僳族自治州作为"直过民族"的聚居地区，当地贫困人口居所分散、受教育水平较低且对现代化信息手段接触较少。当地语言文字工作部门为傈僳族、怒族、独龙族等少数民族制订了普通话攻坚培训计划，实现了让 3 万名深度贫困群众认读 500 个高频汉字、运用普通话进行语言交流的目标。这其中，有许多值得各地借鉴的做法与经验。

（1）实践精准型的"微观推普"，突出普通话普及在家庭语言规划中的重要作用。云南省"直过民族"聚居区长期存在社会综合治理的困难，多数人未能掌握国家通用语言文字。为此，云南省教育厅、省语委将普通话推广工作与群众素质提升工作合二为一，于 2018 年 4 月面向"直过民族"与人口较少民族制订了普通话推广及素质提升的工作方案，随后发布了该项工作任务目标与考核办法的通知。云南省在 2018 年 10 月完成两万名"直过民族"和人口较少民族青壮年劳动力的普通话培训，在推普"结对帮扶"工作方面提出了"对目标人群

① 教育部语言文字应用管理司. 云南启动语言扶贫 APP 项目，助力打赢脱贫攻坚战 [EB/OL].[2018-11-10]. http://www.moe.gov.cn/s78/A18/moe_807/201804/t20180418_333531. html.

包人包户，开展国家通用语言文字的日常辅导与'送教上门'活动，充分调动公务人员、学校师生及志愿者对贫困户普及推广普通话"的工作要求。据悉，部分市县采取了鼓励群众在家庭内部运用"小手牵大手"的语言帮扶模式，让在校系统学习普通话的孩子们与家长互助互促，共同在沉浸式的语言环境中提高普通话的应用能力，将普通话学习任务落到家庭语言规划之中。

（2）应用语言技术产品为"推普脱贫"铺路，将互联网技术与数字化服务落到了精准扶贫的实处。云南省政府为夯实脱贫攻坚的信息服务基础，联合中国移动怒江分公司落实了"移动惠民政策"。在已有的语言扶贫实践中，云南省始终将"培训、宣传、App 推广"当作推普帮扶活动开展的重要抓手。手机 App 成为"直过民族"人口自主学习国家通用语言文字的在线平台，为实现目标人群学话识字全覆盖的愿景奠定了软件基础。"语言扶贫 App"依托传统文化多粒度、多维度地展开比较式、情境式的普通话学习，贴近少数民族地区需求，提升了普通话的培训效果，初步提高了怒江州深度贫困群众的国家通用语言文字学习水平。这一项目的推进，开辟了移动终端学习国家通用语言文字的新渠道，是语言扶贫应用现代人工智能技术开展普通话培训的成就，更是配合线下推普培训的高效途径。当地群众把安装了"语言扶贫 App"的手机称为"致富手机""教育手机"，因为它不仅能学习普通话，还有如"中国社会扶贫网""云农信息服务平台"等其他扶贫惠农主题的相关手机应用程序。依托现代信息科技产品传播社会扶贫资源的方式，在扶贫资讯与群众脱贫需求之间搭起了有效对接的"信息桥"，真正地让智能手机变成了扶贫攻坚对象的"掌中宝"。

三、"语言扶贫"与"教育扶贫"的关系

我国制定语言文字事业发展规划和方针政策的最高国家机构是国家语言文字工作委员会，推广和普及国家通用语言文字是我国一直贯彻的基本国策。自新中国成立的扫盲运动开始，国家便将提升全民语

言读写水平作为国民语言能力建设的关键任务。国家语言文字工作委员会于 1994 年成为国家教育委员会（教育部前身）管理的副部级国家局，到 1998 年机构改革归并进教育部后，它所负责的语言文字工作在我国教育领域的重要性更加突出。语言教育规划可谓语言规划实施中最核心的一环，有时几乎担负了语言规划进程的全部职责。随着时代发展的现实需要，语言与教育的关联性更加密切，我国教育扶贫对语言扶贫的兜底作用更加明显。语言扶贫最关键的驱动路径便是语言教育扶贫，此举将科技文化知识教育和通用语言文字读写教育有机结合，共同为永久脱贫而服务。

世界许多国家都形成了一个基本共识，认为语言是重要的社会资源，重视国民语言能力发展，推动国家通用语[①]的普及，同时提倡多语多言的协同并进。我国不仅大力推广与普及普通话，同时也重视少数民族语言的区域性权利，并对汉语方言等重要语言资源加以保护和传承，这与联合国教科文组织倡导的多元语言观是高度一致的。孙梁和朱成全曾对这一语言政策进行过成本收益分析，通过考察语言与地区经济发展的相关性后得出结论，我国科学处理普通话、方言、少数民族语言的基本政策是符合帕累托改进的[②]。因此我们可以看到，各省、自治区、直辖市在制订教育脱贫攻坚的实施方案中，都不约而同地将国家通用语言文字的学习与培训当作发展深度贫困地区教育事业的一项重要工作来落实，将普通话作为向目标人群输送主流科学文化知识的语言媒介。我国有许多贫困区县的教育事业严重落后，办学条件恶劣，许多孩子在义务教育阶段中止了学业，也切断了接受良好普通话教育的机会。语言教育一旦输在起跑线上，将会对其个人发展造成重大影响，甚至会波及下一代的文化水平。国务院扶贫办和教育部聚焦深度贫困地区的教育发展，广泛动员民间力量参与，筹集社会资金支持，推出

---

① 不同国家对其定义各不相同，有些国家在立法层面明确规定了国语或官方语言，但我国采用的是"国家通用语言文字"的表述，并非国语或官方语言。

② 孙梁，朱成全 . 制度语言学问题的经济学分析 [M]. 大连：东北财经大学出版社，2016：133-140.

了"学前学会普通话"的语言扶贫项目，旨在帮助贫困人口阻断语言能力贫乏的代际传递。四川凉州作为首个试点地区，已经取得了较为显著的成绩，已有相当数量的少数民族儿童接受了科学有效的普通话教育。

案例2：四川成为"学前学会普通话"的试点地区

　　受自然条件和历史因素的限制，教育在四川凉山彝族自治州的发展极不平衡，被称为脱贫攻坚"短板中的短板"。凉山彝族自治州的14个世居民族中有52.89%是彝族同胞，是我国目前最大的彝族聚居群。当地少数民族群众接受教育的平均年限不足6年，成年彝族群众靠彝语交流，许多青壮年的彝族群众听不懂普通话，境内54万名幼儿有近49%讲不了普通话。为帮助凉山儿童过好语言关，当地从2015年起逐步落实"一村一幼"计划，长期有调研组深入当地幼教点考察，了解普通话教学工作的开展情况。几年来，已有近3 100个村级幼教点建成，在岗辅导员近7 800名，惠及学龄前儿童近12.55万名，基本覆盖了凉山彝族自治州的深度贫困县、市及民族乡镇。入园就学的儿童已普遍能听、说普通话，学会了不少汉语儿歌，还养成了较好的文明礼仪习惯。随着"学前学会普通话"项目的进一步推进，"一村一幼"计划将继续提质增效，让更多的孩子享受到良好的学前教育。据悉，在2018年5月27日的"学前学会普通话行动"启动仪式上，君康人寿保险股份有限公司为助力凉山彝族自治州"一村一幼"的继续开展，捐赠了5 000万元作为学前教育扶贫的专项基金。

　　资料来源：综合整理央广网、中新网、中国网相关资讯。

　　正如国务院扶贫办主任刘永富所言，"学前学会普通话，是实现义务教育有保障的第一课，一定要打牢；是不让儿童输在起跑线上的第一步，一定要迈好。""学前学会普通话行动"是为了落实党中央

关于教育扶贫重要决策。国务院扶贫办和教育部作为发起部门和指导单位，"学前学会普通话"行动倡议活动在2018年10月17日的"2018教育扶贫论坛"上如期举行。该项目旨在解决少数民族贫困地区学生在义务教育阶段之前的普通话能力问题，使他们在幼儿时期能够听懂、会说、敢说、会用普通话，提升他们进入小学后的语言理解力和学业水平。作为脱贫攻坚的重要工作之一，"学前儿童会说普通话"是国家支持深度贫困县脱贫攻坚工作的重要工程。它已成为根除代际贫困的重要抓手。该项目的开展至少有如下两个优点。

（1）目标明确，进展稳定，以教育扶贫促进语言扶贫。"学前儿童会说普通话"项目以3年为期，在贫困地区营造出良好的国家通用语言的交流氛围，使处于3～6岁的学龄儿童都能在发展正常学习能力的同时掌握运用国家通用语言的沟通能力和思维习惯。可以说，学前儿童打好普通话的听说基础，就是为义务教育阶段的学习生活打基础，就是为获得更好发展前景奠基。通过语言获得，促进民族人口间的交流交融，从而让这一群体了解国家主流文化与社会核心价值观，利于其融入国家主流文化氛围。此外，加强对幼儿园或幼教点教师队伍的建设，有助于促进当地教育质量稳步提升。最终实现以教育扶贫促进语言扶贫工作的开展，在起跑线上落实国家通用语言的教育。

（2）国家重视，多方参与，保障性高，可推广性强。国务院扶贫办和教育部广泛呼吁，联合中国扶贫基金会、中国扶贫志愿服务促进会，搭建合作平台，完善沟通机制，凝聚各级扶贫、教育部门、对口援建城市以及社会爱心力量这一强大合力，每年筹集3亿元作为运转资金，把"学前学会普通话"行动作为语言教育的重要任务来完成。这一行动计划还吸引了多家教育科技公司的参与，承担了学前儿童教材开发及教师培训的工作。

第二节 机 制

联合国开发计划署每年发布的"人类发展报告"，皆通过经济发展的数据观测人类发展水平。在 1990 年的发展报告中，识别和衡量贫困的指标就包括"读写能力"，它指的是人类获得知识所需的阅读和交流水平，与人们的经济收入、健康与寿命共同构成了测定"人类贫困指数"（HPI）的三个维度。避免贫困循环的重点在于改变就业劣势以及经济劣势，最关键的问题是阻断贫困的代际传递。而语言作为支撑各个生产活动的基底，语言能力的匮乏，自然会诱发教育劣势。因此，扶贫工作需要采用精细化、精准化的运作模式，将导致贫困循环链条上的节点各个击破，前提是找准攻克的薄弱环节，语言便是其中之一。

一、语言作为资本的经济价值

语言不单是语言学意义上的符号系统，它本身还是一种影响其他制度运作的"社会制度"[1]。除发挥传递信息的载体职能之外，语言本身能生产经济价值。单纯的语言并不能产出收益，只有成为人力资本，才能产出作用于整个社会的巨大价值[2]。语言是文化符号载体的外在表征，承担着人与人之间的经济交流职能，还能积累成人力资本而进入生产函数。赵蓉晖认为，语言文字除发挥社会构建功能、社会认知功能之外，还是构成国家硬实力和软实力的要素与标记，同时影响着国家的经济潜力[3]。经济学家马尔萨克（Marschak）发现，与其他物质类资源相类似，语言也具有经济特性的本质；语言的价值、效用、费用和收益，都能通过个人以及社会的投入而获取[4]。瓦尔兰科

① 舒尔茨. 论人力资本投资 [M]. 北京：北京经济学院出版社，1990.

② 黄少安，张卫国，苏剑. 语言经济学导论 [M]. 北京：商务印书馆，2017.

③ 赵蓉晖. 语言社会功能的当代理解 [J]. 中国社会科学，2017（2）：159-171.

④ MARSCHAK J. Economics of language [J]. Behavioral science, 1965, 10（2）：135-140.

特（Vaillancourt）曾归纳过，语言的经济效益往往体现在以下几点：其一，克服跨文化、跨经济交际的障碍；其二，在语言辅助下完成某项工作任务；其三，依靠语言从业或参与某些活动；其四，在劳务市场中，语言能力满足社会需求。

语言是属于整个民族的，它的价值是在所有成员共同劳动下而创造的。讲同一种语言的群体构成了一个语言集团，这门语言产生的价值也应当归语言集团所有。语言若要发展，必然离不开人们的使用，使用率越频繁，适用面越广泛，它所凝聚的人力价值会越大，语言本身的价值也就越大。尽管语言对许多关键领域都很重要，世界上却鲜有国家将其纳入扶贫脱贫的议程。事实上，语言恰恰是许多国家发展道路上的阻碍因素，是发展研究中最容易被忽视的问题之一。大量的研究表明，语言能力是一种人力资源，它与经济地位和劳动收入之间有着显著的相关性[①]。构成个人语言能力的基础指标必然包括掌握国家通用语言文字的能力，国民的个人语言能力则会成为国家语言能力的重要组分[②]。一个国家的国民语言能力不仅会成为影响社会和经济建设的首要条件，更会在现代化进程中影响生产力和文化的发展。

二、普通话对个人收入和地区经济的影响

语言作为一项重要的经济指标，微观上能影响劳动力的收入，宏观层面会制约区域经济发展。格林（Grin）在研究经济变量和语言的关系时发现，具有民族特征的语言能影响人力资本积累和经济地位，并且经济优势的来源也包含语言能力。马克思主义经济理论则认为，获得语言能力需要消耗社会必要劳动时间，这是语言价值形成的唯一方式。Gao 和 Smyth 在研究了 2005 年中国城市劳动力调查的数据之

① 刘悦.语言的经济价值测算及其实证研究[J].湖南行政学院学报，2013（5）：81-85.
② 张先亮，赵思思.试论国民语言能力与人力资源强国[J].语言文字应用，2013（2）：2-9.

后，证实了普通话熟练程度与我国劳动力市场的农民工收入呈显著的相关性①。已有的相关研究成果显示，民族地区的居民收入有明显差距，汉族居民的受教育年限更高，收入也显著高于少数民族居民；缩小民族地区农村人口收入差距的有利因素之一是增加居民的人力资本积累。王国洪基于民族地区大调查数据（2013—2015 年）的实证分析（表 12-1）也发现，普通话的掌握程度与民族地区农村人口的个人年收入有相关性，普通话的熟练度决定了农村居民的外界沟通能力，是其是否离开农村去城市从事非农职业的显著影响指标；农村居民的普通话水平越高，其从事非农职业的可能性越高，个人收入水平也越高。能听懂普通话但不能讲普通话的农村居民群体，其个人收入的差距值要比普通话听说能力兼备的群体低近 12%；而既听不懂又不会讲普通话的居民，其个人收入则比听说皆会的群体低近 30%。因为普通话水平影响农村人口的城镇流动，外出谋业与否直接关联到收入水平的差距上：收入最低的群体中，非农职业的从业者的个人收入比始终从事农业的居民高 77.36%；收入处于中间层和高层的居民，从事非农职业的群体要比务农群体的收入高出 55.14% 至 63.27%。可见，外出从事非农职业是农村居民提高收入的重要指标②。由此我们不难得出，提升农村人口的普通话水平将有助于增加其个人收入，是缩小发达地区与贫困地区发展差距的关键因素。

表 12-1　民族地区大调查数据（2013—2015 年）的语言因素实证结果

变量名	模型（1）	模型（2）	模型（3）	模型（4）	模型（5）
务过农，也从事非农工作（对照组：一直务农）	0.413 2*** (0.055 7)	0.382 6*** (0.055 8)	0.369 7*** (0.055 8)	0.318 0*** (0.055 6)	0.334 9*** (0.055 5)
一直从事非农工作（对照组：一直务农）	0.742 4*** (0.070 2)	0.744 0*** (0.070 5)	0.761 1*** (0.070 7)	0.621 4*** (0.072 1)	0.618 7*** (0.071 6)

①　GAO W，SMYTH R. Economic returns to speaking 'standard mandarin' among migrants in China's urban labour market [J]. Economics of education review, 30（2）：342-352.
②　王国洪. 人力资本积累、外出就业对民族地区农村居民收入的影响——基于 2013—2015 年民族地区大调查数据的实证研究 [J]. 民族研究，2018（3）：27-41.

变量名	模型（1）	模型（2）	模型（3）	模型（4）	模型（5）
普通话能听懂，但不会说（对照组：普通话能听懂，也会说）	-0.107 6*	-0.102 0*	-0.111 1*	-0.125 3**	-0.119 8**
	（0.059 5）	（0.059 3）	（0.059 3）	（0.058 8）	（0.058 4）
普通话听不懂，也不会说（对照组：普通话能听懂，也会说）	-0.336 9***	-0.349 2***	-0.352 2***	-0.277 4***	-0.296 8***
	（0.098 6）	（0.098 1）	（0.097 8）	（0.097 2）	（0.096 7）
常数项	8.801 1***	8.371 3***	8.718 2***	9.676 9***	10.016 8***
	（0.071 8）	（0.139 0）	（0.165 2）	（0.252 6）	（0.255 7）
Adj-R^2	0.176 8	0.188 5	0.194 3	0.211 1	0.225 5
F检验值	55.75	48.16	45.42	42.37	42.56
样本量	2 040	2 031	2 027	2 011	1 999

注：*、** 和 *** 分别表示在 10%、5% 和 1% 的显著性水平下显著，括号内为估计系数对应的标准差。

德斯梅特（Desmet）的研究发现，语言分化程度越深越会引发较大的民族冲突，其再分配机制也相对贫乏；语言分化程度越小越能为不同民族创造交流与合作的便利条件，进而激发经济增长的可能性[①]。方言差异可能影响劳动力的流动程度，讲同一种语言变体的人群会形成身份认同的共鸣，促进个人和集体的社会资本积累并提高劳动力的收入和流动率；而跨方言或跨语言变体则会制约人力流动，对于经济发展起到不利作用。刘毓芸等研究劳动力跨大方言区流动问题时得出一项结论，不同的汉语方言大区之间的言际距离每增大一个层级，会使劳动力跨市流动率下降约 3%。相邻两个地区的资源错配也受语言距离的影响：互为邻县的两地使用不同的方言，两县的生产率差距要比使用相同方言的高出近 4.7%[②]。由此可以推断，使用普通话作为共同语言可以缩小地区之间的经济差距和生产力差距，促进地区之间的

---

① 刚翠翠. 语言特质影响经济增长的理论分析与实证检验 [D]. 西安：西北大学，2017.

② 刘毓芸，徐现祥，肖泽凯. 劳动力跨方言流动的倒 U 型模式 [J]. 经济研究，2015，50（10）：134-146.

经济均衡。卞成林等综合分析广西壮族自治区 14 个地级市 2011 年至 2015 年的普通话普及数据和经济发展数据后发现，普通话普及率与经济增长率之间呈二次曲线的正相关，普通话普及率要对经济发展产生显著正面影响，需要达到 60% ～ 63.8% 的最低有效规模①。目前广西全区的普通话普及率已经突破 84.7%，对当地可持续发展起到了积极的促进作用，这一结果证明了普通话推广的确存在实际的经济效益。

三、普通话的扶贫作用

斯大林认为，民族是一个稳定的社会共同体，是靠"四个共同"将特定的人群凝聚起来的。在中国，汉族和少数民族同胞不断地接触、联结与融合，也于千百年的历史过程中形成了"中华民族"实体的"四个共同"。其中，以规范汉字为书面载体的汉语普通话是 56 个民族在国家通用层面的"共同语言"，960 多万平方千米的疆土和 300 多万平方千米的领海构成了人民生活劳动的"共同地域"，在中国特色社会经济思想指导下开展的经济活动是各族人民携手参与建设小康社会的"共同经济生活"，五千年灿烂文明包容的历史文化、道德良俗和价值追求则塑造了中华儿女的"共同心理素质"，四者共同决定了中华民族作为共同体的内涵与性质，也是"中华民族共同体"实现民族伟大复兴的外在表征和基础要素。面对当今国内市场一体化、城乡一体化的发展趋势，普通话在各类经济活动中发挥了"共同语言"不可或缺的交际作用。作为中华民族共同拥有的语言资源，普通话所带来的价值也是整个民族赋予的，它的收益理应为全民所有。只有让同在一个语言集团的成员都在生产活动中享受普通话的语言红利，才能让普通话使用的广度和深度扩展开来，进而在经济发展中发挥更大的效益。

普通话能力的缺失是我国"老少边穷"地区典型的"语言贫困"现象，这种不足必然会制约民众的文化知识和科技知识输入。语言扶

---

① 卞成林，刘金林，阳柳艳，等 . 少数民族地区普通话推广的经济发展效应分析：来自广西市际面板数据的证据［J］. 制度经济学研究，2017（3）：220-233.

贫则将提高普通话能力作为核心，帮助劳动力获得信息和学习技能，激发劳动力市场的流动性，进而促进经济产业的升级，以实现扶贫攻坚的目标。扶贫要"治本"，本即是"人"，治理贫困自然要注重人在认知层面上的改变。蔡曙山团队的研究结果表明，人类的认知过程可以划分为五个层级（图 12-1），人类的认知活动只能且必须处在这个序列之中。谢治菊团队基于人类五层认知理论的框架，已经探索出了认知科学范式应用于扶贫治理的管理机制[①]。沿人类心智进化的方向观察可知，处于中间层的"语言认知"联结了高阶认知（higher-order cognition）和低阶认知（lower-order cognition），这是区别人类与非人类动物的重要环节，同时也是人类心智进化走向高级阶段的基础层。作为人类发展心智和认知的基石，语言认知决定了人类的思维方式和认识世界的方式，语言同时构筑了社会现实。语言扶贫工作要将政策传达与送教培训覆盖到各村各户，让扶贫者、贫困户都能意识到国家通用语言在个人能力建设和地区经济发展的决定作用，通过言语交际、互动交融的方式积极调节贫困户保守、封闭、依赖、焦虑等心理表现，避免帮扶力量撤出后返贫现象的再生。所以说，"扶贫先扶志（智），扶志（智）先通语"是十分具有科学依据的。

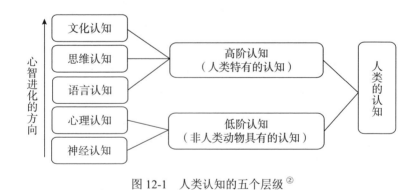

图 12-1　人类认知的五个层级 [②]

　　① 谢治菊，李小勇. 认知科学与贫困治理 [J]. 探索，2017（6）：127-135.
　　② 张旭，蔡曙山，石仕婵. 人类认知五层级与民族地区精准扶贫探究 [J]. 吉首大学学报（社会科学版），2018，39（3）：108-113.

第三节 制度安排

现阶段国家层面指导推普脱贫的语言政策文本主要包括：2012 年
12 月发布的《国家中长期语言文字事业改革和发展规划纲要（2012—
2020 年）》、2016 年 8 月发布的《国家语言文字事业"十三五"发展
规划》、2016 年 12 月发布的《〈国家语言文字事业"十三五"发展规划〉
分工方案》、2017 年 3 月发布的《国家通用语言文字普及攻坚工程实
施方案》（以下简称《实施方案》），以及三部委联合发布的《推普
脱贫攻坚行动计划（2018—2020 年）》，上述文件都在《中华人民共
和国国家通用语言文字法》的方针指导下实施。至此，我国在政策层
面形成了从国家部委到地方基层的语言扶贫制度，对国家通用语言文
字的普及攻坚作出了详细的规划部署。

一、推普脱贫的分级目标

《实施方案》指出，国家通用语言文字的普及攻坚要做到"四个
坚持"：一是坚持政府主导、协同推进工作开展；二是坚持普及攻坚
的发力精准、重点突出；三是坚持推普工作因地制宜、分类指导；四
是坚持建设相关制度、注重长期效应。

到 2020 年，我国东部地区、中部地区、西部地区将分别实现不同
的攻坚目标：东部注重提高国家通用语言文字的总体水平，普通话的
普及率达到 85% 以上，基础薄弱的地区以 80% 普及率为基底；中部
加强国家通用语言文字的普及达标，普通话的普及率达到 80% 以上，
基础薄弱的地区要提高到 75% 以上的普及程度；西部分三种情况实施
普及攻坚战略，条件充分的地区将普通话普及率提至 80% 及以上，基
础较差的地区要确保达到 70% 及以上的普及率，而针对特别困难的地
区原则上在 2020 年达到 50% 的普通话普及率，最低限度也要提高 10
个百分点。

《实施方案》针对不同县域确定了不同的攻坚任务：普及率在70% 及以上的县域要集中提高国家通用语言文字的总体水平，其中75%～79.9% 和70%～74.9% 的地区分别在2018 年年底前、2019 年年底前把普通话普及率提升至80%；普及率在50% 及以上的县域要加强普通话的普及攻坚进度，城市地区的普及率在2020 年年底前达到80% 的水平，力争将一半以上的县域普通话普及率提升至70%；而普通话普及率处于50% 以下水平的县域要加快国家通用语言文字普及攻坚的进度，原则上在2020 年年底前把全部县域的普通话普及率提升至50% 以上，各县域的普及率争取提高10 个以上的百分点，为之后达到基本普及的目标奠定基础。

二、推普脱贫的保障措施

教师、基层一线干部职工、青壮年农民和牧民是《实施方案》重点提升国家通用语言文字能力的使用群体，面向这三类群体的措施及要求各有不同。

对教师队伍而言，培训校长及教师的国家通用语言文字水平的力度将进一步强化，新进师资必须达到国家规定的普通话水平标准，普通话未达标的教师要快速提升能力。

针对基层一线干部职工群体，公务员要在普通话培训中发挥带头表率作用，重点领域的从业人员实现普通话水平全线达标，基层干部的国家通用语言文字应用能力和语言意识将提高要求。

青壮年农民和牧民作为国家通用语言文字能力相对较弱的使用群体，在其职业技能培训中将重点提升普通话的能力素养，把语言文字工作支援纳入对口援助工作的范畴当中，特别加强对缺乏或不具备普通话沟通运用能力农牧民的专项培训。

各级、各地政府要强化责任意识、加强督导和验收，对推普脱贫加大经费投入和宣传动员力度；学校发挥教育教学作用，加强普通话培训教材建设、教学软件及教具的研发力，依托师范院校建设培训基地；增大语言文字工作对口支援的协同合作，从社会到家庭联动开展普通话学习任务，吸纳社会团体、企事业单位及个人广泛参与，网络化、平台化推进国家语言文字推广与普及活动，全力保障推普脱贫工作做到实处。

三、推普脱贫的验收指标

我国绝大部分县域内的农村地区占有广阔的地理空间，开展县域的普通话普及攻坚验收工作，既有利于提高社会各界的语言文字规范意识和规范水平，又是促进国民提升语言文字应用能力，促进县域经济及社会发展、面向国家建设小康社会大趋势的根本需求①。各地应按照推普攻坚的目标、任务、实施路径和时间安排，围绕三项一级指标、六项二级指标对国家通用语言文字攻坚工作进行验收。其中，普通话普及率是核心，考察县镇和农村居民、中小学生等普通群体的普及状况；普通话达标率是基础，考察县乡级公务员和服务窗口工作人员、中小学师资、乡（镇）村级广播站广播员等重点职业群体的达标情况；制度与环境建设、工作机构和长效机制是保障条件，考察政府和各级各类院校的国家通用语言普及工作管理制度建设、机制体制和人员配备，验收党政机关、公共服务业、媒体业、教育教学单位的普通话使用情况等。教育部、国家语言文字工作委员会会同国务院扶贫办进行推普脱贫的不定期抽查、检查，奖惩分明，对成效显著、举措相宜的地区予以表扬，对执行不力、进度迟缓并推诿责任的地区给予通报批评。

四、推普脱贫的现实意义

普通话不仅是中华人民共和国的国家通用语，更是 56 个兄弟民族的中华民族共同语，这是我国立法层面明确的语言地位。新型工业化、城镇化的发展势态终将加快社会人口流动的节奏，促进全国劳动

---

① 教育部 国家语委关于印发《国家语言文字事业"十三五"发展规划》的通知. [EB/OL].（2017-01-16）. http://www.gov.cn/xinwen/2017/01/16/content_5160213.htm.

力市场一体化的形成。所谓"强国必须强语，强语助力强国"，国家通用语言文字作为全民性、社会性的宝贵资源，理应在经济建设和国家发展中恰当而充分地发挥效益。尽管我国普通话的平均普及率已逾80%，地区间、城乡间却存在明显的发展差距，这是国家语言文字事业的发展短板^①。许多中西部农村、牧区的青壮年劳动力仍受缺乏普通话能力的影响，减少了劳动力提高基本素质、从业技能和就业能力的机会，制约个人脱贫致富的同时遏制了地方经济发展。在全面建设社会主义现代化强国、迈向共同富裕的时期，农村和民族地区的经济建设不能掉队，"通语扶贫，通语扶智"便成为国家通用语言文字服务国家基础和核心领域建设的新使命。让语言在脱贫攻坚工作中发挥扶智扶贫的实际效用，既是践行以人为本、落实可持续发展观的具体表现，更是构筑和谐社会、建设小康社会的必然举措。这也标志着国家通用语言文字的推广与普及正从工具型教育过渡成发展型教育，它在当今中国社会的功能和价值走上了不同以往的历史新高度。综合语言社会学和语言经济学的学科理念，笔者认为，语言扶贫的现实意义包含如下两点。

一是突出了语言文字事业的基础性和全局性。语言文字既是一种社会现象，同时又是经济社会发展的基本需求。它与经济社会文化事业相互交融，与国家的经济发展、政治稳定和文化繁荣休戚相关。提高国家通用语言文字的普及率是"十三五"期间语言文字事业助力我国小康社会建设的主要着力点，是引领贫困人群加入经济社会一体化发展格局的基础桥梁。开展"推普脱贫攻坚行动"，旨在减少因共同语缺乏而导致的信息障碍和交际难题，从而促进各类扶贫政策方针的传播与实施，推动科技扶贫、产业扶贫、教育扶贫、旅游扶贫等具体项目的落实。"宏观推普"将有助于提升全民整体的语言文化素养，"微观推普"可以助力精准扶贫脱贫，"为经济发展提供新动力，为文化建设提供强助力"。

---

① 王春辉．论语言因素在脱贫攻坚中的作用［J］．江汉学术，2018，37（5）：92-100.

二是强调国家通用语言文字对于个人语言能力和国家语言能力的重要性。普通话作为中华民族的通用语，具有全民性、经济性的特点，它是进行跨地区、跨民族交流最为简洁、高效的实现方式，能为交际双方减少言语活动中的损耗，提高沟通效率。掌握国家通用语言文字既是国民赖以生存和发展的必备能力，同时又是构建国家语言能力的核心要素。目前我国普通话的普及程度和能力水平都呈现出极端的不均衡性，这是制约国家语言能力发展的不利因素。推普攻坚行动将 2020 年作为时间节点，乃提升全民国家通用语言文字能力的一大举措。① 所以，语言扶贫的最终目的是实现对贫困地区人口的语言赋能，通过增强民众个人语言能力的形式，为其提供接受先进科学文化知识、获取扶贫脱贫前沿政策的信息媒介。这既是满足劳动者提升各项综合能力的基本保障，又是服务国家语言文字事业发展的战略行动。

第四节　路　　径

　　"通语"是消除贫困代际传承中人文诱因的举措，凝聚着全国人民在语言上的最大共识。推普脱贫的目标人群是多层次且水平不一的，农牧业劳动力群体、公务员群体的普通话能力要结合其务工、职场或一线实践的技能需求，少数民族群众的普通话学习要在尊重和保障其民族语言文字受教育权的前提下展开，以此确保各类群体都能实现国家通用语言文字能力的发展。笔者认为，各地区落实语言扶贫的路径应当是"多元一体"的，下文将结合国家和地方层面的具体项目，就语言参与扶贫的可行途径（图 12-2）展开论证。

---

① 教育部，国务院扶贫开发领导小组办公室，国家语言文字工作委员会 . 推普脱贫攻坚行动计划（2018—2020 年）[EB/OL].[2018-02-27]. http://www.gov.cn/xinwen/2018-02/27/content_5269317.htm.

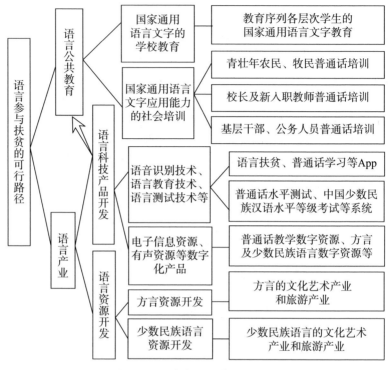

图 12-2　语言参与扶贫的可行路径

一、语言公共教育的扶贫路径

社会的发达与进步依赖知识的教育和科技的发展，社会人作为推动社会和经济建设的群体，必须依靠语言获取先进的科学文化知识。语言作为资源和产品，承载着教育文化信息，肩负着信息处理和知识传播的使命。人力素质和人力资源在信息社会和学习型社会的重要性日趋明显，个人学习的终身化、社会化、普遍化是促进国民全面发展的基本保障，脱贫致富首先要改善贫困人口的语言能力贫困，缓解人力资本积累的不足；语言能力的质变有助于认知能力的提高，进而使贫困人口克服贫困心理、催生内生动力。汉语尽管形成了一致的中文书写系统，地域方言变体却多而庞杂。徐现祥等把汉语方言从语言人力资本中分离出来，分析了汉语方言多样性对中国经济发展的影响，发现汉语的地域方言变体越多越会对知识和技术的传播产生阻碍影响，同时显著地减缓了地区经济增长的速度；作为文化的代理变量，当其他因素不变时，降低汉语方言的复杂程度可促进该地区的知识与技术传播，人均产出提高30%[①]。所以，将国家通用语言纳入扶贫攻坚，反映着国民对语言公共教育和语言产业的必然需求。

1. 普通话的学校教育和社会培训的关系

普通话的学校教育和社会培训虽然是不同体制下的两条"平行线"，彼此间却有相互依存和相互促进的作用：依法推进从基础教育到高等教育的国家通用语言文字教育教学，是从学校各学段消除低文化群体代际传承的根本途径；分层、分级的普通话培训体系则强化了不同社会领域、不同职业群体的语言服务能力，从教育领域到行政领域、从基层单位到服务窗口发挥了国家通用语言文字的社会功能。普通话培训可以采用夜校学习班、远程教育培训等各类活动形式，旨在拓展社会各界学习和使用国家通用语言文字的平台，进一步丰富学校教育之外的语言学习渠道。需要注意的是，推普脱贫要坚持正确导向和语言文字使用规范，同时要注重教材资源的开发与建设。普通话通识读物的编写和选用应当充分了解读者所需，难度要吻合青壮年农民、牧民的汉语普通话的掌握度，内容要针对普通话推广和普及的实际困难来设计，呈现形式则要更加通俗易懂，聚焦实际应用场景，符合语言获得的规律。据悉，国家语言文字工作委员会已经委托语文出版社编写发行了《普通话1000句》，该书已经成为高校学生下乡送教的普通话必备读物，在"三区三州"被广泛赠阅。教育部、国家语言文字工作委员会还将加大数字化学习资源的研发力度，继续指导民汉双语对照版系列普通话入门图书的编写，从国家层面给予"推普脱贫"教育支持。目前，国家和地方已经有若干项目和成果问世，为推普脱贫的开展打通"语言关"。

[①]　徐现祥，刘毓芸，肖泽凯.方言与经济增长[J].经济学报，2015，2（2）：1-32.

2. 边疆和民族地区推普脱贫的 "石榴籽计划"

多年的实践证明，国家通用语言文字的推广与普及是多方联动的事业，不光要依靠政府牵头和教育部、国家语言文字工作委员会的推动，更需要全社会、全民族的一同关注、齐心献力。针对边疆地区和民族地区的现实语情，国家广电总局的播音主持实践锻炼基地启动了"石榴籽计划"，该计划由中央广播电视总台主持人、全国政协委员海霞建议并发起，目前相关项目已经初现成效。海霞认为，脱贫攻坚越到关键期，语言障碍的瓶颈效应在边疆地区和民族地区就越发显著，这个最大的障碍使民众在脱贫之路上一筹莫展。

案例 3："石榴籽计划"送教援疆

"石榴籽计划"已经成功地为新疆麦盖提县等贫困地区的教师开展了专项面授培训，通过理论学习和实战观摩等方式，为一线教师提供了点面结合、言传身教的指导与帮扶①。为破除语言桎梏和文化藩篱，"石榴籽计划"为根本脱贫确定了开发普通话教学用音视频资料、培训幼教师资骨干、开展图书公益捐赠、推广文化交流和语言拓展活动等四项语言任务。"石榴籽计划"面向学前儿童、中小学生和成人各阶段的普通话学习者，以儿歌和成语故事、寄宿制学生睡前故事、成人自学普通话等内容形式，已录制并完成了一大批高质量的音视频学习资源。其中，按照小学义务教育学期安排录制的《中华古诗文经典读本》音频以中华经典文化为蓝本，将古诗文诵读及讲解、作者和创作背景介绍相结合，课后编排了成语接龙、诗词填空等趣味性的语言活动。因此，这套音频成为"石榴籽计划"解决边疆和民族地区缺乏普通话老师的问题的典范作品。

资料来源：新疆维吾尔自治区教育厅网。

---

① 王晓雪.海霞："扶智先通语"推普脱贫 "石榴籽计划"凝聚人心.[EB/OL].（2018-08-30）. http://www.takungpao.com/news/232108/2018/0830/210218.html.

习近平总书记在指导民族地区事务时曾给出过一个生动的比喻，"全国各民族人民要像石榴籽那样紧紧抱在一起"，这也注定了边疆和民族地区的普通话推广任务的特殊意义。与其他汉语方言地区的目标和任务明显不同，边疆和民族自治地方的推普脱贫应当在团结兄弟民族、维护国家长治久安的前提下开展，以语凝心，促进当地群众在文化层面和国家层面的心理认同。结合"精准推普"的指导理念，"石榴籽计划"团队今后的努力方向大体上可包括如下四点：其一，积极协调政府工作部门、教育主管部门，呼吁其他政协委员共同参与语言扶贫；其二，依托国家广电的基地资源和语言专家优势，研发更多的普通话学习的音频、视频资源，争取将这些教学资料列入边疆地区、民族地区的教辅选用目录，其三，希望发挥"少年中国说"全国中小学生口语表达能力展演大会等品牌活动的优势，为全国各族的少年儿童创建一个普通话学习和交流的实践平台；其四，探索将"石榴籽计划"发展成国家和地方财政专项援建、专款扶持的语言教育公益事业。

3.送教"六个一"的"推普脱贫乡村行"活动

"推普脱贫乡村行"是各地方结合当地推普脱贫的实情和需求，由教育部门、扶贫开发部门、广播电视台联合承办的送教下乡活动，已有广西、江西等省区开展了相关活动。在共青团中央学校部和教育部语言文字信息管理司的号召下，全国高校选派了若干支大学生助教队伍，在2018年7月至9月的暑期进行了"推普脱贫攻坚"的专项社会实践活动。

案例4："推普脱贫乡村行"走进广西贫困市县

2018年，广西"推普脱贫乡村行"已在来宾、百色等贫困市县的贫困村举行，开展了与国家通用语言文字推广普及相关的"六个一"活动，主要包括：组织一堂普通话推广的公益课、举办一次主题文化下乡活动、赠阅一套普通话学习实训教材、开展一次以"推普脱贫"为主题的宣传，调研一次扶贫帮扶的工作进展，搭建一个普通话推广的网络平台。"六个一"活动的主要目的是找准穷困根源、明确攻坚靶向，形成学前儿童学会讲、学龄儿童讲好、成人学习使用的普通话学习机制。以帮助贫困户提高生产劳动能力为终极目标，消除因普通话学习障碍带来的求职应聘、技术掌握等困难，坚定脱贫的信心和决心。"推普脱贫乡村行"是一个充分调动人力资源和教学资源的下乡活动，大学生助教团队深入贫困山区，将普通话带到了乡村的幼儿园、中小学以及村民家中，部分学校和扶贫送教小组协助收集了留守儿童给外出务工父母的家书，由广电部门的主播和留守学生代表朗读并录制音视频，寄给了他们漂泊在外的父母。此外，广西壮族自治区的"跟我学说普通话"网络课堂也已正式开课，配合多个语言文字相关的微信公众平台，拓宽了民众普通话的学习渠道。

资料来源：广西扶贫信息网。

"推普脱贫乡村行"是服务"十三五"期间国家语言文字事业发展规划的重要项目，送教团队下乡到中西部贫困地区符合国家的乡村振兴战略和教育扶贫战略，是当代大学生体验"做中学，学中做"、展现青年人责任担当的难得机会。笔者认为，送教下乡助力脱贫的模式有如下有优点。

（1）响应了共青团中央学校部和教育部语言文字信息管理司的号召，发挥了当代知识分子的优势专长。大学生推普脱贫实践团队通常本着"返乡开展、就近施教"的原则，有助于广大学生群体确立"建设家乡、服务地方、无私奉献"的良好信念，这不仅能引导广大青年学子发挥自身专业优势，还能让学生们在实践中积累经验、增长才干。

（2）突出国家通用语言文字在全民脱贫致富中的重要作用，彰显语言文字工作的基础性和全局性。大学生志愿者以普通话作为知识载体，为贫困地区群众传播了教育、科技、文化、卫生等领域的前沿知识。从"受教育群体"到"送教育群体"的角色转换中，志愿者们将会更好地认识到国家通用语言文字对于个人发展、社会进步和经济建设的重要性。

（3）为今后各级语言文字工作部门提供了推普的实践抓手。我国各级语言文字工作部门有人手不足的共同特点，许多市级、县级的语委办公室不是独立的行政机构，多是挂靠或兼并在教育主管部门的相关处、室，日常公务运作尚且困难，开展大范围的推普脱贫实践更需要动用人力、物力、财力，多方办事部门共同参与。各级语委办与学校联系较为密切，选拔学生志愿者组队送教的操作性极强。在寒暑假期充分调动学生资源参与推普脱贫的送教行动，很大程度上缓解了基层语言文字工作的困难。

二、语言产业的扶贫路径

语言扶贫的产业化发展模式有利于群众参与并融入更为广阔的区域经济圈，这种路径将有效驱动本土语言文化艺术资源的开发与利用，进一步促进贫困人口摆脱"等靠要"的惰性思维和"小富即安"的落后理念，逐渐调动个人与群体参与地方经济产业建设的活跃度，进而走上脱贫致富的道路。

1. 语言科技产品的开发

语言能力的获得离不开充分的学习资源，这是保障有效输入的前提。科技时代的发展已经让语言获得不再局限于纸质素材，大众媒体资源、移动网络资源正突破传统介质的时空限制，移动学习（mobile-learning）已经更新了人类教育信息接入的方式。教育信息化建设和教育信息化应用是当下信息时代的发展要求，《国家中长期教育改革和发展规划纲要（2010—2020 年）》中也明确提到，要大力发展国家通用语言文字的教学与使用，加强优质教育教学资源的开发与应用。语言扶贫的落地需要开发数字化的语言资源，针对推普脱贫开发即时高效、互动友好和超媒体性能俱佳的语言学习 App。以"语言扶贫App"为代表的应用程序，在研发时都充分利用了语音的合成与识别、口语评测等现代技术，用户的体验内容涵盖了语音理论、语料练习、情景学习、民俗文化、学习者分析等几类功能模块。此类应用系统除了以视频、音频教学为主，还实现了基于网络爬虫技术定位周边和当前位置的地图服务，以感知用户当前所处的实际语境 [①]。讯飞语音交互功能模块的置入，将现实世界和虚拟世界两相融合，让用户在全景参与的过程中学习并应用普通话。在让更多的语言学习者享受到便携实用移动设备的同时，互联网技术的参与也促进了线上线下语言帮扶活动的开展，势必成为国家语言非传统推广模式的新兴趋势。

值得一提的是，除可以推广使用"语言扶贫 App"提供的普通话自动化测评模块以外，国家通用语言文字的几种培训考试也能实现计算机辅助的网络化成绩评定，各地区可采取"以测促学""以考评教"的形式来验收国家通用语言文字的普及效果。笔者认为，可以按不同群体划分的"引、荐、动"模式鼓励学习参与国家通用语言文字的培训考试：其一，引导讲汉语方言的贫困人口参加普通话水平测试；其二，推荐政府公务人员、基层干部和教师等从业人员报考汉字应用水平考试；其三，动员少数民族农牧民报考汉语水平等级考试。对于数字信息闭塞、网络资源不发达的地区，可以尝试制定面向贫困人口免费参加人工普通话水平测试的语言政策，探索相应的奖励或补贴机制来调动贫困户参与普通话教育培训的积极性。

2. 语言资源的开发

随着我国经济的外向型发展和人民物质文化水平的提高，语言出版、语言艺术乃至语言创意等业态的需求度和消费力逐渐升温，语言在文艺娱乐、影视传播、休闲旅游等文化产业中的作用逐渐提升 [②]。汉语的国际影响力一定程度上带动了全球的"汉语热"和中国文化"传播潮"，对于各地开发与保护汉语方言和民族语言的文化艺术资源都是不可多得的机遇，势将发展为地区经济的"朝阳产业"，带来巨大

---

①　潘芳. 面向壮语区的普通话学习 APP 设计与实现 [J]. 齐齐哈尔师范高等专科学校学报，2017（6）：37-40.

②　贺宏志. 语言产业引论 [M]. 北京：语文出版社，2013.

的经济利益从而促进扶贫工作的开展。用产业的社会方式来运作语言，将成为引领贫困地区致富的经济增长点。对地方曲艺、民族史诗等以语言为表征的产品加以推广和传播，是充分利用各地区的优良文化传统的表现，在发展地区旅游业的同时拉动语言文化产品的消费，继而促进普通话的语言服务需求和地域方言文化、少数民族文化的"语言致富"。

因此，各地在经济建设过程中要明确树立语言的资源意识、经济意识和产业意识，可以探索如下三种语言扶贫路径：其一，为语言产业制定合理的科技扶持、税收与财政扶持等相关政策，将语言产业发展纳入扶贫攻坚的总体战略之中；其二，结合当地的语言资源凝练文化品牌，尝试让贫困户参与语言文化项目的开发与运作；其三，鼓励贫困户成为语言产业的从业人员，帮助贫困户开发地域方言、民族语言的文化艺术产品或特色旅游项目，培训其使用国家通用语言文字进行旅游讲解的书面写作能力和口语表达能力，实现经济赋权和语言赋能的"双赢"。

三、语言扶贫的运作机理

共同富裕是面向全体中华民族的，涉及的领域涵盖社会的方方面面，一个民族的群体性的社会活动中最经济适用的交际方式就是使用民族共同语，缺乏这一语言能力的人群将无法参与社会文化生活，延缓进入共同富裕的进程。语言扶贫的基础是加强普通话的推广和普及力度，进而依托语言资源的开发与运用的产业化建设来服务并推动语言公共教育的发展。整个运作机理（图 12-3）有三个核心：教育与培训、资源开发与建设、制度保障与兜底。

从某种意义来讲，为青壮年农民牧民和基层干部提供语言培训也是一种教育活动，只是形式是普通话的职业化培训、继续性培训；推进中小学的普通话教育教学不单是面向学生群体，校长、教师等教育从业者同样需要普通话水平的提高，以正规的学校教育提供普通话的

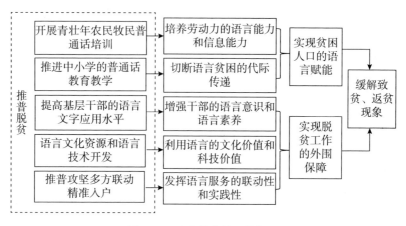

图 12-3　语言扶贫的运作机理

沉浸式学习环境，从而切断普通话能力缺乏的代际传递；语言资源的开发与建设是让语言文化的经济价值充分发挥，探索语言产业带动经济建设和语言能力培育的路径；推普攻坚的多方联动和精准入户则是增强语言文字工作协同机制的做法，使整个语言扶贫工作汇聚政府部门、财政部门、教育部门、宣传部门及广播电视媒体业的集体力量，将普通话推广做精做细，形成扶贫工作的外围保障体系。在实施精准扶贫的工作中，纳入普通话的绩效考核指标敦促政府、教育、语言文字工作部门加强民族共同语普及任务的重视程度。推普攻坚是一项关怀社会发展需求、国民和个人需求的举措，但不意味着推普工作一经展开便能迅速实现缓解致贫、脱贫现象的发生。

四、"扶贫语言"和"扶贫言语"的双向协同

语言扶贫是以推广国家通用语言文字为核心的国民教育活动，同时又是一个体现语言文字的社会功能和社会价值的话语实践进程。语言扶贫中的"语言"应当是多元的，富有多重含义，笔者认为，它至少包含"扶贫语言"和"扶贫言语"两部分。

1. "扶贫语言"

"扶贫语言"既可以是"脱贫攻坚行动计划"的推广对象，即汉语普通话，也可以指开展扶贫工作时实际交际情景所需的言语交流工具，包括地区性的汉语方言和少数民族语言。这里着重探讨民族地区的语言问题。基层干部掌握少数民族语言的沟通能力，对促进民族团结、维护社会稳定意义非凡[①]。2014 年的中央民族工作会议上，习近平总书记曾对民族地区的语言问题作出了重要指示，他强调民族地区的高等教育要发展，双语教育必须搞好，双语在民族自治地方的工作发挥着沟通政心民心的作用。习近平总书记强调，少数民族地区的工作"关键在党，关键在人"，民族地区的干部要带头强化自身的语言能力，少数民族的干部要学会讲汉语普通话，汉族干部也要争取能讲当地的民族语言。缺乏双语的沟通能力，"干部是当不好的，话都听不懂怎么做工作？……"这段论述充分彰显了民族地区的双语功用，总书记提出双语实践的要求也是符合国家通用语言文字和少数民族语言文字的本质特点和应用规律的。

在民族地区进行推普脱贫工作，要充分考虑少数民族同胞发展和使用本民族语言文字的权利，应当从多语能力发展的角度切入，让贫困地区人口认识到国家通用语言文字对于个人脱贫和国家发展的重要意义。只有让普通话在贫困地区得到普及和应用，才能实现以共同语言为载体的共同心理素质和共同经济生活的双重发展。扶贫干部要有双语传递心理意识，让民族语言成为语言扶贫的"中介语"，方便贫困地区的少数民族同胞学习到国家通用语，自觉赶上社会主义经济的大发展、大繁荣时代而不落后。当然，这种路径还处于摸索阶段，各民族地区干部的语言水平也有明显差异，可以探索设立相关奖聘晋升制度来加强干部学习双语的动力，促使语言扶贫政策落在具体实践之中。

2. "扶贫言语"

笔者认为，"扶贫言语"的价值担当十分重大，它是具体的扶

---

① 温碧华，谭玲，王明慧，等. 对新疆兵团基层汉族干部维吾尔语培训的思考 [J]. 课程教育研究，2016（36）：250-251.

贫工作开展时传递的具体内容，包括国家和地方层面的政策方针书面文字作品、基层一线工作人员传达给人民群众的扶贫政策话语。"通语"是脱贫攻坚进程中实现扶志、扶智的交际渠道，靠语言去传递扶贫政策、沟通党心民心，用言语来凝聚民族团结力、增强脱贫意志力。语言文字在上述活动中发挥着对人类思维改造和知识传播的载体功能，同时体现着激发群体内生动力、巩固民族内在认同的社会价值。

案例 5：扶贫干部要"学会跟群众说话"

2018 年 11 月，沈道远发表了一篇题为《干部也须练好"方言土语"基本功》的署名文章，提到了扶贫工作实际交际场景的一则趣事：一位说普通话的青年扶贫考核小组工作人员到贫困户家中了解帮扶情况，问了一句"老乡，您享受'住院零支付'政策了吗"，结果对方一脸疑惑，不解其中之意。幸有当地的村干部打了圆场，用方言"翻译"给贫困户听，是在问"老辈子，小伙儿问你住院掏钱没有啊"，才缓解了尴尬的气氛①。

资料来源：人民网。

上面的案例反映了一个现象：方言土语虽然和汉语普通话同根同源，但交际场景不能完全依赖普通话来完成。在农村偏远地区，年轻的基层干部缺乏与群众打交道的"共同话语"，话语系统时常不在同一个维度。贫困户中不乏一些文化程度不高的普通群众，假如干部都用普通话来讲书面文件的名词术语，自然会出现理解和沟通上的偏差。这不仅让扶贫工作大打折扣，还会形成理解上的障碍，达不到沟通民心的作用。所以，扶贫干部要学会书面语言到通俗语言的转化，积极掌握讲方言土语的技巧，把政策话语"翻译"成能听得懂、能照着做

---

① 沈道远. 干部也须练好"方言土语"基本功 [EB/OL]. （2018-11-09）http：//theory.people.com.cn/n1/2018/1109/c409497-30391743.html.

的实践话语，这应当成为基层扶贫的工作语言能力之一。所以，扶贫工作中的走访和宣传都应注意话语策略，表达和措辞切勿曲解政策，用对用好方言土语来降低交流成本。但需要注意的是，精准扶贫的相关言论不能再现涉及物化女性（如"扶贫送老婆"）等一类容易诱发社会舆论的吸睛标题，这种错误的语言观和言语策略必须予以纠正。

第五节　启　　示

新中国成立初期，国家确立语言规范化的标准，在铁路交通、医疗卫生、公安司法、新闻和教育等系统积极倡导使用普通话，语言文字成为当时消除文盲的知识性工具，是人民群众发展生产力、推进农业合作的重要条件。改革开放以后，我国经济高速增长，语言文字在这一时期充分发挥了服务和保障的基础作用，同时语言文字事务走上了法制化的道路。21世纪以来，语言文字深入科技领域、产业领域和管理领域，影响更加深远，是国家经济实现科学发展和创新实践的驱动要素。新时期的语言扶贫工作是要实现普通话在薄弱地区的普及攻坚，在建立共同语言的基础上追求共同富裕的目标。所以，"扶贫先扶智，扶智先通语"的理想仍面临着许多困难、矛盾与挑战。

一、语言扶贫面临的挑战与机遇

党的十八大以来，贫困地区"摘帽"的步伐逐渐加快，党中央将扶贫开发的战略高度进一步定位。在2020年的全民脱贫愿景下，摆在语言扶贫工作面前的既有挑战，也有机遇。与2000年的普查结果相比，2015年全国实现了普通话普及率逾70%的成绩，初步消除了语言上的交际障碍；但语言国情仍旧存在着极大的不平衡现象，主要体现在城乡之间、东中西部地区之间。国民个人的国家通用语言能力也有着不均衡性，目前能讲普通话的人口中少数人口只停留在一般水平，这无法满足社会发展对高水平普通话使用能力的运用要求和服务要求。扶贫政策的制定是宏观的，帮扶实践则是微观的，政策重在托底，实践重在实用。普通话推广的帮扶对象是人，在设计实践路径时要充分考虑地区因素、年龄因素、职业因素、教育水平因素、母语背景因素的综合影响，同时要注意扶贫活动的可操作性、普适性以及可持续性。中国的语言扶贫工作不能止步于普通话的脱贫攻坚，未来还会有提高民众多语能力、多言能力的语言政策出现，这是全球化趋势下的必然之路。当今的语言社团必将产生更多的语言接触，我国作为语言资源大国，自然也需要利用语言红利，发展语言经济产业，提高国家和国民语言能力建设的同时，发掘语言资源的经济潜势，为经济建设创造更大的价值。

二、语言扶贫的政策建议与展望

语言扶贫工作任重道远，相关事务的推进和落实必须要结合国情地情，尊重国家和人民的根本利益。国家通用语言文字与汉语方言、少数民族语言文字都是中华民族共同的精神财富，它们构成了我国丰富的语言文化资源，是主体性与多样性辩证统一的存在。语言既是人类交流信息、获取知识及沟通合作的媒介，更是社会与国家内部各成员建立联系、传承文明、引进新思想、获知新技术的重要途径。它既可以左右群体的意识形态，还可以动摇权能的分量，甚至会演变成纵横捭阖的社会行为。推普脱贫是现阶段国家语言文字事业的任务之一，但绝非唯一的任务。推广普通话不是对语言文字使用的强制性"一刀切"，不是要把汉语方言和少数民族语言文字消灭、禁用。语言扶贫政策的传达、推广和实施等环节一定要符合国家当下的语言格局和语言文字观，不能以牺牲和谐语言生活、破坏各民族关系为代价。

普通话攻坚任务难在西部地区和偏远农村地区，这些地区的少数民族掌握普通话的程度较低，需要我们在工作上重点关注、重点倾斜。

应当让普通话推广活动积极融入各项扶贫战略之中，具体的举措可有如下几种。

（1）加强语言的教育赋能和社会服务，为贫困人口提供全方位、多形式的语言扶贫，不但要教会语言知识，更要在语言技术、语言产品上给予扶持。

（2）充分做好语言扶贫开发，激活文化产业和旅游产业的发展，这将促进贫困地区语言文化资源的可持续发展，实现贫困地区的经济价值转换。

（3）提升语言帮扶项目的质量与水平，面向不同群体开展普通话的实训，鼓励民众和基层扶贫干部发展个人使用双语双言的能力。

（4）完善语言扶贫工作的志愿者服务制度，组建稳定的志愿者队伍，让更多的大学生参与到语言扶贫的志愿服务中来，探索远程与线下结合、精准到户到人的志愿者服务体系。

随着普通话推广的模式从传统的普通话推广模式向宏观微观相结合的"精准推普"转型，未来社会各界应当对贫困地区人口的语言使用情况、普通话普及率等相关情况做深入了解，以期语言扶贫能更好地助力国家经济的建设。

第十三章①
文化扶贫

文化扶贫，在贫困理论和减贫实践中具有独特的地位。在贫困理论上，它基于对文化根源的追溯来解释贫穷的延续性和顽固性；在减贫实践中，它既针对造成贫困地区贫穷落后的文化根源对症施治，又把土生土长的本土文化视为扶贫的重要资源，与推进公共文化服务、加强社会主义精神文明建设有机结合。

2018 年 8 月 19 日，中央人民政府网站发布《中共中央 国务院关于打赢脱贫攻坚战三年行动的指导意见》，再次明确指出，打赢脱贫攻坚战的指导思想之一，就是要着力激发贫困人口内生动力，要求在工作中坚持扶贫同"扶志、扶智"相结合。

在《乡村振兴战略规划（2018—2022 年）》和《中共中央 国务院关于打赢脱贫攻坚战三年行动的指导意见》习近平总书记明确了脱贫攻坚战的三个"着力点"，其中首要的一点就是"着力激发贫困人口内生动力"。在具体阐释中，落脚于把贫困文化及相对应的认知观念、行为习惯揭露出来，让村民在集体活动中认识并反思贫困文化，进而逐步形成否定和摆脱贫困文化的意识和行为。这就再一次从战略角度明确了精准扶贫工作中文化扶贫的重要地位和作用。

本章从造成贫困的文化机制出发，总结了近年来学术界对贫困文化理论应用于我国扶贫工作的若干观点，探讨了文化扶贫的一些具体

---

① 感谢程云飞为本章所做工作。

实践路径和既有制度安排，以及国内外文化扶贫实践带来的启示与反思。

第一节　互 动 机 制

文化扶贫之所以可能，在于文化与贫困现象间存在着某些相互纠缠的互动机制，从这些机制入手，可以解释文化扶贫所具有的合理性和有效性。

一、贫困的文化机制

当贫困成为一个需要被识别的对象时，必须在操作的层面上设定若干标准。从世界范围内应对贫困问题的实践来看，多数情况下这些标准都包括一个最低收入水平以及生活、健康、教育、居住条件等一系列可以被具体认定的指标。指标这个词本身所具有的经济学意义，长期以来将减贫问题与区域发展问题捆绑在一起，然而中国几十年以来的减贫实践证明，很多时候，地区经济发展了却不一定就能自然消除贫困。甚至由于收入分配不平等现象的产生和扩大，经济发展越到后期，对贫困人口的带动效果往往越微弱，从而偏离了扶贫的目标[①]。因此，对于贫困现象的产生问题，必须要补充在结构性的政治经济学或制度、政策研究之外的其他视角。用通俗一点的话来说，为什么有的人可以通过自身的努力，在国家政策和地方政府的帮扶下实现脱贫，而有的人却无法抓住这样的机遇，或者即便短时期达到了脱贫线但又很快返贫呢？这就需要一些更深层次的解释。

有学者将迄今为止学界既有的关于致贫原因的理论区分为结构与

---

① 汪三贵，郭子豪.论中国的精准扶贫［J］.贵州社会科学，2015（5）：147-150.

文化两大解释进路，细致剖析了贫困与文化之间的互动机制①。人类学家刘易斯在他对墨西哥一个贫困家庭的调查研究中首次提出了"贫困文化"的概念，他将其定位为一种具有自身独特的结构与理性的社会亚文化②。刘易斯的贫困文化理论的主要特征在于两个方面。一是它产生于穷人群体所共享的一种生活方式，并且属于所谓"社会主流文化"大传统下的一个小传统；二是它实际上是穷人长期处于次要或边缘地位的情况下产生的一种精神上的自我调适③。

以此为基础，文化与贫困之间的互动机制就可以被简略地作出以下描述：诞生于贫困条件下的个人，接受了该群体中固有的对于现有贫穷状态的一套解释以及行为倾向，从而不愿意接受和抓住那些本来有可能改变其命运的新的观念或机遇，结果就长久地处于贫困状态之中难以摆脱。或许有些个体曾经尝试作出改变，但是最终其失败的经验反而更加强化了这一群体的保守倾向。更糟糕的是，这种有限的选择性甚至可能使贫困群体对自身的文化产生一种有负面意义的骄傲感，因为这种文化往往会赋予他们一种道德上的优越性，使他们对自己的贫困具有一种道德价值，那些富有者的财富聚集往往被他们视为缺乏道德或偏离价值④。这样，他们就可以更加说服自己安于贫困。

贫困文化概念传入我国后，受到了学界的广泛重视，引发了对贫困产生的机制问题的重新思考。有学者就直接将贫困文化视为贫困长期存在的主要根源⑤。其主要理由如下。

贫困文化通过持久地融入生活的方式，将其伦理、思维方式、价值观念等注入人的头脑中并不断沉淀下来，生活于其中的人会不自觉

① 周怡. 贫困研究：结构解释与文化解释的对垒 [J]. 社会学研究, 2002（3）：49-63.

② LEWIS O. Five families：Mexican case studies in the culture of poverty[M]. New York：Basic Books，1959.

③ LEWIS O. The culture of poverty [J].Scientific American，1966，215（4）：19-25.

④ 刘易斯. 桑切斯的孩子们 [M]. 上海：上海译文出版社，2014；威利斯. 学做工 [M]. 南京：译林出版社，2013.

⑤ 吴理财. 论贫困文化：上 [J]. 社会，2001（8）：17-20.

地接受它并视之为理所当然；儿童在社会化的早期一旦接受了贫困文化的影响，在其此后的人生中就很难将其剔除出去，而这种影响又是很难阻断的；即使物质生活上发生了变化，文化所具有的巨大惯性特征也往往使其留存下来，滞后于物质条件的变化，甚至将人拉回到贫困状态中去。

由此可见，贫困文化对"穷人"来说，既具有功能性和价值性，维护了这样困顿的生活尚可以忍受下去的信念，又使得这样的生活延续得没有尽头①。

需要注意的是，在引用"贫困文化"相关理论的同时，不能将文化与贫困之间的互动机制理解得过于僵化与死板，也不能彻底陷入这种理论性的构思之中。

首先，贫困文化理论并不能对贫困现象作出彻底完备的解释。如果仅仅是在贫困状况催生了贫困文化、贫困文化又强化了贫困状况之间打转，那就很难解释最初的贫困到底是如何产生的。因此最终还是要引入结构性的不平等或不均衡的因素。

其次，贫困文化理论暗示了一种相对悲观的前景。贫困总是一种持续恒久的现象，因为它的存在本身就是自我延续的，贫困文化就是其再生产的机制。贫困总是会在某一群体间，尤其是在代际延续，成为难以摆脱的命运。

最后，贫困文化理论的封闭性，包括其论证的封闭（循环论证）和文化特征上的封闭（难以接受新事物），都过多地将贫困的责任归咎于贫困人口本身。仿佛都是他们的不思进取、保守顽固，才使其永远贫困下去。这明显属于一套资本主义文化的价值话语②。

尽管存在若干缺陷，但是贫困文化理论揭示的贫困产生机制还是对今日我国的扶贫攻坚工作有着很大的启发。

---

① 贺海波.贫困文化与精准扶贫的一种实践困境——基于贵州望谟集中连片贫困地区村寨的实证调查[J].社会科学，2018（1）：75-88.

② 李文钢.贫困文化论的误用与滥用[J].中国农业大学学报（社会科学版），2018，35（5）：22-31.

首先，贫困可以被视为固有文化滞后于结构变迁的结果[①]。因此，在扶贫工作中，创造了条件、改革了体制、优化了环境，并不一定意味着就能消除贫困。必须使文化观念的改变跟上结构的转变，才能使之发挥效力。

其次，正如在新的精准扶贫理论中不断强调的那样，贫困的文化解释更加注重强调贫困人口的内在驱力和思想变革，这正对应了从顶层设计角度历来强调的"着力激发贫困人口内生动力"。

二、贫困文化与文化贫困

与相对来说较为复杂的贫困文化理论相比，文化贫困似乎可以相对简单地得到界定。如果说贫困文化代表的是一种既有的生活方式与观念对变迁的抵制，使得物质或结构上的变化受到了阻碍的话，相对应地，文化贫困就可以理解为一种发展物质条件所必备的软件基础的缺失。一个"有"，一个"无"，都成为文化方面阻碍实现脱贫的因素。

对文化贫困的界定可以有狭义与广义两种方式。

狭义上讲，文化贫困指的是目标群体在知识水平、受教育程度、科学素养、价值理念、能动性、思维方式、行为趋势上落后于当代发展的一般水平，从而限制了自身生存与发展的一种相对落后状态。广义上来说，文化贫困指一些国家或地区文化滞后于当代世界发展的潮流，并影响到其发展的落后状态[②]。

如果将文化贫困与经济贫困或物质贫困并列比较，可以称之为"精神层面的贫困"，它既是一种相对独立的现象，又与后两者紧密联系。在概念上可以将文化贫困区分为绝对和相对的两种。绝对文化贫困指目标人口缺少获得文化产品的途径，无法维持甚至根本没有基本的文化生活。相对文化贫困是指当地文化建设滞后于经济发展，公共文化

① 周怡.贫困研究：结构解释与文化解释的对垒[J].社会学研究，2002（3）：49-63.
② 郭晓君.文化贫困：内涵与界定[J].西华师范大学学报（哲学社会科学版），2005（2）：1.

服务相对不足，文化产品质量相对较差，文化活动方式相对落后①。

对于文化贫困的衡量标准因此也具有空间和时间上的差异。过去一段时间内，对文化贫困的判断标准常常基于文盲率、识字率、教育普及率、公共文化设施数量等指标，可以说相对流于表面和粗泛。实践中发现即便这些指标都得到了大幅度的提高，也会有新的文化贫困现象产生，因此最新的经验研究往往将文化贫困的判断标准定位于文化设施的利用率，文化主体的求知欲和创新欲，以及文化活动的价值取向方面①。

当然，严格说来，贫困文化与文化贫困在学理上是不能简单地并置的。

首先，前后两个"文化"具有完全不同的意义。如前文所述，贫困文化中的"文化"，指的是一个特定群体在长期的共同生活过程中形成的一种行为逻辑和意义表达基础。这是一个偏重人类学的"文化"概念界说。一方面，它在某种程度上排除了武断的价值判断，具有相对主义的立场，因为特定的文化基于特定的生活方式，不能简单地断定它的好与坏；另一方面，这种文化界定方式也意味着每一个群体都有各自的文化，它是一套固有的规范或象征符号体系，没有"没文化"的人，只不过在社会变迁的背景下，存在一些文化不能同步调整的群体。与之相对地，文化贫困中的"文化"则显然具有不同的含义。一方面，它是可以学习和累积，与教育体系相联系的一系列普遍化的知识，文化贫困用俗语说就是"没文化"；另一方面，它具有明确的价值取向和坐标，贫困或丰富是以这个确定的价值标准来衡量的。

其次，贫困文化与文化贫困各自产生于不同的语境下。贫困文化理论诞生于西方学者对既有的关于贫困的结构性解释路径产生不满的前提下，其经验基础来自对墨西哥、意大利、美国等不同社会的城市底层阶级的研究。而文化贫困概念相对来说还缺乏一个获得普遍认同的理论定义，对它的使用多是基于我国自身的现实状况、价值取向和

---

① 罗序斌，孙露.当前农村文化贫困的成因与对策研究［J］.金融教育研究，2016，29（4）：59-64.

意识形态，相对来说更偏重实践或政策层面而非理论层面。

虽然这二者间存在上述的不相瓜葛之处，但这并不意味着在现实中就不会产生相互影响。扭转文化贫困状况对于改变贫困文化有着积极重要的作用，它恰恰可以从实践的层面打破贫困文化理论的封闭性和循环性，可以说这两方面工作既共同结合于精准扶贫，又共同助力于社会主义精神文明建设。

三、贫困地区文化的"内生性重构"

在社会学视域内，自从韦伯的《新教伦理与资本主义精神》一书进入我国学界后，其从文化精神出发论证资本主义现代化发展的路径就引发了广泛而深刻的讨论。20 世纪 80 年代以来，围绕着传统 / 现代、保守 / 激进、本土 / 外来等类似的二元对立框架产生了大量的争论。与韦伯的路径相合，余英时提出了一个中国语境下的对应命题，即在中国近世的商人集团中也存在类似新教教派中的那种促进经济发展的伦理精神①。反对者则认为这种设问方式是陷入了韦伯的话语陷阱，也即非西方国家如果要获得与西方一致的现代化成果，就必须阐明自己的社会结构或历史中存在类似西方文化精神的要素，否则就只能抛弃传统选择跟随西方脚步②。

随着现代化理论遭到抛弃和对现代性的复杂悖论性质的揭示，对于进步与发展的普遍性命题的讨论都已失去过往的热度，代之以在多元主义的前提下立足于各自的本土文化的创造性转化而走出具有自身特色的道路。

将以上问题投射到文化与贫困的关系上来就会得到一个几乎同构的问题：是否消除贫困地区或贫困人口的落后状态就必然意味着在外力或政策的作用下对贫困文化进行全盘的改造？

答案当然是否定的。

---

① 余英时 . 中国近世宗教伦理与商人精神 [M]. 北京：九州出版社，2014.
② 杨念群 . 中层理论 [M]. 北京：北京大学出版社，2016：54.

埃斯科瓦尔从"混杂文化"的概念出发描述了一种后发展的图景，其敏锐之处在于打破了"传统—现代"之间的二分冲突结构——他批判了后者必将取代前者的这种替代性思维，强调文化本身所具有的开放性与活力。其对支配性发展话语的批判极为锐利，并且将解决问题之道从纯粹学术拉向了大众实践，寄希望于第三世界或草根组织自发的抵抗或争夺话语权的活动[①]。由此可以启发我们认识到，贫困地区的文化不完全等于贫困文化，为了达到促进贫困地区发展、消除贫困人口的目的，不仅不能简单粗暴地将贫困根源甩给落后地区的文化，反而要积极发挥文化对人的行为的指引和规范作用。

斯科特通过考察德国、巴西、苏联等国由国家强力推行的促进地区发展的项目是如何失败的，提出了一个"支配—抵抗"框架。他特别强调国家或知识精英所掌握的"科学知识"对于在地方的、从实践中产生的"米提斯"（即地方的、默认的知识）的蔑视和压制，使得地方人民从根本上不信任甚至抵抗那些以开发或发展为名义的项目。一方的目的不能得到另一方的理解，尽管它声称是为了改善后者的生存状态。其中的缘由就在于对文化力量的漠视[②]。

案例 1：内蒙古草原资源管理项目

自 1996 年起，内蒙古自治区开始启动一项草原资源管理项目，引发了一系列"共有地"治理难题。为了明确草原权属、提高草场的使用效率，同时保护草原的生态，实现可持续发展，政府在当地推行了一种非常类似于农村地区的地权制度的"双权—制"政策。也即草场所有权归集体，使用权归家庭，实行草原承包经

---

① 埃斯科瓦尔. 遭遇发展 [M]. 叶敬忠，汪淳玉，吴惠芳，等译. 北京：社会科学文献出版社，2011.

② 斯科特. 国家的视角：那些试图改善人类状况的项目是如何失败的 [M]. 王晓毅，译. 北京：社会科学文献出版社，2011.

471

营责任制。可以看到，这是几乎完全复制农耕地区生产生活方式的一种政策。如果按此顺利实行的话，其结果就是草原也会呈现出类似于耕地那样"阡陌纵横"的景象。而现实情况则是牧民们几乎完全无视划分好的草场界限，他们自有一套什么时候应当到哪里去放牧的做法，尽管他们也非常清楚哪片草原"应当"是谁家的。

资料来源：朱晓阳.语言混乱与草原"共有地"［J］.西北民族研究，2007（1）：15，33-57.

以上案例中体现的政策、法律、法规的变形和失效，原因就在于其制定过程中没有考虑地方性知识的融贯能力。放牧山羊是一种信念，它是一种与特定生活方式相联系的"规则"。牧人关于草场共享的信念与草原生活方式或习性相关联，游牧文化观念虽然不断变化，但一直存在，这个秩序与利用国家意志推行的法律法规系统存在对立。简而言之，符合政策制定者"理性"的逻辑，却不一定在牧民那里行得通，自然会受到他们软性的抵制。

但是后文的讨论中将会说明，如何对待地区文化和民族文化问题在实践中的答案远没有口头上的回答这么简便。这里我们暂且只提及一种贫困地区文化的创造性转变中的运转机制。

李晶从发生学的角度出发，阐述了通过促进贫困地区文化"内生性重构"达到消除贫困目的的机制[①]。这一机制的核心在于充分激发贫困人口自身的主体性意识，以其自身的愿望作为变革文化与发展的动力。新中国成立初期的实践表明，彻底打碎和抽取出农村原有的传统文化，人为地植入一套新的话语体系，并不能获得"即插即用"式的效果，反而破坏了农村原有的文化"内生性重构"机制，使得农民成为受指令调配的木偶。改革开放后，外部环境的松动使得农民重新产生了对精神文化的需求，并自发开始对传统文化的重建。这种自发性的重构如果得不到外源性力量的正确引导和积极支持，就容易偏离正

---

① 李晶.贫困地区文化"内生性重构"研究［J］.图书馆论坛，2016，36（6）：27-33.

面的价值取向。因此，应当推动一种文化主体、政府与市场多方互动的"内生性重构"。通过提高文化自信，增强文化认同，促进文化创新，使得农村贫困人口自主地摆脱文化贫困、摈弃贫困文化。

类似的思路也被阐述为农村居民文化的"自组织"能力建设。现代公共文化建设存在着两种相互关联的组织方式：一是自下而上的"自组织"方式，二是自上而下的"他组织"方式。这里的"自组织"和"他组织"，就类似上文中的"内生性"与"外源性"的动力。文化扶贫需要充分尊重文化发展的内在规律，实现"自组织"与"他组织"相结合，将文化精准扶贫与机制创新相结合，构建以培育贫困地区农村居民文化"自组织"能力建设为中心的文化扶贫新机制[①]。

以上简要介绍了贫困与文化的若干互动机制。简而言之，贫困文化是贫困产生的重要根源，文化贫困是贫困的一种主要形式，从激发内生性因素出发消除贫困是文化扶贫的中心含义。

从本土来看，中国传统的文化中多包含了人情、关系、面子等具有"中国特色"的因素；以小农经济为主要生产方式的经济特征，又使得中国农民的保守和封闭长期受到诟病。但文化是一个整体，正是相对封闭自足的生计方式促成了重关系和人情的交往方式。在现代语境下，政治经济发展的过程一方面是一个传统文化与"现代性"的个人主义和理性观念相冲突的过程；另一方面，面子、人情等因素又在具体的实践中促使人们抓住机遇、积极进取，以富有、慷慨等经济行为获得道德尊崇。因此文化与贫困的关系不是单一面向的，文化扶贫本身就是一种文化实践。

第二节　模　式

扶贫模式的转变，实际上更深层次地反映在政策层面面对消除贫

① 边晓红，段小虎，王军，等．"文化扶贫"与农村居民文化"自组织"能力建设 [J] ．图书馆论坛，2016，36（2）：1-6．

困的社会和政治需求时的一种矛盾处境和思路上的转换。文化扶贫模式的提出，是在新的发展阶段总结以前的扶贫工作成就和难题的基础上提出的新的解决方案。

一、扶贫模式的演进

改革开放 40 多年以来，中国持之以恒的减贫工作取得了巨大的成就。在不同的阶段，针对不断发展的经济社会形势和其产生的新挑战和新问题，扶贫工作的模式也发生着连续的演进变化 [1]。

从改革开放初到 20 世纪 80 年代中期，扶贫工作的主要方式是以"撒胡椒面"式的方式对贫困地区实行单纯的生活救济。这种救济方式虽然暂时缓解了贫困人口的生活压力，但是也存在较大的问题。一是救济形式单一、分散，资金和物资的利用率非常低下，难以解决贫困区域发展所面临的长期困难局面和结构性难题。二是这种"输血"式的救助方式，并没有使这些长期受贫困文化影响的地区出现生机与活力，相反却养成了当地群众的严重依赖思想，贫而安贫，一蹶不振。中华人民共和国成立前认为自己的穷是"命"，中华人民共和国成立后又将脱贫的希望寄托于政府救济，消极无为的心态一直延续了下来 [2]。

从 20 世纪 80 年代中期开始的反贫困计划，开始改变以往以无偿救济为主的"输血"式扶贫，改为以生产帮助为主、无偿救济为辅，形成从"输血"向"造血"的转变。主要措施包括以工代赈，支持贫困地区小型基础设施建设；贴息贷款，为贫困地区的发展项目提供优惠条件；财政资金支持，用于兴建基础设施、提供社会与文化公共服务、进行技术培训和科技推广；小额信贷，为贫困人口提供发展生产

---

① 汪三贵，曾小溪.从区域扶贫开发到精准扶贫——改革开放 40 年中国扶贫政策的演进及脱贫攻坚的难点和对策 [J].农业经济问题，2018（8）：40-50.

② 辛秋水.走文化扶贫之路——论文化贫困与贫困文化 [J].福建论坛（人文社会科学版），2001（3）：16-20.

的资金；以及科技扶贫、义务教育工程等①。这些措施和手段对消除贫困人口、解决温饱问题产生了巨大的作用。但随之而来的问题是，经济增长对减贫的边际效应不断下降，贫富差距持续加大；一些项目的落地持续成问题，扶贫政策难以奏效；受制于贫困地区干部群众文化、科技素质不济，经营管理水平不高，信息不灵，市场观念不强等原因，各种扶贫项目投入巨大但产出不高，造成了扶贫资金的大量流失②。

扶贫政策失灵的问题，促使政策制定者眼光的转变，必须从贫困人口自身主体性的角度出发，分析为何精心设计的制度与政策会难以充分发挥作用。

十八大以来，中央将精准扶贫作为扶贫工作的基本方略，使扶贫措施与资源精准地与贫困户的需求对接。与过往的模式比较，扶贫工作从聚焦区域发展为主逐渐向县域、村、户不断下沉。目标从短期内解决贫困人口的生活问题，向长期内解决贫困对象发展能力与动力不足的问题转移。扶贫模式实现了从救济式扶贫到开发式扶贫再到自立式扶贫的转型，救济意味着以外界的力量为主，自立则意味着以自身的行动为支撑。

扶贫先扶志，扶贫必扶智。要增强贫困人口的内生发展动力，就不能只强调"物质扶贫"，忽视"精神扶贫"。通过开展文化扶贫，消除阻碍产生贫困的文化根源，才能改变扶贫全靠"扶"的模式，使得贫困人口可以凭借自己的力量实现自身发展。

纵观扶贫模式的演进历程，可以看到文化扶贫的地位处于一个不断上升的过程。扶贫工作者和政策制定者越来越认识到，文化是一个具有自身独特的地位与价值的相对独立的范畴。物质条件的改变和社会变迁与文化变迁之间的复杂关系，是文化扶贫模式的一个认识基础。

对文化的深入研究和认识是人类学的一项主要工作和贡献。拉德

---

① 汪三贵.在发展中战胜贫困——对中国 30 年大规模减贫经验的总结与评价[J].管理世界，2008（11）：78-88.

② 辛秋水.走文化扶贫之路——论文化贫困与贫困文化 [J].福建论坛（人文社会科学版），2001（3）：16-20.

克利夫 - 布朗的结构功能主义视角延续涂尔干的社会学路线，强调文化或信仰是塑造一个群体中的个人之间社会纽带的方式，在一个有机联结的社会中，社会结构会将该群体共同生活中产生的价值与意义系统神圣化和符号化。而马林诺夫斯基的社会心理学型的分析，则认为文化的作用在于满足个人对外在世界的认知和情感上的需求，尤其是在遭遇困境时，文化要能够提供给他一个有效的解释方式，给予他安全感和稳定性。

以上两种理论都很适合解释在一个保持长久稳定不变的社会中，文化与社会经济结构之间的关联。但是在社会急剧变迁、发展日新月异的条件下，文化与社会之间的关系就更多地表现为一种龃龉和不相调适。为了解释变迁条件下的社会现象，格尔茨认为："最好先设法将人类生活的文化与社会方面分析性地加以区别，并将其看成可以独立变化但又相互依存的因素。"[①] 并且正是在两者之间的变化不协调和不连续的条件下，可以看到推动变化的主要力量。这个力量就是行动者个体内部的动机整合机制。

换言之，贫困状态的产生，与其说是贫困文化阻碍了人们致富，不如说是农村地区文化与新的社会经济条件的变迁不同步了。促使两者能够重新相互协调的动力，是贫困主体自身的行动，而文化扶贫的最终目的就是促进这一行动。

二、文化扶贫模式的变迁

自国家"八七扶贫攻坚计划"实施以来，我国文化扶贫大致经历了三个重要阶段[②]。这三个阶段实际上就是围绕着对贫困文化的深入认识而不断展开的。

第一个阶段，文化扶贫还仅仅是一项针对"文化贫困"的专项工作，

---

① 格尔茨 . 文化的解释 [M]. 南京：译林出版社，2014：176.
② 段小虎，张梅 . "十三五"时期我国文化扶贫研究趋势与重点分析 [J]. 图书馆论坛，2017，37（5）：55-63，97.

而"文化贫困"只是贫困的一个特殊类型，只不过它短缺的不是各种物质资料，而是文化产品。因此，自从1993年12月中国文化扶贫委员会成立之后，就开始实行一系列的文化产品供应项目。例如1995年起启动的"万村书库"工程，以及与其相配套的"全国农民读书征文"比赛活动，目的都在于把"文化"摆到农民触手可及的地方去，使农民可以直接接触到这些先进的文化产品。另外还有将文化扶贫与提高科学素质、普及卫生常识相结合的文化科技卫生"三下乡"活动，集中宣部、农业部、文化部、国家科委等十部委之力，力图推进文化扶贫理念融入整个农村建设工作中去。

第二个阶段，文化扶贫开始获得制度和体制上的更高的重视。《国家"十一五"时期文化发展规划纲要》的提出，从顶层设计的角度明确了我国文化发展的指导思想、方针原则和目标任务。纲要中明确提出要加强农村文化建设，鼓励社会力量捐助和兴办公益性文化事业。这就实现了制度安排上的巨大突破。以此为契机，文化扶贫工作也迎来了重大的进展。一方面，农村公共文化建设被纳入国家财政保障层面，基本公共文化服务的均等化、标准化成为在制度层面得到明确和推进的过程；另一方面，多种社会主体开始参与到文化扶贫中来，扶贫主体的多元化意味着摆脱了过去几乎完全依靠政府政策实现脱贫的局面，使社会、市场的力量进入扶贫中来。这不仅使得扶贫资源的配置更加灵活，也有利于促进文化的内生性转变。

第三个阶段，到"十三五"期间，文化扶贫已经成为一个具有独立重大意义的领域。2015年1月14日，中共中央办公厅、国务院办公厅印发《关于加快构建现代公共文化服务体系的意见》。12月9日，文化部等七部委联合印发《"十三五"时期贫困地区公共文化服务体系建设规划纲要》。2017年5月25日，文化部发布并实施了《"十三五"时期文化扶贫工作实施方案》。这些重要文件的陆续出台，表明文化扶贫不仅仅是扶贫工作中的一个组成部分，而且已经上升到国家战略层面的高度。文化扶贫与农村文明建设，与社会主义精神文明建设有机地结合在一起。

三、文化扶贫模式简述

文化扶贫的主要模式，包括文化保护与传承、发展文化产业与文化事业、振兴文化教育等。

1. 文化保护与传承

正如上文所述，贫困文化是一个一体两面的整体。将其视为引发长期持续贫困的根源固然是有其道理的，但是也不能忽视贫困文化中具有正面意义的要素。在地方文化中的传统的伦理道德体系维系了地方的和谐稳定，有着自然纯朴的特点[①]。传统文化价值规范衰落造成的价值无序，恰恰成为妨碍发展的问题之一。

因此，全面完备的文化扶贫策略应当从文化保护的基础上出发，因为文化本身就是扶贫的重要资源。一方面，符合当地人民文化逻辑的扶贫措施和政策，往往能得到事半功倍的效果；另一方面，地方文化的凋零没落，恰恰是某些贫困落后思想滋生的原因。

我国贫困问题的一个突出特点就是区域性整体贫困，而不同地区、不同民族间存在巨大的文化差异。认识并利用这种文化多样性，使之得到保护和传承，就是文化扶贫的题中应有之义。

这里我们要再次引用人类学家格尔茨关于"地方性知识"的论述。民族志学者通过对异文化思想形态的挖掘，发现知识形态的建构必然总是地方性的。只有深入每种文化情景中去理解文化自身的逻辑，体会其本身对文化符号的定义，而不是以自己的标准衡量对象的行为，才能真正理解当地人对某些特定外力所作出的反应[②]。

维护民族文化多样性是在文化扶贫过程中必须遵守的价值取向，要正确处理它与贫困文化理论的关系。民族文化的多样性一直以来就是我国的民族特色，从新中国成立初期的民族识别工作开始，我国就一直非常重视差异化的文化形态带来的丰富资源。但是与此同时，复

---

① 方清云. 贫困文化理论对文化扶贫的启示及对策建议 [J]. 广西民族研究，2012（4）：158-162.

② 格尔茨. 文化的解释 [M]. 南京：译林出版社，2014.

杂的外部环境已经将我们裹挟进了一个汹涌的潮流，用单一的关于经济指标的发展话语取代了文化多样性的要求。在扶贫开发工作中，这种单一的经济发展话语不可避免地与民族文化发生碰撞，并企图通过将后者贬低为落后的无用的文化来为自己开辟道路。

政策制定者必须要在这两种话语的斗争中看清楚方向。单一的现代性的价值已被证明是镜花水月，要应对时代的变迁、人性的空泛，必须要有一个丰富的文化资源宝库，因此在文化扶贫中必须坚持保护与传承民族与地方文化。

2. 发展文化产业与文化事业

文化产业和文化事业是促进文化繁荣的两个重要抓手。

发展农村文化产业，有助于从物质和精神两个方面同时帮助农民摆脱贫困。

首先，发展文化产业要立足于本地区本民族独特的历史文化资源与自然文化资源，在本土文化中发掘出适合文化产业项目的载体，这既有利于将文化资源转化成经济资源与物质资源，又有利于增强文化自信，提高群体凝聚力与认同感[①]。

案例 2：辽宁省阜新市阜蒙县盛京满绣扶贫车间落户山村引领扶贫

盛京满绣被称为"中国清代皇族刺绣"，是"旗袍故都"沈阳城的非遗瑰宝之一、沈阳地区独有的刺绣技艺符号、辽宁省的文化名片，更是中华优秀传统文化的代表。

2018 年年初，辽宁省就业和人才服务中心与省、市、县各级各部门、单位一道，对盛京满绣（辽宁绣春秋工艺绣品有限公司）进行了多轮次的调研考察和实质性接触，充分考虑定点帮扶村——拉各拉村的实际情况，结合满绣工艺上手迅速、场所多样、时间机动的用工特点，最终确定了先培训、后签约、订单式、有

---

① 李忠斌，单铁成.少数民族特色村寨建设中的文化扶贫：价值、机制与路径选择［J］.广西民族研究，2017（5）：25-31.

保障的合作模式。

从 8 月份开始，盛京满绣技艺传承扶贫（孵化）车间先后落户招束沟镇拉各拉村、柳条寨镇长沟沿村、哈达户稍镇白音昌营子村等村，为渴望脱贫增收的村民搭建了一个学艺术、学技能、速就业的平台。

到 2018 年底，已有多个"盛京满绣"扶贫村的学员基本实现脱贫。学员学习一个月左右就可以正式绣产品订单，如果每月完成 3 ～ 6 个订单量，月收入就能达到 1 500 ～ 3 000 元。

资料来源：中国日报中文网。

以上案例表明，在产业较为单一、村集体经济力量薄弱、劳动力人口流失较严重的地区，立足本地的特色文化，开发适合当地人民参与的文化产业项目，有利于别开生面、走出一条有地方特色的脱贫致富之路。

其次，发展文化产业要注重激发多方的参与协作。要加强地方政府在农村文化产业发展当中的引导作用，文化的多样化使得顶层设计时难以面面俱到，相对来说更加熟悉地方情况的各级政府就要积极发挥引导作用。除了提供充足必要的资金支持和土地等方面的政策倾斜外，还要发挥正确的价值引领作用。要充分发挥市场机制的调节作用，文化产业是以盈利为目的的，市场机制在调整资源分配、提高资金使用效率方面具有先天的优势。只有充分调动和释放社会各方面参与文化产业开发的积极性，才能使农村文化资源得到高效的开发利用。要确保农村文化产业的效益惠及贫困人口，毕竟他们才是扶贫工作的最终主体。

案例 3：四川省阿坝州壤塘县借助非遗资源优势助推文化精准扶贫

四川省阿坝州壤塘县通过推动建设发展非物质文化遗产传习所来传承非遗文化、促进农牧民富民增收，采取了以下诸多措施。

发布了《壤塘县"壤巴拉"非物质文化遗产传习所规范化建设的意见（试行）》，为规范传习所建设、加强文化遗产保护传承提供了保障。

每年投入 100 万元用于传习所建设发展，120 万元专门扶持藏戏演出，并为县级非遗传承人提供补助，为星级传习所提供工作经费。

成立"壤巴拉"非遗协会，由协会牵头，采取"传习所（基地）+公司 + 农户"模式，将非遗文化产品转化为商品推向市场。

通过以上等各种手段，取得了丰硕的成果：先后设立非物质文化遗产传习所 15 类 26 个，涵盖了传统藏族文化的各个方面。建立省级传习基地 1 个、州级传习 2 个。同时，在上海成立非遗传习基地 9 个，并与故宫博物院签订故宫藏品唐卡复制研发项目合同，壤塘县被文化部公布为中国民间艺术之乡。2017 年，26 个传习所中实现利润的有 15 个，占 57.7%，累计实现近 500 万元的经济效益。

随着觉囊唐卡的艺术影响力越来越大，壤塘县正在以全程展示觉囊唐卡流程为主线，投资 1 亿元建设非遗传习创业园，作为全县文化产业发展的"孵化器"。

资料来源：中国日报中文网。

在以上案例中，地方政府根据本地区独有的文化资源优势，制定了明确的规范化意见，从而为非遗助力文化精准扶贫提供了有力的保障；提供了专项资金支持，提高了人民群众参与的积极性；组织对外交流活动，增强了本地文化的影响力；积极引进市场化因素，使得文化资源能够有效地转化为收益，切实提高参与者的收入水平，最终获得了良好的效果。

与文化产业不同，文化事业主要以社会公益为目的，主要作用在于提供公共文化服务和精神文化产品。自"十三五"规划实施以来，国家各文化事业部门已开始将"全面推进文化扶贫"作为重点工作推进，从各方面努力全面建设国家公共文化服务体系。

要在贫困地区实现基本公共文化服务标准化、均等化，面临着很多的难题。例如城乡二元格局的长期存在，使得农村地区的公共文化设施与城镇地区相比存在着巨大的鸿沟，这个差距短期内是很难抹平的。公共文化政策与财政制度尚未实现有效的对接，对基础文化设施和资源与服务内容的持续投入，缺乏连续性的财政开支来源。在某些地区基础设施建设落成之后，没有及时更新服务内容，软件没有跟上硬件。供需错位，供给不能有效应对需求的变化。还有上文中已经提及的，"他组织"进行得轰轰烈烈，"自组织"却缺乏相应举措甚至能力退化，等等①。

以上这些困难，给公共文化服务产品的供给结构改革提供了很多课题。在大量政府相关文件中都针对这些问题提出了一些解决思路和政策依据。例如，财政转移支付进一步向贫困地区倾斜，建立健全脱贫攻坚多规划衔接、多部门协调机制，加大人才建设力度、鼓励人才到基层去，以及建立反应更灵敏的供给结构，创新体制机制，提高适应性等。

这些实际工作和未来规划，都有利于切实推动农村贫困地区公共文化服务实现跨越式发展。

3. 振兴文化教育

贫困文化理论中的一个重要倾向就体现为"贫困代际传递"观念。贫困文化的强硬和顽固之处就在于它总是能在潜移默化中影响下一代人，形成贫困文化的"遗传特性"。这样就陷入一种恶性循环，诞生于贫困条件下的孩子受困于先天的贫困文化的影响，加上教育资源的缺失，处于一种文化贫困的状态，这反过来使他们错失了发展和逃离贫困的机遇，只能继续从事那些低收入职业，从而一代代重复相同的命运。

---

① 段小虎，张梅."十三五"时期我国文化扶贫研究趋势与重点分析 [J]．图书馆论坛，2017，37（5）：55-63，97.

有学者引入了阿马蒂亚·森的"可行能力"理论，以说明教育对于切断贫困的代际传递的价值和意义[①]。可行能力理论的基础是能力贫困，也即由于能力缺失造成的贫困，其根源并不在于个体的先天禀赋，而是权利的不平等，换言之，是对个人权利的相对剥夺。教育资源的不均衡分配造成的接受教育权利的相对被剥夺，也是这种能力缺失的重要原因之一。

　　反过来讲，教育也可以有效地干预和阻隔贫困的代际传递。要切断贫困的循环链条，关键自然在于儿童接受教育的时期。提高受教育程度有助于增加就业机会、提高收入水平。更高的收入和对生活的期待会增强在下一代身上加大教育投入的动力，从而一代一代接力式地脱离贫困的泥潭，形成一个良性的循环。

　　从国家的层面来看，教育是扶贫工作的重中之重，也是脱贫评价的主要指标之一。教育的资金支出主要由政府承担，其主体责任地位无可动摇。必须在持续加大财政支出力度的同时，保证教育资源分配的平等性、公平性、高效性。从家庭层面来看，贫困家庭由于经济条件困难，往往不愿意承担义务教育之后更高教育阶段的时间和金钱投入，反而希望孩子尽早进入劳动力市场，补贴家庭收入。这样就又陷入一个贫困陷阱。在扶贫过程中精准识别这部分人群并提供针对性的帮扶，有助于改善以上状况。

　　以湖南省为例，如表 13-1 所示，除落实义务教育保障资金、"两免一补"资金外，还针对性地推行了"一家一"助学就业行动，重点资助贫困家庭孩子到职业院校学习以及顶岗实习，使教育和就业紧密结合，有助于阻断贫困代际传递、带动家庭脱贫。

---

　　① 　郭晓娜.教育阻隔代际贫困传递的价值和机制研究——基于可行能力理论的分析框架［J］.西南民族大学学报（人文社科版），2017，38（3）：6-12.

表 13-1   湖南省教育精准资助资金

指 标 名 称	2019 年	2020 年	比上年增长 /%
落实农村义务教育保障资金 / 亿元	94.03	103.66	10.24
发放中职国家助学金 / 亿元	3.8	4.08	7.37
中职国家助学金资助学生 / 万人次	38	48	7.37
落实中职免学费资金 / 亿元	13.1	13.6	3.82
中职免学费资助学生 / 万人次	108	112	3.70
发放高校国家奖学金、助学金 / 亿元	16.14	17.2	6.57
发放普通高中国家助学金 / 亿元	4.77	4.95	3.77

资料来源：2019 年湖南省国民经济和社会发展统计参考指标、2020 年湖南省国民经济和社会发展统计参考指标。

在未来的教育扶贫工作中，还需要进一步建立尺度更大的教育扶贫组织体系、科学人才评价体系，优化社会经济结构，使得接受高等教育的风险降低；进一步优化教育资源配置机制，在均衡性的基础上尊重不同地区的差异化；增大社会参与，形成多元化的教育资助体制，丰富项目来源；此外，还应当加强师资队伍建设，注重教育中的性别公平等。

4. 因地制宜，实行灵活多变的文化扶贫模式

由于我国的国土面积广阔，各地面临着纷繁复杂的不同情况，文化扶贫模式也不能简单采取"一刀切"的一揽子方案。各地政府都应该立足于本地区所面临的特殊情况、特殊困难和特殊优势，在实践中创造一种有本地特色的文化扶贫模式。

第三节   制 度 建 设

要使文化扶贫工作能够顺利开展并实现理想的效果，必须在制度上加强保障。近年来，从党中央、国务院到各级地方政府，陆续出台实施了一系列规章政策与法律法规，有力地保障了文化扶贫工作的推进。

一、将文化扶贫理念融入精准扶贫的各项制度中去

文化扶贫是我国扶贫工作中的一个重要手段,是扶贫攻坚战中的一个有力武器,因此要将文化扶贫的理念融入为减贫目标而设立的各项制度中去。自精准扶贫战略实施以来,从宏观到微观层面已经建立了一个较为完备的制度体系,首先要将文化扶贫注入这套制度中去。

例如,在组织制度层面,有驻村第一书记和驻村工作队制度、对口帮扶、定点扶贫等。为加强文化扶贫力度,在选派第一书记和驻村干部时,在政治素质、工作作风、综合能力等各项选拔指标以外,还可以加入对文化扶贫认识的考察,从而有助于在具体工作中实现文化扶贫的目标,拔出"穷根"。在对口帮扶制度中,充分发挥政府文化部门专业人员的作用,针对扶贫对象的文化需求发挥更充分的作用。

在财政和金融制度层面,有计划地向文化扶贫项目倾斜,保证教育资金的投入,鼓励贫困居民在文化方面自主创新创业。同时实行严格的项目公告公示制度、资金使用监管制度等。

在贫困退出和考核监督评估制度层面,适当加入文化扶贫的指标,如农村基层文化设施的普及程度和利用程度、群众对文化生活的满意度等。

二、更加完善的文化扶贫制度

除去以上普遍化的脱贫攻坚制度体系之外,针对文化扶贫还有若干特别的制度安排。

在财政制度保障方面,有《中央补助地方公共文化服务体系建设专项资金管理暂行办法》出台,其中第四条规定:"专项资金分配实行因素分配与项目管理相结合的方法,重点向革命老区、民族地区、边疆地区、贫困地区倾斜。"这就从制度上保证了贫困地区文化建设的资金来源有法可依。这一法规的出台,目的之一就是促进基本公共文化服务标准化、均等化,从而破除了贫困地区公共文化建设所面临

的体制性障碍，也表明文化事业与公共财政开始实现制度性对接，使得文化扶贫资金有了基本的保障。除此之外，2017年3月1日起开始施行的《中华人民共和国公共文化服务保障法》第四十六条规定："国务院和省、自治区、直辖市人民政府应当增加投入，通过转移支付等方式，重点扶助革命老区、民族地区、边疆地区、贫困地区开展公共文化服务。"这也为贫困地区的文化建设提供了有力支撑。

自2018年1月1日起施行的《中华人民共和国公共图书馆法》第七条规定："国家扶持革命老区、民族地区、边疆地区和贫困地区公共图书馆事业的发展。"可以看到，有越来越多的法律法规开始为文化扶贫提供制度支撑。

在文化扶贫层面的其他制度创新还包括改善公共产品供给的需求响应制度，使农民可以参与进来[①]；完善文化部门纵向的沟通交流和协调机制，赋予各级文化部门一定的职责和自主权，使其有效承担起文化扶贫中的各项工作；在参与文化扶贫的各部门之间建立起有效的横向交流机制，形成合力，共同推动文化扶贫项目规划的实施。另外还有未来可能推进的文化志愿服务制度化，依托非物质文化遗产保护进行文化扶贫，以及促进数字信息技术对文化扶贫的支撑等。

第四节　路　　径

一、精准扶贫视域下的文化扶贫路径

2013年以来，在政策上对精准扶贫重要思想的阐释经历了一个不断深入和系统化的过程，形成了"六个精准"要求、"五个一批"政

---

① 刘义强.建构农民需求导向的公共产品供给制度——基于一项全国农村公共产品需求问卷调查的分析 [J].华中师范大学学报（人文社会科学版），2006（2）：15-23.

策和着力要解决的"四个问题"等一系列表述。学术界对精准扶贫的认识也逐渐清晰起来，简言之，其核心要义就是"扶真贫，真扶贫"。精准扶贫将帮扶的目标一直下沉到户，将帮扶措施和扶贫政策直接对准建档立卡贫困户，针对他们各自不同的致贫原因、家庭情况提供具体的脱贫方案，从而在根源上消灭贫困。

"扶真贫"，针对的是区域开发式的扶贫模式，后者的思路在于通过地区性的发展带动区域内贫困人口的脱贫。这在过去贫困情况较为集中、整体发展较为落后的情况下，确实起到了极大的减贫成效。在脱贫攻坚阶段，遗留下的贫困问题越发顽固，区域内的不平衡状况凸显，"大水漫灌"式的扶贫已经很难直接惠及贫困群体，所以要"扶真贫"，首先就要精准识别贫困户。

"真扶贫"，则意味着要将帮扶措施落实到位，真正对接贫困户的需求。为此，就要实行精准帮扶、精准管理和精准考核。

因此，在精准扶贫视域下的文化扶贫路径，就大致包括了以下几个环节。

1. 精准识别

精准识别是进行文化精准扶贫工作的前提，只有精确定位帮扶对象，才能有的放矢地执行帮扶工作。在近几年的实践中，通过几个轮次的精准识别和"回头看"工作，已经形成了一套有效的操作程序，既满足了收集精确信息的需要，也符合公正公平以及民主精神。但是文化扶贫工作上的困难在于识别标准的模糊和缺失。现有的贫困户识别依据主要是户人均最低经济收入标准以及"两不愁，三保障"的满足情况，虽然其中也包括了对适龄儿童义务教育的强制性要求和对户籍人口文化水平的调查，但仅靠这些单薄的信息远远不能满足文化精准扶贫的需要。

精准识别在文化这一环节上的缺失直接造成文化扶贫重复了"大水漫灌"模式的那些问题，供给与需求不匹配，文化资源分配不公平，浪费现象严重，很多地区的公共文化设施成为空壳。

针对这些情况，必须改善对贫困人口文化状况信息的收集工作，对不同的对象采取不同的帮扶措施。这方面的标准还需要在实践中因地制宜，不断探索，结合对人口特征、需求特点的分析对症下药。特别要关注那些子女常年外出打工或分户单过的老人户，身体健康、年富力强但却消极懒惰的懒汉户，留守儿童或留守妇女家庭等非常容易陷入文化贫困的人群。考虑到这类群体一般自主表达能力较弱，表达渠道贫乏，要更加积极地入户调查，鼓励群众公开推举评议，从而更有效地将他们识别出来。另外，还可以发挥文化扶贫工作开展较成功地区的典型示范作用，以它们的经验来带动其他地区的文化扶贫工作。

此外，王尧深入探索了如何在图书馆文化扶贫中实行精准识别的路径，脱离了以往的图书馆文化扶贫项目只重规模和数量，忽视效率的误区；提出了图书馆文化扶贫精准识别路线图，按照当地是否具有文化扶贫基础，文化扶贫项目是否充分可行，帮扶对象是否有能力和意愿参与的判断路线，实现对有需求的贫困户的精准识别；在此过程中还要综合运用层次分析法识别贫困人口，基于"资源—人—效益"战略识别文化扶贫项目等[1]。其具有一定的实用价值。

2. 精准帮扶

精准帮扶是文化精准扶贫的核心环节，其他各个环节都是围绕它进行的。

在宏观层面，有学者从人、资源、环境、经济等四个维度，阐释了精准帮扶的内容[2]，如图13-1所示。

人是一切工作的对象和主体，在文化扶贫中要贯彻以人为本的理念，着力提高贫困人口的文化素养、扭转贫困落后的文化观念、满足其对基本的精神文明生活的需求。资源是这一切工作的基础，没有资源则帮扶也无从谈起。资源包括物质和精神两方面，扶贫模式改变了，

---

① 王尧.基于精准扶贫视角的图书馆文化扶贫精准识别研究［J］.图书馆工作与研究，2016（5）：38-42.

② 曲蕴，马春.文化精准扶贫的理论内涵及其实现路径［J］.图书馆杂志，2016，35（9）：4-8.

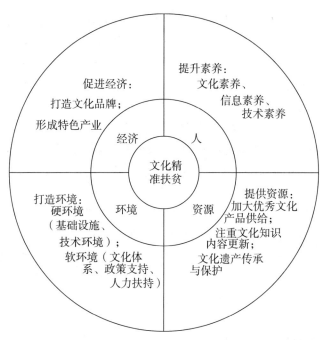

图 13-1　文化精准扶贫的四个维度

不意味着过去的项目制方式就要被完全放弃，持续不断的资金和项目还是要进入基层，只是要更加对症下药。精神方面的资源在上文已有详述，此处不赘。环境包括硬件环境与软件环境，前者主要指各类公共文化设施、信息基础设施等，后者则包括服务内容的提供、人力资源的保障等。经济维度主要强调文化与经济之间的良性互动，文化资源要得到充分开发利用、转化成经济效益才能切实改善人民生活状况，经济上的收益反过来也促进了人民对文化的认同和追求，形成良性互动。从这四个维度出发，精准帮扶就有了充实的内容。

在微观层面，精准帮扶意味着文化扶贫项目要精确对准贫困户的需求，不能与实际情况脱节。比如对老人户来说，相对更能接受的是一些传统曲艺形式和公共交流空间；对文盲群体来说，书籍显然是无用物，而且他们也缺乏重新识字的时间和动力，可能那些相对来说更实用和有利于就业的信息更能吸引他们；对儿童来说，教育资源的贫乏是首要的问题，就要多提供一些教育扶贫项目，以及书籍、文具、电子设备等。

文化扶贫资金的精准使用也是精准帮扶的重要一环[①]。在按照法律法规和制度保障要求为文化扶贫提供充足的财政资金支持、加强转移支付的力度的同时，也必须保证资金使用有明确的规划和监督，专款专用。为了提高资金的使用效率，发挥少量资金撬动更大资源的作用，要加强对文化扶贫项目的考察力度，引入社会资金和市场因素，通过类似招投标机制等竞争性因素，使资金流向更加优化的项目。

精准扶贫工作是人与人之间的互动，精准帮扶是干部与群众间面对面的交流，因此在工作中一是要充分调动帮扶对象的自主意愿，鼓励他们表达自己的需求，主动形成文化内生性重构；二是要求提高工作人员自身素质，鼓励更多专业人员参与到文化扶贫中来，通过有针对性的"结对子"的方式实施精准帮扶，让大学生村官、志愿者群体、文化单位工作人员发挥更大的作用[②]。

3. 精准管理与精准监督

精准管理与精准监督体制是保证精准扶贫体制高效有序运行的关键。

精准管理包括顶层战略管理和信息动态管理。从顶层设计角度来说，就是要重视文化扶贫在精准扶贫战略中的重要地位，并与社会主义精神文明建设有机结合；制定文化扶贫和公共文化建设的政策、预算和指导意见；加强监督控制，从组织上强化工作力度；划分各部门和各级政府之间各自的权力和职责，明确政策执行主体，完善协调和协同机制；统筹规划，宏观管理。

从动态管理角度来说，精准扶贫要求随时掌握和更新贫困户的真实情况，一是要跟踪帮扶对象的实际状况，了解其最新的需求；二是要使已经稳定脱贫的农户合理退出，纳入那些新近贫困或返贫的对象，

---

① 胡侦，李辉婕．精准扶贫视阈下农村文化扶贫体系构建与路径优化——基于T镇的案例研究［J］．南都学坛，2017，37（6）：99-105.

② 张喆昱，张奇．面向文化精准扶贫的措施研究［J］．图书馆杂志，2016，35（9）：9-13.

及时变更工作重点。

　　管理操作要公开透明，对于扶贫资金的管理和使用、扶贫项目的引进和投入、扶贫对象的动态信息等要及时公开和披露；建立合理完善的监管问责机制；引入第三方评估机构对扶贫工作和成果进行客观公正的评估和验收。

　　精准监督主要要求设定明确的考核量化指标，建立稳定的监督程序，健全制度保障，同时也要鼓励群众监督，积极收集群众意见，把贫困群众的满意度作为干部的考核指标之一。精准监督针对的主要是扶贫资金使用、干部工作作风和扶贫工作成果等。其目的就是要把上述文化扶贫中的精准识别、精准帮扶和精准管理落到实处，从而切实地达到全方位减贫的目标。

二、创新性的文化扶贫路径

1. 发挥乡规民约的道德规范作用

　　我国的农村社会在历史上一直存在着自治的传统。费孝通在分析我国古代基层社会政治运作时，提出了"双轨政治"的概念。在帝制中国的政治秩序中，存在着自上而下的皇帝权威和官僚体制以及自下而上的绅权与宗族组织。皇帝对官员的任命只能到县一级，其政令也只能有效下达到县，而县以下的秩序维持和政令实施则必须依赖县令与地方精英通过乡约进行沟通和交涉。县以下的基层社会有其自身稳定的运作规律和解决冲突的机制，有赖于宗族组织与宗法制度，以及诸多乡规民约的规范，基层社会不需要诉诸皇权以谋求秩序的稳定。甚至当皇帝的政令有违基层精英的利益或文化逻辑的时候，会遭到抵制、歪曲和反抗。

　　虽然这种"皇权不下县"的模式后来遇到了诸多学术上的挑战，但它对基层自主运作或者说自治的强调无疑是非常有见地的。多数批评意见也只是集中于提出皇权在基层历来都有深入的控制，但都不否定中国农村中原有的乡规民约的存在及其重要作用。

中华民国建立后，士农工商四民社会趋于解体，基层农村中土豪劣绅横行，传统的乡规民约失效，造成了中国农村的秩序混乱和急剧衰败。中华人民共和国成立以后迅速进入集体化时期，上下一体的一统体制仍然没有为基层自组织留下足够的空间。直到改革开放以后的去集体化时期，基层农村社会的自主性才开始再次抬头，人们开始有意识地重拾传统伦理与基层组织方式等，类似乡规民约的新规范也开始逐渐生效。

因此在文化扶贫深入农村基层的过程中，必须充分认识到这些自下而上地生成的地方性道德规范和行为逻辑的力量。它们具有悠久的历史惯性，与文化、地理、历史、经济条件等紧密联系，促进了基层社会的团结和农民生活的和谐一贯。在推进文化扶贫的过程中，要发挥这些道德规范中的积极因素，例如邻里和谐互助、勤俭节约、礼仪孝悌等观念。由于这些文化因素都是原生性的，深深根植于农民思维中，从而使他们自觉地遵守。如果能抓住这些乡规民约的内生性优势，就有助于使积极的文化观念在基层落地生根。

2. 充分利用信息化、数字化时代的新兴技术

随着互联网的影响继续深入社会生活的每个层面以及大数据分析的兴起，在开创新的文化扶贫路径时就有了更好的工具。

在精准识别过程中，通过大数据系统建立对潜在帮扶对象的系统对比和分析，能够有助于发现不同人群在文化贫困上的不同状态和特征，有利于帮助找到文化贫困问题的症结并采取相应的帮扶措施。

在精准帮扶过程中，借助互联网载体进行文化资源的分配和传播，能够大大提高资源分配的效率，避免滞后效应，使得帮扶对象对文化产品的要求得到快速的响应和满足。

在精准管理过程中，动态管理要求对大量数据进行存储和处理。在以往的管理过程中，贫困户台账大部分都是靠基层扶贫工作者靠手写笔记，在重复大量的工作时很容易出错，而且查找修改起来也非常不便。采用最新的数据处理技术，可以方便、快捷、准确地对贫困户的实际情况进行记录追踪，人人提高了管理效率。

第五节 启 示

"贫困文化"概念的引入，为我们提供了一种新的审视贫困问题的视角，大大扩展了扶贫工作的含义和内容。在新的观念引入后，要不断在实践中反思，在反思中实践，才能推动扶贫工作不断收获更大的成效。

一、警惕文化扶贫中的堕距现象

文化堕距理论认为文化是一个复杂的整体，它包括用于表达和交流的象征符号体系，与自然生态环境密切相关的生计方式，以及外在的物质表现形式等，是一个包含物质方面和非物质方面因素的集丛[①]。上文已经讨论过文化与社会变迁之间的关联性问题。在长期稳定状态下，文化集丛的各个方面可以协调一致地发挥作用，生活于其中的人也可以获得一种安定感。但是一旦发生社会变迁，文化集丛内部就会产生变迁上的差异，各种因素或现象往往不能同步地发生变化，结果就是一些方面的变化落后于其他方面，产生了文化堕距。而且常常是非物质文化上的变化迟滞于物质上的变化。

文化堕距理论对文化扶贫的启发主要有两点。

第一，在文化扶贫和加强公共文化建设的过程中出现的若干问题，都可以用堕距理论来解释。例如在精准识别上，政府提供的公共文化服务偏离了帮扶对象的实际需求；文化扶贫政策的制定主要以实现物质利益为目的，使得本来就存在的堕距现象更加严重；在公共文化服务的提供上缺乏整体性规划和地区性区分，将在某一地取得的经验直接照搬到其他地区，但是往往收不到好的效果。

堕距理论对这些问题的启发在于，既要提高公共文化产品供给上的精准化和精细化，也要推动精准扶贫的整体化。文化集丛中的哪一

---

① 陈建.文化精准扶贫视阈下的政府公共文化服务堕距问题 [J].图书馆论坛，2017，37（7）：74-80.

方面落在了后面，贫困群体自身的感受是最清晰的，因此必须重视自下而上的需求表达。同时，文化扶贫必须要与产业扶贫、金融扶贫、生态扶贫、异地扶贫搬迁等有机结合起来，才能有效解决物质文化与非物质文化，文化与经济、文化与生态之间发展不平衡的问题。

第二，必须注意文化扶贫产生的诸多意外后果。从某种程度上说，扶贫工作就是在外力的作用下推动贫困落后地区和贫困人口的物质生活向着好的方向发展。但是这里的"落后"更多的是一项经济指标，"落后地区"的文化仍然保持着一定程度的自足性和完整性，"落后"不一定是失衡的和无序的。文化扶贫的介入，常常会放大甚至扭曲地方文化中的某些方面，从而人为地制造了一种文化堕距。如果不谨慎地处理这一问题，就会催生农村文化发展的畸形化问题，甚至造成文化倒退。

例如，少数民族文化中的诸多物质和非物质文化遗产对于文化扶贫来说是非常重要的资源，但是在文化产品的开发过程中，一般只会挑选其中被认为最具特色的某些项目，这往往会造成对整体文化的破坏，极端情况下，民族文化最终就会被抽空为一个文化符号，并且进一步成为一种商品文化。所以文化扶贫要以文化为基础，就意味着必须推进文化的整体发展，而不能人为地制造文化堕距，最终拖垮当地文化。

二、从整体主义文化观出发看待贫困文化

贫困文化这个概念本身存在将经济上落后地区的文化污名化的问题，可能导致两种不良的后果。

1. 将文化机械地拆分为积极和消极的部分

文化应当是一个有机的整体而非一堆零件，人类学通常对文化采取一种整体论和融贯论的观点。即文化与本土生活方式紧密融合，其中的各种仪式、信念、制度、习俗、艺术等方面有机地结合在一起，没有哪一方面可以被单独地分离出来。甚至像文化、经济、政治这样

的领域划分也是人为和刻板的，没有哪一种经济或政治制度中不存在文化的成分。

但是有些从实用主义角度看待文化的观点，则认为可以区分出文化中哪些是积极的或消极的方面。殊不知每一种文化的意义都必须放到特定的生活情境中才能得到呈现。在某种情况下被认为是贫困文化的因素，在另一些情况下则可能反而有助于经济发展。

2. 将特定地区或民族的文化抽象化

前文已经叙述过发展话语与保护文化多样性话语之间的冲突。由于众多历史原因，我国很多少数民族地区往往也是连片贫困地区。简单的贫困文化决定论很容易导向将少数民族地区的文化视为妨碍发展的"落后文化"，从而造成一种摇摆不定的混乱局面：当声张文化多样性的价值的时候，就把民族文化放在一个看似很重要的位置做展示；当发展诉求占主导地位时，又把民族文化看成一种障碍和限制因素。这两种做法实际上都是在把文化做抽象化的处理，脱离了特定的社会背景和生活意义。

因此必须警惕对贫困文化理论的滥用，重视地区文化自身的活力，在文化扶贫过程中贯彻激发内生性动力的思路。

三、精准扶贫与贫困文化的矛盾关系

有学者深入分析了精准扶贫与贫困文化间的三对矛盾关系[①]。

1. 经济与文化的矛盾

上文大致回顾了我国扶贫政策发展的若干阶段，从"输血式"扶贫到"造血式"扶贫，从救济式扶贫到开发式扶贫再到自立式扶贫，一直到目前的综合扶贫政策，取得了令人瞩目的减贫成果。从打赢脱贫攻坚战三年行动的指导意见中可以看出，最后阶段精准扶贫已经脱离了狭隘的经济标准，涵盖了文化、生态等多个面向。但是在这个多

---

① 贺海波.贫困文化与精准扶贫的一种实践困境——基于贵州望谟集中连片贫困地区村寨的实证调查 [J].社会科学，2018（1）：75-88.

元扶贫的架构内，仍然存在着一个经济与文化间的矛盾关系。

根据马克思主义的观点，经济基础决定上层建筑，上层建筑反作用于经济基础。很多偏远贫困地区的人民，在长期的贫瘠生活条件下已经形成了一套非常稳固的文化观念，这种观念有助于他们适应严峻的自然条件和艰苦的物质生活。在几乎长期凝滞不变的生活状态中，经济与文化都定型了。当扶贫的力量开始介入时，他们会产生自然的反抗，因为像类似发展、进步、生活水平等这类概念根本就不存在于他们的头脑中。为了继续维持稳定的生活，他们就会对扶贫计划产生一种软性的抵制，也就是没有兴趣、无动于衷。

2. 扶贫工作的快与文化变迁的慢之间的矛盾

自从精准扶贫战略思想逐渐成形和实施以来，扶贫工作的进展一日千里。从顶层设计到地方政府配套政策再到基层实践，短短几年时间就取得了相当辉煌的减贫成果。总结起来可以说是时间快、节奏快、发展快，紧锣密鼓，几乎每一个时间节点都有一个预定的减贫目标。

与之相对的是农村地区文化变迁的"慢"。这种慢表现在两个方面。一是农村文化与农耕文明相适应，人的生活和生产都要遵循一定的节令和自然周期，年复一年不断重复，想快也快不得。二是文化本身的特征也决定了它的变迁慢。上文中提到了阻断贫困的代际转递的一个关键因素就是教育。但是精准扶贫战略的实施只有短短几年的时间，贫困人口还是那些人，甚至可能连孩子都还没有长大。因此指望在如此短的时间内扭转人的思想观念，提高人口的平均文化素质和人力资源水平，是不现实的。所以物质条件发展终究还是要先于文化变迁，今天采取的文化扶贫措施，可能要在相当一段时间之后才可以看到成果。

3. 经济理性与文化理性的矛盾

精准扶贫是一种理性化的行动，它的前提是贫困群体本身都有意愿过一种更好的生活。但恰恰是在对"好生活"的判断标准或者说价值取向上，经济理性与文化理性有着根深蒂固的矛盾。

经济理性的取向决定了好生活的一个基本条件是更高的收入水平，

可以说绝大部分的扶贫政策目标都在于提高贫困人口的收入。整个精准扶贫工作本身也是一个精细化的理性流程，从政策颁布到实施都力求条例清晰、有章可循。

但文化理性的标准却是非常多元化的，农民的行为处处透露出与经济理性相反的逻辑。我们经常听到对农民性格的一个评价就是固执或者"轴"。他们看待好生活的标准可能与经济理性全然不同，比如视家庭和土地比外出工作的机会重要，把亲戚关系和人情来往看得比钱重要，时常做超出经济能力的事以维持面子或荣誉等。

以上三种矛盾共同决定了文化扶贫工作是一个不断地"磨"的过程，精准扶贫的快步调不得不适应这种文化的慢节奏，欲速则不达，文化的改造过程必然缓慢而持久。这也决定了扶贫工作是不能停滞的，在实现脱贫攻坚三年行动的目标后，扶贫，尤其是文化扶贫还是要持续下去，否则就很有可能使一些本已脱贫的人群由于文化贫困状态没有得到改善而再次返贫。

第十四章[①]
孝道扶贫

伴随着老龄社会的到来，中国在面对日益凸显的养老保障问题的同时，也需要积极应对老年贫困问题。在许多情况下，这两个问题必须被同时纳入考虑。它们相互缠绕，表现复杂而解决之道难觅。然而还有另一个问题，使得这两个问题更加复杂，那就是人口流动的后果。人口流动在一定程度上改变了中国传统的家庭制度和结构，进而改变了传统中国社会中解决养老问题的主要形式。三个问题的叠加，使老年贫困的问题更加难以解决。

老年贫困问题自有其特殊性，这种特殊性主要表现在贫困的多维发生。"老年贫困"这个词已经指出一个特殊性（但是没有体现出其他的方面），即老年贫困不仅体现在经济层面上，也体现在老年人身心健康、家庭情况以及情感生活等方面。

因为贫困问题是一个总体社会事实，所以解决这个问题的办法也只能从总体的角度来考虑；而从总体上来解决这个问题的最好方式，也就是孝道扶贫。按照张文宝的定义，孝道扶贫是指在农村精准扶贫中，基层扶贫部门和村级组织针对贫困户中 60 周岁以上的老人，通过德孝感化、村规民约、法制维权等方式，促使不尽赡养义务的子女履行赡养义务的一种长效脱贫机制。就传统观念来看，"侍亲、事孝"是每个中国人的天职，是理所当然的事情，因此在扶贫工作中，我们应该

---

① 感谢程云飞为本章所做工作。

考虑将孝道文化作为扶贫工作的一种资源来对待。当下，孝道文化传统伴随着传统文化其他一些方面一起逐渐削弱，各种各样子女不尽赡养义务、老人养老没有保障的消息不断地出现在媒体上，这是给予我们的警醒。十八大以来，习近平总书记多次强调我们要弘扬优秀传统文化，孝道文化自然应该位列其中。我们的社会应该重拾孝道文化传统，个人不仅要尽到为人子女的责任，而且也要尝试为扶贫工作作出自己的贡献。

本章将通过理论探讨和个案分析来呈现孝道扶贫的现实、成效和不足，并在此基础上对其进行反思。由于孝道扶贫具有较强的针对性，因此我们的分析也将较为集中于老年贫困。特别地，农村的老年贫困要比城市老年贫困的情况更加严重，所以我们在进行论述的时候，也会更加倾向于针对农村的现实状况。

第一节 模 式

一、老年贫困的表现与致因

在具体地探讨孝道扶贫的模式之前，很有必要简要叙述一下老年贫困的表现和致因，以做到有的放矢。简要叙述之后，我们将根据实际情况，总结现有的孝道扶贫模式的理论和实践，以期对孝道扶贫有一个整体的印象。

1. 老年贫困的表现

从规模上来说，中国的贫困人口数量很多，老年贫困人口规模也很大。杨立雄使用民政部每月公布的最低生活保障数据，采用农村贫困线（1 196 元 / 人 / 年）为标准，测得农村老年贫困人口数量达 1 400多万；采用世界银行"一天一美元"（按购买力平价换算为 1 277 元 /人 / 年）的标准，测得农村老年贫困人口的数量接近 1 600 万。因此，他得出农村老年贫困人口超过 1 400 万的结论。在测量城市老年贫困人口的时候，一方面直接参照最低生活保障标准，另一方面采用"一天两美元"的标准，两方面的结果近似，均约为 300 万。两项相加，中国老年贫困人口总数近 1 800 万。再结合中国老年人口 1.671 4 亿的总量，计算出中国老年贫困人口发生率为 10.77%[①]。此外，还有一些数据亦可做参考，如王德文和张恺悌根据人口普查和抽样调查资料，估算出中国老年人口贫困的发生率为 7.1% ~ 9.0%[②]；乔晓春等计算的全国贫困老年人口比例为 17.5%[③]。总之，中国老年人口的贫困发生率是比较高的。

老年贫困不仅规模大，而且涉及的面也是多维的。阿马蒂亚·森基于"多重能力剥夺"发展出多维贫困的理论[④]。他认为，贫困问题究其根本来说不是收入问题，而是缺乏满足最低限度需要，或达到最低限度可接受目标水平的能力。就中国老年贫困的具体情况来说，多维贫困主要体现在以下几个方面：一是物质与经济上的，二是身体健康上的，三是精神情感上的。也就是说，老年贫困不单单表现在物质和经济上，甚至不主要表现在物质和经济上——尽管经济上的贫困是最基础和最迫切需要解决的。

2000 年 12 月，全国老龄工作委员会进行了一次"中国城乡老年人口一次性抽样调查"。调查结果显示，城乡老年人月均收入 719 元，支出 731.1 元，"收入贫困缺口"人均 12.1 元；农村老年人月均收入 153 元，支出 181.5 元，"收入贫困缺口"人均 28.5 元。另有一组数据是老年人对于收入状况的自我评价：够用有余的占 16.4%；大致够用的占 53.3%；有些困难的占 24.1%；十分困难的占 6.3%。后两项换算成人口数量达 4 278 万。此外，还有较多老年人存在着较高的贫困

① 杨立雄.中国老年贫困人口规模研究 [J].人口学刊，2011（4）：37-45.

② 王德文，张恺悌.中国老年人口的生活状况与贫困发生率估计 [J].中国人口科学，2005（1）：60-68，98.

③ 乔晓春，张恺悌，孙陆军，等.对中国老年贫困人口的估计 [J].人口研究，2005（2）：8-15，96.

④ 森.以自由看待发展 [M].任赜，于真.译.北京：中国人民大学出版社，2002.

风险①。这说明，经济上的贫困现实情况还很严峻。

身体健康也是老年贫困应该关注的一个重要方面。邓泽宇在赣州完成的一个调查报告指出，该地有 75.4% 的老年人患有各种残疾、慢性或严重疾病。在这样的情况下，有 27% 的老年人生活能部分自理，有 11% 的老人生活完全不能自理，需要他人的帮助②。马腾的研究给出的数据则更加详细，在他的研究成果中，列有详细的老年人生活自理能力情况（仅 3 359 人，63.9% 的老人能完全生活自理）和老年人常见病患病情况，其中，高血压（29%）、糖尿病（14.5%）、肿瘤（13.9%）、骨关节病（12.3%）是最主要的③。值得注意的是，老年人患病的时候，多数是由亲友照顾，几乎没有养老机构的介入。这一方面说明当地养老、助老的社会力量还没有发展起来，亟待开发和建立；另一方面也说明，亲友，尤其是子女及配偶等亲属是患病老人生活照料的主力（约55.9%）。郇建立对冀南沙村的调查，也显示出类似的现实，他的结论落脚点在于，传统孝道观念虽然受到很大的冲击，但是这并不意味着其绝对的衰落，传统孝道观念依然在病人照料中发挥着重要的作用④。这将是实行孝道扶贫的一个良好的基础。

精神情感方面是更高层次的贫困，但是长久以来未得到应有的重视。仰永忠基于安徽赫圻村的田野调查，将老年贫困划分为两个大的方面，即经济和社会贫困、精神和文化贫困，后者又被划分为婚姻情感、教育文化和精神信仰三个方面⑤。其中，婚姻情感体现为两点：一是来自配偶方面，包括夫妻感情不和、丧偶、分居等情况；二是来自子女

① 穆治锟 . 老年贫困：老龄化的人道主义危机［J］. 世界知识，2004（17）：25-26.

② 邓泽宇 . 反贫困视角下江西农村贫困老年人口养老问题研究 [D]. 南昌：南昌大学，2017.

③ 马腾 . 河北省贫困地区农村老年人口健康状况及对家庭贫富状态的影响 [D]. 保定：河北大学，2015.

④ 郇建立 . 病人照料与乡村孝道——基于冀南沙村的田野考察［J］. 广西民族大学学报（哲学社会科学版），2013，35（1）：69-76.

⑤ 仰永忠 . 我国农村老年贫困问题研究 [D]. 西安：陕西师范大学，2017.

方面，主要表现在亲子之间缺少交流、关系不融洽等方面。教育文化方面，主要在于老年人接受的教育程度低，并不能顺利地使用当地既有的文娱设施。仰永忠认为，该地老年群体在精神信仰层面较为落后，具体地体现在愚昧无知和盲目信仰两个维度。与众多量化研究不同的是，仰永忠采用了质性研究的方法，在每一种典型情况下，都有特别的具体的个案访谈做支撑。这使得其描述更显生动，同时也体现出精神文化方面贫困的难以把握。

有学者采用 Alkire 和 Foster 提出的多维贫困测量方法，选用 2011—2015 年的中国健康与养老追踪调查（CHARLS）数据，对我国农村老年多维贫困进行了测度及分解[①]。

如表 14-1 所示，MPI 即多维贫困指数（multidimensional poverty index），定义为 M_0，H 为传统的贫困发生率，A 为贫困群体的平均剥夺份额，可以被分解为多个维度。从数据统计中可以看出，从 2011 年到 2015 年，农村老年人口的贫困指数已经有了明显的下降，严重贫困基本已被消除。但是直到 2015 年，仍是 Alkire 和 Foster 测算的全人口贫困指数的 3 倍，由此可见，老年贫困仍然是总体贫困问题中的一个突出方面。

表 14-1　农村老年人口多维贫困测度

年份	指　标	M_0		H / %		A / %	
		比　例	标准差	比　例	标准差	比　例	标准差
2011	MPI	0.245	（0.005）	41.4	（0.842）	59.1	（0.203）
	严重贫困	0.018	（0.002）	2.3	（0.256）	78.2	（0.475）
2013	MPI	0.086	（0.003）	15.6	（0.589）	55.0	（0.245）
	严重贫困	0.003	（0.001）	0.361	（0.097）	77.1	（0.715）
2015	MPI	0.060	（0.003）	11.2	（0.470）	53.8	（0.213）
	严重贫困	0.000	（0.000）	0.047	（0.032）	77.1	（2.083）

资料来源：宋泽，詹佳佳 . 农村老年多维贫困的动态变化——来自 CHARLS 的经验证据 [J] . 社会保障研究，2018（5）：22-30.

---

① 宋泽，詹佳佳 . 农村老年多维贫困的动态变化——来自 CHARLS 的经验证据 [J] . 社会保障研究，2018（5）：22-30.

2. 老年贫困的致因

老年贫困发生的原因有很多，综合各方面的研究，最主要有以下几个方面：一是老年人生理机能衰退，逐渐丧失劳动能力，因而经济收入减少，而支出还可能因为身体健康状况恶化而增加；二是社会保障制度的不健全和不均衡发展；三是伴随着社会变迁与社会观念的变化，养老模式也发生转变。这几个方面是综合作用的，很难直观定位老年贫困发生的主要原因。因而在这几个方面的基础上进行综合分析，也就更加必要了。

在老年人的生理机能方面，仿佛存在一个悖论。一方面，老年人随着年龄的增长，生理机能衰退、生产能力降低以及疾病多发是理所当然的事情；但是另一方面，我国老年人的预期寿命延长，这似乎又说明，从纵向的历史角度来看的话，当下老年人的身体状况又要好很多，这个实际对降低老年贫困的发生率很有作用[①]。那么，为什么还会因为身体机能的衰退而致使贫困发生率增高呢？原因可能有很多，我们这里列举几个。第一个可能是整体情况与个体状态之间的差异，因为中国人口数量多、地域范围广、历史和现实情况复杂，对于许多问题，我们通常是从时代、地域的整体来进行讨论的，而个体情况则要复杂得多。第二个可能是预期寿命延长其实是基于社会条件的改善，包括经济水平、医疗技术、社会保障等条件的改善；但是这并不代表个体需要付出的相对代价减少，尤其是保养、疾病治疗会是老年人口的一笔较大支出。第三个可能是老年人口虽然劳动能力衰退，但是依然面临着繁重的劳动负担，这很大程度上与现代中国社会和家庭结构的变迁相关。这一点将在后文详述。

中国社会保障制度发展不健全、不均衡，也是老年贫困的重要致因之一。这一点在农村表现得特别突出。一般认为，城市居民一般是职工，退休以后有退休金保障，并能享受相对完善的公共设施和服务，因此城市居民老年贫困情况没有农村严重。由于城乡二元格局的差异，

---

① 刘生龙，李军. 健康、劳动参与及中国农村老年贫困 [J]. 中国农村经济，2012（1）：56-68.

农村社会保障发展相对滞后。尽管近些年来在党和国家一系列利好政策和措施的积极作用下,农村社会保障制度在新型农村合作医疗制度、农村社会养老保险制度、农村社会救助制度等方面取得了较为显著的成绩,但是问题和不足并不能因此而被掩盖,这些问题主要体现在以下几个方面:一是农村社保覆盖面窄,二是农村社保保障水平低,三是农村社保基金来源有限[①]。

　　相对来说,社会变迁和社会观念的变化对老年贫困问题的影响更为重要,对此的分析也较多。首先,从整体的层面来看,中国社会经历了由传统向现代的转变,一些原有的支撑、资源在这个转变中削弱甚至流失,例如,家族或宗族的衰退和变迁。其次,从经济层面来说,一方面是中国经济的快速发展,另一方面是经济形态的变化。这造成区域间的差异和不平衡性加大,而调节措施又相对缺乏或调节乏力。再次,家庭结构的变化,导致传统的家庭养老模式面临巨大的挑战[②]。家庭结构的变化其实又可分为两个层面:一是由于计划生育的实施使得家庭规模逐渐变小,相应地也就减少了可供老人养老的资源供给;二是由于经济形势的改变,大量的农村劳动力背井离乡外出打工,没有在家照顾老人的条件[③]。最后,社会观念的变化,这尤其集中地体现在传统孝道观念的变迁上。关于这一点,其实也有两种看法:一种看法认为孝道观念削弱十分严重,出于各种原因许多子女对父母不尽孝心[④];另一种看法则认为,孝道观念虽然受到了冲击,但是并不代表其衰落,它可能只是改变了形式[⑤]。我们倾向于认为孝道观念的削弱更符

　　① 李迎生.农村社会保障制度改革:现状与出路 [J].中国特色社会主义研究,2013(4):76-80.

　　② 穆光宗.家庭养老面临的挑战以及社会对策问题 [J].中州学刊,1999(1):64-67.

　　③ 周兆安.家庭养老需求与家庭养老功能弱化的张力及其弥合 [J].西北人口,2014,35(2):45-49.

　　④ 王新友.一位代表的农村孝道调查 [J].人大建设,2006(6):38-39.

　　⑤ 风笑天,江臻.机构养老与孝道:南京养老机构调查的初步分析 [J].哈尔滨工业大学学报(社会科学版),2014,16(5):45-51,141.

合中国的基本事实。这个倾向并不构成对另一种观点的否定：削弱不代表消亡，但是改变形式也不能证明它没有被削弱。孝道观念依然坚持和流传而不是消亡，正为孝道扶贫的顺利开展提供了一个基础。

除了我们总结的以上三个大的方面和综合分析，还有其他原因也确实深刻地影响着老年贫困的发生，值得我们给予一定的关注。例如贫困文化、个人理性选择和个体素质等。

图 14-1 总结了一个较完整的农村老年贫困的分析框架 [①]，基本包含了以上述及的各个方面，从这个定性的框架出发，还可以具体分析各个致贫原因的权重。

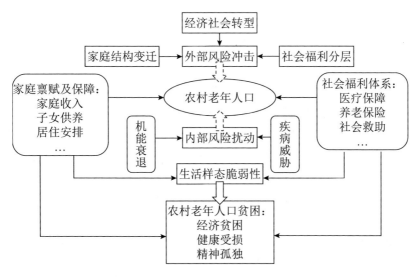

图 14-1　农村老年贫困的分析框架

二、孝道扶贫案例

从老年贫困的表现和原因，我们可以有针对性地提出一些对策。

① 刘二鹏，张奇林.农村老年贫困：一个分析框架及解释［J］.当代经济管理，2018，40（6）：41-45.

其中，最值得深入分析的就是孝道扶贫。很难说孝道扶贫形成了一种新的模式。这不仅是因为我们对孝道扶贫的关注度不够，也是因为我们接触到的几乎所有孝道扶贫个案，都不过是激活了我们自己已有的深厚传统。但是，传统为什么需要激活？又是利用什么方式激活的？激活的效果和持续性怎样？这些问题值得我们深入思考。

1. 孝道扶贫实践的经验研究

在为数不多的个案研究中，冯振宇对皖北砀山县的孝道扶贫实践进行了比较完整的描述①。在这项研究中，作者对前面提到的三个问题都有不同程度的回应。尽管孝道文化是中国传统文化的固有组成部分，自有其深厚的历史根源，但是就现实来说，孝道文化在皖北并没有好好地继承和发扬。冯振宇甚至判定，在皖北已经形成不尽孝道的流俗。根据冯振宇的分析，这种流俗形成的原因主要有三个。

一是淮河文化的负面效应。人为因素和自然灾害导致淮河人心态的变化，不再辛勤劳动而寡于积聚，长此以往，逐渐形成一种陋习，并形成皖北特殊的"贫困文化"。自身的贫困降低了子女的行孝能力，也淡化了长久以来形成的孝道观念。在这种情况下，老年贫困不断发生。

二是传统村落社会趋于解构。皖北的年轻人多数选择外出务工，使得当地仅留下老人、妇女和孩子。家庭成员的长期的分离导致孝道观念逐渐淡薄，有的时候即使子女想要尽孝也是有心无力，长此以往，就形成了一种习惯。年轻人外出留下的土地只能由老人耕种，这不但加重了老年人的劳动负担，也加剧了老年人的贫困。这一点与我们前面分析过的原因有部分重叠之处。

三是高额彩礼对家庭行孝能力的削弱。冯振宇认为，计划生育的一个负面影响就是导致农村的男女比例失衡，在这样的条件下，结婚、彩礼花费较高，有的甚至高达 15 万元。高额彩礼造成男女双方不同但相似的贫困后果。对于男方来说，多数是要依靠借钱才能举行婚礼和支付彩礼，婚后的任务就是还债，从而削弱了子女对男方父母的行孝能力。因为彩礼太高，男方父母对此也是心有怨言，这又很容易影响

---

① 冯振宇 . 砀山县孝道扶贫实践研究 [D]. 蚌埠：安徽财经大学，2018.

媳妇和男方父母的关系。对于女方来说，失去了原有的支撑，尽管收到了高额的彩礼，但是这笔钱被男方视作"买媳妇"的钱，把婚姻当作一场交易，婚礼完成以后，就没有必要给予女方父母家庭经济上的援助和支持。

基于这些原因，皖北地区不尽孝道的流俗兴起，并表现在以下几个方面。一是子女缺乏赡养老人的意识，这种缺乏包括法律意识和道德意识两个方面；二是老人的抚养义务延伸，简单地说就是老人不但养了子女，还需要抚养孙子孙女，但是子女很少给抚养费；三是婚后分家分产不分债，给儿子娶媳妇借的钱，还是需要老人自己来还。这三个方面说明的事实是，老人的支出增多，但是收入并不见多，贫困问题就此发生。

案例 1：安徽砀山县孝道扶贫工程

砀山县针对本地区贫困人口老龄化的状况和不尽孝道的流弊，开展了孝道扶贫工程，采取了以下措施。

首先，在各乡镇进行孝道文化宣传；其次，通过召开村民代表大会，选举成立道德评议会；再次，由各村具体负责，对村里的贫困户进行入户调查，获取贫困户的准确信息，让老人与子女签订赡养协议；而后，对主动赡养老人的子女，由村、镇等单位进行表扬和奖励；最后，各村委会还成立孝道扶贫工作支部，以监督赡养协议的实施。这一系列的活动确实取得了较为显著的成效：不仅使得大量的贫困老人脱离贫困，而且一改当地的旧习气，形成了养老敬老的社会新风气。

资料来源：冯振宇．砀山县孝道扶贫实践研究 [D]．蚌埠：安徽财经大学，2018.

砀山县的孝道扶贫是较为成功和值得借鉴的案例，但同时也存在着局限性。首先是对农村贫困老人的动态管理不力，这体现在一方面

缺乏对贫困老人的针对性的识别分类，另一方面也缺乏对贫困老人的脱贫动态监测；其次是孝道扶贫工作的开展过度依赖德治，孝道扶贫工作的开展基本上依靠村委会的说服和劝导，子女履行赡养义务也主要依靠自觉；再次是实施孝道扶贫的各部门权责不匹配，镇与村之间也缺乏相应的对接和管理制度；最后是孝道扶贫的机制不够健全，法律约束机制、联动机制、返贫预防机制都相对缺乏。这是冯振宇在砀山孝道扶贫中看到的不足，应当引起我们的注意，吸取教训，在其他孝道扶贫实践中尽量避免这些问题。

冯振宇的观察比较细致周全，很有借鉴意义。但我们认为他的分析还有进一步发展的空间。冯振宇主要是从政府与社会的角度来着手分析的，然而我们看到的一个重要因素是家庭。因为贫困户的判定是以户为单位的，而且孝道扶贫实际发生作用的地方也在家庭。因此我们更愿意根据他的材料，对家庭做一番分析，以做补充。冯振宇在文中提到村落社会结构趋向解体，而我们认为更加重要的是家庭结构基于人口流动的事实变化。正如前面所提到的那样，家庭结构的变化实际上表现在两个方面：一是家庭规模的缩小；二是农村人口向城市的季节性流动引起的亲子之间的空间隔离。在这种情况下，我们可以比较清楚地看到，受到削弱的更准确地说其实是孝道实践。至于孝道观念的削弱，是基于孝道实践削弱的推测——但是我们不得不承认这种推测。

2. 孝道扶贫的理论分析和观点阐发

除了冯振宇对孝道扶贫实践的经验考察，张文宝也从理论方面对孝道扶贫进行了探讨。张文宝的重大贡献是给出了孝道扶贫的定义，并且围绕此定义展开全文的主要内容。他说："所谓孝道扶贫，是指在农村精准扶贫中，基层扶贫部门和村级组织针对贫困户中 60 周岁以上的老人，通过德孝感化、村规民约、法制维权等方式，促使不尽赡养义务的子女履行赡养义务的一种长效脱贫机制。"[1]这个定义大概是

---

① 张文宝. 农村孝道扶贫：理论蕴涵、实现路径和深刻启示 [J]. 成都行政学院学报，2018（1）：74-77.

目前有关孝道扶贫的唯一一个定义，值得正视；但这个定义其实也还有很多值得商榷之处。

这个定义传递出四层含义值得我们关注和分析，有些层次的含义需要进一步商榷。首先，孝道扶贫的应用领域，是"农村精准扶贫中"。应用于精准扶贫较好理解，但是我们也有疑问，就是为什么要在精准扶贫的前面加上农村二字，言下之意岂不是城市就不需要孝道扶贫？尽管我们关注的也主要是农村的情况，但是我们始终保持对城市的同时关心。其次，孝道扶贫的行事主体是基层扶贫部门和村级组织，赡养义务由子女履行，但是这个定义里的逻辑是由扶贫部门和村级组织通过某种方式让子女来履行赡养义务。在这样的逻辑下，孝道扶贫变成了一种行政、法理机制，而不是与其传统一脉相承的道德机制。再次是实现孝道扶贫的方式，虽然张文宝只列举了三种，但是我们可以看出来孝道扶贫的实现是需要多方联动的，这一点确实启发了我们后面对孝道扶贫机制的思考。最后是孝道扶贫的实际行事主体是不尽赡养义务的子女。这里的赡养很难界定，界定得不严格的话，几乎没有不尽赡养义务的子女；界定得太严格的话，又几乎没有尽了赡养义务的子女。问题是这里的赡养是在什么领域范围的。目前对赡养的理解基本上是局限于经济物质方面的。但是正如我们前文分析的那样，老年贫困是一个多维发生的贫困，不局限于经济物质方面；也就是说，按照老年贫困的本来意蕴，即使不尽赡养义务的子女尽了经济和物质上的赡养义务，也不一定能使贫困老人"脱贫"。

另外一些有关孝道扶贫的探讨主要出现在报纸上，较少学理探究，主要是一些提倡孝道的观点阐发[①]。

三、养老问题与对孝道扶贫的理解

除了直接有关孝道扶贫的理论和实践研究以外，我们还应该对家

---

① 郑风田. 精准扶贫需要弘扬孝道文化 [N]. 中国县域经济报，2017-10-23（3）；彭宇. 赡养老人尽孝道助脱贫 [N]. 甘肃日报，2018-09-05（5）.

庭养老或者居家养老给予一定的关注。因为养老问题和老年贫困紧密关联，解决其中一个问题其实就是相当于解决另外一个问题。因此，我们可以尝试从家庭养老或居家养老中找到一些有益于孝道扶贫的观点和看法。一些学者认为，家庭养老和居家养老一字之差，意义上却差别很大：家庭养老一般是指养老资源主要由家庭供给，但老人不一定居住在家中；居家养老是老人居住在家中，但养老资源并不一定主要由家庭提供。与之相对应的一些概念是自我养老、机构养老、社会养老等①。这些概念的启发是，它们提供了区分养老资源支持和养老行为实践的可能性，换句话说就是养老的内容和形式可以是灵活的，因此养老问题就有了更多的可能解决办法。

因而，我们对孝道扶贫的理解也不应该太狭隘。首先，孝道扶贫不只事关经济。孝道扶贫解决的是老年贫困的问题，但是它的终极目的不是为了让老人"发家致富"，而是让老人有一个安享晚年的保障。孝道扶贫所要解决的是老年人的多维贫困问题。其次，孝道扶贫实际上是要重新激活一种正在弱化的传统。孝道伦理渊源深厚、内涵复杂，并且具有很坚实的道德基础，但它没有固定的样式。老年人的多维贫困是一个"总体社会事实"，孝道扶贫也是"总体社会事实"，也正是如此，我们才能够看到孝道扶贫对解决老年贫困的可能贡献。再次，孝道扶贫不是解决老年贫困的唯一办法，解决老年贫困也不是孝道扶贫的唯一目的。孝道扶贫虽然在精准扶贫中提倡和采用，以解决老年贫困为第一要务；但是我们也可以想见，随着孝道扶贫的开展实施和流行，可能逐渐形成一个孝老敬老的社会风气，维持和发扬这种风气，复兴优秀传统文化，也应该是孝道扶贫的题中之义。最后，孝道扶贫是一项长期的事业，应该做好长期的准备。我们认为孝道扶贫并不应该只被当作一个项目、一个工程，而应该是深入民间、深入普通人日常生活的一项道德建设事业。

---

① 杨宗传.居家养老与中国养老模式［J］.经济评论，2000（3）：59-60，68.

第二节　机　　制

在对模式的讨论中，其实我们已经简单涉及机制的问题；但是机制问题本身内容较多、较复杂，需要一个专门的总结和梳理。我们将主要从以下三个方面来论述孝道扶贫的机制问题：一是作为传统渊源的伦理机制；二是作为制度保障的法律法规机制；三是作为实施方案的多元扶贫方式联动机制。

一、作为传统渊源的伦理机制

所谓孝道，其实分"孝"和"道"。所谓"孝"，许慎《说文》释曰："善事父母者。从老省，从子。子承老也。"从这个字的构造上，可以很形象地理解"孝"的含义："老"字保留上半部分，下半部分换成"子"。以往的解释也都看到这个替换，但只强调子对亲的支持；而我们还可以对此略加发挥，即子是在下向亲提供支持的，这种支持内涵了一种亲在"上"的要求。这种发挥的合理性在后面将会获得解释。所谓"道"，最早的意思其实是路。《诗经》里说："周道如砥，其直如矢。"春秋战国，百家争鸣，诸子百家提出各种学说，探寻社会、政治的新道路，道的含义便被大大地引申了。老子对"道"的定义和孔子对"道"的理解当然是不一样的，但是"道"依然保持着最初的含义，每种引申义都不难回溯到"道路"的层次。我们所谓的"孝道"，也就可以理解为把"孝"作为方式或路径。

许多学者都认为，"孝"是中国古代伦理思想的核心。《孝经》云："夫孝，德之本也。"就是说德是以孝为根本的。俗话也说，"百善孝为先"，在普通人的眼中，孝也是最重要的"善"。既然"孝"是核心，那么它起的作用就应该是根本的；并且在这个根本的作用之上，"孝"还生发出许多影响中国千百年的观念准则和行为实践，比如：爱、敬、忠、顺、仁、义、礼、信等。

爱是一种情感，在逻辑上最初生于自然的亲子亲情，而后扩展到夫妻、友人等各领域，所谓"仁者，爱人"。由爱而生的敬，对孝提出了比经济上的赡养更高的要求。在中国传统伦理中，"君君臣臣父父子子"强调的就是一种上下尊卑关系。《论语》中记载："子游问孝。子曰：'今之孝者，是谓能养，至于犬马，皆能有养，不敬，何以别乎？'"曾子也说："孝有三：大孝尊亲，其次弗辱，其下能养。"也就是说，孝不仅包含了经济上的赡养，还包括精神上的尊敬。这恰好和我们分析的老年多维贫困是对应的。

爱和敬是"孝"的观念上的要求，忠和顺则是行动上的要求。所谓忠，就是"尽己"。《忠经》说："忠也者，一其心之谓也。"提及忠，一般的可能只能想到忠君，尤其是"忠孝两难全"的说法使得忠、孝二者看起来很难统一。但事实上，忠并不只局限于忠君。孔子每天都要三省其身，其中第一条就是"为人谋而不忠乎？"忠也可以是忠于朋友、忠于夫妻双方、忠于国家等。忠的对象不是特别重要，重要的是忠的要求是其心不贰。特别地，就孝道来讲，忠就是指忠于父母。顺，可能是跟孝联系最自然的一种观念，日常语汇中，常说"孝顺"，亦即孝即顺、顺即孝。"孟懿子问孝，子曰：'无违。'"无违就是顺从，也就是孝。当然，传统伦理中的顺，不仅限于父母，对其他兄、长也要敬顺。《广雅》里说："悌，顺也。"这些观念和行为准则相互联系，共同构成了古代中国的传统伦理基础。

历代儒士都十分推崇以孝为基础的伦理道德；历代帝王也将德孝作为一种政治治理的手段。不仅儒家经典中有多处对孝进了论述，而且十三经中还有一本《孝经》，专讲孝道。孔、孟对孝有较多的论述，基本上建立起从个人内心到天下普同的完整孝道观念。例如孟子说："老吾老，以及人之老；幼吾幼，以及人之幼。"孔孟之后，还有不少儒士对孝道观念进行了发挥。例如清代的魏源认为："君子之言孝也，敬而已矣；君子之言敬也，孝而已矣。一举足不敢忘父母，一出言不敢忘父母。"（《孝经集传》）是直接将孝和敬结合到了一起。以孝治天下并不是统治者的强力造就，而是儒家孝道观念中已有这一部分。

有子曰："其为人也孝悌，而好犯上者，鲜矣！不好犯上，而好作乱者，未之有也。"（《论语·学而》）孝悌的人不好犯上，不犯上的人不会作乱，依着这个逻辑，只要奉行了孝道，天下岂不垂拱而治！孝治的影响在汉朝为最盛：汉朝统治者为推崇孝道，便给一些皇帝的谥号前加上孝字，如孝文帝刘恒、孝惠帝刘盈等。孝文帝时期的官职设置中也为《孝经》设置了博士。汉朝时还有一种选拔官员的方式，以行孝作为选拔的标准，这就是举孝廉。后面各朝代对孝道也是十分推崇，不少皇帝都亲自为《孝经》注疏。

还有一点需要提到的是，孝道与家族或宗族的关系。张践认为，宗法家族社会的出现与儒家孝道观的形成有着莫大的关系：正是儒家孝道观念重新论证了宗法伦理规范[1]。传统的宗法制，其最主要的目的就是敬宗收族。"宗法庶民化"之后，民间建立起祠堂、义庄等，民间的家族或宗族组织成立起来。而这些宗族组织，敬奉的是祖先，实际上也是推崇孝道，并且是一个天然的践行孝道的民间实行和监督机构。当然宗族组织在清末开始衰败，但是最近几十年又开始悄然复兴。宗族的复兴可以重新激活孝道观念，复兴的宗族则是孝道扶贫可以借助的一个潜在资源。

二、作为制度保障的法律法规机制

历代儒士的推崇和帝王的重视，使得孝道伦理在古代即以法律的形式出现。在传统法律中，不孝一直是最大的罪恶之一。《周礼》中，将不孝作为乡八刑之首。睡虎地秦墓竹简、张家山汉墓竹简中均有关于父母控告不孝子的处理规定或案例。北齐时，不孝为十重罪之一；隋时沿袭之，并增加了十恶，延续至清。同时，对不孝行为的处罚也越来越重，死罪并不稀奇。而且父母若是状告子女不孝，不用三审，甚至不用提供证据[2]。此外，孝道在法律制裁中也起着很大的作用。例

---

① 张践.儒家孝道观的形成与演变［J］.中国哲学史，2000（3）：74-79.

② 郑彦君.历史上的孝道入法［J］.宁夏社会科学，2015（2）：142-144.

如，对于某些罪犯，"存留养亲"，即减低刑法，让其尽孝道；在有些情况下，还承认"为孝屈法""为子屈法"，提倡父为子隐、子为父隐。或许正是因为如此，传统孝道在民间影响很大，尤其是《二十四孝》在民间广为流传。

现代法律中也有有关孝道的条款，并且法律中逐渐有了更多的孝道的因素，考虑得也更加周全。我国的宪法中就有规定："成年子女有赡养扶助父母的义务。"《中华人民共和国民法典》中也特别规定："成年子女不履行赡养义务的，缺乏劳动能力或者生活困难的父母，有要求子女给付赡养费的权利。"此外，我国还有《中华人民共和国老年人权益保障法》等专门法律，对赡养、孝道的问题进行了专门的规定。特别地，在2013年修订通过的《中华人民共和国老年人权益保障法》中，加入了要求子女"常回家看看"的条款。《中华人民共和国老年人权益保障法》第十八条规定：家庭成员应当关心老年人的精神需求，不得忽视、冷落老年人。与老年人分开居住的家庭成员，应当经常看望或者问候老年人。用人单位应当按照国家有关规定保障赡养人探亲休假的权利。宪法和民法典中涉及的赡养的问题，一般来讲只是聚焦于经济上的要求；但是新修订的《中华人民共和国老年人权益保障法》加入了"常回家看看"的要求，也就更加周全地考虑到老年人的精神需求。这对于解决老年人的多维贫困的问题无疑是一个较大的进步。

三、作为实施方案的多元扶贫方式联动机制

孝道扶贫的另外一个重要机制，就是多元扶贫方式的联动机制。不管是对模式的分析还是对前面两个机制的分析，都已经说明老年贫困不只是经济上的匮乏，还有身体健康上的、情感上的问题。这些问题不是靠孝道扶贫一种途径就能顺利解决的，而是需要多种方式。只是针对老年贫困的特殊性，我们需要在老年贫困中特别强调孝道。

因此，多元扶贫联动的方式，也因为面对的贫困类型的不同，而有不同的设置。总的来说，目前的局面是"政府主导，社会参与"。

在贫困发生的各领域中，已有许多既有的扶贫力量，这些力量应该利用起来,而且应该得到好的综合应用。尤其是政府力量和社会力量之间，社会力量内部各组织之间，要有良好的沟通和协作。针对具体的贫困类型和贫困现象，具体问题具体分析，采取最有效的形式和组合。

从另一个角度看，除了参与多元扶贫方式的联动，孝道扶贫也应该适时地与其他工作联动。尤其是与经济发展、民生保障和道德风气建设方面联动。假如子女自己就比较贫困，缺乏经济能力，那还谈何孝道扶贫？地方经济的发展水平也会影响社会保障水平的发展和健全。老年贫困的致因之一就是民生保障的不均衡发展，解决好这一领域的问题，不是说老年贫困问题迎刃而解，至少也会对其解决产生一定的帮助。孝道扶贫本质上是重新激活一种传统，长期来看，是恢复一种养老敬老的社会道德和风气。这种对传统的激活和恢复，有利于我国的精神文明建设。

第三节　制度安排

一、制度安排分类

孝道扶贫一方面是针对当下的扶贫工作，另一方面是面对未来的重新激活传统的要求。因此在制度安排方面，也应该同时考虑这两个方面。精准扶贫有着长效脱贫的目标，也要求我们既考虑短期的效应，又考虑长期的利益。所以制度安排也应该是有着不同的侧重点的。这就需要我们围绕着老年贫困这个问题，建构起一个相对丰富完整的制度体系，以保证孝道扶贫有效地实施。

一般讲来，制度安排包括正式制度安排和非正式制度安排。正式制度安排是指为了特定目的，有意识设计或规定的以明文形式出现的规则。它包括中央和地方的法律法规、条例，也包括契约合同等。非正式制度安排则是指人们在长期的交往中，逐渐形成的约定俗成的共同遵守的社会规则，这种规则虽然并不一定有明文的形式，但同样具有较强的效力。尤其是在基层社会中，非正式制度往往具有更强的活力和执行力。

二、正式制度安排

就正式制度安排来说，主要是从以下几个方面进行：一是健全社会保障制度，包括养老、医疗、救助、福利和慈善等内容；二是建立孝行实践奖惩制度；三是在法律方面，有些地方在尝试与相关人员签订孝道扶贫协议书。

1. 健全社会保障制度

如果没有较为完善的社会保障制度，孝道扶贫是难以发挥其有效作用的。完善的社会保障制度安排为实践孝道扶贫营造了一个良好环境，只有当社会保障制度完善的时候，才能从根本上降低老年贫困的发生率，也降低已经发生的老年贫困的严重程度。但是社会保障制度再怎么完善，也不能保证解决所有问题，那些社会保障制度鞭长莫及的地方，就恰好是孝道扶贫能够发挥优势的地方。如果以家庭为视点，我们可以认为，来自家庭外的社会保障制度和来自家庭内的孝道行为和实践，恰是解决老年贫困问题的两个互补的路径。

2. 建立孝行实践奖惩制度

孝行实践奖惩制度虽然还没有统一的模式，目前已经出现了一些案例。除了冯振宇提到的砀山案例外，还有其他一些案例。例如，中央电视台从2013年起，每年都举行"寻找最美孝心少年"的活动，并评选出10位最美孝心少年。2015年，由20多位企业家发起，在河北成立了河北孝行慈善基金会。该基金会不仅创办内刊、开展各种各样的敬老爱老活动，还会针对特定的孝行给予一定的奖励。例如该基金会在2015年11月设立了"扶起老人"的专项奖励基金，并视具体情况执行奖励计划。浙江农林大学于2006年设立了"刘霆孝心奖励基金"。

山东济宁市、合肥蜀山市等地开展了孝心家庭的评选活动等。从现有资料来看，奖惩制度中更加侧重奖励，而不孝而获得惩罚的记录相对较少。这也说明，目前孝道观念的建设还只局限在道德奖励方面，有限的惩罚所依据的不能是道德，而只能是法律。

3. 法律与孝道协议书

在分析孝道扶贫的法律机制时，我们已经列举了孝道观念在具体法律条款中的体现。但是法律机制的作用并不局限于法律条款，法律本身也能为孝道扶贫提供制度保障。安徽萧县扶贫办 2017 年在郝洼村实验了"协议赡养"，据说效果不错，将要在全县推广①。

案例 2：安徽泗县泗城镇弘扬孝道文化促脱贫

截至 2016 年底，泗城镇未脱贫的建档立卡贫困户中，60 岁以上老人占比近半，贫困人口老龄化严重。为解决这部分老人易致贫、难脱贫、易返贫的问题，泗城镇提出了"孝道扶贫"的思路。

一方面，通过深入推动群众宣传工作，弘扬孝道文化。每月一期的"泗城百姓大舞台"，将孝道文化、孝道扶贫故事编成精彩的节目搬上舞台。每周四的脱贫攻坚夜校大家谈活动，邀请孝道模范聊传统、谈家风、传孝道。通过各种方式让群众对孝道文化耳濡目染。

另一方面，对子女尽孝进行监督和鼓励。首先是聚拢村工作队长、村居两委主任等成立孝道监督委员会，并吸收村居"委员"、老党员、退休干部等为委员会委员；其次是会同镇党政领导班子、孝道监督委员会成员、群众代表等人共同商讨、拟定"孝道协议书"；再次，由赡养人、被赡养人和监督人签订三方协议，并加盖村居委会公章；最后，是建立孝道榜，分设红榜、绿榜并根据榜单进行奖惩。

资料来源：人民网。

---

① 夏海.协议赡养助脱贫 [N].安徽日报，2017-03-30（7）.

在这个案例中，奖惩本身不是目的，目的是进行法律和道德的双重约束，助力扶贫工作的进行，并且通过法律重建道德。

三、立体的非正式制度安排

一般说来，孝道扶贫的非正式制度安排主要包括以下两个方面：一是道德风俗习惯的监督和激励；二是家族家风。非正式制度安排虽然只有这两个方面，但实际的效果却可以说是多维立体的。

1. 道德风俗习惯的监督和激励

社会的监督和激励，更多的是我们基于虽然被削弱但还未消失的孝道观念及其相关观念而形成的道德风俗习惯。在长期的历史传统中，我们已经形成了孝老敬老的优秀传统。因为代际的社会继替而耳濡目染，这种优秀传统深深根植于我们的内心。不仅如此，孝道和孝行还受到社会舆论的监督。在某些特殊情况下，舆论的效用甚至比法律更直接。为了避免受到社会上负面评价，甚至是背后的指指点点，更多的人都会想尽办法孝敬老人。同时，舆论不仅可以监督，还可以起到激励的作用。在我们的道德观念下，孝行被认为是好事，是值得赞赏的。行孝既符合自己内心的道德想象，又能获得别人的称赞，何乐而不为？尤其是假如尽孝和不尽孝两件事同时发生在一个小群体中，基于道德观念的社会舆论的监督和激励作用会表现得更加明显。

2. 家族家风

虽然在名义上，家族家风属于一个单独的同姓群体，但说到底它还是一种特殊的道德风俗习惯。不管家族或宗族大小，它们所依靠的社会文化底蕴是相同的，因而相邻地域的各个家族或宗族虽然相异，但它们表现出来的家族家风却是大同小异的。我们将之单独拎出来，倒不是因为它作为道德风俗习惯的特殊性，而是因为家族或宗族本身的独特性。一方面，不管是传统宗法还是现代家族，其实都是敬宗收族的结果，敬宗收族和孝道观念牵扯甚深；另一方面，作为一个共同体的家族或宗族是一个非正式的组织，家族或宗族对其成员具有较强的道德约束力，孝道观念在家族或宗族里也就会得到持续的重视和加强。

当下家族或宗族复兴虽然还是一个较受争议的话题，但是就孝道传统的激活来说，我们倾向于应当看到它给予我们的便利和希望。家族或宗族复兴，恰好能够给激活孝道传统提供一个不可多得的珍贵契机。家族或宗族的复兴，证明了这种观念的持久活力；并且在短时间内，作为非正式的组织和制度的家族或宗族不会彻底消失，这种持续性正好可以为激活的孝道传统的持续性提供支持。虽然家族或宗族不是孝道观念的唯一决定因素，但是只要家族和宗族存在，就能够较好地维持孝道观念的长久存在。

四、两类制度安排之间

需要注意的是，如果处理得不好，正式制度安排和非正式制度安排之间，可能会出现一些真空地带，反而不利于发挥两类制度安排的各自优势。因此更需要审慎地处理正式制度安排与非正式制度安排之间的关系。我们认为，这两类制度安排的建设要同时进行，"两手都要抓，两手都要硬。"因为具有共同的目标，且实现的路径不同，两类制度安排的建设刚好可以相互支撑。

第四节 路　　径

制度安排是我们在理论上对孝道扶贫进行的构思，要落实这种构思，还需要我们在实施路径上作出一定的探索。我们应当注意的是以下几个方面：一是注意经济发展与孝道扶贫相结合；二是社会保障制度的完善与孝道扶贫相结合；三是法治与德治相结合；四是精神文明建设与孝道传统重塑相结合。这几条路径是实行孝道扶贫所必需的，并且是需要同时考虑到的。

一、经济发展与孝道扶贫相结合

经济发展是扶贫的基础，也是精准扶贫的内在要求。但是这个经济发展不是直接解决老年贫困的问题，而是为解决老年贫困提供一个经济基础。如果子女都还处在贫困当中，那么如何能够承担起孝道扶贫的责任呢？当然，这是比较极端的情况，在现实中极少发生。如果发生的话，恐怕也要依靠其他扶贫方式为主了。然而更多更普遍的情况是，子女虽然已经脱离贫困，但是由于工作关系，尤其是异地工作的关系，没有条件尽孝。这样的情况使得问题具有了几个层次的复杂性：首先是经济上的困难；其次是身体上的风险；还可能有情感上的孤单。这也就是老年贫困的多维发生所指。

就此意义来说，我们所讲的经济发展的意指也是多重的：首先是经济总量的增加，养老、扶贫在一定程度上都是一个社会再分配的问题，只有经济总量足够大，才能进行更好的、更合理的分配。其次是经济结构的变化。一说到背井离乡，我们以往多比较重视农民工，但为了工作背井离乡的人远不止农民工，例如，农村大学毕业生、小生意经营者等。人口从农村向城市流动的观点，至少在方向的描述上是正确的。但是我们也不可忽视小城镇向大城市流动、大城市之间的相互流动等问题。我们说的经济结构的改变就是想提出各地区各行业经济均衡发展的问题。只有这样，才能既"挣钱"又"养家"。

经济发展不仅是扶贫的基础，也是扶贫的要求和方法。经济发展的要求可以与产业扶贫等扶贫方式相结合。这就是我们前面讲到的多元扶贫方式联动的机制。所以，理想的和有效的孝道扶贫是必须包含经济发展的。

二、社会保障制度的完善和孝道扶贫相结合

社会保障和孝道扶贫需要同时关注，不能偏废。选择这个路径的理由比较简单。在我们前面对老年贫困的致因的分析中，其实已经提

到社会保障制度的不健全和不均衡发展。要想有效地发挥孝道扶贫的作用，必须将孝道扶贫和社会保障制度的完善相结合。社会保障制度的完善，一方面是给老龄人口增加一道养老的保险，另一方面也能分担子女的部分压力。解决老年贫困的问题不能只依靠国家和社会，所以需要孝道扶贫；但是解决这个问题也不能完全只依靠子女。更好的方式是国家和社会为子女创造一定的条件，让子女更好地行孝。社会保障制度的完善就是创造这种条件的路径之一。

社会保障制度的完善，主要围绕养老保障和医疗保障两个领域展开。一是养老保障制度。我国目前实行的养老模式，主要的还是家庭养老和居家养老；老人自我养老和社会或机构养老也得到了一定的发展。这些养老模式之间没有优劣之分，具体的效用也需要视地区、人群甚至个体的具体情况而定。健全和发展养老保障不是要发展某一具体形式的养老模式，而是要在资源整合的过程中促进各模式的均衡发展，在实践的时候根据具体情况选择一种或多种综合的养老模式。基于我国的现实情况，在完善养老保障的决策和实施中，在城乡之间要更加倾向于农村，在地域上要倾向于中西部经济欠发达地区。我们必须重申，我们不是不重视城市，不是不重视东部地区——老年贫困在全国任何地方都是值得重视的。只是基于我国不均衡发展的现实，我们要在全面完善养老保障的基础上优先考虑农村和中西部地区。二是医疗保障体系。就分布来说，医疗保障基本上实现了全面覆盖。问题在于医疗资源的分配方面。看起来医疗资源的分配仿佛不属于医疗保障领域的事情，但是如果一个地区医疗资源不足甚至匮乏，是很影响医疗保险功能发挥的。因此，可以在医疗资源分配方面做一点文章。这一点思考实际上又体现了我们前面提到的多元扶贫联动机制的问题。

三、法治与德治相结合

孝道起于道德，而不止于道德。孝道扶贫看起来完全是一个道德问题，但历史上的"援孝入法"已经对这一观点提出了质疑。我们当今的法律体系中也有不少关于尽孝义务的条款，更加难能可贵的是，《中华人民共和国老年人权益保障法》还将"常回家看看"也纳入法律要求的责任和义务中。这说明看起来属于道德问题的孝道，其实也是需要法律的保障。冯振宇在讨论砀山孝道扶贫实践的不足的时候，也认为砀山的孝道扶贫过分依赖德治。结合这些经验，我们觉得有必要重新梳理一下在孝道扶贫情境中法治与德治的关系。

的确，就孝道扶贫来说，其本质是一个道德问题。孝道扶贫，甚至孝道本身最主要的依靠就是传统的伦理道德机制。我们说实行孝道扶贫，实际上是重新激活一种传统，所要表达的其实也就是这个意思。然而我们面对的现实是孝道观念逐渐削弱的事实，我们应该使用什么样的方法来重塑甚至加强这种逐渐流失的传统观念呢？法律可能是一条值得尝试的途径。

实际上道德和法律并不构成对立，相反，二者之间还是一种相辅相成的关系。法国著名社会学家涂尔干撰著《社会分工论》，想要建立的是一种新的道德科学，但是他分析的切入点却是法律。道德是法律的基础，法律也能很好地反映一个社会的道德状态，并促成道德的成长。这种反映既可以是正相关的，也可以是负相关的。例如道德领域里的观点直接进入法律条文中，正如我们提到的历史和当下都存在的援孝入法，便是正相关的。但是，一个社会的道德缺乏什么，也可以用法律的形式来弥补，这是法律通过负相关关系来反映道德的情况。同一种道德现象，可能和法律既正相关，也负相关。这涉及这一道德现象的程度问题。例如我们十分关心的孝道问题，它已经在法律中有所体现了；然而面对孝道观念逐渐削弱的事实，我们还需要法律对其进行恢复和加强。所以，我们关注的不是在孝道扶贫中采取法治还是德治，而是在实践中怎样使这两种方式巧妙地进行行之有效的结合。

我们对法治和德治关系的误会，可能来自日常生活中"情""法"相悖的见闻。就绝对数量来看，这样的案例确实不少，但是更多的是"情""法"相符的事情，只是我们将之视作理所当然因而未对其加以留意。以"情""法"相悖的少数个案来判断"情""法"关系是有失偏颇的。只要看清楚这一点，我们就不难理解孝道扶贫中德治和法治相结合的路径了。

四、精神文明建设与孝道传统重塑相结合

"孝道"作为中国传统伦理的核心，它所涉及的不只是"孝道"本身。我们已经分析了孝与爱、敬、忠、顺、仁、义、礼、信等的关系，但"孝道"能够关联的还不止这些。可以说，整个传统社会的精神文明都与之有密切的关系。我国著名社会学家在比较美国社会和中国社会时提出了"差序格局"的概念。费孝通说："我们的格局不是一捆一捆扎清楚的柴，而是好像把一块石头丢在水面上所发生的一圈圈推出去的波纹。每个人都是他社会影响所推出去的圈子的中心。被圈子的波纹所推及的就发生联系。"①这个比喻十分恰当，它十分生动地道出了"孝道"的核心作用。我们可以这样理解：每个人将自己作为中心而向外推，首先推到的便是父母；再往外推，都是经过父母这一圈波纹才能到达的。这也是对从孝出发而到达爱、敬等路径的另一种解释。

我们今天所讲的精神文明建设，主要面对的是现当代的社会情景，因此自然应该吸收许多现当代的因素。但是这并不构成对传统的完全否定。尤其是习近平总书记提出，要复兴优秀传统文化，更是指明了我们应该从传统中汲取一些有益的营养。那么作为传统伦理道德的核心的孝道，自然应该被考虑重塑，作为优秀传统之一加入我们今天的精神文明建设。因此，我们着实应该考虑在精神文明建设中宣传和弘扬孝道文化，努力激活孝道传统，让这种文化传统在新时代焕发新的生机。

重塑孝道传统不是一成不变地恢复，而是要顺应时代的发展。传统社会围绕孝道进行了很多建构，其结果除了体现在我们分析过的儒家经典、历代法律中以外，还有一个重要的体现，那便是"二十四孝"。

---

① 费孝通．乡土中国 [M]．北京：生活·读书·新知三联书店，1985：23．

"二十四孝"的系统在晚唐时即已产生，经过元代郭居敬的编写而基本定型并流传下来。郭居敬的编写主要是删除原有流传版本中的极端愚孝故事，但他自己的版本也并没有完全排除愚孝，至于今日，已多遭批评[①]。重塑孝道传统，要恢复的就不是那种已为大家所公认的愚孝，而是能够反映时代精神的新二十四孝[②]。

重塑孝道传统需要和精神文明建设相结合以实现其长久传承。重塑孝道传统不是一时的工程，而是一项长期的事业。孝道扶贫的短期效应是使贫困老年人口脱离贫困的境遇；长期的利益则是建立一种爱老敬老的社会风气。孝道传统的这种持久传承，要求的是孝道观念通过各种方式，深入人们的日常生活之中，深入人们的内心。

第五节　启　　示

我们要在多维贫困的视角下正确地认识老年贫困。老年贫困是一种较具特殊性的贫困类型，它发生在老年人口群体中，并且在经济物质、身心健康和精神情感等多方面都有体现。就是说，老年贫困不仅仅是一个经济问题。认识到这一点，有利于我们得出另外两个认识：一是解决老年贫困的目标是"脱贫"但不需要"致富"；二是老年贫困的多维发生要求解决方案在多个层面进行努力，尤其是以往较少受到重视的经济以外的维度应该被重视起来。但是我们依然不否认，经济问题在老年贫困中可能表现得更突出，也更迫切需要解决。

老年贫困的多维发生要求多元扶贫方式的共同参与。这些多元扶贫方式一般会有自己的特定目的。例如产业扶贫主要是解决经济发展

---

① 赵文坦.关于郭居敬"二十四孝"的几个问题[J].齐鲁文化研究,2008（00）：47-51.

② 陈开宇.新二十四孝与传统孝道的比较及对我国的启示[J].学理论,2013（11）：284-285.

的问题；医疗扶贫主要关注人的身体健康，解决医疗困难。老年人口群体虽然具有很强的特殊性，但是也同时面临着这些问题。从另一个角度看，也正是这些问题的相互交织，才造成了老年贫困的相对特殊。社会保障制度的建立和完善是需要我们特别关注的。即使不开展扶贫工作，我们本来也要随着社会发展，进一步推进社会保障制度的建立和完善。扶贫工作的开展，正好也为社会保障制度建立和完善的进一步推进提供了契机。

在多元扶贫方式的共同参与的基础上，需要特别重视孝道扶贫的作用。从孝道扶贫研究的不景气现状中，我们不难推测，孝道扶贫还没有受到应有的重视。这种应有的重视，不仅是指学术研究的关注，更应注重扶贫实践。多元扶贫方式的既有实践，已经在不同程度涉及了老年扶贫，并且在一定程度上缓解了老年贫困的发生，或者为解决老年贫困提供了一些支持。但是老年贫困问题依然严重，急需一种具有针对性的扶贫方式集中解决老年贫困问题。就目前的情况来看，这种方式就是孝道扶贫。

孝道扶贫主要依靠的是传统孝道观念支撑，它具有深厚的伦理渊源。我们的分析显示出，作为传统伦理的核心要素，孝道观念不仅为孔、孟所推崇，也为其后历代儒家所重视。历代统治者也特别重视将孝道观念发展为一种治理手段，将其镶嵌在政治和法律之中。经过这些运作，孝道观念深入民间，《二十四孝》在民间的广泛流传即是证明。作为人尽皆知并且被接受的一种观念，因为有着深厚的基础，所以相对容易被利用起来。我们要做的，并不是什么精细繁复的发明创造，而只是整合和利用资源，重新激活一种传统，使这种传统焕发新的生机。

虽然孝道主要是一种道德观念，也很好地在观念层面被接受，但是这并不代表不需要考虑法治的问题。传统社会中援孝入法，已为我们做了示范；当今社会的法律条文中也不乏对行孝行为的要求和规定，说明了法律在孝道扶贫中的重要性。尤其是现代法律更加注重照顾老年人的多元需求，还出现了"常回家看看"的要求，这无疑是一个巨大的进步。但是我们需要注意，用法律去规定孝道不是我们的初衷，法律的这些规定，其实是对孝道现状的一种反映，同时也是一种激励机制。法律对孝道的规定，从根本上来说不是法律对道德的僭越，而是对道德的期许。因此，我们在孝道扶贫中，可以采用法律手段，但是更重要的，还是要时时考虑孝道本身。同时采用两种约束机制是针对现实的情况，而对于未来，我们还是要特别注意引导孝道的回归。

孝道扶贫要特别重视家庭的作用。家庭是中国社会最基本的单位，是最初级的群体。我们前面的分析也特别强调了家庭结构的变化对老年贫困和孝道观念的影响，特别是家庭规模的缩小和多数家庭日常的空间隔离的后果。老年贫困是多维发生的，家庭成员是每个人最亲近的人，这些多维发生的贫困也最好是能在家庭内部获得解决。这不是说我们不重视家庭外部的力量，相反，家庭的多数资源是从家庭外部获取的。也就是说，家庭外部的力量可以给予家庭最大的、最根本的支持。家庭的重要性使得家庭的扩展的重要性也凸显出来。这最主要体现在基于血缘亲属关系的家族或宗族。当今时代的家族或宗族复兴的确是孝道扶贫的一个珍贵资源，应该慎重考虑、慎重对待。

孝道扶贫的短期效应是解决老年贫困问题，但是它也有长期的效益值得期待。孝道扶贫既然有扶贫的要求，就应该主要是解决贫困问题的，尤其是老年贫困问题。然而解决老年贫困问题不应该是我们的终极目标。孝道观念有着深厚的伦理渊源，也在民间形成良好的风俗习惯传统。我们利用孝道来开展扶贫工作，实际上是要激活一种良好传统。这种良好传统可以维持良好的社会秩序。所以我们十分期待，在孝道扶贫的过程中，不仅仅重视贫困问题，而是能够结合精神文明建设，重新形成敬老爱老的社会风气，让孝道观念和我们的社会都有一个更好的未来。

第十五章①
社会兜底扶贫

　　2000 年联合国千年首脑会议上，联合国全部成员国和数十个国际组织承诺帮助全人类在 2015 年实现"千年发展目标"②，其中最重要的目标之一就是"消除极端贫困和饥饿"。改革开放 40 多年来，我国始终走在扶贫攻坚的道路上，在为百姓谋福利、为人民摆脱贫困而奋斗的征程中取得了卓越的成绩。1978 年以来，经过不懈努力，中国也成为全球最早实现"千年发展目标"中"消除极端贫困和饥饿"的发展中国家，2020 年，我国脱贫攻坚战取得全面胜利。

　　在党和国家给出的良方中，对于那些丧失劳动能力、年老身残的长期贫困人口，就是要靠"社会兜底"来帮助他们走出困境，使他们有尊严地生活。本章，我们将通过模式、机制、制度安排、路径、启示等五个方面来论述社会兜底扶贫的基本意涵，概括总结社会兜底扶贫的意义，探索此维度扶贫方式对整体扶贫工作的作用。

---

　　①　感谢高笑歌为本章所做工作。

　　②　千年发展目标（Millennium Development Goals）：2000 年 9 月联合国千年首脑会议上，世界各国领导人为全人类商定的一个发展目标。即在 2015 年前实现：消除极端贫困和饥饿；实现普及初等教育；促进男女平等并赋予妇女权利；降低儿童死亡率；改善产妇保健；与艾滋病毒 / 艾滋病、疟疾及其他疾病做斗争；确保环境的可持续能力；全球合作促进发展八大目标。

第一节　模　　式

2007 年 7 月，国务院发布《国务院关于在全国建立农村最低生活保障制度的通知》，从此，我国农村社会兜底扶贫工作进入"低保救助制度"和"扶贫开发政策"的两轮驱动的新阶段。其中，低保救助是我国反贫困的基本经济政策，扶贫开发是我国反贫困的基本社会政策[①]。扶贫不是某个部门在一定时期的单一职责，而是全社会需要为之而努力的全体事业，"低保救助"和"扶贫开发"两项政策有效衔接、优势互补才能真正实现精准扶贫的有效性。低保救助政策往往被认为是现在已有的扶贫方式的扩展或补充，因社会兜底政策的存在，扶贫工作越来越制度化，能更加全面、综合地对贫困人口予以帮助[②]。尤其是对于特殊人群（丧失劳动能力、处于长期贫困的个人或家庭），社会兜底扶贫更加能够为其生活起到直接、有效、快捷的作用，让贫困人口在脱贫攻坚的过程中充分获益[③]。社会兜底政策是扶贫攻坚工作中的"最后一道防线"，在整个社会反贫困的过程中起着举足轻重的作用，社会兜底扶贫主要采用以下几种模式针对贫困人口进行脱贫救助。

一、农村最低生活保障制度

农村最低生活保障制度是由地方政府（通常是县级以上政府）制定，为家庭人均收入水平低于当地最低生活保障标准[④]的贫困人口给予能维

---

① 左停，贺莉.制度衔接与整合：农村最低生活保障与扶贫开发两项制度比较研究［J］.公共行政评论，2017，10（3）：7-25，213.

② 蔡昉，都阳.建立农村"低保"制度的条件已经成熟［J］.中国党政干部论坛，2004（9）：17-18，27.

③ 王延中，王俊霞.更好发挥社会救助制度反贫困兜底作用［J］.国家行政学院学报，2015（6）：67-71.

④ 最低生活保障标准：由政府测算，满足全年基本生活所必需的食品、衣物、水电等费用。

持基本生活的财物帮助，以使他们在日常生活中达到"两不愁，三保障"的基本线。其保障对象往往是因病残、年老体弱、丧失劳动能力、生存条件恶劣等因素所导致的长期贫困的居民①。这些贫困人口往往是靠产业扶贫、易地搬迁、生态补偿、教育发展等方式难以实现脱贫的群体，只有通过社会兜底的方式来对他们进行帮助。

既然无法通过我们所追求的"造血"式扶贫来对这类人群实现生活改善，我们就需要以"输血"式的扶贫方式来救助这类人群。我国"十三五"规划纲要中亦指出，"根据致贫原因和脱贫需求，对贫困人口实行分类精准扶持。通过特色产业脱贫 3 000 多万人，转移就业脱贫 1 000 多万人，易地搬迁脱贫 1 000 多万人，其余完全或部分丧失劳动能力的贫困人口通过实行社保政策兜底脱贫。"截止到 2020 年底，全国共有城乡低保对象 4 426 万人，其中城市最低生活保障对象 805万人，农村最低生活保障对象 3 621 万人，低保对象总人数超过全国人口的 3%②。如此大体量的受保人群中，不同的原生家庭、各家庭不同的受保人数以及不同的贫困程度和致贫原因使得扶贫工作面临着巨大的困难。因此，我们要想办法做好分类分档，避免"眉毛胡子一把抓"，并努力做到"精准"二字，真正能够有的放矢，在"应保尽保"的基础上实现保得恰当、准确③。

在已经实现的 2020 年全面建成小康社会的目标中，要求贫困人口的基本生活得到保障、摆脱贫困线，在进行最低生活保障制度的救助过程中，确定受保人群时会进行严格的申请审核、民主评议、动态管理等认定流程，真正使低保资金得到"精准"投放。低保户与普通的建档立卡贫困户有所不同，低保户是因残疾、重病、自然灾害等原因导致丧失劳动能力、长期处于贫困状态的农户；而建档立卡贫困户相对于低保户来说，致贫原因更宽泛，可能因病因灾、因自然条件恶

---

① 国务院. 国务院关于在全国建立农村最低生活保障制度的通知.[EB/OL].（2007-07-11）. http://www.gov.cn/zhengce/content/2008-03/28/content_6245.htm.

② 数据来源：国家统计局.

③ 中共中央文献研究室. 十八大以来重要文献选编：中 [M]. 北京：中央文献出版社，2016.

劣，也可能是因为缺少必要的劳动资本、个人懒惰等原因最终导致了生活困难。建档立卡的普通贫困户一般都具有一定的劳动能力，但是缺乏资金，或者思想不开化，走不出"穷则愈穷"的贫困心理陷阱。对于普通贫困户，我们更倾向于通过产业扶贫、易地搬迁、生态补偿、教育救助等方式来进行扶贫，让他们真正产生内生脱贫动力，通过国家或外界的帮助走出贫困怪圈，实现小康目标，而非以"等、靠、要"的心态来"被脱贫"。

在整个扶贫开发体系下，建立农村最低生活保障制度不仅是我国经济发展的客观要求，也是人民群众的内心呼声。首先，我国目前所处的中国特色社会主义市场经济体制使得传统的以土地为生活来源的保障体系被削弱，教育、医疗、养老等问题日益凸显，为了弥补传统的农村社会和日新月异的现代社会体系的差距，适应中国特色社会主义市场经济的发展要求，有必要建立农村最低生活保障制度；其次，农村最低生活保障制度的建立必然会涉及社会资本的再分配，通过政府财政进行社会平衡，帮助社会中的弱势群体满足基本生存要求，有利于缓和社会矛盾，营造良好的社会环境[①]；最后，在我们全面建成小康社会的过程中，唯有农村社会保障制度能起到"兜底"的作用，带领"最后"的贫困人口进入全面小康的新时代，真正做到"一个都不能少"，这不但是中国共产党的魄力，更是我国社会主义制度优越性的体现。

案例 1：云南省保山市城乡居民最低生活保障制度

云南省保山市针对党中央、国务院提出的"五个一批"扶贫计划，在脱贫攻坚的工作当中直视问题，因地制宜，出台了《保山市提高 2017 年困难群众基本生活保障标准的通知》。其中：

（1）将农村最低生活保障标准从 2 800 元 / 人 / 年提升到 3 280 元 / 人 / 年，实现了低保标准和贫困线的"两线合一"，保

---

① 赵复元．建立农村最低生活保障制度的综述［J］．经济研究参考，2005（55）：40-45.

证了贫困群体能够踏实地迈过贫困线，满足生活的基本需求。

（2）完善了城乡居民基本医疗制度，采取城乡居民保险个人缴纳代缴或补助的方式，实现财政全额资助建档立卡贫困人口购买"扶贫保险"，尽可能地使建档立卡贫困户全部加入城乡居民基本医疗保险和大病补充医疗保障当中。

（3）健全养老保障机制，带动建档立卡贫困户参加养老保险。

资料来源：石长毅.云南：保山市脱贫攻坚"硬骨头"越啃越香[EB/OL].[2018-09-19]. http://cpadjsc8.cpad.gov.cn/art/2018/9/19/art_5_89109.html.

案例分析与启示：

通过社会兜底的方式来满足长期贫困人口的基本生活需求的过程中，各级政府最重要的就是应因地制宜地制定相应政策。不同地区社会发展程度、自然条件、社会文化等各方面均有不同，因此，各地制定的针对性兜底政策也应有所不同，以适应当地发展。只有更加契合当地百姓要求、符合当地发展现状的社会兜底政策，才是有的放矢、有迹可循、有本可依的有效政策，否则，此类"输血"式扶贫政策实施后不但起不到弥补贫困短板的作用，反而会造成"穷则愈穷"的反向作用。

保山市针对自身经济发展水平调整最低保障标准，并鼓励贫困户积极加入医疗保险、大病保险当中，有效地缓解了当地群众的生活、就医压力，也是在政府合理的财政支出条件下实现了更好的"兜底"。

二、特困人员供养

特困人员供养制度是在扶贫攻坚的工作中，为保证特困人员的基本生活需要，针对城乡"三无"人员[①]，为其提供基本生活需求、照料

---

① "三无"人员：无劳动能力、无生活来源、无法定赡养抚养义务人或其法定义务人无履行义务能力的人员。

服务、疾病治疗、殡葬服务、教育救助等方面的保障，做到"应救尽救、应养尽养"。通过本人申请、民主评议、审核公示、上级审批等认定程序来严格把关受保人群，使特困人员供养制度能真正用之于所需要的群体，根据当地实际情况和不同贫困人员的需求来进行有的放矢的救助，比如丧葬事宜的安排、危房改造、教育救助等方面，不同的受保人群的所需不同，政府所提供的救助类型自然也就不一样。

特困人员供养制度的供养标准由当地政府根据经济发展水平、当地城乡差异实际情况来确认，并进行动态调整。特困人员供养制度主要分为在家分散供养和在当地供养服务机构集中供养两种形式，生活可以自理的贫困人口鼓励在家分散供养，并委托其亲友、居委会或其他社会组织进行照料和看护；丧失生活自理能力的人员优先提供集中供养，通常由县级民政部门安排至就近的供养服务机构，未满 16 岁的儿童，安置到儿童福利机构[①]。

虽然全国各地区发展程度不同，但是无论是发达地区还是欠发达地区，都有着特困人员这一特殊群体的存在。2016 年，国务院颁布《国务院关于进一步健全特困人员救助供养制度的意见》以关注此类人群，切实解决他们所面临的基本生活问题。特困人员供养制度有利于满足贫困人口中的弱势群体获得基本生活保障，让他们也可以享受国家的发展成果，实现社会公平，弥补城乡差距。保障特困人员应有的生活权益，既是打赢脱贫攻坚战、全面建成小康社会的要求，也是社会兜底扶贫的价值体现。

三、城乡医疗救助

在扶贫攻坚过程中，长期贫困群体因病致贫、因病返贫的情况普遍存在，针对这类亟须医疗救助的群体，国家采取城乡医疗救助的社会兜底方式进行帮扶。城乡医疗救助制度针对的群体有罹患重病的极

---

① 国务院.国务院关于进一步健全特困人员救助供养制度的意见.[EB/OL].（2016-02-10）.http://www.gov.cn/zhengce/content/2016/02/17/content_5042525.htm.

端贫困人群、低收入人群、重病患者和已加入医疗保险范围但仍难以负担高昂医疗费用的患者等，通过财政拨款或社会募集资金等方式筹建救助基金，对此类群体进行专项补助和支持。城乡医疗救助的对象需要通过个人申请、村委（社区）评议、乡镇（街道）审核和上级政府审批等步骤来确定受助对象的实际情况，尽可能地杜绝骗保、套保的情况出现。而补助标准也是由当地政府根据实际经济水平和财政收入情况，结合社会帮扶、慈善救助等方式来进行划定，以尽可能为贫困群众减轻医疗费用负担。

城乡医疗救助制度主要由基本医疗保险和新型农村合作医疗两大方面来帮助难以负担医疗费用的重病患者。救助过程首先是通过基本医疗保险和新型农村合作医疗对大病直接救助；其次，在已入保的地区，尽可能通过预付、垫付等方式让贫困群众"能看病"，解决医疗保险的门槛和自付部分。

建立城乡医疗救助制度对贫困群体，尤其是因重大疾病而导致贫困的群体有着十分重要的意义，这既是党和国家对贫困群体进行医疗保障的重要出口，也是我国社保体制改革的重要环节。城乡医疗救助制度有力地帮助贫困人口解决了看病难、看病贵的问题，让他们能够及时就医，得到实实在在的实惠，没有了后顾之忧；城乡医疗救助制度保障了社会的公平性，让贫困人口得以享受改革开放带来的经济发展成果，更好地实现了公共服务的平衡和收入再分配，而针对不同致贫原因的贫困群体，政府提供各种有针对性的政策也体现了党和国家负责任的形象[1]。

案例2：湖南省城乡医疗救助制度的完善

在国家"五个一批"脱贫攻坚工作的部署下，2017年湖南省通过财政调配，在脱贫攻坚的战场上加大财政支持力度，完善了

---

[1] 中央党校科社部城乡医疗保障研究课题组，向春玲.探索建立城乡一体的医疗保障体系 [J].求是，2010（2）：49-51.

社会兜底保障制度，尤其是城乡医疗救助制度。其中：

（1）提高农村低保补助标准至 3 026 元／人／年，安排补助资金 19.3 亿元，实现扶贫、低保"两线合一"。

（2）出台《湖南省健康扶贫工程"三个一批"行动计划实施方案》，完善城乡居民大病保险政策，对于农村贫困人口住院费用，城乡居民医保提高 10% 的报销比例，城乡居民大病保险降低起付线 50%，大病住院政策范围内报销比例提高到 90% 以上。

（3）安排医疗救助资金 1.9 亿元，将建档立卡贫困人口纳入重特大疾病医疗救助范围，对社会保障兜底脱贫对象参加居民医保的个人缴费部分给予全额资助，对低保对象和建档立卡贫困人口参加居民医保个人缴费部分给予定额资助，对建档立卡贫困人口因政策规定重特大疾病住院的，在获得相关医疗保险报销后，合规自付费用再按政策规定给予救助。

资料来源：石长毅.湖南：以投入强度保扶贫力度——湖南财政助力脱贫攻坚战 [EB/OL].[2018-01-28]. http：//www.cpadjsc8.cpad.gov.cn/art/2018/1/25/art _5 _77243.html.

案例分析与启示：

湖南省在脱贫攻坚的过程当中根据自身财政水平和贫困情况改进社会兜底政策，不但提升了低保补助线，使低保补助和贫困线"两线合一"，让贫困群体能够顺利迈过贫困线，更重要的是通过城乡医疗救助制度有效解决了农村贫困人口因病致贫、因病返贫问题，对社会保障兜底对象、低保对象、建档立卡户等不同贫困层次的群体施以不同的医疗报销政策，使社会兜底福惠的范围更广、行之更有效。

改变扶贫方式，从"大水漫灌"到"精准滴灌"，不仅是精准扶贫的要求，更是政策落到实处的根本方法，在因地制宜制定政策的同时能够分级分类，对不同贫困程度的对象予以不同水平的对待，才能够将财政支出真正花在刀刃上。

四、临时救助

临时救助制度属于更为特殊的一种社会兜底扶贫模式。临时救助制度是为了解决一定的突发性或临时性意外，比如地震、台风等自然灾害；车祸、矿难等意外事故或因突发疾病、上学需要造成的生活困难等情况。针对此类贫困群体，党和政府采取临时救助的方式来满足其医疗、住房、教育等方面的基本生活需求。

与前文所述的几种社会兜底扶贫模式不同，除了个人申请、村委会（社区）考察、民主评议、上级政府审核的一般申请流程，有时需通过紧急程序来进行临时救助的申请。在紧急情况下，以防损失或事故影响扩大，政府会采取"先救再补"的方式，第一时间对受害者采取救助措施，待紧急情况解除后再补齐审批手续[1]。

临时救助制度在急难险重的情况下起着应急性更强的"兜底"作用，这种保障模式的搭建对社会救助体系起到了很好的补充。随着经济的发展和改革的深化，在我国的贫困人口越来越少、越来越特殊的现实下，社会兜底的方式有必要更加多样，以能够在不同社会情况、时间节点、风险类型下都能对贫困人口提供较好的帮助，将"兜底"的作用发挥得更完全。更重要的是，相比于其他兜底模式，临时救助制度更有利于带动社会力量的加入，促进公益事业发展，使政府和民间资本进行较好的合作。

作为精准扶贫方略实施到户的"五个一批"方式之一，社会兜底扶贫发挥着其他方式所难以发挥的覆盖面广、保障层次深、作用方式多的特点，对家庭年收入低于当地最低生活保障标准的、生活常年困难的农民进行不同层次的"兜底"，分档分类，搭建好扶贫措施的最后一道底线。有针对性地开展社会兜底扶贫工作，扶贫既要"真扶贫、扶真贫"，避免遗漏，更要杜绝滥扶，结合不同家庭的实际情况，因人制宜，最终实现"真脱贫"。

---

[1] 国务院. 国务院关于全面建立临时救助制度的通知. [EB/OL]. (2014-10-03). http://www.gov.cn/zhengce/content/2014-10/24/content_9165.htm.

在日趋完善的扶贫体系中，社会兜底的模式也在逐渐多样，如何使各类兜底模式有机衔接，充分发挥不同兜底模式的特点，实现优势互补、保障有力，让不管身处何处的贫困人口都能感受到党和国家的力量，获得真真切切的实惠，是社会兜底扶贫方式始终追求的目标。

第二节 机 制

自 2013 年习近平总书记在湖南湘西考察时提出"精准扶贫"的概念以来，理论和实践方面都对"扶贫"概念有了新的认识。他指出，中国当下在扶贫攻坚工作中的重要举措，就是实施精准扶贫，找到"贫困根源"，对症下药，靶向治疗。做到"扶持对象精准、项目安排精准、资金使用精准、措施到户精准、因村派人精准、脱贫成效精准"[①]，"坚持分类施策，因人因地施策，因贫困原因施策，因贫困类型施策，通过扶持生产和就业发展一批，通过易地搬迁安置一批，通过生态保护脱贫一批，通过教育扶贫脱贫一批，通过低保政策兜底一批。"

社会兜底扶贫在我国"五个一批"扶贫工作中占有重要地位，通过社会兜底实现对贫困人口的全覆盖不但是精准扶贫的重要方法，也是实现全面建成小康社会目标的重要保障。对于难以通过发展生产扶贫、易地搬迁扶贫、生态补偿扶贫、发展教育扶贫等方式摆脱困难现状的长期贫困人口，社会兜底扶贫成为最后的安全网，它将决定是否能实现"不让一个人掉队"的目标，决定扶贫攻坚工作的底线。

兜底群众完成脱贫是扶贫工作完成的重要标志。在我国扶贫工作中，老人、儿童、残疾人等没有劳动能力、长期处在贫困状态中的弱势群体是所需帮助最多、扶贫困难最大的部分，让此类群体按期脱贫，

---

① 习近平：谋划好"十三五"时期扶贫开发工作　确保农村贫困人口到 2020 年如期脱贫．[EB/OL]．（2015-06-19）．https://syss.12371.cn/2015/06/19/ARTI1434706227305381.shtml.

不但直接关系着全面建成小康社会的目标，更是事关人民福祉和社会稳定。弱势群体是精准扶贫的重点关注对象。实现我们在扶贫工作中所要求的"精准"，要正确识别此类群体。

在扶贫攻坚过程中，深度贫困人口脱贫是一项重要内容。这些没有劳动能力、长期处在贫困状态的弱势群体能顺利脱贫，是我们扶贫攻坚取得阶段性胜利的标志之一，利用好社会兜底扶贫措施，使其发挥弥补市场不足的作用，实现社会公平，同时也将对我们的经济社会产生不可估量的作用。

一、特殊人群识别

社会兜底扶贫的实现首先要做好对特殊贫困人口的识别。社会兜底扶贫侧重"输血"的扶贫方式，民政部门对家庭人均收入低于当地最低生活标准的贫困人口进行补助；其他扶贫方式侧重"造血"的方式，扶贫部门助力具有劳动能力和脱贫信心的贫困户，让他们有基本资金并能够在此基础上更进一步创造财富[1]。因此可知，建档立卡贫困户中的"贫困对象"和"兜底对象"有着不同的受助方式，并非全部是社会兜底扶贫的对象，其中"兜底对象"是社会兜底和其他扶贫方式共同关注的范畴，受到多方共同支持。

左停等认为，识别不同贫困家庭的收入情况是一项十分复杂的过程，除了统计家庭收入情况（此类标准使用较少），更会通过实物性（比如农户住宅、交通工具情况等）和生理性（比如农户健康状况、所患疾病情况等）的标准以及民主评议的方法来进行"兜底对象"的确认[1]；李小云等认为，对此类受保人群的评定方式多元，是因为农村家庭收入太复杂，难以界定和度量，除了务农、务工收入和不同种类的政府或企业补助，农户还有机会进行其他类别的工作取得收入（比如临时帮工、零售农副产品等），而农村社会又是一个范围较小的圈子，

---

① 左停，贺莉，赵梦媛.脱贫攻坚战略中低保兜底保障问题研究［J］.南京农业大学学报（社会科学版），2017，17（4）：28-36，156-157.

通过民主评议的方式，根据邻里乡亲的表决来进行评定不失为一种有效的识别手段[①]。在各地实际评定受助群体的过程中，不同地区也会根据当地的实际经济发展水平和社会情况来进行评定标准、评定流程的调整，且已确认的受助群体也会分为不同等级，以实现扶贫"精准"、有针对性地对不同农户所需进行帮扶。

由表 15-1 和图 15-1 可知，随着我国经济社会发展，人民生活水平逐步提高，社会保障制度也得到改善。近十几年来，我国的农村低保标准和扶贫标准都保持持续提高，农村低保标准从 1 000 元以下提高到 5 500 元以上，扶贫标准从 1 000 多元提高到 4 000 元左右。在 2014 年以前，农村低保标准通常低于扶贫标准，在 2009 年两标准几乎等同，农村低保标准略高；2014 年后农村低保标准明显超过贫困标准，且差距越来越大。通过对两条曲线进行简单直线回归可得，农村低保标准的回归系数为 390.91，R^2 为 0.975；扶贫标准的回归系数为 213.95，R^2 为 0.921，两条曲线拟合的情况较好，且能够通过数据明显看出农村低保标准的增速要超过全国扶贫标准。通过"农村低保标准占扶贫标准比例"一栏也可以看出我国用于低保人员的资金已超过扶贫标准的额度。

表 15-1　全国农村低保标准与扶贫标准（2007—2020 年）

年份	农村低保标准 / （元·人$^{-1}$·年$^{-1}$）	扶贫标准 / （元·人$^{-1}$·年$^{-1}$）	农村低保标准占扶贫标准比例 /%
2007	840.00	1 067.00	78.73
2008	987.60	1 196.00	82.58
2009	1 209.60	1 196.00	101.14
2010	1 404.00	2 300.00	61.04
2011	1 718.40	2 536.00	67.76
2012	2 067.80	2 625.00	78.77
2013	2 433.90	2 736.00	88.96

① 李小云，董强，刘启明，等.农村最低生活保障政策实施过程及瞄准分析[J].农业经济问题，2006（11）：29-33，79.

年份	农村低保标准 / (元·人 $^{-1}$ ·年 $^{-1}$)	扶贫标准 / (元·人 $^{-1}$ ·年 $^{-1}$)	农村低保标准占扶贫标准比例 /%
2014	2 776.60	2 800.00	99.16
2015	3 177.60	2 855.00	111.30
2016	3 744.00	3 146.00	119.01
2017	4 301.88	3 200.00	134.43
2018	4 754.00	3 535.00	134.48
2019	5 247.00	3 747.00	140.03
2020	5 842.00	4 000.00	146.05

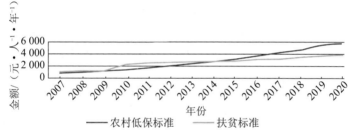

图 15-1 全国农村低保标准与扶贫标准（2007—2020 年）

资料来源：《中国民政统计年鉴》《中国扶贫开发年鉴》。

由此可见，党和国家在扶贫工作中投入了大量的资源和财力以助贫困群体尤其是低保人员实现脱贫。所以在社会兜底扶贫的过程中要特别注意做好低保人员的认定工作，这不但反映着社会的公平程度，而且决定着国家资源的有效分配。

二、基层组织建设

社会兜底扶贫的实现重要的是要靠基层组织的坚定实施。作为保证全体贫困人口顺利脱贫的底线，"兜底"的实现要靠基层组织和社会团体主动去找寻需要帮助的人群，而非等待受助人群的申请。因为这部分因年老体衰、自然灾害、身体疾病等原因而导致长期贫困的群体本身就存在维持生活困难、脱贫意志不强的现象，靠他们本身去探寻出路是一件十分困难的事情，否则，他们也不会长期无法摆脱贫困陷阱。这时就需要我们的先进组织发挥能动性去帮助他们，看到困难群众所需，覆盖到社会每一个角落。

在评定不同生活情况的长期贫困群体时，要实现动态考评，保证定期定量地进行评定标准、救助手段的调整和贫困户的监测，精确地找到贫困户的同时更要精确地给予物质上、金钱上的帮助以及对他们进行生活的鼓励，争取让这部分接受社会兜底的群众不会返贫。

社会兜底涉及的扶贫部门和民政部门虽然分属于不同的组织系统，拥有不同的架构和救助体系，但这两个部门在社会兜底扶贫的过程当中却致力于同一群体，同时为反贫困事业而努力。

扶贫攻坚工作中的基层工作人员（比如乡镇领导、驻村干部、村第一书记、村官等）是多个部门协调下的主要实施者，他们有责任和义务进行社会兜底扶贫的落实。虽然要面临任务重、压力大、时间紧迫、资金不足等问题，但仍然需要基层工作人员克服困难，做好兜底群众的经济情况普查，找到群众生活所需，实现"应保尽保"，让受助群体有病可医、有学可上，达到"两不愁，三保障"的基本生活要求。他们作为"兜底"的实施者，是"能不能兜底""兜底效果怎么样"的直接关系人，因此，党和国家在加强基层扶贫组织建设的同时有必要关注基层扶贫工作人员的所需所求，了解基层工作人员的办公设施、生活条件、工作经费、个人发展等方面的困难。这不但是出于人性的考虑，更是提高扶贫可靠性、调动社会全体扶贫积极性的重要保证。

三、资金保障

社会兜底扶贫的实现需要稳定的资金保证。从社会兜底的机制来看，兜底的给予方式主要靠资金补差（比如低保制度等）和直接救助（比如特困人员供养制度等）的方式，通过政府的调拨资金来实现对贫困人口的帮助。因此兜底资金的金额、兜底对象的受助标准以及财政供给的能力等都与社会兜底扶贫息息相关。对于社会兜底扶贫的资金来源，主要有以下三个途径。

1. 政府财政收入

实施扶贫攻坚计划以来，党和国家在财政划拨的调整上做了很多工作，用于扶贫攻坚中的政府预算达千亿以上[①]，并且随着工作难度加大，扶贫资金还会有所追加。除了中央财政收入的划拨投入，地方各级财政收入的专项资金也会计划用于社会兜底扶贫事业，但是，地方财政的规划额度要根据各地具体经济发展水平和财政收入来确定，各地省情、社情不同，所以具体投入金额不一而同，但是政府财政的投入是社会兜底扶贫的主要资金来源，也是扶贫攻坚工作的主要资金来源。

2. 社会慈善机构

越来越多的社会福利组织、非政府公益组织、企业家等愿意承担一定的社会责任，扮演正向的社会角色，展示组织及筹建者（企业家）本人的良好形象。很多组织（个人）通过自愿捐款的方式来帮助长期贫困人口走出困境、缓解生存压力，以满足基本生活需要。有一些大型组织和企业甚至会对一定区域范围内的产业和农户采取投资、资金支持等方式提供帮助。比如2014年万达集团建立"万达小镇"定点帮扶贵州省黔东南苗族侗族自治州丹寨县、2015年恒大集团对贵州省毕节市实施的对口帮扶等项目，除了在当地形成产业园区，更是对长期贫困人口的"兜底"工作给予了资金支持。

3. 金融融资

在金融市场中为响应国家号召，在全面建成小康社会的过程中作出应有的贡献，有许多金融机构提供扶贫小额信贷。建档立卡贫困户（包括社会兜底的对象）为了发展生产、走出困境，可以通过小额信贷来取得资金帮助。申请5万元以下3年期以内的免抵押、免担保贷款，

[①] 刘永富主任在"'十三五'脱贫攻坚工作有关情况发布会"上的讲话.[EB/OL].（2015-12-16）. http://hnsfpb.hunan.gov.cn/xxgk_71121/gzdt/fpyw/201512/t20151216_1976460.html.

这种方式逐渐被更多的贫困群众所接受。其中县级单位会建立风险担保基金的保护政策以保护放贷方利益不受损失，面对贫困人口的免抵押小额贷款也是社会兜底的重要资金来源之一。

在全面建成小康社会的过程中，所讲的"消除贫困"主要是消除"绝对贫困"，让最低收入人群中的每一个人都能够将自己的生活水平提到贫困线以上，此为"消除贫困"的一个标准。通过扶贫开发，使贫困群体自己努力来摆脱现状，形成"造血"机制，是我们所追求的内生脱贫方式，但是面对那些不具备劳动能力的群体，就要靠社会兜底来强力帮助他们脱贫。社会兜底除了发挥保障性的作用，更重要的是，在消除"绝对贫困"、面对"相对贫困"的问题时起到的调节和再分配作用，提升低收入人群的收入、消费水平，平衡社会群体收入差距，抑制区域间的经济发展不平衡……社会兜底措施还有相当长的路要走。社会兜底扶贫的实施，从政策制定到资金的组织、帮扶对象的识别、具体实施等过程是一个长期的机制，在此机制中既需要各方的不断配合，也需要在实践过程中进行修正。

第三节 制 度 安 排

在我国向着全面实现小康社会奋斗的过程中，为了帮助贫困群体实现摆脱贫困的目标，国家逐步出台了多项纲领性扶贫政策来对扶贫攻坚事业作出阶段性布局。从 1994 年 4 月提出的《国家八七扶贫攻坚计划》，到 21 世纪以来两阶段的《中国农村扶贫开发纲要》（2001—2010 年）与《中国农村扶贫开发纲要（2011—2020 年）》，以及精准扶贫工作实施以来的《国务院办公厅关于进一步动员社会各方面力量参与扶贫开发的意见》《建立精准扶贫工作机制实施方案》，再到《中共中央 国务院关于打赢脱贫攻坚战的决定》，党和国家在扶贫、助贫的工作过程中一步步将制度安排细化、完善，而良好的制度安排也让我们长期且艰苦的扶贫攻坚事业有本可依，有了更强的可实施性。

2013 年 11 月，习近平总书记在湖南考察时首次提出了"精准扶贫"的战略思想[1]，2014 年 3 月两会期间，习近平总书记参加贵州代表团的审议时，对"精准扶贫"的概念进行了深刻阐释[2]。作为精准脱贫的措施之一，"通过低保政策兜底一批"在扶贫攻坚工作中发挥着重要的作用。

2007 年，党中央、国务院决定在全国建立农村最低生活保障制度，我国扶贫工作进入低保救助和扶贫开发"两轮驱动"的新阶段[3]；2012年 9 月，国务院发布《国务院关于进一步加强和改进最低生活保障工作的意见》，明确对城乡最低生活保障政策中的对象识别、标准制定、规范管理等方面的工作提出要求[4]；2014 年 1 月，中共中央办公厅、国务院办公厅发布《关于创新机制扎实推进农村扶贫开发工作的意见》，其中强调精准扶贫机制要和农村最低生活保障制度形成"有效衔接"[5]；同年 2 月，国务院随即下发《社会救助暂行办法》，通过国务院所下发的"行政法规"形式规定了最低生活保障制度等社会救助标准，《社会救助暂行办法》的公布也标志着我国最低生活保障救助工作迈向了更加规范的新阶段[6]；2015 年，中共中央、国务院同时下发《中共中央 国务院关于打赢脱贫攻坚战的决定》，其中再次强调实施社会兜底政策扶贫的重要性[7]；2016 年，国务院办公厅转发由民政部等 6 部门

① 习近平论扶贫工作——十八大以来重要论述摘编［J］.党建，2015（12）：5-7，13.

② 中共中央党史和文献研究院.习近平扶贫论述摘编［M］.北京：中央文献出版社.2018 8.

③ 国务院.国务院关于在全国建立农村最低生活保障制度的通知.［EB/OL］.（2007-07-11）.http://www.gov.cn/zhengce/content/2008-03/28/content_6245.htm.

④ 国务院.国务院关于进一步加强和改进最低生活保障工作的意见.［EB/OL］.（2012-09-01）.http://www.gov.cn/zhengce/content/2012/09/26/content_7218.htm.

⑤ 中共中央办公厅 国务院办公厅.关于创新机制扎实推进农村扶贫开发工作的意见.［EB/OL］.（2014-01-27）.http://www.scio.gov.cn/ztk/xwfb/2014/31788/zcfg31798/Document/1383152/1383152.htm.

⑥ 国务院.社会救助暂行办法.［EB/OL］.（2014-02-21）.http://www.gov.cn/zhengce/content/2014-02/27/content_8670.htm.

⑦ 中共中央 国务院.中共中央 国务院关于打赢脱贫攻坚战的决定［N］.人民日报，2015-12-08（1）.

联合下发的《关于做好农村最低生活保障制度与扶贫开发政策有效衔接的指导意见》，强调农村低保制度要和扶贫开发有效衔接才能达到我们所追求的脱贫目标，被动的"输血"式脱贫并非唯一办法，只有尽可能地去激发贫困人口的内生动力，全国人民到 2020 年才能更容易实现全面脱贫的目标^①。

由于社会兜底扶贫方式的主要对象是那些身体缺陷、年老病重、丧失劳动能力的特殊人群，所以，针对贫困地区的老年人、妇女、儿童、残疾人等群体，也在不同时期提供了相应的制度安排。

一、老年人

1992 年，民政部公布《县级农村社会养老保险基本方案（试行）》，国家开始尝试通过养老保险的方式来满足社会中老年人群的生活基本需求，以使得他们老有所养、老有所依。这个试行方案也是改革开放后党和国家在社会兜底方面做的大胆尝试。2006 年，国务院发布《农村五保供养工作条例》，此项条例相较于普通的城乡养老保险制度，是对那些生活更为困难的贫困老年群体提供基本生活的保障。2009 年9 月，国务院发布《国务院关于开展新型农村社会养老保险试点的指导意见》，这是自 1986 年以来国家经过多次探索和试验后正式提出养老保险的普及工作^②。2014 年 2 月，国务院下发《国务院关于建立统一的城乡居民基本养老保险制度的意见》，从此，城乡居民基本养老保险制度在全国范围内得以正式建立^③。我国城乡居民养老参保人数变化情况如图 15-2 所示，可知我国的养老保险的参保人数总体呈上升趋

---

① 国务院办公厅.国务院办公厅转发民政部等部门关于做好农村最低生活保障制度与扶贫开发政策有效衔接指导意见的通知. [EB/OL].（2016-09-27）. http://www. gov.cn/zhengce/content/2016-09/27/content_5112631.htm.

② 万兰芳，向德平.精准扶贫方略下的农村弱势群体减贫研究 [J].中国农业大学学报（社会科学版），2016，33（5）：46-53

③ 国务院.国务院关于建立统一的城乡居民基本养老保险制度的意见. [EB/OL].（2014-02-26）. http://www.gov.cn/zhengce/content/2014-02/26/content_8656.htm.

势，受保群体逐步增多。

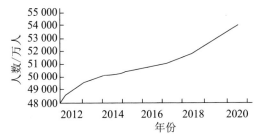

图 15-2　2012—2020 年城乡居民社会养老保险参保人数

资料来源：国家统计局。

二、妇女

我国始终对妇女群体的发展予以高度关注。1995 年 7 月、2001 年 5 月、2011 年 7 月国务院在不同的时间分别发布了三期的《中国妇女发展纲要》（1995—2000 年、2001—2010 年和 2011—2020 年），针对妇女的扶贫、教育、权利保障、身体健康等多方面予以制度安排，保障妇女能够实现自我拥有的权利，尤其是那些需要通过社会兜底的方式实现脱贫的群体，更是要鼓励她们积极参与到社会事务中来，因为她们也是社会的一分子，有权利来发声、来表达。在扶贫攻坚的过程当中，针对贫困妇女群体，党和政府也要求当地基层组织，如政府机关、事业单位、居民委员会、村民委员会等组织给予其物质和心理的多重关怀，保证妇女群体的身心健康[1]。对于妇女的权益保障，通过图 15-3 生育保险的普及情况可知，妇女的生命健康权受到了更多的关注，受保人数逐步增多，自 2012 年以来平均每年增长约 1 000 万人。

---

① 国务院 . 中国妇女发展纲要（1995-2000 年）.[EB/OL].（2017-04-05）. http://www.nwccw.gov.cn/2017-04/05/content_149162_8.htm.

国务院 . 中国妇女发展纲要（2001-2010 年）.[EB/OL].（2017-04-05）. http://www.nwccw.gov.cn/2017-04/05/content_149163_2.htm.

国务院 . 中国妇女发展纲要（2011-2020 年）.[EB/OL].（2017-04-05）. http://www.nwccw.gov.cn/2017-04/05/content_149165.htm.

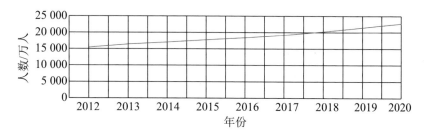

图 15-3　2012—2020 年生育保险受保妇女人数

资料来源：国家统计局。

三、儿童

　　类似于我国妇女群体的制度安排，针对贫困儿童的生长和发展，党和国家同样对此类群体予以高度重视。2001 年 5 月、2011 年 7 月，国务院分别下发两个十年期的《中国儿童发展纲要》（2001—2010 年和 2011—2020 年）。2006 年 6 月，结合改革开放后社会的变化情况，全国人大对《中华人民共和国义务教育法》（1986 年）进行了修订。修订后的法律规定，继续普及九年制义务教育，逐步免除义务教育期间的学杂费，并针对贫困儿童的生活条件提供相应补贴，保障儿童的基本饮食和受教育的权利。这次《中华人民共和国义务教育法》修订，在法律层面上对儿童的就学问题进行了相当大的保护，是社会兜底保障最有力的形式。2011 年 11 月，国务院办公厅下发《国务院办公厅关于实施农村义务教育学生营养改善计划的意见》，对贫困地区的儿童饮食保障进行一定补助[①]；2010 年 11 月国务院办公厅所发布的《国务院办公厅关于加强孤儿保障工作的意见》和 2016 年 2 月国务院公布的《国务院关于加强农村留守儿童关爱保护工作的意见》，两项制度对贫困群体中孤儿、患有大病的儿童、留守儿童等群体给予关注。如图 15-4 所示，以 5 岁以下儿童死亡率为例，

---

　　① 国务院办公厅. 国务院办公厅关于实施农村义务教育学生营养改善计划的意见 .[EB/OL].（2018-06-26）. http://www.gd.gov.cn/zwgk/wjk/zcfgk/content/post_2532411.html.

在法律的保护以及党和国家的关注下，自 2012 年以来，儿童死亡率有了显著下降。

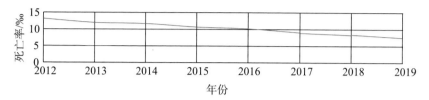

图 15-4　2012—2019 年 5 岁以下儿童死亡率

资料来源：国家统计局。

四、残疾人

2001 年 10 月国务院等发布的《农村残疾人扶贫开发计划（2001—2010 年）》和 2012 年 1 月国务院办公厅发布的《农村残疾人扶贫开发纲要（2011—2020 年）》，两项政策对社会中残疾人群体的贫困问题予以发展规划；2004 年 10 月，国务院转发《关于进一步加强扶助贫困残疾人工作的意见》；2010 年 3 月，国务院办公厅转发《关于加快推进残疾人社会保障体系和服务体系建设的指导意见》。国家清晰地认识到，针对残疾人贫困群体，需要通过社会兜底的方式来解决。在我国 2014 年实施精准扶贫计划以来，因残致贫的情况更是得到了党和国家的广泛关注。2015 年 1 月，国务院发布《国务院关于加快推进残疾人小康进程的意见》。并在 2016 年 1 月 1 日起实施"两项补贴"制度，对困难残疾人的生活补贴和重度残疾人的护理补贴大大提高了残疾贫困人口的生活水平，给他们带来了生活的希望和脱贫的信心。如图 15-5 所示，残疾人群体在社会兜底的福利政策下，尤其是 2012 年党的十八大以来，得到必要的康复训练人数显著提升。

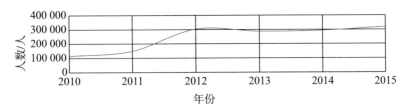

图 15-5　2010—2015 年成人肢体残疾人社区、家庭康复训练人数

资料来源：国家统计局。

第四节　路　　径

　　在扶贫过程中，社会兜底扶贫方式主要解决的就是因身体缺陷、年老病重、丧失劳动能力以及生存条件恶劣等原因造成的长期贫困人口的脱贫问题。我国尚有 2 000 万人是属于完全或部分丧失劳动能力的人口，在这类群体中，老人、儿童、残疾人占有相当大的比例[①]。因此，我们传统认识中"老幼妇孺"的弱势群体概念仍然是社会和国家需要帮助的部分，他们能否成功脱贫是打赢脱贫攻坚战的关键。基于长期贫困人口的此特征可知，社会兜底扶贫主要从以下几个路径来对弱势群体进行兜底帮扶。

一、老人

　　在中国农业文明的传统中，"养儿防老"的概念深深根植于人们心中，尤其农村社会中的老人主要通过自身家庭的支持和赡养来获得养老保障。但随着我国经济结构的转型和社会的快速发展，城市的建设需要大量的劳动力和基础工作者，城乡二元结构因此逐步被打破，大量的农村青壮年从农村迁到城市。农村社群出现"空心化"的特征，

---

　　① 中共中央 国务院 . 中共中央 国务院关于打赢脱贫攻坚战的决定 [N]. 人民日报，2015-12-08（1）.

留守老人在经济发展水平较为落后的农村出现，2020 年第七次全国人口普查结果显示，我国生活在农村的 60 岁及以上人口有 1.2 亿人，其中留守老人占了很大的比重，如此庞大的留守老人数量使得传统家庭结构中靠年轻后代赡养老人的模式难以弥补这个缺口。老年人随着年龄的增长和体力的受限，难以承担农业生产劳动，收入来源无法得到保障，而这又导致生活质量不高、生活营养得不到加强[①]。饮食起居都较为简陋的同时，留守老年人的精神世界也缺少安慰，空虚孤单的生活难以有人去照料和帮助。更重要的是，随着年龄的增长，老年人的身体状况也越来越差，患病率会上升，心脑血管疾病、骨骼脆弱、肌群萎缩等问题在老年人群体中发生率较高，就医、吃药的支出更是为本不富裕的生活造成了更严重的负担。如此困难的情况下，农村留守老年人的生存权、被赡养权、共享社会发展权等基本权益得不到有效保障[②]。

针对留守老人的基本生活问题，社会兜底扶贫主要从"保障农村老人基本生活所需"的物质保障和"建立农村养老制度"的制度保障两方面来为农村不具备劳动能力的老年人提供生活帮助，为所处家庭减轻因养老所带来的经济负担：①为留守老人提供基本的财物帮助，解决现实生活中的困难；②健全医疗保障体系，减轻农村家庭因老人看病就医所产生的经济负担；③完善新农村养老保险制度、新农村合作医疗制度等社会保障体系，提升制度保障水平，从根本上解决看病难、看病贵的问题。

二、妇女

在长期形成的社会架构中，女性于家庭内外都扮演着重要角色，

---

① 唐丽霞，姜亚勤，赵文杰. 暮年有养：农村贫困老人扶持政策评估及建议 [M]. 北京：社会科学文献出版社，2015.

② 李春艳，贺聪志. 农村留守老人的政府支持研究 [J]. 中国农业大学学报（社会科学版），2010（1）：113-120.

549

除了要从事日常家务劳动，尽到哺育后代和照料老人的义务，更是要做好本职工作，甚至还要从事农业劳动。在家庭发展和社会运行的过程中，女性的身体和心理承担着相当大的压力。由于女性先天的身心条件限制，她们患妇科疾病的概率非常高，尤其是在农村贫困地区，在生活压力之余还要面临疾病的侵扰，很多农户就是因为妇女的疾病最终造成"因病致贫"[①]。同时，在贫困地区的农村妇女选择外出打工的过程中也会发现，她们在劳动力市场中普遍不会像男性一样获得较为公平的就业机会。在从事一些重体力、重耐力、工作环境特殊的工作时，人们更愿意雇用男性劳动力，即使女性劳动力被雇用，她们的工资也会比男性低得多。赵群等的研究表明，在家庭生产中女性群体获得贷款和农业技术服务等社会资源时，相比于男性的交际方式和社会认同，她们会受到一定的歧视而得不到相应支持，她们会被认为是"素质低且被动的群体"，社会从而产生对男性劳动力更深的依赖[②]。此外，农村的留守妇女群体的夫妻生活往往不乐观，长期处于性压抑的状态，在情感生活受到多方压力的同时还要承担家庭变故所带来的各类风险，甚至会随时面临婚变，这也让妇女群体难以在一个轻松的生活环境中发展自我、提高自我，长期以来累积形成的心理扭曲也会让这种不良的心理环境每况愈下，甚至会波及家庭和睦和下一代教育，这便造成了更深的影响[③]。

面对贫困地区的女性群体在生活和生计上的各类需求，党和国家在多方面予以重视，通过社会兜底主要在以下几个方面进行帮扶救助：①建立男女平等的劳动力市场，甚至将女性置于优先发展的地位。积极促进贫困妇女的就业机会增加和获得贷款资助的能力，降低从事城

---

① 吴宏洛，范佐来. 农村妇女的贫困与反贫困 [J]. 福建论坛（人文社会科学版），2007（6）：121-125.

② 赵群，王云仙. 社会性别与中国妇女反贫困 [M]. 北京：社会科学文献出版社，2011.

③ 张俊才，张倩. 5 000 万"留守村妇"非正常生存调查 [J]. 中国经济周刊，2006（40）：14-19.

市基础工作的门槛，保障妇女能够按期、稳定地获得经济收入；②完善农村医疗保障体系和新农村合作医疗制度，做好"两癌筛查"和"两癌救助"工作 [①]，保障农村妇女的生命健康权，让农村妇女不会因为罹患妇科疾病救治不及而丧失劳动能力，影响正常的生产生活，减少"因病致贫"的发生情况；③改善贫困地区的基础设施建设，加大资金支持力度，使贫困地区的农村妇女能积极投入生产建设中来，增加妇女群体的经济收入方式，扩展她们与外界的联系；④贫困地区的基层妇女组织和当地机关单位对妇女群体开展技能培训，鼓励她们积极投身于生产建设中来，让农村妇女通过学习来提升自己的工作能力和生活自信；⑤做好农村妇女群体的心理疏导和文化宣传工作，排解留守妇女心理无助的状态，逐渐改变男权社会思想，让妇女群体意识到自己也是社会的主体，积极参与到公共事务的商议和决策当中来。

三、儿童

儿童始终是社会的弱势群体，他们不具备基本的生活能力和劳动能力，甚至不满8周岁的儿童还被法定认为是"无民事行为能力的人"，8岁以上的未成年人法定为"限制民事行为能力的人" [②]，这也就意味着儿童群体由于生理限制、社会认知不足、生活经验欠缺等原因还无法辨认自己的行为，或只能辨认自己的一部分行为，属于需要被社会和国家照顾的对象。贫困地区的整体落后和贫困家庭的存在是造成儿童生活贫困的最直接原因，由于经济发展水平落后，尚未实现脱贫的家庭在儿童的生长发育过程中无法提供较好的营养支持和生理保障，甚至在一些深度贫困地区，还有农户无法给儿童提供基本的饮食需求，导致儿童缺乏基本的生长要素，最终造成营养不均、营养不良、罹患疾病甚至导致死亡。贫困地区的医疗基础设施也相对薄弱，无法针对儿童因基本生活要素欠缺导致的各类疾病提供有效救治。

---

① "两癌"：指女性群体中常见的宫颈癌和乳腺癌两大妇科疾病。
② 《中华人民共和国民法典》第十九条、二十二条。

此外，贫困儿童的受教育情况也会因经济水平不足而难以得到保障，因家庭贫困而导致失学的案例时有发生[①]。因工作的限制和户籍制度、保障制度的不健全造成的留守儿童现象严重，贫困儿童难以跟随父母到打工地共同生活，大量的儿童留守于原生村落，跟随爷爷奶奶一起生活，也就是我们在上文中谈到的"留守老人"群体。由年事已高、文化程度较低、与社会连接不密切的"祖辈"照顾，留守儿童在长期缺少父母关怀的情况下容易陷入学习和生活的困惑，且逐渐与现代社会产生距离，思维、认知无法跟上时代步伐，最终影响到身心健康和社会交往能力[②]。在贫困地区出现的残疾儿童、大病儿童、感染艾滋的儿童等特殊群体更是在生活贫困的基础上增加了医疗负担，除经济上的限制外面临更大的生存问题[③]。

　　为解决贫困地区儿童的生长、生存问题，我国的社会兜底制度主要从以下几个方面实施针对性的扶贫计划：①落实法定九年制义务教育，进行学杂费补贴和减免，为贫困地区的儿童提供准确适当的生活补助，确保校舍安全；② 2012 年发布《农村义务教育学生营养改善计划实施细则》[④]，对贫困地区儿童进行营养补贴，提供饮食保障，确保儿童的生长不会因基本的用餐问题而受到影响；③ 2016 年发布《国务院关于加强农村留守儿童关爱保护工作的意见》[⑤]，中央和地方均加强对留守儿童、孤残儿童、大病儿童、艾滋病儿童等群体的生活保障和教育工作，为他们提供必要的生活帮助；④村委会、乡村学校等公共部门注重留守儿童的心理关怀，让留守儿童能够在健康的环

---

① 　唐丽霞，杨亮承．关爱春蕾：农村贫困儿童救助政策评估及建议 [M]. 北京：社会科学文献出版社，2015.

② 　叶敬忠，王伊欢，张克云，等．父母外出务工对留守儿童生活的影响 [J]. 中国农村经济，2006（1）：57-65.

③ 　蔺秀云，王舜，方晓义，等．中国艾滋病致孤儿童歧视的质性研究 [J]. 中国临床心理学杂志，2013，21（3）：429-433.

④ 　教育部等十五部门关于印发《农村义务教育学生营养改善计划实施细则》等五个配套文件的通知．[EB/OL]．（2012-06-14）. http://www.gov.cn/zwgk/2012-06/14/content_2160689.htm.

⑤ 　国务院．国务院关于加强农村留守儿童关爱保护工作的意见．[EB/OL]. （2016-02-14）. http://www.gov.cn/zhengce/content/2016-02/14/content_5041066.htm.

境中成长，建立健全的人格，逐渐适应社会；⑤加快贫困地区的整体脱贫进度。儿童的贫困是家庭贫困的体现之一，在社会兜底扶贫的过程当中，除了注重对不同群体进行有针对性的救助，最重要的是加强贫困地区的整体脱贫进度①。只有整个社会实现经济发展，让更多的贫困人口实现脱贫，儿童因贫困导致的个人成长和发展的问题才能得到真正解决。

四、残疾人

我国 8 500 万残疾人中，占残疾人口总数 17.5% 的"贫困残疾人"有 1 490 万；其中 1 230 万农村地区的"贫困残疾人"约占"贫困残疾人"的 82.6%，占残疾人口总数的 14.5%②。残疾人是由于身体缺陷而不能进行正常的个人生活和社会生活的人，包括肢体残疾、心智残疾和感官残疾等多种情况③。贫困人口中的残疾人群体本身在生活自理方面就有相对障碍，在社会生活中往往又存在受教育程度低、劳动能力差等特点，因此在劳动力市场和社会环境中获得平等的就业机会和公平待遇并不容易，即使得以就业也通常会从事一些经济收入低、工作环境恶劣的工作，陷入贫困陷阱难以走出④。同时，贫困残疾人群体还要承担高昂且长期的医疗保健方面的支出，在本身收入不高的情况下又多了一个相当大的经济负担⑤。

针对贫困残疾人群体所面临的诸类问题，我国的社会兜底政策主要从以下几方面入手来进行精准救助：①全面实施残疾人"两项补贴"

① 秦睿，乔东平. 儿童贫困问题研究综述 [J]. 中国青年政治学院学报，2012，31（4）：41-46.

② 国务院. 国务院关于加快推进残疾人小康进程的意见. [EB/OL].（2015-02-05）. http://www.gov.cn/zhengce/content/2015-02/05/content_9461.htm.

③ 万兰芳，向德平. 精准扶贫方略下的农村弱势群体减贫研究 [J]. 中国农业大学学报（社会科学版），2016，33（5）：46-53.

④ 万海远，李超，倪鹏飞. 贫困残疾人的识别及扶贫政策评价 [J]. 中国人口科学，2011（4）：61-71，112.

⑤ 乔尚奎，刘诚. 农村残疾人社会保障与扶贫开发政策研究 [J]. 残疾人研究，2012（1）：17-19.

制度，增加贫困残疾人的生活补贴和对重度残疾人群的护理补贴，直接进行资金投放，尽可能地解决贫困残疾人面临的需求①；②积极实施残疾人康复、残疾人技术培训等社群工作，让残疾人获得一定的工作能力，提升自我发展素质，在劳动力市场中得到应有认同，在一定社会范围内实现自我价值，通过双手创造财富；③建立健全残疾人保障体系，将贫困残疾人列入低保范围，扩大"新农合"报销范围，提升报销比例，降低报销门槛，提供医疗补贴和临时救助，尽可能减少"因病致贫"的情况；④做好贫困残疾人的心理疏导和"阳光助残"工作，让残疾人也能积极参与到社会活动和公共事务中来，树立起对自我生命价值的认同。

第五节　启　　示

一、思考

社会兜底扶贫在我国扶贫攻坚工作的进程中得到不断完善和发展，除了有助于保障贫困人口的基本生活要求外，社会兜底扶贫制度对社会公平和稳定等方面同样有着重大意义。由上述可知，我国的社会兜底扶贫基本机制如图 15-6 所示。

在实现全国人民摆脱贫困和全面建成小康社会的过程中，一方面要因人因地施策，提升精准扶贫的效率；另一方面也要做好兜底工作，实现"应保尽保"，对贫困人口倾注更多的关注。

---

① 国务院.国务院关于全面建立困难残疾人生活补贴和重度残疾人护理补贴制度的意见 [EB/OL].（2015-09-25）. http://www.gov.cn/zhengce/content/2015-09/25/content_10181. htm.

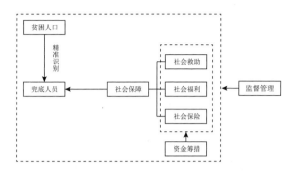

图 15-6　我国的社会兜底扶贫基本机制

1. 保证社会兜底扶贫的可持续性

保障长期贫困人口的基本生活能够达到国家划定的贫困线标准是社会兜底扶贫的最基本要求,但是随着市场环境的变化和时代的快速发展,贫困人口的收入能力往往赶不上总体经济环境的变化,因此贫困人口还是会停留在贫困线以下,社会兜底扶贫的方式造成"治标不治本"的救助困境。这样不在根本上解决贫困人口的发展问题就难以实现真正的脱贫,我们应更注重通过推进贫困地区的产业发展来提高贫困人口的收入,进而使脱贫工作进入良性循环。但是,若在短期内无法在贫困地区实现产业构建、产业升级或使贫困人口的生产力提升、人口素质改变,社会兜底扶贫就要保证它的可持续性,形成能够循环的救助机制,调动社会资源和人力资本,来帮助提高贫困群体的生活质量,保证长期贫困人口不会因社会兜底政策不到位而失去基本的生存权利。兜底待遇要"按需帮助",根据不同家庭情况来给予应有的待遇,对症下药,不实行"大水漫灌"。

2. 促进社会兜底扶贫的综合性

除资金支持和物资救济外,针对不同对象的需求,社会兜底所提供的服务也不同。贫困的产生是一个综合性的问题,除经济因素的直接影响外,往往还与罹患疾病、意外事故等情况有关系,社会兜底扶贫可以提供经济上的救助,还可以通过医疗服务以减轻贫困人口的医疗负担,为贫困人口提供生活便利。相关社会团体还可以通过对贫困人口日常生活的帮助、心理沟通等方式排解贫困人口的心理压力，走出贫困陷阱，敢于致富，通过自身努力来改变现状。所以，社会兜底扶贫并不是一个简单的一元工作，而是需要从经济、社会、医疗、心理等多方面为贫困人口综合考虑，让贫困人口实现全面的脱贫，增加自我与社会的联系。

3. 做好社会兜底扶贫和其他扶贫方式的衔接

社会兜底扶贫的理想实现形式是通过兜底的方式使贫困人口能够通过正常的劳动和就业渠道创造收入，将"输血"变"造血"，使其实现自我价值、摆脱困境。所以在扶贫攻坚的过程中应做好社会兜底扶贫和其他扶贫方式的衔接工作，通过劳动收入和生产资料的提供来鼓励贫困人口主动创造财富，减少对社会兜底救助的依赖，提高扶贫资金的效率，减轻社会在扶贫事业上的负担，将我们的财政收入更有效地投入下去。在社会兜底扶贫和其他扶贫方式衔接的过程中，受助贫困群体也更容易建立自尊自爱的心态，虽然致贫的原因有多样（比如因病致贫、因灾致贫等），但仍然积极地去寻求个人致富和家庭生活的出路，真正通过他们自己的双手脱贫。即使在劳动力市场中会遇到门槛较高、没有竞争优势的情况，社会兜底扶贫也应通过公益劳动或以工代赈的形式来给予贫困人口积极脱贫的机会，使其能正常参与就业，提供就业激励[1]。相关扶贫部门要做好劳动技能培训和教育工作，让受助对象增加相应的就业技能，在劳动力市场上具备一定的就业竞争力。

在保障贫困家庭基本生活需求的同时，也应鼓励贫困人口积极地参与到养老、医疗保险制度的体系当中来，在"兜底"的基础上再建构一道防线，合理合法地利用社会保险来保护自己的利益，提升自己的生活质量。

4. 探索社会兜底制度的统筹发展

城乡二元结构下我国的经济发展水平和公民生活情况有城乡差异、

---

① 王延中，王俊霞. 更好发挥社会救助制度反贫困兜底作用［J］. 国家行政学院学报，2015（6）：67-71.

区域差异等问题，若不做好社会兜底制度的统筹发展，既不利于社会公平，也会为后续的救助工作带来许多不必要的麻烦。以低保政策为例，虽然每年的低保标准都有一定程度上的提升，但是城乡低保标准尚存在较大差异。总体来看，还是存在经济较发达的城市高于经济水平较落后的农村的情况，如表 15-2 所示。

表 15-2　全国城乡低保标准（1999—2020 年）

年　份	城市低保标准 / （元·人⁻¹·月⁻¹）	农村低保标准 / （元·人⁻¹·月⁻¹）
1999	149.00	—
2000	157.00	—
2001	147.00	—
2002	148.00	—
2003	149.00	—
2004	152.00	—
2005	156.00	—
2006	169.60	—
2007	182.40	70.00
2008	205.30	82.30
2009	227.80	100.80
2010	251.20	117.00
2011	287.60	143.20
2012	330.10	172.32
2013	373.30	202.83
2014	410.50	231.38
2015	451.10	264.80
2016	494.60	312.00
2017	541.09	358.49
2018	575.00	396.17
2019	617.00	437.25
2020	665.00	486.83

资料来源：《中国民政统计年鉴》。

所以在近年来，党和政府在积极探索社保体系统筹发展的方向和户籍制度改革。2014 年起，我国启动"基本医疗保险费用跨省联网直接结算"制度的建设，就是为了解决群众跑腿报销的问题[①]。截至 2017 年底，基本实现了在全国范围内的医疗保险跨省异地就医住院医疗费用直接结算。目前，已形成部、省、市、县四级异地就医结算系统，实现全国覆盖[②]。自 2015 年起，北京、上海、南京、长沙等地陆续进行城乡低保标准并轨改革，通过此举弥补城乡差距，让每一个老百姓都能受到公平的兜底保障[③]。社会兜底制度的统筹除了能直接降低贫困人口的生活门槛，提供便利，更有利于人口的跨区域流动和城乡统筹发展，实现五大发展理念中"协调、开放、共享"的落地。

5. 发挥社会兜底扶贫主体的作用

政府是社会兜底扶贫过程中的实施者和责任者，各级政府能否在社会兜底扶贫中发挥组织协调和统筹规划的作用决定我们扶贫攻坚工作的成败。在政府主导下的社会兜底扶贫工作中，鼓励人才积极投入扶贫攻坚的工作中来，合理支配财政收入、建立问责机制、推进法制建设等具体方式都有利于贫困群体顺利走出困境、摆脱贫困陷阱。但政府发挥作用并不意味着要全盘接管，更重要的是通过调动社会资源、盘活市场来投入扶贫攻坚的工作中，全面小康需要全民参与，脱贫的顺利实现是投入这项伟大事业的每一个人的付出带来的结果。

二、展望

社会兜底扶贫是实现全面脱贫的重要一环，是在全面建成小康社会的道路上"一个都不能少"的保证。随着扶贫攻坚工作的顺利完成，

---

① 人力资源社会保障部 财政部 卫生计生委．关于进一步做好基本医疗保险异地就医医疗费用结算工作的指导意见．[EB/OL].（2014-11-25）http://www.mohrss.gov.cn/SYrlzyhshbzb/dongtaixinwen/buneiyaowen/rsxw/202009/t20200923_388022.html

② 王君平,贺勇,王云娜.异地看病,医保结算分分钟[J].人才资源开发,2018(17):89-90.

③ 李金磊．多地实现城乡低保标准并轨 京沪标准超 700 元．[EB/OL].（2015-07-08）．https://www.chinanews.com.cn/gn/2015/07-08/7390743.shtml.

狭义上的"贫困人口"逐步减少，绝对贫困于 2020 年在我国得到终结，但是在此过程中，贫困的特征发生了变化，贫困人口结构也变得不同，习近平总书记在 2016 年全国两会期间曾指出，"脱贫和高标准的小康是两码事"，"相对贫困、相对落后、相对差距将长期存在"。社会兜底扶贫的方式将进入新的阶段[①]。

1. 正确认识社会兜底含义

社会兜底的对象就是因身体缺陷、年老病重、丧失劳动能力以及生存条件恶劣等原因造成的长期贫困人口，而"兜底"的意义更重要的是表现了在干预顺序上的兜底[②]，党和政府鼓励贫困地区人口通过外界帮助和政策支持来形成自我"造血"机制，实现内生脱贫动力，但是发展生产、易地搬迁、生态保护、教育扶贫等"开发式"扶贫仍然解决不了的贫困问题，则交由社会兜底扶贫方式来解决，直接为贫困群众进行"输血"。但社会兜底是国家在扶贫攻坚道路上的一项干预性政策，是当贫困人口个体以及市场作用下都无法实现脱贫的情况下一种保障性制度安排，"兜底"并不能取代自我发展在扶贫过程中的作用。因此，在社会兜底扶贫的过程中，除了要保证贫困人口能够达到贫困线的要求，使绝对贫困人口在数据上"消失"，更重要的是要逐步引导需要社会兜底帮助的贫困户发展自己的劳动能力，实现自我创造价值的能力。

2. 正确处理社会兜底标准

在扶贫攻坚的征程中，除确保贫困人口在 2020 年能够顺利达到国家最低贫困线之外，不同省份都根据当地经济发展水平和社会现实制定了当地的贫困标准，但是保证贫困人口的最低生活需求，达到"两不愁，三保障"的底线应毫不动摇，这不仅是党和国家的要求，更是对贫困群体负责的体现。根据不同的致贫原因和特殊生活需求，社会兜底扶贫在对那些贫困程度较深、生活较艰难、教育医疗负担较重的

---

① 雷明.扶贫战略新定位与扶贫重点 [J].改革，2016（8）：74-77.

② 左停，贺莉，赵梦媛.脱贫攻坚战略中低保兜底保障问题研究 [J].南京农业大学学报（社会科学版），2017，17（4）：28-36，156-157.

救助对象进行帮扶的同时，也要注意人均纯收入已经高于国家贫困线的人群，因为此类刚跨越贫困线的群体缺乏收入的可持续性和稳定性，脱贫原因比较复杂，脱贫状态比较"脆弱"，扶贫工作中各实施部门应予以警惕，做好"回头看"工作，以防刚刚实现脱贫的群众又一次"滑入"贫困群体行列中[①]。

3. 正确建构社会兜底关系

社会兜底扶贫是一个综合性的工作，在此过程中，除了直接资助贫困群体外，教育补助、医疗保障、养老救助等其他领域的社会福利政策也将得到相应推动，甚至有些地区会改革住房补贴制度和改善基础设施。社会兜底会通过对贫困人口的实际考察为其他福利措施提供参考，其他福利措施的实施同时也会促进社会兜底的进程，如此相携促进的过程助力我们扶贫攻坚工作的顺利实现。

但是，为了保证政策实施的效率和针对性，社会兜底扶贫也应该和其他专项救助措施有一定区分，做到扶贫精准，按需提供相应有效措施，一家一户摸情况，"张家长，李家短都要做到心中有数"，不能"眉毛胡子一把抓"[②]。

4. 正确理解社会兜底的局限性

我们要清醒地意识到，在扶贫攻坚的过程当中，即使在贫困人口实现了全面脱贫之际，他们也只是仅仅达到贫困线的要求，仍然是社会中相对贫困的群体，是我们需要帮助和发展的对象。所以社会兜底扶贫工作是一项长期的任务，在这场"持久战"中，不但要实现贫困群体的短期脱贫，更是要注重社会长期保障机制建设和法律法规健全，让扶贫攻坚的效果产生更好的持续性。当我们的反贫困工作进入新的阶段，由解决温饱转入巩固小康成果，实现"先脱贫，后致富"的目标时，将有更多的任务等待着我们去解决[③]。

---

① 左停. 防止农村低收入群体滑入贫困 [J]. 中国党政干部论坛，2017（1）：86.

② 习近平. 做焦裕禄式的县委书记 [M]. 北京：中央文献出版社，2015.

③ 李小云，许汉泽. 2020 年后扶贫工作的若干思考 [J]. 国家行政学院学报，2018（1）：62-66，149-150.

第十六章
总结与展望[1]

经过全党全国各族人民共同努力，在迎来中国共产党成立一百周年的重要时刻，我国脱贫攻坚战取得了全面胜利，现行标准下 9 899 万农村贫困人口全部脱贫，832 个贫困县全部摘帽，12.8 万个贫困村全部出列，区域性整体贫困得到解决，完成了消除绝对贫困的艰巨任务，创造了又一个彪炳史册的人间奇迹。

当前，贫困地区农村居民的生活水平获得了明显提高，农村基础设施建设不断加强，居民生活条件不断改善，教育、医疗、文体设施等公共服务水平显著提高。同时，中国也以自己的减贫成就为全世界的反贫困运动作出了巨大贡献，并不断推动世界范围内的经验交流和合作互助。回顾这些成就，既是中国共产党领导人民自力更生、艰苦奋斗的结果，也是一个理论与实践不断相互促进的过程。自改革开放以来，历次大规模的减贫运动和扶贫开发政策的变化，都是立足当时的情况、总结过去的经验所作出的决策。十八大以来实施的精准扶贫战略，是在新时代中国特色社会主义思想下，针对过去的粗放扶贫中存在的低质低效、针对性不强问题而采取的新策略。并且在实践过程中，逐步形成了对多维贫困和多元扶贫的新认识，以下将总结本书前述各章节的内容，并对未来的扶贫工作提供若干建议和展望。

---

① 感谢胡玲锐、程云飞为本章所做工作。

第一节　结　　论

在扶贫战略的制定上，从 20 世纪 80 年代中期开始，我国先后实施了"八七扶贫攻坚计划"和两个为期 10 年的"中国农村扶贫开发纲要"，以及精准扶贫精准脱贫，从不含具体扶贫目标的经济增长转向目标"瞄准型减贫"；在贫困问题的认知上，从单一以收入为衡量标准的贫困认知转向多维贫困的精准识别，多维贫困是多元扶贫的基础，是扶贫工作精准性、有效性、可持续性的基石；在具体的参与结构上，实现了由政府单一主体到社会广泛参与的转变，政府凭借其公信力引导贫困治理，市场承担"扶贫"的社会责任，各类社会主体积极参与，贫困主体积极行动，在规范且权责统一的多元协同机制下共同助力减贫。中国坚持把扶贫减贫任务纳入国家的总体发展战略中，在战略基础上各社会力量有针对性地完成各项扶贫任务，在不断投入财政资金的同时，也不断优化财政支持的效率与结构，通过道德、文化、法治等方式团结各界力量使社会广泛参与扶贫，同时接受中国社会各界与全球范围内其他主体对中国扶贫成效的检验。

中国中央政府凝聚政府主体、市场主体、社会主体和贫困主体的力量，每个主体在实践中相互协作，到目前为止，探索出了 13 种有效的具体扶贫模式，包括增长扶贫、转移支付扶贫、赋权扶贫、赋能扶贫、基础设施扶贫、收入分配扶贫、产业扶贫、资产扶贫、就业扶贫、语言扶贫、文化扶贫、孝道扶贫以及社会兜底扶贫。多个扶贫主体也在道德、文化、法治三大上层建筑的助力下推进多元扶贫的进展。

以下是本书对于 13 种具体扶贫模式研究的内容概括。

一、增长扶贫

从全球各国经济发展的历程来看，绝大多数情况下经济增长与贫困总量（绝对贫困量）都呈负相关关系，但在增长过程中，如果缺乏政策的调控和引导，由于社会不同部门中的人群所享受的经济增长红利不同、经济增长后劲不同，各国之间和地区之间的贫富差距将进一步扩大。在多维贫困理论框架下，经济增长质量所包含的机会分配的合理性、环境发展的可持续性、社会基本保障的完善性等方面的内容，对于减贫脱贫更是有着基础性的作用。

增长扶贫主要是利用经济总量增长的溢出效应拉动整体经济水平，促进总量性减贫；通过优化经济增长质量，利用国内各区域间的增长溢出效应，使经济增长产生联动，促进各区域之间的均衡发展，从结构上实现减贫。

经济增长对减贫成效的影响在不同经济增长阶段有不同的表现，对应的减贫政策也经历了从关注总量性减贫到结构性减贫的变化。利用经济增长减贫，一是要获得收入的提高，二是要保证收入分配的公平。从理论上来说，经济增长与减贫之间的联动可以被增长的溢出效应解释，某一地区或经济部门的发展，可以带动其他区域或部门的同步增长。增长的溢出效应可分为区域间的溢出效应和区域内各个发展方向间的溢出效应，针对两种溢出方向，各类实证研究证明了不同方向和规模下共有的重要性。

本书总结经济增长通过溢出效应对减贫产生作用的路径包括产业规模的扩张及收益能力的增长、农村人口自我学习意识增强、学习能力增强以及学习渠道多样化。从全球视角观察，中国的经济增长，不仅对中国内部各区域的经济以及减贫表现出正向的溢出效应，而且对全球经济与减贫都造成了实质性的正面影响。今后仍应当利用经济发展的阶段特性和区域之间的互补，发挥区域间增长溢出效应作用，并坚持数量与质量两手抓，引导整体经济增长为减贫作出更多贡献。

二、转移支付扶贫

转移支付是一种以促进社会公平、缩小收入差距为目的的再分配形式，其天然具有有利于扶贫减贫的性质。我国的转移支付制度是一套由税收返还、一般性（财力性）转移支付和专项转移支付三部分构成的，以中央对地方的转移支付为主的具有中国特色的转移支付制度，在扶贫开发过程中发挥了重要作用。通过中央对地方、地方政府间、地方政府对贫困户的三层转移支付，实现了通过"再分配"促进社会整体的结构性减贫。

在中央对地方的纵向转移支付层面，均衡性转移支付以基本公共服务均等化为目标，但由于没有规定资金的使用方向，地方政府的财政支出结构很可能存在扭曲现象，使资金更多流向上级政府考核更严格的教育支出和符合地方政府利益的行政管理支出，而对基础设施建设、社会保障和农林水务等其他基本公共服务的项目支出较少，主要依靠专项转移支付来实现扶贫减贫目标。因此在进一步提高均衡性转移支付比例的同时，也要加强对地方政府财政支出的监督管理，推动预算编制体系朝"公式法"方向发展。

包括支农、教育、医疗与社会保障方面等的重点领域，更多地依赖专项转移支付。但我国的专项转移支付长期存在规模大但使用效率较低、整合难度高的问题，原因一是由于其分类制与项目制的分配方式，二是由于预算科目设置不合理和资金预算可预期性不足。对扶贫专项资金来说，还存在着体制不健全、管理薄弱、使用困难等问题。对此，应当完善财政扶贫体制机制，提高资金使用效率；加大转移支付力度，提升优质资源覆盖；建立多维度评估体系，加强绩效评估；"输血"与"造血"两手抓，减轻贫困地区"路径依赖"。

地方性转移支付包括地方政府间的横向转移支付和地方政府对群众的各种转移支付。如对口支援政策是在政府主导下经济相对发达地区对经济相对落后地区实施的一项区域发展援助政策，以加快落后地区经济社会发展，促进区域协调发展。自实行以来取得了很好的效果，但也存在标准性、范畴性及激励与约束上的问题，可进一步改进。横向转移支付在新的制度设计上可设立"共同协商"模式，以搭建双方的共同利益基础，并同时建立有效的约束和激励机制。地方财政给予贫困户的转移支付主要分为有形补贴和无形补贴，通过两种方式给予贫困户直接的补助。

需要重点提出的是，对口帮扶是中国特有的一种转移支付扶贫方式。自1996年确定对口帮扶政策以来，对口帮扶仍分为纵向和横向两个维度，纵向维度包括中央部门或中央企业对地方的援助，本质上是中央部委及中央企业承担部分国家职能的另一种方式，横向帮扶则是在没有隶属关系的行政区域之间的帮扶，通过政府引导、企业支撑与社会参与进行产业发展、智力支持、平台搭建和民生保障的工作。

未来转移支付扶贫的发展方向，是在完善各项制度设计的基础上，搭建扶贫"造血"机制、创新资金筹集方式、加强多元多维扶贫的协同性。

三、赋权扶贫

权利，是基于阿马蒂亚·森的多维贫困理论下的一个重要维度，在很多情况下，甚至要比收入标准更能够反映个体与家庭甚至群体的贫困状况。权利的不平等或相对剥夺，是造成贫困或相对贫困的根源之一。

赋权扶贫，就是在"大扶贫"机制下通过物质和制度上的保障，赋予贫困户相应的权利，目的是将物质扶贫拓展到权利扶贫的领域，为内生脱贫动力的激发提供权利保障，变"输血扶贫"为"造血扶贫"。并且，我们对贫困户生存发展的权利保障不应仅仅关注基本权利，还要对生存发展所需要的更多权利作出探索。赋权扶贫是针对贫困户脱贫所必需的不同权利的全方位强调，是体现在权利思想与权利意识上的扶贫手段。本书认为，保证贫困户拥有生存权、选择权、迁徙权、知情权、参与权及美好生活权是大扶贫机制中权利扶贫的具体要求。

其中，生存权主要包括生命权与社会保障权、财产权与劳动权、环境权三类。中国当前针对不同身体及劳动能力的贫困户，通过低收入保障、基本由财政全覆盖的医疗救助保障、社会保障、小额信贷与技术讲座等方式保障其生命权与社会保障权。对财产权与劳动权的保障是贫困户获得财产积累的基础，而其中劳动权又是财产权获得保障的基石，中国针对学生、劳动者及非劳动者（老年），分别主要以教育保障、就业及技术辅导和财产意识培训作为保障手段。环境权则是在发展和生态协调统一的扶贫模式中获得保障。

选择权包括对选举、工作和扶贫项目三类事项的选择权以及人身自由权，是贫困主体参与社会事项的重要保障，是贫困主体表达自身诉求的基础，更是将多元扶贫精准落实的有效辅助。同时，选择权的实现还需要贫困户本身的意识觉醒，因此，保障选择权的关键就是要建立贫困户自我选择的意识和途径。

迁徙权是在当前中国特定的户籍及社会保障制度下，合法地在区域间自主迁徙的权利，包括交通权、平等工作权、城乡物质平等权与城乡制度平等权。保障这类权利本质上是为了解决区域间发展失衡导致的贫困，打破贫困的代际转递，针对性的具体举措有完善贫困地区基础设施建设、安置贫困劳动力、安排易地搬迁与提高贫困地区社会保障水平等。

知情权是解决信息不对称的保障性权利，对贫困户知情权的保障应着重于概念的明晰和法律地位的奠定，从立法明确、诉讼规范、政府改善与贫困户获悉四个角度进行优化，以此限制地方政府的寻租行为，提高扶贫资金的使用效率，分配扶贫政策带来的红利，最大效率地实现贫困户的发展。

参与权则表现在行政上表达政治诉求、社会事务上有社会自发能力、城乡规划中符合切身利益以及环境保护中参与生态保障。参与权为公民参与国家公共生活的管理提供了制度保障，是对社会自治的有力支持和监督国家的必然要求。贫困户的参与权能够保证扶贫工程的有效性，实现社会总体福利的帕累托优化。

美好生活权是每个公民都拥有通过努力获得生活条件改善的平等机会，是一种机会平等意义上的权利，是建立在以上各项权利的基础之上的。同时，权利的赋予也对贫困户本身提出了新的要求。扶贫并不是给予，赋权扶贫更需要贫困户本身的积极参与，增强自身的权利意识，通过自身的劳动和努力改善物质生活条件，这也是赋权扶贫的根本导向。

四、赋能扶贫

赋能扶贫是激发与增强贫困主体脱贫的内在动力，提升其自我发展能力和可持续发展能力的重要环节，是阻断贫困代际传递的决定性手段。赋能主要是通过多种形式、多种年龄层次的教育与自主学习方式达成。作为赋能扶贫的主要体现，教育扶贫包含两个层面的内涵，一是为贫困地区和贫困人口提供更优质的教育资源，二是通过教育达成整体的脱贫。

改革开放以来，中国教育扶贫有了长足发展。教育内容从基础教育扩大到职业教育和技术培训，教育范围由义务教育延伸到学前与继续教育，教育对象由区域性广泛扶持转向区域扶持与针对性重点扶持结合，参与主体也由政府主导转向社会合作。

从当前的状况看，义务教育的入学机会已不再是稀缺资源，但城乡教育质量与教育资源（包含软硬件）的配置不均衡问题日益显著，加强教师队伍建设、着力改善办学条件和培养积极学习的观念势必为解决城乡教育质量不均衡的抓手。职业教育在国家政策扶持下稳健发展，对提高劳动者素质、拓宽贫困人口就业通道、促进人力资源开发起到重要作用。但是也存在重经验思维而弱专业思维，政府、企业、教育机构之间整合不足，教育教学队伍欠缺专业化，授课方式偏离实际需求，后续效果认定评估失效等问题。在今后职业教育和培训的发展中，应当建设更加专业化的职业培训队伍和组织，开发专业性的技术培训课程、强化实用技术技能的训练，以就业为导向开展实地实训、教学与实践相结合，鼓励贫困地区的职业院校与企业合作办学，构建专业的扶贫效果评估体系。

干中学是在课堂知识和技能传授之外的一种重要教育形式，是在工作中不断积累知识与经验、形成技能的非制度化渠道，也是人力资本长期积累和变化的重要方式。对于农民工和许多农村留守人员来说，这都是其劳动技能形成的主要途径，重要性超过了教育培训。但当前干中学对我国扶贫工作的开展似乎尚未起到应有的积极作用，这主要是因为贫困群体的教育基础薄弱，缺乏基本的学习能力，思想意识上仍受某些保守观念的束缚等。要提升贫困群众的干中学能力，一方面要加强基础教育培训；另一方面要采取激励措施，积极鼓励贫困群体在工作中努力学习，在职业中积累经验。

未来，教育扶贫事业的发展仍要坚持多元参与，继续加大对贫困地区教育资源的投入力度，构筑教育扶贫的多元主体合作机制，完善教育扶贫的动态监督考核体系。同时，也要利用教育信息化带来的动力与优势，谋求提升扶贫对象的获得感。

五、基础设施扶贫

基础设施是公共服务必要的配套准备，基础设施的健全程度是经济发展水平的重要表征，做好基础设施扶贫，既有利于扶贫工作事半功倍地开展，也有利于让百姓在生活中顺其自然地得到应有福利。基础设施扶贫的模式主要包括水利、电气、道路和燃气四个方面。通过基础设施在贫困地区或其邻近地区的建设，可以直接提高当地的生活水平和质量，促进当地农户的收入、消费、信息沟通等多方面的进步，多方影响当地发展要素，带动贫困人口外出务工。

基础设施的建设需要大量的资本、劳动力的投入和技术进步的支持。由于其准公共物品的性质，政府财政一般承担了主要的资本投入，合理有效地利用财政支出以使得公共物品的效力达到最大化是政府主要关心的问题。私人投资在规模不大、影响有限的范围内对当地经济增长、居民生活水平产生了一定正向作用。而且私人投资往往带有一定的公益性特征，当政府在某些特殊地区未能有效提供公共物品时，私人出资的基础设施就可以弥补这一不足。另外，随着私人经济体的不断壮大，逐渐形成了政府和民间机构共同参与的资本方式，这种"公私合营"融资模式正在成为基础设施融资、投资模式的主流。

我国贫困地区有大量的劳动力会随着基础设施建设的开展从传统的农业耕种转移到新产业中。在这一过程中，劳动力质量和人力资源管理水平能否提升，城乡间劳动力能否充分流动和平衡等，都是需要持续关注的问题。另外，科技进步会带来贫困地区的技术进步，使得基础设施的"产出"发生飞跃性的提升，基础设施建设也将会在某些方面成为贫困地区的技术进步因素。

基础设施建设通过提高农业生产率、丰富贫困户收入获得方式、提升经营可能以及改善人力资源素质四种路径发挥对贫困地区的正向效用。基础设施扶贫不仅给贫困地区人口的生活生产、劳动就业带来直接的影响，还以基础设施为轴，联动市场与农户、财政与土地、政策与民生，有效将上层建筑与基层实际情况联系，形成多方协调的扶贫网络，共同促进扶贫进程。

六、收入分配扶贫

收入分配扶贫是一项从整个收入分配体制入手思考如何增加贫困户的合法收入，促进资源向贫困地区和贫困人口倾斜的系统性减贫工程。以初次分配为基础、再分配为重要补充、鼓励发展第三次分配及第四次分配的收入分配扶贫模式，对打赢脱贫攻坚战，全面建成小康社会，让全体人民真正共享经济发展成果有重要意义。

初次分配在"按劳分配为主体、多种分配方式并存"的基本分配制度下进行，是居民获得收入的基础环节。从初次分配的角度来看减贫，提高贫困者在初次分配中获得的收入、提高劳动者报酬在国民收入中的比重、建立土地增值收益共享机制、丰富贫困者财产性收入，可以成为调整我国初次分配格局、减少贫困的出发点。

再分配扶贫有两方面的现实路径。一是利用税收工具，通过税费改革增强财政资金扶贫实力；二是利用财政转移支付工具，加强支农惠农力度、社会保障力度和专项扶贫力度，促进基本公共服务均等化，打造社会保障安全网。综合起来，税收制度和财政公共支出制度保障了再分配的进行。应当通过形成部门间的协作机制、贫困人口识别机制，建立财政专项扶贫资金的合理分配机制和监督机制，完善享受财税优惠政策的服务体系。从再分配扶贫的角度看待减贫，本书建议以依靠累进的个人所得税与合理的起征点，减轻低收入者的纳税负担；通过给予税收优惠，鼓励企业到贫困地区发展，带动当地产业发展和就业增长。

第三次分配是在市场和政府双失灵情况下，对国民财富进行的又一次分配。在以社会捐赠为主要内容的第三次分配中，相当一部分的资源直接投入公益慈善事业当中。在第三次分配中，以《中华人民共和国慈善法》为基础建立了对社会扶贫资源的动员机制和慈善传播机制。

第四次分配是在我国扶贫工作中出现的特色分配环节，指针对有劳动能力的贫困户，将部分补贴从以往的无偿给予变为现在的有偿发放，将补贴、补助变为奖金、工资，鼓励有能力的贫困户通过提供劳务来获得这部分收入。公益性岗位扶贫是介于救济式扶贫和开发性扶贫之间的新思路，即在贫困地区设置一批由建档立卡贫困户就职的公益性岗位，政府或社会组织利用扶贫资金为贫困户提供实物或现金报酬。通过建立公益性岗位开发机制，公益性岗位就职人员的精准识别、动态管理机制，帮扶对象的诉求反馈机制，第四次分配的资金筹措和管理机制等，规范资金使用，保障贫困户权益。

从多元扶贫的角度看，收入分配扶贫要处理好政府和市场、企业、社会组织、个人等主体间的关系，合理运用市场机制、政府作用、道德力量，在不同的收入分配环节应当各有侧重，以合理的收入分配格局巩固脱贫攻坚战胜利果实。

七、产业扶贫

产业扶贫是一种"造血式"的扶贫方式，通过整合贫困地区优势资源，借助市场在反贫困治理中的积极要素，构建并优化地区产业结构来推动扶贫事业和社会经济效益可持续发展。它可以培养贫困群体自我脱贫的能力，激发贫困群体脱贫的内生动力，帮助贫困群体实现稳定脱贫。

产业扶贫主要有"地方政府""地方政府＋贫困户""地方政府＋龙头企业＋贫困户""地方政府＋产业合作社＋贫困户"和"地方政府＋社会组织＋贫困户"五种模式，这种模式划分方式充分依据了多元主体与贫困群体的互动过程，我国大部分贫困地区的产业扶贫一般是多种模式的融合，通过精确把握社会发育现状，充分利用各个主体的优势。

产业扶贫是一项复杂的系统工程，其发展是引导机制、传递机制、动员机制和规范机制四项机制相互作用的动态过程。引导机制决定了产业扶贫的方向，国家出台的一系列纲领性的政策意见对产业扶贫的地位、内容、目标以及思路等多方面进行了阐释，规划了我国产业扶贫的蓝图。传递机制是产业扶贫的发展目标与政策等得以实施的载体，包括产业扶贫发展的运作系统、组织与管理体系，其中，运作系统由决策与计划系统、传递系统和接受系统组成。针对贫困户和社会力量的多元动员机制整合了社会参与减贫的力量，也给予群众充分表达的权利。规范机制包括贯穿扶贫工作首末的组织建设层面、监督层面、考核层面和问责层面的一系列的规范措施，有助于提高产业扶贫绩效。

在制度安排上，我国目前所设计的针对扶贫优惠的融资制度、完善的扶贫资金使用管理制度、整合社会力量的社会扶贫制度以及绩效评估制度保障了产业扶贫的进行。

关于产业扶贫的路径，我们可以与多元扶贫的概念相结合来定义。多元扶贫作为我国反贫困治理的核心路径，亦适用于推进产业扶贫，即多元产业扶贫。多元产业扶贫一方面体现为产业布局多元化，另一方面体现为产业扶贫主体多元化，两种路径相辅相成，推动产业扶贫又好又快发展。同时，产业扶贫战略并不是孤立的，它是我国扶贫开发战略的重要组成部分，与其他扶贫模式相辅相成、互相促进。

八、资产扶贫

我国当前有大量的社会物资、资金、人力资源处于闲置状态，贫困农村地区也有大量土地资源使用效率低下，在这种情况下，盘活资产、巧妙利用资产成为提高中国扶贫攻坚工作能力的一大手段。

资产扶贫为在政府引导下，整合社会资产，帮助贫困户通过资产入股、租赁或托管等方式，获得资产性收入进而增加个人收入以及增加"知产"的扶贫方式。狭义上也可被称作资产收益扶贫。

在资产扶贫模式中有三个主要实体和六个执行实体。中央政府、地方政府分别主导模式运作及辅助出资，贫困村参与管理、参与收益，贫困户参与收益、出资自有资产，企业及其他社会组织获得资产投入、通过资产运作创收给予贫困户分红。在基础的运作之外，贫困户在获得新的资产收入（包括物质资产以及非物质的知识技术等"知产"）后，增强自身发展动力，进一步参与到更多的社会工作中，真正实现可持续的脱贫。

政府在其中主要起到组织领导、风险把控、监督管理、宣传、专项资金下拨及管理、涉农资金整合及管理的作用，社会力量则承担着资产运作和"知产"共享的功能。贫困主体在资产扶贫的过程中不仅仅是接收者，也是主动的参与者，投入资产并且在多方协助下进行自我发展。在制度安排上，自"十三五"规划提出"资产收益扶贫"概念后，在多项法律、行政法规、部门规章制度、党内法规以及团体规定中均有体现，各地也积极推进政策落实，探索资产扶贫路径。

当前资产扶贫模式中，各执行主体在发挥其职责的同时，在政策的规范下，主体之间打通了四条主要路径，将资产的流动与使用、执行主体之间的配合与制衡、政策的落实完整地结合。首先是资产聚集阶段，包括财政资金的分配和自有资产的收购；其次是资产运作阶段，在资产聚集后，通过产业、合作社、金融机构等多种方式的运作，盘活已有资产；再次是收益分配阶段，在资产运作中产生的收益，即在下一步进行收益分配，主要是企业给予贫困户分红；最后是资产再增收阶段，该阶段在政策关于资产收益扶贫的设定与落实中没有强制要求与表现。

值得注意的是，在目前的资产扶贫实践中，也出现了支出结构偏差、运营效益偏低、政策时效性滞后、专项资金监管不到位等问题，有待改进。同时，还需要加强对资产再增收的重视，注重保护农用地的原有功能，因地制宜制定资产扶贫具体举措，充分利用互联网及大数据技术等。

九、就业扶贫

就业扶贫是主要通过就业、创业和直接援助三种方式，通过提升贫困劳动力的就业能力水平使其摆脱贫困的可持续脱贫过程。就业扶贫摆脱了传统扶贫模式的路径依赖，使得扶贫成效更有可持续性。

当前我国的就业扶贫模式按照扶贫客体能力，分为转移就业扶贫模式、创业就业扶贫模式和直接援助就业扶贫模式（或称"兜底安置就业扶贫模式"）三种。这三种模式在当今的扶贫工作中互相融合、相辅相成。

转移就业扶贫模式伴随着外出务工农村人口的增长，政府为此大力促进就业权益保障，消除农村劳动力与城市社会保障的信息不对称，并且在有限的城市容纳水平下给予农村人口最大的权益保障。创业就业扶贫模式针对的是部分拥有一定的能力，但是因缺少资金、销售、运输渠道等而无法实现创收的贫困群体，通过创造有利条件帮助他们创业而助其脱贫。而兜底安置就业扶贫模式则是给予贫困劳动力一定可选择的公益性岗位，通过竞聘上岗，是就业扶贫的最后一道防线。各地区应依据区域性的差异、贫困劳动群体个体的异质性及贫困原因的多维性差异化选择合适的就业扶贫模式。

就业扶贫要实现良性的循环，就必须依赖市场驱动机制，将贫困劳动者推向市场化。但由于贫困群体本身的特殊脆弱性，又必须建立一套辅助的保障机制，如信息平台等瞄准机制、鼓励性的参与机制、教育培训和资金补贴等服务机制等。中国当前的主要就业扶贫路径包括"培训＋"路径、供给侧的"创业＋产业路径"结构性改革、搭建创业就业平台路径、异地输送劳动力进行就业路径以及公益岗位开发路径五种途径。按照劳动力贫困程度与资源掌握程度，可以构建贫困劳动力路径选择矩阵（直接岗位援助、异地就业、产创联动、技能培训）。

就业是一种长效的扶贫模式，也并不是一个新颖的扶贫模式，但我们仍需学习先进经验，突破传统就业扶贫路径依赖，解决政府家长帮管的问题、改变劳动力得过且过的观念并且将政策制度及时跟进。

十、语言扶贫

语言扶贫就是通过推广普通话，减少地区间的交流沟通方式差异，从交流工具上减少地区间的发展不平衡，也为少数民族语言及方言重点片区的群体带去拓宽就业范围的基本工具。21世纪以来，语言文字深入科技领域、产业领域和管理领域，影响更加深远，是新时期经济实现科学发展和创新实践的驱动要素。2020年，全国实现了普通话普及率逾80%的成绩，初步消除了语言上的交际障碍；但语言国情仍旧存在着极大的不平衡现象，主要体现在城乡之间、东中西部地区之间。

语言扶贫呈现为"推广与普及国家通用语言文字"的模式。基于当前中国与类似非发达国家利用语言规划提高国家教育水平和生产力及增强国民凝聚力的目的，应结合宏观推普（即利用传媒和教育提升整体意识与知识普及率）和微观推普（发挥学习式家庭与社区的语言学习效应和交际合作效应）两个维度进行。

在语言扶贫的过程中，语言除了作为语言意义上的符号系统之外，还通过人力资源化，在现代化进程中对发展先进生产力和先进文化起到决定性作用，在微观上影响劳动力的收入，也在宏观层面制约区域经济的发展。

在制度安排上，国家通过一系列指导推普脱贫的语言政策文本，对语言扶贫制度和国家通用语言文字的普及攻坚作出了详细的规划部署。为不同地区设定了不同的攻坚目标，针对普及率不同的县域制定了不同的任务；针对使用国家通用语言文字能力相对较弱的青年农牧民群体提供了专项培训；强调政府、学校、社会团体、企事业单位等要明确各自的责任义务，协同合作，全力保障推普脱贫工作落到实处。

在具体操作中，语言扶贫主要通过语言公共教育与语言产业发展两条路径进行，前者主要涉及面向各层次学生的国家通用语言文字的学校教育和面向农民、教育工作者、公务人员的语言文字应用能力培训，后者则包括语言科技产品开发与资源开发，与科技发展和地方产业发展相结合。

语言扶贫工作最终使扶贫者、贫困户都能意识到国家通用语言在个人能力建设和地区经济发展中的决定作用，通过言语交际、互动交融的方式积极调节贫困户保守、封闭、依赖、焦虑等心理表现，避免帮扶力量撤出后返贫现象的再生。

十一、文化扶贫

文化扶贫理念基于对文化根源的追溯来解释贫穷的延续性和顽固性，既针对造成贫困地区贫穷落后的文化根源对症施治，又把土生土长的本土文化视为扶贫的重要资源，与推进公共文化服务、加强社会主义精神文明建设有机结合。

文化扶贫立足于两个基本概念，一是"贫困文化"，二是"文化贫困"。贫困文化代表的是一种既有的生活方式与观念对变迁的抵制，使得物质或结构上的变化受到了阻碍。相对应地，文化贫困可以理解为一种发展物质条件所必备的软件基础的缺失。一个"有"，一个"无"，都成为文化方面阻碍实现脱贫的因素。贫困文化是贫困产生的重要根源，文化贫困是贫困的一种主要形式，从激发内生性因素出发消除贫困是文化扶贫的中心含义。

在中国，文化扶贫模式自"八七攻坚"以来经历了三个阶段的变化，从单纯利用"文化产品"的输出推动文化扶贫，到在体制中和制度中纳入文化扶贫的理念，在顶层设计中提出要加强农村文化建设、鼓励社会力量捐助和兴办公益性文化事业，在"十三五"期间，文化扶贫已经上升到国家战略的层面，农村文明建设与社会主义精神文明建设有机地结合在一起。文化扶贫主要有文化保护与传承、发展文化产业与文化事业、振兴文化教育三种模式，在精准扶贫视域下的文化扶贫路径包括精准识别、精准帮扶、精准管理与精准监督四个步骤，同时，也应当充分发挥乡规民约的道德规范作用，充分利用信息化、数字化时代的新兴技术。

文化扶贫的重要性不仅在于它作为一个单一的扶贫模式所发挥的作用，更体现在只有将文化扶贫理念融入精准扶贫的各项制度和政策中去，才能在具体的社会文化环境中充分发挥它们的作用。在实践中，要警惕"文化堕距"现象，从整体主义文化观出发看待贫困文化，把握精准扶贫与贫困文化的矛盾关系，通过缓慢而持久的方式改造文化。

十二、孝道扶贫

孝道扶贫，特别针对的是我国农村的老年贫困状况。老年人的多维贫困，不仅体现在经济层面上，也体现在身心健康、家庭情况以及情感生活等多方面。孝道，作为一种具有传统渊源的伦理，又受到法律法规的制度保障，理应作为扶贫工作的一种资源来对待。孝道扶贫，就是通过德孝感化、村规民约、法制维权等方式，促使不尽赡养义务的子女履行赡养义务的一种长效脱贫机制。

孝道扶贫当前主要是由法律法规做基本支撑、道德观念做辅助保障的扶贫模式，通过正式与非正式的制度安排实施。以贫困老年人群的"脱贫"为首要目标，暂不考虑"致富"问题。同时，老年人群除了经济上的贫困，脱离社会社交等非经济问题也需要在扶贫过程中加以关注。

老年贫困主要由外部风险冲击、内部风险扰动与生活样态的脆弱性共同导致。外部风险主要包括家庭结构的变迁与社会福利分层，而内部的风险则在于身体机能衰退与疾病的威胁。加之不均衡与不完善的社会保障模式，使得农村老年人口进入经济、健康、精神的贫困状态。

在具体路径上，通过经济发展与孝道扶贫相结合、社会保障制度的完善和孝道扶贫相结合、法治与德治相结合、精神文明建设与孝道传统重塑相结合，使得经济、文化、社会充分联动，扶贫工作全面推进。

孝道扶贫的运转基于源于传统的伦理机制、作为制度保障的法律法规机制以及作为实施方案的多元扶贫方式联动机制。它实际上是为了激活正在弱化的传统，但其不是解决老年贫困的唯一办法，解决老年贫困也不是孝道扶贫唯一的目的，它还有着更加长期的效益，重新形成敬老爱老的社会风气，有利于整体价值观念的重塑和优良传统文化的复兴。

十三、社会兜底扶贫

社会兜底作为扶贫攻坚"最后一关"的保障机制，通过农村最低生活保障制度、特困人员供养、城乡医疗救助、临时救助四种基本模式，对那些完全或部分丧失劳动能力、年老身残的长期贫困人口进行脱贫帮助。

在社会兜底扶贫中，通过特殊人群识别、基层组织建设和资金保障来确保扶贫模式的良好运转，其中资金来源有财政、慈善捐助和金融融资三方面。从帮扶对象来看，社会兜底扶贫面向的人群基本可以分为四类，老年人、妇女、儿童和残疾人，针对这四类人群，在不同时期分别作出了相应的制度安排，以保障各项政策的具体执行落实，确保对四类人群的精准帮扶。

当前仍有大量贫困人口依赖社会兜底保障脱贫。因此在制度层面，要积极探索社会兜底制度的统筹发展，尽量保障社会兜底的可持续性和综合性，做好与其他扶贫方式的衔接，发挥扶贫主体的作用。同时，也必须促进全社会正确认识社会兜底的含义，社会兜底并不能取代地区自身发展以及贫困户自我发展在扶贫开发工作中的重要性。要综合考量现实情况，及时调整社会兜底标准并进行精准评估。另外，我们也需要正确理解社会兜底扶贫模式的局限性，不能完全依赖这种模式，而应该充分发挥该模式对多元扶贫其他模式的补充作用。

第二节 启 示

本书各章节已经总结归纳了中国多种扶贫模式的成功经验以及需要改进之处,我们利用本章,对前文中所提到的经验和反思进行了总结,归纳了多元扶贫中出现的普遍性问题,强调典型模式,总结多维贫困与多元扶贫的优势,并与国际扶贫经验进行比对。

一、理论研究方向

在当前的多维贫困与多元扶贫理论研究中,对于其基本理念的理解已比较完善,现有的观点对贫困的多维性基本达成了共识,对于多维贫困中的各维度也有较多理论及实证分析。本书基于当前研究中对于多维贫困与多元扶贫系统性理论的缺乏状况,归纳分析了多维贫困的综合性理论,并结合当前中国及国际扶贫经验总结了多元扶贫的启示并提出未来实践建议。但受限于篇幅,本书更多集中在理论分析,而经验性的实证分析较少。针对多维贫困与多元扶贫的研究,一方面可以对新的扶贫实践项目进行实证研究以优化和补充现有理论;另一方面尝试建立贫困的各维度之间及各种扶贫手段之间的关联性,可以更好完善多维贫困与多元扶贫的有机互动体系。

二、实践方向

(一)中国扶贫工作实践方向

首先,利用经济发展优势,以及经济发展各阶段的不同特性,发挥其正向溢出效应,是助力减贫的普适性原则。从增长扶贫模式的角度来看,无论在国内还是国际层面,经济发展的不同阶段有不同的特性,而不同的特性同时带来了新的增长红利以及新的经济增长问题。在经济初始增长阶段，增长方式粗放，可能过度依赖开发自然资源；由于财力不足首先单独发展其中一个片区的经济导致区域间发展不平衡等。首先，需要明确在每个经济增长阶段中减贫的重要性程度，以及是需要注重整体数量性的减贫还是结构性的减贫；其次，需要注意在充分发挥各个阶段的经济增长红利时，各种经济增长是否有正向溢出效应，这里所说的溢出效应不仅仅针对减贫工作，还包括生态环境可持续发展、社会福利环境等。

其次，当前扶贫资金的使用效率仍然需要提升。例如在转移支付扶贫中，从专项转移支付来看，项目制的专项资金导致"撒胡椒面"式的资金拨付，且分配过程中的透明度不高，"跑部钱进"的现象仍频频发生，均削弱了专项扶贫资金的使用效率；从均衡性转移支付来看，完善均衡性转移支付的资金配置公式，提高均衡性转移支付所占比例，有助于缩小地区财政差距，实现贫困地区的公共服务保障。在产业扶贫中，产业布局因地制宜程度不够高，导致消耗了扶贫资金但没有获得应有的效果。

再次，从扶贫的工作情况来说也存在五方面问题。第一，扶贫管理的标准化程度不够高，其中较为显著的是资金上的转移支付问题，从地区间的横向转移支付来看，由于缺乏标准化的公式及分配制度和程序规定，资金分配以及制度的可持续性均面临较大的不确定性。该问题也受限于中国土地面积广、管理分层水平高等原因，是中国扶贫工作面临的重大挑战之一。对于扶贫项目的评估以及扶贫资金使用的监督体系不完善也是扶贫工作进一步深化的阻碍。第二，扶贫工作的责任单位单一，社会整体激励不足。对口帮扶工作是一项"政治任务"，一方面容易因财政收入被分散而激励不足，另一方面又容易因政绩考核需要而过度竞争，因此应有必要的激励约束措施，而在绩效考核标准的设计中，需要考虑民众真正关切的问题，将其融入激励制度中。第三，扶贫工作要谨防"一刀切"，不要为了达到减贫目的而忽略其他社会问题，例如在语言扶贫中，要实现普通话在薄弱地区的普及攻坚，在建立共同语言的基础上追求共同富裕的目标。但是推普脱贫是现阶段国家语言文字事业的任务之一，绝非唯一的任务，所以在推动扶贫模式的进程中，不能把普通话与少数民族及地区方言对立起来，而应找到合适方法将多种语言巧妙融合。第四，扶贫工作除了具体的落实以外还要加强意识培养，包括权利意识、自我发展的主观意识等。第五，扶贫工作从指导思想到具体落实的过程中需要注重扶贫形式与实质的连接性，防范由于专业思维与经验不足导致的"只扶贫"而"欠专业"。

最后，从扶贫工作以及减贫总体进程来看，当前的扶贫工作正在向着完成阶段性任务的目标有条不紊地进行，同时也仍需不断完善。例如在孝道扶贫模式中，当前实践中进行的孝道扶贫，第一是只在老年人群中出现，而没有在全社会各年龄阶层形成良好的社会氛围；第二是当前的孝道扶贫依旧是以法律约束为主，孝道的价值观念影响力不足；第三是当前的孝道扶贫中大多只针对老年群体的经济状况，而没有关注老年群体的社会性问题。以上三点，即模式的普适性、动力机制、效用单一三个问题，即使在现阶段扶贫工作已经取得很大成效的背景下，仍普遍存在于多元扶贫的诸多模式中。为了巩固扶贫工作的成果，本书认为，多元扶贫理论以及实践需要仍然不断深化。

（二）国际扶贫经验对比

为推动联合国提出的 2030 年可持续发展议程目标的达成，中国在减贫工作上发挥了重要带头作用。在此，本书同时对国际的扶贫理论及扶贫实践进行了一定的总结与分析，探索国际可借鉴的扶贫经验。

从扶贫工作的主体来看，区别于中国以政府为主要引导的扶贫模式，孟加拉国、巴基斯坦、斯里兰卡等国则在非政府、私人部门的扶贫工作上有更多探索。专为穷人提供信贷服务的私人银行充分发挥了市场机制的作用，例如孟加拉国"乡村银行"、玻利维亚的"阳光银行"以及国际社区资助基金会等；巴基斯坦 AKRSP 推动的农村支持计划使乡村中有自我发展能力的组织得到了较大发展；斯里兰卡的萨沃达雅母亲教育和儿童开发活动则为偏远贫困乡村的母亲及婴幼儿提供了全方位的帮助。非政府组织作为公共部门的有益补充，在扶贫工作中可以为贫困人群提供更多服务，补充公共部门扶贫工作的空白部分。依靠不同地区政府部门的力量，可以综合考量非政府部门及私人部门参与扶贫工作的程度与参与方式，集合社会力量参与扶贫工作。

从贫困的情况来说，发达国家的贫困问题主要在于相对贫困，且总量较小，而发展中国家和欠发达地区则是以绝对贫困问题为主，其中尤为特殊的是中国、印度这类人口基数极大且地域较为复杂的国家，贫困人口总量大，地域间经济发展悬殊。针对不同的贫困情况，则需使用不同的扶贫手段。当前发达国家，从政府的手段来说，大多以高福利的形式作为扶贫手段，鼓励边缘人口就业，同时在部分国家为低收入人口设立了资产账户以促进储蓄，但发达国家社会力量参与扶贫较多，有很多NGO（非政府组织）为边缘人口开展就业培训以促进贫困人口的就业。发达国家整体社会经济发展水平高，贫困的绝对数值较小，政府与社会力量协同合作的扶贫方式足够减少当地的相对贫困状况，进一步促进分配公平，但某种程度上也会增加受助者的惰性。当前的发展中国家及欠发达国家，由于数量性的贫困基数较大，无法模仿发达国家的扶贫模式，则探索出了各类独有的扶贫方式。从扶贫所需资源来说，短期内可以充分整合财政资源解决贫困问题、加大与国际组织的合作和联系、接受外国援助，但从长期来看仍需要大力发展地区经济，从根本上解决贫困问题，同时优化资源配置，缓解地区间差异问题及分配不公平的问题；从扶贫手段来说，各地区的扶贫手段都由单一的捐赠向多元的扶贫模式转变，更加注重多元扶贫模式间的配合与协调，在资源不变的情况下更多地获得减贫成效。

基于中国与国际扶贫经验的比较，本书认为有以下中国扶贫经验值得国际社会在扶贫工作中借鉴，也提出中国当前扶贫工作中需要注意的地方。

首先是建立统一指导的整体推进的扶贫战略并推进统一管理体系建设。扶贫减贫始终是中国政府的重点工作，处在国家战略的高度。

中国扶贫工作中政府发挥的作用大,起到统领性的领导作用,同时投入了大量的财政资金。从方针设立到具体落实,中国中央政府在每一个环节都踏实执行、严格控制,统筹社会力量共同参与。从当前减贫成效来看,这样统一指导的整体推进的扶贫战略是有效且高效的。其他国家可参考借鉴这样的扶贫模式,依据地区差异性的情况,在全国范围内、区域范围内或联合区域间设立统一的扶贫工作组,制定统一的扶贫方略,进行统一的工作推进。

其次是增强全社会的减贫脱贫意识,打通民间组织参与渠道,整合社会力量共同参与扶贫。全社会的减贫脱贫意识,是更长远地从市场、民生、意识层面保障社会分配均衡,促进结构性减贫的必要条件。中国在减贫意识的宣传上,通过社会媒体宣传、政策发布、民间传播等方式进行广泛性的普及,使扶贫工作者、贫困群体、社会民众及企业主体都深度理解国家扶贫战略,全社会扶贫风气良好,有助于减贫工作落实。但社会力量对扶贫减贫从"知晓"到"参与"中间有两个必要因素,即参与渠道和投入资源。当前中国的扶贫力量主要来自各级政府和企业,民间组织对扶贫工作虽有较高的参与意愿,但参与渠道不通畅,多为自发性参与,缺少在整体战略中的统一管理和监督,导致社会组织参与扶贫的规范化程度较低,使得在政府与民间组织合作时缺乏保障,进一步导致合作意愿降低,资源难以聚合。而国际上其他国家的减贫工作中,民间力量占比更大,这与各国自身情况有关,但民间组织仍然是更加富有灵活性和积极性的社会力量,我国可借鉴他国对民间组织的管理方法进行扶贫力量的进一步整合。而在扶贫工作的宣传上,他国也可借鉴中国的意识宣传渠道,提升社会整体参与扶贫工作热情。

最后是注重减贫工作的国际交流与合作。中国在长期的减贫进程中,注重自身发展的同时也关注国际减贫工作的交流。分享自身减贫经验,学习他国的创新性扶贫工作,有利于共同促进全人类实现脱离贫困的目标,更是维护国家间友谊和稳定的重要方法。

三、贫困的多维视角与扶贫的多元角度优势

（一）扶贫视角的综合性

贫困对于贫困主体而言，分布在其自身生活的多方面，贫困的感受是整体性的；对于社会整体而言，贫困不是割裂地单一表现为货币上的缺乏，而是通过社会整体风貌表现出来的。贫困主体、扶贫工作者以及社会人士共同理解贫困和扶贫工作是协力达成全面小康目标的基础。而要理解贫困，需要以整体的视角来看待贫困问题，理解各维度发展不足背后的逻辑原因，并将其统一起来，以综合的视角来看待贫困问题。多维贫困的综合性视角则给予了较为全面的分析与实践角度。

（二）扶贫工作的整体性

在当前中国，扶贫工作主要由国务院扶贫开发领导小组办公室牵头开展，各级政府的各类职能部门负责，社会多方参与。人口基数大、涉及的部门多、地域差异性大且辖区面积广，都使得扶贫工作的难度极大。当前扶贫工作任务总体目标明确、任务层层分担、职责分明，这正是扶贫进程有序进行的基础保障。而对于扶贫工作的内容，也可以此为鉴，强调多元扶贫主体在整体扶贫进程中的作用及承担的职责，并明确多元扶贫工作与其他方面的交互关系。这有利于扶贫工作的整体推进与后期评估工作的进行。

（三）扶贫工作与社会部门的联动关系

社会部门是扶贫进程中的重要力量，如企业在产业扶贫、旅游扶贫和赋能扶贫等方式中都发挥了极大的作用，教育部门则是语言扶贫和孝道扶贫等方面的中坚力量。当前社会各部门对扶贫工作的参与热情高、投入大，但社会部门对于自身原本的职能与扶贫工作的结合点难以获得系统性的认知。若以多维的视角看待贫困问题，并理解整体

的多元扶贫架构，有利于社会各部门识别自身与扶贫进程的关系，并更加精准地投入扶贫工作中。使得"精准扶贫"贯穿精准认知贫困问题、精准识别贫困人口和精准参与扶贫工作。

第三节 建 议

针对扶贫工作中出现的问题，我们提出以下十点具体建议，供中央政府在进行顶层设计、地方政府在具体执行、各社会部门进行配合、企业与社会组织等社会力量参与时参考，供贫困户与贫困村在享受扶贫政策的帮助时更多了解政策，也供世界范围内在脱贫攻坚战线的友好邦邻借鉴参考。

（1）需要强调区域间扶贫的协同性。在一个地区的经济增长中，若能结合区域特性以及不同经济发展阶段中的产业重点，对于实现区域内部的减贫、提升以及辐射其他区域的水平都有很大的帮助。在区域发展的协调上，强调政府的引导力量，实现强发展地区与欠发展地区政府部门的学习与对接，同时还需要构建区域间协作的传导机制，搭建经济发展生态，刺激区域发展的内生动力。

（2）强调多元多维扶贫的协同性。13 种扶贫模式中，在具体操作时不免会有冲突的地方，在扶贫模式实施过程中应当建立起整体的观念和逻辑，不偏向其中一个模式，也不忽视任何模式的重要性。例如转移支付扶贫只是多维扶贫中的一个维度，资金投放的领域涉及医疗、教育、社会保障等多个领域，也牵涉到管理这些领域的各个部门。因此转移支付扶贫需要与其他维度的扶贫措施紧密结合，才能发挥出制度的指导功能。从基础设施扶贫来看，其不仅仅通过影响贫困地区人口的生产生活必需、为贫困人口提供工作岗位来提升当地居民生活水平，而且还能以基础设施为轴，联动上层市场和基层农户、上级财政和基本土地、上部政策和基底民生，形成多方协调的扶贫网络，挖掘贫困地区人口的内生动力，在摆脱贫困的过程中实现共同进步。在语言扶贫中，也可以充分做好语言扶贫开发，促进文化产业和旅游产业的发展，这将促进贫困地区语言文化资源的可持续发展，实现贫困地区的经济价值转换。

（3）需要完善扶贫工作中多主体的协调机制。从赋能扶贫模式来看，一是政府方面，落实国家政策的同时发挥政府的主导作用，激发社会各界热情投入当地扶贫事业；二是企业方面，需要响应国家扶贫号召，积极承担企业社会责任，通过定点扶持、校企合作、提供实习基地等方式予以助力；三是高校方面，努力提高产学研协作转化率，带动经济发展，对农村贫困地区学生给予一定政策倾斜与资金补助，为扶贫事业的研究与实施起到智库作用；四是贫困户方面，努力转变观念，积极发挥主观能动性，参与学习与培训，提高自主脱贫的能力。

（4）强调总量性减贫与结构性减贫同步。在这里需要强调的是，增长数量与质量并非在同一阶段中同样重要的问题，而是将时间拉长后来看整个经济增长情况，我们认为在经济增长前期及中后期需要重点关注不同的问题。前期注重经济的数量性增长以及总量性减贫，但不能盲目地为了总量增长而忽视结构性问题。在经济增长的中后期，注重调整结构不均衡的问题，以巩固已有减贫成效，使减贫进入新阶段。

（5）关注政策间的协同性以及政策间的交互影响。当前减贫工作作为国家的重点工作，政府部门投入大量精力在其中，但需要注意的是，其一，依旧需要关注其他政策的良好执行，如果扶贫政策与其他政策产生冲突，需要综合考量二者重要性；其二，也需要关注当前精准扶贫政策与下一步乡村振兴政策的衔接。

（6）在扶贫中须搭建扶贫"造血"机制以确保脱贫的可持续性。例如在分配机制扶贫中，除了在教育、医疗、生态、就业、资源等保障性公共服务的财政资金或转移支付的常规投入之外，还应从源头为农民增收创造机会，开辟具有可持续性的增收渠道，如企业、产业、土地联动的农业收入分享机制。赋权扶贫对贫困户主体提出了更高的要求，除了少数缺少劳动能力的贫困户，享受贫困扶持的对象应该具有一定文化和道德素养，只有贫困主体具备正确的权利意识，才能真正做到赋权于民。只有将赋权扶贫真正贯彻到位，才能保证扶贫精准可持续。在基础设施扶贫中，为贫困人口创造了基本条件，有效地获取市场信息，跳出传统的思维模式，鼓励创新创业，增加了新的增收手段。在收入分配扶贫中，第四次分配着重解决的是需要社会力量长期帮扶的贫困户的问题，在为其提供基本生活保障的同时，又要提高其脱贫的思想积极性、行动可能性，以及参与感、获得感。

（7）促进扶贫管理标准化，并形成监督机制。一是要健全信息公开制度，及时、完整、准确地公开扶贫相关政策与资金使用进展等信息，接受公众监督；二是要合理设置扶贫成效的评估指标，并对已脱贫人员的收入稳定性等进行动态跟踪监测；三是要发挥第三方评估的作用，保证扶贫工作的精准度和实效性。

（8）加强扶贫工作与大数据使用的结合。在扶贫工作中，使用大数据有利于实现以下"六个精准"：一是识别对象精准；二是项目措施精准；三是追踪评估精准；四是监察管理精准；五是队伍建设精准；六是帮扶效果精准。以上各个环节均基于海量且透明的数据，有助于在贫困识别、预警、施策、干预、评估和监管方面更加精准客观。

（9）注重意识层面对扶贫工作的作用。要意识到在各文化背景下原生性文化因素的作用，发挥乡规民约对扶贫工作的监督及约束作用。

（10）避免扶贫工作中的选择性偏差。常见的选择性偏差表现在扶贫对象的选择、扶贫项目的设立、扶贫队伍的组建上，应该避免在选择中过度依赖经验、个人偏好和区域偏好，在具体落实前应进行理性的科学评估。例如在进行文化扶贫时，将文化机械地拆分为积极或消极的方面，而重点扶持被认为是积极文化的部分。

中国 2020 年已实现全面脱贫的目标，但目标达成，扶贫工作却不能停下，研究和探讨 2020 年后扶贫发展战略，对于全面实现本世纪中叶初步建成社会主义强国的宏伟目标，加速推进未来中国后小康社会经济发展有重要意义。

首先需要转变对于扶贫的认知，在 2020 年后贫困人口的主要类型为相对贫困人口，需要关注的贫困问题则为"返贫问题"，随着人口结构、分布、社会发展机会以及代际传递等方面的剧烈变化，将会出现更多新形势下的贫困、致贫和返贫。因此，在 2020 年后，我们的反贫困工作应更多关注消除相对贫困，由当前的解决温饱问题转向巩固全面小康成果。基于对 2020 后贫困问题的认知，从战略布局来看，在 2020 年后还应坚持扶贫工作的持续性监督与评估，保证扶贫产业的可持续性、扶贫政策的延续性；平衡政府参与扶贫工作与脱贫群体自身奋斗的力度，政府参与地方发展为人民，最终将地方发展交由人民，为贫困人口的自我学习及自我发展搭建起有效互动机制，从体制机制上做好基本保障；充分撬动扶贫工作的外部效应，扶贫工作中不仅扶贫，还要充分带动地方发展，应进一步将扶贫工作与区域协同发展、经济质量提升等问题充分结合；同时中国还应助力国际扶贫事业的发展，促进人类命运共同体的发展。

经过多年的扶贫探索与实践，全世界范围内的减贫工作已取得了阶段性成效。中国在党和国家政府的带领下更是摸索出一条全新的减贫路线，为达成人类千年发展目标作出了重要贡献。贫困问题仍不会根除，认识到致贫原因的多维度性，并以多元的扶贫手段解决贫困问题，将是持久性的战役。

参考文献

[1] 陈闻鹤，常志朋.国内外多维贫困研究进展［J］.长江师范学院学报，2019，35（5）：31-44.

[2] 李小云，吴一凡，武晋.精准脱贫：中国治国理政的新实践［J］.华中农业大学学报（社会科学版），2019（5）：12-20，164.

[3] 刘永富.有效应对脱贫攻坚面临的困难和挑战［J］.政策，2019（3）：39-40.

[4] 李小云，徐进，于乐荣.中国减贫四十年：基于历史与社会学的尝试性解释［J］.社会学研究，2018，33（6）：35-61，242-243.

[5] 魏程琳，赵晓峰.常规治理、运动式治理与中国扶贫实践［J］.中国农业大学学报(社会科学版)，2018，35（5）：58-69.

[6] 吴映雪.精准扶贫的多元协同治理：现状、困境与出路——基层治理现代化视角下的考察［J］.青海社会科学，2018（3）：120-126.

[7] 蓝志勇，张腾，秦强.印度、巴西、中国扶贫经验比较［J］.人口与社会，2018，34（3）：3-15.

[8] 俞可平.中国的治理改革(1978—2018)［J］.武汉大学学报(哲学社会科学版)，2018，71（3）：48-59.

[9] 唐斌.农村政策试点如何助推精准扶贫[J].人民论坛，2018（10）：80-81.

[10] 许汉泽，李小云.精准扶贫.理论基础、实践困境与路径选择——

基于云南两大贫困县的调研［J］.探索与争鸣，2018（2）：106-111，143.

[11] 霍萱.多维贫困理论及其测量研究综述［J］.社会福利，2017（12）：5-9.

[12] 侯亚景.中国农村长期多维贫困的测量、分解与影响因素分析［J］.统计研究，2017，34（11）：86-97.

[13] 鲜祖德，王萍萍，吴伟.中国农村贫困标准与贫困监测［J］.统计研究，2016，33（9）：3-12.

[14] 贺立龙，左泽，罗樱浦.以多维度贫困测度法落实精准扶贫识别与施策——对贵州省50个贫困县的考察［J］.经济纵横，2016（7）：47-52.

[15] 陈辉，张全红.基于多维贫困测度的贫困精准识别及精准扶贫对策——以粤北山区为例［J］.广东财经大学学报，2016，31（3）：64-71.

[16] 陈硕峰.我国区域经济协调发展的特征及其财税政策分析［J］.中国商论，2016（13）：123-124.

[17] 汪三贵，郭子豪.论中国的精准扶贫［J］.贵州社会科学，2015（5）：147-150.

[18] 杨龙，汪三贵.贫困地区农户的多维贫困测量与分解——基于2010年中国农村贫困监测的农户数据［J］.人口学刊，2015，37（2）：15-25.

[19] 欧阳静.论基层运动型治理——兼与周雪光等商榷［J］.开放时代，2014（6）：9，180-190.

[20] 邹薇，郑浩.贫困家庭的孩子为什么不读书：风险、人力资本代际传递和贫困陷阱［J］.经济学动态，2014（6）：16-31.

[21] 袁媛，王仰麟，马晶，等.河北省县域贫困度多维评估［J］.地理科学进展，2014，33（1）：124-133.

[22] 王素霞，王小林.中国多维贫困测量［J］.中国农业大学学报（社会科学版），2013，30（2）：129-136.

[23] 周雪光, 练宏. 中国政府的治理模式: 一个"控制权"理论 [J].
社会学研究, 2012, 27 (5): 69-93, 243.

[24] 周雪光. 运动型治理机制: 中国国家治理的制度逻辑再思考[J].
开放时代, 2012 (9): 105-125.

[25] 池振合, 杨宜勇. 贫困线研究综述 [J]. 经济理论与经济管理,
2012 (7): 56-64.

[26] 方迎风. 中国贫困的多维测度 [J]. 当代经济科学, 2012, 34
(4): 7-15, 124.

[27] 郭建宇, 吴国宝. 基于不同指标及权重选择的多维贫困测
量——以山西省贫困县为例 [J]. 中国农村经济, 2012 (2): 12-20.

[28] 青连斌. 四次分配论与分配制度的改革创新 [J]. 中共珠海市
委党校珠海市行政学院学报, 2010 (3): 61-64.

[29] 刘培伟. 基于中央选择性控制的试验——中国改革"实践"机
制的一种新解释 [J]. 开放时代, 2010 (4): 59-81.

[30] 王小林, ALKIRE S. 中国多维贫困测量: 估计和政策含义 [J].
中国农村经济, 2009 (12): 4-10, 23.

[31]HEILMANN S. 中国异乎常规的政策制定过程: 不确定情况下
反复试验 [J]. 开放时代, 2009 (7): 26, 41-48.

[32] 王绍光. 学习机制与适应能力: 中国农村合作医疗体制变迁的
启示 [J]. 中国社会科学, 2008 (6): 111-133, 207.

[33] 张卫国. 作为人力资本、公共产品和制度的语言: 语言经济学
的一个基本分析框架 [J]. 经济研究, 2008 (2): 144-154.

[34] NELSON R R, 李德娟. 欠发达经济中的低水平均衡陷阱理论
[J]. 中国劳动经济学, 2006, 3 (3): 97-109.

[35] 尚卫平, 姚智谋. 多维贫困测度方法研究 [J]. 财经研究,
2005 (12): 88-94.

[36] 周怡. 贫困研究: 结构解释与文化解释的对垒 [J]. 社会学研
究, 2002 (3): 49-63.

[37] 俞可平. 治理和善治引论 [J]. 马克思主义与现实, 1999 (5):

37-41.

[38] 国家统计局 . 沧桑巨变七十载 民族复兴铸辉煌——新中国成立 70 周年经济社会发展成就系列报告之一 [EB/OL].（2019-07-01）. http：//www.gov.cn/xinwen/2019-07/01/content_5404949.htm.

[39] 国家统计局 . 人口总量平稳增长 人口素质显著提升——新中国成立 70 周年经济社会发展成就系列报告之二十 [EB/OL].（2019-08-22）. http：//www.gov.cn/xinwen/2019-08/22/content_5423308.htm.

[40] 班纳吉，迪弗洛 . 贫穷的本质 [M]. 北京：中信出版集团，2013.

[41]DEATON A, CARTWRIGHT N. Understanding and misunderstanding Randomized controlled trials［J］. Social science & medical, 2018, 210: 2-21.

[42] 周雪光 . 中国国家治理的制度逻辑：一个组织学研究 [M]. 北京：三联书店，2017：012-029.

[43]FOSU A K.Growth，inequality，and poverty reductionin in developing countries：recent global evidence［J］. Research in economics，2017，71（2）：306-336.

[44] 森 . 贫困与饥荒 [M]. 北京：商务印书馆，2001.

[45]SEN A. Poverty: an ordinal approach to measurement［J］. Econometrica, 1976, 44(2): 219-231.

[46] SEN A. 评估不平等和贫困的概念性挑战［J］. 经济学（季刊），2003，2（2）：257-270.

[47] ALKIRE S, FOSTER J. Multidimensional poverty measurement and analysis [M]. Oxford: Oxford University Press, 2015.

[48] 讷克斯 . 不发达国家的资本形成问题 [M]. 北京：商务印书馆，1966.

[49] 罗尔斯 . 正义论 [M]. 北京：中国社会科学出版社，2001.

[50] 缪尔达尔 . 亚洲的戏剧——南亚国家贫困问题研究 [M]. 北京：首都经济贸易大学出版社，2001.

[51] 阿明. 世界规模的积累: 欠发达理论批判 [M]. 北京: 社会科学文献出版社, 2017.

[52] 森. 以自由看待发展 [M]. 北京: 中国人民大学出版社, 2002.

[53] SCHULTZ T W. Investment in human capital〔J〕. Economic journal, 1961, 82(326): 787.

[54] 罗斯托. 从起飞进入持续增长的经济学 [M]. 成都: 四川人民出版社, 1988.

[55] LEWIS O. Five families: Mexican case studies in the culture of poverty[M]. New York: Basic Books, 1959.

[56] LEWIS O. The culture of poverty〔J〕. Scientific American, 1966,1(1): 19-25.

[57] MARSCHAK J. Economics of language〔J〕. Behavioral science, 1965, 10(2):135-140.

[58] 李小云. 参与式发展概论 [M]. 北京: 中国农业大学出版社, 2001.

[59]CESA-BIANCHI A, PESARAN M H, REBUCCI A. China's emergence in the world economy and business cycles in latin America〔J〕. Economía, 2012, 12(2): 1-75.